管理学系列

第2版

社会创业
理论与实践

Social Entrepreneurship
Theory and Practice, 2nd Edition

[加拿大] 斯晓夫 [中] 刘志阳 林嵩 汪忠 主编

机械工业出版社
CHINA MACHINE PRESS

社会创业是推动国家实现包容性与可持续发展的重要且有效的路径。新发展理念下,创业应当强调的是经济创业与社会创业的平衡协调发展,着重解决社会公平公正问题、资源配置合理性问题与最优化问题。本书共21章,结合中外社会创业前沿研究理论与实践,立足中国情境,融入社会创业与乡村振兴、社会企业的组织形态与治理、跨界合作与社会创业、社会创业绩效测量与评估等方面的案例,以鼓励大家从创业的角度去解决社会问题,实现经济效益和社会效益。

本书可以作为管理学和经济学专业本科生、研究生的教材,也可以作为政府和非营利组织相关工作人员的参考书。

北京市版权局著作权合同登记　图字:01-2023-1825号。

图书在版编目（CIP）数据

社会创业:理论与实践／(加)斯晓夫等主编. —2版. —北京:机械工业出版社,2024.5

（文渊·管理学系列）

ISBN 978-7-111-75399-5

Ⅰ.①社… Ⅱ.①斯… Ⅲ.①创业–研究 Ⅳ.①F241.4

中国国家版本馆CIP数据核字（2024）第058086号

机械工业出版社（北京市百万庄大街22号　邮政编码100037）

策划编辑:吴亚军　　　　　　　　　责任编辑:吴亚军　李晓敏

责任校对:王小童　薄萌钰　韩雪清　责任印制:常天培

北京科信印刷有限公司印刷

2024年6月第2版第1次印刷

185mm×260mm·24.5印张·2插页·597千字

标准书号:ISBN 978-7-111-75399-5

定价:79.00元

电话服务　　　　　　　　　　　网络服务

客服电话:010-88361066　　　　机　工　官　网:www.cmpbook.com

　　　　　010-88379833　　　　机　工　官　博:weibo.com/cmp1952

　　　　　010-68326294　　　　金　书　网:www.golden-book.com

封底无防伪标均为盗版　　　　机工教育服务网:www.cmpedu.com

文渊

管理学系列

「师道文宗　笔墨渊海」

文渊阁　位于故宫东华门内文华殿后，是故宫中贮藏图书的地方，中国古代最大的文化工程《四库全书》曾经藏在这里，阁内悬有乾隆御书"汇流澄鉴"四字匾。

文渊 管理学系列

作者简介

斯晓夫 浙江大学求是讲座教授、博士生导师，浙江大学创业研究所所长，美国宾夕法尼亚州立大学 Zeigler 商学院教授，华盛顿州立大学管理学博士。在 SEJ、JBV、JAP、AMP、Technovation，以及《管理世界》《经济研究》等国内外权威期刊上发表研究论文 100 多篇。近年来，担任了 JBV、SEJ 等著名创业创新期刊客座主编，目前担任 Management and Organization Review 期刊 Special Issue 客座主编，期刊 Technovation 副主编。斯晓夫是 20 世纪 80 年代初就开始在我国从事管理领域研究的资深学者和实践者。

刘志阳 上海财经大学商学院讲席教授、博士生导师，南开大学经济学博士。国家高层次特殊支持计划人才，"创业管理"国家精品在线课程和"创业学"国家级一流本科课程负责人。教育部创新创业教育指导委员会委员、中国企业管理研究会社会创业专业委员会主任。在 SBE、IMM、Journal of Management Studies 和《管理世界》等国内外期刊上发表论文多篇。曾获霍英东教育基金会教育教学奖、宝钢优秀教师奖、中国产学研合作促进奖等荣誉。

林嵩 中央财经大学商学院教授、博士生导师，清华大学管理学博士。现任中央财经大学商学院院长。入选教育部新世纪优秀人才支持计划，中央财经大学龙马学者。主持国家自然科学基金项目 4 项，在 AMJ、SBE、Entrepreneurship and Regional Development、《经济研究》和《中国工业经济》等权威期刊上发表多篇论文。

汪忠 湖南大学工商管理学院教授，博士、博士后，硕士研究生导师，博士后合作导师。湖南大学中国公益（社会）创业研究中心执行主任，国家自然科学基金委员会系统评议专家，机械工业教育协会高等院校创新创业教育教学委员会主任委员。主持国家自然科学基金项目两项，教育部人文社科项目、博士后项目等省部级科研项目 10 多项。在 Management Decision、《经济学动态》和《南开管理评论》等权威期刊上发表论文 60 余篇，主编或参编教材多部。主持教育部创新创业一流本科课程一门，曾获湖南省教学成果奖一等奖等荣誉。

FOREWORD 序 一

社会创业无处不在，在我国新发展阶段，无论是新发展理念还是新发展具体实践领域，社会创业都是一种不可缺少的推动与发展要素。改革开放40多年来，我国涌现出华为、腾讯等著名企业，它们通过创新产品与服务填补了市场的空缺，满足了大众的需要。但是几十年来，在我国推动发展经济创业并取得伟大成就的同时，社会创业并没有取得同步的发展。其实，我国的大众创业，应该将经济创业与社会创业有机结合起来，它们是我国创业推动经济发展与美好社会建设的两个方面，二者共同发挥作用，将有效推动我国经济与社会同步发展，助力实现"两个一百年"奋斗目标中的第二个百年奋斗目标，即到新中国成立一百年时，建成富强民主文明和谐美丽的社会主义现代化强国。

社会创业的作用与功能是多方面的。很多社会问题从社会创业的视角来看，就是发现创新点，通过创新与实践社会创业解决社会中存在的种种问题，并可以发现与创造经济和社会创业的机会及潜在的市场。社会创业创新推动人类生活更美好，推动我们的社会更美好，这是社会创业的意义与价值所在。早在18世纪，亚当·斯密在《道德情操论》中便提出，市场经济的繁荣并不会伴随着社会公益的增长。近几十年，人们过分追逐经济的发展，给社会的持续发展留下了问题，如环境污染、气候变暖、贫富分化等。然而，越来越多的现象表明，仅仅依赖经济创业的成功，诸多的社会问题，无论政府还是企业都难以有效解决。因此，在推进发展经济创业的同时，相应的社会创业必不可少。尤其在经济欠发达的发展中国家，社会福利体系不完善的情况下，社会问题会显得更加严峻，社会迫切需要通过各种创新模式来填补市场空缺，这些为社会创业的发展提供了大量空间与机会。

针对上述情形，浙江大学求是讲座教授斯晓夫等社会创业学者立足国家和社会重大需求，结合中外社会创业前沿研究理论与实践案例，编著了《社会创业：理论与实践》（第2版）。这本全国性社会创业教材的最大特点是基于中国国情论述中国创业问题，理论联系实际。这本教材既借鉴了国际上新近的社会创业研究成果，也融入了大量中国社会创业案例。我阅读之后，深深感受到本教材各位作者的用心，以及他们为国家美好社会建设添砖加瓦的责任心。本教材的领头人斯晓夫教授在30多年前是我担任上海工业大学副校长兼经济管理学院院长时的助理，我们经常在一起讨论管理问题，我们还在1990年一起编写了由机械工业出版社出版的管理著作。

最后，特别感谢本教材的组织者斯晓夫教授以及各位作者邀请我为这本社会创业教材写序。我在序里谈了一些我对社会创业的看法，供读者参考。

刘人怀
中国工程院院士

序 二

2018年，当浙江大学求是讲座教授斯晓夫教授启动编纂《社会创业：理论与实践》一书时，国家还处于全面建成小康社会决胜期，当时，我在序言里提到，这本书是"充盈着情怀和责任"的。现在该教材第2版出版之际，国家已经实现了全面建成小康社会的目标，正进入实现共同富裕新阶段，而浙江正是高质量建设共同富裕的示范区，在这样的时期修订本教材，已经不仅仅是"情怀和责任"，更是"知行合一"的使命与担当。

社会创业在中国仍处于兴起阶段，我们注意到，共同富裕示范区建设、生态文明建设、和谐社会建设、区域协调发展等都需要通过社会创业来实现。随着中国特色社会主义进入新时代，我国社会主要矛盾已经转化为人民日益增长的美好生活需要和不平衡不充分的发展之间的矛盾。要解决这样的矛盾，就需要推动国家实现包容性与可持续发展。显然，社会创业是重要且有效的路径。我认为社会创业是消弭很多社会问题，解决社会发展过程中面临的政府、市场和志愿"三重失灵"的一剂良方。

社会创业是20世纪90年代以来在全球范围内兴起的一种新的创业形式。社会创业是经济活动和社会活动的复合体，它既需要社会使命的驱动，借助市场力量解决社会问题或满足某种社会需求，又需要经济效益的驱动，借助经济的力量使创业行为得到持续，最终实现社会问题朝着人们希望的目标转变。从学理上说，社会创业是以解决社会问题为导向的，比如，社会创业者通过创设企业的形式，为社会弱势群体解决生存问题；再如，环保主义者为了解决污染源问题，即使没有盈利也要投入资源去解决，让我们的环境能继续承载人类活动。但是，社会创业必须要有经济收益，只靠政府的财政投入和社会捐赠是不可持续的。概括地说，通过经济的手段来解决社会性问题，是目前全球各国所能设计的最有效制度。

有的观点认为，无论是社会创业实践还是理论研究，欧美领先中国，我不这样看。由于经济制度不同，在20世纪80年代中期之前，中国相当一部分集体企业、合作社等，并不是把经济利益放在首位的，而是以解决社会问题（如有饭吃、有活干）为导向的。只是改革开放之后，长期面临生存压力的老百姓迫切需要创造财富，导致部分人把经济效益置于无上地位，结果出现了一些资源掠夺、环境污染、假冒伪劣、损人利己等置社会价值于不顾的创业,忘记了创业的社会属性。

而今,政府和各类社会机构的有识之士开始意识到,社会创业必须要尽快回到我们的身边,并强烈呼吁要倡导社会创业。他们前瞻地体悟到,从创业角度去解决社会问题,可以同时实现经济效益和社会效益,社会创业者采取创新的业务模式去获得经济回报,可以同时实现社会的可持续发展,因此,社会创业者实质上扮演了政府和社会部门的代理人角色。

正是抱着这样的情怀、使命和责任,斯晓夫教授牵头的编者团队编写了本书,并专门增加了社会创业及其可持续发展、社会创业环境、社会创业与减贫等相关章节,旨在推动创业者在经济性和社会性之间取得平衡,引导整个社会走上健康发展的轨道。浙江大学管理学院是以"培养引领中国发展健康力量"为己任的科学研究与人才培养机构,大力倡导管理教育和研究要面向社会需求,以我们的管理理论去回应中国转型时期的现实需求,这就是我们提出"建设世界一流的中国管理学院"愿景之使命解释。

浙江大学管理学院濡染了改革开放先驱地的浙江精神,学院的快速发展得益于国家的改革开放,得益于浙江的经济社会快速发展,也得益于全国领先的社会组织体系支持,而且浙江的社会创业也是走在全国前列的。因此,我们学院的全体师生理应在社会创业的教学和研究上有更大作为,我也很欣喜地看到,我们的MBA学员、EMBA学员、本科生、研究生中,到处活跃着社会创业型企业家的身影,如有践行"绿水青山就是金山银山"的生态型创业者,有践行"山海协作发展"的援助型创业者,有践行"高质量建设共同富裕示范区"的开发型创业者,他们在社会创业领域也进行了重要的探索。

一个优秀的商学院,一定要承担起应有的社会使命与责任,要有服务国家之情怀。浙江大学管理学院是中国最早设立创业管理本科、硕士和博士点的办学单位,经过近20年的探索,开始形成浙江大学创业人才培养的独特体系,我希望我们在社会创业领域也能做出引领性贡献。从这个意义上说,我要特别感谢斯教授和他所组织的写作团队,你们为我们的国家做了非常有意义的事!

希望我们继续走在社会创业研究和人才培养的领航道路上!

魏江
于浙江大学紫金港校区

PREFACE 前言

40多年来,改革开放和发展经济的理念推动了我国的创业发展,我国成为世界第二大经济体。随着我国进入新发展阶段,我国的创业发展也进入了新征程。新发展理念下的创业强调的是经济创业与社会创业的平衡协调发展,犹如鸟之两翼。社会创业的意义和作用是发现与解决社会问题,增加社会财富,并不断提高我国人民的综合素质。理论上,社会创业着重研究创造财富、相关的社会公平公正问题,以及资源配置的合理性问题与最优化问题。但在现实社会中,任何影响美好社会建设的人和事,特别是改善与提高一个社会的整体素质的人和事,都是与社会创业的宏观目标相一致的。通过社会创业使人类生活更美好,使我们的社会更美好,这是社会创业的意义与价值所在。社会创业有以下三大基本特征。

(1)社会性特征(social characteristics)。社会性是社会创业区别于经济创业的显著特征。社会创业是以解决社会问题为导向的,社会问题的存在是社会创业存在的前提和土壤。

(2)创新性特征(innovative characteristics)。创新性是创业者必须具备的显著特征和运营方式,也是社会创业的重要特征之一,社会创业必须通过应用具有创新性和持续性的方式使整个社会获益。这要求社会创业者能够创造出新模式,调动想法、能力、资源和社会安排,改善或弥补现有社会福利体系的不足。

(3)市场与价值机会特征(market and value opportunities characteristics)。社会创业需要借助而非抵制市场的力量,同样需要重视创业机会的识别、发现与开发过程。

除上述三大基本特征之外,社会创业还具有综合性特征(comprehensive characteristics)。社会创业常常是很多因素相互或共同作用的结果。比如,尽管侧重点或目标有所不同,但社会创业与经济创业经常是相互作用的,很多时候社会创业需要运用经济创业的模式做社会创业的事。社会创业不仅要考虑经济因素,还要考虑体制与机制、法律与法规等因素,这些因素共同作用,从而实现社会创业的目的。

基于新发展理念与社会创业的内容变化,浙江大学联合其他兄弟院校的社会创业教授编写了《社会创业:理论与实践》(第2版)教材,新版教材是各位教授群策群力的结晶。

相较于第1版，这一版增加了新的内容，比如：中国人民大学商学院毛基业等编写的社会创业案例研究方法，对外经济贸易大学邢小强等编写的社会创业与乡村振兴，英国巴斯大学张陈健等编写的社会企业的组织形态与治理，原加拿大滑铁卢大学林海英等编写的跨界合作与社会创业，浙江大学王颂编写的社会网络与社会创业，浙江大学斯晓夫等编写的社会创业者身份，上海大学李燚编写的社会创业绩效测量与评估。同时，本书精选了具有代表性的案例和社会创业文献，通过二维码以案例分析和文献精读形式呈现。中国工程院院士、暨南大学原校长兼党委书记刘人怀，浙江财经大学副校长（主持行政工作）、浙江大学管理学院前院长、教育部长江特聘教授魏江分别为这本教材写了序。本教材各章编写分工如下：

第1章　社会创业概述　　　　　　　　　　斯晓夫
第2章　社会创业者身份　　　　　　　　　斯晓夫、刘婉
第3章　团队与社会创业　　　　　　　　　魏峰
第4章　资源与社会创业　　　　　　　　　刘振、刘逸初
第5章　机会与社会创业　　　　　　　　　斯晓夫、陈卉
第6章　社会企业商业模式与商业计划书　　林嵩
第7章　社会企业的组织形态与治理　　　　张陈健、刘玉焕
第8章　社会创业绩效测量与评估　　　　　李燚
第9章　公司社会创业　　　　　　　　　　戴维奇
第10章　公益创投　　　　　　　　　　　　刘志阳
第11章　精益社会创业　　　　　　　　　　孙洪义
第12章　社会创业与乡村振兴　　　　　　　邢小强、刘志阳、刘丰
第13章　社会创业与共同富裕　　　　　　　斯晓夫、严雨姗
第14章　社会网络与社会创业　　　　　　　王颂
第15章　跨界合作与社会创业　　　　　　　林海英、林嵩
第16章　社会创业及其可持续发展　　　　　于晓宇、赵丽缦、厉杰
第17章　社会创业环境　　　　　　　　　　汪忠
第18章　社会创业与减贫　　　　　　　　　斯晓夫、严雨姗、陈卉
第19章　社会创业的国际维度　　　　　　　邬爱其、焦豪
第20章　社会创业的法律维度　　　　　　　王玲
第21章　社会创业案例研究方法　　　　　　毛基业、李亮

　　除了上述各章作者外，广东金融学院张镒、深圳大学潘燕萍、同济大学苏依依、暨南大学米滢、浙江大学张了丹等提供了相关建议或参与了资料搜集与整理工作，作者们对他们表示深深的感谢。

本教材在撰写过程中得到了很多著名管理学者的支持，包括明尼苏达大学沙克尔·扎赫拉（Shaker Zahra）教授、中国工程院院士刘人怀教授、浙江大学吴晓波教授、*Journal of Management Studies* 期刊原主编加里·布鲁顿（Garry Bruton）教授、*Journal of Engineering and Technology Management* 原主编杰里米·霍尔（Jeremy Hall）教授，以及剑桥大学海伦·霍夫（Helen Haugh）、哈佛大学蒂蒙西·德斯特凡诺（Timothy DeStefano）、香港中文大学区大伟（David Ahlstrom）、乔治·华盛顿大学斯华龄教授等，他们提出了许多有价值的建议和意见，在此向上述著名学者表示深深的感谢。由于社会创业理论与实践在我国尚处于起步发展阶段，加上我们的学识、理论水平有限，书中难免有不尽如人意甚至疏漏之处，在此希望能够得到广大读者的指正。最后，特别感谢机械工业出版社吴亚军编辑为本教材的出版提供了全方位的建设性意见与大力支持。

斯晓夫

于美国宾夕法尼亚

目录 CONTENTS

序一
序二
前言

第1章 社会创业概述 ·············· 1

开篇案例 永不凋谢的冬奥之花············ 1
1.1 社会创业的概念 ················ 3
1.2 社会创业特征与维度 ············ 4
1.3 社会创业者 ···················· 7
1.4 社会创业分类 ·················· 9
1.5 社会创业对当下中国发展的价值
    与意义 ······················· 11
本章小结 ····························· 13
问题讨论 ····························· 13
参考文献 ····························· 14

第2章 社会创业者身份 ············ 19

开篇案例 单霁翔：我是来故宫创业的··· 19
2.1 社会创业者身份的研究背景 ······· 20
2.2 社会创业者身份的概念界定和分类··· 22
2.3 影响社会创业者身份建构的因素 ··· 24
2.4 社会创业者身份建构的合法实现
    途径 ························· 26
本章小结 ····························· 28
问题讨论 ····························· 28

参考文献 ····························· 28

第3章 团队与社会创业 ············ 32

开篇案例 大龄女工们公益创办KTV ··· 32
3.1 创业团队的概念 ················ 33
3.2 创业团队对创业的重要性 ········ 34
3.3 创业团队对社会创业的重要性 ···· 35
3.4 社会创业团队的价值观 ·········· 36
3.5 社会创业团队的目标 ············ 39
3.6 社会创业团队的异质性 ·········· 40
本章小结 ····························· 44
问题讨论 ····························· 44
参考文献 ····························· 45

第4章 资源与社会创业 ············ 49

开篇案例 四川中和农道农业科技有
         限公司利用八类资源实现
         全产业链赋能················ 49
4.1 资源的概念及类型 ·············· 50
4.2 资源与社会创业的关系 ·········· 51
4.3 社会创业的资源类型与来源 ······ 53
4.4 社会创业的资源整合过程 ········ 55
4.5 社会创业资源整合利用的成效 ···· 59
本章小结 ····························· 66
问题讨论 ····························· 66

| 参考文献 ┈┈┈┈┈┈┈┈┈┈┈┈ 67

第5章　机会与社会创业 ┈┈┈┈ 70

开篇案例　55度杯设计背后的故事：
　　　　　灵感之美源自人生之暖 ┈┈┈ 70
5.1　社会创业机会的理论基础与定义 ┈ 71
5.2　社会创业机会的独特性 ┈┈┈┈ 75
5.3　社会创业机会识别与开发过程 ┈┈ 76
5.4　社会创业机会的影响因素 ┈┈┈┈ 78
本章小结 ┈┈┈┈┈┈┈┈┈┈┈┈ 80
问题讨论 ┈┈┈┈┈┈┈┈┈┈┈┈ 80
参考文献 ┈┈┈┈┈┈┈┈┈┈┈┈ 81

第6章　社会企业商业模式与
　　　　商业计划书 ┈┈┈┈┈┈ 85

开篇案例　返乡创业正成为新潮流 ┈┈ 85
6.1　社会企业的商业模式 ┈┈┈┈┈ 86
6.2　社会企业的商业计划书 ┈┈┈┈ 89
6.3　社会企业商业计划书的撰写要点 ┈ 93
本章小结 ┈┈┈┈┈┈┈┈┈┈┈┈ 96
问题讨论 ┈┈┈┈┈┈┈┈┈┈┈┈ 97
参考文献 ┈┈┈┈┈┈┈┈┈┈┈┈ 97

第7章　社会企业的组织形态
　　　　与治理 ┈┈┈┈┈┈┈┈ 99

开篇案例　朗力养老的困惑 ┈┈┈┈ 99
7.1　社会企业的组织形态 ┈┈┈┈┈ 101
7.2　社会企业的治理 ┈┈┈┈┈┈┈ 109
本章小结 ┈┈┈┈┈┈┈┈┈┈┈┈ 112
问题讨论 ┈┈┈┈┈┈┈┈┈┈┈┈ 112
参考文献 ┈┈┈┈┈┈┈┈┈┈┈┈ 113

第8章　社会创业绩效测量与评估 ┈ 115

开篇案例　启明科技：社会创业企业的
　　　　　双元价值平衡之道 ┈┈┈ 115

8.1　社会创业绩效的定义 ┈┈┈┈┈ 117
8.2　社会创业绩效测量与评估的重要性 ┈ 118
8.3　社会创业绩效的影响因素 ┈┈┈ 119
8.4　社会创业绩效测量与评估的方法 ┈ 120
8.5　社会创业绩效测量与评估的潜在
　　 问题及应对策略 ┈┈┈┈┈┈┈ 129
本章小结 ┈┈┈┈┈┈┈┈┈┈┈┈ 130
问题讨论 ┈┈┈┈┈┈┈┈┈┈┈┈ 131
参考文献 ┈┈┈┈┈┈┈┈┈┈┈┈ 131

第9章　公司社会创业 ┈┈┈┈┈┈ 135

开篇案例　吉利在贵州 ┈┈┈┈┈┈ 135
9.1　公司社会创业的内涵 ┈┈┈┈┈ 137
9.2　公司社会创业的重要影响 ┈┈┈ 140
9.3　公司社会创业的形成机制 ┈┈┈ 143
9.4　公司社会创业氛围的评价 ┈┈┈ 145
本章小结 ┈┈┈┈┈┈┈┈┈┈┈┈ 151
问题讨论 ┈┈┈┈┈┈┈┈┈┈┈┈ 151
参考文献 ┈┈┈┈┈┈┈┈┈┈┈┈ 151

第10章　公益创投 ┈┈┈┈┈┈┈ 154

开篇案例　上海玛娜数据科技发展
　　　　　基金会：用数字技术赋
　　　　　能社会创新创业 ┈┈┈┈ 154
10.1　公益创投的概念 ┈┈┈┈┈┈ 156
10.2　公益创投的特征与分类 ┈┈┈ 157
10.3　公益创投的运行机制及与商业
　　　创投的区别 ┈┈┈┈┈┈┈┈ 158
10.4　公益创投对社会创业和社区治
　　　理的意义 ┈┈┈┈┈┈┈┈┈ 165
10.5　我国公益创投发展面临的挑战
　　　及对策建议 ┈┈┈┈┈┈┈┈ 166
本章小结 ┈┈┈┈┈┈┈┈┈┈┈┈ 168
问题讨论 ┈┈┈┈┈┈┈┈┈┈┈┈ 169
参考文献 ┈┈┈┈┈┈┈┈┈┈┈┈ 169

第 11 章　精益社会创业 …… 172

开篇案例　从马路学堂到教育基金公司… 172
11.1　精益社会创业的 PISO 模型 …… 174
11.2　精益社会创业和问题驱动 ………… 176
11.3　社会创新和解决社会
　　　问题的新想法 …………………… 179
11.4　价值假设和最简可行产品 ………… 181
11.5　产品–组织组合图 ………………… 183
11.6　社会创业的测试和调整 …………… 186
本章小结 …………………………………… 187
问题讨论 …………………………………… 188
参考文献 …………………………………… 188

第 12 章　社会创业与乡村振兴 …… 191

开篇案例　重返乡野绽芳华 …………… 191
12.1　乡村振兴 ………………………… 193
12.2　社会创业在乡村振兴中的作用 …… 196
12.3　社会创业推动乡村振兴的机制 …… 198
12.4　乡村社会创业模式 ………………… 202
本章小结 …………………………………… 205
问题讨论 …………………………………… 206
参考文献 …………………………………… 206

第 13 章　社会创业与共同富裕 …… 208

开篇案例　浙江丽水共同富裕实践 …… 208
13.1　共同富裕概述 …………………… 210
13.2　共同富裕的世界性探索 …………… 211
13.3　共同富裕问题与思考 ……………… 215
本章小结 …………………………………… 219
问题讨论 …………………………………… 219
参考文献 …………………………………… 219

第 14 章　社会网络与社会创业 …… 221

开篇案例　水滴筹：大病筹款平台 …… 221

14.1　社会创业中的社会网络 …………… 222
14.2　社会网络在社会创业中的
　　　运用价值 ………………………… 227
14.3　社会创业中社会网络的构建 ……… 231
本章小结 …………………………………… 238
问题讨论 …………………………………… 239
参考文献 …………………………………… 239

第 15 章　跨界合作与社会创业 …… 244

开篇案例　大品牌拯救生物多样性 …… 244
15.1　跨界合作社会创新 ………………… 246
15.2　跨界合作社会创新的分析框架 …… 248
15.3　跨界合作的实施清单 ……………… 250
本章小结 …………………………………… 255
问题讨论 …………………………………… 255
参考文献 …………………………………… 256

第 16 章　社会创业及其可持续
　　　　　发展 ……………………… 258

开篇案例　老爸评测：一家社会企业
　　　　　的两难抉择 ……………… 258
16.1　可持续发展的定义 ………………… 261
16.2　社会创业可持续发展的价值 ……… 262
16.3　社会创业可持续发展的主要困境 … 263
16.4　社会创业可持续发展的路径 ……… 267
本章小结 …………………………………… 271
问题讨论 …………………………………… 271
参考文献 …………………………………… 271

第 17 章　社会创业环境 …………… 275

开篇案例　400 多万人争着为一家濒临
　　　　　倒闭的巧克力工厂投钱 …… 275
17.1　社会创业环境概述 ………………… 277
17.2　社会创业环境的构成 ……………… 281
17.3　社会创业环境分析 ………………… 286

本章小结 ………………………… 290	第20章　社会创业的法律维度 …… 333
问题讨论 ………………………… 290	开篇案例　残友合法性组织转型………… 333
参考文献 ………………………… 290	20.1　社会创业的合法性问题 …………… 335
	20.2　社会企业相关的立法比较 ………… 337
第18章　社会创业与减贫 ………… **292**	20.3　社会企业运营的保障与监督机制 … 346
开篇案例　减贫的中国实践……………… 292	20.4　我国社会企业相关法律法规 ……… 348
18.1　贫困的定义及现实 ………………… 293	本章小结 ………………………… 352
18.2　创业减贫理论基础 ………………… 296	问题讨论 ………………………… 352
18.3　社会创业减贫的层次 ……………… 302	参考文献 ………………………… 352
18.4　社会创业减贫的途径与模式 ……… 306	参考法律法规 …………………… 354
18.5　创业减贫的中国经验 ……………… 308	
本章小结 ………………………… 309	**第21章　社会创业案例研究方法** … **355**
问题讨论 ………………………… 309	开篇案例　社会创业家与金字塔底层
参考文献 ………………………… 310	个体间的合作关系………… 355
	21.1　社会创业案例研究现状 …………… 357
第19章　社会创业的国际维度 …… **319**	21.2　社会创业案例研究的特点 ………… 359
开篇案例　社区厨房 Food Cycle：	21.3　社会创业案例研究的方法论要点 … 360
驱散饥饿与孤独……………… 319	21.4　中国管理情境下的社会创业案例
19.1　基于国际视角的社会创业比较 …… 321	研究 …………………………… 368
19.2　美国社会创业的影响因素 ………… 322	本章小结 ………………………… 370
19.3　英国社会创业的影响因素 ………… 326	问题讨论 ………………………… 371
19.4　中国社会创业的影响因素 ………… 327	参考文献 ………………………… 371
本章小结 ………………………… 330	
问题讨论 ………………………… 330	**主要作者介绍** …………………… **374**
参考文献 ………………………… 331	

第1章 社会创业概述

:: **学习目标**

- 理解社会创业的概念
- 了解社会创业者的特质
- 了解社会创业分类
- 理解社会创业的维度
- 掌握社会创业的价值与意义

开篇案例

永不凋谢的冬奥之花

2022年北京冬奥会是全球的体育盛事,它代表着我们对来自五大洲的运动员的热烈欢迎和祝贺,也代表着我们对人类美好未来的期盼与祝愿。这届北京冬奥会的颁奖花束和以往传统的鲜花花束不同。这届冬奥会充分践行节俭、可持续的"绿色奥运"理念,弃用了传统的鲜切花,采用环保绒线编结花束作为颁奖花束(见图1-1)。看似简单的颁奖花束由红色玫瑰、粉色月季、白色铃兰和绣球、黄色月桂和桂花、绿色橄榄7种绒线花构成,凝结了冬奥花束制作团队的心血。

励美丽是这届冬奥会花束编结项目的负责人之一。她是一位在绒线编结行业从业20个年头的70岁高龄的老奶奶了,但她表示:"那是我圆梦的时刻。之前设计方

图1-1 北京冬奥会颁奖花束

案来来回回审核修改了4个多月，我差点以为没希望了。"对励美丽来言，这些花平时都编织过，但为了达到"奥运标准"，她给自己定了更高的标准。她表示："现在市面上用来钩编的大多数是粗线，这种线钩编的速度很快，可是最终呈现的效果比较粗糙。慢工才能出细活，所以我选择了细线，钩出来的花束更加精致，也更加逼真。"北京冬奥会和冬残奥会颁奖共需要用花束1 251束，累计花材共16 731枝。每枝花材上有叶有花，均为纯手工制作。独一无二的背后，有着大量的人力和时间的投入。励美丽介绍："编结一片玫瑰花瓣需要20分钟，一枝玫瑰花由10片花瓣组成，加上3片叶子和花茎，仅一朵玫瑰，就需要一位编结师耗费至少5小时。同时，这束花中花材各异，导致技法也不完全相同，所以完成这束精美的花束，需耗时长达35小时，制作所有花束耗时将接近5万小时。"正因为是冬奥会，鲜花要保鲜防冻代价太大，而且效果不好，绒线花束正好解决了一个难题。绒线花束一方面不像鲜花束需要从南方种植基地调运鲜花，大大降低了运输和管理的费用，另一方面还多了一个人见人爱的艺术品，以往奥运会运动员把鲜花抛向观众席，现在，哪个运动员会把这花扔了？此外，这也体现了本届冬奥会减碳、降碳、节俭办奥运会的理念，更加人性化。

"思想有价，创意无限"，人类对于美好社会的向往和建设美好社会的理念无处不在，这是一个很好的社会创业的案例素材，不仅有创意而且符合美好社会建设与可持续发展和绿色理念。

上述案例告诉我们，社会创业无所不在。经济发展与美好社会建设需要平衡协调发展，这犹如鸟之两翼。社会创新与创业无处不在，无论是30多年前的微软、思科，还是现在的谷歌、优步，或是我国的华为、腾讯、阿里巴巴，无一不是发现重要需求的存在，从而通过创新产品与服务填补了市场的需求与大众的需要。创新与创业的结合，尤其是与社会创业的结合，常常有一个特点，就是发现创新点，通过创新与实践社会创业解决社会中存在的种种问题，发现与创造经济和社会创业的机会及潜在的市场。这个案例说明，正是无数这样的社会创业创新推动人类生活变得更美好、我们的社会变得更美好，这正是社会创业的意义与价值所在。

早在18世纪，亚当·斯密在《道德情操论》中便提出，市场经济的繁荣并不会伴随着社会公益的增长。近几十年，世人过分追逐经济的发展，给社会的持续发展留下了问题，如环境污染、气候变暖、贫富分化等。然而，越来越多的现象证明，仅仅依赖经济创业的成功，诸多的社会问题，无论是政府还是企业都难以有效解决。因此在推进发展经济创业的同时，相应的社会创业必不可少。尤其在经济欠发达的发展中国家，社会福利体系不完善的情况下，社会问题会显得更加严峻。当然，由于现在的机制、体制及现状已经很难满足人们日益增长的社会需求，因此社会迫切需要通过各种创新模式来填补市场空缺，这些为社会创业的发展提供了大量空间与机会。

1.1 社会创业的概念

1.1.1 社会创业的兴起

社会创业的英文"social entrepreneurship"由爱创家基金会的创始人比尔·德雷顿（Bill Drayton）在20世纪80年代创造⊖，之后迪斯（J. Gregory Dees）又在《社会企业家的含义》一文中对该词进行了最早的解释。社会创业可以溯源到18世纪的"博爱事业"（philanthropic business），在那个时期它便与慈善机构、非营利部门、志愿组织这些名词联系在一起。在这一阶段，社会创业定义强调社会利益，所有为了实现社会目标而不是私人利益而创立实体的活动都属于社会创业（Shaw，2007）。社会创业最早出现在美国，由于美国政府20世纪80年代以来采取了以市场作为主要资源调节机制的经济政策，政府对非营利组织的直接资助逐年减少，对福利事业的资助也大为削减。同时，政府出台了更多鼓励公民积极参与社会创业的税收优惠政策，这些政策的出台为社会创业的诞生营造了良好的外部环境。这种外部环境推动了社会创业成为20世纪90年代以来在全球范围内兴起的一种新的创业形式。这一创业形式在公共服务领域出现，并逐渐超越民间非营利组织创业的范畴，成长为一种不同于经济创业和非营利组织创业的混合商业模式。它被很多人或组织认为是一种解决社会问题的社会创新模式。由此可见，社会创业的兴起与美国当时的社会经济背景密不可分。一般而言，社会创业是一种存在已久的社会现象，它的解释与定义因国家、政治、经济、企业与文化等的不同而不同，也是随着时代的发展而发展的。社会创业涉及很多因素，但最核心的因素是一个社会的整体素质的提升。

1.1.2 社会创业的定义

社会创业由于从概念的提出到现在的间距时间并不长，一个普遍现象是人们从不同的角度来了解与定义社会创业。这样的背景特点使得目前社会创业的定义具有多样化的特征。21世纪以来有关社会创业定义的文献层出不穷。在近5年社会创业文献中，有关社会创业概念的文章在减少，并不是说社会创业的定义就确凿无疑了，而是学者与社会创业实践者开始认识到，正如马克思所说：传统哲学只是用来理解这个世界，而我们希望改变这个世界。定义或许不是最重要的，但我们本着学术研究的态度，为了在教材中充分体现这种定义方面的多样化特征，在表1-1中列举了1997年以来比较权威的、基于经典文献与研究前沿的社会创业的7条定义，供读者参考。

表1-1 社会创业的定义

学 者	定 义
Leadbetter（1997）	社会创业是利用创业的行为为社会目标服务，这些服务并不是以利润为目标，而是为了服务于特定的弱势群体
Mort et al.（2002）	社会创业是一个多维的构念，通过表现善良的创业行为达到实现社会使命的目的，具有识别创业机会和创造社会价值的能力，它的关键决策特征是创新性、先动性和风险承担性

⊖ 比尔·德雷顿在1980年成立了名为爱创家（Ashoka）的全球性非营利组织，致力于在全球范围内推广为公众利益服务的创业活动。在国内，也有学者将social entrepreneurship翻译为"公益创业"。

(续)

学　　者	定　　义
Shaw（2004）	社会创业是社区、志愿者、公共组织及私人企业为了整个社会工作，而不仅仅为了经济利润
Mair and Marti（2006）	社会创业是利用创新的方式整合资源以实现社会价值目标的过程，通过探索和利用创业机会来促进社会变革与满足社会需求
Austin et al.（2006）	社会创业是社会目标驱动下的创新活动
Martin and Osberg（2007）	社会创业需要识别机会以创造社会价值，从而锻造一种新的、稳定的社会平衡，帮助和减少弱势群体，建立一个稳定的系统以便拥有更美好、更均衡的社会
Zahra et al.（2009）	社会创业是发现、定义、利用机会来增加社会财富的一系列活动与过程，可以通过创立新的实体，也可以在现有的组织中实行创新的商业模式

在近5年最新的社会创业文献中[一]，有关社会创业定义的讨论文献比较有影响力的是崔和马宗达（Choi and Majumdar，2014）发表在 Journal of Business Venturing 上的社会创业研究论文。文章指出，社会创业的领域过于宽泛，需要细分。他们认为社会创业属于一个"群概念"（cluster concept），社会创业研究领域包含五大方面：社会价值创造、社会创业者、社会创业组织、市场导向和社会创新。但在中国，我们更认同多拉多和文特雷斯卡（Dorado and Ventresca，2013）的观点，社会创业就是利用创业来解决复杂的社会问题，实现国家的成长与发展。事实上，崔和马宗达提到的五大方面，在解决复杂的社会问题时是相辅相成的，撇开任何一个方面都不能解决复杂的社会问题。从目前的中国社会创业实践来看，我们认为更加应该关心的是：社会创业到底可以为中国带来哪些成长与发展？然而，从定义出发，一般而言，社会创业是指组织或个人（团队）在社会使命的驱动下，借助市场力量解决社会问题或满足某种社会需求。社会创业追求社会价值和经济价值的双重价值目标，目的是通过解决社会问题使我们的社会更美好，使社会朝着人们希望的目标改变。例如，利德贝特（Leadbetter，1997）提出，社会创业是利用创业的行为为社会目标服务，这些服务并不是以利润为目标，而是为了服务于特定的弱势群体。肖（Shaw，2004）提出，社会创业是社区、志愿者、公共组织以及私人企业为了整个社会工作，而不仅仅为了经济利润。除了解决社会问题之外，越来越多的学者在社会创业定义中强调发展和传递创新等因素。例如，迈尔和马蒂（Mair and Marti，2006）指出，社会创业是利用创新的方式整合资源实现社会价值目标的过程，通过探索和利用创业机会来促进社会变革和满足社会需求。

1.2　社会创业特征与维度

1.2.1　社会创业特征

社会创业有以下三大基本特征。

（1）社会性特征（social characteristics）。社会性是社会创业区别于经济创业的显著特征。社会创业是以解决社会问题为导向，社会问题的存在是社会创业存在的前提和土壤。在非社

[一] 可参考傅颖，斯晓夫，陈卉．基于中国情境的社会创业：前沿理论与问题思考 [J]．外国经济与管理，2017，39（3）：40-50．

会企业经济创业中，也可能会有诸如捐赠、采用环保材料等企业行为，但这些行为并不直接面对社会问题。相反，社会创业源自一些未被解决的社会问题，以及没有被满足的社会需求。解决社会问题是社会创业者的使命和终极目的。社会创业者为了解决社会问题，雇用弱势群体人员或销售公共产品和服务，这些直接与他们的使命相关。社会创业主要受社会使命的驱动，其追求的是问题解决的社会影响最大化，用以动员更广泛的力量投入社会问题的解决。在这一点上，它与经济创业的侧重点明显不同。一般而言，社会创业可能推动社会发生一些或大或小的变革，社会创业必须要有显著的社会目标和社会愿景。

社会创业不以利润为主要目标，但社会创业以产生社会绩效为导向。它的社会性特征最直接的体现是创造社会价值，社会创业具有显著的社会目的性和使命驱动性。社会创业的使命表明，社会创业者或组织采取创新的业务模式去解决相应的社会问题。因此社会创业者或组织在社会部门中扮演变革代理的角色，而履行这一角色的手段就是选择一项使命去创造和维持社会价值。与经济创业相比，利润（经济价值）虽然是一个目标，但不是主要目标。利润会被再投入于使命之中而不是分配给股东。经济价值是社会创业的副产品。创造多少与使命相关的社会价值（而不是利润）是衡量一个社会创业者成功与否的主要标准。

（2）创新性特征（innovative characteristics）。创新性是创业者必须具备的显著特征和运营方式，也是社会创业的重要特征之一，社会创业必须应用具有创新性和持续性的方式去使整个社会获益。现有社会福利体系的不完善是社会创业机会的重要来源之一，资源和情境性的限制成为政府和社会创业者实现社会收益的障碍。这要求社会创业者能够创造出新的方式，调动想法、能力、资源和社会安排，改善或弥补现有社会福利体系的不足。

（3）市场与价值机会特征（market and value opportunities characteristics）。社会创业需要借助而非抵制市场的力量，同样需要重视创业机会的识别、发现与开发过程。莫特等（Mort et al., 2002）指出，创造社会价值和识别创业机会是社会创业的关键维度，社会创业是发现、定义、利用机会去增加社会财富的一系列活动与过程（Zahra et al., 2009）。社会机会起始于发现一些未被解决的社会问题，通过机会的评估与开发找到解决问题的新方法。当社会创业者把目前所存在的社会需求和满足这些需求的方法有机结合时，就可能发现创业机会。

除上述三大基本特征之外，社会创业还具有综合性特征（comprehensive characteristics）。社会创业常常是很多因素相互或共同作用的结果。比如，尽管侧重点或目标是不同的，但社会创业与经济创业经常是相互作用的，很多时候社会创业需要运用经济创业的模式做社会创业的事。社会创业不仅需要考虑经济因素，很多时候还要考虑体制与机制、法律与法规等因素，这些因素共同作用，从而实现社会创业的目的。社会创业是一项涉及创业学习、社会创新、非营利组织管理等众多领域和部门的研究活动，解决社会问题迫切需要一种跨部门协作的新型方式。事实上，目前商业和公益事业之间的界限正逐渐被打破。

1.2.2 社会创业维度

当今世界面临着贫富分化、环境污染等社会难题。从创业角度而言，推动社会创业的发展成为解决上述问题的重要模式之一。越来越多的证据表明，社会创业能在以下三个方面为社会提供帮助。

1. 减少贫困

虽然过去40多年我国通过改革开放政策在减少贫困方面取得了举世瞩目的成就，但贫困地区基础设施建设和社会文化事业发展仍相对滞后。对部分已脱贫的群众而言，仍存在因病、因灾返贫现象。过去往往通过宏观经济、社会政策来研究减少贫困的方法，而现在，通过创业的方式尤其是社会创业的方式来减少贫困成为研究热点。学术上，2015年《亚太管理杂志》（*Asia Pacific Journal of Management*）曾重点论述过创业对减少贫困的重要贡献；实践方面，格莱珉银行、义乌的创业减贫模式也得到了社会人士的关注。以浙江义乌为例，在早期极端贫困的情境下，义乌地区资源缺乏，农民一般没有机会迁移到资源丰富的地方去发展。斯晓夫等（2015）的研究表明，义乌的减贫模式并非以往的简单买卖盈利模式，而是采用具有创造性的"以货易货（鸡毛换糖）"的商业模式，通过商品交换，改善生产环境并获取薄利。义乌农民在后续的发展过程中，不断将外地不同的生产资料等带入义乌，义乌由此成为世界最大的小商品市场，而这种模式随后被中国其他地方以及目前很多非洲国家借鉴与采用。

2. 环境保护与优化

自然环境是人类生存、繁衍的基础，保护和改善自然环境是人类维护生存与发展的前提。然而，过度追逐经济发展令自然环境受到了极大的破坏。以中国为例，改革开放40多年来，中国一跃成为世界第二大经济体，但付出了相对高昂的资源环境代价。资源消耗量高、环境污染等问题都对中国未来的发展形成巨大的挑战。如今，越来越多的创业者开始关注环境问题，他们通过创新的模式服务于社会，为环境保护与优化提供新的治理方式、资源整合方式和解决方案。例如，2004年6月5日，中国近百位企业家发起成立荒漠化防治民间组织——阿拉善SEE生态协会，致力于阿拉善地区的荒漠化治理和生态保护，这创造了企业家、环保公益组织、社会公众共同参与生态治理的社会创业新模式。

3. 实现社会的可持续发展

社会的可持续发展有助于经济结构日趋合理与优化，并使得资源消耗量越来越低，对生态环境的破坏越来越小，总体效益越来越好。可持续发展的实现，依赖于经济发展与生态发展的有机融合和均衡（栗战书，2011）。在主流经济学和环境经济学基础上，社会创业为实现社会可持续发展提供了一个新视角。环境经济学认为环境的退化是由于市场失灵，而市场失灵正是创业机会的重要来源。迪安和麦克马伦（Dean and McMullen，2007）认为，创业者如果能够抓住这些机会，全面审视整个系统，依靠系统的创新和变革，创业就能实现在全球的社会经济系统中解决环境问题。因此，社会创业弥补了以往经济创业在环境等方面可能存在的不足，有助于实现社会的可持续发展。尽管可持续发展会受到诸如新冠疫情、国际贸易摩擦等的挑战，但社会的进步又必须坚持可持续发展。

除了上述三大维度外，奥斯汀等（Austin et al.，2006）在美国《创业理论与实践》（*Entrepreneurship Theory and Practice*）杂志上撰文阐述了社会创业与经济创业在四个维度上的区别，分别是市场失灵、使命、资源调动和绩效测度。

（1）市场失灵。市场失灵能给社会创业和经济创业提供不同的机会，社会创业更多是弥补原有公共产品的不足。

（2）使命。社会创业提供更多的公共产品是为了增加社会价值，促进社会进步。社会创业者的企业管理和个人创业动机与经济创业者是不同的。

（3）资源调动。社会创业的一些员工并不拿薪酬，而且社会创业获得的利润和财务资本也不像经济创业那样直接分配给股东，而是继续投入到社会企业中。

（4）绩效测度。社会创业的绩效并不像经济创业那样容易测度，它更看重社会的影响，因此其测度更加具有不可量化性、多重因果性、时效性和主观感知的差异性。

1.3 社会创业者

1.3.1 社会创业者的定义

社会利益与每个人的日常生活都息息相关。当看到贫困、环境污染、不良社区时，有同情心的个人，无论是政府公务员、教师、非政府组织（NGO）成员、教会成员，还是商人等，在社会责任感的驱动下，都有可能伸出援手，共同解决上述问题。而当他们真正着手去创立和经营社会企业时，他们便成为"社会创业者"（social entrepreneur）。南非前总统曼德拉曾经这样形容社会创业者："这些社会创业者的故事将鼓舞和激励许多人——那些寻求创建一个更好世界的人。"表 1-2 列举了一些学者对社会创业者的定义。

表 1-2 社会创业者的定义

学　者	定　义
Thake and Zadek（1997）	社会创业者被社会公正的目标驱动，他们希望自身的行动能改善低收入群体的生活，并致力于持续地为财务、组织、社会和环境的改善提供方案
Thompson et al.（2000）	社会创业者是那些能够意识到社会福利体系不能满足某些需求的人，他们能够运用有限的资源来改变现状
Drayton（2002）	社会创业者是重要（社会）变革的促进者，核心价值是识别、处理和解决社会问题
Harding（2004）	社会创业者受社会目标的激发进而开展新的社会活动或创业
Martin and Osberg（2007）	社会创业者与经济创业者有一致性，即创业受机会、使命和物质回报驱动，但是社会创业者将获取的财务价值看得更轻，他们倾向于把财务价值更多地回馈社会
陈劲、王皓白（2007）	社会创业者是那些具有正确的价值观，能将伟大且具有前瞻性的愿景与现实问题相结合的创业者，他们对目标群体负有高度的责任感，并在社会、经济和政治环境下持续通过社会创业来创造社会价值
赵丽缦等（2014）	社会创业者是指那些采用一定的组织模式以解决复杂、持续的社会问题，进而对所在社区或整个社会做出多种重要贡献的创业者

扎赫拉等人基于针对的社会问题的大小，将社会创业者细分为三种类型，分别称作社会修理工（social bricoleur）、社会建构者（social constructionist）和社会工程师（social engineer），具体如表 1-3 所示。

表 1-3 扎赫拉等人（Zahra et al., 2009）对社会创业者做的分类

社会创业者的分类	定　义
社会修理工	发现和处理小规模的当地社会需求
社会建构者	发现市场失灵和其他一些创业机会，通过改革和创新现有的社会系统来处理这些问题
社会工程师	识别现有社会结构系统存在的社会问题，通过革命性的社会变革来处理这些问题

资料来源：ZAHRA S A, GEDAJLOVIC E, NEUBAUM D O, et al. A typology of social entrepreneurs: motives, search processes and ethical challenges[J]. Journal of business venturing, 2009, 24(5): 519-532.

总的来说，社会创业者是那些致力于解决社会问题的人。社会创业者往往能够：

- 肩负一种去创造并维护社会价值而不是个人价值的使命。
- 发现并不懈追求服务于这种使命的机会。
- 不断地学习、调整和创新,推动社会企业持续发展。
- 采取相应的行动以突破现有资源、情境的限制。
- 对所有利益相关者具有高度的责任意识。

1.3.2 社会创业者特质

社会创业者与经济创业者的核心差异不在于性格或能力,而在于创业的使命。社会创业者同样具有警觉性、外向性、对成功的渴望、风险承担倾向等特质。不同之处在于,虽然如今的社会创业者同样以商业的眼光看待社会问题,用商业的规则去解决社会问题,但是他们将所得的盈余用于扶助弱势群体、促进社区发展和社会企业本身的投资,他们重视社会价值多于追求自身利润最大化。美国学者伯恩斯坦在所著的畅销书《如何改变世界:社会企业家和新思想的威力》中对此进行了生动、形象的描述:经济创业者的目的在于建立世界上最大的"跑鞋公司",而社会创业者则梦想为世界上所有的孩子接种牛痘疫苗(Bornstein, 2004)。虽然这些梦想可能存在夸大,但是不可否认,社会创业者所从事的事业与活动,绝大部分属于利他而非利己的行为(Dacin et al., 2011; Roberts and Woods, 2005; Tan et al., 2005)。

那么,究竟是什么样的因素会促使个体进行社会创业而非追求自身利润最大化的经济创业?早在18世纪,亚当·斯密便指出同情心①是"利他"的基础。有同情心的创业者,容易与受伤害者形成情绪联结,进而激发综合的思考及分析,找寻一种创新有效的方式去帮助受伤害者乃至整个社会(Miller et al., 2012)。图1-2阐述了同情心如何激励社会创业。

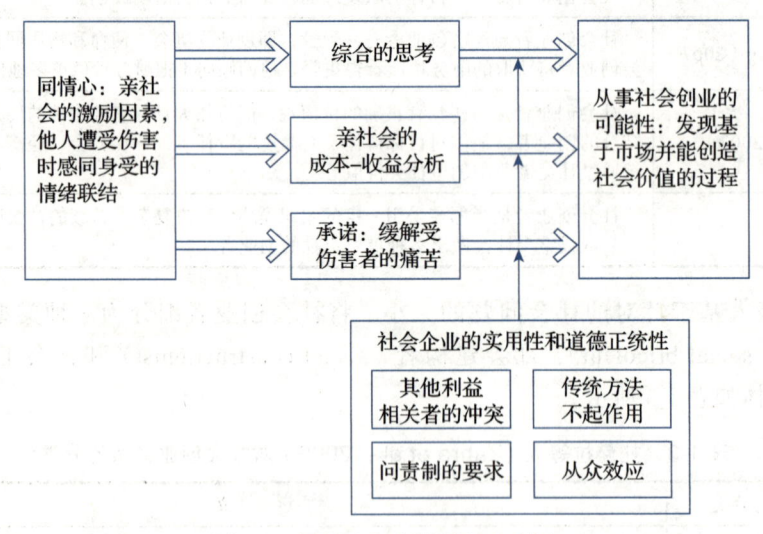

图 1-2 同情心如何激励社会创业

资料来源:MILLER T L, GRIMES M G, MCMULLEN J S, et al. Venturing for others with heart and head: how compassion encourages social entrepreneurship[J]. Academy of management review, 2012, 37(4): 616-640.

除了同情心外,社会创业者被认为还应该具备以下六大特质(Leadbeater, 1997)。

---

① 亚当·斯密在1759年出版的《道德情操论》中使用的单词是 sympathy,中文译为"同情心"。

（1）乐于自我纠正。首先，任何一个创业项目都是一个不断试错和修正的过程。敢于说"这是行不通的"或"我们的设想是错的"既需要有冷静的头脑，也需要谦卑和勇气。其次，随着组织的不断成长壮大，社会创业者往往容易出现乐观和盲目的情绪。只有乐于自我纠正的社会创业者，才能实现不断发展和进步。

（2）乐于分享荣誉。社会创业者与人分享的荣誉越多，就有越多的人愿意帮助他们。当社会创业者不在乎荣誉将归于谁时，他能获得的成就是没有限度的。对社会创业者来说，乐于分享荣誉是通向胜利的必由之路。

（3）乐于自我突破。社会创业者可以通过改变现有组织方向来完成变革。面对现实与理想之间的较大差距，乐于自我突破的社会创业者能够超越所在领域的正统观念去看待事物，从而能够创新解决社会问题的方法和手段，并能试验和推广新的想法。

（4）乐于超越边界。摆脱主导概念控制的社会创业者，也需要以新的方式去整合资源的自由。面对一些整体系统性问题，乐于超越边界的社会创业者，能够将不同领域、有各种各样经验与技能的人们召集在一起，创建可行的解决方法。

（5）乐于默默无闻地工作。许多社会创业者花费几十年的时间，坚持不懈地去实践他们的理想，他们以一对多或一对一的方式去影响他人。一个人必须具有非常纯粹的动机，才能长久地甘于寂寞，去实践一种理想。社会创业者必须是那些能花费时间去寻找地点和机会，以期对重大进程产生影响的人。

（6）具有强大的道德推动力。道德准则是社会创业的基石。在讨论社会创业者时不考虑其动机的道德性质是没有意义的。激励社会创业者的不是利润，而是"建立一个理想王国的欲望，在竞争的角斗中征服的意志和进行创造的欢乐"。道德的推动力可以鼓励他们，帮助他们做需要做的事情，从而使社会不断发展。

在上述六个特质中，创业者的道德特质都被认为是一名社会创业者的必要品质，也是其他一切品质的基石，即使一名创业者具备超强的创新性和整合资源的能力，倘若其动机不纯、不正，没有强烈的社会使命感和责任感，其所有成就对社会而言也是微不足道的。

1.4 社会创业分类

社会创业是一个群概念，是组织或个人（团队）在社会使命的驱动下，借助市场力量为了解决社会问题或满足某种社会需求而开展非营利性质的创业活动。在普通读者眼中，有关非营利的创业活动有许多概念，如社会企业、慈善组织、公益创业等。它们的创业特点有所不同，创业范围大小不一，所涉及的社会创业的维度不一样，但它们相互之间存在非常多的交集。所有这些内容都隶属于社会创业这个群概念，企业或组织的核心业务内容与目标都是解决社会问题或满足某种社会需求。

前文已经述及比尔·德雷顿在1980年成立了名为爱创家的全球性非营利组织，致力于在全球范围内推广为公众利益服务的创业活动。在国内，也有学者将social entrepreneurship翻译为"公益创业"。如果从学术研究角度来看，公益创业和社会创业的英文都是social entrepreneurship，不应该做区别，但"公益"一词，通常情况下意味着个人或组织自愿做好事、行善举，加上人们脑海中对"公益组织"（即合法的、非政府的、非营利的、非党派性质的、非成员组织的、实行自主管理的民间志愿性的社会中介组织）的认知，在一定程度上造成了社会公众的误解。就这一点来说，即使存在"公益组织创业"的这个概念，事实上，它重点突出的也是上述前文提到的社会创业的社会性特征。也就是说，它依然属于社会创业的范畴。

上述有关社会创业和公益创业的澄清，事实上可能只是普通读者对社会创业模糊认知的一个方面。为了让读者对社会创业的理解更为深刻，本节将重点比较社会企业与慈善组织以及"社会责任型企业"的区别。

社会创业着重于创造社会收益，但是并不意味着完全忽视经济收益。如今，大多数社会企业介于纯慈善组织与纯商业组织之间，能够实现部分自给自足，而不再是全面依靠捐赠。迪斯（1998）因此提出了"社会企业光谱"的概念，表1-4从动机、方式、目标和主要利益相关者的角度，分析了社会企业与纯慈善组织及纯商业组织的区别。

表1-4 迪斯的社会企业光谱（Dees, 1998）

分析角度		选择的连续体		
		纯慈善组织	社会企业	纯商业组织
动机		诉诸善意	混合动机	诉诸自我利益
方式		愿景驱动	愿景与市场驱动	市场驱动
目标		创造社会价值	创造社会和经济价值	创造经济价值
主要利益相关者	受益人	免费获得	补助金方式，全额支付以及免费	按市场价格付费
	资本	捐款与补助	低于市场价格的资本或捐款与市场价格资本形成的混合资本	市场价格资本
	劳动力	志愿者	低于市场行情的工资或同时有志愿者与付酬员工	按市场行情付酬
	供应者	捐赠物品	特殊折扣，物品捐赠以及全价供货	完全按市场价格收费

阿尔特绘制了一幅更为详细的可持续发展光谱（Alter, 2007），如图1-3所示。在社会变革环境下，传统的纯非营利组织或非营利组织（参与创收活动）与传统的纯营利性企业或营利企业（兼具社会责任）尽管初始的目标存在差异，但是为了实现可持续发展战略，最终还是向中间状态"社会企业"或"社会责任型企业"靠拢。此外，一家承担社会责任的企业不应等同于社会企业。社会责任往往是企业坚持一种"尝试－检验模式"，并且它们的责任往往更多被看作一种"附加责任"。但是社会企业则是企业发自内心地从事道德商业活动，而非将它当作一种附加责任。

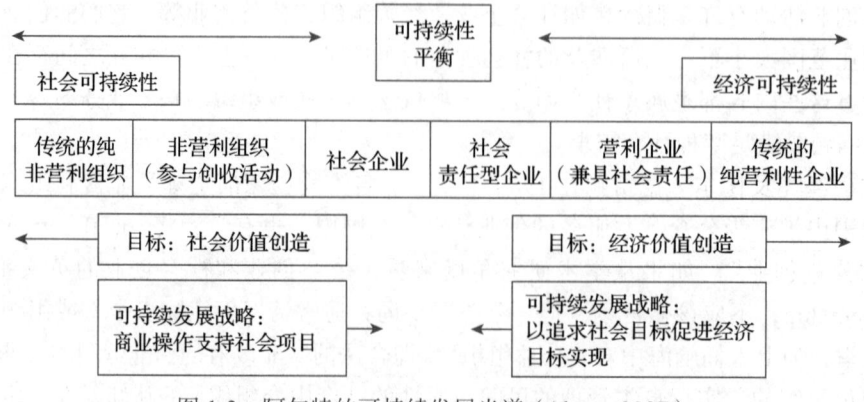

图1-3 阿尔特的可持续发展光谱（Alter, 2007）

1.5 社会创业对当下中国发展的价值与意义

1.5.1 提高公民素质

社会创业的本质是为了创造社会价值，而经济价值只是社会价值的一部分。无论是推动社会进步、创造社会价值还是落实美好生活蓝图，其中最关键的因素都是人或者说公民。公民素质的整体提高是社会创业最大的意义所在。社会创业的作用就在于此。在社会经济发展过程中，价值观缺乏核心内容、利益分配不公正合理、贫富悬殊、人际关系恶化等，都会影响公民素质的整体提高，还会产生一定的社会道德危机。社会创业可以引导更多的组织和个人重新审视人类赖以生存的社会和所面临的种种社会问题，培养公民的社会责任感和使命感，着力于解决社会发展过程中出现的社会问题。很多近期研究指出，中国经过最近40多年的经济发展，现在与西方发达国家相比，差距比较明显的不是国内生产总值（GDP），也不是具体的技术，而是公民的整体素质。这种差距不是短期内可以马上解决的，它需要一个国家的长期努力，而通过社会创业来实现一个国家公民素质的整体提高，促进人的全面发展被实践证明是一条有效的途径。具体地说，就是在发现、分析、解决社会问题的同时，提高公民的整体素质。另外，在经济发展水平相对低的地区，如何通过社会创业和教育提升公民整体素质是我国社会创业者面临的一个重要挑战。西方社会创业发达的国家大多比较重视社会创业与教育的关系。在学术研究方面，也有许多学者注意到了社会创业与教育的关系（Dees and Anderson，2006；Renko，2013；Alvare and Barney，2014；Battilana and Lee，2014）。

社会创业涉及的教育问题体现在两个方面。一是过往的研究已经证实对贫困人口进行教育，会对提高他们的创业意向和取得创业成功（Renko，2013；Millán et al.，2014）有帮助。目前有许多基金会的教育项目在发展中国家与地区通过增加当地居民的创业知识，使他们做到自我雇佣、发现创业机会乃至创造创业机会（Alvare and Barney，2014）。这在中国也是一样的，一些欠发达地区，可以引导一些社会企业将扶贫与职业教育相结合，鼓励职业院校和技工学校招收贫困家庭子女，确保贫困家庭劳动力至少掌握一门致富技能，实现靠自我雇佣的技能脱贫。有能力的社会企业家或一些精英创业者也可以构建创业机会，引领边缘贫困人口实现创业（斯晓夫 等，2016），这方面中国的许多"淘宝村""淘宝县"的做法有一些可以值得借鉴的地方。二是社会创业不仅能以教育促进创业，还能实现其他一些功能。例如，利用社会创业是否能创新性地解决留守儿童的问题、山村学校缺教师的问题，这些都值得我们去探索、思考。如何通过教育有效进行社会创业，并解决上述社会问题，也是我国提高公民素质的途径以及需要思考与创新的问题。

1.5.2 推动和谐社会建设

社会创业的重要价值与重要意义之一是推动和谐社会建设。社会创业的和谐社会建设涉及很多因素，但最重要的因素还是坚持以人为本。社会创业的和谐社会研究发现，不和谐的根源在于社会问题较多，如环境污染问题、弱势群体问题、社会不公问题、就业问题、人口老龄化问题、教育问题、食品安全问题等。这些问题无一例外地需要寻求新的方法和途径来有效解决，而社会创业和社会创新能很好地协调商业与公益、经济利益与社会价值之间的关系，这正是构建和谐社会所需要的创业与创新范式。例如，对于如何通过社会创业来动员社会资本以解决社会问题，从而形成和完善社会福利机制，社会创业提供了构建自主性福利模式的有效途径。自主性福利模式是相对于被动型福利模式而言的。自主性福利模式鼓励服务对象主动对自己的生活负责，而不是把福利当作一种权益，使社会福利最大限度地关注穷人，而不是帮助懒人。同时，动员社会资本来解决社会问题可以使弱势群体直接参与价值创造，也可以使受益者成为社会创业的积极参与者，进而有效推动自主性福利模式的构建。由此可见，面对我国在和谐社会建设中出现的社会问题，积极推行社会创业和社会创新活动是一种重要的途径与解决方案。

另外，公共服务也是建设和谐社会的一个重要因素。放眼世界，社会和谐的国家有一个共同特征，就是它们的公共服务建设做得很好，促进了社会的和谐。当前，我国人民对于公共服务的需求较以往任何时候都旺盛，但政府在公共服务的提供方面尚有不足，这就需要一种新的模式来化解这个矛盾，显然，这为社会创业者或社会创业企业提供了创业机会，为社会创新提供了解决社会问题的创新机会。这方面的例子有很多，如生态环境保护、弱势群体就业、养老服务等领域。因此，如果社会创业在这些公共服务领域吸引大量民间力量参与，得到政府在政策上和制度上的支持，形成政府与各级民间组织的合作和互动，社会创业个人和组织将作为一种重要的力量参与社会管理，有效弥补政府在公共服务供给方面的不足，提升全社会公共服务水平，这对建设和谐社会具有重大的价值与作用。

1.5.3 促进社会与经济共生共长

社会创业不是与经济创业相对立的，社会创业在解决社会问题和促进社会变革的同时，一个很重要的功能与目标是刺激经济发展。很多经济问题的解决，同样需要社会创业。在社会创业最为发达的英国有一个统计数据，英国 5.5 万个社会企业每年营业额达 270 亿英镑，并对 GDP 产生 84 亿英镑的贡献，大约占英国 GDP 的 1%。这一数字正呈上升趋势。社会创业由于具有显著的社会性特征，在推动经济发展上不符合边际报酬递减的经济规律，因此创造的经济价值（金钱）的边际效用比商业企业的要高。这对推动社会与经济的发展具有更强的可持续性。另外，创业有生存性创业与创新性创业之分，对很多发展中国家而言，生存性创业属于地区和经济发展的重中之重。生存性创业是指国家或组织通过创业的途径帮助基层劳动者得到就业机会，体现出一个国家的社会与经济共生共长。从发达国家的情况看，社会领域的创业也是解决就业的重要途径，而非营利部门的就业速度较经济部门的速度要快。

有研究显示，社会创业在推动经济发展的同时，能为社会创造现实的就业机会，增加有价值的产出。大多数参与人员在社会创业过程中获得了更多的技能，变得更加独立自主。中国改革开放 40 多年来，最伟大的成就之一是打赢脱贫攻坚战，实现现行标准下农村贫困人口全部脱贫。通过社会创业与经济创业相结合的途径帮助基层劳动者得到就业机会，是世界公认的有效解决贫困问题的中国方案之一。我国登记注册的社会组织总量在不断上升，可以预见社会企业领域将成为吸纳就业的更加热门的行业。因此，鼓励发展社会创业，不但能吸引更多的人参与公益，也能通过社会创业创造就业岗位，帮助更多的人实现就业，进一步发展经济，更好地使社会创业与经济创业有效结合，实现社会与经济共生共长。

1.5.4 推进美丽乡村建设

在进行城市现代化建设的同时如何推进美丽乡村建设，实现乡村振兴？以往，为了加快城市现代化建设，资源与政策更多地向城市倾斜，导致我国农村很多地方年轻人离开当地，农村面临基础设施落后、生态环境破坏等问题。社会创业是社会问题导向性的研究与实践，它可以帮助解决以上问题。新生代农民工由于自身和社会的原因，融入城市难度大，在美丽乡村建设背景下，他们和从农村走出去的大学生群体将成为农村社会创业的生力军。他们可以返回父辈的农村，接受地方政府的创业教育，提高自身创业能力和素质，开展创业活动。"新生代农民创业者"所能开展的创业活动在时代背景下势必层出不穷。例如，在互联网背景下，电子商务社会创业可以依托本土化的农产品资源，积极开展农村电商专业村的创建，推动本土化农产品的输出；又如，在美丽乡村建设背景下，"新生代农民创业者"可以积极开展农家乐休闲旅游项目，靠着好风景好环境，成为生态"房东"。

我国很多地方的建设实践证明，农民创业和社会创业方面的工作是与美丽乡村建设高度相关的。如浙江农村，这些年的城镇化建设不仅缩小了城乡差别，也没有出现年轻人大量离开到外地打工的情形，绿水青山在浙江农村依然到处可见。浙江这种经济创业与社会创业兼顾的模式对我国其他一些省份应该是有借鉴作用的，对于其他亚非拉国家的发展与建设也可能是非常宝贵的经验。浙江农村的发展是一个非常成功的社会创业案例。向世界分享这些创业的经验，也是中国对世界在创业理论与实践方面的贡献。

本章小结

1. 社会创业的本质追求是整个社会的进步。社会创业的本质是为了创造社会价值，而经济价值只是社会价值的一部分。社会创业者是那些致力于解决社会问题的人，他们虽然同样用商业的眼光看待社会问题，发现机会以寻找突破口，用商业的规则去解决社会问题，但他们重视社会价值多于追求自身利润最大化。
2. 社会创业具有社会性、创新性、市场与价值机会三大基本特征。
3. 社会创业的主要维度表现在减少贫困、环境保护与优化以及实现社会的可持续发展三方面。
4. 社会创业对当下中国发展的价值与意义包括提高公民素质、推动和谐社会建设、促进社会与经济共生共长、推进美丽乡村建设。

问题讨论

1. 你怎么理解社会创业、慈善组织和经济创业？
2. 阐述社会创业者的特质。
3. 举例说明社会创业改善中国社会的途径。

扫码查看案例分析和文献精读。

参考文献

[1] ALLISON T H, MCKENNY A F, SHORT J C. The effect of entrepreneurship rhetoric on microlending investment: an examination of the warm-glow effect[J]. Journal of business venturing, 2013(6): 690-707.

[2] ANDERSON S E, COFFEY B S, DIXON-FOWLER H. The empty bowls project: creating, leading, and sustaining a social enterprise[J]. Entrepreneurship theory and practice, 2014, 38(5): 1237-1245.

[3] ALVAREZ S A, BARNEY J B. Entrepreneurial opportunities and poverty alleviation[J]. Entrepreneurship theory and practice, 2014, 38(1): 159-184.

[4] ALVAREZ S A, BARNEY J B, NEWMAN A M B. The poverty problem and the industrialization solution[J]. Asia Pacific journal of management, 2015, 32(1): 23-37.

[5] ARENDA R J. A heart-mind-opportunity nexus: distinguishing social entrepreneurship for entrepreneurs[J]. Academy of management review, 2013, 38(2): 313-315.

[6] AUSTIN J, STEVENSON H, WEI-SKILLEN J. Social and commercial entrepreneurship: same, different, or both? [J]. Entrepreneurship theory and practice, 2006, 30(1): 1-22.

[7] AUDIO E, FU K. Economic and political institutions and entry into formal and informal entrepreneurship[J]. Asia Pacific journal of management, 2015,32(1): 67-94.

[8] BACQ S, JANSSEN F. The multiple faces of social entrepreneurship: a review of definitional issues based on geographical and thematic criteria[J]. Entrepreneurship & regional development, 2011, 23(5-6): 373-403.

[9] BATTILANA J, MATTHEW L. Advancing research on hybrid organizing-insights from the study of social enterprises[J]. The academy of management annals, 2014, 8(1): 397-441.

[10] BATTILANA J, SENGUL M, PACHE A C, et al. Harnessing productive tensions in hybrid organizations: the case of work integration social enterprises[J]. Academy of management journal,2015, 58(6): 1658-1685.

[11] BLATT R. Resilience in entrepreneurial teams: developing the capacity to pull through[J]. Frontiers of entrepreneurship research, 2009, 29(11): 1-14.

[12] BORNSTEIN D. Access to the global highway[C]. European business forum, 2004 (19): 27-28.

[13] BOSCHEE J. Social entrepreneurship: some nonprofits are not only thinking about the unthinkable, they're doing it—running a profit[J]. Across the board: the conference board magazine, 1995, 32(3): 20-25.

[14] BOSCHEE J, MCCLURG J. Toward a better understanding of social entrepreneurship: some important distinctions [M]. Minneapolis, MN: Institute for Social Entrepreneurs, 2003.

[15] BRANNON D L, WIKLUND J, HAYNIE J M. The varying effects of family relationships in entrepreneurial teams[J]. Entrepreneurship theory and practice, 2013, 37(1): 107-132.

[16] BRUTON G D, KETCHEN D J, IRELAND R D. Entrepreneurship as a solution to poverty[J]. Journal of business venturing, 2013, 28(6): 683-689.

[17] BRUTON G D, AHLSTROM D, SI S. Entrepreneurship, poverty, and Asia: moving beyond subsistence entrepreneurship[J]. Asia Pacific journal of management, 2015, 32(1): 1-22.

[18] CASSON M. The entrepreneur: an economic theory[M]. Washington, D C Rowman & Littlefield, 1982.

[19] CHOI N, MAJUMDAR S. Social entrepreneurship as an essentially contested concept: opening a new avenue for systematic future research[J]. Journal of business venturing, 2014, 29(3): 363-376.

[20] CORNER P D, HO M. How opportunities develop in social entrepreneurship[J]. Entrepreneurship theory and practice, 2010, 34(4): 635-659.

[21] CRUZ C, NORDQVIST M. Entrepreneurial orientation in family firms: a generational perspective[J]. Small business economics, 2012, 38(1): 33-49.

[22] DACIN M T, DACIN P A, TRACEY P. Social entrepreneurship: a critique and future directions[J]. Organization science, 2011, 22(5): 1203-1213.

[23] DACIN P A, DACIN M T, MATEAR M. Social entrepreneurship: why we don't need a new theory and how we move forward from here[J]. The academy of management perspectives, 2010, 24(3): 37-57.

[24] DATTA P B, GAILEY R. Empowering women through social entrepreneurship: case study of a women's cooperative in India[J]. Entrepreneurship theory and practice, 2012, 36(3): 569-587.

[25] DEAN T J, MCMULLEN J S. Toward a theory of sustainable entrepreneurship: reducing environmental degradation through entrepreneurial action[J]. Journal of business venturing, 2007, 22(1): 50-76.

[26] DEES J G . Enterprising nonprofits [J]. Harvard business review,1998, 76: 54-69.

[27] DEES J G, ANDERSON B B. Framing a theory of social entrepreneurship: building on two schools of practice and thought[J]. Research on social entrepreneurship: understanding and contributing to an emerging field, 2006, 1(3): 39-66.

[28] DESA G. Resource mobilization in international social entrepreneurship: bricolage as a mechanism of institutional transformation[J]. Entrepreneurship theory and practice, 2012, 36(4): 727-751.

[29] DESA G, BASU S. Optimization or bricolage? Overcoming resource constraints in global social entrepreneurship[J]. Strategic entrepreneurship journal, 2013, 7(1): 26-49.

[30] DRAYTON, W. The citizen sector: becoming as entrepreneurial and competitive as business [J]. California management review, 2002, 44(3): 120-132.

[31] DORADO S, VENTRESCA M J. Crescive entrepreneurship in complex social problems: institutional conditions for entrepreneurial engagement[J]. Journal of business venturing, 2013, 28(1): 69-82.

[32] ESTRIN S, MICKIEWICZ T, STEPHAN U. Entrepreneurship, social capital, and institutions: social and commercial entrepreneurship across nations[J]. Entrepreneurship theory and practice, 2013, 37(3): 479-504.

[33] GEORGE G, RAO-NICHOLSON R, CORBISHLEY C, et al. Institutional entrepreneurship, governance, and poverty: insights from emergency medical response services in India[J]. Asia Pacific journal of management, 2015, 32(1): 39-65.

[34] GRAS D, MENDOZA-ABARCA K I. Risky business? The survival implications of exploiting commercial opportunities by nonprofits[J]. Journal of business venturing, 2014, 29(3): 392-404.

[35] GRIMES M G, MCMULLEN J S, VOGUS T J, et al. Studying the origins of social entrepreneurship: compassion and the role of embedded agency[J]. Academy of management review, 2013, 38(3): 460-463.

[36] HARDING R. Social enterprise:the new economic engine? [J] Business strategy review, 2004, 15(4): 39-43.

[37] HARPER D A. Towards a theory of entrepreneurial teams[J]. Journal of business venturing, 2008, 23(6): 613-626.

[38] HOCKERTS K. Determinants of social entrepreneurial intentions[J]. Entrepreneurship theory and practice, 2017, 41(1): 105-130.

[39] IM J, SUN S L. Profits and outreach to the poor: the institutional logics of microfinance institutions[J]. Asia Pacific journal of management, 2015, 32(1): 95-117.

[40] KATRE A, SALIPANTE P. Start-up social ventures: blending fine-grained behaviors from two institutions for entrepreneurial success[J]. Entrepreneurship theory and practice, 2012, 36(5): 967-994.

[41] KENT D, DACIN M T. Bankers at the gate: microfinance and the high cost of borrowed logics[J]. Journal of business venturing, 2013, 28(6): 759-773.

[42] KHAVUL S, CHAVEZ H, BRUTON G D. When institutional change outruns the change agent: the contested terrain of entrepreneurial microfinance for those in poverty[J]. Journal of business venturing, 2013, 28(1): 30-50.

[43] KIRZNER I M. Discovery and the capitalist process[M]. Chicago, IL: University of Chicago Press, 1985.

[44] KISTRUCK G M, WEBB J W, SUTTER C J, et al. Microfranchising in base-of-the-pyramid markets: institutional challenges and adaptations to the franchise model[J]. Entrepreneurship theory and practice, 2011, 35(3): 503-531.

[45] KISTRUCK G M, WEBB J W, SUTTER C J, et al. The double-edged sword of legitimacy in base-of-the-pyramid markets[J]. Journal of business venturing, 2015, 30(3): 436-451.

[46] KNIGHT F H. Risk, uncertainty and profit [M]. New York: Hart, Schaffner and Marx, 1921.

[47] LIAO J, WELSCH H, TAN W. Venture gestation paths of nascent entrepreneurs: exploring the temporal patterns [J]. Journal of high technology management research, 2005, 16(1): 1-22.

[48] LIU G, ENG T, TAKEDA S. An investigation of marketing capabilities and social enterprise performance in the UK and Japan[J]. Entrepreneurship theory and practice, 2015, 39(2): 267-298.

[49] MAIR J, MARTI I. Social entrepreneurship research: a source of explanation, prediction,and delight[J]. Journal of world business, 2006, 41(1): 36-44.

[50] MARTIN R L, OSBERG S. Social entrepreneurship: the case for definition[J]. Stanford social innovation review, 2007, 5(2): 28-39.

[51] MENDOZA-ABARCA K I, ANOKHIN S, ZAMUDIO C. Uncovering the influence of social venture creation on commercial venture creation: a population ecology perspective[J]. Journal of business venturing, 2015, 30(6): 793-807.

[52] MILLAN J M, CONGREGADO E, ROMAN C, et al. The value of an educated population for an individual's entrepreneurship success[J]. Journal of business venturing, 2014, 29(5): 612-632.

[53] MILLER T L, GRIMES M G, MCMULLEN J S, et al. Venturing for others with heart and head: how compassion encourages social entrepreneurship[J]. Academy of management review, 2012, 37(4): 616-640.

[54] MORRIS M H, WEBB J W, FRANKLIN R J. Understanding the manifestation of entrepreneurial orientation in the nonprofit context[J]. Entrepreneurship theory and practice, 2011, 35(5): 947-971.

[55] MURPHY P J, COOMBES S M. A model of social entrepreneurial discovery[J]. Journal of business ethics, 2009, 87(3): 325-336.

[56] NELSON T, INGOLS C, CHRISTIAN-MURTIE J, et al. Susan murcott and pure home water: building a sustainable mission-driven enterprise in northern Ghana[J]. Entrepreneurship theory and practice, 2013, 37(4): 961-979.

[57] RENKO M. Early challenges of nascent social entrepreneurs[J]. Entrepreneurship theory and practice, 2013, 37(5): 1045-1069.

[58] ROCHA H O, STERNBERG R. Entrepreneurship: the role of clusters theoretical perspectives and empirical evidence from Germany [J]. Small business economics, 2005, 24(3): 267-292.

[59] ROBERTS D, WOODS C. Changing the world on a shoestring: the concept of social entrepreneurship [J]. University of Auckland business review, 2005, 7(1): 45-51.

[60] RUEBOTTOM T. The microstructures of rhetorical strategy in social entrepreneurship: building legitimacy through heroes and villains[J]. Journal of business venturing, 2013, 28(1): 98-116.

[61] SEELOS C, MAIR J. Social entrepreneurship: creating new business models to serve the poor[J]. Business horizons, 2005, 48(3): 241-246.

[62] SHORT J C, MOSS T W, LUMPKIN G T. Research in social entrepreneurship: past contributions and future opportunities[J]. Strategic entrepreneurship journal, 2009, 3(2): 161-194.

[63] SHANE S. Prior knowledge and the discovery of entrepreneurial opportunities [J]. Organization science, 2000, 11(4): 448-469.

[64] SHAW E. Marketing in the social enterprise context: is it entrepreneurial? [J]. Qualitative market research: an international journal, 2004, 7(3): 194-205.

[65] SHAW E, CARTER S. Social entrepreneurship: theoretical antecedents and empirical analysis of entrepreneurial processes and outcomes[J]. Journal of small business and enterprise development, 2007, 14(3): 418-434.

[66] SI S, YU X, WU A, et al. Entrepreneurship and poverty reduction: a case study of Yiwu, China[J]. Asia Pacific journal of management, 2015, 32(1): 119-143.

[67] SUDDABY R, BRUTON G D, SI S X. Entrepreneurship through a qualitative lens: insights on the construction and/or discovery of entrepreneurial opportunity[J]. Journal of business venturing, 2015, 30(1):1-10.

[68] SULLIVAN MORT G, WEERAWARDENA J, CARNEGIE K. Social entrepreneurship: towards conceptualization[J]. International journal of nonprofit and voluntary sector marketing, 2003, 8(1): 76-88.

[69] STEVENS R, MORAY N, BRUNEEL J. The social and economic mission of social enterprises: dimensions, measurement, validation, and relation[J]. Entrepreneurship theory and practice, 2015, 39(5): 1051-1082.

[70] THOMPSON J, ALVY G, LEES A. Social entrepreneurship—a new look at the people and the potential [J]. Management decision, 2000, 38(5): 328-338.

[71] TOBIAS J M, MAIR J, BARBOSA-LEIKER C. Toward a theory of transformative entrepreneuring: poverty reduction and conflict resolution in Rwanda's entrepreneurial coffee sector[J]. Journal of business venturing, 2013, 28(6): 728-742.

[72] TRACEY P, PHILLIPS N. The distinctive challenge of educating social entrepreneurs: a postscript and rejoinder to the special issue on entrepreneurship education[J]. Academy of management learning & education, 2007, 6(2): 264-271.

[73] WADDOCK S, POST J E. Social entrepreneurs and catalytic change[J]. Public administration review, 1991, 51(5): 393-401.

[74] WRY T, YORK J G. An identity-based approach to social enterprise[J]. Academy of management review, 2015, DOI: 10.5465/amr. 2013. 0506.

[75] YANG T, ALDRICH H E. Who's the boss? Explaining gender inequality in entrepreneurial teams[J]. American sociological review, 2014, 79(2): 303-327.

[76] ZADEK S, THAKE S. Send in the social entrepreneurs [J]. New statesman, 1997, 26(7339): 31.

[77] ZAHRA S A, RAWHOUSER H N, BHAWE N, et al. Globalization of social entrepreneurship opportunities[J]. Strategic entrepreneurship journal, 2008, 2(2): 117-131.

[78] ZAHRA S A, GEDAJLOVIC E, NEUBAUM D O, et al. A typology of social entrepreneurs: motives, search processes and ethical challenges[J]. Journal of business venturing, 2009, 24(5): 519-532.

[79] ZAHRA S A, NEWEY L R, LI Y. On the frontiers: the implications of social entrepreneurship for international entrepreneurship[J]. Entrepreneurship theory and practice, 2014, 38(1): 137-158.

[80] 陈劲，王皓白．社会创业与社会创业者的概念界定与研究视角探讨 [J]．外国经济与管理，2007，29（8）：10-15.

[81] 胡祖光，朱明伟．东方管理学十三篇 [M]．北京：中国经济出版社，2002.

[82] 陆亚东．中国管理学理论研究的窘境与未来 [J]．外国经济与管理，2015，37（3）：3-15.

[83] 栗战书．文明激励结构分析：基于三个发展角度 [J]．管理世界，2011（5）：1-10.

[84] 斯晓夫．财富增长不等于创业成功 [N]．解放日报，2017-09-18（6）．

[85] 斯晓夫，王颂，傅颖．创业机会从何而来：发现，构建还是发现＋构建？：创业机会的理论前沿研究 [J]．管理世界，2016（3）：115-127.

[86] 徐淑英，石小竹．论有同情心的学术：我们为何要关爱 [J]．商业评论，2012（11）：96-111.

[87] 徐淑英．科学精神和对社会负责的学术 [J]．管理世界，2015（1）：156-163.

[88] 赵丽缦，ZAHRA S，顾庆良．国际社会创业研究前沿探析：基于情境分析视角 [J]．外国经济与管理，2014，36（5）：12-22.

第 2 章　社会创业者身份

:: **学习目标**

- 了解社会创业者身份的研究背景
- 熟悉社会创业者身份的定义和分类
- 了解影响社会创业者身份建构的外界环境和个体自身因素
- 熟悉社会创业者身份建构的合法实现途径

开篇案例

单霁翔：我是来故宫创业的

2012年出任故宫博物院院长的单霁翔颠覆了大众对故宫博物院院长四平八稳的既有形象的认知，有人说，他既是熟悉业务的官员，又是优秀学者，还是真正的传统文化爱好者。其实，他也是一个典型的社会创业者。

上任伊始，自诩是故宫"看门人"的单霁翔便穿着一双老北京布鞋，带着助理，花了5个月，绕着故宫走了一圈儿。9 371间古建，凡是门他都要推开看一看，光是鞋就磨坏了20多双。

穿着布鞋的单霁翔在故宫推行了前所未有的改革，让沉睡在库房里的文物藏品走向群众，让故宫的开放区域从30%扩大到超过80%，让到故宫参观的青年人从不到30%扩大到超过50%。7年"看门"，单霁翔让故宫从教科书厚重的历史书写中焕发活力，转变为平易近人的热门景点，并形成了商业价值巨大的文化IP，让故宫在青年群体中"圈粉"无数。

社会企业经营的宗旨是"服务客户"，单霁翔的故宫创业正是想要服务好每一个踏上故宫之旅的游客。社会创业者的目标是"让社会更加美好"，单霁翔社会创业者的身份让其发扬中华优秀传统文化的责任与使命越发重大和艰巨。

单霁翔坦言，自己的初心和梦想就是要把中华优秀传统文化保护并传承好，为将中国建设成为一个真正立足于世界强国之林的伟大国家而不懈奋斗。

资料来源：改编自《艾问人物》，2019-02-26。

上述案例告诉我们，社会创业者通过创业实践在社会中承担"变革制造者"的角色身份，在社会部门中创造并增加社会价值。这些人参与探索创新和谋求新机会的过程，为他们的使命服务。社会创业者被描述为有远见的人，这表明了社会创业者的身份特征，即他们不懈地追求实现自己的愿景，最终实现自身的社会价值。社会创业者因自己的社会变革性和创新性而越来越受到学者与商业实践者的关注，因而明确社会创业者的身份特征越来越重要。因为人们相信，创业者的个人使命、内在价值观和动机可能会推动他们的创业，而这些方面与创业身份的建构息息相关。本章以社会建构主义和角色身份理论为理论视角，在系统梳理现有文献的基础上，首先阐述了社会创业者身份的研究背景，接着梳理了社会创业者身份的概念界定与分类问题，并且分析了影响社会创业者身份建构的外界环境和个体自身因素，最后考察了社会创业者身份建构中的合法实现路径。

2.1 社会创业者身份的研究背景

2006年，穆罕默德·尤努斯（Muhammad Yunus）凭借创建格莱珉银行（Grameen Bank）获得了诺贝尔和平奖，他通过小额信贷服务，建立了商业信誉，为贫困人群提供了金融服务。几个世纪以来，小额信贷一直以各种形式存在。但尤努斯是第一个挑战其理论的人，他展示了如何将小额信贷作为一种战略，通过以成本效益高、可持续的方式向贫困村民提供无抵押贷款来缓解贫困。作为乡村银行的创始人，尤努斯为77 000个村庄的710万人提供信贷服务（Bornstein，2007）。尤努斯与其团队常常被定义为"社会创业者"群体。他们被认为是一种变革力量：他们拥有解决重大问题的新想法，并坚持不懈地追求与实现自己的社会愿景。

在过去30多年里，社会创业者是推动社会创业发展最重要的动力。一批批优秀的社会创业者的出现，以及他们为发展美好社会做出的贡献，使越来越多的人关注社会创业，也使世界范围内涌现了许多有影响力的社会组织和协会，如爱创家和斯科尔（Skoll）基金会，都在不断地识别那些发起社会变革的个体，以创造有影响力的变革。爱创家成立于1981年，是世界上最大的社会创业者协会之一。爱创家认为社会创业者是为世界紧迫社会问题提供解决方案的个人或组织。斯科尔基金会将社会创业者定义为社会变革的推动者、打破现状者、美好社会的创造与建设者。斯科尔基金会像爱创家一样，花时间去识别那些已经在世界各地带来积极改变的人和项目来进一步改善社会。爱创家的创始人比尔·德雷顿对社会创业的兴起和社会创业者运动的重要性做出了一个很好的解释。他指出，我们这个时代最重要的历史事件是社会创业者作为世界各地社会变革的主导力量出现，以及他们正在创造新的、具有竞争力的、代表大众利益的部门。这些社会创业者在全球范围内、在不同领域解决社会问题。

2000年前后，社会创业概念进入中国。2006年，社会企业正式起步。2016年《中华人民共和国慈善法》颁发以后，社会企业在中国呈现快速发展状态。一般认为，社会企业兼具社会和商业双重属性：社会使命优先，兼顾自身可持续发展。社会创业者身份的相关研究在国内并不是很多，国外对创业者身份（entrepreneur identity）的研究可以选择性地应用于社会创业者身份研究。根据现有的国内外相关文献，社会创业者的基本特征可以表述如下：

- 承担创造和维持社会价值的使命。
- 能认识到并不懈地追求新的机会来为这一使命服务。
- 在不断创新、适应和学习的过程中行动。
- 不受现有资源的限制。
- 对受众表现出高度的责任感。

一个人越接近于满足所有这些条件，就越符合社会创业者的特征定义。社会创业者是一种特殊类型的创业者，他们愿意承担社会变革推动者的角色，并努力实现其社会价值使命。这些人拥有创造社会变革的愿景和使命，这种以愿景为中心的强烈认同往往成为他们的社会事业的驱动因素。社会创业者往往有强烈的身份认同，因此，探索社会创业者身份与其组织的关系也是非常重要的。

为深入了解中国社会创业和社会企业最新动态，促进中国社会创业高质量发展，上海财经大学中国社会创业研究中心牵头，联合深圳市社创星社会企业发展促进中心、上海公益创业基地等相关机构，相继开展了三次社会创业专项调查（2017、2019、2021），2021年11月，《2021中国创业企业发展报告》在上海发布。该报告在整合上述三次调查结果（共计调查626家社会企业）的基础上，对中国社会创业者和社会企业的发展现状及特点进行了全景扫描，有效识别当前社会创业发展难题，并提出相应对策建议。

该报告显示，随着近年来大众对于社会问题参与意识的提升以及支持社会企业发展的地方政策的出台，我国社会创业呈现迅猛发展状态，在新发展阶段突出社会问题解决和经济社会的包容性发展中起到了不可替代的作用。

该报告指出，当前中国社会创业者具有如下典型特征：社会创业者女性比例低于男性，但显著高于商业女性创业者比率；30岁以下的年轻群体社会创业参与度不高；社会创业者以高学历群体为主；绝大多数社会创业者拥有社会和商业双重背景。

总体来看，中国社会创业发展尚处于起步阶段，还不能完全适应我国经济社会的高质量发展和包容性发展需要。该报告还显示，当前社会企业呈现如下显著特点：

- 社会企业更多采取工商部门注册企业的形式，这和缺乏社会企业注册形式有关。
- 主要分布于北京、上海、广州、深圳和成都等地。
- 行业分布广泛，以弱势群体帮扶和教育行业最为集中。
- 社会企业普遍缺乏资金投入。

对促进中国社会创业者身份建设，有如下建议：

- 加大金融支持，鼓励发展公益创投、ESG（环境、社会和公司治理）投资、影响力投资等新金融形态发展，并对投资社会企业的行为予以低息补贴或优惠政策。
- 加大财税政策支持，采取减税减租、政府购买服务、创业担保贷款、创业资金扶持、创业失败补助等措施给予相应的政策支持。
- 尽快明确社会创业者法律身份，完善与社会创业相关认定的法律、法规，界定社会企业发展的空间，使其运行有法可依、有据可循。
- 厚植社会创新创业文化，大力发展高校创新创业教育，为推动社会创业培养未来生力军。

创业者行为是创业者对自我身份认同的反应，社会创业者也不例外。目前关于社会创业者身份的探讨并不多。本章试图通过探索社会创业者身份的概念界定、影响社会创业者身份构建的因素，以及社会创业者如何构建社会创业者身份来阐述这一问题。

2.2 社会创业者身份的概念界定和分类

2.2.1 社会创业者身份的概念界定

身份（identity）对人类决策过程有着至关重要的影响（Brown and Starkey，2000；Inzlicht and Kang，2010），身份可能是人类行为动机的主要来源（Hardy and Carlo，2005）。泰弗尔（Tajfel）和特纳（Turner）的社会身份理论是解释一个人自我概念的主要身份理论之一（Tajfel and Turner，1979），尽管它的应用相对有限（Powell and Baker，2014）。根据该理论，一个人的社会身份是"个人对他属于某些社会群体的认识，以及群体成员对他的情感和价值意义"。社会身份会影响创业者自我分类的方式，从而影响他们创建的创业公司的类型（Sieger et al.，2016）。福沙尔（Fauchart）和格鲁伯（Gruber）将这一理论视角应用到创业环境中，认为公司创始人倾向于认识和追求与他们的自我概念相符、与他们的成员身份一致的机会（即定义自我概念时与社会空间的包容性水平相一致），因此，在创建新公司的过程中，他们往往以与身份相关的方式行事（Fauchart and Gruber，2011）。

相关研究指出，社会创业者身份不是一个单一的概念，社会创业者拥有多重微观身份。福沙尔和格鲁伯（2011）论述了社会创业者的动机与传统"商业"创业者的不同之处。本书对社会创业者身份的概念界定为"社会企业创始人在日常工作中长期突出的一组身份，包括个体认知身份和社会认知身份"。社会创业者有目的地建立社会企业以增加"社会财富"（Zahra et al.，2009），因为创业者的自我形象与特定社会群体的成员身份（即社会身份）有关。然而，到目前为止，很少有研究在社会创业背景下考察社会创业者的身份。在这方面，了解一个社会创业者的社会身份和群体成员身份如何影响发现与利用不同类别机会（如社会创业）的动机将是有意义的。

2.2.2 社会创业者身份分类

社会创业者身份的分类方式有四种。

（1）通过识别和区分个人职业或社会身份特征来探索社会创业者身份的内容。社会创业者以服务和创业的职业身份为特征。研究表明，与慈善家相比，社会创业者具有更强的身份自主性，与经济创业者相比，社会创业者具有更强的服务身份特征，但有研究者认为用这种方式的衡量，社会创业者和志愿者之间似乎没有显著的职业身份差异（Bargsted et al.，2013）。

（2）根据社会企业创始人的社会动机来划分（Fauchart and Gruber，2011；Sieger et al.，2016），这一方式在衡量社会创业者身份方面效果似乎更加明确。相关研究区分了自利型创业者和社会导向型创业者：自利型创业者是指达尔文主义创业者，社会导向型创业者是指社群主义创业者和传教士主义创业者。达尔文主义创业者代表了逐利的和竞争性的经济创业者；社群主义创业者是指由社区支持并且能够回馈社区的创业者；传教士主义创业者的目的是推进一项特定的事业，并将社会视为他们的参照群体。在区分自利型和社会导向型创始人的同时，研究还表明，一些创始人通过结合这三种类型的某些方面表现出混合的社会身份（Fauchart and Gruber，2011）。根据社会创业的定义，苏晓华、肖洁、陈嘉茵（2020）认为，社会创业者的身份更趋近于传教士主义创业者和社群主义创业者。表2-1总结了三种创业者类型的社会身份的区别。

表2-1 三种创业者类型的社会身份的区别

创业者类型	基本社会动机	自我评价基础	个体参照体系
达尔文主义创业者	自我利益：创造并积累个人财富	商业运营能力：相关业务能力作为自我评估的基础	竞争者：保持竞争优势是其创业过程的核心
社群主义创业者	与社群相互支持：企业与社区互利互惠	产品有用性：了解社区成员的需求，为他们提供有用性产品	社会群体：将提供支持社区的产品或服务作为创业过程的核心
传教士主义创业者	推进社会变革：通过创业推进社会事业	社会贡献：为实现更好的世界做贡献	社会：成为社会模范企业是创业过程的核心

（3）扎赫拉等（Zahra et al.，2009）提出根据社会创业者的不同影响力来划分社会创业者的身份类型。在他们的研究中，他们确定了三种类型的社会创业者：社会拼凑者、社会建构者和社会工程师。这三种类型源自哈耶克（Hayek，1945）、柯兹纳（Kirzner，1973）和熊彼特（Schumpeter，1934）的研究。社会拼凑者与哈耶克（1945）描述的企业家相似。他强调了当地环境的重要性，并声称创业机会主要可以在本土情境下被社会拼凑者发现并采取针对性的行动。"拼凑"一词指的是即兴创作和利用当前可用资源的能力（Strauss，1966）。社会拼凑者在地方层面上追求社会创业，通常规模较小。在当地环境中，他们可以发挥很大的作用，但有限的资源和有限的专业知识限制了他们超越当地环境的能力（Zahra et al.，2009）。与社会拼凑者不同，社会建构者能在更大范围内满足社会需求。他们对机遇保持警惕，并寻求创造平衡（Kirzner，1973）。社会建构者寻求开发形式化和系统化的解决方案，这些解决方案可以在地方、国家和国际层面进行调整（Zahra et al.，2009）。第三种也是最后一种类型，即社会工程师，强调新奇和新事物的创造，因此在很大程度上表现出熊彼特精神（Schumpeter，1934）。此外，柯兹纳指出创业者是平衡市场的人，熊彼特则声称创业对市场具有不平衡的影响。因此，社会工程师寻求推翻社会结构，并用更好的结构取代它们。表2-2概述了这三类社会创业者的区别。扎赫拉等（2009）在研究中得出结论，每种类型的社会创业者都有不同的战略意图和组织需求，以及对不同管理风格的需求。他们声称，为了丰富对社会创业的理解，需要研究每个类别的身份特征，以及所追求机会的原因和影响。

表2-2 三类社会创业者的区别

区分维度	社会拼凑者	社会建构者	社会工程师
理论来源	Hayek（1945）	Kirzner（1973）	Schumpeter（1934）
社会创业者身份（他们主要做什么）	满足当地需求	满足当地政府、社区机构未达到的需求	创造新的社会结构，来替代、推翻旧的社会结构
范围	小，局限在当地	从小到大，从区域到社会	大，全国的或国际的

（续）

区分维度	社会拼凑者	社会建构者	社会工程师
对社会平衡的影响	通过推进社会微小进步来维持社会稳定	创造新的社会平衡	通过推翻现有的社会结构并用新的结构取代它们，打破现有的平衡
可用资源	大多数工作为自愿行为，可调用资源有限	需要人力或财务资源完成，需要雇用员工	需要大量的资源，但是由于自身的活动经常被认定为非法而受到阻碍

资料来源：ZAHRA S A, GEDAJLOVIC E, NEUBAUM D O, et al. A typology of social entrepreneurs: motives, search processes and ethical challenges[J]. Journal of business venturing, 2009, 24(5): 519-532.

（4）根据社会创业者的网络身份特质，将社会创业者身份分为社会创业者虚拟身份和现实身份。21世纪以来，由于数字技术和互联网平台的发展，我们的生活发生了巨大的变化。社交网络成为我们生活的一部分，并且迅速改变了创业者们的行为方式。数以百万计的创业者开始在广泛的范围内使用社交网络，社交媒体的功能使我们能够记录、展示和分享个人生活。影响虚拟身份建立的一个关键因素是管理我们与他人社交的线上身份——展示某些方面，隐藏其他方面——取决于受众、背景和实际情况（Lindgren, 2017）。创业者身份本质上是多重的，由因为超媒介化和网络化的自我组成（Bolter and Grusin, 2000; Kember and Zylinska, 2015）。社交媒体平台作为管理创业者身份的基础设施平台，为特定的形象——创业者身份提供了维持或创造的空间（Couldry and Hepp, 2018），这意味着在今天以创业者身份进行管理和组织时，构建身份的机会通常是开放的、灵活的并且需要中介。为与时俱进，社会创业者也经常采用数字媒体来进行创业活动，数字媒体提供了社会创业者展示组织和自我的机会，通过数字媒体可以传达健康向上的生活理念和回应社会大众的多种期望。作为社会创业者，企业家有责任向其追随者展示最新的进展、最新的构念、分享想法并寻求反馈和投入。在此基础上，"自我是通过高度中介化的新形象构建的"（Couldry and Hepp, 2018）。通过发布、评论、分享以及创建和维护个人资料，社会创业者们正在积极建构他们是谁，或者至少是他们想成为谁——用想被别人看到的方式（Lindgren, 2017）。这意味着，我们需要将注意力转移到跨媒体平台的沟通过程和实践，关注受众对他们的帖子的反应方式、他们对自己"投入"的反思，以及他们如何在使用社交媒体的情况下反思与自己的现实身份是否相符。这对于创业者身份建构是非常重要的，因为发展虚拟身份成为一个管理机会和威胁的过程，围绕着传播事件，社会创业者身份和创业战略通过这些事件与受众共同构建。

2.3 影响社会创业者身份建构的因素

社会创业者身份建构就是社会创业者实现具有内在一致性、独特性和正面价值的自我理解与界定。成功的身份建构可以把个体的过去、现在甚至未来有效地联系起来，所建构的身份可以作为一种缓冲器帮助个体更好地应对有风险和不明确的外部世界。对身处高度不确定情境中的社会创业者而言，进行成功的创业者身份建构尤为重要。不过，为了成功地进行身份建构，社会创业者必须明确意识到身份建构会受到外界环境因素和个体自身因素的双重影响。

2.3.1 外界环境因素

根据梅森和布朗的观点，创业生态系统被理解为"一组相互关联的创业参与者（潜在的和现有的)、投资者(企业风险资本家、风险资本家、商业天使、银行融资平台)、其他组织(大学、公共部门机构、地方发展机构)以及创业过程(涉及高增长、连续创业),这些过程正式和非正式地结合起来,以连接、调解和管理社会、经济或技术发展"(Mason and Brown,2014)。创业生态系统建立在创业企业的基础上,为社会创业提供环境支持。即使对于创业生态系统中具体哪些因素会对社会创业者的身份产生影响没有形成共识,现有的研究也已经将创业生态系统的合理性纳入影响社会创业者身份建构的边界。例如,此前的研究强调了中介机构在支持社会融资(Moore et al.,2012)或引导潜在投资机会、减少法律障碍和提供信托保障方面的作用(Shanmugalingam et al.,2011)。巴雷特(Barraket)等(2016)提供了在澳大利亚背景下确定的社会创业生态系统参与者的相关见解。罗迪(Roundy,2017)提出了社会创业生态系统中参与者之间动态互动的相关性。艾森伯格等(Aisenberg et al.,2019)扩展了这场学术辩论,重点关注为该国的社会创业和社会企业发展更强大的生态系统所需的政策。此外,近年的研究强调了中间人或中介的重要作用,如创业领袖、基础设施和社会网络在促进社会创业者更新身份中的作用(Roberts and Lall,2019)。当在新兴经济体的背景下探索这种现象时,社会创业生态系统研究的复杂性会增加。这种复杂性与制度空白有关(Puffer et al.,2010),而作为经济和区域发展的关键驱动力,合法的企业家角色可以减少制度空白(Audretsch,2006)。新兴经济体的创业生态系统的配置与螺旋行动倡议有一定的相关性。螺旋行动倡议是一种理论模型,用于描述文化和价值观的演变过程。它可以应用于各个领域,包括经济和社会发展。螺旋行动倡议认为,社会价值观会随着时间的推移不断演进,并形成不同的阶段或层次。每个阶段都具有不同的特点和需求,从而影响了组织和创业生态系统的配置。新兴经济体的创业生态系统的配置是由多种因素共同作用的结果,其中包括文化价值观、经济发展阶段和社会基础设施等。螺旋行动倡议提供了一个理论模型,可以帮助我们理解和分析这些因素对创业生态系统的影响。

2.3.2 个体自身因素

1. 人格特质

遵循计划行为理论,认为稳定的人格特质对创业态度有强烈的影响,进而与创业意向密切相关(Lüthje and Franke,2003)。大多数学者从积极特质的角度探究社会创业者的创业意向形成的前因,认为拥有某些积极人格特质(如对变革持开放心态、冒险倾向、创新意识或即兴倾向和创业警觉性)的社会创业者会追求更具挑战性的任务,尽管创业充满不确定性,但他们更愿意从事创业活动(Lüthje and Franke,2003;Baum et al.,2014)。并且,拥有这些积极人格特质的社会创业者在创业意向方面较少受到创业榜样示范的影响(Bhushan,2020)。

社会创业者的亲社会特质是近年来被广泛讨论的一个重要因素。具有亲社会特质的创业者通过建立社会风险投资在社区中创造价值,帮助面临挑战性环境的人(Moroz et al.,2018)。他们的主要任务是帮助他人,通过这样做,这些创业者可以自我感觉良好,从而改善自己的福祉(Farny et al.,2018)。一些研究提出了矛盾的观点,认为亲社会特质通过增加压力水平对创业者的生活满意度产生负面影响(Kibler et al.,2019)。

2. 创业动机

现有的关于社会创业的研究主要探讨了社会创业者的动机。这些研究主要关于个人在个人特征或社会建构身份方面选择社会创业者职业动机的基础。例如，范里津等人的研究表明，社会创业者往往有相关的个人经历，使他们暴露在社会问题的环境中，这鼓励他们更多地参与公民事务，从而成为社会创业者（Van Ryzin et al.，2009）。考虑到社会企业的性质，许多社会创业者对处于贫困状况的人有强烈的同情（Miller et al.，2012；Yitshaki and Kropp，2016）。格莱姆斯等人认为，同情心刺激个体关注他人的痛苦及其根源。因此，同情心最终改变了个人的社会问题处理模式，并使他们对导致痛苦情况的社会问题敏感（Grimes et al.，2013）。此外，经历了重大生活变故（如家庭成员死亡或自然灾害）的人可能会选择成为社会创业者（Lewis，2016；Yitshaki and Kropp，2016）。这些触发事件可能会强化个人作为社会创业者的角色感知，并引导他们认定自己作为社会创业者的角色，这种感知的角色最终会引导他们建构自己的社会创业者身份。

3. 自我身份认知

社会企业的双元平衡可以看作社会创业者如何管理与不同身份相关联的期望与行为冲突的过程。具有双元文化身份的社会创业者认同两种文化，并认同每种文化逻辑的行动方式。不同身份具有不同的意义和行动系统，产生相互冲突的行为预期，因此社会创业者具有混合身份。社会创业者的身份认知主要分为如下三类。

（1）角色身份。社会分工赋予参与者的职责和价值观，即社会创业者职业经历对其本人的塑造，称为角色身份。社会创业者更容易获得跟职业相关的能力、知识，并按照角色期待行事，以获得其他人的认可和赞扬，因而更容易开启与角色身份相关的社会创业。

（2）价值身份。社会创业者自身对于他们在各种情况和关系中的自我意义，即个人对社会价值和商业价值的倾向性，称为价值身份。与权力、财富和享乐主义相关的身份认同符合商业逻辑，与善意、关爱等相关的身份更符合社会逻辑。

（3）显著身份。角色身份由于具有正式合法性而带来社会资本、职业塑造的功能，往往造成强大的内外部问责压力，从而导致社会创业者专注特定的知识并形成竞争力，也更容易影响社会创业过程，特别是在面临双元价值冲突时的行动策略。因此，以角色身份塑造的整体身份，往往成为社会创业者的显著身份。

2.4 社会创业者身份建构的合法实现途径

创业者和创业企业一旦有了自己的合法独特性（legitimate distinctiveness）以后，就能得到较为有利的创业者身份评价，并且更有可能得到利益相关者尤其是投资者的认可。因此，创业者在建构创业者身份时应该努力追求合法实现途径。这里的合法独特性包括两层意思：一是合法性主张，即对外宣示自己的创业努力是符合社会规范和传统习俗的；二是独特性主张，即展示自己的创业努力不完全与既有制度传统一致，但又是有价值、有意义的。创业者在建构身份时可以同时提出同质性主张（与同类创业者原型中的其他成员相同）与异质性主张（与同类创业者原型中的其他成员不同），以便为自己建构具有合法独特性的创业者身份（韦慧民、潘清泉，2014）。具体来说，创业者为了成功完成具有合法独特性的创业者身份建构，可以通过恰当运用以下多种途径，同时结合目标市场特征和创业企业发展阶段来进行适应性调整。

2.4.1 生活故事法

生活故事（storytelling）法是一种叙事方法，在社会创业中可以用来研究社会创业者学习和成长的方式。企业家不是天生的，而是由时间和地点塑造的，职业身份在本质上是流动的、不一致的、突发的和矛盾的。生活故事法用来了解社会创业者如何将他们的过去（童年和动机）、当前的功能和愿景以及未来前景联系起来。这些故事要求人们以连贯和合理的方式整合他们的经验（Ashta，2019）。生活故事法本质上是一种归纳法和反思法，因为它关注的是回应者通过提及过去来表达自我认同的方式。重视受访者对含义的推断和解释，有助于理解他们的故事的隐含维度（Lieblich et al.，1998）。

值得注意的是，个人身份的形成，以及群体身份的形成，关键在于发展连贯的故事情节。个人的生活故事与人们已有的价值观和期望产生共鸣，有助于形成身份认同和赋予权力（Maclean et al.，2015）。例如，喜憨儿洗车中心的创始人之一曹军，在讲述他的社会创业故事时着重强调自己是一名"喜憨儿"的父亲，"喜憨儿"是对心智障碍者的另一种称谓。绝大多数"喜憨儿"难以正常生活、工作。曹军创办喜憨儿洗车中心，是为了"帮助这群边缘人融入社会"。曹军的社会创业者身份与他现实生活中"喜憨儿"的父亲的身份密不可分，他的社会创业经历用生活故事法讲述出来，与人们已有的价值观和期望产生共鸣，这样会形成大众对其社会创业者身份的认同。

2.4.2 自我效能法

自我效能（self-efficiency）描述了人们对自己调动动机、认知资源和能力的信念，以及控制他们生活中的事件所需的行动方针（Wood and Bandura，1989）。具有高度社会创业自我效能感的个人，相信自己有能力进行积极的社会变革，从而更有可能参与、坚持并完成创造社会价值的努力。因此，对那些对社会创业感兴趣的人来说，专注于自我效能是建构个人身份的一个重要策略。伍德和班杜拉（1989）提出了三个过程，我们认为这三个过程与影响个人自我效能感的社会创业者身份的形成密切相关：掌握经验，即个人在过去的绩效中取得成功；建模，即通过观察他人进行替代学习；社会说服，即现实的鼓励。我们认为，在社会创业者身份的获取中可以有效地利用这些过程，从而对社会创业者的自我效能感产生积极影响。此外，创业榜样也被证明可以提高创业自我效能感（Barnir et al.，2011）。我们认为，社会创业者可以通过模仿榜样的实践经验来发展对个人社会创业者的身份认同。

2.4.3 身份叙述法

身份叙述（identity narrative），即个体为了达到自我身份界定的目的而做出的经过精心设计和构思的自我叙述努力。创业者通过身份叙述可以整合不同的创业者身份因子以引导利益相关者理解其创业者身份的意义，使得利益相关者对创业者和创业企业的主观判断更加合理。叙事具有表演性，通过叙事，社会创业者解释过去，并明确表达了未来预期（Garud and Gehman，2012）。通过设计叙事内容，社会创业者深入而明确地参与个体身份的产生和维持。对另类叙事的探索和建构包括对质疑的挑战和对现状的重构，以及对主流规范、价值观和信仰的对抗。因此，它本质上是一种变革活动（Milojević and Inayatullah，2015）。例如，著名的社会创业者杜聪为资助艾滋病遗孤成立了杜聪基金会，他每年要进行四五十场演讲，深入高校、公益组织和企业讲述自己的创业历程。但是很多人仍然喜欢听他那个"华尔街银行家投身公益"的故事，因为他的职业选择是鲜少有人做出的。这种身份的建构就不太贴合普通人的选择，是对质疑的挑战和对现状的重构。

本章小结

1. 社会创业者身份基于个人职业或社会身份特征、社会企业创始人的社会动机、社会创业者的影响力、社会创业者的网络身份特质四个维度来划分。
2. 影响社会创业者身份建构的因素，分为外界环境因素和个体自身因素。外界环境因素是指创业生态系统中相互关联的创业参与者（潜在的和现有的）、投资者（企业风险资本家、风险资本家、商业天使、银行融资平台）、其他组织（大学、公共部门机构、地方发展机构）以及创业过程（涉及高增长、连续创业）等，个体自身因素包括社会创业者的人格特质、创业动机和自我身份认知。
3. 社会创业者建构创业身份的途径有三种，分别是生活故事法、自我效能法、身份叙述法。

问题讨论

1. 你认为应该如何区分社会创业者的不同身份？
2. 对社会创业者来说，是外界环境因素还是个体自身因素对社会创业者身份的影响更大？为什么？
3. 在社会创业者建构创业身份的过程中有哪些途径可以选择？如何保证其合法性？

扫码查看案例分析和文献精读。

参考文献

[1] 苏晓华，肖洁，陈嘉茵.创业者社会身份认知与新创企业创新[J].南方经济，2020，39（10）：108-124.
[2] 韦慧民，潘清泉.创业者身份及其建构研究述评[J].外国经济与管理，2014，36（1）：20-28.
[3] AISENBERG L, HEIKKIL S, NOYA A, et al.Boosting social entrepreneurship and social enterprise development in the Netherlands: in-depth policy review[M]. Paris: OECD Publishing, 2019.
[4] ASHTA A. Toward a realistic theory of

social entrepreneurship(NGOs)grounded on microfinance research: selling dreams to society[J].Strategic change, 2019, 28(4): 301-314.

[5] AUDRETSCH D.Entrepreneurship, innovation and economic growth[M]. Cheltenham, UK: Edward Elgar Publishing, 2006.

[6] BAIER-FUENTES H, GUERRERO M, JOSÉ E A. Does triple helix collaboration matter for the early internationalisation of technology-based firms in emerging economies?[J].Technological forecasting and social change, 2021, 163(2): 1-12.

[7] BARGSTED M, PICON M, SALAZAR A, et al. Psychosocial characterization of social entrepreneurs: a comparative study[J]. Journal of social entrepreneurship, 2021, 4(3): 331-346.

[8] BARNIR A, WATSON W E, HUTCHINS H M. Mediation and moderated mediation in the relationship among role models, self-efficacy, entrepreneurial career intention, and gender[J]. Journal of applied social psychology, 2011, 41(2): 270-297.

[9] RAUCH A, FRESE M. Born to be an entrepreneur? Revisiting the personality approach to entrepreneurship[M]//BAUM J R, FRESE M, BARON R A. The psychology of entrepreneurship. Mahwah, NJ: Lawrence Erlbaum Associates Publishers, 2007.

[10] BHUSHAN B. Motivational model of social entrepreneurship: exploring the shaping of engagement of social entrepreneur[M]// MAJUMDAR S, REJI E M. Methodlogical issues in Social entrepreneurship knowledge and practice. New York, NY: Springer, 2020.

[11] BOLTER J D, GRUSIN R. Remediation: understanding new media[M]. Cambridge, MA: MIT Press, 2000.

[12] BORNSTEIN D. How to change the world: social entrepreneurs and the power of new ideas[M]. New York, NY: Oxford University Press, 2010.

[13] BROWN A D, STARKEY K. Organizational identity and learning: a psychodynamic perspective[J].Academy of management review, 2000, 25(1): 102-120.

[14] COULDRY N, HEPP A. The continuing lure of the mediated centre in times of deep mediatization: media events and its enduring legacy[J]. Media, culture & society, 2018, 40(1): 114-117.

[15] FARNY S, KIBLER E, HAI S, et al. Volunteer retention in prosocial venturing: the role of emotional connectivity[J]. Entrepreneurship theory and practice, 2019, 43(6): 1094-1123.

[16] FAUCHART E, GRUBER M. Darwinians, communitarians, and missionaries: the role of founder identity in entrepreneurship[J]. Academy of management journal, 2011, 54(5): 935-957.

[17] GARUD R, GEHMAN J. Metatheoretical perspectives on sustainability journeys: evolutionary, relational and durational[J]. Research policy, 2012, 41(6): 980-995.

[18] GRIMES M G, MCMULLEN J S, VOGUS T J, et al. Studying the origins of social entrepreneurship: compassion and the role of embedded agency[J].Academy of management review, 2013, 38(3): 460-463.

[19] GUERRERO M, SANTAMARIA C, MAHTO R. Intermediaries and social entrepreneurship identity: implications for business model innovation[J]. International journal of entrepreneurial behaviour & research,

2020, 27(2): 520-546.

[20] HARDY S A, CARLO G. Identity as a source of moral motivation[J]. Human development, 2005, 48(4): 232-256.

[21] HAYEK F A. The use of knowledge in society[J].The American economic review, 1945, 35(4): 519-530.

[22] INZLICHT M, KANG S K. Stereotype threat spillover: how coping with threats to social identity affects aggression, eating, decision making, and attention[J].Journal of personality and social psychology, 2010, 99(3): 467.

[23] KEMBER S, ZYLINSKA J. Media always and everywhere: a cosmic approach[M]// EKMAN U, BOLTER D J, ENBERG M, et al. Ubiquitous computing, complexity, and culture. New York: Routledge, 2016.

[24] KIBLER E, WINCENT J, KAUTONEN T, et al. Can prosocial motivation harm entrepreneurs' subjective well-being?[J]. Journal of business venturing, 2019, 34(4): 608-624.

[25] KIRZNER I M. Competition and entrepreneurship[M]. Chicago, IL: University of Chicago Press,1973.

[26] SCHUMPETER J A. The theory of economic development[M]. Cambridge, MA: Harvard University Press, 1934.

[27] LEVI-STRAUSS C. The savage mind[M]. Chicago, IL: University of Chicago Press, 1966.

[28] LEWIS K V. Identity capital: an exploration in the context of youth social entrepreneurship[J].Entrepreneurship & regional development, 2016, 28(3-4): 191-205.

[29] LIEBLICH A, TUVAL-MASHIACH R, ZILBER T .Narrative research: reading, analysis, and interpretation[M]. New York, NY: Sage Publications, Inc, 1998.

[30] LINDGREN S. Digital media and society[M]. New York, NY: Sage Publications, Inc, 2017.

[31] LÜTHJE C, FRANKE N. The "making" of an entrepreneur: testing a model of entrepreneurial intent among engineering students at MIT[J].R&D management, 2003, 33(2): 135-147.

[32] MACLEAN M, HARVEY C, GORDON J,et al. Identity, storytelling and the philanthropic journey[J]. Human relations, 2015, 68(10): 1623-1652.

[33] MASON C, BROWN R. Entrepreneurial ecosystems and growth oriented entrepreneurship[R]. Paris: Final report to OECD, 2014, 30(1): 77-102.

[34] MILLER T L, GRIMES M G, MCMULLEN J S, et al. Venturing for others with heart and head: how compassion encourages social entrepreneurship[J].Academy of management review, 2012, 37(4): 616-640.

[35] MILOJEVIĆ I, INAYATULLAH S. Narrative foresight[J]. Futures, 2015(73): 151-162.

[36] MOORE M L, WESTLEY F R, NICHOLLS A. The social finance and social innovation nexus[J]. Journal of social entrepreneurship, 2012, 3(2): 115-132.

[37] MOROZ P W, BRANZEI O, PARKER S C, et al. Imprinting with purpose: prosocial opportunities and B Corp certification[J]. Journal of business venturing, 2018, 33(2): 117-129.

[38] POWELL E E, BAKER T. It's what you make of it: founder identity and enacting strategic responses to adversity[J]. Academy of management journal, 2014, 57(5): 1406-1433.

[39] PUFFER S M, MCCARTHY D J, BOISOT M. Entrepreneurship in Russia and China: the impact of formal institutional voids[J]. Entrepreneurship theory and practice, 2010, 34(3): 441-467.

[40] ROBERTS P W, LALL S A. Observing acceleration: uncovering the effects of accelerators on impact-oriented entrepreneurs[M]. New York, NY: Palgrave Macmillan, 2019.

[41] ROUNDY P T, BROCKMAN B K, BRADSHAW M. The resilience of entrepreneurial ecosystems[J]. Journal of business venturing insights, 2017(8): 99-104.

[42] SHANMUGALINGAM C, GRAHAM J, TUCKER S, et al. Growing social ventures: the role of intermediaries and investors: who they are, what they do, and what they could become[R]. The Young Foundation, UK, 2011.

[43] SIEGER P, GRUBER M, FAUCHART E, et al. Measuring the social identity of entrepreneurs: scale development and international validation[J]. Journal of business venturing, 2016, 31(5): 542-572.

[44] TAFJEL H, TURNER J C. An integrative theory of intergroup conflict[M]//AUSTIN W G, WORCHEL S. The Social psychology of in tergroup relations. Monterey, CA: Brooks/Cole, 1979.

[45] VAN RYZIN G G, GROSSMAN S, DIPADOVA-STOCKS L, et al. Portrait of the social entrepreneur: statistical evidence from a US panel[J]. Voluntas: international journal of voluntary and nonprofit organizations, 2009, 20(2): 129-140.

[46] WOOD R, BANDURA A. Social cognitive theory of organizational management[J]. Academy of management review, 1989, 14(3): 361-384.

[47] YITSHAKI R, KROPP F. Entrepreneurial passions and identities in different contexts: a comparison between high-tech and social entrepreneurs[J]. Entrepreneurship & regional development, 2016, 28(3-4): 206-233.

[48] YITSHAKI R, KROPP F. Motivations and opportunity recognition of social entrepreneurs[J]. Journal of small business management, 2016, 54(2): 546-565.

[49] ZAHRA S A, GEDAJLOVIC E, NEUBAUM D O, et al. A typology of social entrepreneurs: motives, search processes and ethical challenges[J]. Journal of business venturing, 2009, 24(5): 519-532.

第 3 章　团队与社会创业

:: 学习目标

- 理解创业团队的概念
- 了解创业团队对社会创业企业的重要性
- 理解社会创业团队的价值观独特性
- 理解社会创业公益目标的时间维度
- 掌握创业团队异质性的构成
- 理解创业团队异质性对社会创业的影响

开篇案例

大龄女工们公益创办 KTV

为了给外出务工的工友们提供唱歌和创作作品的地方，大龄女工黄利群联合了 50 位朋友，开始了她们的公益创业之路，一起开办一家 KTV。可能她自己都没有意识到，这是一种以团队形式进行的社会创业。

她的故事要从她第一次外出打工说起。那时，她们是第一代外出打工的女工，要供自己的弟弟妹妹上学，她们在外辛苦挣钱，往往要扛起整个家庭的经济重担。因此，她们在外省吃俭用，不得不牺牲自己的梦想，为了生活而拼搏。后来，黄利群自己也成家了，但因为经济问题，家庭里的矛盾也逐步激化，此时她认识到自己精神上的需求从未被满足，没有人重视自己。2014 年初，在一次偶然的聚会上，她接触了当地一个公益机构——"工之友"，这才发现生活原来可以这样快乐积极地度过。2014 年 5 月底，黄利群挑起了工之友文艺队的担子。起初，她发动文艺队成员"爱心捐助 10 块钱"做活动经费，在工之友的图书馆组织周末唱歌活动。半年的时间，文艺队做得有声有色，成员也逐渐发展到 30 人的核心文艺骨干。

2015年4月，黄利群出于为爱唱歌的街坊好友提供便利的考虑，提出联合30人开办一家KTV的想法，计划每人筹集1 000元，由这30人组成运营团队。她的提议得到姐妹们的赞同，很快她们就开始筹备了起来。在这个过程中，由于资金的问题，由最初的工友团队的30人，向社会人士筹资，逐步扩大到50人的运营团队。团队成员每人筹集1 000元，确定了场地，并且团队规划了各成员的分工，使得KTV能够正常运营。2015年7月，这家名叫"益歌坊"的KTV正式营业了。在这里，工友们不仅能满足自己爱唱歌的需求，还可以创作自己的作品。黄利群表示，益歌坊是自己的梦想，它能为工友们和街坊邻居提供放松空间，更是创业交流的平台。黄利群通过组建起一个创业团队，凭借着团队成员的共同努力开起了一家有益大众的KTV，它的本质是与社会创业相契合的，即为社会大众谋福利。

资料来源：中国女工权益与生活资讯平台，作者开水鱼。

上述案例告诉我们，社会创业需要一群志同道合的人共同投入和经营，方能实现个人无法达成的创业效果。但是要找到合适的合伙人共同创业，使创业团队荣辱与共、齐心协力地经营好新创企业并不容易。就像案例中，黄利群在寻找工友和社会人士筹资并成立创业团队时，可能最重要的考量是有公益之心和出资之意，并没考虑以后如何共同领导和运营这样一个企业，这就为以后的长期发展埋下了隐患。见微知著，上述案例也许并不能很全面地诠释一个团队社会创业的全程，却为理解团队与社会创业提供了一个切入点。

3.1 创业团队的概念

3.1.1 创业团队的起源

创业团队的概念是从团队概念中引申出来的。西方学者肖克把团队定义为两个或两个以上为完成共同任务而协调行动的个体所构成的群体（Shonk, 1982）；奎克则认为，团队中的成员都能把实现团队的目标放在首位并且他们都拥有各自的专业技能，能够相互沟通、支持和合作（Quick, 1992）；史密斯认为，团队是才能互补、根据共同的目标设定绩效标准，并且依靠相互信任来完成目标的群体（Smith, 1993）。近几年，随着"大众创业、万众创新"思想的普及以及经济的快速发展，创业已经走进大众的视野，进入人们的生活，在团队的概念中添加上创业元素，就发展成了创业团队的概念。

3.1.2 创业团队的定义

随着对创业团队研究的迅速发展，国内外研究者们对创业团队的定义各执一词，他们从不同的视角给出了自己对创业团队的定义。

从广义上讲，大卫·哈珀（Harper, 2008）将创业团队定义为具有共同目标的创业者群体，而这个目标只能通过个人创业动的适当组合来实现。它不排除为发现和利用一次性套利机会而组建的短暂的创业团队的可能性。但更多的学者给创业团队增加了一些限定因素。

从所有权角度看，卡姆、舒曼、西格和纽里克认为，创业团队成员是两个或两个以上参与公司创立过程并在其中拥有股权（财务利益）的个人，他们在公司创立前的阶段就已存在（Kamm, Shuman, and Seeger et al., 1990）。弗朗西斯和桑德伯格在此基础上进行了修订，一是将公司运营的前两年加入公司的创始人都视为创业团队成员，二是他们建议三个或三个以上的成员才构成创业团队（Francis and Sandberg, 2000）。

从人员构成的角度看，Mitsuko Hirata（2000）把创业团队定义为参与且全身心投入公司创立过程，并共同克服创业困难和分享创业乐趣的全体成员。在这里，作者并没有强调创业团队成员一定要拥有公司股权。

从参与时间的角度看，钱德勒和汉克斯，以及弗朗西斯和桑德伯格都认为，创业团队成员指的是在公司成立之初执掌公司的人或是在公司营运的头两年加盟公司的成员，但不包括没有公司股权的一般雇员（Chandler and Hanks, 1998；Francis and Sandberg, 2000）。

施约德特和克劳斯则在总结以往定义的基础上给出另一个相对全面的定义，即创业团队由两个或两个以上在初创企业的未来成功中具有财务和其他方面利益的人组成，其工作在追求共同目标和企业成功方面相互依存；他们对创业团队和初创企业负责，并被认为是在企业早期阶段就具有执行责任的高层管理者（Schjoedt and Kraus, 2009）。

3.2　创业团队对创业的重要性

创业团队作为创业过程的核心，其优势在于组成团队的成员，他们具备不同的知识、技能、专业背景和人际网络，很大程度上对创业资源形成互补，并且通过团队成员之间的相互协作和有效配合，可以大大提高创业绩效。卡姆、舒曼、西格和纽里克（1990）梳理了以往研究并给我们提供了一系列数据，展示了团队创业比个人创业更优。

在库珀和布鲁诺调查的高增长公司中，80% 以上是由团队创立的（Cooper and Bruno, 1977）。蒂蒙斯甚至断言"单独的创始人不太可能建立百万美元以上的企业"（Timmons, 1979）。奥伯迈尔发现，在 10 家个人创办的公司中，只有 3 家公司的年销售额达到或超过 600 万美元，而在团队创办的公司中，23 家中有 16 家达到这一水平（Obermayer, 1980）。蒂奇等人（1986）报告说，"创业团队的规模对公司的成功很重要，平均而言，较大的团队比个人创业者更成功"（Teach et al., 1986）。

3.2.1　创业团队是创业的核心

早在 1999 年，蒂蒙斯（Timmons）就提出了创业模型——蒂蒙斯模型，这一模型强调创业是一个各方面因素动态平衡与相互匹配的过程。其中商机是创业过程的开始，同时也是创业的主要动力所在；资源是创业的必要条件与成功的保障；而创业团队则是整个创业活动的关键组成要素与创业主导者，是创业这一过程的核心，它在商机的引导下，根据创业发展的不同阶段，调整与更新团队的资源和能力，通过将各种资源进行最优配置以寻求创业继续发展的机会，从而实现创业目标（见图 3-1）。

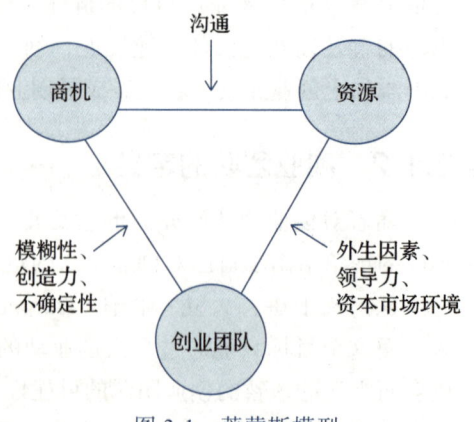

图 3-1　蒂蒙斯模型

3.2.2 创业团队能对创业资源形成互补

创业能否成功的一个关键要素就是创业者是否拥有关键资源以及能否对其资源进行优化整合。每个独立个体占有的资源都是不同的，即他们所掌握的知识技能、获取的信息、拥有的社会关系都是有差异的，而不同人聚合在一起，不同的资源之间相互补充，则整体所占有的资源就会更完整。

创业团队就具有对资源占有的完整性，它的最大优势在于团队成员的知识背景和技能构成具有异质性，即创业团队的成员具有不同的知识结构、技能、专业背景、人际网络和信息来源。团队成员的异质性能够很好地满足创业资源互补的需求，拓宽了团队的信息来源，有助于团队成员之间相互取长补短，从而大大提高了创业的效率。

近年来，越来越多的研究表明，创业团队成员的异质性越强，它对创业所需资源的补充就越全面，使团队整体的功能更完善，从而创业的成功率也越高。

3.2.3 创业团队能够提高创业绩效

随着世界经济的持续发展，创业成为越来越多人青睐的战略，创业在形式上大致可分为个体创业和团队创业两种形式，虽然创业形式各有优劣，但是团队创业更契合创业各方面的需求，能够有效地提高创业的绩效。

皮科特在德国实地调研，通过对德国的 52 家创业企业进行绩效指标的调查得出结论，团队形式的创业成功率是个人创业成功率的两倍（Picot，1989）；而阿尔巴赫和亨斯迪斯基也在德国通过对 180 家创业企业进行深入调查发现，以团队形式创立的企业成功率为 43%，而个人创业形式的企业存活率仅为 20%，这些数据表明，创业团队对提高创业绩效有着显著贡献（Albach and Hunsdieky，1987）。

近年来，越来越多的研究证明，基于一个创业团队的创业活动，其绩效要明显高于个体创业。相较于创业个体，创业团队能更敏锐精准地锁定目标市场，更灵活地应对目标市场的动态变化，更完善地制定创业过程中各项战略决策，更高效地制订并实施相关行动方案，因此创业团队的战略决策对创业绩效的提高很有效力。

3.3 创业团队对社会创业的重要性

3.3.1 创业团队有助于降低社会创业风险

创业有风险，而对社会创业来说，它所面临的风险更加严峻。从社会创业项目的选择、创业技能的储备、社会创业资源的获取到公益性与盈利性的平衡，每一个过程都存在一定的风险，项目选择是否妥当、是否具备创业技能以及能否及时获取所需的社会资源，都直接影响到社会创业成功与否。

创业团队可以有效降低社会创业的风险。首先，在项目的选择上，创业团队成员能够集思广益，提供有价值的创新点，避免了个人的狭隘主义，因而降低了社会创业项目不合适的风险；其次，创业团队成员具有不同的技术和职能背景，在创业过程中很好地实现所需技能的互补，降低了社会创业技能缺乏的风险；最后，创业团队成员的人际网络更广，所拥有的社会资源更丰富，降低了缺乏社会资源的风险。

3.3.2 创业团队有助于维持社会创业的持久性

社会创业是一种具有公益性的创业形式,并且社会创业从项目启动到投入应用需要经过一个十分漫长的过程,因此相较于商业性创业,它所需的资金和人力资源都是比较稀缺的。

创业团队作为一个工作团队,在合作过程中遇到瓶颈时,成员能够互相鼓励、互相支持地度过瓶颈期,因此团队成员能够形成一种凝聚力、责任感、抗压力和进取心,这使得人员的流动率降低且更能吸引志同道合的社会创业者,从而在很大程度上解决了人力资源的稀缺问题;如上面介绍的,团队中成员的社会资源更丰富,增加了资金筹集的途径,从而在一定程度上缓解了资金稀缺的问题。因此,创业团队能够有效解决社会创业中的问题,有助于维持社会创业的持久性,进而提高社会创业的成功率。

3.4 社会创业团队的价值观

所有的工作团队都拥有自身独特的团队文化(Levine and Moreland,1991),而价值观则被视为团队文化的决定性要素(O'Reilly, Chatman, and Caldwell,1991)。创业团队是特殊的高管团队,是创业取得成功的关键,也是新创企业的未来(Von Heinz et al.,2011)。创业团队成员的价值观是全体团队成员的信条,是行为选择的向导,是一个团队成长过程中处理一切矛盾的准则。"道不同,不相为谋",对社会创业团队而言,价值观一致性是社会创业企业存续和发展的关键所在,拥有相似价值观的团队成员更可能实现目标一致,以相似的方式解决问题,更能密切配合、相互信任、共谋发展;反之,价值观的差异则会使团队成员之间存在分歧和偏见,引发信任危机,提高团队冲突的水平,最终降低团队成员之间的合作、凝聚力,影响决策的速度和质量,不利于创业团队的稳定和长远发展(胡望斌 等,2014)。

3.4.1 工作价值观

休珀(Super)首次提出了工作价值观这一概念,认为工作价值观是个体所追求的与工作有关的目标的表述,是个体期望从工作中获得满足的内在需求及其从事活动时所追求的工作特质或属性。在此基础上,国内外学者又相继从需求层面和判断标准层面给出了工作价值观的定义(见表3-1)。国内学者霍娜和李超平(2009)通过综合考虑这两个层面,提出工作价值观是超越具体情境,引导个体对与工作相关的行为及事件进行选择和评价,指向希望达到的状态与行为的一些重要性程度不同的观念和信仰,其类型决定了个体在工作中想要满足的需求及其相应的偏好。

表 3-1 工作价值观的定义

学 者	定 义
Elizur and Abraham(1999)	工作价值观是一种直接影响个体行为的内在思想体系,是个体关于工作行为及其对从工作环境中获取某种结果的价值判断
凌文辁等(1999)	工作价值观是人们对各种人生需要的重视程度的反映
余华、黄希庭(2000)	工作价值观是人们衡量社会上某种职业的优劣和重要性的内心尺度,是个人对待职业的一种信念,并为个人的职业选择、实现工作目标的努力提供充分的理由

(续)

学　者	定　义
金盛华、李雪（2005）	工作价值观是个体评价和选择职业的标准，其中，目的性职业价值观是指个体评价和选择职业的内隐的动机性标准，手段性职业价值观是指个体评价和选择职业的外显的条件性标准
霍娜、李超平（2009）	工作价值观是超越具体情境，引导个体对与工作相关的行为及事件进行选择和评价，指向希望达到的状态与行为的一些重要性程度不同的观念和信仰

工作价值观的一个固有区分在于外在工作价值和内在工作价值，外在工作价值关注工作结果，如收入、晋升机会和地位等，相比之下，内在工作价值更关注工作过程，即能反映固有工作兴趣、学习潜力等的无形奖励（Ryan and Deci，2000）。其他工作价值包括决策中的影响力或自主权、工作稳定性或安全性、利他性、社会性和闲暇等（Herzog，1982；Johnson，2002；Miller et al.，2002）。例如，休珀（1970）在其编制的工作价值观量表（WVI）中，将工作价值观划分为15个维度，隶属于内在价值、外在价值和附带价值三个类别，这一量表得到了广泛运用；迈耶等人在曼哈特（1972）的研究基础上，提出包含舒适与安全、能力与成长、地位与独立3个维度21个题项的工作价值观测量量表，具有较好的跨文化适用性（Meyer et al.，1998）；罗斯和施瓦茨从基本价值观和工作价值观整合的角度对工作价值观进行了研究，认为从"价值形态层面"上划分，工作价值观具有四种类型，即内向、外向、社会和声望（Ros and Schwartz，1999）；莱昂斯等人提出了工作价值观应包括内在的（心理感受）、外在的（有形奖励）、地位（被尊重或认可）、利他主义（助人或服务社会）和社会因素（人际关系），据此建立的模型被认为是最全面的工作价值观评估模型（Lyons，2010）。另外，国内学者赵修文等（2018）构建了包括物质环境因素、自我实现因素、人际关系因素和团队建设因素四个维度的团队工作价值观模型，为界定团队工作价值观的结构和内涵提供了相关的理论基础。

3.4.2　经营管理价值观

企业经营管理者的价值观往往是企业文化的基础和核心，是高层管理者关于如何管理企业、发展企业的价值取向，是对企业经营管理的立场、观点和态度的基础，是在运营管理过程中的抉择取向和偏重（孙海法 等，2011）。经营管理价值观可通过三个途径影响高管的具体行为：第一，特定的价值观使管理者偏爱特定的行为与结果；第二，特定的价值观促使管理者在决策过程中倾向于寻找并接受特定的信息，从而避开某些相反的信息；第三，对于领导者试图采用的某种管理规范和激励方式，拥有不同价值倾向的个体会有不同的感受与反应（Hambrick，1987）。国内学者孙海法等（2011）通过半结构式访谈提出了经营管理价值观的六种类型（见表3-2），对研究创业团队价值观具有一定的借鉴意义。

表3-2　经营管理价值观

类　型	定　义	维　度
创新价值观	不满足于现状，鼓励新思想、新行动，把思想投入到技术创新和管理创新中	创新理念与精神
		技术创新
		管理创新
		市场创新

(续)

类　型	定　义	维　度
市场价值观	重视客户需求和竞争对手信息，按照市场数据来进行经营管理决策	理解市场需求
		客户导向
		竞争导向
人才价值观	重视人力资本，通过人才的引进、使用、激励和培养来增强企业竞争力	重视人才
		引进人才
		使用人才
		激励人才
		培养人才
长远发展价值观	重视企业的长远发展，按照长远发展目标指导企业的规划及经营管理	事业心
		战略规划
		长期利益导向
团队价值观	重视集体目标和集体利益，主动协调团队人际关系，积极维护团队的团结	全局观念
		团队信任
		合作精神
经济效益价值观	追求经济效益，以投资回报率为最高标准来指导经营管理决策	成本意识
		利润至上

3.4.3　价值观差异与社会创业结果

与一般创业不同，社会创业的使命是解决社会性难题或满足社会需求（Tukamushaba et al.，2011），这种社会使命使得社会企业通常包含传统商业企业中缺少的精神或美德维度（Mort et al.，2003）。作为社会创业者意志的外在体现，社会企业在构思阶段必然有其精神属性，因此，价值观等认知因素对社会创业的影响不容忽视（张秀娥、张坤，2018）。

价值观一致性是指个体之间、个体与组织各层次之间在价值取向上相近，甚至相同的程度（Edwards，2009；Chatman and Cha，2003）。创业团队成员的价值观一致性会影响创业结果，原因主要有以下两点：第一，持有相似价值观的个体解释事件的认知角度和基本方法也类似，从而使得各自的观点较为一致，减少了人际冲突，改善了人际关系，例如佩尔德等人指出，价值观的差异往往导致团队成员倾向于以内在归因解释他人行为，易引发团队成员间的相互猜疑和消极敌对情绪，从而提高了团队内部的关系冲突水平（Pelled，1999）；第二，类似的价值观使得团队成员相互间有清晰的角色预期，能够预测和把握彼此的行动，减少了角色模糊和角色冲突。相反，创业团队的价值观异质性对团队沟通、创业决策和创业风险感知均有显著的负面影响，即由价值观异质性所导致的团队成员在社会责任感的认知、道德规范的遵守等方面的差异性致使团队内部沟通和协作成本提高，使得团队决策难以达成统一，不仅不利于创业团队对转瞬即逝的市场机会的把握，也降低了团队对创业风险的感知（胡桂兰，2013；胡望斌 等，2014）。

社会分类视角（social categorization perspective）认为，个体通常以同质性和异质性作为对自身和团队内其他成员进行归类的标准，进而区分"圈内人"和"圈外人"（Williams and

O'Reilly，1998）。自我归类理论（self-category theory）指出，个体基于自身与所述群体成员或与外群体成员比较，将自身归属于某一群体并产生认同（Turner and Oakes，1986）。莱昂纳尔代利（Leonardelli）和托什（Toh）于2015年提出，在群际环境中，个体可根据觉知者的特征、他人的特征、自己与他人的特征的结合，产生三种归类：群际归类（intergroup categorization）、内群体归类（ingroup categorization）和外群体归类（outgroup categorization）。与这一理论类似的还有社会认同理论和相似吸引理论，均认为价值观等方面具有相似性的个体更容易相互认同与相互吸引。根据上述理论，创业团队成员不同的价值观取向容易导致成员间产生不同的决策倾向，"物以类聚，人以群分"，人们总是会有意识或无意识地选择与拥有相同看法的人交往，产生"内团队"和"外团队"的社会身份认知，进而演化为派系划分，这不仅会使得团队内部有利于创新思维形成的"全通道式"的开放性交流越来越少，而且提高了团队内部的关系冲突水平（孙海法 等，2011）。

3.5　社会创业团队的目标

3.5.1　短期目标与社会责任

从学习的角度来看，由于创立时间较短，处于创业初期的创业团队缺乏有效的内部沟通以及与客户、供应商和其他利益相关者建立稳定关系的经验（Barringer and Greening，1998），这种"新生者劣势"（liability of newness）会加剧企业社会责任活动对创业企业财务绩效的负面影响。蒂尔凯尔也指出，短期内履行社会责任的导向不仅会降低企业社会责任的参与度，还会削弱企业盈利能力（Türker，2015）。

首先，创业团队的"新生者劣势"可能会抑制其通过企业社会责任投资获得经济回报的能力。为了通过企业社会责任创造经济价值，企业需要将社会和环境属性纳入产品特征，而这种产品的开发不仅需要消耗大量资源，而且需要依赖以往的创新能力和经验，由于创业企业存在时间较短且通常资金有限，因此需要一定时间获取开发新产品的资源和能力。

其次，创业团队的"新生者劣势"可能会限制初创企业从利益相关者关系中获益以及从企业社会责任中获得卓越声誉的能力。企业从利益相关者关系中获取经济回报的能力依赖于其对利益相关者的影响力，而这是一个需要时间才能实现的路径依赖过程（Barnett，2007）。同样，"新生者劣势"使初创企业难以通过履行企业社会责任建立积极的企业声誉，因为"作为一个出色的企业公民，迅速建立形象的努力通常会失败"(Fombrun et al.，2000）。

最后，与企业社会责任相关的活动资本成本往往很高（Brammer and Millington，2008），这就扼杀了初创企业建立规模经济的努力。虽然通过采用能耗更低、产生更少废弃物或使用更少原料的技术可以降低总体成本（King and Lenox，2002；Klassen and Whybark，1999），但这一措施无疑需要时间才能实现，而资本成本是即时的。此外，"新生者劣势"可能会放大管理层对企业社会责任活动的干扰。初创企业通常需要将其资源和能力全部投入到核心业务中，如产品和市场开发（Barringer and Greening，1998）。由于创业团队可能缺乏必要的技能（Davis，1973），追求企业社会责任活动可能会分散他们对核心业务的注意力。

当然，我们必须要承认即使在创业初期，企业也可以从履行社会责任中获益。例如，新企业往往需要依赖当地的资源（Peredo and Chrisman，2006），因此，它对当地的贡献可能会增加其资源禀赋。此外，初创企业通常缺乏支付高薪以吸引顶尖人才的资本，而企业社会责任活动则可以吸引和留住愿意在履行社会责任但薪资水平较低的企业中工作的优质员工（Greening and Turban，2000）。然而，这些仍不足以弥补企业社会责任的主要负面影响，因此，我们认为创业企业在短期内难以兼顾盈利与履行企业社会责任的目标。

3.5.2 长期目标与社会责任

大量的研究表明，企业社会责任对组织的声誉、竞争力、可持续性（Johnson，2003；Porter and Kramer，2002；Snider et al.，2003）、现任雇员（Mueller et al.，2012；Shen and Benson，2014；Smith and Kumar，2014；Watkins et al.，2015）和客户反应（Sen and Bhattacharya，2001；Tsai et al.，2014）等具有积极影响，虽然这些影响可能是间接的，但它们最终都可能导致组织绩效和盈利能力的提高（Khojastehpour and Johns，2014；Marquis et al.，2007）。对149家创业企业进行的一项研究表明，长期利益导向型企业履行企业社会责任会显著提升财务绩效（Wang and Bansal，2012），这一结果与加里加和梅莱的观点类似，即具有长期发展思维的企业认为企业社会责任可以使其比竞争对手更具竞争优势，并会为企业的长期盈利能力和股东财富做出贡献（Garriga and Melé，2004）。因此，从长期来看，企业的盈利目标与履行社会责任的目标并不矛盾。

首先，长期目标导向拓宽了企业的视野，使企业能够认识到投资企业社会责任活动的潜在价值。因此，以履行企业社会责任为长期目标的企业倾向于选择能够持久并强调持续创新的技术，即使这样做可能涉及更大的短期成本。其次，这类企业能够容忍甚至鼓励开发不具有明确短期价值的战略资源（Hamel and Prahalad，1989），允许企业从通过企业社会责任建立的复杂的利益相关者关系中识别隐含的价值。也就是说，与专注于短期盈利能力的企业相比，具有长期定位的企业更可能从利益相关者关系中汲取价值（Barnett，2007）。最后，企业的利益相关者可能会对社会和环境问题的内容和解决方式持有不同甚至相矛盾的观点，而在长期目标的引导下，企业可以通过协调不同利益相关者的利益和动机来促进企业社会责任的履行（Fiegenbaum et al.，1996）。

3.6 社会创业团队的异质性

3.6.1 团队异质性研究的兴起

对于团队成员构成的研究可以追溯到20世纪50年代的美国，研究者们自那时起开始关注团队成员的不同特征及这种差异对团队的影响。到20世纪90年代，随着越来越多的组织以团队的方式开展工作，越来越多的女性、有色人种、不同年龄段的劳动者参与到团队工作中，以及新企业不断建立，拥有不同教育背景、不同经验的人合作参与到市场竞争中，劳动力从各个方面逐渐走向多元化。如何带领一支多元化的员工队伍在迅速变化的经济环境中取得成功成为管理者最艰难、最迫切需要应对的挑战之一（Harrison et al.，1998），实践呼唤理论研究提供对多元化团队更深刻的理解。

然而，尽管已经充分认识到员工队伍已走向多元化，但是将这种宏观的、人口统计学上的转变提炼成管理者和团队成员实际面对的问题，从而为实践提供理论指引却尚有困难（Williams，1998）。在此背景下，学界越来越关注团队的异质性（heterogeneity），出现了大量对于团队成员各方面构成及特质的研究，典型代表如杰克逊关于团队成员教育、年龄、工龄和行业异质性对团队成员流动性影响的研究（Jackson，1991），奥莱利关于团队成员性别、种族等异质性对团队创造力、执行能力和冲突影响的研究（O'Reilly，1997），耶恩关于团队成员价值观、信息和等级等异质性对团队冲突以及团队成员满意度、敬业度、忠诚度及绩效影响的研究等（Jehn，1997）。

总体来说，在实践不断发展的推动下以及不断吸收先前研究成果的背景下，团队异质性研究逐渐从分散的对团队构成特征的讨论走向集中的对团队异质性的认识，研究重点逐步从局限的工龄、教育等人口统计学特征走向包括团队成员性格、价值观和职能背景等在内的丰富多元的团队特征。而对异质性的结果和影响的研究也逐步从单一地关注绩效走向对包括团队成员的行为和心理以及团队的创新能力、冲突水平和长期发展等方面的全面关注。此外，随着研究的不断深入和管理学研究方法的不断进步，研究者也越来越注意探索团队异质性对团队产生影响的路径、机制和情境。

3.6.2　社会创业团队异质性的分类

对创业团队异质性的认识大多由团队异质性或高管团队异质性发展而来，对社会创业团队异质性的理解可借鉴创业团队异质性。伴随着团队构成各种异质性研究的发展，学者们对团队异质性分类的努力也从未间断。异质性的概念并不复杂，但是对团队成员来说，各方面都存在着异质性，要想真正全面深入研究异质性及其影响，就必须系统地把纷繁的异质性归类。有些学者在研究团队异质性的影响时尝试对它进行分类，比如杰克逊等（1995）提出的集成浅层和深层维度的任务相关异质性（包括职能背景、工龄、教育/知识、团队资格等特征），以及关系相关异质性（包括性别、文化行为方式、认知方式、社会地位、团队关系、价值观、信仰等特征）的异质性二维度。有些学者尝试在总结前人研究的基础上直接建立新的团队异质性的分类，比如哈里森等提出的表层异质性（团队成员之间明显的，能被典型生理特征所反映出来的年龄、性别和种族等特征的异质性），以及深层异质性（包括团队成员间态度、信仰和价值观等特征）的异质性二维度（Harrison，1998）。还有学者将团队异质性分为低工作相关异质性和高工作相关异质性（Pelled et al.，1999），社会性异质性和功能性异质性（胡望斌 等，2014），等等。

总体来说，尽管分类方法和类别定义不同，但对异质性类别的研究成果大体遵循人口统计学特征和后天形成特征二维结构。人口统计学特征（包括性别、年龄、国籍等）易于观测，难以更改，初步定义了团队成员是一个"什么样的人"。虽然这些特征的异质性对于团队的作用不同，但共同点在于，它们所带来的影响是与任务无关的，是关系性的，是团队成员在互动的过程中只能适应而不能改变的。而后天形成特征主要包括教育水平、职能背景、行业经验、社会资本以及对创业团队来说尤为重要的人格特质等，概括起来可划分为个性异质性和能力异质性两大类。本章接下来将在介绍广义异质性的基础上围绕人口统计学特征异质性、个性异质性和能力异质性对社会创业团队异质性的影响展开讨论。

3.6.3 社会创业团队异质性的影响

1. 广义异质性

许多研究没有区分团队异质性的类别,而是直接对广义异质性进行讨论。有学者通过对创业团队构成特征影响新创企业绩效的研究进行元分析,提出团队异质性对新创企业绩效存在正向影响(Jin et al.,2017)。商业世界无时无刻不处在变化之中,对努力在市场中拼杀出一席之地的新创企业来说,其运行环境更是充满了不确定性。在面对那些需要强大信息处理能力来解决的、非常规的问题时,异质性强的创业企业往往能通过其多元化的人力资源实现更有质量、更新奇、更具创新性的解决效果(Knippenberg,2007)。由不同特征的成员所组成的团队由于成员能够接触多元化的信息源而往往具有达成更好决策的潜能,在战略上也对选择不同领域的项目有更高的倾向,决策的不确定性越强,风险越高,异质化团队相比同质化团队通常越具优势(Mello et al.,2006)。团队成员的任务相关异质性和关系相关异质性与风险投资的意愿之间均存在显著的正向关系(Vogel et al.,2014)。

2. 人口统计学特征异质性

对于人口统计学特征异质性的影响,虽然是各类异质性研究中开始最早的,但是研究者尚未形成按照各具体特征展开的统一、权威认识。其实,也不难理解,由于人口统计学特征内在的地区间、文化间和不同调查群体间的差异性,没有达成高度的共识其实是正常的结果。以对年龄的研究为例,哈特尔提出,年龄差异性的扩大会导致更多潜在冲突(Hartel,2004)。在此基础上,图兰等人提出,年龄异质性的增强会削弱团队的共识和合作,从而降低团队实现创新等战略目标的能力(Turan et al.,2014)。而斯蒂芬斯等人则认为,年龄同质性越强,即异质性越弱的团队越难以在长期中实现高绩效。换言之,随着异质性带来的短期冲突和沟通不畅得到解决优化,异质性强的团队将由于其多元的人力资源在长期得到更好发展。又如樊传浩等(2013)提出"异质性只是团队结构的一种静态描述",创业团队能够形成就代表团队成员对于其他成员的人口统计学特征达到了一定程度的认同,因此年龄等人口统计学特征对于创业团队效能的影响并不显著。

人口统计学特征异质性对团队影响的三种观点,即正向、负向和无关,都有各自的理论依据和实证支撑。本书不对它们进行评判或选择,但是在看似分散的人口统计学特征异质性研究中,我们能得出一些共识供读者参考。例如,无论是持哪种观点的研究,都没有否认人口统计学特征的作用,区别只在于是否显著,是否需要被纳入社会创业团队成员构成的必需要素。然而,如乔杜里所提出的,团队共识和团队承诺等影响团队有效性的核心因素与团队成员的人口统计学特征没有显著关系,人口统计学特征无法直接影响团队的有效性(Chowdhury,2005)。因此,对社会创业者来说,一方面在招募员工时,要克服倾向于选择与现有成员的人口统计学特征相同的人士的偏好(Finkelstein et al.,1990;Westphal,1995),另一方面,团队成员在人口统计学特征上的异质性不是组建团队时应优先考虑的因素。

3. 个性异质性

长期以来,由于对个性的定义和测量标准缺乏共识,关于个性异质性的研究进展缓慢。麦克雷和科斯塔(McCrae and Costa,1989)和迪格曼(Digman,1990)提出大五(Big Five)人格理论,它包括开放性(openness)、尽责性(conscientiousness)、外倾性(extraversion)、亲和性（agreeableness）和情绪稳定性（neuroticism）五大因素。这一有相当说服力的人格理论提出后，团队成员个性异质性对团队影响的研究便以大五人格理论为基础开始发展。纽曼（Neuman，1999）提出，尽责性、亲和性和开放性这三种特质的团队人格水平（team personality elevation，TPE）——团队成员在某一特定人格特质上的平均水平——能够有效预测团队绩效。外倾性和情绪稳定性这两种特质的团队人格多样性（team personality diversity，TPD）——团队成员在某一特定人格特质上的平均水平上的差异——能有效预测团队绩效。在外倾性和情绪稳定性上呈现多元化的团队成员能为团队注入不同的特质，相比成员人格单一的团队，这样的团队将更具有效性。同时，在外倾性异质性强（成员间在外向、热心、平衡、保守和服从五个外倾性维度上区分明显）的团队中，团队成员将更容易找到自己的角色，从而减少同质化带来的相同角色冲突。因此，创业团队在人员选择与配置上都应充分考虑外倾性和情绪稳定性这两种人格特质异质性的影响，最大化利用这种异质性对团队的积极影响。有学者将大五人格划分为任务导向特质（尽责性、开放性）和关系导向特质（外倾性、亲和性和情绪稳定性）两类，指出任务导向特质异质性不利于新创团队增长，关系导向特质异质性则对新创团队具有正向影响（Zhou et al.，2015）。

乔伊斯等（Joyce et al.，2010）专门研究了个人特质和人口统计学因素对社会创业倾向的影响，将社会创业者的特征划分为社会视野、恒心、社交网络、创新能力和经济回报五个维度，提出亲和性对社会创业者的各个维度均具有显著的正向影响，开放性对经济回报和社会视野具有显著的正向影响，尽责性对恒心和经济回报具有显著的正向影响。此外，还有学者尝试从其他角度解释个性异质性对团队的影响。比如卡恩等（Khan，2014）提出，团队成员控制点（locus of control，LOC）异质性越低越有助于提高团队效能。

综上所述，社会创业团队应重点考察成员的亲和性、开放性和尽责性，从而优化团队构成，提高团队的效率和效果。

4. 能力异质性

创业经验异质性高的团队会因成员追逐主导权而降低凝聚力，多发冲突，从而加速团队人员流失（Ucbasaran et al.，2003）。因此，在意识到这种异质性是团队的财富的同时，也不能忽视其带来的潜在风险。一个或多个团队成员曾有过创业经历不完全代表他们在新的团队中仍能做出与对先前团队程度相同的贡献，以及能通过使用在先前团队中有效的策略复制成功。杨俊等（2010）对于创业团队经验异质性的研究显示，行业经验差异程度高有助于面向顾客需求的创新性产品/服务的开发，职能背景差异程度高有助于设计出利于将产品/服务推向市场的市场交易结构。

创造力需要个体与不同甚至是对立的刺激源相接触，想要启动和发展一项富有创意的团队活动，团队成员间知识、经验、视野和兴趣的异质性是一个必要的前提（Arieti，1976）。在面临决策时，上述异质性强的创业团队使成员之间更容易碰撞出创意的火花。经验和认知方式异质性强的创业团队能使辩证的思维方式贯彻到团队的各项活动之中，对于不一致的意见更加宽容，从而在制定决策时扩大策略选项的考虑范围，有效避免从众思维和行为惰性（Eisenhardt and Schoonhoven，1990；Levine，1993）。

创业团队成员学习彼此的想法、理解和期望能使团队更有创造力，为团队创造出能为其带来竞争优势的独特资产（如认知方式、行为模式等），然而，这种因异质性的团队成员聚集在一起产生的化学反应不是持久不变的，在这个过程中，团队成员的各项特征会因彼此合作、互动以及一项又一项工作的完成而走向趋同，即从异质性走向同质性。同质性和异质性是衡量团队构成多样性的两极，当这种多样性强时，团队成员表现出异质性，而当这种多样性弱时则表现出同质性。一旦团队同质化，因异质性而带来的各项收益和优势也将消失殆尽。胡望斌等（2014）提出教育水平和职能经验异质性与创业绩效呈倒U形关系，即团队的教育水平和职能经验异质性无论过强还是过弱都不利于团队实现最佳绩效，过强的同质性会导致决策质量下降，而过强的异质性则会导致决策效率降低，适度的异质性对团队最为有利。因此，创业团队应了解自身的多样化程度，并结合自身所在行业，在创业的不同阶段，掌握好异质性与同质性的平衡，使团队构成对团队的影响始终处在最有利于团队在当前及未来阶段发展的水平。

同时我们需要指出，团队异质性不是"有百利而无一害"的，它也会对团队产生负面影响。认知资源（知识、思维方式）、理解与感知、期望等方面的异质性固然能够促进创新，但也可能会引发团队成员彼此不相容和冲突的产生（Hambrick，1996；Wanous，1986）；恩斯利等（Ensley et al.，1998）指出，团队异质性通过带来的冲突以及决策制定上的混乱负向影响团队增长，最高学历、所学专业以及职能背景的异质性还会负向影响团队收入；刑蕊等（2017）指出，创业团队职能背景异质性与创业绩效呈负相关关系，不同职能背景的团队成员在价值观、思维习惯和问题处理方式上存在较大差异，团队沟通的有效性将因此受到严重影响，进而抵消工作经验的多样性对于创业绩效的促进作用。尽管某些层面上的不一致能够促进团队成员彼此学习和新思维的产生，但是一旦发生严重的冲突，创业团队的共同行动将受到严重影响，甚至阻碍协同认知的形成。因此，要想发挥团队异质性的优势，避免团队异质性带来的弊端，创业团队应当努力促使团队成员熟悉彼此不同的技能、强项、劣势和特殊的习惯。这种了解不需要深入，却可以有效建立沟通的桥梁，避免误解及重大冲突的产生。只有在彼此熟悉的基础上，团队成员所拥有的不同天赋、技能和认知资源才能最大限度地发挥作用。创业团队的规模相对于成型企业来说要小很多，成员之间沟通的机会非常丰富，因此无论是对于彼此尚不熟悉的创始人还是后来加入的合伙人，建立对团队异质性的初步了解都是十分必要且易于达成的。

本章小结

1. 创业团队是创业的核心，能够提供互补的创业资源，比个人创业者更容易提高创业绩效。
2. 创业团队有助于降低社会创业风险，也有助于维持社会创业的持久性。
3. 创业团队的价值观和目标一致性有助于提高社会创业成功率。
4. 创业团队的人口统计学特征、个性和能力等方面的异质性有助于提高社会创业成功率。

问题讨论

1. 怎么理解创业团队对社会创业绩效的影响？

2. 社会创业者有哪些特定的价值观？
3. 创业团队异质性对社会创业有积极还是消极的影响？

扫码查看案例分析和文献精读。

参考文献

[1] BARNETT M L. Stakeholder influence capacity and the variability of financial returns to corporate social responsibility[J]. Academy of management review, 2007, 32(3): 794-816.

[2] BRAMMER S, MILLINGTON A. Does it pay to be different? An analysis of the relationship between corporate social and financial performance[J]. Strategic management journal, 2008, 29(12): 1325-1343.

[3] CHANDLER G N, HANKS S H. An examination of the substitutability of founders human and financial capital in emerging business ventures[J]. Journal of business venturing, 1998, 13(5): 353-369.

[4] CHATMAN J A, CHA S E. Leading by leveraging culture[J]. California management review, 2003, 45(4): 20-34.

[5] CHOWDHURY S. Demographic diversity for building an effective entrepreneurial team: is it important? [J]. Journal of business venturing, 2005, 20: 727-746.

[6] DIGMAN J M. Personality structure: emergence of the five-factor model[J]. Annual review of psychology, 1990, 41(1): 417-440.

[7] EDWARDS M S, PATTERSON D. The influence of cultural values on economic growth: an expanded empirical investigation[J]. The journal of political science, 2009, 37: 148-173.

[8] ENSLEY M D, CARLAND J W, CARLAND J A C. The effect of entrepreneurial team skill heterogeneity and functional diversity on new venture performance[J]. Journal of business and entrepreneurship, 1998, 10(1): 1-11.

[9] EISENHARDT K M, SCHOONHOVEN C B. Organizational growth: linking founding team, strategy, environment, and growth among US semiconductor ventures, 1978—1988[J]. Administrative science quarterly, 1990, 35: 504-529.

[10] ELIZUR D, SAGIE A. Facets of personal values: a structural analysis of life and work values[J]. Applied psychology, 1999, 48(1): 73-87.

[11] FINKELSTEIN S, HAMBRICK D C. Top-management-team tenure and organizational outcomes: the moderating role of managerial discretion[J]. Administrative science quarterly, 1990, 35(3): 484-503.

[12] FRANCIS D H, SANDBERG W R. Friendship within entrepreneurial teams and its association with team and venture performance[J]. Entrepreneurship theory

and practice, 2000, 25(2): 5-26.

[13] GARRIGA E, MELÉ D. Corporate social responsibility theories: mapping the territory[J]. Journal of business ethics, 2004, 53(1-2): 51-71.

[14] HAMBRICK D C, CHO T S, CHEN M J. The influence of top management team heterogeneity on firms' competitive moves[J]. Administrative science quarterly, 1996, 41(4): 659-684.

[15] HAMBRICK D C. The top management team: key to strategic success[J]. California management review, 1987, 30(1): 88-108.

[16] HARPER D A. Towards a theory of entrepreneurial teams[J]. Journal of business venturing, 2008, 23(6): 613-626.

[17] HARRISON D A, PRICE K H, BELL M P. Beyond relational demography: time and the effects of surface-and deep-level diversity on work group cohesion[J]. Academy of management journal, 1998, 41(1): 96-107.

[18] JACKSON S E, MAY K E, WHITNEY K. Understanding the dynamics of diversity in decision-making teams[M]//GUZZO R A, SALAS E. Team effectiveness and decision making in organizations. San Francisco: Jossey-Bass, 1995.

[19] JEHN K A. A qualitative analysis of conflict types and dimensions in organizational groups [J]. Administrative science quarterly, 1997, 42(3): 530-557.

[20] JIN L L, MADISON K, KRAICZY N D, et al. Entrepreneurial team composition characteristics and new venture performance: a meta-analysis[J]. Entrepreneurship theory and practice, 2017, 41(5): 743-771.

[21] JOYCE K H N, SHAMUGANATHAN G. The influence of personality traits and demographic factors on social entrepreneurship start up intentions[J]. Journal of business ethics, 2010(95): 259-282.

[22] KAMM J B, SHUMAN J C, SEEGER J A, et al. Entrepreneurial teams in new venture creation:a research agenda [J]. Entrepreneurship theory and practice, 1990, 14(4): 7-17.

[23] KHAN M S, BREITENECKER R J, SCHWARZ E J. Entrepreneurial team locus of control: diversity and trust[J]. Management decision, 2014, 52(6): 1057-1081.

[24] KHOJASTEHPOUR M, JOHNS R. The effect of environmental CSR issues on corporate/brand reputation and corporate profitability[J]. European business review, 2014, 26(4): 330-339.

[25] LEONARDELLI G J, TOH S M. Social categorization in intergroup contexts: three kinds of self-categorization[J]. Social and personality psychology compass, 2015, 9(2): 69-87.

[26] LEVINE J M, MORELAND R L. Culture and socialization in work groups[M]// RESNICK L B, LEVINE J M, TEASLEY S D. Perspectives on socially shared cognition. Washington, DC: American Psychological Association, 1991: 257-279.

[27] MARQUIS C, GLYNN M A, DAVIS G F. Community isomorphism and corporate social action[J]. Academy of management review, 2007, 32(3): 925-945.

[28] MCCRAE R R, COSTA P T. The structure of interpersonal traits: Wiggins's circumplex and the five-factor model[J]. Journal of personality and social psychology, 1989, 56(4): 586.

[29] MELLO A S, RUCKES M E. Team composition[J]. The journal of business, 2006,

79(3): 1019-1039.

[30] MEYER J P, IRVING P G, ALLEN N J. Examination of the combined effects of work values and early work experiences on organizational commitment[J]. Journal of organizational behavior, 1998, 19(1): 29-52.

[31] HIRATA M .The roles of the start-up teams and organizational growth in Japanese venture firms[J].Behavioral science research, 2000(52): 109-120.

[32] NEUMAN G A, WAGNER S H, CHRISTIANSEN N D. The relationship between work-team personality composition and the job performance of teams[J]. Group & organization management, 1999, 24(1): 28-45.

[33] O'REILLY III C A, CHATMAN J, CALDWELL D F. People and organizational culture: a profile comparison approach to assessing person-organization fit[J]. Academy of management Journal, 1991, 34(3): 487-516.

[34] PELLED L H, EISENHARDT K M, XIN K R. Exploring the black box: an analysis of work group diversity, conflict and performance[J]. Administrative science quarterly, 1999, 44(1): 1-28.

[35] QUICK T L .Successful team building[M]. New York, NY: Amacom Books, 1992.

[36] RYAN R M, DECI E L. Intrinsic and extrinsic motivations: classic definitions and new directions[J]. Contemporary educational psychology, 2000, 25(1): 54-67.

[37] SCHJOEDT L, KRAUS S. Entrepreneurial teams: definition and performance factors[J]. Management research news, 2009, 32(6): 513-524.

[38] SCHWARTZ S H. A theory of cultural values and some implications for work[J]. Applied psychology, 1999, 48(1): 23-47.

[39] SHEN J, BENSON J. When CSR is a social norm: how socially responsible human resource management affects employee work behavior[J]. Journal of management, 2016, 42(6): 1723-1746.

[40] SHONK J H. Working in teams: a practical manual for improving work groups[M]. New York, NY: Amacom Books, 1982.

[41] STEFFENS P, TERJESEN S, DAVIDSSON P. Birds of a feather get lost together: new venture team composition and performance[J]. Small business economics, 2012, 39(3): 727-743.

[42] SUPER D E. Work values inventory: manual[M]. Boston, MA: Riverside Publishing Company, 1970.

[43] TIMMONS J A. New venture creation: a Guide to entrepreneurship for 21st century[M]. Homewood, IL: Irwin, 1999.

[44] TSAI Y H, JOE S W, LIN C P, et al. Exploring corporate citizenship and purchase intention: mediating effects of brand trust and corporate identification[J]. Business ethics: a european review, 2015, 24(4): 361-377.

[45] TUKAMUSHABA E K, OROBIA L, GEORGE B P. Development of a conceptual model to understand international social entrepreneurship and its application in the Ugandan context[J]. Journal of international entrepreneurship, 2011, 9(4): 282-298.

[46] TURAN D, ASCIGIL S F. Antecedents of innovativeness: entrepreneurial team characteristics and networking[J]. Journal of innovation management, 2014, 2(1): 83-103.

[47] TÜRKER D. Contrasting instrumental views on corporate social responsibility: short-term versus long-term profit orientation

[48] TURNER J C, OAKES P J. The significance of the social identity concept for social psychology with reference to individualism, interactionism and social influence[J]. British journal of social psychology, 1986, 25(3): 237-252.

[49] UCBASARAN D, LOCKETT A, WRIGHT M, et al. Entrepreneurial founder teams: factors associated with member entry and exit[J]. Entrepreneurship theory and practice, 2003, 28(2): 107-127.

[50] VOGEL R, PUHAN T X, SHEHU E, et al. Funding decisions and entrepreneurial team diversity: a field study[J]. Journal of economic behavior & organization, 2014, 107: 595-613.

[51] WANG T, BANSAL P. Social responsibility in new ventures: profiting from a long-term orientation[J]. Strategic management journal, 2012, 33(10): 1135-1153.

[52] WATKINS M B, REN R, UMPHRESS E E, et al. Compassion organizing: employees' satisfaction with corporate philanthropic disaster response and reduced job strain[J]. Journal of occupational and organizational psychology, 2015, 88(2): 436-458.

[53] WILLIAMS K Y, O'REILLY C A. Demography and diversity in organizations: a review of 40 years of research[J]. Research in organizational behavior, 1998, 20(3): 77-140.

[54] ZHOU W C, HU H J, ZEY M. Team composition of new venture founding teams: does personality matter[J]. International journal of entrepreneurial behavior & research, 2015, 21(5): 673-689.

[55] 樊传浩，王济干. 创业团队异质性与团队效能的关系研究[J]. 科研管理，2013，34（8）：35-41.

[56] 胡望斌，张玉利，杨俊. 同质性还是异质性：创业导向对技术创业团队与新企业绩效关系的调节作用研究[J]. 管理世界，2014（6）：92-109.

[57] 霍娜，李超平. 工作价值观的研究进展与展望[J]. 心理科学进展，2009，17（4）：795-801.

[58] 金盛华，李雪. 大学生职业价值观：手段与目的[J]. 心理学报，2005，37（5）：650-657.

[59] 凌文辁，方俐洛. 我国大学生的职业价值观研究[J]. 心理学报，1999，31（3）：342-348.

[60] 孙海法，程贯平，刘海山. 经营管理价值观异质性对冲突与绩效的影响：基于123个高管团队的实证研究[J]. 东北大学学报（社会科学版），2011，13（4）：300-306.

[61] 邢蕊，周建林，王国红. 创业团队知识异质性与创业绩效关系的实证研究：基于认知复杂性和知识基础的调节作用[J]. 预测，2017，36（1）：1-7.

[62] 杨俊，田莉，张玉利，等. 创新还是模仿：创业团队经验异质性与冲突特征的角色[J]. 管理世界，2010（3）：84-86.

[63] 余华，黄希庭. 大学生与内地企业员工职业价值观的比较研究[J]. 心理科学，2000，23（6）：739-740.

[64] 张秀娥，张坤. 先前经验与社会创业意愿：自我超越价值观和风险倾向的中介作用[J]. 科学学与科学技术管理，2018，39（2）：142-156.

第 4 章　资源与社会创业

:: 学习目标

- 了解资源的概念
- 理解资源与社会创业的关系
- 掌握社会创业的资源类型与来源
- 了解社会创业的资源整合过程
- 理解不同阶段资源整合的异同
- 了解社会创业资源整合利用的成效

开篇案例

四川中和农道农业科技有限公司利用八类资源实现全产业链赋能

四川中和农道农业科技有限公司（以下简称"中和农道"），是电商领域专注于扶贫的社会企业，成立于 2017 年 2 月 6 日，由北京中和农道科技有限公司作为直接投资人，向四川中和农道认缴出资人民币 100 万元。北京中和农道科技有限公司由中国扶贫基金会创办并 100% 持股，建立了电商扶贫品牌"善品公社"。中和农道以"让诚信生产实现价值"为使命，以"耕者有尊严，食者得健康"为愿景，致力于解决"农村发展和食品安全"等社会问题。

在具体业务上，中和农道通过支持小农户建立合作社的方式，基于电商等各种新零售方式，遵循"产业提升、价值拓展、市场链接、体系赋能"的赋能思路，建立市场、农户、地方特色农产品品牌之间的链接，基于市场方式提升小农户在特色农产品生产及销售方面的组织、合作、品控、市场推广等能力，提升合作社的市场能力与资源整合能力并进一步将这种能力延伸到产业价值链中，最终助力农户提高组织化能力与市场竞争力，实现可持续发展。2018 年，中和农道获批四川省成都市首批

"社会企业"认证。

为确保具体业务的顺利执行，中和农道需要以机制创新为手段，对所服务农村的特色产业在全产业链上持续赋能，以提高其市场化能力。其中，全产业链赋能意味着要系统整合与利用好八大类关键资源，具体包括：技术资源，即针对具体农作物的相关种植技术；供应链资源，即仓储、物流、包装等；渠道资源，即淘宝、天猫、京东以及百果园等线上销售平台；品牌资源，即网络官方平台、自媒体平台等宣传渠道；公益合作伙伴资源，即非营利组织、基金会等公益组织；政府资源，即各级政府平台的宣传报道及政策支持等；社区资源，即业务所在的具体村落；智力资源，即智库、大学等智力与知识支持。

上述八类资源都很重要，中和农道将其进一步界定为"3+1资源利用模式"。"1"代表政府与政策制度，表明其业务是在政府统筹之下有序开展的。"3"代表农业产业链的上、中、下游三个环节。上游包括技术合作单位、合作社、村落等部分；中游是供应链部分；下游是渠道、品牌等市场资源部分。中和农道总经理王光远认为，在上游环节，最为重要的是农村的合作组织、合作社等，这是中和农道开展业务的基础资源；在中游环节，最为核心的是农产品的商品化处理过程；在下游环节，最为重要的是渠道，这是达成交易的最后也是最重要的环节，决定了八类资源最终的利用成效。

资料来源：陈青姣，赵锋，张黎明. 社会企业家访谈录[M]. 北京：中国经济出版社，2021.

资源稀缺一直是创业实践与研究共同面临的问题。社会创业实践遵循利用商业化手段创造社会价值的"手段-目的"关系逻辑，与经济创业截然相反。按照资本逐利的逻辑，追求利润最大化的经济创业活动尚且面临资源稀缺的难题，而以社会价值最大化为使命的社会创业又如何应对资源稀缺，就成为一个有趣的问题。本章重点在于从资源的概念以及与社会创业的关系出发，分析社会创业过程中的资源类型和来源，并在此基础上探讨社会创业的资源整合过程，以及资源利用的成效等基本问题，以便于读者加强对社会创业资源获取与利用的认识。

4.1 资源的概念及类型

所谓资源，是任何主体在向社会提供产品和服务过程中，所拥有或所能支配的有助于实现自己目标的各种要素及其组合。创业资源是企业创立及成长过程中所需要的各种生产要素和支撑条件。对创业者而言，只要是对其创业项目和新创企业发展有帮助的要素，都可归入创业资源的范畴。创业活动本身就是一种资源的重新组合，创业资源不强调为我所有，只关注为我所用。

目前，学术界对创业资源大致有六种分类方式。

（1）按照资源的来源，可分为自有资源和外部资源。前者是创业者（团队）自身拥有或可以直接支配的资源，如自有资金、专利等；后者是创业者（团队）从外部获取的资源，如融资、设备等。创业者（团队）是否具备自有资源，会影响其外部资源的获取。

（2）按照资源的存在形式，可分为有形资源和无形资源。前者指具有物质形态、价值可用货币度量的资源，如建筑物、原材料等；后者指具有非物质形态、价值难以用货币度量的资源，如信息、信誉等。无形资源是撬动有形资源的重要手段。

（3）按照资源对生产过程的作用，可分为生产型资源和工具型资源。前者直接用于生产过程或开发其他资源，如机器、汽车等；后者则专门用于获得其他资源，如人才、声誉等。

（4）按照资源在创业过程中的作用，可分为运营性资源和战略性资源。前者包括人力、技术、资金、物质等资源；后者主要指知识资源，具有稀缺、有价值、不可替代和难以模仿等特征。

（5）按照资源的性质，可分为物质资源、声誉资源、组织资源、财务资源、技术资源以及智力和人力资源。物质资源指创业与经营活动所需要的有形资产和自然资源，例如厂房、土地、设备、森林等；声誉资源指创业者（团队）的无形资产，例如信任、尊严、诚信等；组织资源指组织内部的正式管理系统，包括信息沟通、决策系统以及组织内正式和非正式的计划活动等；财务资源主要包括资金、资产、股票等；技术资源包括关键技术、制造流程、作业系统、专用生产设备等；智力和人力资源包括创业者（团队）的知识、训练、经验，也包括组织及其成员的专业智慧、判断力、视野、愿景，甚至是创业者（团队）的人际关系网络带来的社会资源。

（6）按照资源基础观的逻辑，可将资源分为核心资源和非核心资源。其中，核心资源包括技术、数据、用户、管理、资金、人力等资源；非核心资源包括场地和环境等资源。其中，数据资源是当前数字时代的重要资源，具有开源、开放、突破时空限制和及时共享等特征，是创业实践中极具可塑性和延展性的资源。

4.2 资源与社会创业的关系

社会创业遵循"经济-社会"的"手段-目的"关系，颠覆了传统经济创业以利润最大化为目标，以社会责任、社会价值为手段的内在逻辑。由于受社会价值最大化这一使命的影响，社会创业难以获得与经济创业同等数量及质量的资源水平，面临资源更加稀缺的形势，这就使得社会创业过程势必需要详细分析需要多少资源，以及规划好如何整合与利用这些资源。社会创业研究的奠基人之一格雷戈里·迪斯（Gregory J. Dees）基于问题导向，从社会创业需要哪些能力、谁来提供这些能力、怎样实现这些能力、资源来自哪里这四个问题出发，构建了社会创业的"能力-资源"模型，阐述了资源与社会创业之间的关系（见图4-1）。

1. 界定社会创业所需要的能力

社会创业者（团队）有必要通过考虑他们的使命中定义的目标以及满足这些目标需要哪些能力，从而开始规划资源整合的过程，而不是过早地通过筹款来启动这一过程。比如，以改善区域的学习成果为使命，那么社会创业的目标就是为需要这一服务的学生打造一个课后指导项目，而需要的能力就可能包括家教、管理方案、计算机及法律支持等。

2. 设计符合能力要求的人力资源框架

社会创业者（团队）有必要概括出哪些能力需要被满足，以及谁能满足这些能力。比如社会创业者本人擅长家教，但在计算机方面能力不足，需要合作伙伴的加入。人力资源框架的制定需要创造性，因为能力的分配通常并不总是明确和唯一的，所以社会创业者要注重授权与合作而非"事必躬亲"，才能创造更多的新价值。

```
社会创业需要哪些能力              谁来提供这些能力

┌──────────────┐              ┌──────────────┐
│ 企业核心功能  │              │ 社会创业者    │
│ 经营管理      │ ◄─────────── │ 受雇者        │
│ 技术支持      │              │ 分包商        │
│ 法律咨询      │              │ 志愿者        │
│ ……           │              │ ……           │
└──────────────┘              └──────────────┘

怎样实现这些能力              资源来自哪里

┌──────────────┐              ┌──────────────┐
│ 资金          │              │ 营业收入      │
│ 人力          │ ◄─────────── │ 借入资金      │
│ 专业技能      │              │ 捐款          │
│ ……           │              │ 政府投资      │
│              │              │ ……           │
└──────────────┘              └──────────────┘
```

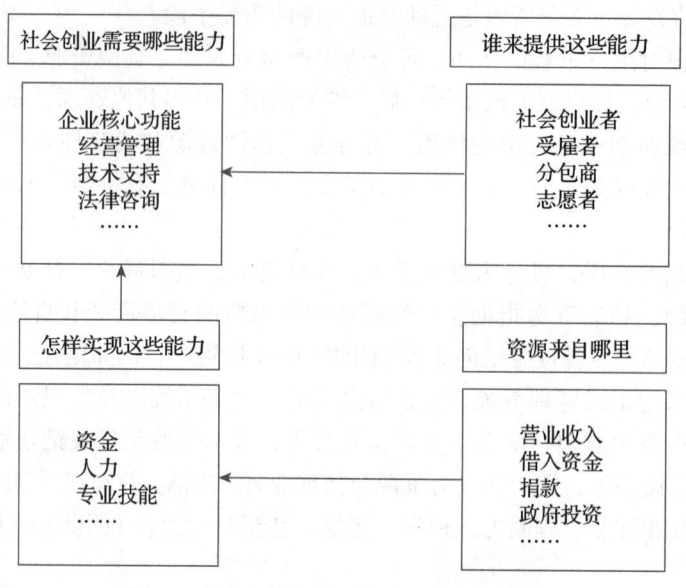

图 4-1　社会创业的"能力 – 资源"模型

资料来源：布鲁克斯 . 社会创业：创造社会价值的现代方法 [M]. 李华晶，译 . 北京：机械工业出版社，2009.

3. 开发资源规划

能力的实现需要特定资源的支撑，社会创业者需要为第一步中的每种能力配备必要的资源，并为其寻找明确的途径。在完成资源的综合性框架蓝图设计后，社会创业者需要决定每种资源的来源。比如家教需要社会创业者奉献自己的时间，同时也需要租用设备，还需要办公场所和薪酬等，这些资源都需要明确其来源。

4. 明确具体活动

任何一种能力的实现，包括与之匹配的资源的获得，都需要有相应的详尽资料，如每种能力需要志愿者多少时间，需要获得多少收入，筹款的目的是什么，这些具体活动都需要进一步明确。同时，资源需求计划还要考虑动态因素，比如第一年需要什么，手头有哪些资源，最重要的资源是什么，满足资源目标的时间框架如何，是否有后备资源，这些具体活动都需要明确其途径和效果。

5. 形成资源集聚效应

社会创业从经济到社会的"手段 – 目的"关系中，经济收益或经济价值是社会价值创造的手段和副产品，尽管社会企业之间存在竞争，但竞争是非对抗性的，而且不同组织间对合作与联盟的追求要明显高于竞争（Ruebottom，2013）。因此，社会创业天然具有资源的"集聚效应"，能够聚拢资源共同创造可共享的社会价值，从而建立社会创业从业者、受众以及利益相关者的紧密联系。同时，基于这种"利他、共创与共享"导向的紧密联系，社会创业各参与主体能在创造社会价值的同时，实现资源的互通有无与不断积累，从而有利于形成

"共享资源池",在持续强化和加深相互间合作的同时,不断推动可利用资源存量的提升。

4.3 社会创业的资源类型与来源

4.3.1 社会创业的资源类型

经济创业的资源类型通常按照资源属性进行划分,比如物质、声誉、财务、人力、技术等不同类型(Greene et al., 1999),旨在强调创业活动如何整合和控制这些异质性资源,使得企业捕捉到这些资源所能创造的价值,从而能够获得超额利润和保持竞争优势(见图4-2)。然而,社会创业区别于经济创业的本质属性在于关注价值创造而非价值捕捉(Mair and Marti, 2006),通过不断创新的活动形式和资源的整合来追求机会,从而促进社会变革和解决社会问题的价值创造过程(Austin et al., 2006)。

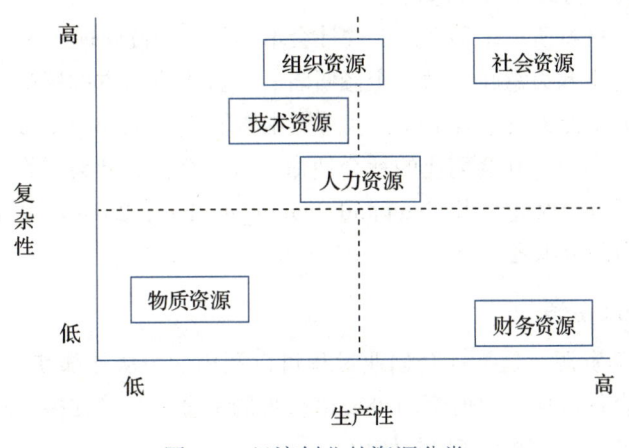

图 4-2 经济创业的资源分类

资料来源:BRUSH C G, GREENE P G, HART M M. From initial idea to unique advantage: the entrepreneurial challenge of constructing a resource base[J]. Academy of management executive, 2001, 15(1):64-78.

基于此,奥斯汀等(Austin et al., 2006)、余晓敏和丁开杰(2011)分别基于理论研究与比较分析发现,社会创业的资源外向流动性较低,与经济创业相比,尽管所需资源更稀缺,却并不表现出经济创业资源的趋利性特征。梅斯坎斯等(Meyskens et al., 2010)基于实证研究证明了上述观点,指出价值创造的内在逻辑使社会创业更易于建立稳定的外部网络环境,从而吸引外部资源与关注。由此可见,社会创业的资源类型可以大致划分成内、外两大部分,即社会创业者的个人属性与环境背景两方面。

1. 生产型的内部资源

社会创业在组织层面上的规模通常较小且盈利能力较低(Pless, 2012),因而社会创业的内部资源是一种生产型资源,往往表现为社会创业者及其团队所拥有、控制或可以直接使用的有形资源和无形资源。有形资源主要表现为厂房、土地、资金等有形资产,无形资源主要表现为教育、信用、性格特质等无形资产。

(1)几种有形资源。物质资源,包括厂房、土地、设备、自然资源(如森林、矿山)等。财务资源,包括资金、资产、股票等,财务资源更多来自社会创业者个人、家庭、亲朋好友等途径。人力资源,包括初始创业团队成员、员工、志愿者等人脉资源。技术资源,包括专利、专用设备、关键技术等。

(2)教育水平。有研究表明,教育水平与社会创业之间呈正相关关系(Harding,2006;Van Ryzin et al.,2009)。根据2009年创业板数据,49个国家的社会创业处于不同的经济发展阶段,如果不考虑经济发展阶段,那么教育水平与社会创业呈正相关(Bosma and Levie,2010)。这一结果也在基于2009年全球创业观察(GEM)比利时与荷兰的数据(Bacq,2011),以及美国网络调查数据的研究中得到了证实(Van Ryzin et al.,2009)。

(3)信用水平。社会创业者的信用水平是其调动资源的前提,决定了社会创业活动的合法性水平。社会创业者的信用水平,来源于过去的人格形象、职业、社会关系及地位(张远凤,2012)。信用资源主要是指基于信任而不用付出较高成本,甚至无须花费成本就可以获得的商品与服务等资源。在社会创业过程中,信用水平起到的是撬动外部资源的"杠杆"作用,用以在社会创业过程中持续获得外部资源。

(4)亲和力等性格特质。亲和力是促进社会增加信任和彼此理解的能力(Yong,2007)。在人际关系中,拥有亲和力意味着做一个倾听者,并且考虑对方的感受,从而形成良好的互信环境与关系,有助于促进技术改革并且获得资本增值(Ciavarella et al.,2004)。有研究表明,社会创业者的亲和力对社会创业的社会使命、可持续性、社会网络、创新能力、财务收益等方面都会产生积极的促进作用(Nga and Shamuganathan,2010),因而社会创业者的性格特质也是其重要的内部资源之一。

2. 工具型的外部资源

社会创业的外部资源,是指社会创业过程可以利用的,从外部获取的各种工具型资源,比如从亲朋好友、合作伙伴、政府部门等渠道获得的资金、政策支持、经营空间等。社会创业的内部资源会影响外部资源的获取与使用。

(1)社会网络。社会网络及其所涉及的人脉资源等,是社会创业者获取必要资源以推动社会创业项目持续发展的必要条件(Sharir and Lerner,2006)。构建社会网络需要社会创业者建立与其他组织和个人的良好合作关系。与经济创业相比,社会创业对社会网络的依赖性更强,这是因为社会创业过程中需要同不同部门进行沟通、协调与协作,包括私营部门、公共部门、民间团体、政府机构等,并处理复杂的利益相关者关系(Nicholls,2006)。

(2)城市化水平。城市化水平高,则社会创业的繁荣程度会相应提升(Korosec and Berman,2006)。这表明在城市化过程中,可能会衍生出比较多的社会问题,比如环境污染、医疗资源不足、生活设施不健全等,而城市居民也能有更好的途径接触社会团体、政府机构等,从而获得相应资源。而且,城市居民对社会创业的认识程度更高,也更能提供社会创业所需资源。

(3)政府福利支出。政府福利支出水平高,则社会创业的繁荣程度也会相应提升(Hoogendoorn and Hartog,2011)。无论是欧洲式的社会创业被政府鼓励作为传统福利模式的替代方案,还是美国式的社会组织寻找联合服务的供应方式,都表明了在一定程度上,政府在公共服务方面的支出能够推动社会创业的蓬勃发展。

(4)个人主义文化。文化对个人主义和社会创业具有显著影响(Hayton et al.,2002)。社会创业处于个人主义与集体主义的中间地带,大量的非正式资源(如家庭)帮助社会创业者为一些地区提供社会服务,因而会影响社会创业的推广;而在家庭关联性很弱的地区,社会问题相对突出,对社会创业的需求旺盛,能够推动社会创业的普及化(Borzaga and Defourny,2001)。个人主义文化支持创业,并且持续在个人主义和社会创业之间寻找积极的、有显著意义的关系(Hoogendoorn and Hartog,2011)。

4.3.2 社会创业的资源来源

社会创业的资源来自市场途径与非市场途径,前者主要是指通过市场交易的方式获取资源,后者主要是指通过非市场交易的方式获取资源。

1. 基于市场途径的资源

社会创业通过市场途径获得资源主要有购买和加入平台两种方式。

购买是指通过资金等财务资源从市场中购入资源,比如购置办公场所、设备、技术以及聘请员工等。值得注意的是,知识尤其是隐性知识等资源可以通过购买物质资源(如设备等)得到,但由于其附着在非知识资源上而很难在市场上直接购买(张玉利,2017)。购买是最为常见的资源获取途径,但社会创业组织由于盈利能力通常较弱,因而在资金数量限制下在购买资源方面受到较大制约,往往难以大量购买市场中的资源。

加入平台是指社会创业组织通过加入某一公益平台,比如恩派、南都公益基金会等,在平台协助下进行资源整合与利用,类似于联盟。平台与社会创业组织之间是互惠互利的关系,社会创业组织通过平台不仅可以获得资金、场地等显性资源,而且可以借助平台获得人脉、信息等隐性资源;平台通过支持社会创业组织运营可以提高解决更为广泛的社会痛点问题的能力,提升资金、信息等资源的配置与利用效率,扩大自身影响力。

2. 基于非市场途径的资源

非市场途径的资源不是来自市场交易,而是来自资源吸引和资源积累。

资源吸引是通过发挥无形资源的杠杆作用,以针对社会痛点问题的可行性解决方案为基础,通过社会创业项目路演,以及社会创业团队声誉等获取和吸引资源的方式。社会创业团队可以充分利用项目路演的机会,比如社会创业高峰论坛等,向投资人、公益平台等描述前景并展示项目特色,从而吸引资源加入。

资源积累是社会创业者及团队通过所拥有的手头资源,不断在内部培育新资源的过程。人力资源是目前社会创业过程中使用最为普遍的资源。通过资源积累,社会创业者可以逐步积累相关人力资源,提升知识水平与技术能力,激发团队的主观能动性与创造力,通过自我积累获取资金等资源。

4.4 社会创业的资源整合过程

4.4.1 社会创业资源整合的理论基础

资源约束是创业过程中要面对的首要障碍,很多创业者因为无法整合必要的资源而难以开发创业机会。在经济创业情境下通常会存在这样的问题:创业者如何创新性地利用手头现有的、被很多人认为没有价值的零散资源,开发资源的新用途或创造资源的新价值,并以此开发创业机会呢？这是传统的资源基础理论所难以回答的。而在社会创业情境下，以社会价值最大化为使命的社会创业如何整合并利用资源以应对资源更加稀缺的难题，更是传统资源基础理论无法回答的。

特德·贝克（Ted Baker）和里德·纳尔逊（Reed Nelson）借用法国人类学家列维-施特劳斯（Levi-Strauss）在《野性的思维》一书中提出的拼凑（bricolage）概念，对创业者和创业企业的资源拼凑行为进行了系统研究。他们创建了创业资源拼凑理论，对创业者在资源整合与利用方面的行为特征进行了深刻解读。

资源拼凑理论包含三个核心概念：手头资源，即创业者/新企业/市场中具备的但并未被发现或重视的资源，包括创业者不必经过搜寻、通过社会交换或非契约形式即可低成本获得的资源，以及个体层面的经验、知识、关系等无形资源；将就使用，即创业者面对资源约束时利用手头资源应对新挑战或机会的行为倾向，不纠结手头资源是否切实可行，认为"可以"比"应该"更重要，而非犹豫手头资源能否产生有益结果（于晓宇 等，2017）；资源重构，即整合资源以实现新目的，指创业者根据新目的，以不同的既有策略意图及使用方式来创造性地再造资源的利用方式，既有目的需要相应的资源整合来实现，而新目的需要资源的再整合来实现（方世建、黄明辉，2013）。

综上所述，社会创业过程的资源整合，尤其是在资源整合前的准备过程中，要明确以资源拼凑作为资源整合的方法与途径。社会创业面临的是资源稀缺与环境约束的双重挑战，需要采取创新性资源整合方式，利用现有资源通过拼凑来突破资源约束瓶颈，而且要在拼凑中发现资源的新用途并调动一切可以利用的资源。因此，当明确了拼凑这一资源整合方式后，社会创业的资源整合过程就可以基于三个核心概念，按照"准备阶段—机会识别—机会开发—组织成立"的主线划分成四个阶段。

4.4.2 资源整合前的准备

在开启社会创业之前，社会创业者及其团队需要进行一些专门的准备。社会创业通常针对的是"金字塔底层"的社会需求（Dees，1998），能够直面社会痛点问题并加以解决。但是，由于社会创业过程在盈利能力方面相比经济创业存在明显不足（Pless，2012），而且其受众通常难以足额支付产品及服务的价格（Nga and Shamuganathan，2010），社会创业往往面临更大的资源压力。因此，在资源整合之前，社会创业者及其团队需要在以下两方面做好准备。

1. 个人信用水平的建立与提升

人们处于一定的区域、社群和组织中，信用水平无论是对日常的工作、学习和生活，还是对资源整合都是非常重要的资源。创业者具备创新意识、创业精神和创造性思维，社会创业者又彰显出共享的社会价值属性，在思维方法和行为方式上表现出不同，显示异质性人才资本特征。但是信用、信任是一种市场规则，违背了这一规则，就会在区域、社群和组织中产生对创业者不利的消极影响。创业过程的初始资源通常来自创业者的自我积累、亲朋好友，如果没有较好的信用水平、口碑太差的话，则资源整合的难度会加大。特别是我国情境下的社会创业，缺乏专门法律法规的界定与监督，公众的认知程度相比成熟的国外环境仍有差距，因而在资源整合前的准备阶段，社会创业者及其团队的信用水平就尤其重要，甚至直接决定了社会创业过程能否顺利开启。

2. 人脉资源的审视与积累

与信用水平相关联的是社会创业者及其团队的人脉资源。从组织层面看，社会创业者的关系网络形成了新社会企业、新社会组织的社会资本，企业/组织的社会资本是企业/组织通过社会关系整合稀缺资源并由此获益的能力。从个体层面看，很多研究发现创业者的人脉关系对创业活动的成效，比如机会识别与开发、资源整合、获得融资、绩效水平等有直接的促进作用。充分利用人脉资源、关系网络并不等同于我们通常所说的"拉关系""走后门"等寻租行为，而是指基于正常的社会经历建立的如师生、同学、朋友、同事等人际关系网络，为创业活动带来有价值的信息和资源。因此对社会创业者及其团队来说，要善于同其他社会创业者及其团队、社会公益组织平台、受众及志愿者等利益相关者建立良好的关系，积极参加社会创业论坛、项目路演等活动，为后续项目启动的资源整合奠定基础。

4.4.3 机会识别阶段的手头资源梳理

在机会识别阶段，社会创业已经由准备阶段的创意逐步向机会识别与定位过渡。在这一阶段，社会创业者需要全面梳理手头的各项资源，并结合其信用水平和人脉资源情况搜寻可以控制和支配的各项资源，为识别和把握社会创业机会而做准备。总体来看，社会创业者的手头资源可以划分成静态资源与动态资源两类，前者是其掌握的手头资源，后者是其可以通过信用水平和人脉关系进一步支配与利用的资源。

在静态资源方面，相关学术研究与实践总结表明，社会创业者的手头资源，主要包括实物、劳动力、知识技能（Desa，2012；Desa and Basu，2013）。其中，实物资源主要表现为场地、资金、设施设备、工具等；劳动力资源主要表现为社会创业者自身，以及可以调动的家庭成员、亲朋好友等人力资源；知识技能资源主要表现为某一方面的知识储备，如医疗、语言、专长等各种技能。也有学者没有按照资源本身的类型进行分类，而是按照资源所处的情境将静态资源分成两类（刘振 等，2018）：一是正式制度完善情境下，比如美国等西方发达国家中市场主导的资源，包括经济收入，政府再分配和公共部门补贴，互惠性资源（如捐赠、非货币型援助等）等；二是制度相对不健全情境下，比如中国等发展中国家中关系主导的资源，包括社会创业者先前经历，志愿者及其技能（如人脉、知识等），声誉与沟通能力等。

动态资源与静态资源有所差异。在组织成立前的机会识别阶段，社会创业难以提供相应的产品与服务而不得不依靠可低成本获得的资源（Dacin et al.，2011），以弥补其经济能力的先天不足（Austin et al.，2006），这并非像静态资源那样"即刻可取"。因此，社会创业者需要依靠其信用水平与关系网络，在机会识别阶段吸引外部的动态资源加入，从而减轻"经济理性"所造成的资源输入瓶颈（Santos，2012）。比如格莱珉银行创始人尤努斯凭借大学教师身份的良好信用，以及基于乡村留守妇女人际关系建立起的小额信贷网络，有效解决了社会创业难以将产品和服务设定高价而导致经济能力不足的问题。

静态资源无须专门搜寻，是可以迅速投入使用的手头资源；动态资源需要社会创业者进一步整合，体现出资源的可延展性。在机会识别阶段，社会创业手头资源体现出非经济理性特征，特别是信用水平和人脉资源的"可延展性"能够有效克服资源的趋利倾向（Meyskens et al.，2010），通过手头资源的共享与流动鼓励授权合作而非竞争优势构建（Maclean et al.，2013），从而建立稳定的外部网络，共同探索可持续的社会价值创造方式。

4.4.4 机会开发阶段的资源将就使用与积累

社会创业已经识别和定位了需要满足的需求和需要解决的社会问题，在此基础上进入了准备筹建组织（比如社会企业、非营利组织、非政府组织等），在使用手头资源创造相应产出的同时不断进行资源积累的阶段，即机会开发阶段。在这一阶段中，按照资源拼凑的核心概念与内在逻辑，社会创业者可能无法选择资源的种类、数量及质量，但是可以通过将就使用手头资源，不断创造经济、社会、环境、人文等方面的产出，比如生产实体产品、提供社会服务等，不断积累资源，特别是吸引新动态资源。

从资源拼凑的类型来看，在机会开发阶段，社会创业者同时运用物质资源拼凑和概念资源拼凑来实现资源积累（Molecke and Pinkse，2017）。在物质资源拼凑方面，社会创业者通过使用"现成"资源找到解决社会问题和把握机会的可行方法，帮助社会创业者与利益相关者就如何创造社会价值达成共识。在概念资源拼凑方面，社会创业通过重新标榜社会价值概念及与之相关的"潜在"资源，以创造新故事服务于社会价值创造，促进利益相关者从原有"利润/产出导向"测量思路，转而关注创造社会价值的过程有效性，调动资源主动参与的积极性。

值得一提的是，机会开发阶段"现成"的物质资源和"潜在"的概念资源与机会识别阶段的静态资源和动态资源是相对应的，社会创业者将就使用手头资源创造社会价值。比如，我国第一个代养代教服刑人员未成年子女的"太阳村"创始人张淑琴，20多年来在政府机构、基金会等各类组织机构及义工帮助下在全国建立9家机构，累计为超过6 000名孩子提供助养，从而使其父母能够认真服刑努力改造，为社会和谐贡献了力量。

在机会开发阶段，社会创业需要重点关注资源将就使用的效率及资源积累效应（Choi and Majumdar，2014），这具体表现在社会创业对手头资源将就使用的内在逻辑上，即经济身份的手段导向与社会身份的因果逻辑。一方面，资源的将就使用，无论是手头资源种类还是将就使用方式，都是以社会价值最大化为使命，即因果逻辑是将就使用的主导逻辑或基础；另一方面，经济利益只是创造社会价值的工具，尽管社会创业者总是试图塑造和创造切实可行的方案提升经济能力或依托所处关系网络获取必要的经济能力（Meyskens et al.，2010），但由于社会企业受众往往难以足额支付产品及服务的价格（Nga and Shamuganathan，2010）以及经济能力存在先天不足（Austin et al.，2006），手段导向只是将就使用的支持逻辑或工具。

4.4.5 组织成立后的资源重构与吸引

在社会企业、非营利组织（NPO）、非政府组织（NGO）等组织成立后，社会创业进入了手头资源的重构与吸引阶段。社会创业中的资源重构，总体上是机会开发阶段资源将就使用的进一步实践化，即更加深入、范围更大、程度更深的外部资源吸引。

具体而言，一方面，在手段导向逻辑下，市场主导的资源作为"有形"要素投入到社会创业降低在市场经济中不确定性的努力之中，在经济层面创造经济收益、商品和服务销售渠道，拓展与政府、企业等组织的关系（Meyskens et al.，2010），从而解决经济身份"工具属性"的非预期问题。另一方面，在因果逻辑下，关系主导的资源通过关系网络提升社会大众的认知水平，以资源重构作为应对市场功能失灵、缓解制度压力、调动利益相关者的资源共同创造社会价值的手段（Di Domenico et al.，2010），并通过特许经营等方式迅速将社会价值传递给更大范围的受众，构建可复制的系统方法践行社会使命（Sunduramurthy et al., 2016），从而致力于形成社会价值的一致性强化及常规化以刺激社会变革和满足社会需求（Desa and Basu, 2013）。比如智耕农创始人孙学音利用新闻媒体的工作经历与资源，通过关注少年儿童的食品卫生问题进而搭建了农村弱势种植者与城市爱心消费者之间的桥梁，在解决了绿色农产品销售难问题的同时，通过给城市弱势群体（如残障人士等）提供工作机会建立了广泛的顾客及志愿者网络，基于"素生活"理念成功经营社会企业。

有学者对这一阶段社会创业的资源吸引进行了研究，发现组织成立后的社会创业过程中，通过资源拼凑可以影响宏观制度变革、技术规范构建和社会认知水平提高的内在机制（Desa, 2012）。埃斯特林等人（Estrin et al., 2013）则进一步基于制度理论与社会资本理论研究发现，社会资本是社会创业面临的非正式制度核心问题，社会创业能够推动国家层面的社会资本建构，通过社会创业活动能够增强创业者的技能与自信心，在非正式制度影响下有助社会与经济创业蓬勃发展。按照埃斯特林等人的观点，社会创业者面临的资源稀缺性程度更高，在"经济－社会"的资源利用认同机制建立之前，难以利用既有社会资本实现外部新资源整合，需要创造性利用手头资源来实现社会资本的不断积累，进而拓展原有关系网络，而后续随着社会资本积累程度的加深，才能实现组织层面社会企业的持续成长。

4.5 社会创业资源整合利用的成效

资源稀缺是创业过程的常态，对社会创业来说尤为明显，原因在于其资源具有社会价值导向而非由利益驱动，而在机会识别与开发阶段，社会创业所要解决的关键问题就是如何改变资源的趋利性认知，构建跨组织的"经济－社会"这一"手段－目的"关系的资源利用认同机制（Murphy and Coombes, 2009），而这有赖于社会创业资源利用的结果或效果。从目前社会创业的实践发展现状及趋势来看，其资源利用效应与效果主要体现为以下几个方面。

4.5.1 获得融资

整合利用社会创业资源的最直接效应是获得内外部资金支持。在内部融资方式下，资金来源于生产和交付服务或产品获得的收入；外部融资或是用来支付临时经营性的负现金流，或是用来资助长期投资，比如建筑物与设备等（Volkmann et al., 2016）。社会创业的内外部融资如图4-3所示。

在内部融资方式下，如果目标受众或第三方受益人有能力支付产品或服务的价格，社会企业就可以获取资金，但是也有特例，比如人权或暴力预防等领域的社会企业。此外，公共部门也是内部融资的来源之一，公共部门通常在法律上有义务为社会创业组织的产品和服务提供资金，或使用它们的自由裁量权在成本基础上提供项目资金，但这种资金来源一般不能用于营利，因此在融资结构中区别于其他资金来源。

在外部融资方式下，社会企业所获得的资金不能用于组织营利。传统上，捐款在社会领域中的作用十分重要，如果没有其他可用的资金流，捐款具有非常重要的安全操作性。最近，社会企业也开始在融资结构中使用股权资本、债权资本或夹层资本（夹层融资）及混合资本。不过，资本提供者必须考虑到社会使命限制了社会企业的融资功能以及融资渠道，所以需要相应地调整融资手段，比如降低投资回报率，或者组合使用各种融资手段（Volkmann et al., 2016）。

值得一提的是，由于社会企业结合了营利组织和非营利组织的特点，所以可以使用与传统商业企业类似的融资手段。其中一项重要的改进关于社会企业必须支付的利息或股息金额（苗青，2014）：股本可作为"耐心资本"而不支付股息；债务资本可作为"免息贷款"而不支付利息；社会企业还能获得捐款和混合资本。总体而言，社会企业融资手段的范围取决于其还款能力。

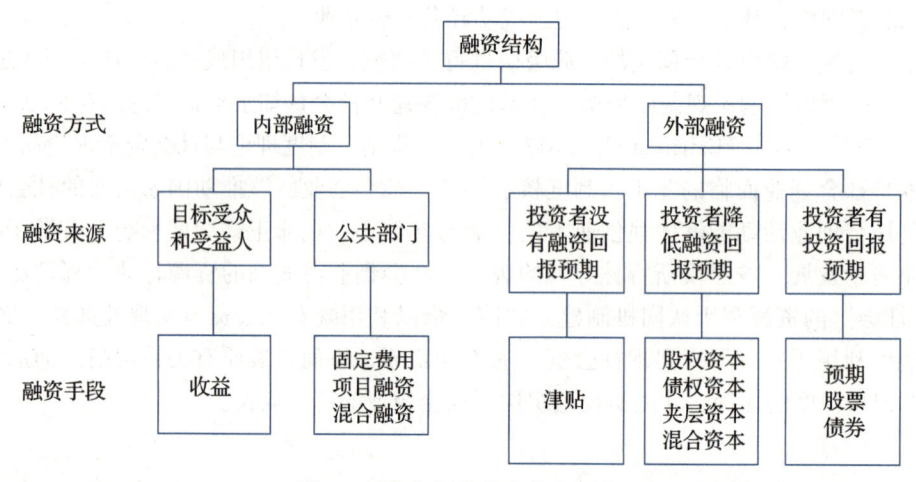

```
                        融资结构
                    ┌──────┴──────┐
融资方式          内部融资        外部融资
              ┌─────┴─────┐   ┌─────┼─────┐
融资来源    目标受众    公共部门  投资者没  投资者降  投资者有
            和受益人              有融资    低融资    投资回报
                                  回报预期  回报预期  预期
融资手段      收益      固定费用    津贴    股权资本   预期
                        项目融资            债权资本   股票
                        混合融资            夹层资本   债券
                                            混合资本
```

图 4-3　社会创业的内外部融资

资料来源：福克曼，托卡斯基，恩斯特，等. 社会创业与社会商业：理论与案例 [M]. 黄琦，译. 北京：社会科学文献出版社，2016.

4.5.2　实现扩张

资源整合使得社会创业有机会实现扩张。迪斯（Dees，2008）将企业扩张定义为"扩大某种经营模式的影响……以更好地匹配社会需求的大小程度或所需解决问题的严重程度"。这个定义表明，社会创业的扩张和业务的增长不一定是相对应的：前者专注于扩大对社会的影响，而这几乎是不可测量的；后者则主要侧重于经济成功或股东价值的参数变化（Uvin，2000）。因此，社会创业的扩张并不仅仅意味着组织规模的扩大，也包含其他人对社会创业行动的复制。参照迪斯、安德森、魏-斯基勒恩等人（Dees, Anderson, and Wei-Skillern et al.）的研究成果，社会创业的扩张策略主要体现为以下四种方式。

1. 传播

传播类似于 IT 的开源方法，通过最早成立的组织为复制其方法的人或组织提供信息和技术辅导，使社会创新得以实现（Dees et al., 2004）。社会创业通过传播可以较快地扩大规模，以较低的直接成本和较少的经济耗费达到预期效果。但是，传播的缺点在于缺乏对复制者是否有能力复制的了解。常见的传播途径包括发行出版物（如宣传册及手册）、公开演讲、培训、咨询和对资质认证标准进行解读。

2. 从属关系

从属关系是指一个母组织与一个或多个在特定领域实施该方法的合作伙伴之间的协作。这种协作关系由母组织和合作伙伴之间的协议来确定，协议可能包括一般的或特定的指导方针等内容，比如共同品牌名称、资金责任等（Dees et al., 2004）。与传播相比，从属关系更有助于母组织控制其合作者，但从属关系需要更长的时间来构建，需要更多的资源和母组织的支持。常见的形式包括合资和许可，前者指合作伙伴成立新组织，分享资源共担风险，后者指权力的转让，比如知识产权的授权使用。

3. 特许经营

特许经营是一种非常紧密的从属关系，目前在社会领域得到了广泛应用。社会创业通过特许经营能从特许人和加盟者的网络协同效应，以及系统的技术转让中获益。品牌的一致性被视为特许经营中资源调动的关键，加盟者一致的外观有利于建立信誉、信任及品牌知名度（Ahlert et al., 2008）。特许人在选择加盟者时要谨慎，除了仔细考虑他们是否值得信任外，还要设立管理机制。然而，由于加盟者的独立性被认为是社会创业特许经营的重要特征，因此这是一个比较难以平衡的问题。而且，在早期，特许经营的审核报告和加盟者的正当性往往被忽视，由于社会创业提供的大多是服务，因而很难界定除了品牌名称和初始知识转移之外的加盟者的价值主张。

4. 分支机构

分支机构是指创建某一组织的本地或当地分支机构，类似于商业领域的一家公司拥有的连锁店或分厂，代表了组织的策略可以得到创始组织最好的控制。当扩张成功依赖于严格的质量控制、详细的做法和隐性知识时，开设分支机构是最佳选择。各分支机构由总部统一协调，有助于建立公认的品牌，扩大规模经济和传播文化等理念。但是，组织对协调其分支机构的过于注重会使其忽视日常的业务运行，导致提供的服务质量下降，因而更多的资源需求和缓慢的进展会导致成本增加。

上述四种扩张策略，在选择之前，社会创业者及其团队需要考虑控制水平和资源投入两方面的能力（见图4-4）。

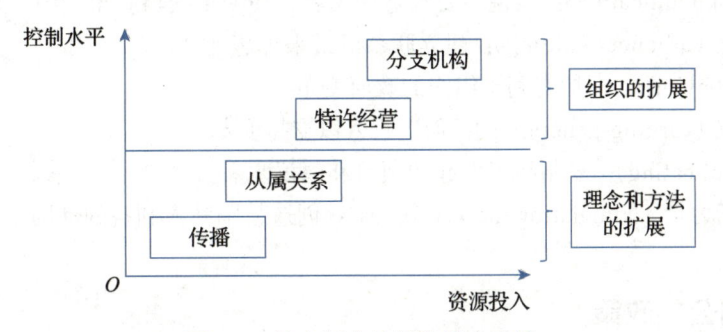

图4-4 社会创业的扩张策略选择

资料来源：福克曼，托卡斯基，恩斯特，等.社会创业与社会商业：理论与案例[M].黄琦，译.北京：社会科学文献出版社，2016.

4.5.3 产生社会影响力

社会创业在实现规模扩张之后，就更加有可能对社会产生积极影响。这种影响体现在静态与动态两方面：前者关乎效率问题，与社会创业在特定时间点的解决方案、产品和服务相关；后者强调创新，侧重的是社会创业如何改变所处的环境，如何带动别的企业或组织开始提供解决方案并提供急需的商品和服务。

在静态影响力方面，相对于商业企业和政府供给两种理想的最优解决方案，社会创业组织可以作为针对长期社会问题的重要次优方案。一方面，作为专注于提供与特定的社会、道德或环境目标相吻合的产品的社会创业组织，可以理解为以全力追逐市场利润为目的的商业模式的替代者。以高品质食品市场为例，考虑到市场竞争性，商业企业可以进入但需要提供更低的价格和更好的质量，然而考虑到受众支付能力的限制，商业企业可能不愿进入，这时社会企业就可以作为次优解决方案提供相关服务。另一方面，社会企业可以作为理想化的政府解决方案替代者，利用所有净利润满足当地社区的社会需求，而并非以私人红利形式分配。在当地政府不能提供某些公共产品，比如医疗保健和教育，或者没有一个高效、民主的公共部门时，社会创业组织就可以接管并提供相应服务，作为有效的次优选择而提升社会影响力。

在动态影响力方面，当涉及创新和可持续性的社会问题解决方案时，社会创业就显示出系统性的比较优势。与慈善性非政府组织相比，社会企业更加强调自给自足，基于不断尝试、试错和反馈来优化变革性解决方案，具有更高的可持续性；与营利组织相比，社会企业更加愿意使用"耐心资本"来发展包容性市场，为社会变革赢得时间，同时，专注于社会问题使其能够得到关键的非货币资源，比如志愿者，并且拥有值得信赖的、可靠的和合法的信誉从而克服信息不对称的影响；与政府供给相比，社会创业强调通过"自下而上"的途径提高适应性效率，进而能够通过满足少数群体的需求长期影响公共部门决策，同时愿意尝试更具风险和创新性的办法，从而逐渐实现潜在的动态影响力。

在产生社会影响力的具体途径方面，保罗·布鲁姆（Bloom，2012）设计了评估组织增加社会影响力的SCALERS模型，从7个方面设计了组织增加社会影响力的类型和细节，具体包括：

- 人员配备（staffing）：填补需要应对任何变化的职位。
- 沟通（communicating）：劝说主要利益相关者，使变革战略获得采纳/支持。
- 建立联盟（alliance-building）：建立联系以带来理想变革。
- 游说（lobbying）：拥护有利于组织的政府变革。
- 收入生成（earning-generation）：创造收入以支持变革。
- 再造（replicating）：复制组织发起的项目和倡议。
- 激发市场力量（stimulating market forces）：创造鼓励私人利益的动因。

4.5.4 影响公共政策

在经过获得融资、实现扩张和产生社会影响力之后，社会创业对解决社会问题和促进经济发展的积极效应会逐步积累并持续扩散，当这种积极效应由个体到社区再到区域范围内逐渐显现时，就会对公共政策的完善与发展产生积极影响。从目前社会创业的发展实践来看，它对公共政策的影响主要体现在以下四个方面。

1. 建立专职机构

培育新领域需要建立一个能够管理创新基金、宣传和推广最佳实践、召集全国可以从该领域发展中获益的行动者的专职机构。比如英国的第三部门办公室、美国的社会创新与公民参与办公室、韩国的社会企业促进局等，都通过这种方式来推动国内社会创业的发展。目前，我国还没有专门管理社会创业活动的法律法规和行政机构，未来有必要通过学习国外先进经验来支持国内社会创业发展。

2. 拥有召集权利

召集权利体现为对社会创业活动参与者的"聚拢"作用，通过政策、策略及管理机制等的协同来推动社会创业的规模化、系统化发展。比如，美国的社会创新与公民参与办公室主办了一些具有开创性意义的影响力投资会议，主题集中在"为绩效付账"和"社会影响力债券"。我国目前类似的活动主要还是民间自发开展的，比如"中国社会创业高峰论坛"等形式，未来可以向政府和民间共同开展、协同并进的方向发展。

3. 推行新规则

成功的社会创业实践有助于推动新规则的产生和实施。比如在美国，很多公共养老基金都在进行所谓的"经济目标投资"，主要对象是服务不足的区域或社区，即全美新兴市场。其中，近1.5%的佛罗里达州退休养老金被投资到州内技术或其他成长性行业。作为政策制定者的州政府认定，以其他市场利率期权作为比较基准，这些投资既符合"谨慎"投资的标准，也符合法律信托责任。因此，这一经济目标投资的合法化行为释放了巨量资金来支持经济建设与社会发展。

4. 赋权于个人和社区

促使政府下放权力可能是社会创业资源利用价值效应的终极目标。实践表明，如果政府赋权于个人和社区，那么大部分促进社会创业的政府工作便会获得成功。比如，美国志愿队、"邻里承诺"项目、创新投资基金和社会创新基金等联邦政府项目，为地方机构和创业者的成长提供了资金、指导和网络等基础条件。为了进一步释放社会创业的创新潜力，需要重新将政府的角色定位（或开拓）为市场形塑者，让其引导私人资本有利可图地、负责任地服务于公共目标，从而摆脱政府和市场这一刻板的二分法，基于社会创业营造共创美好、共享繁荣的新局面。

4.5.5 构建创业实践高质量发展的新导向

创业实践高质量发展，需要强化创业行为及结果的社会价值属性与导向，需要不断遏制损害社会利益的私利驱动型创业活动，促进经济利益与社会价值的融合与一体化，引导创业实践直面社会问题与现实需求，从而推动创业实践的高质量发展。社会创业本身经济利益与社会价值的"手段－目的"关系，以及社会创业对其利益相关者与资源的集聚效应，使其除了可作为独特创业类型外，还可被视为创业活动的实践导向，能改变创业活动内在思维模式，强化社会价值在创业实践中的地位与作用，逐步引导创业活动以特定社会问题及需求为导向展开，进而成为创业实践"过滤器"。具体而言，这一导向性作用表现在以下三方面。

1. 助推创新创业思维的转型

科学技术向现实生产力与社会价值的落地转化，体现为一种由行为到成果的转化，而其中的关键在于"起点"——意识与思维方式的转化。当今企业也许并不缺乏先进技术，而是缺乏好的创意，尤其是能以既有资源为基础，通过创造性改变其用途或配置方式来解决社会现实需求问题的创意，这也许是企业"基业长青"的重要开端和思维基础。社会创业对创新创业（简称双创）实践的思维理念与行动导向的作用体现为：能推动双创思维及行动导向朝着社会价值层面进行转化，而不仅仅是新的创业类型的出现。这一转化过程包含两方面：一是将双创实践的出发点定位在共创、共享而非私利驱动的社会价值导向这一内核上；二是在外延上进一步拓展以商业创新与创业为代表的双创实践的价值宽度/边界，协调制度、产业、企业及创新创业个体等多层次主体协同并进，共创、共享社会价值，增进社会福祉，最终在此基础上，实现稀缺资源社会价值的最大化。

2. 最大化稀缺资源的社会价值

与经济创业基于稀缺资源追求"内部导向的"价值捕捉方式不同，同样是在资源稀缺和高度不确定情境下，社会创业基于由经济手段到社会价值的"手段－目的"关系，通过最大化稀缺资源的社会价值，追求的是"外部导向的"价值创造与社会共享。因此，社会创业将稀缺资源的社会价值最大化这一核心逻辑，对进一步推动当前双创实践价值效应向社会共享层面的转化，让社会大众能够共享双创价值具有积极意义。

当前双创实践已经由"精英主导模式"转变为"大众参与模式"，资源稀缺势必加剧，如何充分利用稀缺资源，真正使资源的价值落地转化为社会共享价值，解决社会现实问题及需求，而不仅仅是个别企业和组织的"私有价值"或"任务指标"，已经成为理论与实务界迫切需要思考和回应的现实问题。社会创业在资源层面对稀缺资源社会价值最大化的这一独特属性，如能成为未来双创实践得以关注、思考及应用的要素之一，成为未来双创实践利用稀缺资源的核心逻辑与思维方式，就有可能避免重复建设、减少资源浪费、强化社会层面价值产出，从而助力双创实践更有效、更有针对性地直面并解决社会现实问题及需求，使双创"红利"真正惠及社会大众。

3. 成为创业实践的生态利基

生态系统观已成为双创实践解决现实问题的指导方法，而双创实践本身可视为经济与社会发展的"生态位"，其中包括科学、技术、社会、人文及环境等一系列基本活动，以及由此产生的价值效用。然而，这些活动是否具备共识性目标，相互之间是否具有紧密协作的内在联系，决定了其最终价值效用的程度。从目前状况来看，双创实践还是集中体现为科技创新活动，更加关注经济效益，尽管其中也涉及某些社会价值，比如新材料的环保属性、智慧城市对生活效率的提升等，但总体上双创生态位还是缺乏共识性目标，特别是对创造何种社会价值、如何创造社会价值缺乏共识性观点，与之相对应的思维导向与实践活动仍需要在实践中进一步探索。

从生态位角度看，经济创业在创业实践中承担"方式方法"的"工具"角色：以市场需求为导向，以企业等组织为载体，致力于通过科学技术、商业模式等创新以创造并捕捉"利己"导向价值。社会创业在创业实践中的生态位，则是"目的和方向"的"利基"角色：以社会现实问题及需求为导向，致力于通过新创或既有组织，如社会企业、慈善组织等，以社会价值为目的创造并共享"利他"导向价值。在经济与社会两者间不同的"手段－目的"关系逻辑下，经济创业通常由于面临激烈竞争而时常会遭遇发展瓶颈；而社会创业尽管面临资源更加稀缺的不利情境，但随着经济社会的不断发展以及外界对社会创业认识程度的不断提升，社会创业有助于基于共创、共享的价值逻辑，在根本目的和目标方向上，促进经济创业突破"利己"的价值瓶颈。

4.5.6 发展数字社会创业

迄今，学术界没有明确的数字社会创业概念，前期零星的研究文献可概括为两类观点：一是先后观，认为数字技术先是催生了数字创业，而后才引发数字社会创业现象；二是融合观，认为数字技术广泛影响了商业和社会领域的创新创业，这一进程是同步的而非先后的。

按照社会物质性理论观点，人类与物质的纠缠以及二者相互开发、调整和更新的过程，本质在于以更广泛的、更易被接受的方式创造更广阔的机会来解决社会问题。技术作为社会物质的一部分，是连接组织和社会的重要载体，技术既改变了商业组织的创建过程，也同步改变了社会问题解决的方式。因此，可以在融合观的视角下理解数字社会创业的内涵：以解决复杂社会问题为使命，将数字技术融入社会创业过程中，推动社会创业机会、资源、治理和价值测量的数字化，从而更有效地实现经济、社会等混合价值的新型创业活动。

数字社会创业概念基于社会创业和数字创业的研究与实践提出，三者均体现了社会与物质的交互作用，在应对社会创业机会、资源、治理以及价值测量方面的关键问题时既有共性又有差异。

1. 数字社会创业和社会创业

数字社会创业和社会创业的研究对象均来自社会问题和社会需求，但与传统社会创业相比，数字社会创业更加强调数字技术的融合和赋能作用。

在创业机会方面，二者都强调捕捉社会需求带来的新机会，但社会创业机会来源于待解决的社会问题，且这些机会常嵌入在复杂社会问题之下，伴有市场和制度壁垒，而数字社会创业强调数字技术对社会问题难题整合带来的新机会。

在资源方面，二者在资源配置方式上都强调整合伙伴资源的重要性，但社会创业资源稀缺性更强，常通过资源动员、资源拼凑和合法性构建来解决资源的稀缺问题，而数字社会创业则强调基于数字技术平台的开放性、跨边界性和自组织性构建伙伴网络获得资源，注重合作者参与的主动性。

在治理方面，社会创业和数字社会创业都面临创业过程的使命偏离难题，但社会创业强调通过社会使命驱动下的价值扩散来应对社会创业过程的使命偏离，而数字技术则改变了治理的形式和内容，使得创业主体和治理方式更具多样性。

在价值衡量方面，数字社会创业和社会创业均存在经济、社会、环境等价值创造的混合效应，但社会创业的使命冲突更加突出，社会价值衡量难题更加凸显，而数字社会创业则更强调通过数字技术与社会创业逻辑的融合来缓解经济和社会价值的冲突，基于多种技术手段提高社会创业过程和社会价值产出的透明度与可测性。

2. 数字社会创业和数字创业

数字社会创业和数字创业都是基于数字技术赋能的背景，与数字创业相比，数字社会创业的目的是解决社会问题和实现混合价值。

在创业机会方面，二者均注重技术价值创造带来的新机会，但数字创业强调技术的灵活性和规模化带来的动态机会，而数字社会创业主要关注数字技术解决社会问题和创造机会的持续性与精准性。

在资源方面，二者均强调通过数字平台的构建更迅速且低成本地获得创业资金、技术和团队等资源，但二者在资源整合上存在差异，数字创业平台注重利益相关者之间的共享、交互和转换以获得资源互惠，但数字社会创业由于自身的社会性本质，难以为关键资源提供同等的财务报酬，资源整合主要通过数字平台和媒介构建以社会价值为核心的支持者网络，强调平台社会价值传播。

在治理方面，数字创业和数字社会创业都注重技术平台的可供性，将不确定性视为系统熵增的过程，希望通过功能与形式、内容与媒介分离获得更大的灵活性。但数字创业注重通过开放实验迭代的方式挖掘数字技术对参与者行为的规制性，而数字社会创业不仅强调数字治理方式的灵活性，而且通过社会价值嵌入用户主动参与，更加侧重数字技术多主体的共创共治，体现了数字化的赋能和规制的双重作用。

在价值衡量方面，数字创业和数字社会创业都强调数字手段对创业绩效的有效衡量。但数字创业绩效是组织盈利能力的体现，可以通过产品和服务的推广反馈以及财务指标来衡量创业绩效对组织利润的贡献水平，而数字社会创业的根本目的在于获得社会价值而非经济利益，其价值创造更多地体现为社会影响力的扩散，其价值衡量侧重于通过数字技术对资金使用来源和用户使用过程追踪反馈。

本章小结

1. 社会创业资源可以划分为生产型的内部资源和工具型的外部资源，这些资源来源于市场或非市场途径。
2. 社会创业的资源整合，以资源拼凑为理论基础，基于三个概念，划分为四个阶段：资源整合前的准备、机会识别阶段的手头资源梳理、机会开发阶段的资源将就使用与积累、组织成立后的资源重构与吸引。
3. 社会创业资源整合利用的效应与效果主要体现在获得融资、实现扩张、产生社会影响力、影响公共政策、构建创业实践高质量发展的新导向以及发展数字社会创业六个方面。

问题讨论

1. 你认为社会创业的资源中最重要的资源是什么？请说明理由。
2. 在社会创业资源整合过程中，各个阶段之间在衔接时的关键要素分别是什么？
3. 如何评价社会创业资源整合与利用的价值效应，尤其是如何客观评价效应大小？

扫码查看案例分析和文献精读。

参考文献

[1] AUSTIN J, STEVENSON H, WEI-SKILLERN J. Social and commercial entrepreneurship: same, different, or both?[J]. Entrepreneurship theory and practice, 2006, 30(1): 1-22.

[2] BAKER T, NELSON R E. Creating something from nothing: resource construction through entrepreneurial bricolage[J]. Administrative science quarterly, 2005, 50(3): 329-366.

[3] BLOOM P N. Scaling your social venture: becoming an impact entrepreneur[M]. New York, NY: Palgrave Macmillan, 2012.

[4] BRUSH C G, GREENE P G, HART M M. From initial idea to unique advantage: the entrepreneurial challenge of constructing a resource base[J]. Academy of management executive, 2001, 15(1): 64-78.

[5] CHOI N, MAJUMDAR S. Social entrepreneurship as an essentially contested concept: opening a new avenue for systematic future research[J]. Journal of business venturing, 2014, 29(3): 363-376.

[6] CIAVARELLA M A, BUCHHOLTZ A K, RIODAN C M, et al. The big five and venture capital survival: is there a linkage?[J]. Journal business venturing, 2004, 19(4): 465-483.

[7] DACIN M T, DACIN P A, TRACEY P. Social entrepreneurship: a critique and future directions[J]. Organization science, 2011, 22(5): 1203-1213.

[8] DEES J G. Enterprising nonprofits[J]. Harvard business review, 1998, 76(1): 55-67.

[9] DEES J G. Mobilizing resources[M]//I DEES J G, JED E, PETER E. Enterprising nonprofits: a toolkit for social entrepreneur. New York: Wiley, 2001.

[10] DESA G, BASU S. Optimization or bricolage? Overcoming resource constraints in global social entrepreneurship[J]. Strategic entrepreneurship journal, 2013, 7(1): 26-49.

[11] DESA G. Resource mobilization in international social entrepreneurship: bricolage as a mechanism of institutional transformation[J]. Entrepreneurship theory and practice, 2012, 36(4): 727-751.

[12] DI DOMENICO M, HAUGH H, TRACEY P. Social bricolage: theorizing social value creation in social enterprises[J]. Entrepreneurship theory and practice, 2010, 34(4): 681-703.

[13] ESTRIN S, MICKIEWICZ T, STEPHAN U. Entrepreneurship, social capital, and institutions: social and commercial entrepreneurship across nations[J]. Entrepreneurship theory and practice, 2013, 37(3): 479-504.

[14] GREENE P G, BRUSH C G, HART M M. The corporate venture champion: a resource based approach to role and process[J]. Entrepreneurship theory and practice, 1999, 23(3): 103-122.

[15] HARDING R. GEM social entrepreneurship monitor-United Kingdom 2006[R]. Foundation for entrepreneurial management, London: London Business School, 2007.

[16] HAYTON J C, GEORGE G, ZAHRA S A. National culture and entrepreneurship: a review of behavioral research[J]. Entrepreneurship theory and practice, 2002, 26(4): 33-53.

[17] HOOGENDOORN B, HARTOG, C. Prevalence and determinants of social

entrepreneurship at the macro-level[J]. Journal of small business management, 2016, 54(S1): 278-296.

[18] KOROSEC R L, BERMAN E M. Municipal support for social entrepreneurship[J]. Public administration review, 2006, 66(3): 448-462.

[19] MACLEAN M, HARVEY C, GORDON J. Social innovation, social entrepreneurship and the practice of contemporary entrepreneurial philanthropy[J]. International small business journal, 2013, 31(7): 747-763.

[20] MAIR J, MARTI I. Social entrepreneurship research: a source of explanation, prediction, and delight[J]. Journal of world business, 2006, 41(1): 36-44.

[21] MEYSKENS M, CARSRUD A L, CARDOZO R N. The symbiosis of entities in the social engagement network: the role of social ventures[J]. Entrepreneurship and regional development, 2010, 22(5): 425-455.

[22] MOLECKE G, PINKSE J. Accountability for social impact: a bricolage perspective on impact measurement in social enterprises[J]. Journal of business venturing, 2017, 32(5): 550-568.

[23] MURPHY P J, COOMBES S M. A model of social entrepreneurial discovery[J]. Journal of business ethics, 2009, 87(3): 325-336.

[24] NGA J K H, SHAMUGANATHAN G. The influence of personality traits and demographic factors on social entrepreneurship start up intentions[J]. Journal of business ethics, 2010, 95(2): 259-282.

[25] NICHOLLS A. Social entrepreneurship: new models of sustainable social change[M]. New York, NY: Oxford University Press, 2006.

[26] PLESS N M. Social entrepreneurship in theory and practice: an introduction[J]. Journal of business ethics, 2012, 111(3): 317-320.

[27] RUEBOTTOM T. The microstructures of rhetorical strategy in social entrepreneurship: building legitimacy through heroes and villains[J]. Journal of business venturing, 2013, 28(1): 98-116.

[28] SANTOS F M. A positive theory of social entrepreneurship[J]. Journal of business ethics, 2012, 111(3): 335-351.

[29] SHARIR M, LERNER M. Gauging the success of social ventures initiated by individual social entrepreneurs[J]. Journal of world business, 2006, 41(1): 6-20.

[30] SUNDURAMURTHY C, ZHENG C, MUSTEEN M, et al. Doing more with less, systematically? Bricolage and ingenieuring in successful social ventures[J]. Journal of world business, 2016, 51(5): 855-870.

[31] VANRYZIN G G, GROSSMAN S, DIPADOVA-STOCKS L, et al. Portrait of the social entrepreneur: statistical evidence from a US panel[J]. International journal of voluntary and nonprofit organizations, 2009, 20(2): 129-140.

[32] 伦德斯特罗姆, 周春彦, 弗里德里希, 等. 社会企业家: 影响经济、社会与文化的新力量 [M]. 黄琦, 陈晓庆, 译. 北京: 清华大学出版社, 2016.

[33] 陈青姣, 赵锋, 张黎明. 社会企业家访谈录: 四川省成都市首届认证社会企业高层访谈 [M]. 北京: 中国经济出版社, 2021.

[34] 方世建, 黄明辉. 创业新组拼理论溯源、主要内容探析与未来研究展望 [J]. 外国经济与管理, 2013, 35 (10): 2-12.

[35] 郭超, 比勒菲尔德. 公益创业: 一种以事实为基础创造社会价值的研究方法 [M].

徐家良，谢启秦，卢永彬，译.上海：上海财经大学出版社，2017.

[36] 福克曼，托卡斯基，恩斯特，等.社会创业与社会商业：理论与案例[M].黄琦，译.北京：社会科学文献出版社，2016.

[37] 李家华，王艳茹.创业基础[M].上海：上海交通大学出版社，2017.

[38] 李健.社会企业案例馆[M].北京：中国社会出版社，2020.

[39] 刘志阳.创业管理[M].北京：高等教育出版社，2020.

[40] 刘志阳，赵陈芳，李斌.数字社会创业：理论框架与研究展望[J].外国经济与管理，2020，42（4）：3-18.

[41] 毛基业，赵萌.社会企业家精神：创造性地破解社会难题[M].北京：中国人民大学出版社，2018.

[42] 苗青.社会企业：链接商业与公益[M].杭州：浙江大学出版社，2014.

[43] 凯欧翰.21世纪社会创业：席卷非营利、私人和公共部门的革新[M].叶托，译.广州：华南理工大学出版社，2016.

[44] 汪建成，林欣.社会创业的资源整合过程：多案例研究[J].管理案例研究与评论，2021，14（2）：163-177.

[45] 布鲁克斯.社会创业：创造社会价值的现代方法[M].李华晶，译.北京：机械工业出版社，2009.

[46] 余晓敏，丁开杰.社会企业发展路径：国际比较及中国经验[J].中国行政管理，2011（8）：61-65.

[47] 于晓宇，李雅洁，陶向明.创业拼凑研究综述与未来展望[J].管理学报，2017，14（2）：306-316.

[48] 张远凤.社会创业与管理[M].武汉：武汉大学出版社，2012.

[49] 张玉利.创新与创业基础[M].北京：高等教育出版社，2017.

[50] 张玉利，薛红志，陈寒松，等.创业管理[M].5版.北京：机械工业出版社，2020.

第 5 章 机会与社会创业

:: 学习目标

- 熟悉社会创业机会的理论基础与定义
- 了解社会创业机会的属性
- 了解社会创业机会的开发过程
- 掌握社会创业机会的影响因素

开篇案例

55 度杯设计背后的故事：灵感之美源自人生之暖

一个杯子如何在不到一年的时间卖到 50 个亿？洛可可（LKK）创新设计集团董事长、洛客（LKKER）设计平台创始人贾伟设计的 55 度杯成为互联网时代爆品设计与销售的经典案例。55 度杯是一种能实现快速变温的水杯，无论是热水还是冷水，只要倒入杯中摇一摇，即可变成适合人们饮用的 55 摄氏度的温水。2015 年，55 度杯上市，销量持续上升，这款源自洛可可创新思维的快速降温杯成为爆款产品。

贾伟多次在公开场合谈及 55 度杯的设计灵感来源于其小女儿的一次不幸遭遇。某个周末的下午，贾伟与父亲、女儿在家里看电视。当时不到两岁的小女儿突然说要喝水，爷爷便倒了一杯滚烫的白开水放在桌子中间，想等水晾凉了再给孙女喝。没想到杯子有根挂绳，原本够不着杯子的小女儿突然去拉绳子，滚烫的热水直接全泼在了她的脸上和胸口，孩子顿时撕心裂肺地哭起来。虽然贾伟立马将孩子送到医院治疗，但医生表示烫伤太严重了，必须住院治疗 15 天以上，并且以防孩子抠被烫伤后伤口的结痂，治疗期间手和脚都得绑着。贾伟探视时看到，一个病房里全是被烫伤的孩子，手全被绑着，许多孩子被烫的伤口更是令人不忍直视，并且因为疼痛难忍，孩子们号啕大哭。这个场景触动了贾伟，令他非常自责。他在想自己作为一个设计师，能否做出一个可以快速降温的杯子，让任何温度的水都能在短时间内变成适合入口的温水。正是基于这个灵感，贾伟设计出了55度杯。后来在回顾这个产品的设计过程时，他多次强调，一个好产品的创新和设计必须是从用户的痛点出发的。正是出于对用户的关怀，这款原本是为孩子设计的安全杯，在推向市场以后迅速风靡，不仅得到老人和孩子的喜欢，也十分受年轻人追捧，成为年度爆品。

资料来源：1. 36氪.对话贾伟：一个杯子卖50亿，凭什么？[EB/OL].（2017-12-09）[2023-10-10]. https://baijiahao.baidu.com/s?id=1586271804013490192&wfr=spider&for=pc.
2. 焦晓辉.55度杯设计者贾伟：灵感之美源自人生之暖[J].婚姻与家庭（性情读本），2017（4）：24-26.

随着创业研究的深入发展，单一的创业研究已然无法满足理论与实践的发展需要。尽管对企业社会责任活动的关注日益增长，但通常企业最关注的仍是与绩效最直接相关的问题，因而遗留下许多需要解决的社会问题。另外，针对持续存在的社会问题，传统市场解决方案通常由于成本高、复杂或无利可图等，可行性降低，造成了一个空白。而体制（如监管）的支持不足进一步加剧了这一空白，即决策者没有意愿、权力或手段来实施改革或引导有效的以市场为基础的补救措施，以减少持续存在的社会问题（Zahra et al., 2008）。党的十九届四中全会明确提出，"重视发挥第三次分配作用，发展慈善等社会公益事业"。这些举措能有效破解政府失灵、市场失灵、资源失灵。社会创业是创业的一种形式，不同于传统创业形式的是，它专注于追求创造社会价值和促进社会变革（Hu et al., 2020）。研究创业的学者认为，社会企业家的独特特征，以及他们所追求的特定机会类别，使关注社会福祉的社会创业成为一个独特的研究领域（Macke et al., 2018；Mair and Marti, 2006；Murphy and Coombes, 2009；Urban and Galawe, 2019）。扎赫拉等（2008）在回顾20多个社会创业的定义基础上，整合了一个统一定义："社会创业包括发现、定义、利用机会的活动和过程，通过创建新的企业或以创新的方式管理现有的组织，以增加社会财富。"社会财富的定义很宽泛，包括关乎人类福祉的经济、社会、健康和环境等方面。社会企业家可能会发现或创造机会（Alvarez and Barney, 2007），并通过创业来赚取利润，创造财富，或平衡社会和经济需求。机会的独特性是社会创业的一个显著特征。

5.1 社会创业机会的理论基础与定义

5.1.1 社会创业机会的理论基础

1. 机会的发现观与创造观

机会是经济创业和社会创业的关键要素（Mair and Marti, 2006），这使得机会本质的研究成为创业领域研究的中心主题（Zahra et al., 2008）。

阿尔瓦雷斯和巴尼（Alvarez and Barney, 2007）区分了机会的发现观和创造观。发现观认为，机会是外生的、客观存在的，容易被警觉的企业家发现。也就是说，发现新机会的企业家对环境更加警觉，可以获取相关信息，并能利用这些信息识别现有的机会及创造利润（González, Husted, and Aigner, 2017；Hu et al., 2020；Yitshaki, Kropp, and Honig,

2021）。这种观点强调先验信息在发现关于资源真正价值的信息不对称方面的重要性。在一般的经济创业中，发现机会是困难的，因为这些机会的发现通常需要专业的先验知识、技能和洞察力来实现。然而，在社会创业中，与无家可归、残疾、儿童贫困、环境问题等有关的社会需求是众所周知的。这表明，社会创业机会并不需要专业的洞察力来实现"发现"过程，所以比一般的经济创业更容易发现（Yitshaki，Kropp，and Honig，2021）。而创造观认为创业机会取决于企业家，是社会企业家行动的结果，因此是主观现象，本质上是企业家在构建他们的机会。越来越多的学者提供了实证证据，机会是由企业家通过探索和迭代过程识别新机会而采取的内源性制定行动而创造的（Baker and Nelson，2005；Sarasvathy，2001）。机会的创造可以被视为拼凑能力、创新的激进性和盲目或短视等变量的函数（González，Husted，and Aigner，2017）。通过行动，企业家充分调动资源，破除环境中的束缚条件，创造了"如果没有这些企业家采取的行动，就不可能知道的机会"（Alvarez and Barney，2007）。随着研究的深入，也有学者提出创业机会的"发现+创造"观，指出机会发现和机会创造并不是相互排斥的关系，在某些情况下，机会的产生呈现出发现观和创造观相互融合的特点（斯晓夫、王颂、傅颖，2016）。

苏达比等人（Suddaby et al.，2015）提出两种认识论为创业机会的来源和产生过程提供了不同的解释：一种是创业者基于客观存在论的"印迹"（imprinting）过程，即创业机会的发现；另一种是基于构建论的"众迹"（reflexivity）过程，即创业机会的构建。印迹与众迹在对创业过程的主观或客观程度的认知上存在差异。印迹观点聚焦于客观要素的机会识别，在印迹过程中，机会被嵌入到社会、政治和经济环境中，并基于社会环境中的持续互动。相反，众迹观点主要描述创造机会的主观要素，强调不受社会约束的限制。因此，印迹和众迹对创业的能力要求有所差异。印迹对客观要素的关注要求创业者拥有对客观环境保持警觉以发现机会的能力，而众迹则强调创业者对环境的解读，以及发挥创造性的想象力，迭代思考如何打破环境束缚以创造创业机会（斯晓夫、王颂、傅颖，2016）。

值得注意的是，与社会创业机会相关的另外一种独特观点是分配观，认为社会创业机会的独特性使其部分来源于制度或市场环境中的分配，这与普通的经济创业有明显区别（McDermott，Kurucz，and Colbert，2018；Zahra et al.，2008）。

2. 因果逻辑、效果逻辑与社会拼凑

创业是一个过程，需要付出行动来创造或抓住机会，创新或刺激一个新创企业。这个过程并不一定遵循战略或以有序的方式发生，而是由子过程组成的。过程有时是计划好的，有时是即兴发挥的，有时还是过去经历的结果（Servantie and Rispal，2018）。创业文献中的三种主要方法有助于理解企业家的行为和他们在创业过程中采取行动的方式。

（1）因果逻辑（causation）。创业的研究起源于经济学学科，因此理性/经济的因果逻辑方法是许多创业研究的基础（Corner and Ho，2010；Shane and Venkataraman，2000）。这种方法是指创业者注意到或发现一个有形的机会，比如一个新产品或新企业，然后遵循一个规范的决策过程来实现这个精确的想法（Rosca，Agarwal，and Brem，2020；Yusuf and Sloan，2015）。规范性选择包括收集所有相关信息，生成并系统地评估所有可能的选择，然后选定最大化企业家个人财富的选择。即使是承认企业家无法实现这一规范过程的研究，例如认知局限性的研究，仍能看到企业家试图接近这一高度理性的、目标导向的过程（Sarasvathy，

2001）。理性/经济观点倾向于将机会视为一种客观现象，它的存在与人的感知相分离，等待着警觉的人去发现或注意（Shane and Venkataraman，2000）。因此，很多研究都集中在个体企业家身上，以找出他们的特殊之处，这种特殊之处可能使他们比别人更能注意到机会（Alvarez and Barney，2007）。根据这种理性/经济的方法，解决社会问题的企业家将从一个预期的结果开始，例如，一种特定的社会目标，集合必要的资源，最终实现特定的结果（Corner and Ho，2010）。

在因果逻辑的观点中，目标是先于决策的。在社会创业的背景下，社会企业家遵循因果关系方法，会在心中设定一个特定的结果（例如一个特定的社会企业），然后收集完成特定目标所需的资源（Corner and Ho，2010；Yusuf and Sloan，2015）。创业从一开始就有设想，所有的努力都是为了达到预想的状态（Chandler et al.，2011）。所有活动的选择取决于它们对战略的潜在贡献。在因果逻辑主导的过程中，个体根据与决策相关的所有可能信息和对每个选项的预期效用估计来做出理性选择。计划减少了不确定性环境中与资源承诺相关的风险；它提高了资源管理的效率，并有助于确定能够实现更远大目标的具体行动。尽管这个过程在一开始非常耗时，但它可以避免一些无用的行为，这些行为可能会扰乱企业家专注于最有价值的活动，而这些活动将有助于战略的实现。

要注意的是，尽管因果逻辑构成了现有许多创业文献和创业教学法的理论基础，但在社会创业文献中，与效果逻辑或拼凑相比，因果逻辑视角出现的频率并不高（Chandler et al.，2011）。

（2）效果逻辑（effectuation）。与因果逻辑相反，效果逻辑理论指出，在不确定的情况下，企业家通过迭代的过程将原始的想法转化为机会。他们可能一开始对未来有一个模糊的想法，通过利用手头的资源，依靠潜在的利益相关者来增加资源和共同创造机会，逐步实现这个想法。这种情况会以递归的方式发生，直到机会得到巩固（Chandra and Paras，2020；Yusuf and Sloan，2015）。因此，机会不是预先存在的等待发现的现实（Alvarez，Barney，and Anderson，2013），而是由社会企业家通过迭代过程制定和创造的（Sarasvathy and Dew，2005）。效果逻辑的一个关键原则是，一种资源组合是一种特定的资源集所产生的可能效果（Sarasvathy and Venkataraman，2011）。企业家不是从一个精确的产品、服务或企业开始，而是从一套可以用来解决一个好想法的方法开始（Corner and Ho，2010；Rosca，Agarwal，and Brem，2020）。与因果型企业家形成进一步对比的是，效果型企业家是其直接环境的塑造者和创造者，而不是事件的预测者和反应者。因此，企业家试图塑造和创造一个可行的解决方案，以满足一个感知到的需求，而不是通过标准理想的方式来满足需求（Sarasvathy，2001）。在社会价值创造的案例中，虽然社会企业家心中可能有一个特定的使命，但这个使命往往是模糊或笼统的，尤其是在开始的时候。例如，最初的使命可能是创造就业机会、帮助穷人，或者为年轻人提供机会。为了实现这些使命，社会企业家从他们可用的资源或手段开始，并逐步明确如何完成这些使命（Yusuf and Sloan，2015）。效果逻辑主导的过程似乎包括了创业机会的创造，因为企业家结合各种手段，以实现在给定时间点由他支配的独特手段组合而可能产生的许多结果中的一种。因此，在这个过程中出现的机会是创造出来的，而不是被发现的，这种效应在许多社会创业文献中得到默认（Corner and Ho，2010）。与创业的因果逻辑方法的另一个对比是，效果逻辑将创业的过程设想为依赖于行动者而不是依赖于结果。在效果逻辑的观点中，结果不会独立于社会中等待被企业家发现，而是由企业家通过想象力与抱负塑造和实施的（Sarasvathy，2001）。在社会创业的案例中，社会企业或慈善项目等成果亦是如此（Servantie and Rispal，2018）。

（3）社会拼凑（bricolage）。从人类学的角度看，拼凑指的是通过联合手头的资源来解决新问题和抓住新机会的"凑合"（Baker and Nelson，2005）。列维－斯特劳斯（Lévi-Strauss，1966）是第一个在文献中引入拼凑概念的人。他把拼凑定义为"用手边的东西凑合"。在创业的背景下，贝克和尼尔森（Baker and Nelson，2005）将"凑合"理解为旨在解决问题与带来新机会的行动和积极参与。他们还强调拼凑概念包含三个要件。一是"拒绝设定限制"。换句话说，拼凑者不会停留在偶发事件上，而是寻找新的解决方案来解决现有的问题，他们通过调用或组合现有的资源以实现他们的目标来展示创造力。二是"凑合"。拼凑依赖于临时的方法和试验，其中反复试验的工作过程表明之前的分析可能没有正式进行。通过调整企业的内部因素来克服外部因素，这种即兴行为可以为未解决的问题带来非常规的解决方案。三是"手头的资源"，可能包括廉价的或是被废弃或被认为是没有价值的实物、想法、联系、技能和外部资源等。

在社会创业文献中，拼凑似乎是理解社会创业行为的主要方法。许多学者均认为拼凑非常适用于社会创业（Cheung et al.，2019；Crupi et al.，2021；Desa and Basu，2013；Mair and Marti，2009）。这是因为，社会创业往往以较显著的资源约束为特点，当社会企业家通过拼凑调动资源来谋生时，这些资源约束可能会被有效消除（Cheung et al.，2019）。德萨（Desa，2012）认为，通过资源重组的拼凑是让社会企业家处理和克服所有制度限制（认知的、管制的和规范的）的手段。拼凑也被认为是社会创新和社会价值创造的引擎（Baker and Nelson，2005）。

迪多梅尼科、豪格和特雷西（Di Domenico，Haugh，and Tracey，2010）认为，社会拼凑在概念上不同于其他形式的拼凑。他们将社会价值创造的特殊性、利益相关者的参与和说服能力作为社会创业背景下拼凑的关键构念。首先，他们指出，社会拼凑中"凑合"过程的特殊性在于，专注于以社会价值的形式从无到有地创造一些东西，以满足社区未得到满足的需求。其次，社会拼凑强调了利益相关者在构建创新解决方案过程中的参与，例如与战略潜在利益相关者建立网络，以获取新的资源和支持。最后，他们发现社会企业家使用复杂的说服技术来说服利益相关者参与到企业中来，从而获得必要的手段来实现他们的目的。

总而言之，拼凑和效果逻辑表明，机会并非客观存在的，而是在企业家与多个利益相关者的行动和互动中被创造出来的（Mair and Marti，2006）。相比之下，因果逻辑认为机会源于警觉性。严格来说，这三种方法并非绝对相互排斥，没有一种方法被证明比另一种方法更有效（Fisher，2012；Servantie and Rispal，2018；Yusuf and Sloan，2015）。正如一些研究所示，拼凑、效果逻辑和因果逻辑可以是混合的，根据行动的背景、创业团队的成员和利益相关者，可以依次或同时发生。在新企业创建的早期阶段更有可能使用拼凑和效果逻辑，而当新企业过渡到更可预测的情况时更多会使用因果逻辑（Rosca，Agarwal，and Brem，2020）。研究还表明，小型创业企业（如社会企业）由于资源约束，很少使用因果逻辑，效果逻辑和拼凑可能更为适用。处于高度不确定的环境中的成熟企业也被发现使用效果逻辑。随着社会企业家利用效果逻辑并通过与潜在的利益相关者互动充分利用社会企业家的网络，新的社区或新的服务发展的新机会出现（Corner and Ho，2010）。而拼凑激发了社会创新和社区的参与，有助于突破资源稀缺的核心困境。最后，当组织变得成熟与稳定，需要更系统的管理和获得更稳定的资源时,因果逻辑变得更为有效。因此,创业过程必须根据利益相关者的需求灵活调整(Servantie and Rispal,2018)。

5.1.2 社会创业机会的定义

机会是创业研究特有的一个分析单元(Murphy and Coombes, 2009)。机会识别被认为是创业活动的开端,无论在经济创业还是社会创业领域,机会都是创业研究的核心概念(Austin et al., 2006;Corner and Ho, 2010;Mair and Marti, 2006;Urban and Galawe, 2019;李华晶、肖玮玮,2010;刘志阳、李斌、陈和午,2018)。经济学家一致认为,机会的基础关键在于利润(Kirzner,1973),并将市场的概念视为一个中心方面,因此基于经济视角的机会概念很难适用于社会创业研究(Engelke et al., 2015)。社会创业机会本身就充满了模糊性,这可能解释了为什么社会创业的研究是稀疏的、碎片化的、非累积性和模糊的。社会商品具有无法量化的独特属性,定义社会机会因其经济和非经济目标的合并而更加复杂(Zahra et al., 2009)。

社会创业是一种以增加社会价值为最重要的目标,以市场化手段实现此目标的特殊创业形式,将待解决的社会问题或未被满足的社会需求看作是新机会的来源(Lumpkin et al., 2013;Mair and Marti, 2006;Urban and Galawe, 2019;李华晶、肖玮玮,2010)。因此,追求创造社会价值和促进社会变革的机会是社会创业的核心(Hu et al., 2020;白彦壮、张璐、薛杨,2016;刘志阳、李斌、陈和午,2018)。社会创业机会的意义是创造开发一个创新的商业解决方案,以创造社会价值,满足未被满足的社会需求(Murphy and Coombes, 2009;Yitshaki, Kropp, and Honig, 2021;林海、张燕、严中华,2009),因此,一个合适的社会创业机会概念应该同时反映经济和非经济目标(Cherrier, Goswami, and Ray, 2018;McDermott, Kurucz, and Colbert, 2018;Zahra et al., 2009)。基于对相关文献的梳理,可以将社会创业机会定义为解决社会问题或满足社会需求的潜在商业解决方案,这个解决方案能产生社会价值(Engelke et al., 2015;González, Husted, and Aigner, 2017)。

5.2 社会创业机会的独特性

5.2.1 社会创业机会的关键属性

扎赫拉等人总结了社会创业机会的5个关键属性,分别是普遍性、相关性、紧迫性、可及性和激进性,这些属性相结合有助于进一步理解社会创业机会的概念(Zahra et al., 2008)。

普遍性是指社会创业机会存在的一个主要原因是人类社会需求的普遍存在。贫困问题,以及无数其他社会问题,都是广泛而容易观察到的,为社会企业家创造了许多机会。

相关性表示社会创业机会对企业家感知的显著程度与他的背景、价值观、才能、技能和资源之间的匹配。由于企业家的个人经验、专业知识、技能、目标、人口结构和身份不同,不是所有机会都能引起社会企业家的注意。

紧迫性是指社会企业家对诸如飓风、台风、战争、种族灭绝、海啸或丛林火灾等不可预测事件的应对往往具有紧迫感。自然灾害或类似的破坏事件的不可预测性,往往会使没有准备的公民和社区产生即刻和迫切的需求(Chandra and Paras, 2020;Rayamajhee, Storr, and Bohara, 2020)。

可及性是指通过传统福利机制（如政府或慈善信托）解决社会需求在感知上的困难程度。可及性的概念类似于战略管理中进入壁垒的概念，后者的作用是限制新企业进入某一特定行业，保护已有企业免受过多新的竞争对手的挑战。但是，在社会福利的范围内，一个部门的低可及性可能增加社会创业的可行性。

激进性是指为解决特定问题而进行重大创新或社会变革的必要程度。一个渴望社会进步的企业家可能会意识到，为了解决一个社会问题，需要引入激进的创新，这是更成熟的福利组织不愿意或不能做的。通过认识到一个社会创业机会的激进性，研究人员可以确定为什么社会企业家被不同类型的机会所吸引，以及社会企业家如何发展他们的商业模式，以应对这个机会的激进性所产生的复杂性。典型的经济创业机会不太可能同时具备这五个特征，因此这五个关键属性有助于区分社会创业机会与经济创业机会（刘志阳、李斌、陈和午，2018）。

5.2.2 经济创业机会与社会创业机会的区别

尽管存在重叠，但学者们认为社会创业机会不同于经济创业机会（Austin et al.，2006；Murphy and Coombes，2009；Zahra et al.，2009），社会商品具有无法量化的独特属性，需要分别进行考查（Engelke et al.，2015）。研究人员提出了3个维度，表明社会创业与经济创业相比可能是独特的（Corner and Ho，2010；Lumpkin et al.，2013），由此可得两者的机会也有所不同。

第一，在动机/使命方面，商业企业家的动机往往是经济收益或其他个人目标。社会企业家的一个显著特征是将社会价值创造置于经济价值之上，他们聚焦于更广泛的社会问题，动机是实现社会回报最大化，而不是经济回报最大化；他们经常关注长期存在的社会需求；他们的目标是创造社会影响，从而积累资源，建立不同于商业企业的组织（Chandra and Paras，2020；González，Husted，and Aigner，2017；Hu et al.，2020；Milgram，2021；Peredo and McLean，2006；Roslan et al.，2020；Urban and Galawe，2019；Vial and Richomme-Huet，2021；Yitshaki，Kropp，and Honig，2021；Yiu et al.，2014）。社会企业利用不同类型的经济、环境和社会资源，以实现广泛的社会目标（Murphy and Coombes，2009）。在社会创业中，虽然商业手段的目标是利润，但与利润相关的目标往往服从于社会使命，市场解决方案主要被用于解决市场之外的社会问题（Constantin，Stanescu，and Stanescu，2020；Engelke et al.，2015；Pervez，Maritz，and De Waal，2013；刘振 等，2019），或者与社会目标一起优先考虑，这取决于社会创业的类型（Lumpkin et al.，2013）。总之，对社会企业家来说，社会使命是明确和核心的，需要同时兼顾商业和社会目标（Gawell，2013；McDermott，Kurucz，and Colbert，2018；Perrini，Vurro，and Costanzo，2010）。

第二，在受益者方面，经济创业更关注为股东和其他利益相关者实现利润最大化，而社会创业追求更大范围的社会福祉（Lumpkin et al.，2013；Vial and Richomme-Huet，2021）。

第三，在运作环境方面，社会企业置身于社会团体、国家和市场之间，而不是仅仅在市场上（Vial and Richomme-Huet，2021）。

5.3 社会创业机会识别与开发过程

过程模型是帮助理解社会企业价值创造方法的有价值的概念性工具（Fowler，Coffey，

and Dixon-Fowler，2019）。佩里尼、维尔罗和科斯坦佐（Perrini，Vurro，and Costanzo，2010）提出了一个基于创业机会的社会创业模型，该模型勾勒了社会创业过程的主要阶段，以及个体和情境变量干预过程展开的方式。

1. 机会识别

机会识别被广泛认为是这个过程的第一阶段，通过获得所有必要的资源和资产，转变为启动一项新的经济活动（Shane and Venkataraman，2000）。机会感知和识别反映了企业家发现创造价值的产品或服务的供应或需求的能力（Kirzner，1973），这种能力是一般经济创业和社会创业共享的，后者因为它关注不同的可能性而变得突出：社会创业机会瞄准能创造社会价值的社会目标（Mair and Marti，2006），解决社会问题或满足社会需求。

2. 机会评估

评估阶段反映了社会创业机会的性质和社会创业者所努力实现的社会变革。在经济创业中，利用已确定的机会的决定主要与企业利润的预期价值有关（Shane and Venkataraman，2000）。与此相反，在社会创业中，采取行动的决定往往先于严格的成本效益分析。即使对特定的组织来说，创业项目标准化程度较低且更具特殊性，对其经济可行性的评估也是这个阶段的一部分。为了能够被利用，社会创业机会既不能单独寻求创造足够的预期经济价值，也不能追求创造纯粹的社会价值。相反，它必须是可持续的，即具有产生持久变化的潜力，追求组织独立性以及通过发展将直接的经济价值创造与系统地确定资源提供者和资金来源相结合的能力。社会创业机会评估的结果是长期持久变化的程度和项目的经济可持续性。

3. 机会规范化

规范化是这个过程中的一个关键步骤，原因至少有三个。第一，项目边界的澄清将使有兴趣的资源提供者对过程的潜在结果产生积极的期望。第二，机会背后的核心原则和价值观的规范化是创造合法性的一种方式。第三，社会创业过程通常发生在未探索的环境或新兴领域，其中社会不均衡与未被满足的社会需求共存。在这种情况下，清晰的思路和坚定的原则对于说服其他感兴趣的利益相关者接受或支持项目是至关重要的。因此，清晰描述和规范化创业项目及其特征有助于定义一个合适的运作模式，并选择适合于项目预期结果的适当的组织环境。机会越规范化，通过定义任务以及相关的一套核心操作原则，创业项目获得合法性和调动资源的能力就越强。

4. 机会开发利用

社会企业的组织结构的选择取决于所解决的社会需求和为解决这些需求而定义的干预模型。这种选择反过来又可以决定获得财政和非财政资源、执行活动、分配最终价值和保持实现目标的能力，从而最大限度地减少改变企业行为和偏离其使命的风险。当社会企业家的使命与原则转化为合适的干预模式和一致的组织形式时，社会企业家的机会就实现了开发。

5. 机会扩展

开发利用机会并不是过程的终点。考虑到最大化社会变革目标，社会创业需要解决商业模型的可扩展性问题，此时社会创业组织的增长和复制能力至关重要。可扩展性区分了社会创业与经济创业，社会创业强调积极地利用一个机会，同时并不强调排他性。在不同的情境中，机会越大，与之相关的社会影响就越大。

总之，关注社会创业的机会不只是考虑一个社会变革目标。它意味着系统地分析影响完成这一进程中不同阶段任务的潜在威胁和便利条件（Fowler, Coffey, and Dixon-Fowler, 2019）。首先，社会价值创造与经济生存能力相结合相当重要。从这个意义上说，个人动机和对社会使命的承诺很重要；然而，仅仅知道它们本身还不够，社会企业家还必须知道具体的社会问题，也要知道如何发起和组织活动，以可持续的方式解决这个问题。为此，将不同种类的资源提供者结合起来，使任何资源都不凌驾于其他资源之上，有助于保持自主权和行动自由。其次，项目的基本社会使命和核心价值观的规范化有助于实现从机会评估到机会开发的转变。一方面，它可以让创业者厘清创业过程的基础。另一方面，它促进下列步骤：从调动资源到对项目的可能结果产生现实的期望，以及确定适当的干预模式。社会企业家需要以一种与项目使命一致的方式建立一个组织，以促进特定社会变革目标的实现。例如，如果整个干预模型是在对等基础上的社会互动，那么组织结构就不应该被设定成一个严格的等级制度，用形式化的规则来指导组织成员的行为，否则会妨碍将这项任务转化为具体的社会变革。组织的结构既要与组织的社会使命相一致，也要与组织所处的特定发展阶段相一致。研究表明，需要调整组织安排，以支持模式的复制和相关的社会变革目标的最大化（Perrini, Vurro, and Costanzo, 2010）。

5.4 社会创业机会的影响因素

社会创业嵌入其机会开发、启动与发展的社会经济环境中，因此其过程与结果受到各种因素的影响。社会创业是创业活动的一种类型，影响经济创业机会的因素一般也会对社会创业机会产生影响，但社会创业机会的独特性使其会受到某些因素的独特而突出的影响。综合不同的研究结论，影响社会创业机会的因素可分为内部因素与外部因素。

5.4.1 内部因素

影响社会创业机会的内部因素主要涉及社会企业家的个人因素。

第一，影响社会创业机会最突出的内部因素是社会动机或使命，这是社会创业的独特要素，是社会创业和经济创业最明显的区别之一（Austin et al., 2006；Gawell, 2013；Lumpkin et al., 2013；Macke et al., 2018），也是社会创业机会识别与创业行动的动力和基础（Corner and Ho, 2010；Yitshaki, Kropp, and Honig, 2021）。对社会企业家来说，社会使命是根本（Gawell, 2013）。他们的动机是实现社会回报最大化，而不是经济回报最大化（Peredo and McLean, 2006；Urban and Galawe, 2019）。社会企业家具有利他主义动机，通过参与社会创业活动来推动建立道德的经济体系。拥有社会使命和能力的社会企业家，通过发现新的机会，持续创新、适应和学习来创造社会价值（Roslan et al., 2020；Yiu et al., 2014；Zahra et al., 2009）。社会创业将利润和使命这两种非互斥的优先事项融合在一起（Cherrier, Goswami, and Ray, 2018；Mair and Marti, 2009；McDermott, Kurucz, and Colbert, 2018）。在社会创业背景下，社会企业家建立新的企业，通过一系列规范的决策和使命驱动的行动来推进、完善和实施种子创业理念，将社会使命融入企业，并通过开发解决长期社会问题的方案和改善社区的生活条件带来社会创新（Macke et al., 2018；Hu et al., 2020）。

第二，感知到的道德判断或道德情感是增加社会创业机会认知的重要决定因素（Urban and Galawe，2019）。社会企业家往往具有更高水平的道德判断。道德判断或道德情感既构成了内部约束，使企业家遵守"适当的"和"道德正确的"行为准则；又构成了驱动因素，会推动企业家走向社会创业。道德情感也会驱动企业家的判断和行为，引导他们关心和认同他人的幸福（Yiu et al.，2014）。在创造社会影响和道德判断的激励下，社会企业家将以前的经验、知识和尚未连接的网络等资源结合起来（Hu et al.，2020）。

第三，企业家的社会同理心或同情心。许多研究人员认为同理心是社会企业家区别于商业企业家的关键特质（Urban and Galawe，2019）。社会企业家往往具有更高水平的同理心。研究表明，同理心是社会创业意图的认知和情感前因。具有高度社会同理心的企业家对不平等和不公正现象有更深刻的理解，这有助于他们识别社会创业的机会，并帮助他们采取实际行动（Zulfiqar et al.，2019）。企业家的同情心也有助于识别亲社会机会，减轻他人的痛苦，或者注重保护个人、群体或组织的福利（Yitshaki, Kropp, and Honig，2021），也可推动弱势群体的赋权（Azmat, Ferdous, and Couchman，2015）。社会企业家通常对社区中的苦难更有同情心，这种同情心可能根植于一般的同理心，或被视为亲社会动机的同情心。从这个意义上说，考虑参与社会创业的个人可能是受亲社会动机的驱动，也可能是受成为社会企业家的吸引力的驱动（Urban and Galawe，2019）。

5.4.2 外部因素

社会创业机会识别不仅受社会企业家的个人因素的影响，还受到外部因素的影响（Engelke et al.，2015）。外部因素就分析维度而言可细分为宏观层面与微观层面。

从宏观层面看，社会创业机会来源于市场失灵、政府失灵和不断加剧的社会需求（Zahra et al.，2008）。具体来说，社会创业机会是由社会、经济和政治环境的变化，制度空缺，或市场和政府失灵而导致的社会不均衡创造的（Hu et al.，2020），如贫富差距等社会和经济不平等现象（Zahra et al.，2008）。刘志阳等人（2018）还指出社会创业源于政府、市场和公益部门的"三重失灵"。因此，社会创业机会存在于经济、社会和环境的多维"不满意"或"次优"均衡中，而不仅仅是单纯的市场失衡（Vial and Richomme-Huet，2021）。其中，制度的复杂性与制度缺失或低效是重要的影响因素（Hu et al.，2020；Yiu et al.，2014；Zulfiqar et al.，2019）。多重的、重叠的、矛盾的制度逻辑的共存可以触发社会企业的创新和创造性回应，进而放大、延伸、桥接甚至转变社会价值主张（Cherrier, Goswami, and Ray，2018）。而制度空缺成为社会企业家的一种"机会空间"，是社会创业机会出现的肥沃土壤。不发达的制度环境催生了高度的不确定性、风险、福利制度的缺陷甚至缺失、高失业率，以及基于种族、性别、经济和社会地位的等级制度，社会企业家认识到这些空白和由此带来的机会，可能会受到激励而努力创建社会企业，与当地利益相关者合作，调动所需的人才和资源来解决所关注的问题，发起社区改善和社会变革活动（Hu et al.，2020）。另外，社会创业机会也可能来自复杂的环境变化，包括不可抗拒的自然灾害，如森林火灾或海啸等（Murphy and Coombes，2009；林海、张燕、严中华，2009）。

从微观层面看，技术进步是推动识别或产生社会创业机会的重要因素（Zahra et al.，2008）。例如，通信技术的进步增加了个人获得信息的机会，为个人提供了可开发和利用社会机会的知识，特别是在发展中国家。而信息时代，人们对产品的期望和需求也增加了，这促进了许多社会企业的成立。除了使社会机会更加突出外，通信技术的进步也为社会企业家提供了新的方式来组织和管理他们的业务，以处理世界范围内的社会问题，特别是在发展中国家。其他类型的技术的进步也可以降低社会创业的成本，解决社会企业发展中出现的问题。此外，来自同行以及供应链、市场等其他利益相关者所倡导的共同社会责任价值观也会对社会创业产生重要的影响（Zahra et al.，2008）。

本章小结

1. 社会创业机会研究的理论基础是机会的发现观与创造观以及因果逻辑、效果逻辑及社会拼凑。
2. 社会创业机会可被定义为解决社会问题或满足社会需求的潜在商业解决方案，这个解决方案能产生社会价值。
3. 社会创业机会的五个关键属性包括普遍性、相关性、紧迫性、可及性和激进性，这些属性共同定义了社会创业机会。
4. 经济创业机会与社会创业机会的区别主要在于动机/使命、受益者和运作环境三个方面。
5. 社会创业机会识别与开发过程的主要阶段包括机会识别、机会评估、机会规范化、机会开发利用以及机会扩展。
6. 社会创业机会的影响因素可分为内部因素与外部因素。内部因素主要包括社会动机或使命、道德判断或道德情感以及社会同理心或同情心。外部因素主要包括市场、制度和社会等宏观因素，以及技术进步、利益相关者等微观因素。

问题讨论

1. 社会创业机会研究的基础理论有哪些？主要观点是什么？
2. 如何理解社会创业机会？它与一般的经济创业机会有哪些区别？
3. 社会创业机会的关键属性有哪些？试通过一个案例解释说明。
4. 社会创业机会识别与开发过程包括哪些主要阶段？
5. 社会创业机会的影响因素有哪些？它们对社会创业机会的识别与开发有何影响？

扫码查看案例分析和文献精读。

参考文献

[1] ALVAREZ S A, BARNEY J B. Discovery and creation: alternative theories of entrepreneurial action[J]. Strategic entrepreneurship journal, 2007, 1(1-2): 11-26.

[2] AUSTIN J, STEVENSON H, WEISKILLERN J. Social and commercial entrepreneurship: same, different, or both?[J]. Entrepreneurship theory and practice, 2006, 30(1): 1-22.

[3] AZMAT F, FERDOUS A S, COUCHMAN P. Understanding the dynamics between social entrepreneurship and inclusive growth in subsistence marketplaces[J]. Journal of public policy & marketing, 2015, 34(2): 252-271.

[4] BAKER T, NELSON R E. Creating something from nothing: resource construction through entrepreneurial bricolage[J]. Administrative science quarterly, 2005, 50(3): 329-366.

[5] CHANDLER G N, DETIENNE D R, MCKELVIE A, et al. Causation and effectuation processes: a validation study[J]. Journal of business venturing, 2011, 26(3): 375-390.

[6] CHANDRA Y, PARAS A. Social entrepreneurship in the context of disaster recovery: organizing for public value creation[J]. Public management review, 2021, 23(12): 1856-1877.

[7] CHERRIER H, GOSWAMI P, RAY S. Social entrepreneurship: creating value in the context of institutional complexity[J]. Journal of business research, 2018, 86: 245-258.

[8] CHEUNG C W M, KWONG C, MANZOOR H, et al. The co-creation of social ventures through bricolage, for the displaced, by the displaced[J]. International journal of entrepreneurial behavior and research, 2019, 25(5): 1093-1127.

[9] CONSTANTIN P N, STANESCU R, STANESCU M. Social entrepreneurship and sport in Romania: how can former athletes contribute to sustainable social change?[J]. Sustainability, 2020, 12(11): 46-88.

[10] CORNER P D, HO M. How opportunities develop in social entrepreneurship[J]. Entrepreneurship theory and practice, 2010, 34(4): 635-659.

[11] CRUPI A, LIU S, LIU W. The top-down pattern of social innovation and social entrepreneurship. Bricolage and agility in response to COVID-19: cases from China[J]. R&D management, 2022, 52(2): 313-330.

[12] DESA G. Resource mobilization in international social entrepreneurship: bricolage as a mechanism of institutional transformation[J]. Entrepreneurship theory and practice, 2012, 36(4): 727-751.

[13] DESA G, BASU S. Optimization or bricolage? Overcoming resource constraints in global social entrepreneurship[J]. Strategic entrepreneurship journal, 2013, 7(1): 26-49.

[14] DI DOMENICO M L, HAUGH H, TRACEY P. Social bricolage: theorizing social value creation in social enterprises[J]. Entrepreneurship theory and practice, 2010, 34(4): 681-703.

[15] ENGELKE H, MAUKSCH S, DARKOW I L, et al. Opportunities for social enterprise in Germany: evidence from an expert survey[J].Technological forecasting and social change, 2015, 90: 635-646.

[16] FISHER G. Effectuation, causation, and

bricolage: a behavioral comparison of emerging theories in entrepreneurship research[J]. Entrepreneurship theory and practice, 2012, 36(5): 1019-1051.

[17] FOWLER E A R, COFFEY B S, DIXON-FOWLER H R. Transforming good intentions into social impact: a case on the creation and evolution of a social enterprise[J]. Journal of business ethics, 2019, 159(3): 665-678.

[18] GAWELL M. Social entrepreneurship: action grounded in needs, opportunities and/or perceived necessities?[J]. Voluntas: international journal of voluntary and nonprofit organizations, 2013, 24(4): 1071-1090.

[19] GONZÁLEZ M F, HUSTED B W, AIGNER D J. Opportunity discovery and creation in social entrepreneurship: an exploratory study in Mexico[J]. Journal of business research, 2017(81): 212-220.

[20] HU X T, MARLOW S, ZIMMERMANN A, et al. Understanding opportunities in social entrepreneurship: a critical realist abstraction[J]. Entrepreneurship theory and practice, 2020, 44(5): 1032-1056.

[21] KIRZNER I. Competition and entrepreneurship[M]. Chicago, IL: University of Chicago Press, 1973.

[22] LÉVI-STRAUSS C. The savage mind[M]. Chicago, IL: University of Chicago Press, 1966.

[23] LUMPKIN G T, MOSS T W, GRAS D M, et al. Entrepreneurial processes in social contexts: how are they different, if at all?[J]. Small business economics, 2013, 40(3): 761-783.

[24] MACKE J, SARATE J A R, DOMENEGHINI J, et al. Where do we go from now? Research framework for social entrepreneurship[J]. Journal of cleaner production, 2018, 183: 677-685.

[25] MAIR J, MARTI I. Social entrepreneurship research: a source of explanation, prediction, and delight[J]. Journal of world business, 2006, 41(1): 36-44.

[26] MAIR J, MARTI I. Entrepreneurship in and around institutional voids: a case study from Bangladesh[J]. Journal of business venturing, 2009, 24(5): 419-435.

[27] MCDERMOTT K, KURUCZ E C, COLBERT B A. Social entrepreneurial opportunity and active stakeholder participation: resource mobilization in enterprising conveners of cross-sector social partnerships[J]. Journal of cleaner production, 2018, 183: 121-131.

[28] MILGRAM B L. Social entrepreneurship and Arabica coffee production in the northern Philippines: navigating opportunities and constraints[J]. Human organization, 2021, 80(1): 72-82.

[29] MURPHY P J, COOMBES S M. A model of social entrepreneurial discovery[J]. Journal of business ethics, 2009, 87(3): 325-336.

[30] PEREDO A M, MCLEAN M. Social entrepreneurship: a critical review of the concept[J]. Journal of world business, 2006, 41(1): 56-65.

[31] PERRINI F, VURRO C, COSTANZO L A. A process-based view of social entrepreneurship: from opportunity identification to scaling-up social change in the case of San Patrignano[J]. Entrepreneurship and regional development, 2010, 22(6): 515-534.

[32] PERVEZ T, MARITZ A, DE WAAL A. Innovation and social entrepreneurship at the bottom of the pyramid-A conceptual

framework[J]. South African journal of economic and management sciences, 2013, 16(5): 54-66.

[33] RAYAMAJHEE V, STORR V H, BOHARA A K. Social entrepreneurship, co-production, and post-disaster recovery[J]. Disasters, 2022, 46(1): 27-55.

[34] ROSLAN M H H, HAMID S, IJAB M T, et al. Social entrepreneurship in higher education: challenges and opportunities[J]. Asia Pacific journal of education, 2022, 42(3): 588-604.

[35] ROSCA E, AGARWAL N, BREM A. Women entrepreneurs as agents of change: a comparative analysis of social entrepreneurship processes in emerging markets[J]. Technological forecasting and social change, 2020, 157: 1-12.

[36] SARASVATHY S D. Causation and effectuation: toward a theoretical shift from economic inevitability to entrepreneurial contingency[J]. Academy of management review, 2001, 26(2): 243-263.

[37] SARASVATHY S D. Effectuation: elements of entrepreneurial expertise[M]. Cheltenham, UK: Edward Elgar Publishing, 2008.

[38] SARASVATHY S D, DEW N. New market creation through transformation[J]. Journal of evolutionary economics, 2005, 15(5): 533-565.

[39] SARASVATHY S D, VENKATARAMAN S. Entrepreneurship as method: open questions for an entrepreneurial future[J]. Entrepreneurship theory and practice, 2011, 35(1): 113-135.

[40] SERVANTIE V, RISPAL M H. Bricolage, effectuation, and causation shifts over time in the context of social entrepreneurship[J]. Entrepreneurship & regional development, 2018, 30(3-4): 310-335.

[41] SHANE S, VENKATARAMAN S. The promise of entrepreneurship as a field of research[J]. Academy of management review, 2000, 25(1): 217-226.

[42] SUDDABY R, BRUTON G D, SI S X. Entrepreneurship through a qualitative lens: insights on the construction and/or discovery of entrepreneurial opportunity[J]. Journal of business venturing, 2015, 30(1): 1-10.

[43] URBAN B, GALAWE J. The mediating effect of self-efficacy on the relationship between moral judgement, empathy and social opportunity recognition in South Africa[J]. International Journal of entrepreneurial behavior and research, 2019, 26(2): 349-372.

[44] VIAL V, RICHOMME-HUET K. A conceptual system of antecedents and processes in social entrepreneurship opportunity identification[J]. Frontiers in psychology, 2021, 12: 1-16.

[45] YITSHAKI R, KROPP F, HONIG B. The role of compassion in shaping social entrepreneurs' prosocial opportunity recognition[J]. Journal of business ethics, 2022, 179(4): 617-647.

[46] YIU D W, WAN W P, NG F W, et al. Sentimental drivers of social entrepreneurship: a study of China's Guangcai (Glorious) Program[J]. Management and organization review, 2014, 10(1): 55-80.

[47] YUSUF J E, SLOAN M F. Effectual processes in nonprofit start-ups and social entrepreneurship: an illustrated discussion of a novel decision-making approach[J]. The American review of public administration, 2015, 45(4): 417-435.

[48] ZAHRA S A, GEDAJLOVIC E, NEUBAUM D O, et al. A typology of social entrepreneurs: motives, search processes and ethical challenges[J]. Journal of business venturing, 2009, 24(5): 519-532.

[49] ZAHRA S A, RAWHOUSER H N, BHAWE N, et al. Globalization of social entrepreneurship opportunities[J]. Strategic entrepreneurship journal, 2008, 2(2): 117-131.

[50] ZULFIQAR S, NADEEM M A, KHAN M K, et al. Opportunity recognition behavior and readiness of youth for social entrepreneurship[J]. Entrepreneurship research journal, 2019, 11(4): 1-19.

[51] 白彦壮，张璐，薛杨.社会网络对社会创业机会识别与开发的作用：以格莱珉银行为例[J].技术经济，2016，35（10）：79-85.

[52] 李华晶，肖玮玮.机会识别、开发与资源整合：基于壹基金的社会创业过程研究[J].科学经济社会，2010，28（2）：94-97；102.

[53] 林海，张燕，严中华.社会创业机会识别与开发框架模型研究[J].技术经济与管理研究，2009（1）：36-37；67.

[54] 刘振，丁飞，肖应钊，等.资源拼凑视角下社会创业机会识别与开发的机制研究[J].管理学报，2019，16（7）：1006-1015.

[55] 刘志阳，李斌，陈和午.企业家精神视角下的社会创业研究[J].管理世界，2018，34（11）：171-173.

[56] 斯晓夫，王颂，傅颖.创业机会从何而来：发现，构建还是发现+构建？：创业机会的理论前沿研究[J].管理世界，2016（3）：115-127.

第6章　社会企业商业模式与商业计划书

:: 学习目标

- 了解社会企业商业模式的构成和特征
- 学习社会企业商业计划书的写作原则
- 理解社会企业商业计划书与一般商业计划书之间的关系
- 掌握社会企业商业计划书的撰写要点和注意事项

开篇案例

返乡创业正成为新潮流

　　海拔1 000m的高山梯田上，扎着双马尾的女孩牵牛犁田、耙地、插秧、收稻……耗时一年，她拍摄下南方山区水稻种植的全过程。这是抖音用户"湘妹心宝"上传的视频，单条作品就获得了128万次点赞。镜头里的女孩是25岁的湖南妹子曾庆欢，也是286万名粉丝心中的"心宝"。视频里的心宝会在田间地头挖野菜，在乡间小河里钓鱼钓虾，垄田坎抓泥鳅。油菜花成熟时，服装设计专业出身的她也会灵机一动，为自己设计一条油菜花裙，在花田走秀。这些记录乡间生活的短视频，不仅让心宝收获了超过3 400万次的点赞，登上浙江卫视、央视的舞台，更让她帮助乡亲们售出上万斤滞销水果，一年为家乡带货400万元，还把湖南当地的腐乳、腊肉、萝卜干等带有乡土风味的农产品销往千家万户。一个显而易见的趋势是，以心宝为代表的年轻人，越来越喜欢留在家乡。返乡创业，正成为年轻人的新潮流。在抖音上，他们打造出"短视频直播＋县域经济"的创业新模式，一方面借力平台反哺家乡，另一方面带动家乡产业升级，吸引更多人返乡就业，让乡亲们找到"家门口的好工作"。

　　　　资料来源：蓝媒汇，《在抖音，返乡创业的年轻人们》，作者段诗。

近年来，随着技术的不断发展，在企业管理实践中出现了越来越多新的模式。它们不仅仅是对原有产品和技术更新换代，更主要的是对企业的整体运营进行了创新。可以说企业之间的竞争，已经不仅是产品之间的竞争，而且是商业模式之间的竞争。特别是随着数字经济时代的到来，新的业态激发了众多新型商业模式。目前，商业模式的重要性已经逐渐得到学界和业界的高度重视。尽管社会企业是一个比较新的概念，但是在社会企业领域的商业模式概念仍然得到了相当多学者的重视。因为社会企业有着不同于一般商业企业的独特属性，使得社会企业的商业模式呈现出独特的特征。本章重点在于分析社会企业商业模式，并在此基础上探讨社会企业商业计划书的撰写要点，以提高读者对社会企业运行规律的认识。

6.1 社会企业的商业模式

6.1.1 商业模式概念

商业模式概念不是突然出现的。商业模式的构建是基于战略领域经典的价值链概念和战略定位理论，同时出于对竞争优势的考虑，商业模式概念也借鉴了资源基础理论。这主要是从企业内部运营来看的。当公司的运营越来越触及与外部不同机构的合作以共同创造价值时，商业模式概念也涉及了战略联盟和合作网络理论。此外，商业模式概念还涉及企业边界的选择和交易成本经济学。因此，由于其复杂的理论基础和概念内核，商业模式呈现出多种解读方式。

在传统的观点中，商业模式常常与盈利模式画上等号。这是因为对于最常见的商业组织来说，商业模式的根本目的就在于获得并且维持利润（Stewart and Zhao, 2000）。商业模式的存在就是用于指导组织如何确定自身在产业价值链中的位置，以及如何从价值链中获得利益。作为盈利模式的商业模式，其概念内核围绕着利润的产生过程，并且主要集中于企业的收入来源、定价方法、成本结构、预期销量等要素，以体现利润的产生逻辑。

也有一些研究强调商业模式是企业的核心竞争力（Morris et.al., 2005）。正是商业模式的存在，使得企业内部各个有机模块能够凝聚在一起，并且形成一个相互依赖的整体，而这一个整体体现出其他企业所难以模仿和抵御的核心竞争力。不仅如此，商业模式中所强调的企业与外部其他组织或个体的积极网络关系，以及这些关系所能为企业带来的价值，也进一步加强了企业的核心竞争力，从而帮助企业在长期内维持优势。

6.1.2 商业模式的构成

近年来，一些研究开始用系统论的观点来分析企业商业模式。这是因为商业模式的构成非常繁杂，包含了企业内部不同职能、不同层次上的有机元素。基于不同的界定维度或角度，众多的学者对商业模式的构成进行了详尽的分析。例如斯莱沃斯基（Slywotsky, 1996）提出，商业模式是包含公司如何选择客户、如何定义和设计产品、如何执行生产运作流程、如何配置资源、如何为客户创造价值并获取利润等环节在内的系统。切萨布鲁夫（Chesbrough, 2007）的研究则将商业模式定义为包含价值主张、市场、价值链、收益机制、合作网络、竞争战略等不同要素在内的集合体。这些研究在构建商业模式的宏大构念的同时，也加大了进一步研究商业模式的难度，因为要素繁多，难以一一甄别其作用机制。

目前，在商业模式领域，一个较为主流的观点是认为商业模式就是企业的价值创造模式。切萨布鲁夫（Chesbrough，2007）指出，商业模式的两个核心功能包括组织的价值创造和价值获取。为了达到价值创造和价值获取的目的，组织需要完成一系列诸如从原材料采购到满足终端顾客需求等关键环节。阿米特和佐特（Amit and Zott，2001）也指出，商业模式是为了利用商业机会，对组织与外部机构或人群的交易进行设计和治理的方式，目标是获取价值。谢弗等人（Shafer et.al.，2005）对商业模式的构成元素进行了分类，发现大部分元素可以放入战略选择、价值创造、捕获价值、价值网络四个类别中，从而进一步明确了商业模式的价值模式。

综上所述，根据已有的研究，可以发现，商业模式的主要构成模块有以下三个。

（1）价值主张。价值主张反映的是企业想要获得和期望服务的目标人群以及企业想要为目标人群推出的产品或服务特点。价值主张涉及了对企业目标客户的细分。在营销领域，客户细分变量通常包括地理区域、人口统计特征等。不同类型的客户对于产品或服务的功能和用途有着不同的期望。为了抓住这些客户，企业需要思考如何设计产品或服务，以及要让产品或服务有吸引力应采取什么样的关键行动。

（2）价值创造与交付。价值的创造需要依赖一系列关键的流程，涉及一些关键性的资源。在传统的制造业中，价值创造过程实际上就是企业的生产运作过程。在新兴领域，已经出现了多样化的价值创造模式。价值的创造过程也需要更多的合作伙伴。在当前的商业环境中，价值共创已经成为企业的潜在共识。企业在创造价值与交付的过程中，有意识地吸收更多的合作者，甚至把竞争对手、客户都纳入这一过程中，对于企业实现商业价值有着非凡的意义。

（3）价值获取。企业需要通过产品或服务的交付获得价值。当然，狭义上看，获得价值就是获得资金收入。因此在这一模块中，企业需要考虑成本结构问题，因为如果资金收入不足以覆盖企业成本，企业的商业活动就是无利可图的。除了最为显而易见的资金收入之外，企业还需要关注企业成长所需的各项资源。商业活动的开展是基于可持续性的基本前提。短期的收入是企业能够生存的保障，而长期成长需要更多有利于维持企业可持续竞争优势的资源，有效的商业模式还需要保障企业在这些资源方面的获取。企业在价值获取中尤其需要重视渠道的构建。特别是随着数字经济的发展，很多领域的渠道已经发生了变化，这就需要企业探索新型的商业模式以适应新业态的发展需要。

商业模式的价值主张、价值创造与交付、价值获取构成了一个完整的闭环（见图6-1）。

图 6-1 商业模式的构成

6.1.3 商业模式的特征

在现有的商业模式理论研究和实践中，成功的商业模式一般具有以下特征。

1. 全面性

正如商业模式的概念所描述的，商业模式是对企业处理和应对用户需求、提供有竞争力的产品、获得商业利润等环节的归纳总结，涉及企业运营和成长的方方面面。商业模式涵盖了影响组织成长的那些重要因素。无论是在企业经营的基础层面，如有关员工操作和流程设计的运行方案，还是在企业发展层面，如企业的整体发展目标和战略行动，都在商业模式所囊括的概念范畴内。商业模式的全面性反映了创业者是否对创业发展中所遇到的各类问题进行了全面的思考。从商业模式的概念也可以看出，所谓系统论或价值创造的视角之所以能够用于解释商业模式的概念内涵，也正是由于商业模式的全面性特征。

2. 独特性

成功的商业模式要具有很强的独特性。创业者要在创业行动中积极彰显自身的独特价值。这种独特价值首先体现在创业者的产品上。创业者的产品要有明确的独特特征，要能与其他同类型的产品明确区分。除了产品以外，在运营、渠道、供应链等方面的独特价值也是非常有意义的。当然商业模式的独特性并不表示一味地追求与众不同，商业模式的独特性要求必须能够创造最终的价值。在现实的案例中，常常可以看到的是很多企业的商业模式非常奇特，与市场上的同类企业完全不同，但是却难以让用户为之买单。

3. 难以模仿性

成功的商业模式必须是难以模仿的。很多有价值而且具有很强独特性的商业模式在市场上推出之后，很快就有追随者效仿，这就削弱了商业模式的价值。因为迅速跟进的追随者很快就会使企业的盈利能力大大下降。商业模式的难以模仿性一方面来自产品或技术方面的优势，这种优势有时候是其他企业难以模仿的；另一方面，有些企业的商业模式中，核心竞争要素来自特定的资源、合作网络，甚至是价值理念，这同样是竞争对手难以模仿的。

6.1.4 社会企业商业模式概述

社会企业作为一种新型企业形式，不同于商业企业和非营利组织。这一类型的企业以社会目标作为首要目的，将盈利主要用于再投资以实现这一目的。随着世界范围内贫困、饥饿、不平等社会问题的凸显，来自不同阶层的人群对企业的期望产生了转变。一般的商业企业由于其治理结构和运营目标的限制，难以为解决社会问题提供持续性的解决方案。这种情况下，社会企业作为一种社会使命驱动的创新组织应运而生。

社会企业在通过创造社会价值并积极解决诸如教育资源不足、贫困、饥饿之类的社会问题的同时，也创造了显著的商业价值，它们不断收获商业利润、新的知识，以及多样化的社会人才（Pfitzer, Bockstette, and Stamp, 2013）。社会企业致力于在商业模式中融入社会各部门的价值体系和行动逻辑等元素，并且显示出努力利用创新来解决社会问题的创业导向（Sparviero, 2016），虽然二者通常很难并行（Davies, Haugh, and Chambers, 2019）。

由于在企业属性上社会企业与商业企业存在明显不同，其商业模式也呈现出非常强的独特性。显然，社会企业与传统企业最明显的差异反映在价值创造过程中。以前文所提到的商业模式的三大模块为例，社会企业在这三个模块上和商业企业存在着差异（Dobson et al., 2018）。

（1）价值主张。商业企业通常追求的是利润的最大化，因此企业的经营活动始终坚持成本最低和收入最高。社会企业追求的是从根本上可持续性地解决社会问题。当然，在追求社会价值的同时，社会企业仍会寻求商业利润，不过利润始终是社会企业的次要关注点。社企业还常常会把利润用于再投资以促进可持续发展。因此，社会企业的商业模式是社会导向和创业意图的混合结果（Bull1 and Ridley-Duff，2019）。

（2）价值创造和交付。和商业企业相比，社会企业更加依赖于组织之间以及组织和人之间的网络来创造与交付价值。同时，商业企业的联系网络往往依赖于交易行为，联系各方依赖于交换来形成稳固的合作。和商业企业不同的是，社会企业的联系网络则通常依赖于共同的社会愿景。在同样的愿景和价值观的指引下，社会企业、营利性企业、非政府组织或慈善机构、投资者、政府、高校等不同背景的组织或个体能够整合在一起帮助企业克服资源短缺的问题，并且进一步吸引志同道合的消费者、形成社会规范（Davies and Chambers，2018）。除了网络关系方面的特征以外，社会企业的战略行动通常会偏保守，因为它们更倾向于企业的长期稳健发展，以实现社会价值的可持续性。

（3）价值获取。社会企业和商业企业的价值主张存在很大差异，在获取方式上也存在很大不同。在商业企业的商业模式中，企业的价值获取方式是通过有效的策略快速占领市场，将产品销售给用户同时获得收入。社会企业当然也经历类似的环节，但是，由于社会企业拥有明显的社会价值主张，在获取商业价值的同时，它们更关注如何实现社会价值，换言之，在企业的大力推动下，社会层面的问题是否得到了解决。

6.1.5　社会企业商业模式的特征

社会企业的商业模式首先应当具备一般企业商业模式的特征，即上文介绍的全面性、独特性、难以模仿性，同时由于社会企业独特的企业属性和商业模式运行机制，它的商业模式还展现出以下两个特征。

1. 社会性

传统企业商业模式在遵守法律和政府规定的前提下，以追求经济利益作为首要目标。与此不同，社会企业旨在满足社会需求并使社会更加有效地运行，解决诸如气候变化、水资源短缺、贫困、可持续发展危机等社会问题。因此社会价值是其首要目标，社会性贯穿整个商业模式的始终。而为了维持自身的可持续发展，社会企业商业模式需要同时兼顾经济价值和社会价值。

2. 网络性

商业企业的伙伴关系多限于供应商、经销商、顾客。社会企业则致力于通过共同的愿景与合作伙伴建立起联系网络，因此彼此之间的关系超越了传统的商业交易关系，并能囊括更为多样化的组织或个体，包括其他社会企业、商业企业、非营利组织、政府、高校、顾客等组织或个体都能参与到社会价值的实现过程中。这种网络是社会企业商业模式的重要构成部分。

6.2　社会企业的商业计划书

6.2.1　商业计划书

商业计划书（business plan）本身也是组织计划的一种。顾名思义，作为一种计划，商业计划书的核心内容在于指明组织的发展方向和行动方案。当然，为了使这一方向和方案具有很强的可行性，商业计划书中还要对组织的当前状况进行深入分析。因此，商业计划书的大部分内容实际上都是在对组织的经营历史和发展现状进行分析。不过，由于商业计划书的主要使用对象是创业企业，或是尚未建立正式组织的创业团队，这种分析也是创业者必需的。

从创业过程的整体视角来看，商业计划书撰写是一个承上启下的步骤，如图 6-2 所示。因此，就商业计划书在创业过程中的角色而言，商业计划书首先是创业者对新企业创立之前的所有准备工作的总结和整合。换言之，创业者需要将新企业组建中所涉及的机会识别和开发、团队组建、资源整合等方面的要素加以系统回顾，并且通过对于自身优劣势的积极回答来明确创业行动的基础所在。其次，商业计划书也是创业者未来行动的指南。创业者需要把机会的可能发展趋势、创业者所能采取的战略行动、支持创业行动的各项资源的配置等内容反复论证以得到最为可行的行动方案。从前面所论述的商业模式的概念可以看出，上述要素实际上就是创业行动的价值创造方案。从这个意义上看，商业计划书实际上就是商业模式的书面化。

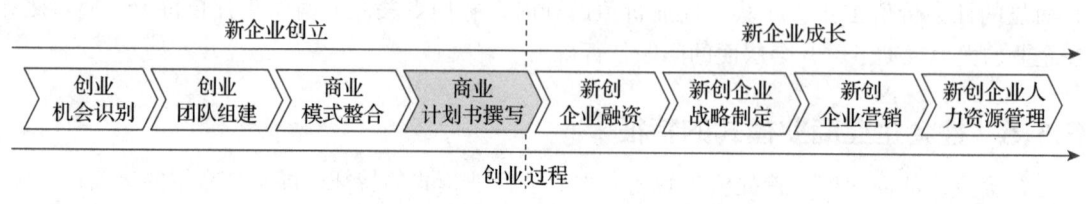

图 6-2　商业计划书的承上启下功能

总体上看，就一般企业的商业计划书而言，创业者撰写商业计划书的目的通常包括三个方面。

一是创业资源获取。显然，这是撰写商业计划书的首要目的。在大多数情况下，当创业者想要从外部获取资源时，他们通常要向资源提供方展示一份正式的商业计划书。这里的资源不仅仅包括最常见的资金资源，在创业者获取人力资源、渠道或供应商资源时，商业计划书也是必不可少的。当然，面向不同资源提供方的商业计划书通常各具特色，有时仅仅是一份简单的计划书也足以体现创业者的诚意。

二是企业现状审视。在很多时候，创业者撰写商业计划书并不一定是为了获取资源。也就是说，创业者所认真撰写的商业计划书并不只是给外部利益相关者看的。此时，商业计划书的读者，是创业者自己。不过，即使是创业者自己阅读的商业计划书，创业者仍必须认真撰写。这是因为撰写商业计划书的过程就是创业者重新审视自身优势与劣势、机会与战略的过程。这一过程是创业者对于创业机会和商业模式的进一步界定。此时，商业计划书的撰写是其他形式的讨论、交流、沟通、思考所不能代替的。

三是未来发展规划。尽管创业行动与大型企业的商业活动存在很大差别，对后者而言，战略是其强有力的成长工具。而对创业行动来说，长期的公司战略至少是很难予以充分设计的。不过，面对创业行动的巨大不确定性，创业者在一定程度上对企业未来的成长方向进行探索，对可能出现的压力进行未雨绸缪是非常有必要的。此时，商业计划书能够起到非常好的行动策划的作用。通过系统化的商业计划书撰写过程，创业者对于创业的设想将会更加明确。

6.2.2 社会企业与一般商业企业的商业计划书的差异

社会企业的商业计划书同样服务于社会创业者的资源获取、现状审视、发展规划等目的，并且体现了社会企业商业模式的核心元素。不过，社会企业的商业计划书重点与一般商业企业的商业计划书略有不同。根据社会企业商业模式的特征，上述差异体现在价值主张、价值创造与交付、价值获取上。

1. 商业计划书的价值主张

在价值主张方面，由于社会企业所积极追求的是可持续性地解决社会问题，因此创业者需要传递的是为何这一需求具有很强烈的社会价值主张。在一般企业的商业计划书中，有关企业所面向的用户需求和企业能够提供的用户价值部分是通过对企业的市场分析和产品的描述来实现的。

市场是指创业者所要面临的行业市场。市场分析也是创业者组建商业模式的重要步骤。创业者的行动总是依托于具体的市场。社会企业的运行也并不是脱离市场的空中楼阁。只有社会企业所面临的市场具有一定的规模和前景，才能实现产品的销售，也就实现了与用户的价值交换。社会企业进行市场分析并不是单纯地从商业价值的角度分析市场特征，它们非常重视市场需求的社会价值。那些社会受益面广、具有潜在拓展空间的项目才能吸引外部的投资者。

产品指的是企业所提供的核心产品或服务。产品是创业行动之所以能够创造价值的载体。社会创业行动同样需要通过具体的产品或服务来传达创业者的社会价值主张。在商业计划书中，有必要对产品或服务的细节进行描述（在不泄露商业机密的前提下），因为只有详细的产品论述，才能充分展现出创业者的创业主张是反复思考过的，产品方案是充分可行的。因此，对产品要素的论证实际上也是创业者的深刻反思过程，那些仅仅停留在实验室的产品雏形通常很难越过这一关。

2. 商业计划书的价值创造与交付

商业计划书中需要阐明，创业者所积极主张的社会价值是如何实现的。因为创业主张是创业者的设想，如果没有可行的方案予以实施，这种设想就很难成为现实。在社会企业范畴内，价值创造与交付尤其重要，因为社会企业的价值创造并不仅仅是依靠商业逻辑来考量的。这就使得创业者尤其需要审慎地提供社会企业价值创造的逻辑。在社会企业的价值创造与交付中，创业资源获取、运营过程的描述是必要的。

创业资源要素是创业者组建和运营整个企业所需的人、财、物等要素的统称。创业行动本身就是在资源匮乏情境下的企业成长管理。对创业者来说，资源少并不是一件坏事。创业者应当善于从不同个体或组织那里获得多样化的资源以支持企业的成长。在社会创业行动中，创业资源的获取则与通常的经济创业有所不同。对后者来说，资源获取通常是依赖于商业交易的方式。但是社会创业行动本身并不仅仅是以商业逻辑来组织的。为了有效获取支持社会创业活动的资源，创业者需要向外部资源提供方呈现自身的社会价值主张，吸纳更多合作伙伴共同开发社会价值。这些人甚至有可能成为创业者的核心团队成员。

企业运营管理是创业者对于如何维持和发展创业组织的说明。在一般商业企业的商业计划书中，运营部分的说明也是非常必要的。运营就是管理者将所获得的人、财、物以适当的方式整合起来完成企业进货、生产、研发、渠道等方面的事务。良好的运营过程是创业者能够生产出可靠产品的保证。很多创业者提供的产品是实验室中的产物，一旦商业化就会遇到种种障碍，这些问题往往出在企业的运营环节，因为创业者事先通常对运营管理有着不切实际的预期。在社会企业的商业计划书中，运营管理部分同样需要认真撰写，因为社会企业的运营面临的困境更大，更需要多样化的措施来保障社会企业的有效运行。

3. 商业计划书的价值获取

价值获取就是企业最终实现价值的过程。对商业行为来说，获取的价值也就是企业所获得的财务收益。但在社会创业领域，价值本身具有多重含义。商业价值固然非常重要，但是与社会长期可持续发展相关的社会价值也是社会创业行动的重要构成。因此，在商业计划书中除了要汇报商业价值的获取过程以外，还需要把重点放在社会价值的获取方面。在社会企业的价值获取方面，主要涉及市场和营销、企业成长预期。

市场和营销要素主要是指创业者如何向用户推广自身的产品或服务。创业者的产品之所以最终能够实现价值创造，一方面是因为创业者的精巧设计和开发，另一方面是因为合理的市场推广措施。而这些内容恰恰是企业在获取资源时，资源提供方所重点关注的。不仅如此，社会创业行动的产品有时由于附加了太多社会属性，还在一定程度上削弱了它的商业属性，这使得常规化的市场和营销手段失去了效力。此时，有针对性的营销是创业者能够实现价值获取的根本保障。

企业成长预期是指企业未来的可能成长空间。社会企业的成长一般会较商业企业略缓慢，因为社会价值的实现需要创业者的精耕细作，社会需求的激发也需要较长时间的积累。投资者往往会关注的是，企业的价值获取是否具有可持续性，在看得见的未来，企业有多少成长空间。如果企业的经营目的中带有明显的社会可持续目标，投资者更会关注这一社会发展目标本身是否有长远的存在空间。创业者在汇报这些信息时，应当基于对未来的理论判断，而不是简单的臆断。

6.2.3 社会企业商业计划书的撰写原则

为了更好地在商业计划书中阐明创业者的主张，彰显创业行动的社会价值，在撰写商业计划书时需要遵循三个重要原则。

一是目标清晰明确。商业计划书的撰写目的是多样化的。无论出于哪种目的，商业计划书的编排设计以及文字措辞都必须与之相适应。比如，不同的阅读者在浏览商业计划书时的侧重点会有所不同，针对不同人群的商业计划书就要有意识地使用不同的撰写方案，以展现计划书中最有价值的观点。当然，不论是哪一类商业计划书，对社会企业来说，都必须把社会价值创造作为核心的目标。

二是重点鲜明突出。社会企业的商业计划书是对其商业模式的书面总结，它将积极传递创业者的社会价值主张，并且对其未来发展进行预测。企业社会价值的论证不同于商业价值。在商业企业的计划书中，有关组织未来发展的定性判断和财务状况的定量测算是并重的。尤其是后者，创业者需要进行大量的数据测算以做出较准确的预测。但在社会企业范畴内，社会价值本身是难以计量的，所以有关社会价值的来源、特征、潜力等内容的定性描述要重于定量测算。在这样的定性描述中，重点鲜明突出是计划书能够彰显其特色和说服力的有力工具。

三是形式丰富多彩。实际上，不论是一般企业的商业计划书，还是社会企业的商业计划书，它们的形式都非常重要。形式是传递创业者主张的首要工具。外部投资者拿到商业计划书后，首先进入其视线范围的是商业计划书的外观。如果在形式上能够传递积极正面的信息，商业计划书成功的概率也会大大提高。在社会企业的商业计划书中，由于商业价值的比重大为下降（有些项目甚至在相对长的时间内很难赢利），多样化的形式在提升读者关注度、帮助企业成功获得资源方面则更为重要。

6.3 社会企业商业计划书的撰写要点

商业计划书通常有许多现成的通用模板。不过，不论是哪一种模板，其内在的逻辑都是统一的——创业者的价值主张是什么，创业者的价值创造与交付是如何实施的，创业者如何获取最终价值。它们之间的逻辑关系如图 6-3 所示。在社会企业的商业计划书中，同样可以看到类似的逻辑。由于篇幅所限，本章仅仅介绍商业计划书中最为关键的几个部分，指出其撰写要点。需要说明的是，这里的介绍是以融资类型的商业计划书为例。

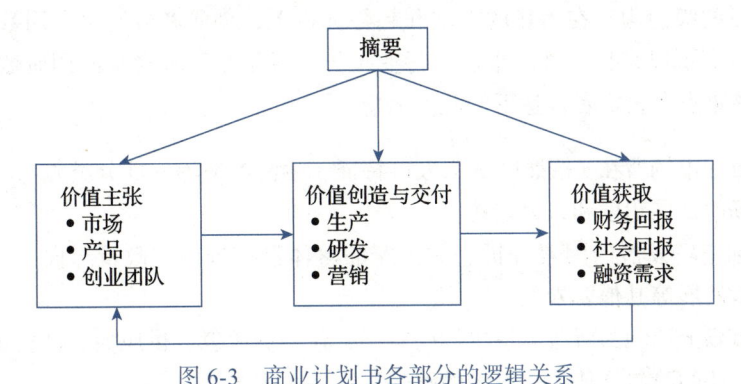

```
                        摘要
          ┌──────────────┼──────────────┐
          ▼              ▼              ▼
      价值主张       价值创造与交付      价值获取
      • 市场          • 生产           • 财务回报
      • 产品          • 研发           • 社会回报
      • 创业团队      • 营销           • 融资需求
```

图 6-3 商业计划书各部分的逻辑关系

6.3.1 摘要

商业计划书的摘要往往在商业计划书的最开始。在很多情况下，投资者并不会对商业计划书做详细的阅读，特别是当他接收到大量的商业计划书时。此时，摘要往往是投资者首先要阅读的。创业者应当紧紧把握这一难得的机会，在摘要中充分展现创业行动的亮点。如果在摘要部分，商业计划书没有迅速吸引投资者的眼球，那么即使后续部分写得再动人，这份商业计划书的价值也要大打折扣。

摘要是对社会企业价值主张、价值创造与交付、价值获取的概括。创业者尤其需要言简意赅地阐明所要表达的核心思想，让读者能够迅速理解企业的商业模式，清楚企业所具备的独特优势，然后做出是否愿意花时间继续读下去的决定。摘要部分应该重点向投资者传达下面几点信息：

- 社会创业项目拥有充分的市场需求。
- 社会创业项目的产品具备独特价值。
- 社会创业商业模式具有很好的可行性。
- 当前的创业团队具有很明显的合作优势，可以为创业行动提供坚实保障。

- 社会创业项目能够实现较为稳定和长期的社会价值与商业价值。

6.3.2 价值主张

价值主张是对企业自身定位、产品、团队的描述，也是社会企业之所以能够不同于其他企业的首要特征。

1. 市场

社会企业的价值主张首先体现在企业所要面向的目标市场上。市场分析本身是商业计划书的主要内容之一，也是创业机会和商业模式的核心内容之一。

在市场分析部分，创业者要阐明自身所瞄准的目标市场以及这一市场上的竞争势态。目标市场是企业所关注的终端市场。无论是经济创业还是社会创业，创业者所面向的市场都应当是一个聚焦的细分市场。因为从一开始就针对一个较大型的市场开展经营具有很大的难度，也会面临大型竞争对手施加的压力。除了市场的界定和市场容量的分析以外，创业者还需要就当前这个市场内的竞争势态进行论证。如果已经有类似的企业在同一个市场内部开展运营，则会影响到项目的吸引力。在市场的界定和趋势分析上，创业者应当尽量用数据来支持自己的观点。这些数据可以来自公开的报道、行业报告，或是创业者自身的调研数据。总之，市场分析部分应该重点向投资者传达下面几点信息：

- 企业的目标市场所在（按照区域、人口特征、生活习惯等标准分类）。
- 目标市场的发展程度和未来趋势。
- 影响目标市场发展的因素分析——国家的整体经济走向、政策导向、社会文化变迁，或是技术发展等其他要素。
- 在这个市场上活动的所有经济主体的概况，包括竞争者、供应商、销售渠道和顾客等。
- 进入该行业的障碍是什么，可能的跟随进入者多不多。

2. 产品

社会企业的价值主张同时体现在企业所能提供的产品或服务上。投资者在评估创业项目时，不仅需要知道企业生产和出售什么产品或服务，还要对产品本身能否适应市场的要求做出评估，这些结果可以对投资者的投资决策产生关键影响。

关于产品特征的描述，应该重点考虑两个方面。一方面是产品能否有效地满足市场需求。这里的市场需求包含了社会人群在商业利益之外的需求。社会企业的产品不仅应当能够有效满足这些与健康、环境保护、关注弱势群体等内容相关的特定需求，其满足方式还应当是一种成本相对低廉的方式。另一方面则是在可以预见的未来是否很快会看到产品的替代品。企业的发展需要考虑其可持续性，如果随着技术的进步或是目标人群的变化，很快会出现新的产品或模式来处理企业所瞄准的社会需求，企业的成长会受到很强的限制。具体而言，对于产品特征的描述可以从以下几个方面进行：

- 产品最显著的特征（性能、价格、使用条件等）。
- 市场上是否已经有或即将有同类产品。
- 与同类产品相比，产品独特性表现在哪些方面。

- 产品的价位如何,这一价位是否合理。
- 产品的市场前景和竞争力如何。

3. 创业团队

社会企业的价值主张还体现在企业的运营团队特征上。创业行动本身包含了大量复杂的决策事务,创业者一般要依赖一个核心团队来共同推进创业行动。很多情况下,在投资者对创业项目的评判中,对于团队的考察占据了最重要的地位。

创业者要在商业计划书中展现管理团队或业务经营的关键人物。在介绍这些关键人物时,一定要突出他们对于企业发展的重要作用。那些拥有相关领域从业经历的人员可以适当展现他们之前的经营业绩。另外,在展示创业团队时,创业者应当强调团队成员之间的互补性,教育背景或工作经历太单一都不利于吸引风险投资。这些不同背景、不同资历的团队成员应该被配置在特定的工作岗位上以发挥其经验和优势。创业团队展示的内容可以分为以下方面:

- 创业团队成员的优势所在(工作经历、教育背景、行业经验等)。
- 创业团队成员在产品设计与开发、财务管理、市场营销等方面的过往业绩。
- 创业团队成员的职业道德、能力与素质。
- 创业团队的分工,其依据是什么。
- 团队决策机制和冲突管理机制。

6.3.3 价值创造与交付

企业的价值创造与交付核心是企业的运作流程。创业者需要在这个部分展现项目的未来运营方案。一般来说,可以从生产、研发、营销三个方面进行分析。

生产计划的目的在于回答创业者如何把设想中的产品制造出来。从实验室中的产品到真正能够市场化的产品,还有很长的距离。创业者应尽可能把新产品的生产制造及经营过程展示给投资者。例如,生产产品的原料如何采购、供应商的有关情况、雇员配置、生产资金的使用、相应的厂房、土地的规划安排等。这些生产流程的工作方案将会表明创业者是否有足够的能力使产品实现量产。

研发计划反映了企业在应对未来的技术发展趋势以及技术竞争方面的行动方案。对高新技术领域的创业项目来说,这一点是必不可少的。因为技术的发展非常迅速,如果没有能力在技术方面占据相对前沿的位置,创业者就很容易在竞争中处于下风。在这里,创业者需要介绍企业投入研究开发的力度,同时必须指出这些研究开发投入所要实现的目标,通过这些内容来表明企业在研发方面的主张。

营销计划回答的是创业者如何实现市场上的销售。这也正是前面所提的创业者如何获取价值的内容。任何一个投资者都十分关心企业在推出产品时的营销策略。营销计划是系统性的经营计划,包括了产品从生产现场到达最终用户手中的全过程。创业者需要就营销的每个环节进行适当的解释,以表明创业者有信心让用户接受产品。

总之,商业计划书的价值创造与交付部分应该说明以下几个方面的问题:

- 生产过程中的关键环节介绍。
- 生产的品质控制和质量改进能力。

- 研发的计划发展方向和目标。
- 研发新产品的成本预算及时间进度。
- 营销计划和营销人员配置。
- 预期的销量和发生时间。
- 市场营销中意外情况的应急对策。

6.3.4 价值获取

社会创业项目的价值实现最终要体现在数据化的商业利润和定性化的社会回报上。在财务分析与创业回报部分，创业者需要基于市场、产品等方面的分析就企业未来可能的发展前景进行预测，特别是回答企业是否有效实现了创业者的价值主张。这一部分需要着重论述以下三个方面。

一是财务回报。因为社会创业归根结底仍要在商业上实现价值，这样才能保障企业的运行和发展，为企业实现社会价值提供支撑。创业者需要根据商业计划书中提到的企业在生产、研发、销售等方面的计划，对未来的经营中所发生的各项成本和费用、所能产生的现金流进行预测，在此基础上形成规范的财务报表，确保投资者相信企业的未来具有良好的财务前景。

二是社会回报。社会回报是社会创业与经济创业的核心不同点，也是项目能够打动某些致力于社会创业领域投资者的核心内容。在项目的社会回报部分，创业者应当就项目最终能够解决的社会问题、能够惠及的社会人群，以及项目的可持续性进行较详细的解说。

三是融资需求和回报。这主要是针对用于融资的商业计划书的。创业者可以就融资的几种方式进行设计和建议，也可以在一定程度上就融资的某些细节进行探讨。更重要的是，创业者需要在前期的商业价值和社会回报的分析基础上，告知投资者如果对项目进行资金投入有可能获得的回报。通常，创业者需要从以下几个方面论述：

- 未来三到五年企业运营状况和财务预测（财务报表展示）。
- 未来三到五年企业所能带来的社会价值（定性和定量分析）。
- 预计吸收的投资数额。
- 可能的融资选择方式和一定的融资条件。
- 可能的风险和投资退出方式。

本章小结

1. 社会企业在积极解决诸如教育资源不足、贫困、饥饿之类的社会问题的同时，也创造了显著的商业价值。社会企业的商业模式致力于融入社会各部门的价值体系和行动逻辑等元素，并且显示出努力利用社会创新来解决问题的创业导向。
2. 社会企业与传统企业最明显的差异反映在价值创造过程中。在价值主张、价值创造与交付、价值获取方面，社会企业和商业企业存在着显著差异。
3. 社会企业的商业计划书重点与一般商业企业的商业计划书略有不同。
4. 在价值主张方面，由于社会企业所积极追求的是可持续性地解决社会问题，因此创业者需要传递的是为何这一需求具有很强烈的社会价值主张。

5. 在价值创造与交付方面，商业计划书中需要阐明创业者所积极主张的社会价值是如何实现的。

6. 在价值获取方面，商业计划书中除了要汇报商业价值的获取过程以外，还需要把重点放在社会价值的获取方面。

问题讨论

1. 你认为社会企业商业模式最重要的内容是什么？为什么？
2. 对社会创业者来说，商业计划书越长越好吗？为什么？
3. 在撰写社会企业的商业计划书时，如果还没有成型的产品，那么如何进行产品分析？

扫码查看案例分析和文献精读。

参考文献

[1] AMIT R, ZOTT C. Value creation in e-business[J].Strategic management journal, 2001, 22(special issue): 493-520.

[2] BOCKEN N M P, SHORT S W, RANA P, et al.A literature and practice review to develop sustainable business model archetypes[J]. Journal of cleaner production, 2014, 65: 42-56.

[3] BULL M, RIDLEY-DUFF R. Towards an appreciation of ethics in social enterprise business models[J].Journal of business ethics, 2019, 159(3): 619-634.

[4] CHESBROUGH H. Business model innovation: it's not just about technology anymore[J]. Strategy & leadership, 2007, 35(6): 12-17.

[5] DAVIES I A, CHAMBERS L. Integrating hybridity and business model theory in sustainable entrepreneurship[J]. Journal of cleaner production, 2018, 177: 378-386.

[6] DAVIES I A, HAUGH H, CHAMBERS L. Barriers to social enterprise growth[J]. Journal of small business management, 2019, 57(4): 1616-1636.

[7] DOBSON K, BOONE S, ANDRIES P, et al. Successfully creating and scaling a sustainable social enterprise model under uncertainty: the case of viavia travellers cafes[J]. Journal of cleaner production, 2018, 172(PT.4): 4555-4564.

[8] MORRIS M, SCHINDEHUTTE M, ALLEN J. The entrepreneur's business model: toward a unified perspective[J]. Journal of business research, 2005, 58(6): 726-735.

[9] PFITZER M, BOCKSTETTE V,STAMP M. Innovating for shared value[J]. Harvard business review, 2013, 91(9): 1000-1009.

[10] SHAFER S M, SMITH H J, LINDER J C. The power of business models[J]. Business horizons, 2005, 48(3): 199-207.

[11] SLYWOTZKY A J. Value migration[M]. Boston, MA: Harvard Business Review Press, 1996.

[12] SPARVIERO S. The case for a socially oriented business model canvas: the social enterprise model canvas[J].Journal of social entrepreneurship, 2019, 10(2): 232-251.

[13] STEWART D W, ZHAO Q. Internet marketing, business models, and public policy[J]. Journal of public policy & marketing, 1999, 19(2): 287-296.

第 7 章　社会企业的组织形态与治理

:: 学习目标

- 了解社会企业混合型组织特征与类型
- 理解多元制度逻辑对社会企业的影响
- 理解社会企业潜在的冲突
- 掌握应对多元制度逻辑冲突的组织模式
- 理解社会企业治理的概念
- 掌握社会企业治理与合法性、人力资源的关系
- 掌握中国社会企业治理的模式

开篇案例

朗力养老的困惑

跨界养老行业：开展社区养老

2009 年，在商场打拼多年的朱庆海决定跨界养老行业，致力于建设一流的养老院，为老人提供专业的养老服务。但团队在调研之后发现，养老行业虽然看起来潜力巨大，想要实际运营商业养老院却困难重重。因为商业养老院不仅前期投入大，而且后期运营成本相对较高。如何才能进入养老行业呢？朱庆海团队在成都调研时发现，很多老人希望能在社区附近养老，他们顿时萌生出想法：能不能以公建民营的方式与街道办合作运营社区养老院呢？

仔细了解后，朱庆海发现民办非企业单位（简称"民非"）才能与街道办合作。2011 年上半年，朱庆海在成都以民非身份注册成都朗力养老服务中心，开始探索社区养老模式。在青羊区街道办的大力支持下，朗力于 2011 年 10 月 18 日开设了成都第一家社区微型养老院。这家位于成都闹市区贝森路313号的"双新社区朗力托老所"，可以用"麻雀虽小，五脏俱全"来形容。200m²的空间里只有11张床位，但娱乐设施、康复理疗设备一应俱全，8名工作人员（护士、康复理疗师、护工）24小时无间断服务。

深耕养老行业：社区养老+社工服务双轮驱动下的艰难生存

朗力社区微型养老院采取"公建民营"的方式与政府合作，为社会老人提供全托、日托、临托三种服务方式。以全托为例，根据老人身体情况，托管费用在800~2 500元之间，而员工的工资支出、住宿和生活费用等则超出了日常的服务收费。因而，就单纯的老人托管服务来讲，朗力的社区微型养老院面临入不敷出的困境。为保持盈亏平衡，朗力又成立了专业的社工机构——"朗力养老社会组织"，决定"以点带面开展居家养老服务"，提供包括生活护理、送餐、沐浴帮助、代购、心理慰藉、清洁、出行帮助、康复理疗、就医帮助等十几个项目的养老服务。

随着居家养老服务的开展，朗力社工组织也在逐渐壮大，成为养老社区养老服务过程中不可或缺的一环。然而，自2013年成都市开始大力采用政府购买服务方式促进居家养老服务，允许社区养老机构通过招投标为高龄、孤寡独居、残疾的老人提供居家服务。但政府购买居家养老服务项目采取竞标方式，价低者得，众多社区养老机构参与竞标使得居家养老服务价格越来越低廉。朱庆海表示："政府提供的居家养老服务项目竞争激烈，理发一次才2块钱，洗衣服一次才3块钱，根本无法抵消人力成本。"最后可想而知，居家养老服务项目出现形式化，导致参与各方都不满意。首先，像朗力一样的社区养老机构几乎赚不到钱，员工也缺乏对工作的认同感，机构生存岌岌可危；其次，享受服务的老人也不满意，认为社区养老机构提供的服务往往都是形式化的，无法满足个性化需求；最后，政府也不满意，因为政府花费了很多资金，最后却没有达到社区居家养老的效果。

虽然采取了"左手养老，右手社工，社工和养老相互渗透"的模式来深耕养老行业，但朗力依然徘徊在生死边缘，如何找到更加可持续的盈利模式成为朱庆海团队日思夜想的问题。

创新养老行业：做适老化改造的引领者

2016年初，朱庆海重新成立了"朗力养老科技发展有限公司"，致力于发展适老化改造项目。为了开发出更具有针对性的适老化产品与服务，朗力让100多名社工和养老服务人员成为产品与服务设计师，全程参与朗力的适老化改造。在"让每一名一线养老服务人员和社会人员成为朗力的产品设计师"理念的牵引下，朗力自主研发出上百种广受欢迎的适老化改造产品，从几十元的简单产品到几十万元的改造组合，方便居民根据家庭具体情况进行适老化改造。目前，朱庆海团队摸索出朗力在适老化改造项目上的三个方向：家庭入户定制改制，通过政府采购针对特殊困难老年人、残疾人家庭的改造服务和市场化私人定制；社区适老环境改造，针对养老助残服务中心的建设、社区公共服务无障碍建设、老旧院落适老宜居改造；社会适老宜居打造，针对老年公寓、养老机构、干休所、医院、幼儿园或各类公共场所的适老化改造。

朗力提炼出一套可操作、可量化、可复制并且专业科学的老年人宜居评估体系，从老年人的身体状况、心理状况以及现居住环境等方面全面评估老年人的适老化需求，作为制订专业的私人定制的适老化改造方案的依据。朱庆海团队自主研发了七大改造系统，包括照明系统、防滑系统、无障碍系统、设施设备系统、可穿戴系统、智能化系统和美居系统，自动生成一套适用于特定家庭的个性化解决方案，通过产品加服务的模式为老年人的晚年生活保驾护航。以上评估体系和七大改造系统，凝炼了成都朗力社区养老中心、社工机构和适老化改造团队的经验，是成都朗力适老化改造的核心竞争力所在。朗力打造的专业化、社会化的可复制、可推广的养老服务模式，聚焦居家社区养老服务发展不充分、网络不健全等群众急难愁盼问题，助力中国特色社会主义养老服务体系构建。

认证社会企业：商业和公益的困惑

随着朗力养老在适老化改造方面的发展，朗力养老被公众所熟知。2018年，朗力养老成为成都认证的首批社会企业之一，并于当年获得美国公益企业 B Corp 的官方认证。在认证社会企业的过程中以及认证后对外解释朗力的社会企业身份时，朱庆海遇到很多的困惑。比如，对朗力养老来说，目前有三个组织：朗力社区养老中心，属于民非机构；朗力养老社工机构，属于社会组织；朗力养老科技有限公司，属于商业公司。对社会企业身份来讲，朗力应该是民非机构、社会组织还是商业企业，抑或是三者都有？朗力团队认为社区养老、社工服务和适老化改造都是朗力养老开展的服务，而且三项服务相互促进、相互关联，难以完全区分开。但对外部利益相关者来讲，三种不同身份融合在同一个组织内部让人困惑，难以界定朗力到底以非营利为主还是以商业为主。

正如上述案例中朗力养老的困惑一样，很多人对于社会企业到底是什么样的组织也非常困惑，有的学者认为社会企业是具有商业化导向的社会组织，也有学者认为社会企业是具有社会目标的商业企业，当然越来越多的学者认为社会企业是一种新兴的组织形态，具有融合商业逻辑和社会逻辑（或称社会公益逻辑）的混合特性。本章将具体介绍社会企业混合组织的概念、特征以及独有的挑战与治理策略。

7.1 社会企业的组织形态

7.1.1 混合型组织的概念

如本章开篇案例所述，社会企业既不是传统的商业企业，也不是传统的非营利组织，而是打破了商业部门和非营利部门互不相容的边界，实现商业企业和非营利组织的交汇与融合，代表了一种新的组织形态——"混合型组织"（hybrid organization）。混合型组织的概念在多个理论视角中出现并日益被重视。组织治理理论认为混合型组织本质上是一种兼具多种其他治理方式特征的新治理方式，是多组织合作情境下可供选择的组织化特征或治理方式特征的结合。类似地，组织形态观认为混合型组织本质上是一种混合多种相互竞争的组织核心元素、跨越不同制度领域边界、兼具多种组织特征的新组织形态。近年来，随着制度的复杂化和多元制度逻辑理论的普及，越来越多的学者开始从多元制度逻辑视角解读混合型组织的概念内涵。

制度逻辑是社会共享并深深印在人们脑海中的假设、规则和价值观，会形成固定的认知框架，也是衡量行为主体合法性的标准（Friedland and Alford，1991），决定组织环境中的"游戏规则"以及人们看待事物的一系列假设。换句话讲，制度逻辑规定了组织应该追求的目标以及实现目标的合适方法与行为（Thornton et al., 2012）。弗里德兰和奥尔福德（Friedland and Alford，1991）从宏观视角揭示了现有社会存在5种完全不同的制度逻辑，包括国家逻辑（state logic）、市场逻辑（market logic）、家庭逻辑（family logic）、宗教逻辑（religion logic）、社区逻辑（community logic），这些制度逻辑各自有着独特的假设和逻辑基础，塑造了社会中人和组织的目标与行为。格林伍德等人（Greenwood et al., 2011）在此基础上进一步强调制度具有复杂性，组织场域中往往多种制度逻辑共存，它们给组织带来竞争性或冲突性的诉求，进而使组织面临着内外部的挑战和张力。近年来，随着多元制度逻辑研究视角从"组织场域层次"（organizational field level）逐渐转向"组织层次"（organizational level），融合多种制度逻辑的混合型组织成为组织学者关注的焦点。巴蒂拉纳等人（Battilana et al., 2017）指出，混合型组织是在一个组织实体内协调多种制度逻辑的解决方案，是应对多个竞争逻辑、冲突需求或多重压力的组织。混合型组织吸收了不同制度逻辑的元素，是多个逻辑的结构化体现，它将不同的制度秩序和组织特征整合起来，以实现其使命。

目前，典型的融合多元制度逻辑的混合型组织主要体现为融合科学技术逻辑和商业逻辑的生物高科技企业，融合保健逻辑、科学逻辑和商业化逻辑的医院机构，融合商业逻辑和社区逻辑的社区银行，融合商业逻辑和社会逻辑的社会企业（Dunn and Jones, 2010；Powell and Sandholz, 2012；Ramus et al., 2016；Battilana and Dorado, 2010）以及融合国家逻辑与市场逻辑的国有企业（Xu et al, 2014）。对于混合型组织的特征，梅尔等人（Mair et al., 2015）指出，混合型组织拥有三个一般特性，包括：多个利益相关方，混合型组织需要识别和应对代表不同制度逻辑的利益相关方的诉求；追求多个相互冲突的目标，即混合型组织追求的两个或更多目标往往是相互矛盾或存在冲突的；表现出相异的或相互矛盾的行为，即不同制度逻辑塑造了混合型组织相互竞争或相互冲突的行为。

为了更深入地揭示混合型组织的特征，贝沙罗夫和史密斯（Besharov and Smith, 2014）基于多元制度逻辑视角系统地从理论上阐述了混合型组织内部多元制度逻辑的特点。如图7-1所示，混合型组织是融合了两种及以上制度逻辑的组织，其内部多元制度逻辑可以划分为两个维度：制度逻辑兼容性和制度逻辑对组织目标的重要性。从这两个维度，混合型组织可以分为四类。一是竞争混合型组织，即该类组织内部多元制度逻辑兼容性较低，而且多个制度逻辑对组织目标的实现都至关重要，因而该类型组织可能会经历较多的制度逻辑共存带来的冲突与张力，从而使组织的成长充满挑战。二是疏远混合型组织，即该类组织内部多元制度逻辑兼容性较低，但往往会有一个主导的制度逻辑存在，其他制度逻辑的重要性较低或为主导的制度逻辑服务，因而该类组织虽然有多元制度逻辑，但多元制度逻辑之间的冲突较小，从而使得组织表现出以某种制度逻辑为主导，其他制度逻辑处于边缘位置的状态。三是联盟混合型组织，即该类组织内部多元制度逻辑对组织目标都至关重要，但多元制度逻辑的兼容性较高，可以相互补充，从而使得该类组织内部多元制度逻辑冲突较小，多元制度逻辑的兼容与融合可以为组织解决社会和环境问题提供创新方案。四是主导混合型组织，即该类组织内部多元制度逻辑兼容性高，而且组织内部存在主导逻辑，从而使得组织内部多元制度逻辑共存带来的冲突较小。

	制度逻辑兼容性	
	低	高
制度逻辑对组织目标的重要性 低	竞争（contested）广泛的冲突	联盟（aligned）较小的冲突
制度逻辑对组织目标的重要性 高	疏远（estranged）适度的冲突	主导（dominated）无冲突

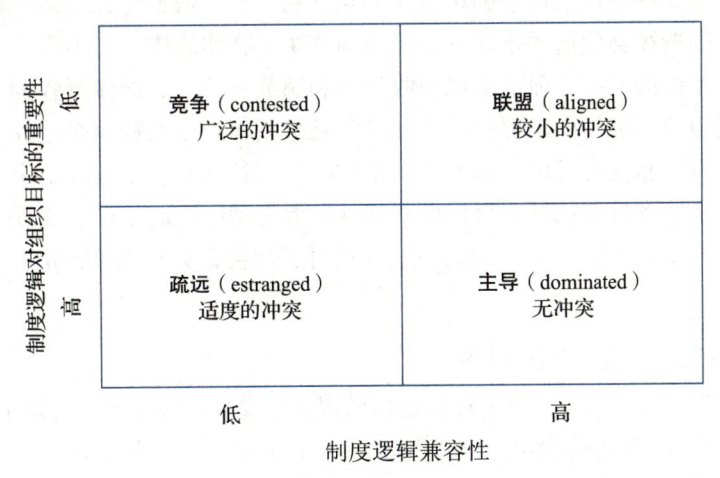

图 7-1　混合型组织内部的多元制度逻辑

7.1.2　社会企业混合型组织特征

依据贝沙罗夫和史密斯（Besharov and Smith，2014）对混合型组织的分类，我们发现社会企业是非常典型的竞争混合型组织，即社会企业内不存在兼容性较低且对组织目标都至关重要的商业逻辑和社会逻辑。一些学者在后续研究中基本达成共识，认为社会企业混合型组织的定义为："社会企业是将商业利益目的和社会利益追求相结合，在运行中将市场逻辑和社会逻辑相融合，最终创造出包括经济价值与社会价值的综合价值的新组织形态。"（Battilana et al.，2017；肖红军 等，2022）总体来讲，作为混合型组织，社会企业具有以下特征。

1. 内部多元制度逻辑的多元性

作为混合型组织，社会企业被普遍认为创造性地将商业逻辑和社会逻辑融合在一起，有个别研究发现社会企业在融合商业逻辑和社会逻辑的基础上还受到政府逻辑、公民逻辑、社区逻辑等的影响（Liu et al.，2016），使其内部多元制度逻辑更具复杂性。虽然社会企业融合了商业逻辑和社会逻辑，但实践中商业逻辑和社会逻辑在社会企业内部的重要性并不相同。李丹（2020）基于国内 20 家社会企业案例研究发现，商业逻辑和社会公益逻辑在社会企业内部的分布状态有三类：以社会公益逻辑为主、以商业逻辑为主、社会公益逻辑和商业逻辑都重要。以社会公益逻辑为主表现为：有些社会企业特别是刚从非营利组织转型过来的社会企业，其内部的社会公益逻辑依然占主导地位，其组织目标和使命主要是以解决社会问题和创造社会价值为主，商业逻辑处于附属地位，商业化运作是为了社会目标的实现。以商业逻辑为主表现为：有些社会企业以商业逻辑为主，其主要精力和资源都投入到商业活动中，获取商业利润也是社会企业看重和考量的组织目标，社会公益逻辑相对处于附属地位，社会目标仅仅表现为社会企业商业活动附带产生的社会价值，或者企业在正常的商业活动外关注和解决某些社会问题等。商业逻辑和社会公益逻辑都重要在社会企业内部表现为：社会企业在组织使命、具体运营和管理方面都需要同时考虑商业属性和社会属性。

2. 组织目标的多重性

作为混合型组织，社会企业最为典型的特征是同时拥有商业和社会双重目标，即社会企业既需要跟商业企业一样追求商业的可持续和经济利润，也需要为社会和环境问题提供可持续的解决方案，创造社会价值并推动社会创新与变革。在实践中，有不少社会企业不仅通过生产和销售更可持续的产品、促进资源回收和再利用或支持弱势群体等各种方式来实现社会价值，而且比其他组织更倾向于促进社会变革与社会创新。虽然社会企业拥有商业和社会双重目标，但商业目标和社会目标的重要性在不同类别的社会企业以及社会企业的不同阶段会有变化。按照追求经济目标和社会目标的平衡性，混合型组织的目标多重性可以区分为社会目标优先（相对于经济目标）、经济目标优先（相对于社会目标）和经济社会双重目标均衡三种具体特征类型。

3. 组织利益相关方平衡的多维性

对混合型组织来说，市场逻辑与社会逻辑的混合在操作层面体现为有效平衡股东、员工、供应商、顾客、社区、政府、环境以及竞争对手和行业组织等多元利益相关方。由于不同利益相关方的价值偏好呈现多样化特征，因此混合型组织更加强调对多元利益相关方价值偏好多维度平衡，从而创造多元化的利益相关方价值。一方面，混合型组织需要考虑"商业利益相关方"的需求，如金融投资者和供应商，它们遵循商业逻辑，主要从财务绩效和业务流程的角度评估组织（Pache and Santos，2013）；另一方面，混合型组织还必须满足"社会利益相关方"的诉求，如非营利组织和公共服务部门，它们主要关心社会影响和组织使命成就。按照不同利益相关方参与社会企业决策的程度，社会企业可以分为商业利益相关方高参与（相对于社会利益相关方）、社会利益相关方高参与（相对于商业利益相关方）和两类利益相关方的共同高参与等三种具体特征类型。

7.1.3 社会企业混合型组织形态

作为一个融合多元制度逻辑的混合型组织，社会企业在融合多元制度逻辑构建自组织结构与形态方面需要考虑两个关键的问题：一是如何才能使多元制度逻辑融入组织内部；二是多元制度逻辑在组织内部的融合模式是什么。

对于"社会企业如何才能使商业逻辑和社会逻辑融入组织内部"这个问题，现有研究发现，社会创业者需要从个体层次活动（问题识别、逆向思考）、组织层次活动（设计组织结构、设计组织实践）、社会层次活动（公开讲述、与关键人物和组织建立联系）三个方面来融入商业逻辑和社会公益逻辑（Liu et al.，2016；Tracey et al.，2011）。帕奇和桑托斯（Pache and Santos，2013）则指出社会企业在创立期需要从"组织形式"（组织的法律地位、股权结构、利润用途）、"组织控制"（治理结构、本地化流程、品牌、监督）、"合法性获取"（联合专业人士、动员志愿者）三个方面来融合商业逻辑和社会逻辑。

对于"多元制度逻辑在组织内部的分布和管理结构是什么"这个问题，现有研究发现，社会企业通常采用三种模式来管理商业逻辑和社会公益逻辑：区分模式、整合模式、整合与区分相结合模式。巴蒂拉纳和李（Battiliana and Lee，2014）指出应从"组织架构、组织实践、组织人员和组织文化"来衡量商业逻辑和社会公益逻辑在社会企业内部整合或区分的程度。整合模式和区分模式指的是社会企业的商业逻辑和社会公益逻辑在组织架构、组织实践、组织人员和组织文化四个方面实现完全整合或完全区分，是制度逻辑管理模式的两种极端情况（见图 7-2）。

例如，中国首家通过美国社会企业 B Corp 认证的上海救要救信息科技有限公司（简称"第一反应急救"）就是商业逻辑和社会公益逻辑完全整合模式的范例，公司内部建立统一的组织架构，商业活动（提供赛事保障和急救培训）和社会公益活动（普及宣传急救知识）融为一体，组织人员和组织文化也非常具有统一性。阿拉善 SEE 生态协会和其下属的北京维喜农业发展有限公司（简称"维喜"）则体现了完全区分模式，即阿拉善 SEE 生态协会专注公益活动，而维喜则专注商业化运作，两者在组织架构、组织实践、组织人员和组织文化方面均有较明显的区分。整合与区分相结合模式指的是商业逻辑和社会公益逻辑在组织架构、组织人员、组织文化、组织实践四个维度中的某些维度选择整合，而在另外一些维度选择区分模式。

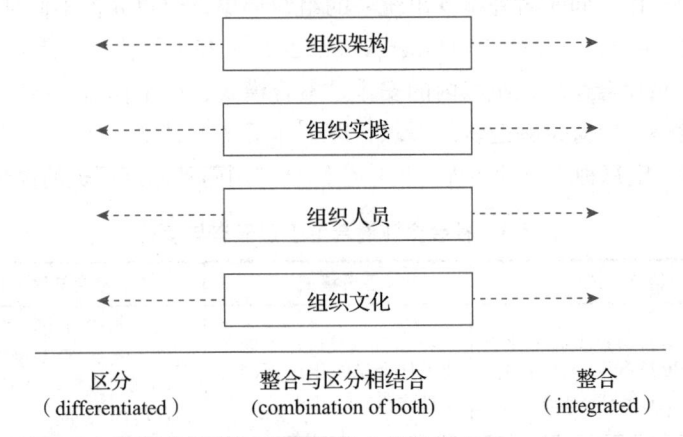

图 7-2　商业逻辑和社会公益逻辑在组织内部的体现（Battiliana and Lee，2014）

表 7-1 具体列出了社会企业多元制度逻辑在组织内部的形态与模式。具体来讲，组织架构指的是社会企业以什么样的法律身份注册成立以及组织内部的部门如何设置。在整合模式下，社会企业的组织身份统一，通常注册为工商企业。虽然民办非企业单位也可以承担政府公共服务或探索小范围的商业化服务，但民非通常不允许分红，也无法大规模从事商业化服务，因而整合模式下社会企业的组织身份通常以工商企业的形象出现。另外，整合模式下，组织受益人和消费者通常是一体的，比如社会企业童萌亲子园的 0~3 岁婴幼儿群体既是他们的受益人群体也是消费者群体。在消费者和受益人群体融为一体的情况下，组织在正常组织商业化实践的过程中即可创造社会价值，因而组织的人员招聘、组织文化和组织架构往往都是统一的，不需要刻意区分商业部门和公益部门。

在区分模式下，社会企业的组织身份往往是多元的，既包括民非社会组织身份，也包括工商企业身份。从组织实践方面来看，区分模式下社会企业受益人和消费者群体往往是分开的，社会企业需要在价值链中融入受益人群体实现社会价值。例如，"喜憨儿"洗车中心是一家专门雇用障碍人群从事洗车业务的社会企业，商业客户是公众，而受益人是难以融入社会的心智障碍群体。"喜憨儿"洗车中心设有职业能力培训中心,专门对喜憨儿的工作能力进行专业化训练,以保证他们能够胜任工作。同时,"喜憨儿"洗车中心还设有喜憨儿之家,为喜憨儿提供持续的康复和养老服务。这种模式下,除了正常的商业活动,社会企业还需要额外的社会公益活动来实现社会价值,混合特性较高。因而在区分模式下,社会企业的部门设立也是分开的,商业部门专门负责商业活动,而公益部门则负责对受益人群体的社会价值创造活动。为了能够完成相应的商业活动和公益活动,社会企业需要招聘不同工作背景和价值观的员工来从事相应的工作,从而使得企业文化也存在多种不同的文化标准。

事实上,纯粹的整合模式和区分模式是社会企业多元制度逻辑融合较为极端的模式,现实中大部分社会企业组织形态处于整合与区分相结合的状态。在组织架构方面,整合与区分模式表现为组织可能有多个组织身份或设置不同的商业部门和公益部门,但组织内部往往会设立一个高层的职位统一协调商业活动和社会公益活动,使它们共同为组织目标服务。贝沙罗夫(Besharov, 2014)发现采取区分模式的社会企业,可以通过设置一个平台部门来综合协调商业活动和社会公益活动,从而减少内部的张力和冲突。在组织人员方面,组织会对不同工作背景和价值观的员工保持开放的态度,但会通过统一的培训标准和管理方式让员工适应社会企业内部的工作,同时对外呈现出统一的组织形象,但也允许不同部门的人员有独特的工作标准和方法。例如,斯梅茨等(Smets et al., 2015)基于伦敦一家社区银行的案例分析,发现虽然银行逻辑和社会逻辑在组织内的安排是整合模式,但个体员工在工作中却采取区分与整合相结合的策略来应对每种逻辑的诉求,即个体员工在日常工作中会通过具体的工作标准和流程来区分与界定每种逻辑的边界,但也会综合利用两种制度逻辑的优势来解决问题。

表 7-1 社会企业混合型组织形态与模式

维度	整合模式	区分模式	整合与区分相结合模式
组织架构	统一组织身份:工商企业组织部门设置没有区分公益和商业,统一为组织目标服务	多元组织身份:工商企业、社会组织组织部门独立且能明显区分开	多元组织身份:工商企业、社会组织组织人员和部门是统一的;或者设有独立的部门或职位能够协调商业部门和公益部门的人员
组织实践	受益人为消费者,意味着社会企业的受益人和商业客户是重合的,社会企业通过正常的商业活动即可产生社会价值	受益人与消费者不是同一个群体,受益人参与社会企业价值链的某一个环节,社会企业需要额外的活动来为受益人创造价值	某些业务上受益人和消费者重合,另外一些业务上受益人和消费者是分开的
组织人员	按照统一的标准招聘和培训员工	按照商业和公益的标准分别招聘不同的员工负责相应的业务	员工可能来自不同的背景,但按照统一的标准培训;或者有统一的管理者来协调领导
组织文化	具有统一的组织文化和组织认同	分别具有商业和公益的组织文化与组织认同	允许不同部门保留独特的文化标记,但部门对外呈现的形象是统一的

7.1.4 社会企业的潜在冲突

社会企业混合型组织的本质在于跨越商业企业和非营利组织的边界,创新性地将商业逻辑和社会公益逻辑融入组织的战略目标与日常运营活动中。这个特点决定了社会企业与传统商业企业、非营利组织相比具有独有的优势,也面临独特的挑战。在优势方面,学者们普遍认为社会企业能够接触到多个领域的利益相关者，具有广泛的资源基础，且社会企业内部人员因工作跨越不同领域而通常具有较强的创造力（Dey，2006）。在挑战方面，由于跨越了现有传统非营利部门和商业部门相互独立的边界，挑战现有的观念和行为，社会企业面临着更高的"新进入缺陷"，难以获取合法性（Dacin et al.，2011）。更重要的是，商业逻辑和社会逻辑在组织目标以及实现手段方面的诉求往往是冲突的，这给社会企业带来严重的内部张力（Smith et al.，2014），轻则引发权力争斗，重则会使社会企业的战略目标发生偏移，失去其混合型组织的特性，甚至会演化成生存危机，导致社会企业的破产和失败（Tracey et al.，2011）。李丹（2020）研究发现，多元制度逻辑的存在主要给社会企业带来了以下三种张力：资源张力、绩效张力和认同张力。

资源张力指的是社会企业在资源分配、财务资源和人力资源方面遇到的张力与冲突。第一，资源分配对社会企业来说是一个非常复杂的任务，通常需要在商业目标和社会目标两者之间做一定的取舍。通常，社会企业资源相对有限，是先集中资源实现商业目标，还是创造社会价值，抑或是商业活动和社会公益活动同时开展，这些资源分配上的纠结将是每个社会企业需要面对的挑战。第二，资源张力还涉及社会企业财务资源的张力与冲突，主要是指在吸引外部投资方面。对社会企业来讲，吸引外部投资时需要考虑的两个方面是融资来源和融资边界。融资来源涉及社会企业吸引商业资本还是社会影响力投资。实际上，当前大部分社会企业在吸引外部资本时面临不少困难，因为商业投资人通常不注重投资公益行业，觉得发展潜力不够大、政府限制多，国内有专门的公益投资人，而且有些商业投资人会担心商业化影响公益目的的单纯性。第三，资源张力还涉及人力资源，指的是社会企业在吸引人才方面遇到的冲突与张力。在人才待遇方面，社会企业的社会属性导致它很难提供给员工高待遇，从而在吸引人才和留住人才方面遇到很大挑战。

绩效张力指的是社会企业在平衡商业绩效和社会绩效方面遇到的冲突与张力。首先，与商业绩效相比，社会绩效难以界定与测量，社会企业"中和农信"在测量为农村低收入群体创造的社会价值时谈道："对中和农信来讲，借款业务、围绕借款业务开展的综合服务、社会改善活动能够一起界定公司的社会绩效吗？我们很困惑，如果说借款业务增长（意味着服务底层人民更多）是社会绩效，那么我们为什么还要投入人员和资金做社会改善活动呢？到底社会绩效的侧重点和边界在哪里？"其次，在发展过程中，社会企业还面临如何平衡财务绩效和社会绩效的问题，特别是需要在时间维度和数量维度上进行权衡与取舍。时间维度上的平衡指的是社会企业需要权衡追求财务绩效和追求社会绩效的优先性，即是先实现商业利润，还是先创造社会价值以扩大社会影响力，抑或是同时实现社会价值和商业竞争力。数量维度上的平衡指的是社会企业界定社会企业成功时财务绩效和社会绩效的比例，长期来讲，社会企业是为了解决社会问题、体现社会绩效，但为了确保社会企业能生存下去，实现长期的可持续发展，社会企业需要权衡在具体的某一个发展阶段、面临具体的某一个经营战略选择时，是财务绩效更重要还是社会绩效更重要。

认同张力指的是社会企业在组织认同方面遭遇的张力与冲突，特别是社会企业在外部认同方面遇到很大的挑战。很多社会企业往往有双重身份，即同时注册商业企业和民营非企业单位社会组织，导致合作伙伴或公众对它们的身份认同模糊，质疑它们拿公益的身份获取商业利润。另外，公众对社会企业也会有不同的期望，比如公众会看重社会企业的公益属性，对它的商业属性的合法性产生质疑。

7.1.5 多元制度逻辑冲突应对模式：构造结构灵活性的组织

社会企业混合型组织的想法在理论界和实践领域得到一定的共识，大家普遍认为社会企业通过创造性地融合商业逻辑和社会公益逻辑，能为社会问题提供创新的解决方案。然而，正如上文中指出社会企业混合型组织面临多元制度逻辑共存带来的诸多冲突与张力，一个现实的问题是，在实践中社会企业如何才能通过合适的组织方式和过程巧妙地化解商业逻辑和社会公益逻辑之间的冲突，从而能将二者巧妙地融合在一起，实现双重价值。

为了解决这个问题，史密斯和贝沙罗夫教授进行了一项为期十年的案例研究（Smith and Besharov, 2019），他们跟踪调查了一家名为数字鸿沟数据公司（digital divide data, DDD）的社会企业。该社会企业自2001年成立至今，持续蓬勃发展了20余年，它将营利性业务和帮助柬埔寨等低收入国家的贫困农民学习信息技术、获得工作机会的使命结合在一起。通过对DDD案例实践的深入挖掘和提炼，史密斯和贝沙罗夫发现DDD之所以能在实现社会使命和商业盈利这两个迥异的目标之间找到平衡，是因为采用了"结构灵活性"（structural flexibility）的组织模型。在这个模型（见图7-3）中，两个要素最为重要，一个被他们称为护栏（guardrail），另一个是矛盾框架（paradoxical frame）。

前者与组织的正式结构（如理事会成员组成、组织与股东和外部利益相关方的关系、组织内部结构和治理、领导者的专业性等）有关，而后者则与组织领导者本身对混合型概念的认知有关。他们认为混合型组织的正式结构必须要像护栏一样起到为组织发展护航的作用，确保组织不会像开车不小心翻落山谷一样，让组织在一定的空间内运作（如同道路），但又不至于过度僵化。矛盾框架要求组织领导者必须能时刻认识到混合型组织内两种相互矛盾逻辑的张力，并能居中协调将它们融合在一起。矛盾框架是一种允许同时追求两个相异目标的思维模式。贝沙罗夫称，虽然许多组织觉得难以在战略方向上同时追求截然不同的目标，但像DDD这样成功的混合型组织对于如何同时实现两个目标做了清晰的探索。它们认为社会目标和商业目标是"相互依赖且协同的"。在某些情况下，DDD的领导者必须向项目的当地管理者解释如何实现双重使命，毕竟DDD是柬埔寨首个此类组织。史密斯说："相互竞争的目标不一定意味着只能二选一，它们不必相互排斥。"

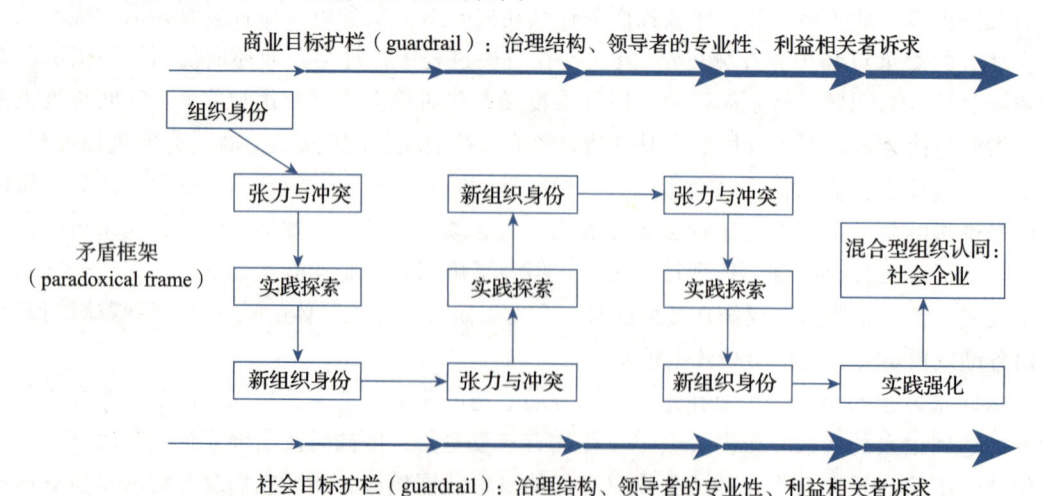

图 7-3 社会企业结构灵活性组织模型

注：箭头的粗细代表社会企业商业目标和社会目标的强度。

7.2 社会企业的治理

7.2.1 社会企业治理的概念

在组织研究的文献中,组织的治理指的是在组织成员之间有关正式权威、影响力和权力的分配(Knoke,2019)。哈桑等认为治理重点关注组织的决策方式、决策实施的监督方式、实用效果的评估方式等(Hasan et al.,2008)。一个有效的组织治理模式要在法律上能清晰地说明谁拥有决策权以及清楚地分配组织成员的权利和责任(Austin et al.,2006)。治理和管理有一定的区别,治理关注的是核心的组织政策的贯彻和执行,不是具体的运行,而管理关注并执行由治理制定的政策、战略和决策。因此,治理通过管理来确保组织的使命、战略和目标得以实现。

梅森(Mason,2009)将社会企业的治理定义为在理事会层面发生的战略和运作领导行为,它能使组织的受益人群、管理层、投资人以及其他主要利益相关方有效参与,共同实现组织社会价值的创造和最大化。巴蒂拉纳(Battilana,2018)认为社会企业的治理包括社会企业的组织结构、活动过程以及组织内部的关系。一个有效的社会企业治理机制要能帮助组织应对多元利益相关者的诉求,使组织获得盈利同时确保使命不漂移。

尽管学者们对社会企业治理的定义存在差别,但奥斯汀等人(Austin et al.,2006)研究发现社会企业的组织治理的职能包括以下几个方面:

- 确定并修改社会企业的愿景、使命、价值观和核心战略。
- 评估组织在这些方面实现的成果。
- 确定组织的核心政策。
- 分配关键的组织资源。
- 建立机制来分配组织内部成员之间的权责。

梅森(Mason,2010)认为,研究社会企业的治理不仅要关注组织内部成员间的权责分配,也要关注外部利益相关者对社会企业治理的影响,同时要适应法律规定、社会文化和规范。因为这些外部因素影响着社会企业活动的边界。因此,在治理过程当中,对社会企业而言,很重要的一部分工作是通过章程来确保组织的透明度以及通过外部来验证其可靠性。获得透明度和可靠性要成为社会企业组织行为和惯例中的一部分。而这些行为与惯例要经得起外部的监督(Mason et al.,2007)。

7.2.2 社会企业治理的影响因素

1. 治理与合法性

一个有效的符合商业伦理的治理机制不仅能够确保社会企业的透明度和可靠性,同时还能帮助社会企业获取合法性。相比于营利企业关注市场,跨部门的社会企业面临着多元的制度压力,需要通过符合外界多元利益相关者的期待与诉求来获得它们的合法性。梅森等人(Mason et al.,2007)认为,社会企业面临的挑战来自如何发展组织的治理结构,以减少组织和外部利益相关者之间的信息不对称,从而获得合法性。有效的社会企业治理结构能够帮助社会企业融合商业逻辑和社会公益逻辑来实现自身职能和社会影响,同时能确保外部利益相关者的利益和期待在社会企业的组织决策和运营过程中得以体现。

具体而言，有效的组织治理能促使社会企业获得三种合法性：道德合法性、认知合法性和实用合法性。道德合法性指的是组织在做应该做的事情，比如促进社会福祉时获得的合法性（Mason et al., 2007）。它体现的是外部对组织及其行为正面的评价（Suchman, 1995）。认知合法性指的是对组织结构及行为基本的认识、假设和期待（Suchman, 1995）。道德合法性关注的是"做正确的事"，而认知合法性关注的是如何"正确地做事"。人们对如何正确地做事往往有着很强的期待。实用合法性指的是对利益相关者而言，组织需要有符合他们的利益直接产出，比如符合他们的政治、经济和社会利益（Suchman, 1995）。总之，与商业企业追求效率和最优逻辑不同，社会企业的合法性来自他们的行为和产出符合"适应性"逻辑（Low, 2006），而有效的治理机制要体现出这种特征，从而使得社会企业可持续发展。

2. 治理与人力资源

社会企业需要依靠强有力的领导团队来应对治理方面的挑战。很多社会企业的规模并不大，在组织成立和发展过程当中，核心领导者在组织的治理和发展方面扮演着非常重要的角色。李等人（Lee et al., 2014）的研究说明，创始人的动机和身份认同对社会企业组织的价值观和使命具有很强的塑造和烙印作用。由于外部制度环境的变化，社会企业的创始人要能带领团队适时调整治理机制，确保组织能适应这种变化而不会过分受制于创始人的一人之见。因此，领导团队的工作包括确定社会目标和财务目标，对组织的活动进行结构化的设计和执行，并且设计出可衡量的标准来进行评估（Battilana, 2018）。

除了社会企业自身的领导团队外，社会企业的理事会也会对组织发展产生很大的影响（Austin et al., 2006）。首先，理事会能增强组织的合法性。社会企业往往面临着多重制度压力和外部对其组织使命和市场化能力的质疑。理事会的成员可能会来自多元的背景，如商业、社会、政治和学术团体。他们加入理事会能帮助增强社会企业的可信度，提高外部认可。因此，一个多元化的理事会可以利用理事会成员的社会网络和影响力来帮助社会企业获得合法性。其次，一个多元且高效的理事会能帮助社会企业获得专业发展所需的技术、资源和能力。社会企业往往受人力和财力所限而不能通过正式雇用来吸引有丰富经验的实践人才。通过理事会，社会企业可以以较低的成本为组织带来管理和技术方面的资源和指导。最后，来自组织外部的理事会成员会扮演监督者的角色，从而确保社会企业按照既定的章程和使命来执行业务，避免使命漂移（mission drift）。总之，通过一个有效的理事会，社会企业能获得可靠性和合法性的背书，拓展资源能力，进而产生经济绩效和社会影响力。

7.2.3 中国社会企业的发展路径与治理机制

综上所述，我们可以发现，社会企业的治理受所在区域的规范体制的影响，尤其是国家的政治体制和文化的影响。余晓敏（2012）通过比较发现，在西方发达国家，社会企业的治理往往具有以下特征：高度自治、民主化和多元利益相关者广泛参与。而在发展中国家如中国，对政府具有较高的依赖度，因此社会企业相对较少表现出广泛参与和高度自治的特征。其他学者也发现，中国第三部门因为受到政府的监管，所以在组织运行、资源和人事上自主性和独立性较弱。

余晓敏基于2009—2012年的质性案例研究，把中国社会企业的治理结构按照利益相关方的重要性、参与形式和参与程度分为以下三种类型：政府监督型、股东控制型和会员自治型。政府监督型的社会企业通常注册为非营利组织，业务主管单位和登记管理机关能以正式和直接的方式广泛地参与社会企业的治理。在股东控制型的社会企业中，创始人类似于商业企业的投资者。创始人和股东可以正式、深入和广泛地参与组织治理。在会员自治型的社会企业如农民专业合作社中，会员（如农村企业主、农民、技术人员）有权通过正式方式，定期、直接参与组织治理。

2012年之后，在商业向善的趋势和社会企业认证制度的推动下，中国的社会企业治理有了新的发展趋势。根据研究和观察，我们提出中国社会企业发展的三条路径，分析不同发展路径的优势和挑战，并据此提出在治理模式上的应对机制（见表7-2）。

一是政府导向型的社会企业。这类社会企业通常注册为非营利组织来运营。选择这条发展路径的社会企业对政府依赖性较强，其运行受到政府的密切监督。与政府的紧密连接可以帮助社会企业获得政治合法性和实质性资源，如资金支持、项目输送和社区渠道等。然而这种政治连接也会给社会企业发展带来一定的挑战，如项目质量并不理想、组织活动的范围锁定以及定价和市场化发展的限制等。政府的监督虽然降低了社会企业产生使命漂移的可能性，但也限制了它们更广泛地利用社会商业力量去拓展组织的可能性，造成路径锁定而不能实现规模化的发展。在治理机制上，社会企业一方面需要符合政府的期待与监管；另一方面，社会企业可以拓展与多元利益相关方的连接，寻求咨询与合作，减少对政府的依赖，积累市场化和专业化发展的知识和能力，突破过度依赖政府带来的发展路径的锁定。

二是市场导向型的社会企业。它们通常为工商注册企业。选择这条发展路径的社会企业经过市场化的发展往往具有有效的资源配置机制以及较高的市场化运作的能力与效率。有些发展到一定规模的社会企业还能获得商业机构和社会影响力机构的投资。然而，选择这条发展路径的社会企业也会面临外部的一些质疑，例如对其组织身份和社会使命真实性的质疑。有些企业会被贴上"挂羊头卖狗肉"的标签，认为它们是在利用社会企业的标签来获得商业资源和商业利益，而并不是真正关注社会价值。面对这种质疑和潜在的使命漂移风险，在治理机制上，社会企业可以通过组织章程明确组织的社会使命与愿景，通过邀请外部理事会成员以及专业评审机构来监督和评估组织的运行，确保组织在市场化发展的同时坚守社会使命。

三是混合导向型的社会企业。选择这条发展路径的社会企业受益于自2015年以来的中国社会企业认证制度的推动。社会企业认定平台（CSECC）是一种独立的外部评价机构，通过专家学者科学的研究提出认证标准，经过对申请材料的谨慎评价和尽职调查对社会企业进行组织身份识别。与前面的两种路径不同，认证制度通过客观的标准和定量的方式考察社会企业社会使命与商业运行情况，来确定社会企业的社会影响力和可持续发展能力两种混合目标的实现。通过全国社会企业认证的机构包括工商注册的企业和非营利组织。在认证过程中，这些社会企业得到了外部专家的专业指导和资源引荐。获得社会企业认证的组织在组织发展和治理结构上受到外部机制的约束，确保其社会使命不漂移，同时还能根据认证机构和外部专家的反馈对组织治理与发展进行调整。因此，基于认证的社会企业发展的混合导向模式成为中国社会企业专业化发展的重要途径。未来需要对采取不同发展路径的社会企业进行比较考察，以研究这些社会企业采取不同发展路径的原因，以及如何通过不同治理模式来应对组织发展过程中的挑战，获得可持续性的发展。

综上所述，鉴于中国社会企业发展的特殊环境，中国社会企业的组织形态和治理模式也会与西方社会企业的发展不同。中国的社会企业可以根据自身资源与条件选择适合自身的发展路径，同时通过适当的治理机制来扬长避短，从而走出可持续发展的道路。

表 7-2 中国社会企业发展路径与治理机制

发展路径	优势	挑战	应对的治理机制
政府导向	政府背书，资源与项目引入	行政化与路径锁定，能力发展受限	符合政府期待与监管，寻求与多元利益相关方的合作，突破路径锁定
市场导向	有效的资源配置机制，较高的市场化运作能力与效率	外部质疑，使命漂移	通过章程明确组织社会使命与愿景，通过理事会以及外部专业评审机构来监督和评估组织运行
混合导向	争取平衡社会使命与商业利益，外部认证背书	缺乏实质性资源	利用外部专家认证过程来获得专业指导和资源引荐，制定战略，吸收反馈以应对变化

本章小结

1. 受多元制度逻辑的影响，社会企业本质是混合型的组织形态。按照制度逻辑的兼容性和制度逻辑对组织目标的重要性，混合型组织可以分为不同的类型。
2. 作为混合型组织，社会企业具有以下特征：内部多元制度逻辑的多元性，组织目标的多重性，组织利益相关方平衡的多维性。
3. 受多元制度逻辑的影响，社会企业的组织形态可以分为区分模式、整合模式以及整合与区分相结合的模式。
4. 作为混合型组织，社会企业面临着一些张力与冲突，如资源张力、绩效张力和认同张力。组织可以通过构造结构灵活性来应对这些张力与冲突。
5. 有效的治理机制能确保社会企业的透明度和可靠性并帮助社会企业获取合法性。社会企业可以通过强有力的领导团队来提升治理能力，通过理事会来拓展网络与资源。
6. 中国的社会企业可以根据自身资源与条件选择合适的发展路径，同时通过适当的治理机制来扬长避短。

问题讨论

1. 在中国，社会企业受哪些制度逻辑的影响？为什么？
2. 社会企业如何通过治理模式的设计与执行来获得合法性与资源？
3. 选择政府导向的社会企业具有哪些优势与挑战？它们如何在与政府的合作过程当中走出可持续发展的道路？

扫码查看案例分析和文献精读。

参考文献

[1] AUSTIN J, GUTIÉRREZ R, OGLIASTRI E, et al. Effective management of social enterprises: lessons from businesses and civil society organizations in Ibero-America[M]. Cambridge, MA: Harvard University Press, 2006.

[2] BATTILANA, J. Cracking the organizational challenge of pursuing joint social and financial goals: social enterprise as a laboratory to understand hybrid organizing[J]. Management, 2018, 21(4): 1278-1305.

[3] HASAN S, LYONS M, ONYX J. Third sector organisation governance: introducing the themes and the chapters[M]//HASAN S, ONYX J. Comparative third sector governance in Asia: structure, process, and political economy. New York: Springer, 2008.

[4] KNOKE D. Organizing for collective action: the political economies of associations[M]. New York: Routledge, 1990.

[5] LEE M, BATTILANA J, WANG T. Building an infrastructure for empirical research on social enterprise: challenges and opportunities[J]. Research methodology in strategy and management, 2014(9): 241-264.

[6] LOW C. A framework for the governance of social enterprise[J]. International journal of social economics, 2006, 33(5): 376-385.

[7] MASON C. Governance in social enterprises[M]//DOHERTY B. Social enterprise Management. London: Sage Publications, 2009.

[8] MASON C, KIRKBRIDE J, BRYDE D. From stakeholders to institutions: the changing face of social enterprise governance theory[J]. Management decision, 2007, 45(2): 284-301.

[9] DOHERTY B, FOSTER G, MEEHAN J, et al. Management for social enterprise[M]. London: Sage Publications, 2009.

[10] SUCHMAN M C. Managing legitimacy: strategic and institutional approaches[J]. Academy of management review, 1995, 20(3): 571-610.

[11] BATTILANA J, DORADO S. Building sustainable hybrid organizations: the case of commercial microfinance organizations[J]. Academy of management journal, 2010, 53(6): 1419-1440.

[12] BESHAROV M L. The relational ecology of identification: how organizational identification emerges when individuals hold divergent values[J]. Academy of management journal, 2014, 57(5): 1485-1512.

[13] BESHAROV M L, SMITH W K. Multiple institutional logics in organizations: explaining their varied nature and implications[J]. Academy of management review, 2014, 39(3): 364-381.

[14] DACIN M T, DACIN P A, TRACEY P. Social entrepreneurship: a critique and future directions[J]. Organization science, 2011, 22(5): 1203-1213.

[15] DEY P. The rhetoric of social entrepreneurship: paralogy and new language in academic discourse[M]. Cheltenham, UK: Edward Elgar Publishing, 2006.

[16] FRIEDLAND R, ALFORD R.Bringing society back in:symbols,practices and institutional contradictions [C]//Powell W W, DiMaggio P J. The new institutionalism in organizational analysis. Chicago: University of Chicago Press, 1991.

[17] GREENWOOD R, RAYNARD M, KODEIH E, et al. Institutional complexity and organizational responses[J]. Academy of management annals, 2011, 5(1): 317-71.

[18] LIU Y H, ZHANG C J, JING R T. Coping with multiple institutional logics: temporal processes of institutional work during the emergence of one foundation in China[J]. Management and organization review, 2016, 12(2): 387-416.

[19] PACHE A-C, SANTOS F. Insider the hybrid organization: selective coupling as a response to competing institutional logics [J]. Academy of management journal, 2013, 56(4): 972-1001.

[20] SMETS M, JARZABKOWSKI P, SPEE P, et al. Reinsurance trading in Lloyd's of London: balancing conflicting-yet-complementary logics in practice[J]. Academy of management journal, 2015, 58(3): 932-970.

[21] SMITH W K, BESHAROV M L. Bowing before dual gods: how structured flexibility sustains organizational hybridity[J]. Administrative science quarterly, 2019, 64(1): 1-44.

[22] SMITH W K, GONIN M, BESHAROV M L. Managing social-business tensions: a review and research agenda for social enterprise[J]. Business ethics quarterly, 2013, 23(3): 407-442.

[23] TRACEY P, PHILLIPS N, JARVIS O. Bridging institutional entrepreneurship and the creation of new organizational forms: a multilevel model[J]. Organization science, 2011, 22(1): 60-80.

[24] 李丹. 中国社会企业多元制度逻辑管理与平衡的扎根与案例研究 [D]. 成都: 电子科技大学, 2020.

[25] 刘玉焕, 尹珏林, 李丹. 社会企业多元制度逻辑冲突的探索性分析 [J]. 研究与发展管理, 2020, 32（3）: 13-24.

[26] 余晓敏. 社会企业的治理研究: 国际比较与中国模式 [J]. 经济社会体制比较, 2012,（6）: 137-149.

第 8 章 社会创业绩效测量与评估

:: **学习目标**

- 理解社会创业绩效的概念
- 了解社会创业绩效测量与评估的重要性
- 了解社会创业绩效的影响因素
- 掌握社会创业绩效测量与评估的方法
- 了解社会创业绩效测量与评估的潜在问题及应对策略

开篇案例

启明科技：社会创业企业的双元价值平衡之道

2009 年，还在读大一的周江南在志愿者服务时了解到，盲人在生活中存在诸多不便，无论是从生理还是心理上，都要付出比常人多出许多倍的努力。这让周江南切身感受到，帮助残障人士不应该简单停留在"形式"上，而是需要给予他们实实在在的帮助，这也为周江南未来的创业埋下了一颗种子。

2014 年，为了增强自己的专业能力，周江南来到 IBM 实习，负责有关语音识别的工作。一次，他发现自己写的许多代码竟没有办法上传，原因是不符合无障碍规范，这深深震撼了他。当时国内的无障碍行业发展仍在起步阶段，而欧美的一些发达国家已经将无障碍规范融入到了生活的方方面面，衣食住行甚至是软件代码都要符合无障碍规范。他沿着这个思路搜索、学习国外的无障碍规范与相关法案，随后结合自己的专业知识，将图像识别与语音合成结合起来，开发出了给视障群体使用的软件。这款在实习中开发的软件产品成为启明系列产品的雏形，同时也坚定了周江南要进行无障碍智能信息辅具开发的决心。2018 年，依托互联网创业项目，周江南创立了深圳启明无障碍科技公司（简称"启明科技"）。创业初期的周江南抱着以技术赋能盲人生活的宏图大志，构想了一系列产品，准备在无障碍行业大展身手。但现实很快给他泼了一盆冷水，公司不管是在人力、物力还是财力方面都面临着许多困难。

周江南沉下心来思考，逐渐认识到这些困难的根源是企业在追求经济价值与探索盈利模式上存在缺陷。启明科技是一家社会创业型企业，本意是要为视障群体提供帮助，但是如果只追求社会价值，公司根本无法长期经营下去，到时候别谈为弱势群体提供帮助，自己的产品可能都不复存在了。公司开发的产品虽然为许多盲人提供了生活便利，但仍没有实现实际的盈利。如果没有盈利，资金急缺的状况就久久无法解决，这将陷入一个长期的恶性循环，像一个无法解开的死结。周江南意识到，要想利用技术赋能盲人的生活，社会价值是一部分，经济价值也是他需要考虑的重点。仅仅有情怀是不够的，情怀不能给公司带来足够的资金运转，也无法最终实现社会价值。于是，他开始积极筹划如何使公司渡过难关，让公司不仅成为一家有社会价值的企业，同时还要具备"自我造血"的能力。

为了实现公司的经济价值与社会价值的平衡，周江南对公司运营的各方面做出调整。首先，对产品进行了更合理的设计，提升产品价值。比如，对市面上其他同类产品进行分析后，周江南发现市场上的产品更多的是站在明眼人的同情心的角度去设计的，许多产品对视障者的生活帮助并不大并且存在收费过高、系统功能不完善的问题。因此，从"平等尊重、共享共融"这一理念出发，周江南开发了启明系列产品，从出行、娱乐等方面为盲人的生活赋能。启明系列产品不仅集合了志愿者、人工智能、在线客服等功能，而且相较于竞争对手，产品在硬件、软件等方面都更为完善。另外，启明系列产品收费较低，降低了视障者的购买门槛。启明系列产品主要有启明读屏、启明瞳、启明行、启明听、启明圈、启明店。以启明读屏为底层逻辑，为盲人提供语音辅助，使盲人能顺利使用智能手机，通过触摸屏幕获得语音反馈，指导自己操作。启明瞳和启明行聚焦于为盲人的出行提供便利，通过AI拍照识物功能，帮助盲人识别周边环境，提供打车等服务。除解决了盲人的基本生活需求之外，启明系列产品也为盲人的娱乐生活提供了渠道：启明听依托喜马拉雅的资源为盲人提供电台服务，启明圈给盲人搭建线上社交渠道。而启明店解决了盲人购物的痛点，盲人不仅可以在启明店购物，也可以通过启明店分销产品赚钱。

其次，为了获取更多的用户，周江南也对推广策略进行了调整。线下，通过选拔视障者作为地区城市合伙人，引导视障群体进行推广。每次开展线下活动的时候，周江南都能碰见许多热情又愿意为视障群体做出贡献的志愿者，每每看到他们积极推广启明系列产品，他更加深刻地确信，产品的社会价值是至关重要的。周江南也积极推动启明科技与各个地区的残联合作定期开展相关视障者活动，例如"视障者按摩"集体教学、集体"观"影活动等，在为视障群体开展丰富的业余活动的同时推广产品。此外，周江南积极与外部企业进行联系，建立了良好的关系网络，从而降低自己的生产、研发成本，更好地实现经济价值。

上述案例介绍了启明科技公司如何在聚焦于为视障者服务的同时实现企业的经济价值，从而促进公司可持续发展的过程。周江南的创业过程具备社会创业的特性。他创办无障碍科技公司的初衷是用科技手段赋能盲人的生活，在市场失灵的情况下解决当时的社会问题，符合社会创业的动机与使命。同时，在不断摸索的过程中，企业的社会创业绩效也实现了双元价值的平衡：一方面，周江南的创业过程具备提高盲人生活质量、增加残疾人就业、促进关爱视障群体、壮大志愿者队伍、助力政府帮扶盲人等一系列社会价值；另一方面，公司通过启明瞳、启明行、启明店等产品形成了自己有效的盈利模式，同时通过与外部企业合作、与政府加强联系降低成本，通过调整定价策略提升盈利，实现了企业的经济价值。

社会创业与经济创业在创业动机上存在本质的差异，经济创业企业以商业机会为前提，创业者通过整合各类资源，创造商业价值。社会创业企业以解决社会问题为目标，创业者通过整合资源，不仅创造社会价值，同时创造商业价值。创业动机的差异必然会导致社会创业企业的绩效评估与测量方法与经济创业企业有所区别，那么作为一种致力于解决社会问题或满足某种社会需求的社会创业模式，社会创业企业的绩效又该如何去测量与评估呢？

8.1 社会创业绩效的定义

前面几章介绍了社会创业的定义、类型、商业模式、运营管理等内容，接下来如何测量与评估社会创业活动的结果即社会创业绩效，就成为本章需要探讨的重要问题。与社会创业概念类似，社会创业绩效的定义也具有多样性。社会创业是一种通过市场化手段创造社会价值的创业方式，了解"创业绩效"概念，能为理解"社会创业绩效"提供帮助。

创业绩效是衡量企业创业行为的一个关键指标，是判断企业是否创业成功的重要评估标准，它既反映了企业参与市场竞争的优势，又体现了企业家创业的水平。由于创业的特殊性，学术领域对创业绩效的内涵还没有形成统一的共识，国内外学者从不同的研究视角提出了看法（Covin and Slevin，1991；Li and Atuahene-Gima，2001；杨婷，2021）。赞德贝格和霍弗（Sandberg and Hofer，1987）将创业绩效定义为初创企业完成某个任务或达到某个目标的程度；科万和斯莱文（Covin and Slevin，1991）认为创业绩效有多维度的内容，包括企业达到一定水平所获得的成果；Li，Atuahene-Gima（2001）认为创业绩效是新创企业所取得的各方面绩效成果的总和，通常包含财务绩效、成长绩效和创新绩效等维度，是衡量新创企业是否健康快速成长的重要指标。

近年来，国内外对社会创业绩效的研究也从未停止，但是对社会创业绩效的定义并没有一个清晰明确的界定。由于社会使命是社会创业企业的主要关注点，因此需要一套衡量标准来捕捉其社会价值的创造及其社会影响，而不是像营利组织那样，仅仅依靠定量或财务指标。但是社会创业企业需要以可持续的方式经营，从而不断地向其受益者提供服务，因此其经济绩效也应该在考虑之中（Pinheiro et al.，2021）。学者们认为，社会创业企业确立了"社会目标"与"经济目标"的双元绩效标准，不断创造"社会影响"与"经济影响"两类成果，因此社会创业绩效是社会创业组织同时考虑其创造的社会价值与经济价值的总和（张锦、梁海霞、严中华，2014；李姗姗、黄群慧，2021）。

根据以上研究，参考创业绩效的定义，结合社会创业兼具社会价值和商业价值的本质，本书将社会创业绩效定义为"在社会创业过程中完成某项任务或达到某个目标的程度，这个任务或目标兼顾商业价值和社会价值"。

在复杂多变的环境下，社会创业日益成为解决社会问题和推动社会变革的重要力量，在对社会创业主要相关成果进行梳理和总结的基础上，有学者提出未来中国社会创业研究应着力推动社会创业绩效评价指标体系制定（徐虹 等，2020）。接下来，我们将对社会创业绩效的测量与评估进行详细介绍。

8.2 社会创业绩效测量与评估的重要性

社会创业绩效的测量与评估对社会、对创业者、对投资者都具有重要作用。

1. 保障社会创业的综合价值落到实处

"创业"已经成为社会经济活动中的重要组成部分，党中央、国务院高度重视创新创业工作。习近平总书记指出，创新是社会进步的灵魂，创业是推动经济社会发展、改善民生的重要途径。而社会创业通过采取可持续发展的盈利模式，在为国家提供了大量经济产出的同时，还解决了一系列社会问题，如失业、获得保健和社会照料服务方面的不平等、房产持有不平等、社会排斥等，为社会、经济和环境做出了重要的贡献。可见，科学客观地测量与评估社会创业绩效，进而对社会创业活动进行管理和支持，对社会经济的健康发展具有至关重要的作用。

2. 指导创业者改善经营管理

尽管越来越多的人希望通过社会创业来实现人生追求、获得事业成功，但是这种成功往往只存在于少数人之中。根据2019年全球创业观察（GEM）对中国的创业观察报告，我国社会创业的失败率较高，创业活动终止的主要原因是初创社会企业不能盈利。社会创业企业的瓶颈主要是难以度过生存期，其中以中小企业的社会创业为甚。社会创业失败的原因存在于很多方面，比如社会创业资金出现短缺、创业者对创业机会判断失误、创业团队人才缺乏等。其中，对于社会创业绩效的测量与评估存在偏差，也是导致社会创业失败的重要原因之一。可以说，社会创业绩效是衡量创业是否健康可持续发展的标杆。对社会创业绩效进行准确、全面、客观的测量与评估能够有效地指导创业实践，帮助社会创业者及时把握和判断企业发展状况，并基于此进行战略转型和调整，改善企业经营管理。同时，对社会创业绩效进行科学客观的评估也有助于促进企业内部信息流通和企业文化建设，推动企业结构的优化和企业愿景的实现，提高企业的整体绩效。

3. 助力投资者准确定位实力企业

社会创业绩效还可以作为投资者参考的重要指标之一，为投资者提供决策依据。近年来，社会创业企业的数量持续增长，随之而来的是投资风险日益加大，因此投资者对社会创业绩效的关注也越来越密切。投资者不仅可以根据企业的社会创业绩效来决定是否投资该企业，还能基于绩效表现为已投资企业的发展提供思路。

8.3 社会创业绩效的影响因素

8.3.1 组织内部层面

1. 创业者个体特质

（1）社会创业者的注意力资源。资源在企业的发展中起着至关重要的作用，其中社会创业者的注意力资源也是一个重要的组成部分。个体的注意力资源是有限的，考虑到社会创业的特殊情境，企业家不仅需要消耗外部注意力从外部寻求所需资源，还需要消耗内部注意力关注内部利益相关者的需求（余佩玉，2020）。因此，CEO 需要合理分配注意力资源，集中利用注意力资源推动对公司的生存和成长至关重要的活动（Yadav et al.，2007）。

（2）社会创业者的经验。作为组织的原始资源和能力禀赋之一，创业者经验对于社会企业的战略选择和创业行为也具有重要的影响，进而作用于社会创业绩效（李姣，2017）。创业者作为社会创业活动的执行者，其社会经验的积累有助于提升组织的社会绩效，其商业经验的积累不仅能帮助提升组织的经济绩效（Scarlata et al.，2016），也有助于提升识别创业机会的能力，即能判断该机会是否具有价值，并将机会付诸实践（Greoire et al.，2010）。

2. 创业者行为导向

在资源极其有限的情况下，虽然创业者行为与践行社会使命、满足多个利益相关者之间的逻辑关系并不清晰，但通过观察非营利组织可以发现，行为往往对组织在当代环境中的生存至关重要。当董事会的行为导向呈现战略性和积极性时，非营利组织社会绩效会得到显著提升（Coombes et al.，2011）。而企业也可以通过变革型领导行为中的理想化影响、个性化考虑和智力刺激来提升组织行为的效率与敏捷度，进而引导积极变革，提高组织的社会价值乃至绩效（Felício et al.，2013）。可见，创业者行为导向的战略性和积极性能够显著提升社会创业绩效。

3. 组织的社会创业导向

在社会创业情境下，组织由于自身的目标市场和组织使命，需要兼顾经济效益和社会效益，面临的资源限制更大（Desa and Basu，2013）。因此，社会企业往往采取一定的创业导向。社会创业导向是指企业如何开展社会创业的构思，反映了社会利益和经济利益在企业中的整合策略。通过梳理现有文献对社会创业导向概念维度的理解，社会创业导向的维度可划分为：资源拓展、社会引领以及互惠协同（盛南，2009）。社会引领和互惠协同维度会对企业财务绩效产生正向作用，社会创业导向的三个维度都会对企业成长绩效产生正向作用，其中资源拓展维度的影响程度最大（李华晶 等，2015）。

4. 组织资源运用

在资源有限的条件下，企业需要竭尽所能地发挥现有资源优势、挖掘潜在资源。不仅组织的有形资源，组织的无形资源也需要被充分地重视和利用。

组织的知识资源是有价值的、稀缺的、难以完全模仿和替代的战略性资源，能促进组织的持续健康发展，组织的知识管理能力能够显著提升非营利组织的社会创业绩效（胡杨成、郭晓虹，2014）。对外部知识资源的跨界搜索，也有助于突破组织边界壁垒，实现创新，提升竞争优势（李姗姗、黄群慧，2021）。而企业声誉作为一种无形资产，日益成为企业竞争优势的主要来源，大量研究表明，企业声誉会对企业的财务绩效产生影响（宝贡敏、徐碧祥，2007）。根据利益相关者理论，企业高声誉会使得各类利益相关者对该企业产生好的认知判断，并在情感上产生倾向性，从而对该企业资源的获取产生积极影响，并最终对企业社会创业绩效产生显著正向影响（陈韩晴，2015）。而组织的营销能力不仅有助于占据市场资源，这种能力本身也是一种无形资源，需要组织发挥运用。在不同的文化背景下，组织的营销能力对社会创业绩效的影响也不同（Liu et al., 2015）。此外，对于组织资源的运用也可以借助管理工具，预算计划、管理计划和战略计划这三种战略管理工具的使用有助于实现企业的社会效益，提高就业率（Sanchis-Palacio et al., 2013）。

8.3.2 组织外部层面

1. 价值共创

环境的动态变化会进一步强化和放大社会创业在社会化逻辑与市场化逻辑的双重制度逻辑下经常面临的社会和经济活动之间的张力，对社会和经济结果的双面关注会造成组织紧张（赵萌、郭欣楠，2018；Moss et al., 2011）。一方面，经济层面的活动可能会削弱人们对社会使命的关注，从而导致社会创业企业的社会使命偏离；另一方面，过分强调社会使命，可能会导致人们忽视经济因素。而价值共创便是这一难题的有效应对方式。价值共创强调将利益相关者内嵌到企业的经营活动中。企业在考虑自身利益需求时，还必须满足利益相关者的社会性需要。与此同时，内嵌到企业内部的利益相关者也可以被视作一种重要资源，能有效增加企业资源的丰富性（王健，2020）。

作为利益相关者的一个重要部分，外部消费者能为企业创新创业活动提供独特的资源。因此，与消费者实现价值共创的企业，能从消费者的角度思考企业利润，兼顾经济绩效和社会绩效。不仅是消费者，高绩效的社会创业企业往往也能获得多元群体对企业社会目标、产品与服务的反馈，而后进行相关的调整。不仅是企业，非营利组织之间也可以通过良好合作伙伴关系的投资建立、物质资源和财政资源的互通有无，实现组织之间的价值共创，提升组织的社会创业绩效（Weber et al., 2017）。

2. 组织合法化

作为一种混合型组织，社会企业往往缺乏合法性基础。一方面，社会企业不同于一般的公益性组织和商业企业，与社会普遍认可的规范和价值观存在一定的差异；另一方面，社会企业强调运用市场化的手段解决社会问题，往往会造成行为逻辑的冲突与对立，也可能会受到现有制度的约束和抵制。因此，社会企业成长绩效的获得，以及社会使命的实现，需要以合法化的获得为基础和前提（Battilana et al., 2015）。组织合法化衡量的是企业被制度环境中的利益相关者接受、支持与认可的程度。组织的合法化程度越高，越有助于组织获得关键性资源，得到利益相关者的认可，被社会大众接纳，从而实现可持续的发展。

8.4 社会创业绩效测量与评估的方法

社会创业作为一种以具有成本效益甚至有利可图的方式解决社会问题的手段，对政府、企业和利益集团变得越来越重要。随着这种组织形式在政策和实践中的中心地位日益提高，解决如何衡量组织绩效这一棘手问题彰显出更大的迫切性。对具有实现利润最大化这一单一使命的组织来说，绩效衡量的总体目标是相对直接的。然而，对于一个拥有多个、通常相互竞争的、相对同等重要的任务的组织，即使是要衡量什么这样的问题可能也难以回答。

就社会创业而言，需要评估健康、教育、人权、卫生等定性因素，并需要评估其社会影响，这造成了在商业公司绩效衡量中不常见的困难。社会企业家面临着来自经济、社会和文化方面的挑战，不同的利益相关者之间存在复杂且往往不可预测的相互作用。

虽然社会创业企业的绩效衡量并不简单，但仍存在一些可测量的标准，需要在不同测量方法之间选择、组合以进行权衡。目前，衡量社会创业绩效主要存在以下思路。

第一，基于社会创业的双重属性，开发量表。与商业企业相比，社会创业企业侧重创造社会价值；而与慈善组织和非营利组织相比，社会创业企业具有一定的经济价值创造功能，可以用以补充慈善捐款和政府补贴。学者基于社会创业的双重属性，从商业结果和社会影响两个方面开发量表，对社会创业绩效进行衡量。

第二，借鉴、改编商业企业服务社会公众、促进社会稳定与发展的较为成熟的绩效测量评估体系和方法，如成本效益分析、关键绩效指标、社会企业平衡计分卡（social enterprise balanced score card，SEBSC）方法、社会投资回报（social return on investment，SROI）方法、对地方经济的社会影响（SIMPLE）等（张锦、严中华、梁海霞，2013）。其中，SEBSC目前应用最为广泛，将财务业绩和非财务业绩、经营结果和经营过程的衡量有机地结合在一起（Kramer，2005）。SROI则有助于实现价值定量评价，帮助合作者理解组织运作和价值创造过程（张锦 等，2013）。

第三，从影响机制和创业过程等理论研究视角开发评价模型。主要包括两个途径。第一个途径是基于社会创业企业绩效的影响机制提出评价方法，通过对成功社会创业企业的分析，概括出各种因素如何影响社会创业企业的最终成果。第二个途径是基于社会创业企业的过程，构建动态的理论评价体系，来衡量社会创业企业的绩效。由于社会创业企业在不同发展阶段所面临的风险和收益都会发生变化，因此评价体系应尽可能地与时俱进，考虑到时间维度的变化。

8.4.1 基于社会和财务分析角度的绩效评估模式

1. 基于平衡计分卡的绩效评估方法

平衡计分卡（balanced score card，BSC）是1992年由美国著名的管理大师卡普兰（Kaplan）和诺顿（Norton）⊖在总结大型企业绩效评估体系的成功经验的基础上提出的用以加强企业战略执行力的战略管理绩效评估工具。平衡计分卡有助于企业把其使命和战略转变为可衡量的四个目标，即财务、客户、内部运营过程、学习和成长，并逐级细化，转化为明确和严谨的绩效评估指标体系，引导企业在战略执行过程中实现财务与非财务目标、短期与长期目标、历史和未来目标，以及外部与内部目标之间的平衡。

虽然现有的平衡计分卡在营利组织中是成功的，但在社会创业企业中使用还存在一定的

⊖ KAPLAN R S, NORTON D P. The balanced score card: measures that drive business performance[J]. Harvard business review, 1992, (1-2): 72-79.

局限性。例如，平衡计分卡只是部分地回应了社会创业企业的需求，却无法调和社会影响和财务利润之间的紧张关系。此外，平衡计分卡只包含了有限范围的利益相关者，并没有包含员工、供应商或社区对企业绩效的看法。因此，2001年卡普兰对平衡计分卡进行了改进，将任务定位在层次结构的顶层，优先考虑客户而不是财务视角，并定义了客户是谁。他的观点是，传统企业优先考虑财务衡量标准，而社会创业企业则优先考虑为受益人创造价值。此外，在传统企业中，客户是为服务付费并接受服务的人，在非营利组织中，资助者为服务付费，受益人获得服务；而社会创业企业更加复杂，来自客户交易的收入可以用于提供商品和服务（见图8-1）。

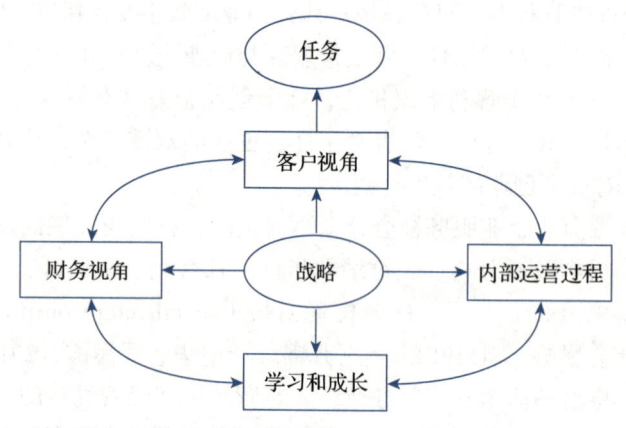

图8-1 调整后的平衡计分卡（Kaplan，2001）

迄今为止，理论界与实务界多采用社会企业平衡计分卡（social enterprise balanced score card，SEBSC）对社会创业企业绩效进行计量。这一工具借鉴卡普兰和诺顿的平衡计分卡思想，依据社会企业使命和经营模式，从经营结果和经营过程两个方面计量社会企业的经营业绩。至于社会企业平衡计分卡应设置哪些维度、如何命名、选择哪些关键绩效领域和关键绩效指标（即社会创业企业绩效计量框架体系），目前正处于探索之中，尚未有统一定论（孙世敏、张兰、贾建锋，2011）。

2. 基于社会投资回报的绩效评估方法

社会投资回报（social return on investment，SROI）方法用以衡量一个组织或一个项目产生的社会价值，显示单位投资所产生的社会收益。该方法以货币化方式定量测算项目成本及成效价值，并最终以货币化形式呈现项目的社会投资回报率（成效/成本比），旨在为利益相关者提供投资回报信息，帮助管理人员做出最大化社会和组织效益的决策。

SROI是由美国罗伯茨创业发展基金会（Roberts enterprise development fund，REDF）创立的，从三个方面来评估投资回报，包括社会创业组织的经济价值，由税收收入增加和雇工使用公共援助项目减少而产生的社会节省，以及将这些经济价值和节省与总投入值相比得出的投资回报率。

SROI模型将社会企业价值分为企业经济价值、社会目的价值和混合价值三部分。绝对评价计量它们的价值量，相对评价计量它们的价值回报率。企业经济价值是社会企业销售商品、提供劳务产生的价值，为各年经营收入抵减经营成本后的差额折成的现值，它的计算比较简单，可以采用营利组织价值计量方法；社会目的价值指能用货币计量的企业社会贡献价值，包括社会企业雇员及受益人作为纳税人向国家上缴的税收、摆脱失业而节约的救济金与福利等社会公共支出、工资和福利净收入以及其他社会影响价值，可用上述价值之和折现来表达；混合价值为企业经济价值和社会目的价值扣减负债价值后的差额。企业经济价值回报率、社会目的价值回报率和混合回报率分别为企业经济价值、社会目的价值及混合价值与投资总额之比（孙世敏 等，2011），详情见表8-1。

表 8-1　SROI 模型计量原理（孙世敏 等，2011）

绝对评价	相对评价
企业经济价值：$V_E = \sum_{i=1}^{n} \frac{(R_t - C_t)}{(1+i)^t}$ 式中，R_t 为第 t 年经营收入，C_t 为第 t 年经营成本，n 为年限，i 为折现率	企业经济价值回报率 = 企业经济价值 / 投资总额
社会目的价值：$V_{SE} = \sum_{i=1}^{n} \frac{(f_{st} + g_{st} + l_{st} + m_{st})}{(1+i)^t}$ 式中，f_{st} 为第 t 年社会公共收入增加额，g_{st} 为第 t 年社会公共成本节约额，l_{st} 为第 t 年雇员工资和福利净收入，m_{st} 为第 t 年其他社会影响价值，n 为年限，i 为折现率	社会目的价值回报率 = 社会目的价值 / 投资总额
混合价值 = 企业经济价值 + 社会目的价值 − 负债价值 $V_B = \sum_{i=1}^{n} \frac{(R_t - C_t)}{(1+i)^t} + \sum_{i=1}^{n} \frac{(f_{st} + g_{st} + l_{st} + m_{st})}{(1+i)^t} -$ 负债价值	混合回报率 = 混合价值 / 投资总额

新经济基金会（new economics foundation，NEF）在此基础上进行了改进，增加了两项辅助度量的工具：第一，确定关键利益相关者及其预期目标，并计算每个利益相关者产生的经济价值和社会价值，从而清晰地展示价值构成及其来源，为各方决策者提供参考（孙世敏、汤甜，2010）。利益相关者指所有与项目相关的个人及组织，除了出资人、承办方，还应包括受助者及其家人、协助的其他组织、志愿者、潜在获得帮助的其他组织及个人等（苗青、石浩，2018）。由于全面深刻地了解利益相关者的活动、权益、诉求是准确刻画社会创业组织绩效的基础，因此该理论也是 SROI 法的核心理论之一。第二，提出"投入—活动—产出—结果"的分析模型，它是研究经济系统各个部分相互依存关系的数量方法。"投入"代表社会创业组织消耗的人力、物力成本，受助者及其家庭消耗的时间、精力，施助者消耗的知识、技术等；"活动"代表各方参与的实际行动；"产出"代表各方参加活动后带来的直观改变，如受助者发病率的下降、成绩的提高等，通常可用数字衡量；"结果"代表与产出相对应的社会效应，如脱贫、身心健康、生活质量提高等宏观变化。该分析模型可以使各类社会角色更好地理解项目如何运转、如何产生社会影响、如何创造社会价值，有助于确定关键绩效领域和关键绩效指标（苗青、石浩，2018）。

SROI 法的具体分析步骤如下（赵环、陈雯雯，2017）：

- 全面分析并界定项目利益相关方。SROI 对因项目干预受到影响的主体进行分析，界定该项目应包含的利益相关方。
- 整合衡量项目的成本、产出和成果。成本要求整合分析社会创业组织或项目涉及的资金、物资和时间等直接投入，以及各利益相关方参与项目需付出的机会成本。

- 项目成果价值的货币化转换，设置相对应的财务指标。
- 确定项目净效果和计算成果值。
- 以货币化形式呈现项目的社会投资回报率。

3. 双元绩效评价量表

基于社会创业的双重性质，学者将社会创业绩效分为经济绩效和社会绩效，经济绩效参照商业企业绩效的衡量指标，社会绩效参照非营利组织绩效的衡量指标，在此基础上开发量表和问卷，用于测量社会创业绩效。如李姗姗和黄群慧（2021）、谢等人（Cheah et al., 2019）、刘等人（Liu et al., 2014）使用的 7 题项量表。经济绩效通过 4 个条目进行测量，题项为"我们企业的收入一直在增长""我们一直在从事更多的商业活动（涉及销售和购买）""与同行企业相比，我们的竞争力远高于平均水平""我们的整体财务状况处于净盈余水平"；社会绩效通过 3 个条目进行测量，题项为"我们企业提供了很多社会服务""我们为更多的受益者（弱势群体）提供服务或解决环境问题""我们获得了更高的声誉和信任度"。

8.4.2 基于不同理论框架的绩效评估模式

关于创业企业绩效评估的相关理论研究主要是将社会创业领域与其他现有的研究领域进行比较，如企业社会创业与常规经济创业领域的比较，所得出的基本一致的观点是社会创业企业必须开发多维的性能衡量系统，并衡量其对所在环境的社会影响。学者们从不同的角度出发，提出了一系列理论框架来衡量社会创业绩效。

1. SAC 框架

SAC 框架包括企业生存能力（survival）、直接社会行动（action）和社会变革（change）三个维度（Lane and Casile，2011），见图 8-2。

一是企业生存能力维度。这个维度考虑了所有来源的资金和支出之间的平衡是否足以维持风险投资。对于这种水平的测量，一些熟悉的经营衡量标准如现金流和营业收入等适用于大部分社会创业企业；另一方面，利润率和财务的投资回报率等指标很可能对社会创业企业发挥的作用较小，因为社会创业企业的任务不是以利润为中心的。对许多社会创业企业来说，运营效率之所以是一个目标，不是因为它提高了利润率，而是因为它使组织能在资源相同的情况下做更多的工作。

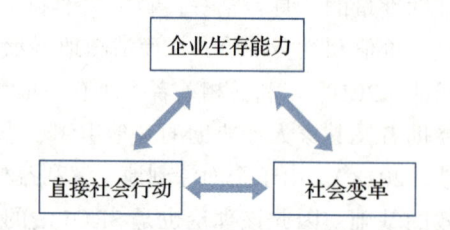

图 8-2　SAC 框架（Lane and Casile，2011）

二是直接社会行动维度，由过程和结果构成。例如，受辅导的儿童的数量、接受服务的无家可归者的数量等，这些直接社会行动涉及组织的日常运作。由于它们的即时性和操作性，其表现相对容易被跟踪。尽管这些行动对环境产生了直接的影响，但也会误导人们对是否存在可持续的社会影响和变化的判断。例如，一个社会企业家开发出了一种为无家可归者提供低价住房的方法，当地居民可以从中受益，但很快就会有越来越多的人需要该地区的住房。这是因为有住房的消息传出后，更多的人进入该地区希望获得住房。因此，直接影响的测量显示，提供住房的数量有所增长，但占总需求的百分比有所下降。

三是社会变革维度。许多社会企业家试图利用创造性的手段来长期改变社会的运作方式或大多数人的信仰及行为。社会影响是最难以衡量和解释的。这一领域的测量由于不可量化性、多因果性、时间维度和所创造的社会价值的感知差异而变得复杂。

总之，SAC框架为在社会创业企业中评估或开发测量系统提供了一个广义的框架。具体来说，它确定了三种不同的目标类别，每一种类别都需要明显不同的衡量指标。在第三类目标即实现社会变革方面，它还建议分别考虑技术、政治和文化环境的变化。但SAC框架也存在局限性，它没有提供一个分步的过程来开发性能指标。

2. PMS 模型

PMS（performance measurement system）模型基于三个要素：输入、输出和结果（Arena，Azzone，and Bengo，2015），见图8-3。输入是指执行某一活动所使用的资源量；输出是指转化过程的结果；结果是指输出对外部环境的长期影响，以及衡量对根本原因的影响、对持续重大变化的影响。基于上述三个要素，确定了三个绩效维度：效率、效益和影响。效率是指产出与投入的比率；效益是指产出的特征；影响是指产出对目标群体的长期影响。以此为起点，该模型区分了管理效益和社会效益。管理效益涉及社会企业实现其战略计划中定义的管理目标的程度，而社会效益关注社会企业与其利益相关者之间的关系，并衡量组织通过生产产品和服务来满足其目标群体需求的能力。鉴于社会创业的特点和社会效益与其目标之间的相关性，社会效益可以进一步具体划分为三个子维度：公平性，即确保弱势群体（残疾人、老年人等）获得产品和服务的能力；参与度，即确保利益相关者参与决策过程的能力；透明度，即向利益相关者告知社会创业活动的程度。

此外，考虑到社会企业对实现社会目标的具体关注，必须衡量社会使命和结果之间的一致性，从而引入了一致性这个概念。参照所使用的资源（输入）、生产的产品（输出）和应符合该组织的使命所取得的成果（结果），进一步确定一致性的三个维度，包括：资源价值，即用于生产商品或服务的资源必须与社会创业的任务相一致；产品价值，即产出必须与社会创业预期的社会价值相一致；结果价值，即生产的产品或服务的最终影响必须满足社会创业工作的需求。

最后，由于社会创业企业必须在市场上竞争，就像营利组织一样，它们必须确保其财务可持续性的能力，从而引入最后一个绩效维度，即财务可持续性。

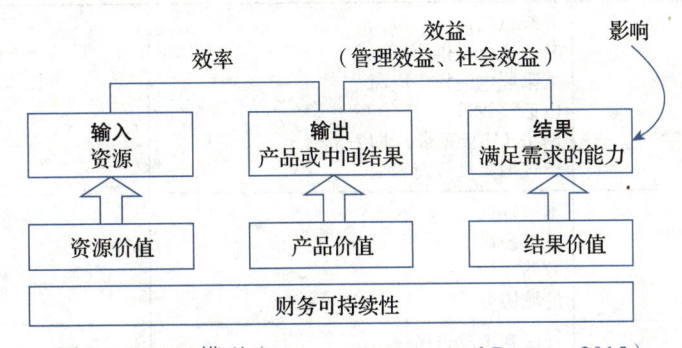

图 8-3 PMS 模型（Arena，Azzone，and Bengo，2015）

PMS模型的设计步骤如图8-4所示。社会创业企业（或最终由外部专家执行）可以遵循以下步骤开发自己的PMS模型。

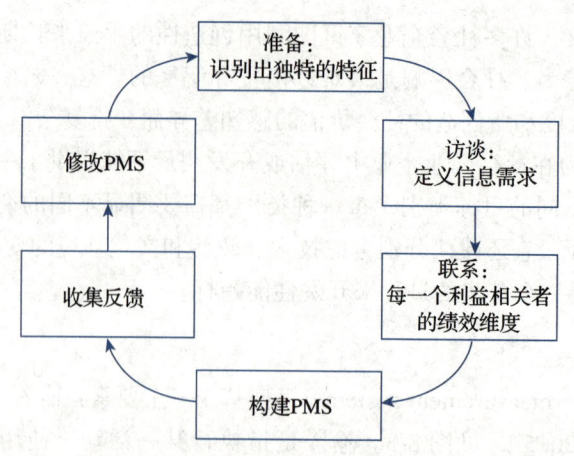

图 8-4　PMS 模型的设计步骤（Arena，Azzone，and Bengo，2015）

第一步：准备。负责开发 PMS 的经理（或外部专家），应规划可用的文件和内部记录，如社会年度报告、组织结构图、预算和公司账目。文档分析应通过与社会创业企业高层代表的半结构化访谈来完成，最终定义出以下内容：社会企业流程的具体特征和关键特征；所有内部和外部利益相关者。利益相关者分析示例如表 8-2 所示。

表 8-2　利益相关者分析示例（Arena，Azzone，and Bengo，2015）

利益相关者种类	具体的利益相关者	内部 / 外部
管理者	董事会 主管	内部 内部
雇员	副主管 部门经理 员工	内部 内部 内部
资助者	成员 银行	外部 外部
客户	成员 私营企业 普通公民 不生产清洁能源的公司 其他分销商	外部 外部 外部 外部 外部
供应商	光纤供应商 其他原材料供应商 太阳能电池板供应商 电话接线员 网络（连接宽带）供应商 燃气温泉供应商	外部 外部 外部 外部 外部 外部
受益人	本地社区 普通公民 自然环境 地域协会	外部 外部 外部 外部
社区	社区和市政当局	外部
政府	地方政府	外部
竞争者	公用电力供应商 其他能源制造商	外部 外部

第二步：访谈。针对不同利益相关者进行分析，对不同类别内部关键代表进行半结构化访谈，确定不同利益相关者的信息需求。在进行采访时，首先要在项目期间多次采访社会企业的最高代表，然后与内部利益相关者交谈，最后采访外部利益相关者。比如对管理者来说，管理人员负责执行日常运营和投资决策。这些利益相关者对广泛的信息感兴趣，这些信息涉及模型中包含的几乎所有绩效维度，用以指导他们的决策过程。

第三步：联系。对于每个利益相关者，确定与其信息需求最一致的绩效维度（如财务可持续性、效率、管理效益、社会效益、社会影响、一致性等）。绩效维度分析示例如表 8-3 所示。

表 8-3　绩效维度分析示例（Arena，Azzone，and Bengo，2015）

利益相关者种类	具体的利益相关者	绩效维度
管理者	董事会 经理 业务部门主管	财务可持续性 效率 管理效益 社会效益（参与度、透明度、公平性） 社会影响 一致性（资源价值、产品价值、结果价值）
成员	成员 客户 市政当局	财务可持续性 效率 管理效益 产品价值 社会影响
资助者	英国商会 其他银行 成员	财务可持续性 社会效益 社会影响
供应商	电力、电气设备和大型机器的供应商	财务可持续性 资源价值 产品价值
本地社区	本地居民 本地协会	财务可持续性 结果价值 社会影响
其他合作者	意大利可再生能源协会 联邦公用事业 联邦特伦蒂纳合作社	财务可持续性 结果价值 社会影响

第四步：构建 PMS。在每个维度定义一组指标，它需要与社会企业竞争的特定环境、特征和利益相关者声明的需求相一致，指标清单可以包括定量和定性指标。指标设置示例如表 8-4 所示。

表 8-4　指标设置示例（Arena，Azzone，and Bengo，2015）

绩效维度	指标
1. 财务可持续性	1.1　投资回报率 1.2　总收入 1.3　销售收益率 1.4　资本成本 1.5　社会资本增长率

(续)

绩效维度	指标
2. 效率	2.1 能源生产成本 / 总千瓦时 2.2 电信部门的运营成本 / 用户数量 2.3 维修费用 2.4 水轮机效率 2.5 太阳能电池板效率
3. 管理效益	3.1 成员 / 当地家庭数量 3.2 成员增加率 3.3 服务请求与技术输出之间的平均时间 3.4 不中断服务数量 3.5 信号故障数量 3.6 投诉数量
4. 社会效益 　参与度	4.1 参与组装的成员（%） 4.2 社会基础较上年有所增加（%） 4.3 为当地社区提供的倡议的数量
透明度	4.4 要求澄清的账单的数量 4.5 可用的公开文件的数量和质量
公平性	4.6 按类型、合同来划分的员工数量 4.7 在不易到达的区域建立新的连接的数量
5. 社会影响	5.1 员工 / 公民（%） 5.2 每年少排放的二氧化碳 5.3 本地供应商 / 总供应商 5.4 能上网家庭的数量 / 当地家庭的数量 5.5 对当地协会的捐款 / 净收入
6. 一致性 　资源价值	6.1 基础设施实际成本 6.2 直接人工成本 6.3 当地劳动力（%） 6.4 资金组成
产品价值	6.5 每年产生的总千瓦时 6.6 局域网的公里数 6.7 成员被满足的要求（%）
结果价值	6.8 每年节约的石油桶数 6.9 会员账单折扣（%） 6.10 连接到局域网的成员增加数量

第五步：收集反馈。开发的 PMS 必须提交给社会企业的主要利益相关者，以收集他们的反馈和意见。

第六步：修改 PMS。根据他们的意见，进一步改进这一组指标。

3. 基于时间的组织框架

阿罗贾斯瓦米（Arogyaswamy，2017）在影响价值链和评估逻辑模型的基础上，提出了一种评估社会企业（或企业的社会主动性）绩效的五阶段模型，该框架包括行动资源、预测因素、产出、结果和影响，旨在沿着一个时间轴来衡量绩效（见表 8-5）。投入和资源被组合成一个单一的因素——行动资源，其中包括所应用的资源和为客户服务所采取的行动。并且，引入了一个新的因素——预测因素，作为组织是否正在实现指定产出和成果的早期指标或信号，以产生必要的影响。而产出是指为实现使命而开展的活动以及通过开展的活动获得的直接和可计量的商品或服务。结果是指对预期受益人的好处或影响。在影响评估方面，影响是指企业直接受益人的生活以及更广泛的环境发生的彻底、持久的变化，影响可能是大规模和大范围的。在其他地区复制社会企业将构成一种规模影响，而对于其他利益相关者将是一种范围影响。

五阶段模型将评估过程视为沿着一个时间轴的一系列事件，其持续时间以涉及影响的数年甚至几十年来衡量，因此，该模型也被称为具有远端焦点的序列模型。由于评估是在特定的时间点依次进行的，它们将提供洞察项目以确定企业是否按计划进行，以及是否在正确的轨道上。换句话说，通过沿着预先指定的时间轴来描述评估阶段，就可以监控该过程并根据需要采取纠正措施。社会创业企业需要根据要衡量的项目内容，从长期的角度出发，对行动资源、预测因素、产出、结果、影响这五个因素选择指标进行评估。

表 8-5　基于时间的绩效评估框架（Arogyaswamy，2017）

衡　　量	要评估的项目或目标
行动资源	● 指标 1 ● 指标 2 ● 指标 3
预测因素	● 指标 1 ● 指标 2 ● 指标 3
产出	● 指标 1 ● 指标 2 ● 指标 3
结果	● 指标 1 ● 指标 2 ● 指标 3
影响	● 指标 1 ● 指标 2 ● 指标 3

8.5　社会创业绩效测量与评估的潜在问题及应对策略

8.5.1　测量评估的方法有待统一

社会创业要在经济绩效与社会绩效两者之间进行平衡，就需要对社会创业绩效进行有效的评估。但目前，对绩效测量和评估这部分的研究仍处于探索阶段，尚未形成统一且具有影响力的方法。在测量与评估社会创业绩效时，不同的评估维度涌现，例如部分学者将社会创业的绩效评估维度划分为社会、环境和经济这三个维度；而众多学者则将其划分为社会绩效和财务绩效。维度的不同划分导致绩效评估的结果也存在差异。

目前对社会创业绩效的测量评估有多个版本、多重标准，评估结果不具有可比性，未来应建立相对统一的绩效评估系统，可以从社会创业组织的生命周期视角来构建绩效测量的指标体系，并且对具体的维度设置和命名、对关键绩效领域和关键绩效指标的选择、社会价值-经济价值的具体内涵与界定形成较为统一的定论，同时结合实证研究加以支持和深入。尽管现有研究已经陆续提出了社会创业绩效测量的现存问题，但尚未被后续研究者普遍采纳。有必要进一步厘清社会创业绩效的结构维度，并结合定性和定量技术开发出信度与效度良好的社会创业绩效量表。

8.5.2　测量评估的对象和范围有待开拓

第一，关于社会创业绩效测量和评估的方法层出不穷，但是研究对象基本集中于非营利组织这一特殊的社会企业，忽视了商业企业的社会创业行为。

第二，社会创业组织中的"人"往往在绩效评估工作中被忽视。社会创业者和社会创业组织成员的个人成长和领导能力也是社会创业组织能否持续成功发展的关键性因素，应该被看成是社会创业组织绩效评估的一部分。另外，还应考虑组织当中除领导外的其他成员是否会影响社会创业企业的绩效评估。此外，绩效评估工作能否顺利进行，利益相关者的作用也十分重要，在利益相关者层面，需要综合评价整个社会创业活动价值链合作网络伙伴中利益相关者的获益等。

8.5.3　测量评估的机制需要完善

鉴于对社会价值的评估仍处于探索阶段，加上社会创业绩效并不容易量化且具有时间上的滞后性，社会创业组织需要建立一套长效评估机制，结合组织所处的发展阶段（包括初创期、成长期、成熟期和衰退期），以保障评估结果更加实际和准确。并且对社会创业绩效影响的时间跨度应当交代清楚，以获得更加精确的绩效测量结果。

此外，选择测量评估的方法需要考虑中国情境，将社会创业绩效的测量和评估落地，实现本土化。在不同文化情境和空间尺度中，社会创业实践活动存在明显差异，不同组织开发的绩效评估体系差异较大，个性化特征明显。在西方文化价值观影响下，西方社会强调个体的、英雄式的社会企业家，与中国政策引导下的众多集体合作实践存在差异。中国企业家们秉持的重义轻利、天人合一等传统文化思想对其认知的塑造、对创业者身份的影响，以及对社会企业的治理作用等议题，需要更多基于中国本土情境的思考。

本章小结

1. 社会创业绩效的测量与评估对社会、对创业者、对投资者都具有重要作用。
2. 社会创业绩效的影响因素主要体现在组织内部层面和组织外部层面。
3. 社会创业绩效测量常用的方法有基于平衡计分卡的绩效评估方法、基于社会投资回报的绩效评估方法、双元绩效评价量表；社会创业绩效评估的理论框架一般有SAC框架、PMS模型、基于时间的组织框架等。
4. 目前对社会创业的绩效测量与评估还存在测量评估方法不统一、测量评估的对象和范围不全面、测量评估机制不完善等问题，有待后续进一步探索。

问题讨论

1. 你怎么理解社会创业绩效测量与评估的重要性？
2. 哪些因素会影响社会创业绩效的测量与评估？
3. 简述社会创业绩效测量与评估的一般方法。

扫码查看案例分析和文献精读。

参考文献

[1] ALMANDOZ J. Arriving at the starting line: the impact of community and financial logics on new banking ventures[J]. Academy of management journal, 2012, 55(6): 1381-1406.

[2] ARENA M, AZZONE G, BENGO I. Performance measurement for social enterprises[J]. International journal of voluntary and nonprofit organizations, 2015, 26(2): 649-672.

[3] AROGYASWAMY B. Social entrepreneurship performance measurement: a time-based organizing framework[J]. Business horizons, 2017, 60(5): 603-611.

[4] BATTILANA J, SENGUL M, PACHE A C, et al. Harnessing productive tensions in hybrid organizations: the case of work integration social enterprises[J]. Academy of management journal, 2015, 58(6): 1658-1685.

[5] BLOOM P N, CHATTERJI A K. Scaling social entrepreneurial impact[J]. California management review, 2009, 51(3): 114-133.

[6] TRELSTAD B. Simple measures for social enterprise[J]. Innovations technology governance globalization, 2008, 3(3): 105-118.

[7] CHEAH J, AMRAN A, YAHYA S. Internal oriented resources and social enterprises' performance: how can social enterprises help themselves before helping others? [J]. Journal of cleaner production, 2019, 211: 607-619.

[8] CONSTANTIN P N, STANESCU R, STANESCU M. Social entrepreneurship and sport in Romania: how can former athletes contribute to sustainable social change? [J]. Sustainability, 2020, 12(11): 46-88.

[9] COOMBES S M T, MORRIS M H, ALLEN J A, et al. Behavioral orientations of non-profit boards as a factor in entrepreneurial performance: does governance matter? [J]. Journal of management studies, 2011, 48(4): 829-856.

[10] COVIN, J. G., & SLEVIN, D. P. A conceptual model of entrepreneurship as firm behavior[J]. Entrepreneurship theory and

practice, 1991, 16(1): 7-26.

[11] DACIN P A, DACIN M T, MATEAR M. Social entrepreneurship: why we don't need a new theory and how we move forward from here[J]. Academy of management perspectives, 2010, 24(3): 37-57.

[12] DESA G, BASU S. Optimization or bricolage? Overcoming resource constraints in global social entrepreneurship[J]. Strategic entrepreneurship journal, 2013, 7(1): 26-49.

[13] DOUGLAS E, PRENTICE C. Innovation and profit motivations for social entrepreneurship: a fuzzy-set analysis[J]. Journal of business research, 2019, 99: 69-79.

[14] FELÍCIO J A, GONÇALVES H M, GONÇALVES V. Social value and organizational performance in non-profit social organizations: social entrepreneurship, leadership, and socioeconomic context effects[J]. Journal of business research, 2013, 66(10): 2139-2146.

[15] FLOYD S W, WOOLDRIDGE B. Knowledge creation and social networks in corporate entrepreneurship: the renewal of organizational capability[J]. Entrepreneurship theory and practice, 1999, 23(3): 123-144.

[16] GAIR C. SROI Act II: a call to action for next generation SROI[J]. Redf, 2009(25).

[17] GREOIRE D A, BARR P S, SHEPHERD D A. Cognitive process of opportunity recognition: the role of structural aligment[J]. Organization science, 2010, 21(2): 413-431.

[18] LI H Y, ATUAHENE-GIMA K. Product innovation strategy and the performance of new technology ventures in China[J]. The academy of management journal, 2001, 44(6): 1123-1134.

[19] HAUGH H. A research agenda for social entrepreneurship[J]. Social enterprise journal, 2005, 1(1): 1-12.

[20] KRAMER M R. Measuring innovation: evaluation in the field of social entrepreneurship[J]. Social science electronic publishing, 2005, 26: 1-52.

[21] LANE M D, CASILE M. Angels on the head of a pin: the SAC framework for performance measurement in social entrepreneurship ventures[J]. Social enterprise journal, 2011, 7(3): 238-258.

[22] LEE C, LEE K, PENNINGS J M. Internal capabilities, external networks, and performance: a study on technology-based ventures[J]. Strategic management journal, 2001, 22(6-7): 615-640.

[23] LI H, ATUAHENE-GIMA K. Product innovation strategy and the performance of new technology ventures in China[J]. Academy of management Journal, 2001, 44(6): 1123-1134.

[24] LIU G, ENG T Y, TAKEDA S. An investigation of marketing capabilities and social enterprise performance in the UK and Japan[J]. Entrepreneurship theory and practice, 2015, 39(2): 267-298.

[25] LIU G, TAKEDA S, KO W W. Strategic orientation and social enterprise performance[J]. Nonprofit and voluntary sector quarterly, 2014, 43(3): 480-501.

[26] MAIR J, MARTI I. Entrepreneurship in and around institutional voids: a case study from Bangladesh[J]. Journal of business venturing, 2009, 24(5): 419-435.

[27] MAMABOLO A, MYRES K. Performance measurement in emerging market social enterprises using a balanced scorecard[J]. Journal of social entrepreneurship, 2020, 11: 65-87.

[28] MOSS T, SHORT JC, PAYNE GT, et al. Dual identities in social ventures: an exploratory study[J]. Entrepreneurship theory and practice, 2011, 35(4): 805-830.

[29] PÄRENSON T. The criteria for a solid impact evaluation in social entrepreneurship[J]. Society and business review, 2011, 6(1): 39-48.

[30] PINHEIRO P, DANIEL A, MOREIRA A. Social enterprise performance: the role of market and social entrepreneurship orientations[J]. International journal of voluntary and nonprofit organizations, 2020, 32(1): 45-60.

[31] SANCHIS-PALACIO J R, CAMPOS-CLIMENT V, MOHEDANO-SUANES A. Management in social enterprises: the influence of the use of strategic tools in business performance[J]. International entrepreneurship and management journal, 2013, 9(4): 541-555.

[32] SANDBERG W R, HOFER C W. Improving new venture performance: the role of strategy, industry structure, and the entrepreneur[J]. Journal of business venturing, 1987, 2(1): 5-28.

[33] SCARLATA M, ZACHARAKIS A, WALSKE J. The effect of founder experience on the performance of philanthropic venture capital firms[J]. International small business journal, 2016, 34(5): 618-636.

[34] WEBER C, WEIDNER K, KROEGER A, et al. Social value creation in interorganizational collaborations in the not-for-profit sector: give and take from a dyadic perspective[J]. Journal of management studies, 2017, 54(6): 929-956.

[35] YADAV M S, PRABHU J C, CHANDY R K. Managing the future: CEO attention and innovation outcomes[J]. Journal of marketing, 2007, 71(4): 84-101.

[36] YING D. Primary study on performance evaluation method for entrepreneurial enterprise[J]. Scientific development, 2011(9): 26-32.

[37] ZAEFARIAN R, TASAVORI M, GHAURI P N. A corporate social entrepreneurship approach to market-based poverty reduction[J]. Emerging markets finance and trade, 2015, 51(2): 320-334.

[38] 宝贡敏, 徐碧祥. 国外企业声誉理论研究述评[J]. 科研管理, 2007（3）: 98-107.

[39] 陈韩晴. 社会创业导向与创业绩效关系研究[D]. 蚌埠: 安徽财经大学, 2015.

[40] 丁高洁, 郭红东. 社会资本对农民创业绩效的影响研究[J]. 华南农业大学学报（社会科学版）, 2013, 12（2）: 50-57.

[41] 胡杨成, 徐敏辉. 社会创业导向对非营利组织绩效的影响研究: 兼论环境不确定性的调节效应[J]. 江西社会科学, 2014, 34（1）: 228-232.

[42] 胡杨成, 郭晓虹. 社会创业导向、知识管理能力与NPO绩效的关系[J]. 技术经济, 2014, 33（10）: 51-58.

[43] 贾莉. 企业社会创业导向及其作用效果研究[D]. 北京: 北京林业大学, 2014.

[44] 贾兴平, 刘益, 廖勇海. 利益相关者压力、企业社会责任与企业价值[J]. 管理学报, 2016, 13（2）: 267-274.

[45] 焦豪, 周江华, 谢振东. 创业导向与组织绩效间关系的实证研究: 基于环境动态性的调节效应[J]. 科学学与科学技术管理, 2007（11）: 70-76.

[46] 李华晶, 李永慧, 贾莉, 等. 企业社会创业导向的绩效转化路径研究[J]. 广州大学学报（社会科学版）, 2015, 14（9）: 53-60.

[47] 李姣.创业者经验对社会企业绩效的影响研究 [D].长沙：湖南大学，2017.

[48] 李姗姗，黄群慧.社会创业导向、跨界搜索与社会企业绩效：市场环境的调节作用 [J].科技进步与对策，2022（2）：60-69.

[49] 李姝婷.社会创业研究综述 [J].现代营销（学苑版），2021（7）：14-15.

[50] 李涛.社会创业的内涵特征及其价值探索 [J].科技创业月刊，2013，26（7）：24-25；30.

[51] 梁海霞，张锦，严中华.战略平衡计分卡在广东科技社会创业绩效评估中的实证研究 [J].创新与创业教育，2015，6（6）：44-47.

[52] 刘振，崔连广，杨俊，等.制度逻辑、合法性机制与社会企业成长 [J].管理学报，2015，12（4）：565-575.

[53] 刘振，乐国林，李志刚.双重驱动因素与社会企业成长绩效：市场合法化的中介作用 [J].科学学与科学技术管理，2016，37（9）：114-128.

[54] 刘志阳，庄欣荷.社会创业定量研究：文献述评与研究框架 [J].研究与发展管理，2018，30（2）：123-135.

[55] 苗青，石浩.撬动社会资源：公益创投评估与 SROI 实证应用 [J].浙江大学学报（人文社会科学版），2018，48（5）：152-165.

[56] 盛南.社会创业导向及其形成机制研究：组织变革的视角 [D].杭州：浙江大学，2009.

[57] 孙世敏，张兰，贾建锋.社会企业业绩计量理论与方法的研究进展 [J].科研管理，2011，32（12）：8.

[58] 王健.使命偏离视角下社会创业导向与企业绩效关系研究 [D].北京：中国社会科学院研究生院，2020.

[59] 胥思齐，李会军，席酉民.可持续的社会企业商业模式运行过程及实现机制：基于公益性小额信贷行业的多案例研究 [J].管理学报，2020，17（6）：16-27.

[60] 徐虹，张妍，翟燕霞.社会创业研究回顾与展望 [J].经济管理，2020，42（11）：193-208.

[61] 薛杨，张玉利.社会创业研究的理论模型构建及关键问题建议 [J].天津大学学报（社会科学版），2016，18（5）：10-17.

[62] 严中华.社会创业 [M].北京：清华大学出版社，2008.

[63] 杨婷.企业家精神、创业动机对新创企业创业绩效的影响研究 [D].绵阳：西南科技大学，2021.

[64] 余佩玉.企业家注意力配置及其双元行为对社会企业绩效的影响研究 [D].泉州：华侨大学，2020.

[65] 张锦，梁海霞，严中华.国外社会创业组织绩效评估研究述评 [J].创新与创业教育，2014，5（4）：11-15.

[66] 张锦，梁海霞，严中华.国外社会创业组织绩效评价模式与整合研究 [J].技术经济与管理研究，2009（4）：28-30.

[67] 张锦，严中华，梁海霞.基于 FAHP 的社会创业绩效评估体系构建与实证分析 [J].科技管理研究，2013，33(16)：254-258.

[68] 张锦，严中华，杜海东.社会创业绩效评价中的平衡计分卡：系统动力学视角的分析 [J].技术经济与管理研究，2012（10）：36-40.

[69] 张书军，张芳.社会创业导向与企业绩效 [J].珞珈管理评论，2017（2）：1-16.

[70] 赵环，陈雯雯.政府购买社会服务的社会投资回报率分析 [J].浙江工商大学学报，2017（1）：114-121.

[71] 赵萌，郭欣楠.中国社会企业的界定框架：从二元分析视角到元素组合视角 [J].研究与发展管理，2018，30(2)：136-147.

第 9 章 公司社会创业

:: 学习目标

- 理解公司社会创业的概念
- 了解公司社会创业的作用
- 明确公司社会创业的前因
- 评估公司社会创业的环境

开篇案例

吉利在贵州[一]

贵阳作为贵州的省会城市，截至2014年仍有150多个贫困村，当地就业、教育、产业及消费等问题仍非常突出。2013年2月，国务院指导文件将杭州作为黔东南对口帮扶城市。总部设于杭州的浙江吉利控股集团（简称"吉利"）开始思考扶贫开发工作模式。鉴于贵阳有一定的汽车制造基础，吉利放弃了传统的"输血式"扶贫模式，代之以"再造血"扶贫新模式，介入对口帮扶工作。

吉利综合运用教育、就业、产业和消费等扶贫举措，走精准扶贫、脱贫攻坚的创新道路。吉利注重教育扶贫和就业扶贫有机结合，充分利用自身五所院校的教育资源，与贵阳市的职业院校开展校企合作。同时，吉利投资近1.1亿元建设"吉时雨"精准扶贫技能培训中心，学成后推荐就业，推进"教育加就业"扶贫进程。产业方面，吉利2015年在贵阳市投资建设吉利汽车部件有限公司，以整车制造基地支持贵阳市产业发展并拓展自身战略，带动创造国民经济产值2 700亿元，提供直接就业岗位4 200个。与此同时，吉利以整车制造基地为中心，辐射带动周边地区经济发展。

[一] 本案例改编自戴维奇，王铱，林巧.合法性视角下公司社会创业案例研究[J].科技创业月刊，2021，34(11)：1-10.

此外，2018年，吉利向贵阳市慈善总会捐赠6 335万元建设"吉时雨"精准扶贫示范工厂，为吉利贵阳基地提供小冲压件等零部件，并把工厂年纯利润的40%持续用于精准扶贫和乡村振兴。

吉利因地制宜推进精准扶贫特色道路，促进贵阳市产业转型升级和实体经济壮大发展。其扶贫工作在省委、省政府的大力支持下，成果显著，得到社会各界认可。2017年，吉利被国务院扶贫办①和全国工商联授予首批"全国'万企帮万村'精准扶贫行动先进民营企业"；2018年9月被民政部和团中央授予第十届"中华慈善奖"和第三届"CSR中国教育奖"，其"吉时雨"精准扶贫项目获评"精准扶贫特别奖"。

上述案例表明，在位企业的社会创业活动是有效解决社会问题的重要手段。在本章中，我们将在位企业通过社会创业解决社会问题、创造社会价值的现象称为公司社会创业（corporate social entrepreneurship）。

随着企业对自身与社会关系理解的深入，践行企业社会责任逐步成为一种潮流。随着我国改革开放进入"深水区"，深层次的矛盾和社会问题逐步显现。为了从根本上缓解甚至消除社会问题，以慈善捐赠等为代表的传统企业社会责任模式亟须"转型升级"。2011年，波特教授提出"共享价值"的概念（Porter and Kramer, 2011），强调企业有必要将社会问题作为机会，通过开发针对性的产品与服务，实现企业与社会的双赢。无独有偶，创业领域涌现出"社会创业"理念，强调"创造社会价值为主、经济价值为辅"的社会企业对于经济社会发展的特殊意义。在此背景下，不少企业特别是跨国公司开启了社会创业的新旅程。如法国达能集团为解决孟加拉国贫困儿童的营养不良症，推出了"格雷米达能"项目，在当地建立一家酸奶工厂，开发并生产一种廉价（售价7美分）但营养得到强化的酸奶，所有利润用于满足企业持续运营的需要。

正如开篇案例所展示的那样，类似现象也在我国出现。例如，2014年，我国万达集团在国内首创"企业包县、整体脱贫"的新模式，对口帮扶贵州省丹寨县。万达的切入点是，选择丹寨两个优势产业——硒锌茶叶种植和土猪养殖——进行投资，开发建设年加工1万吨茶青的茶叶加工厂、年出栏30万头的土猪养殖场、年屠宰加工30万头的土猪屠宰加工厂以及年加工饲料20万吨的饲料加工厂。丹寨县贫困人口自动获得上述产业的股权。万达招募当地居民从事生产，并协助企业通过万达商业系统在全国范围内完成产品销售，所获利润留给企业扩大再生产或分发给当地贫困人口。不仅如此，为提高劳动力素质，万达兴建了一所规模3 000人的万达职业技术学院，加强职业培训。此外，万达每年从丹寨招聘约1万名农民工到万达战略合作伙伴旗下施工企业务工……可以看出，万达丹寨扶贫是一个综合产业投资、教育培训、就业促进等手段的新型扶贫项目。这是一个有别于以往"输血式扶贫"的"造血式扶贫"项目，是一个给当地居民植入"致富基因"的工程。这一项目的出现，不仅表明万达在承担企业社会责任方面迈向更高境界，也表明近年来国外学术界热议的"公司社会创业"在我国的兴起。

"既不是简单捐款，也不只是投资建厂。"万达董事长王健林也意识到，他们正在从事一

---

① 现为国家乡村振兴局。

项开创性的事业。万达丹寨扶贫项目是企业承担社会责任的新型模式。传统的企业社会责任，主要目标是满足与企业直接相关的利益相关者的诉求。而公司社会创业是大型企业内部孵化社会企业或社会项目的行为，其主要目标在于惠及企业当前关键利益相关者之外的群体（戴维奇，2016）。从全球范围看，很多以营利为目的的在位企业开始着手建立一些以解决社会问题为己任的"社会企业"（戴维奇，2016），从而使得公司社会创业个案不断涌现。

9.1 公司社会创业的内涵

作为横跨创业与企业社会责任两大领域的构念，公司社会创业是指在位企业特别是大企业通过商业化或市场化手段创造社会价值，解决社会问题，培育和孵化社会企业或社会项目的创业活动（Ghauri et al., 2016）。

作为创业的一种具体类型，公司社会创业可被视为公司创业和社会创业的结合体。而作为一种创新型的企业社会责任模式，公司社会创业与传统的企业社会责任在研究领域归属、行为的表现和结果、行为特征、主动性以及主体和客体等五个方面存在差异。

9.1.1 公司社会创业是创业的一种具体类型

为理解创业的本质，以下三点值得强调。第一，创业的本质是机会的识别和利用（Shane and Venkataraman, 2000）。创办新企业只是创业的一种形式，或是狭义的创业概念。创业的关键词是"机会"，只要人们识别了机会，利用了机会，并且创造了价值，那么不论其是否创办新企业，都是在创业（Shane and Venkataraman, 2000）。第二，创业的主体既可以是个体，也可以是包括在位企业在内的组织。创新经济学鼻祖熊彼特曾预测，组织凭借资源优势将有可能替代个体而成为创业的主力军。第三，创业目的有商业性和社会性之分。商业创业以获取商业价值/经济价值为主，兼顾社会价值创造；而社会创业以创造社会价值为主，兼顾商业价值（Austin et al., 2006）。

从创业主体和创业目的两个维度对创业进行细分，则可得到如图9-1所示的分类。个体层次创业体现在第一、二象限，前者主要追求商业价值，即一般意义上的个体创业；后者主要追求社会价值，即一般意义上的社会创业，主体是社会创业者（social entrepreneur）。组织层次创业体现在第三、四象限，前者是以创造商业价值为主要目的的公司创业（魏江 等，2009），而后者就是以创造社会价值为主要目的的公司社会创业。

从创业研究的总体来看，个体创业、社会创业和公司创业都已有超过20年的历史，相对较为成熟。换言之，现有研究重点关注的是第一、二、三象限内的创业活动。迄今，学界对第四象限内的创业活动——公司社会创业——的研究才刚刚开始（戴维奇，2016）。

表9-1展示了以往研究对公司社会创业或公司社会创业者的界定。可以看出，这些界定基本上具有一致的内涵。其中，博德和桑托斯（Bode and Santos, 2013）的定义具有代表性，他

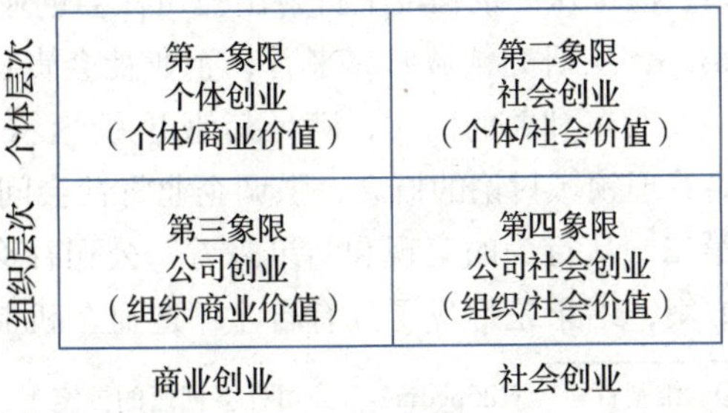

	个体层次	
	第一象限 个体创业 （个体/商业价值）	第二象限 社会创业 （个体/社会价值）
	第三象限 公司创业 （组织/商业价值）	第四象限 公司社会创业 （组织/社会价值）
	组织层次	
	商业创业	社会创业

图9-1 基于创业主体和创业目的两个维度形成的创业分类

们指出公司社会创业由三个独立的词语构成,因而其内涵可逐词分开解释:"公司"刻画了这一举措发生的实际情境——正式的营利组织特别是大型企业;"社会"一词表示这一举措的宗旨具有社会意义,是为了给企业现有利益相关者之外的群体创造价值;"创业"一词表示企业以创新的、商业化的解决方案解决特定群体的社会问题或满足其需要,最终可引导社会企业/社会项目的形成。

表 9-1 公司社会创业或公司社会创业者的内涵

学者	内涵界定
Hemingway（2005）	公司社会创业者（corporate social entrepreneur），就是企业或组织内部受到社会价值驱使、以社会创业者姿态行事的人
Austin and Reficco（2009）	公司社会创业是一个旨在推动企业以更高级、更有力的形式承担社会责任的过程
Bode and Santos（2013）	公司社会创业是指大型企业孵化社会企业的举措,这些社会企业旨在为企业现有利益相关者之外的群体创造价值
Zaefarian et al.（2015）	企业从事的以创造社会价值为目的的创业活动
戴维奇等（2021）	在位企业特别是大型企业识别和利用社会问题中的机会,以市场化或商业化手段创造社会价值,形成社会企业或社会项目的创业活动

与公司创业相比较,公司社会创业具有更为明显的利他性或社会性。公司创业的核心目的在于通过新产品、新业务或新市场的开发,实现创新和战略更新,突破企业发展瓶颈,实现绩效的提升和企业成长（魏江 等,2009）,因而,其落脚点是企业自身经济价值的创造。而公司社会创业侧重于解决社会问题和创造社会价值（Bode and Santos,2013）。因此,两者关注的焦点是不同的。

与社会创业相较,公司社会创业的主体是不同的（Zahra et al.,2009）。一般意义上的社会创业,是指以社会创业者（个体）为行动主体,以满足社会需要、推动社会变革为根本归宿的创新与资源整合过程（Mair and Marti,2006）。而公司社会创业是由在位企业完成的。尽管归根到底公司社会创业也是由个体来完成的,但此时的个体是身处企业内部、得到组织资源支持的个体,通常是拥有较大管理权限的高层管理者,与一般意义上的社会创业者存在差异。

9.1.2 公司社会创业有别于传统意义上的企业社会责任

奥斯汀和雷菲科（Austin and Reficco,2009）提出,公司社会创业是企业以一种更为高级和有力的形式去承担企业社会责任的过程。这一理解强调了公司社会创业与企业社会责任的联系,但也从一定程度上折射出公司社会创业与传统意义上的企业社会责任是存在差异的。

第一,从研究领域归属来看,企业社会责任是管理伦理领域探讨的重要概念,强调企业要在顾及股东利益的同时,满足其他更为广泛的利益相关者的利益。而公司社会创业是创业和战略管理领域讨论的概念,强调企业将社会问题视为创业机会并用商业化的方式加以解决。

第二,从行为的表现和结果来看,公司社会创业的主要表现为社会问题提供商业化的解决方案,结果是形成了具有自主"造血"机制和可持续运转的社会企业或社会项目。而承

○ 维基百科（Wikipedia）对公司社会创业的界定为:公司社会创业是指企业内部员工依托企业的资源和条件以社会创业者的姿态行事,识别社会创业机会并倡导和开展有益社会的活动。

担企业社会责任表现为履行经济、法律、伦理和慈善责任，结果是贡献一次性的或周期性的社会价值。

第三，从行为特征来看，承担企业社会责任就是"做好事"，是在获得商业利润之后将其中一部分返还给社会。它不涉及市场机会的识别和利用，因而与创业并无重叠之处；而公司社会创业是将企业的资源用于社会创业机会的识别和社会价值的创造，是创业行为的典型表现。行为特征上的差异也引致了不同的风险。承担企业社会责任仅仅是减少了企业的利润，因此并无多少风险可言；而公司社会创业改变了企业资源的投向，对企业其他业务或多或少存在影响，因而风险相对较大。

第四，公司社会创业是企业对于社会创业机会的一种积极的搜寻和利用，全然出于"自愿"，因此具有主动性。四种企业社会责任当中，经济责任、法律责任和伦理责任都是外部强制规定的，企业被动执行。仅慈善责任是企业纯自愿的，具有主动性。因此，企业承担社会责任既有被动的一面，也有主动的一面。

第五，两者的主体和客体也存在一定的差异。企业社会责任的承担通常由高层发起和执行，其客体主要是与企业直接相关的各种利益相关者；而对公司社会创业来说，企业内部各级人员都可能成为行动者，且其客体主要是企业现有利益相关者之外的主体（Bode and Santos, 2013）。

综上，作为一种创新性的企业承担社会责任的方式，公司社会创业与传统意义上的企业社会责任不是等同的概念。

9.1.3 公司社会创业与公司内创业存在差异

平肖（Pinchot）最早于1978年提出了"内创业"（intrapreneurship）的概念，意指在位企业的基层员工自下而上发起的、旨在创造和获取商业价值的创业活动的现象。与此相对应，2006年梅尔和马蒂提出了"社会内创业"（social intrapreneurship）的概念，用以指称基层员工在企业内部自下而上发起社会创业项目进而创造社会价值的现象（Mair and Marti, 2006；Alt and Craig, 2016）。哈达德和坎塔拉久（Hadad and Cantaragiu, 2017）对公司社会创业和公司内创业两个构念进行了比较，并指出两者在创业活动的导向、治理模式、关键主体以及价值导向等方面的差异，如表9-2所示。他们强调，公司社会创业主要是指企业高层管理者发起、在企业内部自上而下开展的以创造社会价值为核心的活动，而公司内创业则是由基层员工发起且以自下而上的方式得到层层管理者支持而开展的社会创业活动。

表9-2 公司社会创业与公司内创业的差异

比较项目	公司社会创业	公司内创业
创业活动的导向	自上而下	自下而上
治理模式	集权式治理	分权式治理
关键主体	高管人员、中层经理	基层员工、各层次管理人员
价值导向	组织向社会负责的价值观	个体的后物质主义的价值观（post-materialistic values）

资料来源：HADAD S, CANTARAGIU R. Corporate social entrepreneurship versus social intrapreneurship: same idea, different trajectories? [J]Management & marketing-challenges for the knowledge society, 2017, 12(2)：252-276.

9.2 公司社会创业的重要影响

公司社会创业是企业实现社会价值创造和经济价值获取的重要途径，其所追求的是社会利益与经济利益的互补共生。公司通过社会创业将诸如贫困、环境污染等一系列人类发展相关的社会问题转化为发展机会，使企业在获得发展的同时承担社会责任、解决社会问题。因此，公司社会创业对企业和社会都具有重要的意义。总体而言，对企业来说，公司社会创业利于其优化社会价值输出方式和顺利进入金字塔底层市场（葛笑春 等，2020）。对社会来说，公司社会创业有助于构建多元社会服务体系以及促进地区持续减贫（万倩雯 等，2019）。

9.2.1 优化企业社会价值输出方式

对企业而言，公司社会创业是传统社会责任承担方式的一次"转型升级"，是企业社会价值输出方式的进一步优化。传统的企业理论认为企业的唯一目标应是通过不断满足市场需求获得尽可能多的利润，实现股东利益最大化。在该理论指导下，以往企业往往忽视了其他利益相关者的权益。然而，随着市场环境日渐复杂，越来越多的人慢慢意识到企业与其他社会主体紧密相关，其发展包含着各种社会因素，若不能有效平衡企业与其他利益相关者的关系，企业难以获得持续发展。因而，许多企业开始将社会责任提上企业议事日程，并视为企业发展战略规划的重要组成部分。但早期阶段的社会责任履行方式一般较为直接且形式单一，以参与一些慈善活动为主，表现为资助某公益事业、向贫困地区募捐和进行基础设施建设等。这种"输血式扶贫"方式目的性通常比较强，企业真正关注的往往只是社会责任的承担对企业和品牌形象的影响，进而导致项目所产生的影响在时间和范围上都十分有限。因此，依靠传统企业社会责任承担方式无法发挥企业在社会价值创造上的突出作用，也不能为企业创造持续的经济价值。

而依托公司社会创业，企业可以跳出传统社会责任所圈定的范围，转变以往"直给"方式，通过提供可持续的、创新性的社会服务和经济项目，实现企业经济价值获取与社会价值创造之间的平衡。例如，山东横店草业畜牧有限公司在2000年时，利用自己作为龙头企业的优势，发挥当地政府与农民经济组织的作用，联合广大农民，通过订单种草、养牛、收奶，将该地区农户纳入自己的"草－畜－乳"一体化的产业链中，帮助当地农民发家致富（杨小庆，2016）。这使企业在为自身创造经济价值的同时创造了社会价值，解决了社会问题。除此之外，一些企业也通过向贫困地区传授技术和知识，或通过授权将它们纳入自己的生产、销售体系以及提供创业培训等方式，成功地为贫困地区植入了"致富基因"。

9.2.2 促进企业进入与开拓 BOP 市场

对企业来说，公司社会创业也是企业进入和打开 BOP 市场的重要钥匙（万倩雯 等，2019）。BOP（bottom/base of the pyramid）市场，即金字塔底层市场，是指位于全球经济金字塔底层的低收入人群。美国学者普拉哈拉德（Prahalad）曾在《金字塔底层的财富：为穷人服务的创新性商业模式》一书中指出，若按照每日 2 美元的生活费标准来界定是否为金字塔底层人群，那么目前全球有 80% 的人属于该群体。虽然单从个人来看，他们所呈现的经济价值微不足道，但从总体上计算，全球 40 亿的金字塔底层人群所代表的市场潜力巨大，蕴藏着 5 万亿美元的购买力。因而，普拉哈拉德进一步强调蕴含着巨大商机的 BOP 市场极有可能成为下一轮全球贸易和繁荣的重要引擎（Ghauri et al., 2016），重视和开发 BOP 市场是必要且重要的。尤其是在全球主流市场日益饱和的今天，开发和利用全球 BOP 市场，对跨国公司未来发展有着深刻的影响。

然而，就目前而言，跨国公司要想进入 BOP 市场并非易事。一方面是因为该市场消费者相较金字塔顶端消费者而言，属于低收入群体，因而跨国公司以往所研发的产品与该市场消费者的需求（即 4A 标准：可感知的、可承担的、可接受的、可获取的）不相符（Anderson and Markides, 2007；London and Hart, 2004）；另一方面是因为该市场发展十分不完善，其基础设施建设落后——网络、电话、电视等传播媒体缺乏，市场信息阻塞，同时市场中的消费者广泛缺乏知识和技能，识字率低、文盲比重高（Vachani and Smith, 2008）。在这种情况下，跨国公司要想进入该市场需要面对许多阻碍和挑战（万倩雯 等，2019）。

公司社会创业为企业进入 BOP 市场创造了条件。随着实践的发展，越来越多的跨国公司认识到可以通过公司社会创业方式顺利进入 BOP 市场。可以说，公司社会创业正逐步成为跨国公司国际化的重要方式。塔萨沃里（Tasavori）等学者于 2014 年和 2016 年发表在《国际营销评论》（*International Marketing Review*）杂志上的两篇文章《服务公司通过社会创业和建立网络关系实现国际化》和《进入印度金字塔底层市场：基于公司社会创业视角》（Ghauri et al., 2014；Tasavori et al., 2016），通过对三大跨国公司进入 BOP 市场的案例分析发现，公司社会创业是跨国公司进入 BOP 市场的重要方式和渠道。具体而言，跨国公司通过实施公司社会创业活动，为当地提供可持续的脱贫方法，从而赢得当地志同道合的非政府组织（NGO）的帮助。基于跨国公司与非政府组织创造社会价值、消除贫困的共同目标，跨国公司往往能更大程度地获取非政府组织的资源和支持，如有关当地 BOP 市场的信息、非政府组织与当地建立的联系网络以及这些非政府组织的人力资本和基础设施等。这不仅促进企业有效地了解 BOP 市场消费者的真实需求，确保产品达到 4A 标准，也有利于跨国公司快速地在当地获得合法性。比如，2004 年印度洋发生海啸，保险公司 Co 抓住机会向受灾的印度人民捐款，并寻求当地非正式组织 Global Support 的帮助，最后通过与非正式组织 Global Support 的合作，不但顺利培养了印度 BOP 市场的保险意识，也借助该组织的网络关系实现了微型保险推广的目标。

类似地，在 2007 年，Alpha 公司为更好地了解并进入印度 BOP 市场，建立了非营利基金会——Alpha 基金会。该基金会的主要目的是为那些难以获取银行贷款的小微金融机构提供技术支持。在共同目标的驱动下，同样服务于该地金融机构的非政府组织 Dutch 与该基金会合作，于 2006 年一起启动了两个技术支持项目。除此之外，Alpha 公司也与 MF 咨询公司建立了合作关系，实现资源互补，一起为当地市场提供小微金融服务。凭借着与印度当地相关非政府组织的密切合作，Alpha 公司最终顺利地进入了 BOP 市场。同样地，电信公司也采用了这样的进入方式。电信公司先是在 2009 年与当地非政府组织合作，为该自治组织的妇女提供培训，通过她们在农村地区进行产品销售；接着，与小微金融机构 Access Money 合作，向 BOP 市场的手机购买者提供贷款；最后，与 Start Biz 合作，确保产品的可接受性，满足当地消费者真实需求（Ghauri et al., 2016；Tasavori et al., 2016）。

除了能获得非政府组织支持之外，从长远角度来看实施公司社会创业也有利于赢得地方政府的认可，获得其"背书"。而地方政府的"加持"又进一步促进企业在 BOP 市场上树立良好的品牌形象，获得更多的潜在客户。可以说，公司社会创业对于跨国公司顺利进入 BOP

市场并在未来获取回报具有重要的战略意义。这样的案例在我国层出不穷。例如，万达通过创新型的扶贫项目，赢得了贵州地方政府的认可，顺利地进入了贵州市场。2015年3月，贵州省政府与万达签署战略合作框架协议——万达5年内在贵州各市（州）投资600亿元，在贵州建设一个万达文化旅游项目和10个以上的万达广场。所有投资项目全面建成后，将增加10万个稳定服务业就业岗位，每年创造近10亿元税收。又如，吉利在贵州的扶贫工作促进了自身在贵州汽车项目的高质量建设，加速了进入贵州新市场的进程。在贵州省、各市（州）、各县（市、区、特区）人民政府的大力支持下，2017年2月吉利投资约50亿元在贵阳市白云区新建贵州吉利发动机项目，3月便建成投产，年产值逾54亿元。

9.2.3　促进多元社会服务体系的形成

公司社会创业客观上对整个社会也产生了积极的影响。随着世界经济的快速发展，环境恶化、资源浪费、贫富差距加大等社会问题日益突出。而近些年来，作为主要负责解决这些社会问题的非营利组织却表现得越来越力不从心。这一方面是由于全球经济高速但极度不平衡的发展方式，使得不管是国家之间，还是国家内部各地区之间的贫富差距都日益加大。底层人民对于社会公共服务的需求不断增多，大大超出这些非营利组织的承受能力。另一方面则是因为这些非营利组织，如基金会、事业单位等长期以来是以政府和社会资助为经费来源，但这种资助往往是有限的、不稳定的，尤其是在中国这样的发展中国家。再加之，许多非营利组织，如世界环保组织、中国民间环保组织、壹基金等通常只聚焦于某一社会领域问题的解决，因而影响有限。以上这些原因都造成了目前非营利组织在解决社会问题上独木难支的局面。

在这种情况下，人们逐渐意识到仅仅依靠这些非营利组织来解决社会问题是不够的，需要调动更多的实体和组织参与到社会问题的解决上来。而商业企业作为当前经济活动中最为重要的主体，往往可以利用其特有的成熟商业化、市场化运作模式以及高效资源整合能力等优势，在创造经济价值的同时带来社会价值。例如，百事（中国）投资有限公司在为公司寻找土豆生产基地、保障企业原材料来源过程中，响应中国西部大开发的号召，特意选取了西部地区作为自己的原料生产基地，并与当地研究机构开展技术合作研发以及引进土豆种子培育和种植技术。除此之外，百事（中国）投资有限公司还借助先进仪器设备和专业技术对西部沙漠进行改良。这一系列的措施使得我国西部的一些沙漠地带得到了有效开发利用，成为土豆种植的高产良田。不仅如此，该公司还在市场上对土豆培育和种植技术进行推广，不仅使得企业有效地降低了原料成本，满足市场需求，也使当地的薯农获得了经济利益。总之，这些做法既为企业自身带来了经济效益，也带来了生态和社会效益，实现了三者的有机统一（王晶晶、郭新东，2015）。

9.2.4　有效促进地区持续减贫

公司社会创业不再是仅仅追求企业的经济利益，而是将解决社会问题、创造社会价值放在同样重要的战略位置。

在以往的减贫行动中，社会各界往往是借助慈善、捐款等方式对贫困人群进行援助，但这些通常不能真正地提高低收入群体的素质和改变他们的命运，也无法从根本上消除贫困。近些年来，公司社会创业的发展使许多人看到了从根本上消除贫困的希望（万倩雯 等，

2019）。塔萨沃里（Tasavori，2015）从公司社会创业的角度指出，跨国公司可以通过增加社会附加值、授权、系统性变革和社会创新在 BOP 市场创造社会价值，进而消除贫困。例如，跨国公司可以通过利用其专门知识来开发穷人负担得起的产品或服务，进而使他们从产品或服务中受益，或者通过将穷人同步视为消费者和生产者，纳入自己的供应链来增强穷人自身的能力，找到为穷人创造价值的有效、可持续的模式，最终为贫困地区从根本上消除贫困提供可能性（Tasavori，2015）。

塔萨沃里（Tasavori et al.，2014）在有关跨国公司社会创业的研究中发现，跨国公司为印度 BOP 市场提供的可持续发展方案对于减贫有着重要的影响。例如，Alpha 基金会通过民生计划，不仅教育穷人如何理财，而且联合当地非政府组织 Livelihood 鼓励穷人创业并提供支持和相关培训，为当地人脱贫提供了一个重要的渠道（Ghauri et al.，2014）。在中国，越来越多的企业通过实施社会创业达成了扶贫与创造社会价值的目标。例如，宜信公司本身主要是利用大数据为中国高成长性人群和大众富裕阶层提供金融服务的，但在 2009 年该公司为了解决农村贷款难问题，推出了"宜农贷"信贷服务平台。该平台一方面帮助农村的贫困妇女筹措资金以进行创业或生产，另一方面帮助农户认识到资金的时间价值，盘活资金，有效地帮助该地区贫困人口发家致富（袁帅，2015）。

9.3 公司社会创业的形成机制

在社会创业实践中，存在各种因素驱动着企业开展社会创业活动，既包括源于外部环境的因素，也有来自组织内部的因素以及企业家个体特征。类似地，公司社会创业领域的学者通过研究也识别出了外部环境变量、组织内部变量及企业家个体价值观三大类因素。

9.3.1 外部环境因素

企业所面临的外部环境影响企业的战略行为。外部环境往往给企业带来新的机遇（Zahra，1991），外部环境的变化是驱动公司创业的重要因素。公司社会创业同样受到外部环境因素的影响。在已有研究中，已识别出的驱动公司社会创业的外部环境因素包括社会对新产品的需求、政策支持和利益相关者期望等（王晶晶、郭新东，2015）。

第一，社会需求是驱动公司创业的一个重要环境因素。新的需求是刺激企业进行创新和创业活动的关键因素。当面临新的需求时，企业往往致力于开发新的产品或服务以满足新需求（王晶晶、郭新东，2015）。同理，有需求才有市场，有市场才会驱动企业进行社会创业。捕捉到社会需求是企业进行社会创业的前提。充分了解社会需求，能够帮助企业将社会创业活动的目标与满足社会需求协调一致，提高公司社会创业活动或项目的效率与效果。比如，中国一家上市公司"蒙草抗旱"，其所在地内蒙古自治区的部分区域常年降水量低、植被严重退化、水土流失严重，从国外进口草皮成本非常高昂（王晶晶、郭新东，2015）。蒙草抗旱抓住所在地生态环境和城市绿化中的问题与需求，提出了自己的解决方案，为当地生态环境和绿化事业做出了贡献。与此同时，该公司也在环保行业占据了一席之地。

第二，政策支持也是驱动公司社会创业的一个重要环境因素。公司社会创业活动不是"授人以鱼"式的表面善举，而是"授人以渔"、以创新的商业模式解决社会问题的系统持久的活动。这就意味着，商业企业进入某些服务不足的市场领域需要政策的指引，需要相关配套政策法规的支持，如税收优惠政策和相关财政补贴。一些企业基于政策的指引和市场的需求在环保行业进行社会创业，既得到了当地政府环保部门的相应补贴，又得到了各类环保组织的大力支持。比如，东方惠乐公司通过响应国家积极应对老龄化、大力发展老龄人口服务事业的号召，大力发展养老事业，并与全国老龄办等部门合作，建立了"健康养生示范基地"和"全国异地养老华东基地"。

第三，利益相关者的期望是影响公司社会创业的另一重要因素（Kuratko et al., 2017）。利益相关者理论解释了为何现实中一些企业的活动超出了它的商业惯例，以及为何一些组织从事意料之外的社会或环境活动。在社会的各个利益相关者中，管理者必须识别出那些需要关注的关键利益相关群体。企业在进行公司社会创业活动时，关键利益相关群体包括社会创业活动的受益群体以及关注受益群体利益的相关政府组织与非政府组织。一方面，充分考虑利益相关者的期望，并确保获得利益相关者的认可和支持，可以为公司社会创业活动带来合法性。另一方面，除了获得合法性，通过将社会责任纳入公司战略中，企业可以从主要利益相关者处获得有利的行为支持，从而带来竞争优势和长远的财务绩效（Kuratko et al., 2017）。比如，一些服务业跨国公司利用公司社会创业进入 BOP 市场时，充分考虑了金字塔底层人群和当地非政府组织减少贫困的期望，开发出适合 BOP 市场的产品和流程（Ghauri et al., 2016）。通过充分挖掘利益相关者的期望，跨国公司可以在 BOP 市场中抓住社会机遇，从先发制人的优势中获益，并通过为这个尚未开发的巨大市场提供服务而获得竞争优势。

9.3.2　组织内部因素

除了外部环境因素外，组织内部因素也可以对公司社会创业的开展起到积极作用（Antoncic and Hisrich, 2004），或者对公司社会创业的发展起到阻碍作用。组织内部因素定义了参与社会创业活动的情境（Zahra, 1991），主要包括组织条件和组织氛围。其中组织条件包括相关资源的可获得性和与非政府组织的联盟，组织氛围主要包括组织价值观、组织支持和公开交流（Tasavori, 2015；Tasavori et al., 2016）。

第一，时间和财务相关资源的可获得性是驱动公司创业和企业社会责任的关键因素。当组织拥有闲置资源时，更容易从事与企业社会责任相关的活动。由于社会创业具有高资源消耗和低回报率的特征，财务资源的可获得性对公司社会创业来讲是至关重要的，充足的财务资源使高层管理者能将部分资源分配给公司社会创业活动，并接受长期性投资回报。此外，允许员工花费一些工作时间来开发新想法也是十分重要的，企业应允许员工分配一定的时间投入到社会创业活动中（Kuratko et al., 2017）。当员工认为没有充足的与时间有关的资源可供使用时，往往不愿积极参与到社会创业中。

第二，与非政府组织联盟是有利于公司社会创业的另一个因素。一方面，由于非政府组织比较了解社会问题，与社区和非政府组织建立伙伴关系能够帮助企业获得关于社会问题的详细知识，帮助企业深入了解社会问题。比如，通过与非政府组织的合作，跨国公司可以更好地洞察 BOP 市场需求，开发新的产品或服务，从而帮助跨国公司顺利进入这一市场。另一方面，与非政府组织联盟可以帮助跨国公司获取资源，特别是获取那些不能通过购买得到的资源。比如，由于针对 BOP 市场没有太多的结构化的市场调查，因此跨国公司可以利用非政府组织对金字塔底层人群的了解以及满足金字塔底层人群需求的长期工作经验，从与非政府组织的合作中受益。

第三，组织支持是影响公司社会创业的关键因素之一（Gifford and Kestler, 2008）。以管理支持、工作自主权、奖励或松散的组织内部界限为形式的组织支持，对公司社会创业至关重要（Gifford and Kestler, 2008）。管理支持是指高级管理层愿意在组织中促进社会相关的创业活动。组织支持能从物质资源基础和精神激励两方面推动新思想的产生、探索和发展以及助推企业从事社会责任相关的活动。管理层的积极参与、最高管理层的支持、承诺以及人员配置和奖励都能有效推动公司社会创业活动的开展。组织应创建支持社会创业的内部环境，强调公司社会创业的重要性。

第四，组织价值观是公司社会创业的驱动因素之一。组织价值观代表着管理者的理念和理想，指导员工的行为。创造社会价值、实现社会使命的组织价值观能够有效推动企业进行公司社会创业。在这样的价值观指导下，公司不仅要遵守法律，体现对利益相关者的责任，更应回应公众对企业公民的期待，以创新的商业模式参与解决社会问题，加速公司创业活动进程。比如，组织中的社会价值观推动跨国公司参与公司社会创业，同时也为其打开了BOP市场。在公司社会创业的背景下，价值观不仅与创业精神的激励有关，也与企业的社会责任感密切相关。各组织应将社会使命作为其价值观的核心和组成部分。

第五，开放式的沟通和信息交流是组织中的关键因素。组织中的开放式沟通和信息交流有助于公司社会创业。开放式的沟通促进了新思想的产生和引进，培养了员工的创新能力和创造力。沟通的数量和质量水平越高，公司就越能成功地启动和实施公司创业以及公司社会创业（Zahra, 1991）。为了促进公司社会创业，管理者应该强调新思想对于组织解决各级社会问题的重要性。

9.3.3 企业家个体价值观

价值观的作用是双重的，既可能驱动个体追求自我利益，也可能促使个体增加社会福利。个人价值观存在一种普遍的二分法，即个人主义和集体主义。其中，集体主义价值观促使个体在企业中倡导社会责任，追求社会价值（Hemingway, 2005）。企业内部社会创业家就是既拥有创新、突破传统管理方法等创业导向，又拥有社会责任意识和社会责任导向的一个群体。这些人着力于培养和推动企业内部的变革与创新，使得企业在追求社会价值的进程中发挥更积极、深层次的作用。企业社会创业家或社会内部创业家被认为是企业创业家（或内部创业家）和社会企业家的结合。企业社会创业的过程是由各种变革驱动者或内部创业家所推动的，这一部分群体在公司社会创业的实践过程当中发挥着举足轻重的作用。

综上所述，公司社会创业的影响因素主要包括外部环境、组织内部因素和企业家个体价值观。这些因素驱动企业开展社会创业活动，取得良好的社会效益，并得到社会的认可，同时也为企业的可持续发展铺平道路，为企业带来长期利益。

9.4 公司社会创业氛围的评价

要推动公司社会创业的开展并获得积极效果，有必要营造有利的企业内部氛围。这就要求我们在确定影响公司社会创业内部因素的基础上进一步开发合适的评价工具。在这方面，美国学者库拉特科（Kuratko）、麦克马伦（McMullen）和霍恩斯比（Hornsby）等人的研究工作给出了很多有价值的启示。具体来说，2017年库拉特科、麦克马伦和霍恩斯比等人在已有的衡量企业内部创业氛围的工具——公司创业评估工具（CEAI）（Kuratko et al., 2014）的基础上，又加入了一些新的社会维度，从而提出了一个测量企业内部公司社会创业氛围的工具——公司社会创业量表（SCES）（Kuratko et al., 2017）。库拉特科、麦克马伦和霍恩斯比等人首先回顾了企业社会责任和社会创业的既有研究，然后确定了社会价值创造中必不可少的其他维度，最终将利益相关者的突出性、社会主动性、公司治理安排、信息披露与透明度四个维度作为附加因素，从而将原有的公司创业评估工具（CEAI）发展为公司社会创业量表（SCES）。

9.4.1 利益相关者的突出性

某利益相关群体对企业决策影响的突出程度被称为利益相关者突出性（stakeholder salience）。通过维持与多个利益相关者的关系，企业家能够了解他们的需求，并提高企业对所有利益相关者作用的理解，因此可以为新产品和服务的开发提供机会（Clarkson, 1998）。由于管理者认识到企业拥有不同层次的利益相关者，因此不太可能给予每个利益相关者同等程度的关注，管理者需要识别对企业来说真正重要的利益相关者，以此确定如何将注意力分配给不同的利益相关群体。米切尔等人提出一种评分法，依据三个属性即合法性、紧迫性和权力性来对利益相关者的突出性进行评分（Mitchell et al., 1997）。合法性是指利益相关者是否被赋予法律和道义上对企业的索取权；紧迫性是指利益相关者的要求立即引起管理层注意的程度；权力性是指利益相关者影响企业行为的能力。

对商业性质的公司创业来说，企业的主要利益相关者通常是顾客、员工和投资者，但对更具社会性质的公司社会创业来说，社会价值的创造往往还会受到政府环保部门、非营利组织等更广泛的利益相关者关系的直接影响。因此，能够明确哪些利益相关者会对企业产生突出影响，即利益相关者的突出性，是有效评价公司社会创业氛围的重要因素之一。

9.4.2 社会主动性

组织姿态（organizational posture）是由利益相关者突出程度引起的评价结果，指的是组织对其环境的反应，影响企业如何选择和解释环境，以及企业如何部署资源。组织姿态反映了企业与其利益相关者的关系，在管理学研究中已被用来评估组织实现其目标的总体方式。在环境管理文献中常运用姿态这一概念来处理生态问题与可持续发展问题，尤其是在社会问题的研究中，组织姿态可以反映企业对利益相关者的回应。

一个企业的姿态可以采取不同的形式。在社会问题的情境下，姿态的分类反映了组织对企业社会责任的态度。对社会责任的态度最常见的分类为被动型、防御型、宽松型和主动型。处于被动状态的企业否认对社会问题的责任，做的比要求的少。防御型企业勉强承认在社会问题上的责任，并对此做出了最低限度的回应。宽松型企业接受在社会问题上的责任，并采取必要的行动来解决问题。而主动型企业预测责任，并力求在社会问题的解决上处于领先地位。

在社会问题层面上主动的企业力图影响和改变环境，而不是出于生存考虑仅仅做出必要的回应。在具有社会主动性（social proactiveness）的企业中，决策者会在被迫对环境威胁和机会做出反应之前就采取行动。因为涉及监控顾客和竞争对手，主动性大大有助于保持企业竞争力。具体说来，体现主动性的行为包括机会识别、挑战现状及创造有利条件。这些类似于公司创业者常用的做法，也可成为公司社会创业氛围评价的关键组成部分。

9.4.3 公司治理安排

公司治理（corporate governance）需要确定组织资源部署的广泛用途，并且解决组织中众多参与者间的冲突问题（Daily et al., 2003），公司治理机制旨在提供一些保证，使管理者努力实现与股东利益相一致的结果。这些机制包括鼓励预期活动与行为的薪酬合约、构建得当的董事会，以及道德和透明化行为的内部制衡。企业在实践中已经进行了许多治理改革，以确保企业内活动的合法性和有效性。其中一些改革包括在董事会中增设独立董事、将 CEO 和董事长的职位分离以及设定董事任期期限等。

公司社会创业活动不能忽视治理安排的影响。戴利等人提出了一些正在推动公司治理的议题（Daily et al., 2003），如董事会对行政活动和结果的监督、更积极的股东影响力以及危机期间的治理机制等。显然，在如今不断变化的全球经济环境中，能在控制与协作二者间进行协调平衡的治理系统，最有利于企业在社会创业方面的活动。

9.4.4 信息披露与透明度

全面的透明度（transparency）以及在环境、社会和经济等各个方面的绩效披露是任何企业社会创业事业的关键组成部分。披露是企业与关键群体（即利益相关者）建立联系的一种机制，并对识别新的商业机会的过程十分重要。强制性的环境和社会信息披露正在渐渐成为主流。在全球范围内，一些国家已要求企业持续地披露信息。例如彭博公司（Bloomberg）在 2009 年推出的一款新产品，使其客户可在终端上搜索、展示和下载超过 3 000 家上市公司可持续性发展方面的信息。社交媒体的增加也逐渐模糊了披露和参与之间的界线，这为企业与外界的对话创造了新的机会，同时也无形当中给企业的信息披露和透明度带来了新的压力。社交媒体使互联网用户能够分享新闻，并实时地对企业的社会问题发表自己的看法，企业必须准备好在问题发生时公开和诚实地讨论社会影响问题。企业透明度和充分披露无疑将有助于促进企业内外信任的氛围，以及从事旨在创造社会价值的创业活动的意愿，因此也是评价组织中公司社会创业氛围的关键条件。

结合公司创业评估量表原有的维度以及上述四个维度，库拉特科、麦克马伦和霍恩斯比等人提出了完整的公司社会创业量表（SCES），如表 9-3 所示。

表 9-3 公司社会创业量表（SCES）[⊖]

我们想了解您是如何看待您的工作场所和企业的。请阅读下列题项，并在每一个题项的右边选择您同意或不同意的程度。如果非常同意，请选择数字"5"，如果非常不同意，请选择数字"1"。这些问题并没有正确或错误的答案，所以请您在回答中尽可能地坦诚。所有答案将严格保密。感谢您的合作！ 1——非常不同意　2——不同意　3——不确定　4——同意　5——非常同意

⊖ 依据下文的相关内容编译：KURATKO D F, MCMULLEN J S, HORNSBY J S, et al. Is your organization conducive to the continuous creation of social value? Toward a social corporate entrepreneurship scale[J]. Business horizons, 2017, 60(3): 271-283.

(续)

管理支持	非常不同意	不同意	不确定	同意	非常同意
1. 我的企业能很快地使用已改进的工作方法。	1	2	3	4	5
2. 我的企业能很快地使用由员工开发的已改进的工作方法。	1	2	3	4	5
3. 企业鼓励为企业的进步开发自己的想法。	1	2	3	4	5
4. 上级管理者知道且非常接受我的想法和建议。	1	2	3	4	5
5. 晋升通常来源于全新的、创新的想法。	1	2	3	4	5
6. 那些自己提出创新想法的员工往往能得到管理层对他们的行动的鼓励。	1	2	3	4	5
7. 企业允许"实干者"无须经过详细的解释和批准程序即可做出决策。	1	2	3	4	5
8. 高层管理者鼓励创新者打破规则和僵化的程序,使有前景的想法得以发展。	1	2	3	4	5
9. 很多高层管理者因其在创新过程中的经验而闻名。	1	2	3	4	5
10. 可以从企业获得启动新的项目、想法的财务支持。	1	2	3	4	5
11. 拥有成功创新项目的个人能够因其创新的想法和付出的努力,获得超出标准奖励制度的额外奖励和补贴。	1	2	3	4	5
12. 在企业中,个人可以通过多种方式获得创新项目和想法的经济支持。	1	2	3	4	5
13. 组织常常鼓励人们利用新的想法来计算风险。	1	2	3	4	5
14. 无论最终成功与否,个人风险承担者往往因其支持新项目的意愿而被认可。	1	2	3	4	5
15. 对我的工作领域中的人们来说,"风险承担者"是一个积极的称号。	1	2	3	4	5
16. 由于意识到有些项目将会失败,企业支持许多小型的实验项目。	1	2	3	4	5
17. 一个有好想法的员工通常会被给予自由的时间来开发此想法。	1	2	3	4	5
18. 企业中的员工极其渴望产生新的想法,而不考虑跨部门或跨职能的界限。	1	2	3	4	5
19. 企业鼓励人们与其他部门的员工讨论有关新项目的想法。	1	2	3	4	5

工作自主性	非常不同意	不同意	不确定	同意	非常同意
20. 我觉得我就是自己的上司,并且不需要与其他人一起再次确认我所有的决定。	1	2	3	4	5
21. 严厉的批评和惩罚是我在工作中所犯的错误造成的。	1	2	3	4	5
22. 企业提供了机会,使我可以创造性地在工作中尝试自己的工作方法。	1	2	3	4	5

（续）

	非常不同意	不同意	不确定	同意	非常同意
23. 企业给予了我自己做出判断的自由。	1	2	3	4	5
24. 企业提供了机会，使我可以利用自己的能力做事。	1	2	3	4	5
25. 我有决定自己在工作中做什么的自由。	1	2	3	4	5
26. 决定如何完成工作基本上是我自己的责任。	1	2	3	4	5
27. 我几乎总能决定我在工作中做些什么。	1	2	3	4	5
28. 我对自己的工作有很多自主权，并且独自做自己的工作。	1	2	3	4	5
29. 我很少需要每天都遵循同样的工作方法或步骤来完成我的主要任务。	1	2	3	4	5

奖励

	非常不同意	不同意	不确定	同意	非常同意
30. 我的经理帮助我消除障碍来完成我的工作。	1	2	3	4	5
31. 我收到的报酬取决于我的工作表现。	1	2	3	4	5
32. 如果我的工作表现良好，我的上司会增加我的工作职责。	1	2	3	4	5
33. 如果我的工作表现特别好，我的上司会给我特别的认可。	1	2	3	4	5
34. 如果我的工作很出色，我的经理会告诉他的老板。	1	2	3	4	5
35. 我的工作有很多的挑战。	1	2	3	4	5

时间资源的可获得性

	非常不同意	不同意	不确定	同意	非常同意
36. 在过去的三个月里，我的工作量使我无法花时间去开发新的想法。	1	2	3	4	5
37. 我似乎总是有充裕的时间去完成所有的事情。	1	2	3	4	5
38. 我有适当的时间和工作量去做好每件事。	1	2	3	4	5
39. 我的工作被安排好了，所以我很少花时间去思考更广泛的组织问题。	1	2	3	4	5
40. 我觉得我的工作总是有时间限制。	1	2	3	4	5
41. 我的同事和我总是找时间来解决长期问题。	1	2	3	4	5

组织结构

	非常不同意	不同意	不确定	同意	非常同意
42. 在过去的三个月里，我一直遵循标准的操作程序或惯例来完成我的主要任务。	1	2	3	4	5
43. 完成我的主要任务过程中，存在许多书面的规则和程序。	1	2	3	4	5
44. 在工作中，我曾怀疑过别人对我的期望。	1	2	3	4	5
45. 我的工作没有什么不确定性。	1	2	3	4	5

(续)

	非常不同意	不同意	不确定	同意	非常同意
46. 在过去的一年里,我的直属上司经常和我一起讨论工作表现。	1	2	3	4	5
47. 我的工作描述清楚地说明了工作绩效的评估标准。	1	2	3	4	5
48. 我清楚地知道在产出的数量、质量和时间性方面,企业对我的期望工作绩效水平。	1	2	3	4	5

社会主动性

	非常不同意	不同意	不确定	同意	非常同意
49. 我发现我的企业非常主动地为解决社会问题而部署资源。	1	2	3	4	5
50. 我的工作描述清楚地识别出有社会影响力的活动。	1	2	3	4	5
51. 我清楚地知道,我工作表现的质量和及时性直接关系到企业追求的社会事业。	1	2	3	4	5

利益相关者的突出性

	非常不同意	不同意	不确定	同意	非常同意
52. 在过去的一年里,我可以识别出企业认为重要的利益相关者。	1	2	3	4	5
53. 我的工作描述清楚地说明了我所关注的利益相关者。	1	2	3	4	5
54. 对我而言,企业所力求满足的利益相关者总是显而易见的。	1	2	3	4	5

公司治理安排

	非常不同意	不同意	不确定	同意	非常同意
55. 企业的指挥和控制结构显然是为了合作而平衡的。	1	2	3	4	5
56. 董事会设有独立董事直接监督高级管理层。	1	2	3	4	5
57. 我的经理的薪酬直接与包括社会影响在内的绩效挂钩。	1	2	3	4	5
58. 我清楚地知道高层管理者所期望的社会创业活动。	1	2	3	4	5

信息披露与透明度

	非常不同意	不同意	不确定	同意	非常同意
59. 在过去的一年里,企业发表了有关社会参与的公开声明。	1	2	3	4	5
60. 企业使用一些最新的社交媒体,就环境、社会和经济方面的绩效与各利益相关者进行沟通。	1	2	3	4	5
61. 我清楚地知道,我的工作成果与社会问题有关,并会由我的企业向公众传达。	1	2	3	4	5

本章小结

1. 公司社会创业是在位企业通过创业的方式解决社会问题、创造社会价值的现象。
2. 作为学术概念,公司社会创业位于公司创业与社会创业两大构念的交界面上。
3. 公司社会创业与传统意义上的企业社会责任不是等同的概念,与公司内创业也存在差异。
4. 对企业来说,公司社会创业利于优化社会价值输出方式和顺利进入 BOP 市场。对社会来说,公司社会创业有助于构建多元社会服务体系以及促进地区持续减贫。
5. 外部环境因素、组织内部因素和企业家个体价值观是驱动企业从事公司社会创业的三大因素。
6. 公司社会创业量表(SCES)是评价企业内部公司社会创业氛围的工具,是在公司创业评估工具(CEAI)中加入利益相关者的突出性、社会主动性、公司治理安排以及信息披露与透明度四个维度而形成的。

问题讨论

1. 结合现实中的案例,谈谈对公司社会创业这一概念的理解。
2. 除了本章中提及的内容,你认为公司社会创业对企业和社会的影响还体现在哪些方面?
3. 你认为公司社会创业的驱动因素包括哪些?
4. 简述如何评价企业氛围是否有利于公司社会创业。

扫码查看案例分析和文献精读。

参考文献

[1] ALT E, CRAIG J B. Selling issues with solutions: igniting social intrapreneurship in for-profit organizations[J]. Journal of management studies, 2016, 53(5): 794-820.

[2] ANDERSON J, MARKIDES C. Strategic innovation at the base of the pyramid[J]. MIT Sloan management review, 2007, 49(1): 83-88; 93.

[3] ANTONCIC B, HISRICH R D. Corporate entrepreneurship contingencies and organizational wealth creation[J]. Journal of management development, 2004, 23(6): 518-550.

[4] AUSTIN J, STEVENSON H, WEI-SKILLERN J. Social and commercial entrepreneurship: same, different, or both?[J]. Entrepreneurship theory and practice, 2006, 30(1): 1-22.

[5] BODE C S, SANTOS F M. The organizational foundations of corporate social entrepreneurship[J]. DOI: 10.2139/ssrn.2202105. INSEAD working papers collection, 2013.

[6] CLARKSON M B E. The corporation and its stakeholders: classic and contemporary readings[M]. Toronto: University of Toronto Press, 1998.

[7] DAILY C M, DALTON D R, CANNELLA A A. Corporate governance: decades of dialogue and data[J]. Academy of management review, 2003, 28(3): 371-382.

[8] GHAURI P, ROSE E L, TASAVORI M, et al. Internationalisation of service firms through corporate social entrepreneurship and networking[J]. International marketing review, 2016, 31(6): 576-600.

[9] GHAURI P N, TASAVORI M, ZAEFARIAN R. Network, social entrepreneurship, internationalization, base of the pyramid, corporate social entrepreneurship, service firms[J]. International marketing review, 2014, 31(6): 576-600.

[10] GIFFORD B, KESTLER A. Toward a theory of local legitimacy by MNEs in developing nations: newmont mining and health sustainable development in Peru[J]. Journal of international management, 2008, 14(4): 340-352.

[11] HADAD S, CANTARAGIU R. Corporate social entrepreneurship versus social intrapreneurship: same idea, different trajectories? [J]. Management & marketing-challenges for the knowledge society, 2017, 12(2): 252-276.

[12] HGWAEMINY C A. Personal values as a catalyst for corporate social entrepreneurship[J]. Journal of business ethics, 2005, 60(3): 233-249.

[13] KURATKO D F, HORNSBY J. Diagnosing a firm's internal environment for corporate entrepreneurship[J]. Business horizons, 2014, 57(1): 37-47.

[14] KURATKO D F, MCMULLEN J S, HORNSBY J, et al. Is your organization conducive to the continuous creation of social value? Toward a social corporate entrepreneurship scale[J]. Business horizons, 2017, 60: 271-283.

[15] LONDON T, HART S L. Reinventing strategies for emerging markets: beyond the transnational model[J]. Journal of international business studies, 2004, 35(5): 350-370.

[16] MAIR J, MARTI I. Social entrepreneurship research: a source of explanation, prediction, and delight[J]. Journal of world business, 2006, 41(1): 36-44.

[17] MITCHELL R, AGLE B R, WOOD D J. Toward a theory of stakeholder identification and salience: defining the principle of who and what really counts[J]. Academy of management review, 1997, 22(4): 853-886.

[18] PORTER M E, KRAMER M R. Creating shared value[J]. BestMasters, 2011, 89(1): 62-77.

[19] SHANE S, VENKATARAMAN S. The promise of entrepreneurship as a field of research[J]. Academy of management review, 2000, 25(1): 217-226.

[20] TASAVORI M. A corporate social entrepreneurship approach to market-based poverty reduction[J]. Emerging markets finance & trade, 2015, 51(2): 320-334.

[21] TASAVORI M, GHAURI P N, ZAEFARIAN R. Entering the base of the pyramid market

in India: a corporate social entrepreneurship perspective[J]. International marketing review, 2016, 33(4): 555-579.

[22] VACHANI S, SMITH N C. Socially responsible distribution: distribution strategies for reaching the bottom of the pyramid[J]. Social science electronic publishing, 2008, 50(2): 52-54.

[23] ZAHRA S A. Predictors and financial outcomes of corporate entrepreneurship: an exploratory study [J]. Journal of business venturing, 1991, 6(4): 259-285.

[24] ZAHRA S A, GEDAJLOVIC E, NEUBAUM D O, et al. A typology of social entrepreneurs: motives, search processes and ethical challenges[J]. Journal of business venturing, 2009, 24(5): 519-532.

[25] 戴维奇. 理解"公司社会创业": 构念定位、研究梳理与研究议程 [J]. 科学学与科学技术管理, 2016, 37（4）: 35-44.

[26] 戴维奇, 魏江, 林巧. 公司创业活动影响因素研究前沿探析与未来热点展望 [J]. 外国经济与管理, 2009, 31（6）: 10-17.

[27] 戴维奇, 王铱, 林巧. 合法性视角下公司社会创业案例研究 [J]. 科技创业月刊, 2021, 34（11）: 1-10.

[28] 葛笑春, 翟云杰, 王宜敏, 等. 跨部门联盟的匹配因素与公司社会创业价值创造的关系研究 [J]. 研究与发展管理, 2020, 32（3）: 25-35; 99.

[29] 万倩雯, 卫田, 刘杰. 弥合社会资本鸿沟: 构建企业社会创业家与金字塔底层个体间的合作关系: 基于 LZ 农村电商项目的单案例研究 [J]. 管理世界, 2019, 35（5）: 179-196.

[30] 王晶晶, 郭新东. 企业社会创业动机的探索性研究: 基于三家企业的案例分析 [J]. 管理案例研究与评论, 2015, 8（4）: 340-351.

[31] 魏江, 戴维奇, 林巧. 公司创业研究领域两个关键构念——创业导向与公司创业——的比较 [J]. 外国经济与管理, 2009, 31（1）: 24-31.

[32] 杨小庆. 我国社会创业的发展现状 [J]. 财讯, 2016（26）: 9-10.

[33] 袁帅. 企业社会创业机会识别影响因素的探索性案例研究 [D]. 蚌埠: 安徽财经大学, 2015.

第 10 章　公益创投

:: 学习目标

- 理解公益创投的概念
- 理解公益创投的特征
- 了解公益创投的分类
- 理解公益创投的核心内容
- 掌握公益创投对社会创业和社区治理的意义

开篇案例

上海玛娜数据科技发展基金会：用数字技术赋能社会创新创业

上海玛娜数据科技发展基金会（简称"玛娜数据基金会"）成立于2016年，是上海市民政局认定的慈善组织。玛娜数据基金会是国内第一家以数据科技为关注重点的公益基金会，其宗旨是"让数据科技服务于人的福祉和自由"。该基金会致力于个人数据权益保护以及推动数据技术与社会创新结合，促进人与数据社会和谐共生。

玛娜数据基金会将理论研究和创新转化相结合，开展了"个人数据权益研究与倡导""数字化赋能社区发展""社会资本创新转化"等工作，保护个人数据权益，推动数字创新，促进数字技术赋能社会创新创业，让科技发展和数字创新能在法律和道德的框架内造福社会。在个人数据权益的理论研究方面，基金会在伦理、法律和实践三个层面积累了大量的研究成果，逐步形成了相对完整和面向未来的理论体系，为指导基金会的公益慈善实践提供理论指导。在数字赋能社区发展方面，基金会根据社区真实需求，发展数字赋能系统解决方案，引入和匹配数字化视觉、电商培训和数字普惠金融等数字化工具，为社区内生发展提供资金、技术、资源和相关能力支持，调动社区成员的积极性并激发其首创精神，实现社区可持续发展。在社会资本创新转化方面，基金会将数字化信用技术嵌入社会资本网络，让大数据和各利益主体、资源、解决方案对接，在此基础上开展公益伙伴资助计划，利用数字技术链接资源供给方、解决方案提供者和需求方，从而实现资源高效利用和精准公益。

玛娜数据基金会积极关注社会问题，组织研究团队深入调研，梳理人工智能、大数据、区块链等数字技术的发展进度，围绕数据伦理、个人信息保护、数据交易等话题展开理论研究，形成了丰硕的研究成果。2020年4月，玛娜数据基金会联合国内相关领域的专业研究力量成立疫情防控中个人信息保护项目组，编撰并发布了疫情防控中个人信息保护手册。手册中总结了数据全生命周期管理的流程，规范并保证了疫情期间个人数据采集、传输、储存和使用的各个环节符合道德范畴和法律要求，为一线防疫工作人员提供了极大的便利。此外，玛娜数据基金会还发布了《数据交易的商业模式研究报告》，并在《河南社会科学》《交大法学》《探索与争鸣》等学术期刊上发表多篇论文，因此形成了较高的社会影响力。

社会创业（social entrepreneurship）是一种旨在解决社会问题的新方法，新型的组织形式近年来蓬勃发展，公益创投就是支持社会创业的金融中介组织。公益创投旨在通过创意投标、项目运作、第三方评估等，培育和发展公益性社会组织，促进其规范治理，提升专业服务能力，推进社会发育和成长。公益创投有助于推动政府购买公共服务理念的提升，建立政府和社会组织合作共赢的新机制，创新社会管理。

现阶段，我国已进入社会转型与经济转轨的关键期，社会结构与社会利益发生深刻变化，社会矛盾、社会问题与社会风险处于相对活跃和高发期。要实现社会长治久安、社会经济可持续发展，就必须加快推进民生为本的社会建设，加快社会管理体制改革，努力培育和发展社会公益组织，积极回应社会需要。因此，加快公益创投发展有着特殊的历史使命和重要的现实意义。其一，公益创投是培育与发展社会组织的重要创新方式，能为社会组织的培育和发展提供资金、技术和管理等方面的帮助。其二，公益创投是促进行业标准建设的重要路径，随着接受公益创投所支持的社会目标组织数量不断扩大，公益创投的相关制度规范将逐步成为具有规范性、引领性的行业标准，对社会组织自身建设具有很强的示范引领意义。其三，公益创投是社会福利发展的重要助推器，运用公益创投发展模式，可以整合各方资源并实现资源的相对有效配置，从而有助于从提升个体服务对象的福利转而到提升全社会的福利水平。其四，公益创投是促进社会就业的重要路径，每一个社会公益项目培育成熟后蜕变转型为相应的社会公益组织，都将产生一定数量的就业岗位和机会。其五，公益创投是发展民生服务的重要融资支持机构，公益创投为差异化的社会公益服务项目提供财务支持与非财务增值服务，促进社会企业整体发展。此外，公益创投还是促进政府购买服务体系构建的孵化器。公益创投作为社会服务项目的创新平台，能够不断发掘社会群体的公共需求，发现行之有效的解决路径，促进行业标准的建立，培养标准化、专业化的社会组织。

10.1 公益创投的概念

10.1.1 公益创投的兴起

公益创投起源于 20 世纪 90 年代中期的美国，同时期被引入英国并迅速扩散至整个欧洲大陆，目前欧洲的公益创投大有后来者居上的趋势。2002 年，第一只公益创投基金 Impetus Trust 在英国成立，同年第一只标准意义上的公益创投基金 Fondazione Oltre 在意大利成立。2004 年，作为首个促进公益创投发展的机构——欧洲公益创业投资协会（EVPA）成立，标志着欧洲公益创投进入了快速发展时期。截至 2016 年中期，在 EVPA 调研报告中接受调研的从事公益创投活动的机构已经达到 108 家（EVPA，2016），EVPA 成员包括来自 29 个国家和地区的超过 210 个机构，投入资金并提供了相应的增值服务，有效推动了欧洲社会目标组织的孵化与可持续发展。自 2006 年起，亚洲国家和地区对公益创投的兴趣稳步增长。印度、新加坡、日本、韩国、中国等国家也纷纷开始了对公益创投的理论和实践探索。亚洲公益创投网络（AVPN）成立于 2011 年底，其业务范围覆盖整个亚太地区，截至 2016 年底，已有 370 多个公益创投组织加入。2013 年，南京市成立了我国首个公益创投协会——南京市公益创投协会，主要扶持社会救助公益项目。各省市公益创投项目竞赛逐步展开，在全国产生广泛影响。截至 2020 年 1 月，全国有 31 个省级行政单位举办了公益创投大赛，产生了一批优秀的公益创投项目。

公益创投的兴起及其在全球的扩展源自传统公益方式运行的诸多不足，即萨拉蒙（Salamon，1987）所指出的"公益失灵"。由于传统慈善手段在支持社会事务方面难以取得令人满意的效果，很多成功的社会创业者开始采用商业创投的模式来处理社会事务，即像商业创投者一样对其慈善事业的每一个过程进行管理和监督，并追求最大化的社会影响力回报（Greenfeld，2000）。波特等（Porter et al.，1999）就提出慈善基金会要改变将私人资金低效率投资于受捐助机构的被动角色，以创造更大的价值。瓦格纳（Wagner，2002）也强调将战略投资应用于非营利部门，以帮助它们从投资中获取社会回报。公益创投的兴起极大地促进了非营利部门的社会影响力创造。

10.1.2 公益创投的定义

1969 年，美国慈善家约翰·洛克菲勒三世最早提出公益创投概念，他将公益创投定义为一种"采用风险手段投资于非主流社会事业的投资形式"（Bishop and Green，2008）。1984 年，美国"半岛社区基金会"首次使用"venture philanthropy"，表达商业创投和慈善资助行为的结合。不久后，罗伯特组织发展基金会（Roberts enterprise development fund，REDF）等机构也明确地将商业创投的一些方法和协助管理的商业模式应用到公益捐赠中（Emerson and Twersky，1996）。莱茨等（Letts et al.，1997）发表了一篇影响深远的文章，奠定了公益创投研究的基础。他挑战了传统公益基金的做法，提出传统公益基金应借鉴商业创投在投资中的做法。佩平（Pepin，2005）将公益创投定义为"企业家、商业创投者、信托基金或公司将人力资源和资金投资于慈善事业，并寻求投资的社会回报"。但上述定义没有清晰识别公益创投的价值主张，使得公益创投的目标对象难以界定（Scarlata and Alemany，2010）。佩平（2005）进一步明确了公益创投的主要目标对象就是社会企业。在莱茨等（1997）研究的基础上，斯卡拉塔和阿勒马尼（Scarlata and Alemany，2011）提出了一个更加全面的公益创投定义，认为公益创投是一种针对具有潜在社会影响力的社会企业进行的投资，其中，投资前进行尽职调查，投资目标是获取最大化社会影响力，投资内容包括财务支持和非财务增值服务。

随着实践的发展，公益创投的定义和内涵也在不断演化（Buckland et al.，2013）。但越来越多的学者意识到已有定义只是考虑了公益创投与传统公益融资的区别，忽视了公益创投的资本属性。本书认为，任何新的金融工具的出现都是金融分工和深化的产物，公益创投不仅是一种新型的投融资方式，更是一种从商业创投中分离出来的专门执行社会企业投资职能的独立资本形态⊖，它具有独立的资本人格化代表——公益创投家，执行着独立的组织化资本职能——社会企业初期阶段投资职能，有着独特的投资目的——获取投资收益和社会影响力。只有站在资本属性的角度来理解公益创投才可能完整理解其独特运行过程。此外，理解公益创投，也应该基于包容性金融体系的视角。作为包容性金融体系的重要组成部分，公益创投区别于社会天使投资、影响力投资等其他社会资本形态。在包容性金融体系中，社会天使投资、小额信贷等主要针对种子期社会目标组织，影响力投资、社会债券等主要针对成熟期社会目标组织，公益创投则主要针对初创期的社会企业。因此，本书将公益创投定义为一种借鉴商业创投方法，对初创期社会目标组织（主要是社会企业）进行投资孵化的包容性资本形态。

10.2 公益创投的特征与分类

10.2.1 公益创投的特征

公益创投和公益慈善业、商业创投紧密相关，但也形成了自身的特征（Battilana and Dorado，2010）。莱茨等（1997）首次从传统公益中区分出公益创投，并且提出了公益创投相较于传统公益的五个特征：公益创投需考虑投资风险性；应具有明确的业绩目标和评价方式；与被投资者建立更加长期和深度的伙伴关系；能帮助被投资者获取持续投资；具有明确的退出战略。相似地，哈芬梅尔（Hafenmayer，2013）提出，公益创投具有以社会企业为投资对象、进行尽职调查、量体化投资、长期投资、监督和业绩评价、优先社会回报等特性。EVPA（2016）把公益创投看作是各种投资主体以寻求社会收益为目的而将创业资本和人力资源投资于善举。EVPA（2016）认为公益创投具有六大基本特征：

- 高度参与性（公益创投介入社会目标组织的运营）。
- 量体裁衣的融资安排（提供定制化的融资工具，包括可转换债券、混合工具等）。
- 长期资金支持（时间通常为3~5年，甚至涉及更长时间维度）。
- 非资金支持（提供包括战略规划、收入策略指导等非财务增值服务）。
- 组织能力建设（致力于组织的长期能力建设，以实现可持续经营）。
- 绩效评估（关注社会影响力的度量）。

⊖ 创业资本运行过程也存在筹资、投资、退出的资本割裂问题，详见刘志阳．创业资本运动机理：一个马克思主义视角[J]．南开学报：哲学社会科学版，2005（3）：97-106．

10.2.2 公益创投分类

公益创投综合采用各类金融工具（涵盖捐赠、股权、债权等）以实现最大的社会影响力。图 10-1 所示的公益创投光谱体现了公益创投家与社会影响力投资者所采取的战略，可以分为三类：只有社会影响力战略，即预期产生正的社会影响力和负的财务回报；社会影响力优先战略，即预期产生正的社会影响力同时也产生正的财务回报；财务回报优先战略，即预期以最大化财务回报为目标，社会影响力次之，这种类型不在公益创投定义范围内。由于公益创投以最大化社会影响力为目标，可以将现有的公益创投划分为三组，即只求社会影响力回报、社会影响力回报优先兼顾财务回报以及社会影响力与财务回报同等重要三种类型。

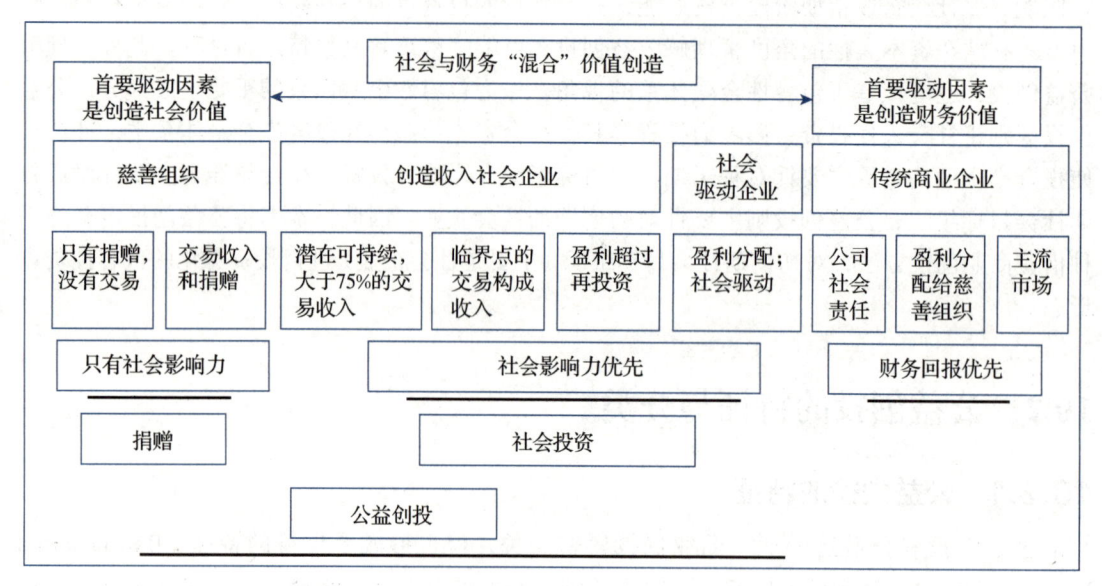

首要驱动因素是创造社会价值	社会与财务"混合"价值创造				首要驱动因素是创造财务价值		
慈善组织	创造收入社会企业			社会驱动企业	传统商业企业		
只有捐赠，没有交易	交易收入和捐赠	潜在可持续，大于75%的交易收入	临界点的交易构成收入	盈利超过再投资	盈利分配；社会驱动	公司社会责任	盈利分配给慈善组织	主流市场
只有社会影响力	社会影响力优先				财务回报优先		
捐赠	社会投资						
	公益创投						

图 10-1 公益创投光谱（The EVPA spectrum）

资料来源：根据 EVPA（2016）报告整理。

10.3 公益创投的运行机制及与商业创投的区别

商业创投运行一般经过筹资、投资和退出三个阶段（Gompers and Lerner，2001；Kaplan and Stromberg，2001）。同样，公益创投运行也依次经过这三个阶段（Scarlata and Alemany，2010；Boiardi and Hehenberger，2015）。首先，公益创投以筹资者的身份出现在公益资本市场，获得公益创投资本；其次，公益创投以投资者的身份，对社会企业进行筛选和谨慎调查，选定社会企业作为投资对象进行投资，帮助社会企业生产出具有市场价值、能够解决特定社会问题的创新产品，为社会企业提供专业化增值服务，如人力资源管理、财务管理、战略咨询和技术支持等，同时公益创投以所投资金为基础享有社会企业的股权或债权；最后，公益创投作为卖者，再回到公益资本市场，在社会企业具有一定可持续发展能力和社会影响力的前提下，把社会企业的股权卖出，并将投资收益留存作为下一轮投资的本金（刘志阳、王陆峰，2018）。和商业创投一样，公益创投总是依次经过筹资、投资和退出这三个阶段，而后随着新资金的筹集，又开始了新的资本循环（见图 10-2）。

```
                              （资金投入+增值服务）
                                     投资
  社会价值投资者  ──筹资──▶  公益创投  ──────▶  社会企业
                                    ◀──────
                                     退出
                              （财务回报+社会影响力）
```

图 10-2　公益创投的运行机制

10.3.1　社会资本为主的筹资机制

公益创投发展的一个重大挑战就是如何增加投资资本的数量（Buckland et al., 2013）。筹资来源上，格勒尼耶（Grenier, 2006）将公益创投的筹资来源分为四类，第一类是富人，第二类是非营利组织，第三类是商业企业，第四类是政府部门或公共机构。斯卡拉塔（2011）、刘志阳等（2014）进一步补充了公益创投的筹资来源还包括私募股权机构和基金。总的来看，公益创投的筹资来源包括社会天使、非营利组织、公司、私募股权机构、基金和政府部门六类，其中政府、社会天使和基金占了主要部分（Boiardic and Gianoncelli, 2016），并且，越发达的地区，筹资渠道越广泛（刘志阳 等，2014）。博尔亚尔迪和吉亚农切利（Boiardi and Gianoncelli, 2016）的报告显示，欧洲公益创投的资金来源中，除去回收的投资收益部分，各类基金占比27%，政府占比24%，社会天使占比18%，为筹资来源最主要的三个渠道。

具体而言，政府部门或公共机构是公益创投早期发展中主要的推动力（刘志阳 等，2014）。政府部门或公共机构通常会先发起一个公益创投组织，然后与其他类型投资者合作推进（Bammi and Verma, 2014）。例如，英国政府注资1.25亿英镑建立了英格兰未来建设者基金（future builders England），致力于社会企业的能力建设，为社会企业获得新技术和市场提供种子基金和学习基金。刘志阳（2015）也提出政府要建立公益创投"母基金"，引导社会资金投入公益创投。有学者还提出政府支持的公益创投项目可能是中国目前激励社会创新最有效的方式，并且这个效应还将持续（Jing, 2012）。

随着公益创投模式的不断成熟，社会天使、私募股权及公司等社会化筹资渠道开始扮演越来越重要的角色。社会天使对公益创投的建立具有不可低估的作用，他们主要是由已经通过商业创投等方式积累了一定的财富，具有投资背景的人群组成（Bammi and Verma, 2014）。这类社会天使会拒绝传统的慈善方式，寻求基于市场原则，借鉴商业创投的新型慈善方式（Martin, 2005）。私募股权资本的进入可以为公益创投机构带来商业创投中的工具和管理经验，帮助公益创投更好地利用商业创投的方法来促进社会企业的发展，并且出于回报社会和帮助社会企业发展的意图，私募股权越来越成为公益创投的主要资本来源（Bammi and Verma, 2014）。基金参与公益创投主要是由于很多公益创投机构都是由各类基金设立来作为其用于公益投资或捐赠的主要子单位（Bammi and Verma, 2014），但基金支持的公益创投有时也有其弊端（Larson, 2002）。公司参与公益创投则主要是希望通过这一过程参与到慈善事业和社会企业建设当中，公益创投也是公司进行社会投资的一种形式（Cooke, 2010）。例如，联想集团在2007年建立了公益创投基金，旨在为具有社会创业意向的个人以及希望获得持续发展的社会企业提供能力建设和财务支持（Lenssen et al., 2017）。

事实上，大多公益创投的资金通常来自上述不同来源资金的组合，以为公益创投活动筹集更多的资金和分散风险（Hummels, 2016）。多元化资本来源已经成为公益创投的重要特征

（John，2006）。这一点也得到了格罗斯曼等人（Grossman et al.，2013）的研究支持，他们通过对公益创投实践者的访谈得知在公益创投过程中已经出现越来越多的多渠道资本，包括富人与传统基金之间的联合。例如，埃德娜·麦康奈尔·克拉克基金会（Edna McConnell Clark Foundation，EMCF）发起的增长资本聚合试点（Growth Capital Aggregation Pilot，GCAP）发布于2007年，由19位联合投资者共同筹资超过800万美元，其中大部分投资者都是非公益创投者。这种资金募集的趋势使得很多公益慈善家学会通过公益创投流程分配资金，而不需要亲自采用公益创投模式。公益创投实践者充当各种资金的协调者，负责将其他捐赠者召集到一起。

在进行筹资的同时，公益创投还需要选择合适的组织运营形式。已有研究可以看出目前主要存在合伙制和信托制两种类型的公益创投组织形式。合伙制下，公益创投结成的合伙制组织直接对社会企业进行投资和提供投后服务（Eikenberry，2006），公益创投组织会高度涉入被投资社会组织的各个方面的经营管理，目的是提升社会组织的管理能力与绩效，例如，美国的捐赠圈基金（Giving Circles Fund，GCF）；信托制下，公益创投者不参与直接投资，而是将资本投入到公益信托基金中，通过公益信托基金投资社会企业（Defourny et al.，2007）。这种形式在欧洲十分普遍，例如，英国的Impetus Trust就是第一只公益信托基金。

在筹资阶段，已有研究揭示了公益创投的不同筹资来源以及不同筹资渠道间的组合现象，但对公益创投基金来说，不同筹资渠道的资本效用是否一样？多渠道资本如何进行协调？不同筹资形式下的投资效果如何？这些问题还未得到解答。

10.3.2 双重使命驱动的投资机制

公益创投通过投资社会企业来获取回报（Scarlata et al.，2016）。由于社会企业的组织特性本质上是双元的（Austin et al.，2006；Certo and Miller，2008；Santos，2012），公益创投必然要在社会企业的社会目标和经济目标之间进行权衡（Zahra et al.，2009），即公益创投在选择投资对象时，需要同时追求社会目标和经济目标（Zahra et al.，2009）。因此，公益创投的对象往往是那些努力提供产品或服务来满足基本的、长期的社会需求的组织，例如，教育、健康或救助等领域的组织（Scarlata and Alemany，2010）。有实证研究表明，公益创投能有效降低社会企业使命偏离的发生概率（刘志阳 等，2020）。美国的公益创投机构Investors' Circle就致力于投资那些采用创新的、可持续的商业模式解决贫困问题的新创企业（Investors' Circle，2016）。

由于没有对社会企业定价的市场，在进行投资对象选择时，公益创投难以像传统商业创投那样运用多重的评价标准对社会企业进行评价（Scarlata and Alemany，2010）。但随着实践的发展，公益创投目前已经形成了一套投资决策准则来评价社会企业的潜在效力（Clark and Gaillard，2003），可以归纳为以下三类标准。

（1）解决特定社会问题。公益创投企业投资社会企业的首要目的是获取社会回报（Scarlata et al.，2016）。米勒和韦斯利（Miller and Wesley，2010）研究也发现，影响公益创投机构投资决策的首要标准是社会企业的社会属性价值，并提出了从社会企业的社会使命、社会变革的企业家精神以及创业者以社区为基础的社会网络三个方面来评价社会企业的社会属性价值。同样，阿勒马尼和斯卡拉塔（Alemany and Scarlata，2010）指出，公益创投机构选择的目标社会企业必须能够通过有效和可持续的模式来提供高质量的服务和商品以满足紧迫的、广泛存在的社会需求，以及社会企业必须具有实现社会变革的能力。巴米和维尔马（Bammi and Verma，2014）则认为，公益创投会倾向于选择印度等新兴国家，因为这些国家往往存在贫富差距较大等社会问题。

（2）具有一定商业价值。公益创投同时也是受经济回报驱动的（Metz and Hehenberger，2011）。米勒和韦斯利（Miller and Wesley，2010）指出，影响公益创投机构投资决策的另一标准是社会企业的商业属性价值，并提出了从企业创新能力、创业者的商业经验、收入能力或可持续性、社会创业者的受教育水平以及评价社会企业绩效的方法五个方面来评价社会企业的商业属性价值。阿勒马尼和斯卡拉塔（Alemany and Scarlata，2010）也认为，公益创投选择的目标社会企业必须具备实现高绩效、应对挑战、有效地管理财务和建立品牌影响力的能力。

（3）可获取更大的社会影响力。公益创投的价值主张的基本假设是被投资的社会企业能够创造和最大化社会影响力（Scarlata et al.，2017）。格罗斯曼等（Grossman et al.，2013）将社会影响力规模作为投资决策的标准，认为只有那些具有能够产生"突破式社会创新"的创新模式以及具有显著的、可持续的社会影响力潜力的企业才会获得公益创投者的兴趣。

在确定投资对象后，公益创投总体上使用和商业创投类似的投资工具，但是公益创投包括一种特殊工具——捐赠（Balbo et al.，2008）。因此，公益创投的投资工具可以分为捐赠、债权和股权投资三大类（Boiardi and Gianoncelli，2016）。具体而言，捐赠是公益创投最常用的金融工具，这是以慈善为意图，不考虑经济利益回报的方式（John，2007；Boiardi and Gianoncelli，2016）。公益创投者感知到的道德损害越小，越会倾向于采用捐赠的投资方式（Scarlata et al.，2010）。然而，公益创投以捐赠作为主要投资方式的格局正在逐渐发生变化，博亚尔迪和吉亚农切利（Boiardi and Gianoncelli，2016）的报告显示，虽然目前捐赠仍是公益创投使用比例最高的工具，但有超过50%的公益创投组织开始使用股权等其他投资工具。约翰（John，2007）的研究也显示股权正越来越多地成为公益创投的投资工具。对于股权方式的适用性，金斯顿和博尔顿（Kingston and Bolton，2004）提出对那些债务融资不适合的社会企业来说，准股权是合适的融资工具。准股权工具允许投资者占有公司未来收益的一部分，以使投资者和被投资者共同承担风险和收益（Cheng，2008）。佩平（Pepin，2005）、克拉克和盖拉德（Clark and Gaillard，2003）则认为公益创投机构通常在社会企业发展的早期阶段通过股权方式进行投资。除了股权投资工具外，债权正成为公益创投投资工具的另一首要选择（Bammi and Verma，2014）。此外，为了鼓励退出，一些公益创投机构还探索出一些创新性的投资工具，例如，混合债权和贷款（只有被投资的社会企业达到一定目标后才需要偿还）、"挑战基金"（通过预测，为被投资的社会企业精准匹配资金）、担保（提供担保来促使传统金融机构投资社会企业）等（Boiardi and Hehenberger，2015）。

公益创投在解决社会企业外部融资问题的同时，与传统商业创投一样，还为社会企业提供投后增值服务（Nicholls，2010；Boiardi and Gianoncelli，2016），因为公益创投与被投资的社会企业之间往往会建立起一种管家关系（John，2007）。而这种管家角色会促使公益创投参与到被投资企业的成长过程中，并会在必要时实施矫正措施，为社会企业提供管理支持（Scarlata and Alemany，2010）。纽曼（Newman，2006）的案例研究也显示投后增值服务是公益创投管家角色的重要内容。总的来看，公益创投为社会企业提供的投后增值服务主要包括战略咨询、公司治理、财务预算、运营管理和网络构建等（John，2007；Buckland et al.，2013），并且，其中最重要的是战略咨询（Scarlata and Alemany，2010）。例如，睿智基金（Acumen Fund）、罗伯特组织发展基金会（REDF）和公益创投伙伴（Venture Philanthropy Partners）等公益创投机构在为社会企业提供财务资源的同时也提供咨询以及组织间关系网络构建等支持。对于如何提供增值服务，约翰（John，2007）发现，公益创投机构通常通过自身员工和董事会成员来为社会企业提供其所需要的多元化技能等支持服务。格罗斯曼等（Grossman et al.，2013）则认为公益创投提供的服务类型和程度可能随着组织管理需求和投资周期的变化而变化，例如，对于早期的组织，在人力资本和管理支持上投资更多，而成熟型企业则需要大型基础设施投资。

如何评价公益创投的投资绩效也是投资过程中的关键问题，扎赫拉（Zahra et al.，2009）最早提出了一个综合性的评价框架，即将经济和社会绩效两方面的元素整合到一起来评价绩效。之后，博亚尔迪、赫恩贝格尔、斯卡拉塔等（Boiardi and Hehenberger，2015；Scarlata et al.，2016）也提出公益创投组织要从经济回报和社会回报两个方面来对投资绩效进行评价，但博亚尔迪和赫恩贝格尔（2015）进一步指出，若使用的是捐赠工具，由于期望的财务回报是 −100%，所以投资绩效完全是通过评价社会影响力目标的实现程度来评价的；若使用债权工具，投资绩效的评价除了看社会影响力评价外，还要看债务的清偿以及利息（如果有）的获取情况；若使用股权工具，投资绩效的评价包括股权出售价格、投资成本以及社会影响力获取三个方面。斯卡拉塔等（Scarlata et al.，2016）则提出通过加总来得到总的投资绩效，其中，经济绩效采用其投资的企业中实现了财务可持续的企业数来衡量；社会绩效采用其投资的社会企业的社会创新水平来衡量。

在投资阶段，已有研究界定了公益创投的投资对象，描述了公益创投的投资绩效，也指出了投后管理的重要性。但不同投资工具的适用情况及其效果分别如何，投资的契约价格如何确定等问题还不可知。已有研究还为公益创投处理投资关系以及投后管理提供了具体的方向和措施，过度参与到被投资的社会企业中，可能会面临退出困难的风险。因此，如何在扮演管家角色的同时，有效执行退出策略，是公益创投当前面临的关键问题之一。

10.3.3 公益创投的退出机制

公益创投的目标是要保证被投资企业的独立和财务可持续性，而非成为社会企业的依靠者（Reis and Clohesey，2003），并且公益创投需要将其有限的资源运用在能够获取最大影响力的地方，所以对公益创投来说，在合适的时机退出十分必要（Boiardi and Hehenberger，2015）。

在被投资企业实现独立和可持续发展后，公益创投会实施退出战略（Hero，2001），即当被投资的社会企业具备了进入下一阶段发展的能力，以及能够正确利用其他资本时，公益创投可以考虑退出（Alter et al.，2001）。更加具体地，阿勒马尼和斯卡拉塔（Alemany and Scarlata，2010）给出了公益创投退出的 5 个先决条件：具备了好的领导和管理；具备了坚实的组织结构；能在稳定的基础上实现短期目标；能够实现组织的社会使命，并能创造积极的社会价值；形成了未来明确的社会使命。社会企业具备上述条件时，说明其已经能够进一步获取新的资金，能够实现长期持续发展。博亚尔迪和赫恩贝格尔（Boiardi and Hehenberger，2015）进一步提出，公益创投组织的退出时机除了取决于被投资企业财务可持续性和组织完备性，更重要的是还取决于社会影响力回报。而对于如何评价社会影响力，EVPA 提出了影响力测量五步法，睿智基金提出了最优慈善选项（best available charitable option，BACO）评价方法。睿智基金在衡量社会影响力方面的努力催生了全球影响力投资网络（GIIN）推出影响力报告和投资标准（impact reporting & investment standards，IRIS），让社会影响力的透明度和可信度向前迈进了一大步。之后，REFD 基金、EVPA 等机构又相继发布了社会投资回报（social return on investment，SROI）法等社会影响力衡量方法。总的来看，公益创投机构对社会企业的支持通常为 2~6 年，并且越来越多的公益创投组织趋向于长期支持（Boiardi and Gianoncelli，2016），相比于传统商业创投，公益创投的退出机会更少（Miller and Wesley，2010）。

不同于商业创投有着明确的退出模式，公益创投的退出模式仍在探索中（Grossman et al.，2013）。目前，公益创投主要形成了四种退出模式：兼并或出售、首次公开募股（IPO）、管理层收购和清算（Boiardi and Hehenberger，2015）。由于退出意味着公益创投与社会企业财务关系的结束，公益创投退出模式的选择很大程度上又是由其最初选择的投资工具决定的（Hehenberger et al.，2016）。赫恩贝格尔等（Hehenberger et al.，2016）的研究就显示，债权工具下的退出模式一般是债务清偿，并且，对公益创投者来说，这种退出模式往往难以执行，因为可能存在声誉风险，或者被投资企业无能力偿还，所以往往需要引入第三方；捐赠工具下的退出模式一般是在捐赠期间结束后或时机成熟时，停止捐赠，直接退出，而受助对象或独立工作，或寻求下一个投资者（Gray and Speir，2004）；股权工具下的退出模式与商业创投类似，即兼并或出售、股权出售、管理层收购以及非营利性 IPO，但是 IPO 模式目前仍很少使用。针对 IPO 模式，波斯纳和韦斯特（Posner and West，2014）以及刘志阳（2014）指出，会员制平台和社会企业交易所是实现社会企业股票交易的平台，以英国 2013 年建立的"社会股票交易所"为代表的会员制平台已经广泛存在，但是，到目前为止，真正存在的社会企业交易所只有一家，即新加坡 2013 年发起的"影响力交易所"。此外，戈登（Gordon，2014）还从退出动机角度将公益创投退出模式分为积极退出和消极退出（在计划退出时机之前退出）两种。如果契约没有被执行，公益创投会选择消极退出；公益创投会在被投资企业发展态势很好的时机选择积极退出，但是如果被投资企业没有取得发展，公益创投保留退出的权利。

公益创投退出对公益创投的正常运行极其重要，一个好的退出计划是成功进行投资的关键。不过，由于缺乏有时间约束的退出策略和有效的退出评估工具，只有少数的公益创投成功退出（Bammi and Verma，2014）。虽然已经存在 IRIS、SROI 等评估社会影响力的方法，但目前还没有形成一个统一的，能够完整、有效地评估社会影响力的方法，这是公益创投的重要缺陷。博亚尔迪和吉亚农切利（Boiardi and Gianoncelli，2016）的报告显示，由于评估困难，越来越多的公益创投组织开始放弃影响力评估。此外，关于获取大规模影响力的潜在路径，也需要进行进一步的研究。

10.3.4 公益创投与商业创投的运行机制比较

商业创投已经吸引了大量学者进行研究（Dimov and Milanov，2010；Hopp and Lukas，2014），公益创投作为融合商业创投方法的包容性资本形态，不可避免与商业创投有着大致相似的运行机制，并且在投资过程中都重视对投资机会的评估，也越来越多地采用联合投资的方式，都会为被投资企业提供资本之外的增值服务；在退出过程中也都寻求投资回报（刘志阳、李斌，2018）。

然而，公益创投的双重使命的复杂特征也决定了它在整个运行机制中又具有与商业创投截然不同的特点（Mair and Hehenberger，2014），见表 10-1。

表 10-1　公益创投与商业创投的运行机制比较

运行阶段		公益创投	商业创投
筹资	筹资来源	社会天使、机构投资者、各类基金、政府等，其中政府和各类基金占比高	机构投资者、各类基金、公司、银行、保险公司、政府、个人与家庭等，机构投资者和养老基金占主要地位
	组织形式	合伙制、信托制	合伙制、公司制、信托制
投资	筛选标准	以社会价值为首要目标，同时考虑经济目标，更关注企业的产品或服务能否满足社会需求或解决社会问题	根据市场前景、预期收益率、企业家能力等经济指标对项目进行筛选
	投资工具	● 捐赠、股权、低息债权、夹层融资等，关键问题在于对社会回报与财务回报的权重配比，以及投资对象的现金流充足程度 ● 具有量体裁衣特色，以满足投资对象需求为原则	● 股权、债权、优先股、可转债等，关键问题是投资的变现和投资风险防范以及对创业企业的控制 ● 以投资者偏好为原则
	投资规模	投资组合规模通常比较小，会选择把大量的资本和资源投入到少数的几个项目中	高风险、高收益的投资组合策略，同时投资于多个项目，投资组合规模大
	投资关系	管家关系，深度的投资前和投资后的参与及互动关系	委托代理关系，投资后建立起高度的合作关系
	投后管理	深入投资对象的运营过程，大量运用外部力量，通过战略咨询、社会网络、组织建设等方式协助投资对象达到社会价值最大化	为投资对象的运营提供意见，通过战略咨询、法律帮助、引进其他融资等方式协助投资对象达到经济价值最大化
退出	评估方法	利用 BACO、SROI、IRIS 和 EVPA 五步法等工具进行社会价值评估	资产评估法、权益评估法、贴现现金流量评估法等
	退出时机	被投资者实现自身可持续发展，并实现一定的社会影响力时	自身财务回报最大时
	退出方式	出售股份、社会目标组织管理层回购、社会企业交易所 IPO 等，但 IPO 方式还很少使用	出售、并购、IPO 等，其中，IPO 是最常见的也是最为成功的策略
	收益分配	一般不存在收益分配问题，投资回报用于再投资	把投资收益分配给基金的投资者

在筹资过程中，第一，筹资来源不同。相比于商业创投，公益创投的资本来源相对狭窄，并且其中政府和各类基金的占比高，而商业创投中机构投资者和养老基金占主要地位。第二，组织形式不同。与商业创投普遍采用合伙制、公司制、信托制三种组织形式不同，公益创投主要以合伙制和信托制为主。

在投资过程中，一是筛选标准不同，商业创投一般根据市场前景、预期收益率、企业家能力等经济指标对项目进行初步筛选（Kaplan and Stromberg，2001），而公益创投在项目选择时必须以社会价值为首要目标，同时考虑经济目标和社会目标。公益创投不仅要关注企业的市场前景、预期收益率和企业家能力等，更需要关注企业的产品或服务能否满足社会需求或解决社会问题。二是投资工具不同，相比于商业创投，公益创投采用的捐赠、担保和债权等投资工具都是低息或无息的。公益创投的投资工具选择基于被投资者的有效需求，具有"量体裁衣"的特色，而商业创投的投资工具选择主要基于投资者偏好。例如，欧洲大多数公益创投组织针对被投资者的需求选择投资工具（Boiardi and Gianoncelli，2016）。三是投资规模不同，公益创投的投资组合规模通常比较小，会选择把大量的资本和资源投入到少数的几个项目中，这不同于商业创投通常采取高风险、高收益的投资组合策略。四是投资关系不同，在投资了标的企业后，商业创投者通常会和被投资企业建立起密切的合作关系，而公益创投与社会企业间的关系通常表现为深度参与和互动关系，并且这种关系会不断迭代，其密切程度远远超过商业创投中的合作关系。即使公益创投者最终决定不投资，公益创投的双方也可以实现共同增值。五是投后管理不同，商业创投面临的是委托代理关系，商业创投者是委托人，企业家是代理人，商业创投者面临企业未来的不确定性、企业家的逆向选择问题以及企业家的道德危害问题（Amit and Muller，1990），而在公益创投中，管家理论起到了重要的作用，公益创投者更倾向于使用更不复杂的治理结构，而非像在传统商业创投中那样用利益捆绑条例来约束和保证自己的股份兑现。

在退出过程中，首先，评估方法不同。在商业创投者对绩效的评估中，比较传统的方法包括资产评估法、权益评估法、贴现现金流量评估法等，而在社会企业中，由于不分配现值，这种估值过程并不适用。其次，退出时机不同。商业创投通常选择在自身财务回报最大时退出，而公益创投则是在被投资者实现自身可持续发展，并且自身取得一定的社会影响力时退出。再次，退出方式不同。首次公开募股（initial public offerings，IPO）是商业创投退出渠道中常见的也是最为成功的途径，公益创投虽然也可以采取出售股份、社会目标组织管理层回购等方式实现退出，但公益创投的退出方式仍不清晰，还没有形成一致的最优退出方式。最后，收益分配不同。在退出投资之后，对有特定期限的商业创投基金来说，商业创投者需要把投资收益分配给基金的投资者，而公益创投一般不存在收益分配问题，公益创投的投资回报一般用于再投资，以创造更多的社会价值。

10.4 公益创投对社会创业和社区治理的意义

10.4.1 公益创投对社会创业的意义

公益创投在推动社会创业方面具有重要的作用和意义。公益创投不仅在融资上为社会企业纾困，缓解社会企业的财务压力，而且为社会企业的治理提供专业化服务，指导社会企业商业模式创新，实现社会企业经济和社会价值的可持续创造。另外，公益创投还能连接政府、市场和非营利组织三大部门，促进跨部门合作，为社会创业营造良好的制度环境。具体来说，公益创投对社会创业的意义如下。

（1）公益创投的介入促进了社会企业商业模式创新。公益创投的兴起与非营利组织面临的募资困难和对社会组织支持不足等发展困境有关，传统非营利组织已有运作模式已经不能适应社会创业的新背景。社会创业到了一个新阶段，传统的救济慈善需要升级到产业慈善，以适应不断涌现的社会问题。因此，市场机制和企业家精神成为解决社会问题的新思路，这也就使得公益创投的发展对社会创业具有重要的促进作用。公益创投为社会企业提供全价值链服务，引导社会企业用商业化手段创造社会价值，挖掘金字塔底层市场潜力，与金字塔底层人群开展价值共创，从而实现经济和社会双重目标。

（2）公益创投缓解了社会企业的融资约束，为社会企业开展社会服务提供相对稳固的物质基础。在鼓励包容性发展和社会创业的国际背景下，公益创投是更具市场化和专业化的社会创业融资形式。相比社会企业家依靠自身力量创办社会企业、公司社会创业和政府支持型社会创业，公益创投推动的社会创业强调项目筛选的科学性、投资的契约性以及退出的可持续性。公益创投不仅为社会企业发展提供紧缺资金，而且能有效提高社会企业运营能力。

（3）公益创投是孵化社会企业的有效手段。尽管从国内实践看，目前公益创投运行并不理想，但是，公益创投坚持商业和社会使命，在投资管理上具备专业性和公益性，能够大力扶持社会创业项目，这对于融资相对困难、合法性相对较弱的社会企业无疑是雪中送炭。未来，公益创投应与各类金融机构共同构建健康高效的创投生态圈，共同助力全球社会企业部门的繁荣发展。

10.4.2 公益创投对社区治理的意义

社区公益创投项目对于提高社区治理效能、促进社区和谐具有重要作用。社区公益创投项目往往由政府和大企业出资，社会组织申报并承接，面向社区问题的解决。社区公益创投项目覆盖了许多社会问题，如助老养老、扶贫助残、生态环境保护和文化遗产保护等。通过公益创投项目赋能社区治理的模式已经推广到全国多个地区，大大促进了当地居民生活问题的解决，提高了当地城乡居民生活幸福感，既减轻了政府的治理压力，弥补了政府和市场在社会工作中的不足，又推动了政府、企业和非营利组织跨部门协同，充分利用资源解决社会问题。

社区公益创投的参与主体有政府（或大企业）、社会组织（或社会企业）、专业社会工作者（或志愿者）和受益人群体（见图10-3）。政府和企业往往是公益创投项目的发起人和出资人，对公益创投项目的承接者进行资金支持、平台赋能、专业技术指导和管理技能培训。社会组织是政府和企业公益创投项目的承接者，也是政府和企业的资助对象。资助者和被资助者之间既是监督和被监督关系，更是合作伙伴关系。社会组织和社会企业在获得政府和大企业资助后，组织社会公益力量落实社会服务项目，其中，专业社会工作者和志愿者群体是社会公益力量的主力军。社会组织和社会企业面向受益人需求，组织专业社会工作者和志愿者群体为社区提供志愿服务，受益人则及时反馈服务质量和服务效果，为项目的评估和改进提供依据。

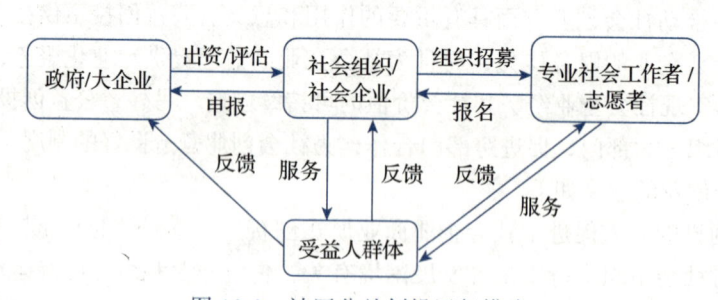

图10-3 社区公益创投运行模式

10.5 我国公益创投发展面临的挑战及对策建议

10.5.1 我国公益创投发展面临的挑战

公益创投进入中国公众视野已有8年左右，但数量仍较少，目前有新公益伙伴、恩派、南都公益基金会、友成企业家扶贫基金会、岚山基金等。其中,岚山基金为国内首只重点关注社会企业的公益创投基金。相较于欧美公益创投,中国公益创投行业仍处于起步期。公益创投在我国的发展受到体制机制、制度环境和回报率的影响,并受到各方参与主体经验能力的限制。我国公益创投发展主要面临以下挑战。

(1)市场化运行机制缺失制约了民间公益创投的参与热情。真正市场化运行的公益创投,在项目筛选中往往会强调社会创业的可持续发展,在项目投资中通常会结合股权、债权或可转换优先股等多种投资工具,在项目退出中往往具有清晰完善的退出计划。而在实践中,我国社会创业尚未建立以价值为基础的合理的收益分配方式和退出机制,因此民间公益创投活力不足,社会创业往往在用完捐赠款项后就出现资金短缺的情况。

(2)政府、企业、社会组织的新型公益伙伴关系的缺乏影响了公益创投的依法自治和自我发展。多数地方政府在开展公益创投时,一般是委托社会组织或与社会组织合作,但行政主导性依然过强。政府参与公益创投的资金主要来源于各级民政部门的福利彩票公益金,而福利彩票公益金使用的相关规定导致公益创投的资金投向、使用范围和使用方式严格受限,政府必须把公益创投纳入自己的掌控范围,因此一定程度上阻碍了公益创投自我发展。

(3)我国公益创投由于自身发展历史不长、经验不足、人员素质不高,在实践中很难对社会企业给予有效的监督和管理支持,不利于社会企业核心能力的提升。公益创投对社会企业的支持除了资金注入外,更为重要的应该是在战略规划、公司治理、人力资源管理、项目管理、财务管理、志愿者管理、信息技术等方面提供全方位的辅导。上述辅导作用既受到现实中公益创投合同的约束,也离不开公益创投团队的实际执行。

10.5.2 我国公益创投发展的对策建议

1. 完善公益创投市场化运行机制

从项目筛选来看,公益创投应该强化市场细分。市场细分,一方面能够优化资源配置,形成核心竞争能力,另一方面也能够打破公益创投彼此竞争的局面,进一步提高投资回报率,同时,也将为未来社会企业的社会价值评估提供巨大帮助。

从投资过程来看,公益创投要完善多种投资方式,建立以价值为基础的估值机制和收益分配方式。公益创投应该改变现有以捐赠为主的投资方式,在法律允许的范围内引进债权、股权和可转换优先股等方式,完善自身的筹资、项目筛选和投资机制(刘志阳、邱舒敏,2014)。上述金融工具替代选择,不仅可以解决已有捐赠方式所导致的缺乏资金回报和不可持续问题,对投资对象也可实现更高效的监督激励。要改变以往社会企业赢利不分配的做法,公益创投估值可以结合 SROI 方法和平衡计分卡方法,综合考虑财务价值和社会价值,也要根据社会企业的生命周期予以准确估值,允许社会投资者在法律允许范围内按照股权参与社会企业的收益分配。

从基金退出来看,要探索建立社会企业交易所,鼓励社会企业之间的并购。传统基金会由于捐赠性质,根本不存在退出方式的考虑。公益创投为了自身可持续发展必须考虑退出方式选择。借鉴欧洲公益创投经验,可以采取社会企业交易所 IPO、股权出售和管理层回购等方式实现退出。英国、德国、南非、葡萄牙、新加坡等国分别成立或开始筹备社会企业交易所,形成了基于市场机制进行社会企业股权交换的场所。随着中国公益创投和社会企业的兴起，中国迫切需要成立专门的社会企业交易所，为公益创投退出提供有效渠道。

2. 创新政府、社会组织和企业的新型公益伙伴关系

在新型公益伙伴关系中，社会组织最终应该发挥主体作用，政府要起到引导作用，企业应该起到参谋和补充作用，三者缺一不可。

（1）政府要建立公益创投"母基金"，引导社会资金投入公益创投。"母基金"的角色不仅可以大力引导社会基金注入创投事业，而且可以避免传统慈善基金和政府主导所面临的管理无效等缺点。我国为发展科技创投也曾经建设了引导基金。当前，可仿照《科技型中小企业创业投资引导基金管理暂行办法》，建立公益创投"母基金"给予四种支持方式（阶段参股、跟进投资、风险补助、投资保障），母基金对投资价值较大但投资风险也很大的社会企业先期予以资助，后期再由公益创投对这些社会企业进行股权投资。

（2）政府要降低法律注册门槛，支持公益创投的设立。当前，制约我国公益创投发展的主要法律法规是《民办非企业单位登记管理暂行条例》，"民办非企业"的规定对公益创投发展产生了明显的阻碍作用，尤其是出资人不享有任何财产权利、不能分红、缺乏银行贷款资格、不得免税、不准设立分支机构的"五不"政策降低了民间资本参与公益创投的动力，上述限制性条款需要得到逐步改进。

（3）政府要综合运用政策优惠手段，鼓励更多的创投基金、慈善基金转型为公益创投。

（4）公益创投要重视与慈善基金、商业创投的联合投资。慈善基金和商业创投的联合投资，不仅有利于扩大公益创投的基金规模，而且能在项目筛选上节约成本和精力，还有利于为社会企业提供高效的增值服务。

3. 加强社会创业教育，促进社会创业生态系统的构建

（1）提高公益创投人员素质。社会企业缺乏专业管理人才的现状，对中国公益创投的人力资源专业化提出了更为迫切的要求。借鉴欧洲公益创投的发展经验，公益创投组建时，应恰当安排内部与外部工作人员配比，可借鉴期权、股份等方式吸引更高素质人员加入，分流部分不合格人员，以形成专业化的管理团队。

（2）健全社会企业孵化机制。中国多数社会企业成立时间短暂，缺乏一定的社会网络支持和专业化运作经验，因而迫切需要公益创投给予全方位帮助。在社会企业成立初期，公益创投最重要的支持是帮助其获得更多资金，接触更多的融资渠道，达成一定的投资意向。在社会企业发展过程中，公益创投的孵化功能要逐步从资金提供者角色转向帮助社会企业完善企业治理结构，建立有效的激励约束机制。在社会企业发展后期，公益创投的孵化功能体现在帮助社会企业建立可持续经营和规模化的能力上。上述孵化功能的实现，需要公益创投整合各方平台资源，也有赖于社会企业自身专业素质的提高。

本章小结

1. 作为包容性金融体系的重要组成部分，公益创投区别于社会天使投资、影响力投资等其他社会资本形态。公益创投定义为一种借鉴商业创投方法，对初创期社会目标组织（主要是社会企业）进行投资孵化，通过社会目标组织的成功间接为社会创造

价值。
2. 公益创投具有高度参与性、量体裁衣的融资安排、组织能力建设等特征。
3. 公益创投的运行机制包括独特的筹资、投资和退出机制。
4. 公益创投在我国的发展面临着一些挑战，需要建立相应的支持体系。

问题讨论

1. 公益创投有几种类别？
2. 公益创投和商业创投有什么区别？
3. 阐述公益创投的运行机制。
4. 阐述发展公益创投的意义。
5. 公益创投如何在我国实现良好的发展？

扫码查看案例分析和文献精读。

参考文献

[1] 刘志阳，李斌. 公益创投运行机制研究：兼论与商业创投的异同[J]. 经济社会体制比较，2018（3）：181-191.

[2] 刘志阳，李斌，赵陈芳. 公益创投对社会企业使命偏离的影响研究[J]. 东南学术，2020（3）：143-152.

[3] 刘志阳，邱舒敏. 公益创业投资的发展与运行：欧洲实践及中国启示[J]. 经济社会体制比较，2014（2）：206-220.

[4] 刘志阳，王陆峰. 公益创投网络及其治理：基于"结构-治理-绩效"的多案例研究[J]. 东南学术，2018（5）：146-157.

[5] 王闻. 为何需要富豪慈善家，厉以宁"第三次分配"解读[DB/OL].（2004-03-30）[2023-10-01]. http://finance.sina.com.cn/crz/20040330/1934694347.shtml.

[6] BITEKTINE A. Toward a theory of social judgments of organizations: the case of legitimacy, reputation, and status[J]. Academy of management review, 2011, 36(1): 151-179.

[7] BURDGE R J, VANCLAY F. Social impact assessment: a contribution to the state of the art series[J]. Impact assessment, 1996, 14(1): 59-86.

[8] CHELL E. Social enterprise and entrepreneurship: towards a convergent theory of the entrepreneurial process[J]. International small business journal, 2007, 25(1): 5-26.

[9] CUMMINS R A. The domains of life satisfaction: an attempt to order chaos[J]. Social indicators research, 1996, 38(3): 303-328.

[10] DIOCHON M, ANDERSON A R. Social enterprise and effectiveness: a process typology[J]. Social enterprise journal, 2009, 5(1): 7-29.

[11] ERDOGAN B, BAUER T N, TRUXILLO D M, et al. Whistle while you work: a review of the life satisfaction literature[J]. Journal of management, 2012, 38(4): 1038-1083.

[12] FORBES D P. Measuring the unmeasurable: empirical studies of nonprofit organization effectiveness from 1977 to 1997[J]. Nonprofit and voluntary sector quarterly, 1998, 27(2): 183-202.

[13] LAYARD R. Measuring subjective well-being[J]. Science, 2010, 327(5965): 534-535.

[14] SULDO S M, SAVAGE J A, MERCER S H. Increasing middle school students' life satisfaction: efficacy of a positive psychology group intervention[J]. Journal of happiness studies, 2014, 15(1): 19-42.

[15] AFRIN S, ISLAM N, AHMED S U. A multivariate model of micro credit and rural women entrepreneurship Development in Bangladesh[J]. International journal of business and management, 2009, 3(8): 169-185.

[16] AUSTIN J, STEVENSON H, WEI-SKILLERN J. Social and commercial entrepreneurship: same, different, or both? [J]. Entrepreneurship theory and practice, 2006, 30(1): 1-22.

[17] BARNEY J B, BUSENITZ L, FIET J O, et al. The structure of venture capital governance: an organizational economic analysis of relations between venture capital firms and new ventures[J]. Academy of management, 1989(1): 64-68.

[18] BINDER M. Subjective well-being capabilities: bridging the gap between the capability approach and subjective well-being research[J]. Journal of happiness studies, 2014, 15(5): 1197-1217.

[19] BOTTAZZI L, DA RIN M, HELLMANN T. Who are the active investors? Evidence from venture capital[J]. Journal of financial economics, 2008, 89(3): 488-512.

[20] CERTO S T, MILLER T. Social entrepreneurship: key issues and concepts[J]. Business horizons, 2008, 51(4): 267-271.

[21] CHAN Y S, SIEGEL D, THAKOR A V. Learning, corporate control and performance requirements in venture capital contracts[J]. International economic review, 1990, 31(2): 365-381.

[22] COLOMBO M G, GRILLI L. Founders' human capital and the growth of new technology-based firms: a competence-based view[J]. Research policy, 2005, 34(6): 795-816.

[23] DACIN P A, DACIN M T, MATEAR M. Social entrepreneurship: why we don't need a new theory and how we move forward from here[J]. The academy of management perspectives, 2010, 24(3): 37-57.

[24] GOMPERS P, LERNER J. The venture capital revolution[J]. Journal of economic perspectives, 2001, 15(2): 145-168.

[25] GROSSMAN A, APPLEBY S, REIMERS C. Venture philanthropy: its evolution and its future[C]. Cambridge, MA: Harvard business school, 2013.

[26] GROSSMAN S J, HART O D. The costs and benefits of ownership: a theory of vertical and lateral integration[J]. Journal of political economy, 1986, 94(4): 691-719.

[27] HANSMANN H B. The role of nonprofit enterprise[J]. The Yale law journal, 1980, 89(5): 835-901.

[28] HAVENS J J, SCHERVISH P G. Why the $41 trillion wealth transfer estimate is still valid: a review of challenges and

questions[J]. The journal of gift planning, 2003, 7(1): 11-15; 47-50.

[29] HEHENBERGER L, HARLING A M. European venture philanthropy and social investment 2011/2012[C]. Brussels: European venture philanthropy association, 2013.

[30] JOHN R.Venture philanthropy: the evolution of high engagement philanthropy in Europe [C]. Oxford, Britain: SAID Business School, 2006.

[31] KAPLAN S N, STROMBERG P. Venture capitals as principals: contracting, screening, and monitoring[J]. American economic review, 2001, 91(2): 426-430.

[32] LAWRENCE S, MUKAI R. Foundation growth and giving estimates[M]. New York, NY: Foundation Center, 2012.

[33] LETTS C W, RYAN W, GROSSMAN A. Virtuous capital: what foundations can learn from venture capitalists[J]. Harvard business review, 1997(75): 36-50.

[34] MACINTOCH J G. Legal and institutional barriers to financing innovative enterprise in Canada, 1994.

[35] MILLER T L, WESLEY I I, CURTIS L. Assessing mission and resources for social change: an organizational identity perspective on social venture capitalists' decision criteria[J]. Entrepreneurship theory and practice, 2010, 34(4): 705-733.

[36] MOSS T W, SHORT J C, PAYNE G T, et al. Dual identities in social ventures: an exploratory study[J]. Entrepreneurship theory and practice, 2011, 35(4): 805-830.

[37] NICHOLLS A. "We do good things, don't we?": "Blended Value Accounting" in social entrepreneurship[J].Accounting, organizations and society, 2009, 34(6-7): 755-769.

[38] PEPIN J. Venture capitalists and entrepreneurs become venture philanthropists[J]. International journal of nonprofit and voluntary sector marketing, 2005, 10(3): 165-173.

[39] PORTER M E, KRAMER M R. Philanthropy's new agenda: creating value[J]. Harvard business review, 1999(77): 121-131.

[40] RANDJELOVIC J, O'ROURKE A R, ORSATO R J. The emergence of green venture capital[J]. Business strategy and the environment, 2003, 12(4): 240-253.

[41] SCARLATA M, ALEMANY L. Deal structuring in philanthropic venture capital investments: financing instrument, valuation and covenants[J]. Journal of business ethics, 2010, 95(2): 121-145.

[42] WALSKE J M, ZACHARAKIS A. Genetically engineered: why some venture capital firms are more successful than others[J]. Entrepreneurship theory and practice, 2009, 33(1): 297-318.

第 11 章　精益社会创业

:: 学习目标

- 发现社会问题
- 提出解决社会问题的新想法
- 设计相应的假设和最简可行产品
- 选择合适的社会创业组织形式
- 测试和调整产品－组织形式

开篇案例

从马路学堂到教育基金公司

　　印度是识字率最低的国家之一，虽然有义务教育法规定 6~14 岁的孩子必须入学，但教学质量存在严重问题，老师的素质很低，基础设施落后，加上 5~8 年级的辍学率超过 50%，对贫穷人口的冲击很大，因此民间纷纷创办各种特色的学校，弥补正规教育的不足。帕尔马（Parmar）是一个普通的小商人，在贫民窟附近经营一间修车房，只有初中学历却一直热衷社会服务。2001 年的一个下午，年逾半百的帕尔马在修车房门口遇到了 20 多名刚刚考完试高高兴兴地回家的学生。他一时心血来潮与他们攀谈起来，很好奇地问考试内容，结果学生们一问三不知。更令他惊讶的是 8 年级的学生竟然只认识几个字母，连基本的朗读都不会。他不禁想，到底学生们在学校里学到了什么。好奇心使得他跑到贫民窟对 400 多名学生进行了调查，他发现只有 5 个孩子会基本的读写。他翻阅了大量资料，看到过去 6 年印度的教育费用上升了 200%，家庭收入却仅剩了 40%。在只有一个人工作的家庭中，超过 88% 的家庭无法承担孩子的教育费用。对这些贫民窟的孩子而言，可能有学上就不错了，谈什么教学水准。帕尔马为此辗转难眠，他认为一个社会的进步是从教育开始的。

结果，他做了一个重大的决定，他把他的修车房交给两个儿子打理，自己要亲自教导平民孩子，让他们有朝一日走出贫民窟。开始的时候他只是邀请了10个孩子每天晚上在他家里学习两个小时，教他们最基本的读写和数学，为他们打下良好的基础，课后还准备了美味的晚餐与他们一起享用。他在课堂上不只是教授知识和技能，更注重人格的培养。

后来，孩子们纷纷介绍朋友参加。口耳相传下学生越来越多，地方不敷应用。毕竟精力和能力有限，帕尔马只好就地取材，用自家车房的材料制成桌椅在路边上课。马路学堂就这样开办了，下午五点半才开始上课，一直到晚上九点结束。他帮助学生掌握基本的技能，甚至帮助学生准备学校考试。用他自己设计的课程和教学方法使学生通过真实生活的观察和实践掌握理论知识与技能。

马路学堂没有休息日，但是99.9%的学生每天都来上课，他们主动排好和收拾桌椅。他们选择来这里的原因很简单，这里有在学校听不到的故事、学不到的真实技能和知识。在马路学堂上课是一种乐趣。十几年来，帕尔马教过的学生多不胜数，有的已经上了大学，有的事业有成，原本目不识丁的贫民窟孩子，现在已经变成银行经理、医生、工程师等。令他欣慰的是有学生毕业后回来帮忙。学堂的学生当中有扫街工人、保安员、货车车夫、保姆等人的孩子。当地公立学校校长和老师也前来参观、研究这所马路学堂。

70多岁的帕尔马永不言退，只要有学生来上课，他教学的决心就不会停止。所以，这位白发苍苍的老人获得学生家长和居民的拥戴。帕尔马在2009年荣获Dharati Ratna教育服务奖。马路学堂的事迹已被国际传媒广为报道。

虽然70多岁的帕尔马永不言退，可敬可佩，但是他的模式怎样才能持续下去并形成规模呢？其实，早在20世纪90年代初，案例中的另一位主角，曼德夫博士就已深感由政府带动的教育项目并未发挥成效。超过35%在政府资助学校就读的学生在接受了3~4年的教育之后文化水平仍不高，师资与教学资源仍严重短缺，很多教师士气低落。刚巧联合国订立普及小学教育的目标，他于是毅然成立了教育基金公司Pratham，决意让印度3~10岁的学童有书可读。Pratham在梵语中是"第一"的意思。Pratham名副其实，的确是印度第一个大规模和高质量的教育基金组织。

曼德夫博士一开始便订立了全面且创新的策略，即官商民三方紧密合作，确保规模大、成本低。曼德夫博士决定不在层层官僚体制中挣扎，而是改为和最基层的村落政府合作。第一步，建立地区上的紧密关系，村落主管行政单位会支持他订立的识字目标分享教学资源，并开放学校及公共场所给他们使用。第二步，吸引大量的企业参与并提供资金和兼职的教师。第三步，培养自己的兼职教师。后来，他又把很多在家受过教育的妇女培养成兼职教师。

到2014年，单是在印度的公司已经遍及了21个州，曼德夫博士把志愿者扩展到美国、英国、德国、加拿大和瑞典。在近20万名志愿者的支持下，该公司为770万名儿童和 1.5 万名青年人带来了学习的机会，并招募超过 6 万名志愿者，培训了 6 万名教师。

曼德夫博士于 2002 年被全球最大的社会企业家组织爱创家选为院士，2011 年获得斯科尔社会企业家奖（Skoll award for social entrepreneurship），并于 2012 年获得被称为教育界诺贝尔奖的 WISE 国际教学奖。

<small>资料来源：谢家驹和蔡美碧根据 Pratham 教育基金网页（http://www.pratham.org/）和 youtube 录像整理编写，2017。</small>

党的二十大报告提出，完善促进创业带动就业的保障制度，支持和规范发展新就业形态。而从马路学堂到教育基金公司的案例让我们看到社会创业有不同的形式，也让我们想到了精益创业（lean startup）。精益创业借鉴了精益制造的理念，但不是照搬，而是有所发展，并切实应用到创业领域。与精益生产理念类似，精益创业方法旨在消除不必要的投入，并在产品开发阶段增加创造价值的活动和功能，这样，创业公司在开始时无须大量的外部资金投入，不一定需要详细复杂的创业计划和完美的产品，还可能有更大的成功机会。本章将介绍如何把精益创业应用到社会创业领域，即精益社会创业（lean social startup, LSS）。

11.1　精益社会创业的 PISO 模型

精益创业是一种以较少的投入快速开发产品或服务的方法，旨在通过采用业务假设驱动的实验、迭代产品发布和验证学习的组合来缩短产品开发的周期，进而缩短创业的准备时间，减少时间和资金的投入，降低创业的风险。精益创业的核心方法是假设、实验和改进。如果创业公司用迭代的方式开发简单的产品或服务以满足早期客户的需求，它们可以降低市场风险，并且不需要大量的初始项目资金，避免启动昂贵的产品开发和失败（Ries，2011；Penenberg and Adam，2011）。

精益创业的核心原理是按照开发—测量—学习的循环迭代来快速开发产品。团队或公司的有效性取决于其实现想法的能力——快速将该想法转化为一个最简可行产品，衡量其在市场上的有效性并从该实验中不断学习和改进。换句话说，这是一个将创意转化为产品的循环学习的过程，以便衡量客户对产品的反应，然后决定是继续这个想法还是修改这个想法；该过程根据需要可能重复多次。具体循环阶段是：想法—开发—产品—测量—数据—学习，如图 11-1 所示（Ries，2011）。这种快速迭代使团队能够发现适合产品和市场的可行路径，并在达到产品与市场适合度后继续优化和改进商业模式。

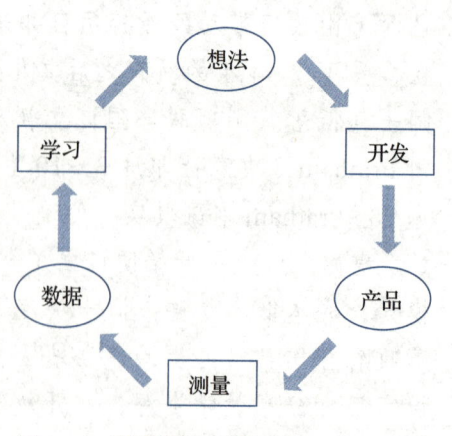

图 11-1　精益创业的循环和迭代示意图

精益创业是企业家总结实践经验提出的，特别强调实用性、系统性和可操作性。精益创业不仅提供了一套系统实用的创业工具和方法，也符合成果导向的教学（outcome-based education, OBE）和行动学习（action learning）等教学理念，尤其适合创新创业教育和实践。

在精益创业的循环和迭代过程中，有三个动词（开发、测量和学习）和三个名词（产品、数据和想法）一一对应，开发的结果是产品，测量的结果是数据，学习的结果是想法，这是成果导向的学习目标（learning objectives）的最佳样板。但是，这些并不意味着精益创业适用所有的领域，也不是说它没有局限。

2013 年史蒂夫·布兰克（Steve Blank）在《哈佛商业评论》上发表了一篇题为《为何精益创业将改变一切》的文章。有学者（Murray and Ma, 2015）认为，这个标题显然有些夸张，精益创业在商业领域也许是开始普及和渗透，但是在社会创业领域并非如此。虽然精益创业的"想法—开发—产品—测量—数据—学习"的循环迭代过程看起来清清楚楚，步步到位，但是实际应用并没有那么简单，尤其应用到社会创业等领域。精益创业应用到社会创业领域依然很缓慢，还有一些局限和需要改进的地方。

精益创业的一个关键问题或局限是：迭代和循环的原始想法是从哪里来的？这在精益创业中是没有充分论述的（Mueller and Thoring, 2012；张凌燕，2015）。因为精益创业的大部分早期应用案例来自经验丰富的 IT 人士，他们开始创业的时候已经有了比较成熟的想法。但是对于没有任何经验的大学生和没有社会创业经验的人士，精益创业的循环和迭代并不容易启动。如果没有原始想法，怎么设计产品和测试客户？如果原始想法完全脱离实践，第一步就大错特错，根本就没有必要测试，勉强测试反而是浪费时间和投入，无数次小的浪费，其结果也可能是很大的浪费，这和精益创业中少投入的理念恰恰相反。切记不是所有的想法都值得测试！想法的评估和筛选在测试前也是必要的。

精益创业的很多产品是 IT 软件产品，测试环境是网络平台，没有物理空间和距离的概念。产品是程序代码，容易测试、修改和迭代，测试数据自然产生和自动收集，测试成本不高。但是社会创业的产品非常复杂，有实物产品，也有需要密切人际接触的服务，存在物理空间，交通费用可能很高，即便是简单的产品测试也可能很昂贵并需要时间。而且，社会效应不是短时间就可以测试出来的。有的社会效果测试是很难量化的（Murray and Ma, 2015）。另外，社会创业的组织形式比商业创业多很多。不同产品和不同组织形式的组合使得社会创业产品设计更加复杂。

融合设计思维和精益创业可以解决这些问题。这也是精益创业的一个新发展趋势（Mueller and Thoring, 2012；Zhang, 2015）。在开始的环节可以利用设计思维的同理心和问题导向来产生原始的想法，尽量做好充分的调研和准备，尽量了解客户和受益人的真正需求，避免没有必要的测试，降低成本。这样也许比多次循环和迭代效果更好，成本更低，而且更快速地接近用户需求。本章以精益创业的循环和迭代原理为基础，结合设计思维的同理心、社会创新的方法和社会创业需要解决的社会问题的特点，提出了精益社会创业的 PISO 模型，如图 11-2 所示。PISO 代表精益社会创业的核心环节和成果：问题（problem）、想法（idea）、服务（service）和组织（organization）。

PISO 模型包含了精益创业的循环迭代的核心内容，并增加了社会调查和发现社会问题、社会创新、组织选择等社会创业的独特环节。接下来，将详细介绍 PISO 模型各个阶段的概念、工具、方法和案例。必须指出的是，精益创业的迭代及 PISO 模型看起来是一步一步的线性过程，其实在应用过程中并非线性的，也不是只有一个大的循环，每一步都可能调整和修改，每一步都运用先发散后收敛的菱形思维。设计思维的代表形象是双菱形，PISO 模型融合了设计思维和精益创业，扩展到四个菱形，把先发散后收敛的"钻石思维"（diamond thinking）融入精益社会创业的整个过程。PISO 模型主要是针对创业准备阶段，实施和增长阶段相关内容参见其他章节。

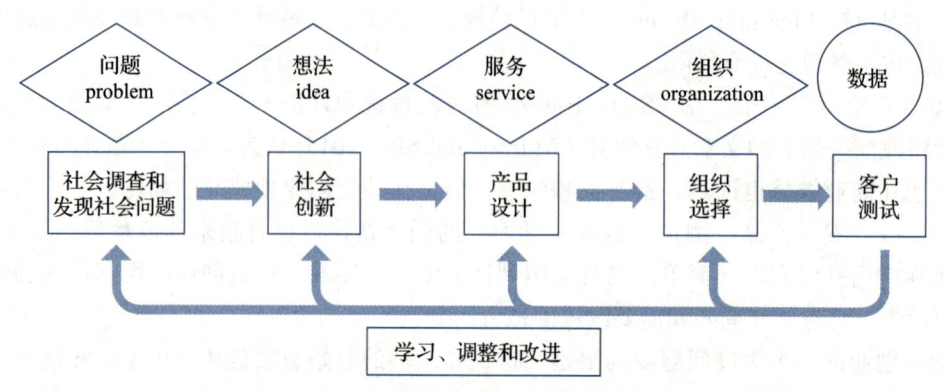

图 11-2　精益社会创业的 PISO 模型

11.2　精益社会创业和问题驱动

11.2.1　发现社会问题对社会创业的重要性

11.1 节我们曾经讨论过，精益创业迭代和循环的原始想法是没有充分论述的。精益创业的大部分应用对象是有经验的 IT 人士。对于没有任何经验的大学生，以及许多没有社会创业经验的人士，精益创业的方法是不容易启动的，或者会出现原始想法完全脱离实践的情况。精益社会创业就是利用精益创业的原理和方法来解决社会问题的过程。所以，精益社会创业的第一步不是设计最简可行产品，而是寻找和发现社会问题。明确问题比找到答案更重要。

如果社会问题不清晰，在商业模式开发的环节会出现问题。商业模式在第 6 章已详细介绍，本章重点讨论问题导向和商业模式画布。商业模式画布（business model canvas）是由奥斯特瓦德和皮尼厄提出的开发新的商业模式或记录现有商业模式的模板式工具（Osterwalder and Pigneur, 2010）。它是一张描述公司价值主张、基础设施、客户和财务状况的可视化的图表。它通过说明潜在的权衡关系来协助企业调整自身活动、资源和伙伴。商业模式画布以苹果、Skype 等技术驱动企业为例，缺乏客户问题等要素。阿什·慕尔雅（Ash Maurya）认为："大部分新创企业会失败，并不是因为它们没能生产出它们原本计划生产的产品（或服务），而是它们浪费时间、金钱和努力生产了错误的产品。我认为其失败的重要原因是从一开始就对问题缺乏正确的理解。"（Maurya, 2012）所以，慕尔雅修改了奥斯特瓦尔德的商业模式画布，提出了精益画布（lean canvas），增加了"问题"和"解决方案"。精益画布是慕尔雅专为初创公司改编的商业模式画布版本，精益画布专注于为广泛的客户问题提供解决方案，并通过独特的价值主张将其交付给客户群体。慕尔雅的精益画布已经成为精益创业的主要工具之一，自然也是精益社会创业的主要工具。

如果社会问题不清晰，社会企业的认定也会有问题。社会上有很多人，甚至社会企业家自己都会怀疑，一个企业到底是不是社会企业？社会企业与商业企业有什么根本的区别？每个企业不都是在解决问题吗？但是，仅仅解决问题并不一定是社会企业。关键是，你是在为谁解决问题？你是如何为他们创造价值的？要回答这些问题，社会企业家必须知道客户、用户和受益人之间的差异。

在商业创业领域，和客户（customer，clients）密切相关的一个概念是用户（end user）。付钱和采购的客户也许不是用户，也许是用户，甚至还可能是中间商。比如，很多儿童用品的客户是父母，而学习用品的客户是老师和学校。所以，产品测试和客户开发必须考虑客户和用户两个不同的群体。在社会创业领域，还有一个相关者，那就是受益人（beneficiaries）或服务对象。客户是愿意向提供满足需求的产品或服务的一方付费的人或群体，因为你的产品或服务解决了他们的问题。而受益人是从你的产品或服务创造的价值中受益的人或群体，尽管他们可能不一定是支付它的人。受益人可能是客户、用户，也可能都不是，而是单纯的第三方受益者。有些社会企业和受益人并没有直接关系，只是把钱捐献给慈善机构而已。有些社会企业是把产品交给学校。所以，社会创业的客户开发、产品开发和测试比一般经济创业要复杂。社会创业的客户开发和商业模式既要满足客户也要满足受益人，甚至还要满足股东。社会创业家更伟大，更受人们尊重。

社会创业应该先确定和开发客户还是受益人呢？举例来说，一个极端贫困家庭，人口众多，面临受教育难、无稳定经济来源问题，全家被列入教育资助、困难补贴对象。偶然间，在媒体报道后，这个家庭成为"名人"，引得社会爱心人士和团体关注，隔三岔五收到爱心捐款捐物，甚至有企业以此为契机，请这家人做宣传。在这个案例中，社会爱心人士关注的对象是谁，解决了什么社会问题呢？

11.2.2 发现社会问题

怎样发现社会问题呢？社会创业的机会和经济创业的机会不一样，只要我们有爱心，真正关心社会，就会发现大量的社会问题。阅读社会创业的案例，我们也能从其他地区的社会创业实践中得到启发而找到本地区的社会问题。很多社会问题是世界共有的。2015年9月，联合国可持续发展峰会通过了"2030年可持续发展议程"，其中包括17项人类可持续发展目标（sustainable development goals，SDG）。该议程建立在"一个都不能少"的原则基础上，强调实现所有人可持续发展的整体方法。2016年签署的巴黎协议就是该议程其中的一个项目。这17项人类可持续发展目标大部分涉及社会问题，包括：

- 没有贫困。
- 没有饥饿。
- 健康和福祉。
- 优质教育。
- 性别平等。
- 健康干净的水资源。
- 廉价干净的能源。
- 有体面的工作和促进经济增长。
- 工业、创新和基础设施。
- 减少不平等。
- 可持续发展城市和社区。
- 负责任的消费和生产模式。

- 气候行动。
- 保护海洋资源。
- 维护陆地生态系统。
- 和平公正的司法机构。
- 可持续发展全球伙伴关系。

可持续发展原本包括经济、社会和环保三个方面。现在社会创业把可持续发展问题和环保问题都统称为社会问题，可谓是广义的社会问题，所以很多社会创业的案例实际涉及的是环保问题和可持续发展问题（Hall el al., 2010）。读者可以登录联合国经济和社会事务部的网站详细阅读以上 17 个目标，对社会问题有更详细的了解，也可以根据本国的国情，寻找更具体的社会问题。中国在经济快速发展的同时，也因为地域的差异和发展的不平衡，出现了一些复杂的社会问题。中国常见的社会问题包括：

- 返贫和新的致贫问题。
- 教育资源不均衡问题。
- 环保问题。
- 食物浪费问题。
- 精神健康问题。
- 孤寡老人、空巢老人问题。
- 偏远地区留守儿童抚养和心理问题。
- 恶劣天气问题。
- 残疾人就业问题。

要发现社会问题，只有热情是远远不够的，还需要社会知识，需要对社会的关注，也要因地制宜，立足国情、省情和地区特点。一个地方的社会问题，在另外一个地方可能不是什么问题。不同地区的社会问题也可能有明显的差异。同样是在中国，香港和台湾地区社会企业关注的社会问题也有不同（官有垣 等，2012）。香港地区社会企业关注的前五类社会问题分别是妇女问题（50%）、低收入人群（45.2%）、智能智障人士（42.9%）、失业人士问题（35.7%）和慢性精神病患者（33.3%）；而台湾地区社会企业关注的前五类社会问题分别是智能智障人士（62.8%）、多重障碍人士（48.8%）、自闭症人士（39.5%）、肢体障碍人士（34.9%）和慢性精神病人士（27.9%）。而在北欧国家，妇女问题根本就不存在。

西方国家的社会问题也有不同的特点（谢家驹、蔡美碧，2017）。比如，钻石虽然是奢侈品，却和社会企业有关系，这是为什么呢？"钻石恒久远，一颗永流传"（A diamond is forever），这是钻石巨商戴比尔斯于 1947 年创作的广告词。这句话让钻石自此成为订婚和结婚戒指的指定珠宝，令全球钻石需求飙升。然而，一部《血钻》（Blood Diamond）电影几乎改变了钻石的命运。全球钻石市场总值 814 亿美元，涉及劳动人口大概 1 000 万人，非洲占了钻石出口市场的 65%。《血钻》讲述了非洲一些战乱国家非法开采和走私钻石的故事，揭示了美丽的钻石背后充满了战争、混乱和血腥的事实。在非洲内战地区钻石的开采，主要是用于战事双方购买所需武器，军队购买了武器后又用来抢夺钻石开采权，再以暴力发动战争。这些在战争地区开采并销往市场的钻石被称为冲突钻石。至此，西方富裕的人们良心发现，开始寻找干净的无冲突钻石。斯坦福大学的学生格斯坦（Gerstein）发现市场上根本找不到干净的良心钻石。没有任何的珠宝商能证明它们的钻石来自没有冲突的国家，并且合乎道德和环保标准。即便是国际钻石认证组织也备受争议，战争双方到底哪一方的开采是合法的，认证时常常具有政治倾向。与此同时，斯坦福大学的另一名学生格罗斯伯格（Grossberg）做了一份关于无冲突钻石的研究报告，证明良心钻石首饰大有市场，有钱人宁愿出高价购买良心钻石。于是，二人一拍即合，于2005年共同创办了一家珠宝网店，确保生产的产品不是来自非洲内战地区，而且符合环保、人权、公平交易等条件，为顾客提供清白的良心钻石。他们首先采用来自加拿大的钻石，稳定后逐步扩展到非洲和平稳定的国家，如纳米比亚。接着，为了突出自己的企业是社会公益企业，他们用百分之五的利润资助有冲突地区的学童重新入学。

总之，社会创业的首要任务是找到你关注的社会问题。关注社会，因地制宜，深入调查是精益社会创业的第一步，也是关键的一步。

11.3 社会创新和解决社会问题的新想法

在中文文献中，精益创业和创新并没有体现出明显的关系。很少有人知道，《精益创业》这本书的英文版副标题是《今天的创业者怎样用持续的创新快速地创造成功的商业》（"How today's entrepreneurs use continuous innovation to create radically successful businesses"），很遗憾中文版本没有这个副标题。精益创业并不是沿用老的方法，而是快速地开发出新的产品和服务。精益创业恰恰是一种加速创新的方法，所以精益社会创业不能没有创新。而社会创业和社会创新（social innovation）是不可分的。下面两个社会创业的例子充分诠释了创新对社会创业的重要性。

11.3.1 自闭症治疗方法的创新

在西方世界，儿童自闭症是发展最快的疾病之一（Banks，2016）。50年前，每10 000个儿童里不到一个儿童患有自闭症。2000年，每500个儿童就有一个患有自闭症。今天，每45个儿童中就会有一个自闭症患儿。目前全球超过3 500万人患有自闭症。中国的情况也不乐观，中国自闭症发病率为0.7%，14岁以下的自闭症儿童约有200多万。多数患儿家庭经济拮据，无法承担长期的康复费用，这对儿童、家庭和社会都是一个巨大的挑战。自闭症的全称是孤独症谱系障碍（autism spectrum disorder，ASD）。这种儿童会回避任何身体的甚至眼神的接触，不接受任何社交和沟通，因而有严重的语言交流和社会交往障碍，所以自闭症也叫孤独症。他们会不停地重复一些奇怪的行为，难以应对环境的变化，个人成长相当缓慢，通常的安慰或沟通完全不起作用。家长们发现很难做好家长的本分，大部分焦头烂额。一般自闭症儿童家长的压力是普通儿童家长的4倍。这样的儿童到学校之后，因为个人能力发展的延缓，沟通障碍和行为的怪异完全影响了他们的学习和与其他同学的相处。更麻烦的是，医学界现在还未明确自闭症的原因，对自闭症怎么治疗也没有切实有效的方法。自闭症得不到及时的治疗将影响终身残疾。家长、教师和医学界都迫不及待地想知道怎样才能帮助这些自闭症孩子。

西方医学界目前都在采用心理学的方法治疗自闭症儿童，但是成效甚微。还有什么新的方法可以尝试呢？路易莎·席尔瓦是学医的，她的一个朋友的孩子不幸得了自闭症，家长和孩子都很痛苦。她看到后非常同情。她回想起在医学院实习的时候，曾经遇到来自中国的一个医生代表团。他们不用药物而是用针灸给手术的患者麻醉，让她感到非常神奇，印象深刻。这些中国的医生用针灸、草药，还有按摩给患者治疗。她想，可不可以用按摩来治疗自闭症儿童呢？于是，她创立了相关治疗机构。按摩治疗自闭症儿童效果明显，4天的时间个别患者就可以接受眼睛的接触，可以自己玩皮球。现在她的机构每年有上千名自闭症患者前来接受治疗。

席尔瓦在南非生活过，曾经在印度、爱尔兰和肯塔基郊区工作过。她的人生和工作经历让她更加开放并能接受不同的事物和想法。按摩法不是她发明的，但是把按摩应用到一个全新的领域也是创新。

从另一个角度看，科学家发现自闭症儿童在出生两个月就有症状出现，比如对声音反应迟钝，对移动的物体不会目光追随，不会对人笑，等等。自闭症儿童到了几岁的时候行为会更加固执，甚至有剧烈反抗和危险行为，治疗难度随着年龄的增长而加大，因而出现了自闭症提早诊断及时治疗的创新方案。近年来有研究表明，自闭症可能与遗传因素有关，我们不妨再提前一步，怎样在受孕和怀孕期间预防自闭症儿童岂不是更有意义？这是质量管理的预防理念和事后纠正理念的启发，还可以借鉴优生优育的科学方法，岂不是造福人类和解决一个痛苦的社会问题？

11.3.2 "黑暗中对话"中的创新

"黑暗中对话"是社会创业领域一个耳熟能详的例子（张瑞霖，2011）。设想一下，在一片漆黑中，用眼睛以外的感官活动和生活，你会觉得很难吗？会不知所措吗？别害怕，"黑暗中对话"（dialogue in the dark）有一系列活动，让你在"暗"中作乐、学习和生活。早期的"黑暗中对话"体验馆，只是一间厨房，参访者付费之后可以进去体验在厨房里准备一杯咖啡或制作三明治等。人们会很容易地亲身体验到盲人的艰辛，因而培养对残疾人的关心和爱护。"黑暗中对话"体验馆自1988年在德国首创以来很快覆盖40多个国家，获得1 000万人次的体验。中国的上海、成都和深圳也有了这样的体验馆。

但是随着时间的推移，体验过一次的人一般就不会再去体验第二次了，很少有回头客。体验馆的可持续性就是个问题。为了吸引更多的人参观，体验馆也在不断创新，从原来的厨房扩展到更多其他场景。比如，现在的体验馆设计了独特的公园、渡轮、市场、戏院和咖啡室等场景，让访客在黑暗中感受独有的质感、声音、气味甚至味道，用其他感官去探索周围的环境。其他活动还包括暗中音乐之旅、暗中生日会、暗中夜宴、暗中品酒会等。持续创新是企业生存的保障。利用创新方法，你能不能拓展出至少5款"黑暗中对话"的新产品？

有些社会创新是借鉴了其他成功的社会创业。这就是类比创新。比如，有些残疾人行动不方便，不得不用轮椅，有的用手动轮椅，条件允许的话用电动轮椅。无论哪一种，你能体验到残疾人的艰辛吗？为了让普通人能够体验和了解残疾人的不容易，某大学的学生申请到一笔经费，开发了电动轮椅体验馆。开发者利用虚拟环境系统让体验者可以在轮椅上体验怎样转弯、停车、问路、等待其他车辆等情形。你觉得轮椅体验馆还有什么新的产品或服务？

社会企业创新的例子很多。影响人类社会的重大社会创新包括工会、退休金、自助洗衣机等。读者可以阅读了解社会创新案例，比如邓国胜的《社会创新案例精选》（2013），芒福德和默尔特的《社会创新案例：20世纪两次创新的启示》（Mumford and Moertl，2003）。

虽然精益创业和社会创新都非常重视创新，但遗憾的是精益创业文献（Ries，2011；Fan，2012；Maurya，2012）和社会创新文献（Paramasivan，2016；Banks，2016；Douglas and Grant，2014）并没有系统地介绍创新的过程、方法、影响因素、环境等。受篇幅的限制，本章不能一一介绍，有兴趣的读者可以参阅创造思维和创新培训的文献并应用到精益社会创业领域（Wallis，1926；Couger，1995；孙洪义，2016）。

11.4 价值假设和最简可行产品

精益创业的产品开发方法是从价值假设和最简可行产品，或者最小可行产品（minimum viable product，MVP）开始的。最简可行产品是指以最低成本尽可能展现核心概念的产品策略，即是指用最快、最简明的方式建立一个可用的产品原型，这个原型要表达出你的产品最终想要的效果，然后通过迭代来完善细节。最简可行产品不是产品模型或图纸，而是具有核心功能并且可以使用的产品，它允许团队以最少的努力收集大量的有关客户意见的有效学习资源，类似于试验性实验。最简可行产品的目标是测试基本的商业假设（对客户来说是价值假设）并帮助创业者尽快开始学习和改进的过程（Ries，2011）。举一个例子，Zappos联合创始人尼克·斯温莫恩想测试这样的假设，即客户已经准备好并且愿意在线购买鞋子。斯温莫恩并未建立一个网站和一个大型的鞋类数据库，而是走进当地的鞋店，拍下了它们的样品，在网上张贴了照片，在出售后以全价从商店里买了鞋子，然后将它们直接邮寄给客户。经过试验，斯温莫恩推断：客户的这种需求是存在的，Zappos最终将在线销售鞋子的模式发展成为一个价值10亿美元的网上业务。

在精益创业世界中，找到解决问题最佳方案的唯一方法就是客户反馈。按照精益创业，创业者不要把自己当成独来独往的英雄和闭门造车的工匠，而是要成为认真倾听客户的伙伴。这是最简可行产品的重要部分，即潜在客户参与的产品和业务的开发。最简可行产品是一种产品原型，具有足够的功能以满足早期客户的需求并为未来的产品开发收集反馈。最简可行产品的主要目的是测试，因此必须具备核心功能，否则无法测试。最简可行产品的目的包括：

- 能用最少的资源测试产品的假设。
- 加速学习。
- 减少浪费的工程开发时间。
- 尽快将产品提供给早期客户。
- 是进一步开发其他产品的基础。
- 积累和培养初创企业开发相应产品的能力。

最简可行产品设计中很容易被忽略的部分是假设（hypothesis/assumption）。没有价值假设，最简可行产品就没有设计指引，测试时没有清楚的目的。精益创业的假设范围分为两类（Fan，2012）：价值假设和增长假设。

- 价值假设（value hypothesis）：产品对用户来说是否有价值？用户是否会使用，是否会付费？
- 增长假设（growth hypothesis）：产品提供的价值是普遍需求吗？用户规模能够快速增长吗？

Facebook 刚推出时，只为有限的几个大学社区提供服务，也没有做任何市场推广。但一个月以后，它已经吸引了 3/4 的哈佛本科生注册，且超过半数用户每天都会访问 Facebook。这两项数值充分说明了该产品满足增长假设和价值假设。这就是精益创业的循证学习（evidence-based learning）理念（Frese et al., 2012）。

对于社会企业，除了客户价值和经济价值，社会价值更为重要，尤其应关注问题发现的环节和社会调查的环节。如果调研和采访可以验证假设，就没有必要实验，因为任何实验都是有成本的，社会创业的实验有时候成本更高。例如，Worldreader 团队从美国到非洲去验证那里的孩子会不会使用阅读器，从寻找对象到确定国家、航班、酒店、餐饮等要花费几十万美元，对于一般的创业实验多是不现实的。重要的是验证的结论是否定的。如果早点了解一下非洲普通电话使用量激增，何苦测试 Kindle 阅读器。

对社会创业来说，主要问题是大部分案例根本没有分析一系列产品然后选择一个最简可行产品。大部分只提出一个产品，根本不知道是不是最小的，或是最大的，只能说是唯一的。关于这个问题有一个经典的辩论，有人说你能设计出一个最小可行的汽车吗？如果你设计一款汽车的话，它一定会有轮子，有方向盘，有动力系统，有照明系统，有冷气系统，等等。精益创业的拥护者会说，我可以设计出一款最简单的汽车，而不是豪华型的汽车，是新材料制成的只卖几千元钱的汽车。其实这根本不是最简可行产品，而是针对特定客户群的真正适合的产品。这样的产品是不会用产品原型来测试和迭代的，了解机械和电子制造的人会知道，制造单件小批产品所用的工装夹具和模具的成本太高，即便是采用 3D 打印和快速原型技术也不会降低制造汽车所用模具的成本，因此前期的市场调查和客户访问是开发产品的关键。不同款式的设计是选择最简可行产品的基础。社会创业很多时候没有实物产品，而是服务。没有物理原型的服务产品怎样测试？什么样的服务是最简可行产品？这些都是精益创业还没有涉及的问题。下面我们用低收入家庭的孩子用电脑的几个不同方案来解释精益社会创业怎样设计和开发最简可行产品。

1. 简易电脑制作计划

多年前，在电脑成为城市家庭必需品时，对贫困偏僻的山区或其他贫困地区的家庭而言，电脑还是可望而不可即的奢侈品，孩子们甚至都不知道什么是电脑。电脑可以让千里之外的孩子和在外打工爸爸妈妈经常视频聊天，电脑可以让孩子浏览世界各地的风景，学习他们需要的知识和技能，开阔眼界，好处多多。但是，怎样才能让贫困偏僻山区的孩子们用上电脑呢？香港几位企业家发起了一项简易电脑捐赠计划（Dino 计划），也叫 100 美元计划。他们委托一家企业设计了一款很简单的电脑，具有上网等简单的功能，使得成本降到 100 美元。任何人如果捐赠 100 美元，这家企业就可以送出两台这样的 Dino 电脑。Dino 电脑似乎非常符合精益创业和最简可行产品的理念，但后来因为山区没法上网而搁置。如果提早了解一下山区是否可以上网，就根本没有必要做这款简易电脑了。

2. 电脑捐赠计划

为促进社会共融及推广资源循环再用，新家园协会（简称"新家园"）在一家银行的全力支持下推出"新家园电脑捐赠计划"，捐赠 500 台电脑给低收入家庭。新家园与银行联同支持机构互联网专业协会、青年 IT 网络派出义工队伍，提供免费电脑教学课程，以协助受惠人士学习使用电脑，身体力行关爱社会。该计划启动礼在华德学校礼堂举行，约 200 名受惠对象参加了启动礼。500台电脑，按贫困人口比例计算，实在是杯水车薪。这个方案能够持续吗？下一次捐赠还不知道是什么时候。怎样才可以让这样的计划持续下去呢？这个活动是测试还是银行的宣传活动？这是最简可行产品吗？

3. 电脑重生计划

国际十字路会（crossroads foundation）是一个非营利的国际慈善基金。该基金收购旧电脑，翻新之后以成本价卖给有需要的贫困家庭。这样的项目可以复制到各地的各类组织，甚至是学生创业计划、公益计划、公益组织和公益企业等。这个计划不仅具有社会公益的性质，还具有环保和可持续性的特征。

从这几个例子可以看出，很多社会创业的产品和服务背后并没有最简可行产品的概念，基本是唯一可行产品而已，也没有测试的想法。下面我们用精益社会创业工作坊的真实例子，即普通市民访问项目，来说明怎样确定社会创业的价值假设和最简可行产品。

香港的一些社会工作者偶然了解到来香港的有些游客很想了解香港普通市民的生活。有些游客从媒体听说香港的笼屋、板屋等，但是完全想象不到，人均收入接近5万美元的香港高楼林立，一片繁华景象，普通市民或基层市民的生活到底是什么样子？于是他们想做一个具有公益性质的旅游产品：让游客去参观普通市民的社区和家庭，用这个收入帮助这些市民。对于这样的原始想法，下一步应该怎么做？成立一家旅游公司？尽快招募员工？租一间办公室？调研？都不是！他们和旅游公司合作，在游客自由活动期间安排有意愿的游客额外支出费用参访当地市民家庭，重点是生活水平较低的街区。扣除费用以及和旅游公司的分成，剩余的收入留给接受参访的市民家庭，用以补助这些市民的日常生活。目前这个项目只雇用几名社会学科的学生做兼职的导游，没有办公室，沟通主要靠手机和电邮，以及旅游公司提供的信息，使成本降到最低。等待未来发展和市场需求的进一步验证再决定是否成立正式的公司和雇用专职的导游。这个公益项目完全是按照精益社会创业的理念设计和运行的。其实这个项目就是香港精益社会创业培训计划孵化的项目。这个项目要验证如下假设：

- 到底有多少游客有意愿了解香港普通市民的生活？
- 有多少香港普通市民愿意接受陌生游客来访？
- 收到多少钱被访问的市民才愿意接受访问？
- 这种模式能赢利或实现财务平衡吗？

这些问题不是通过简单的访谈就可以验证的，所以才需要试验。这就是精益社会创业的最简可行产品的验证和测试。这里的重点是，要先有假设，然后才能确定最简可行产品。因为最简可行产品的目的是检测和验证假设。以上为低收入家庭提供电脑的例子和参访普通市民计划的例子都说明组织形式不同，产品和服务的形式也不同。下一小节我们结合组织形式对产品设计做进一步讨论。

11.5 产品-组织组合图

社会创业和经济创业的一个主要区别在于组织形式。经济创业一般都是以注册的商业组织来实现创业计划，以求得可持续性和商业可行性，以及法律方面的合法性。但社会创业有很多不同的形式，繁简程度、成本高低、投资大小都不尽相同。与社会企业有关的组织形式，包括公益项目、公益企业、非营利组织、非政府组织、慈善机构、正式注册的社会企业、科研活动/科研机构、政府扶贫职能部门，甚至教育活动等。有些组织性质既有不同也有交叉。

精益创业在社会创业中除了要考虑产品的繁简程度外，也要考虑组织形式的繁简程度以及产品和组织的不同组合。产品和组织的繁简程度会有很多不同的组合形式，因此社会创业的模式会比经济创业选择性更多、更复杂。表 11-1 介绍的产品-组织组合图（product-organization map，POM）可以帮助我们确定社会创业的简单测试模式。确定了产品和组织形式之后才可以比较准确地进行产品测试或讨论商业模式。POM 更说明创造思维的重要。只有通过发散的创造思维，才会探索不同的解决方案和不同的产品设计，才有机会选择一个最简可行产品，避免唯一的可行产品。这里以解决低收入家庭孩子没有电脑的社会问题为例来介绍 POM 的用途，如表 11-2 所示。

表 11-1 产品-组织组合图

产品形式	组织形式				
	公益活动	非营利组织	公益企业	社会企业	其他（科研教学，网络）
产品-1					
产品-2					
产品-3					
产品-4					

表 11-2 解决低收入家庭孩子没有电脑问题的产品-组织组合图

产品形式	组织形式		
	公益活动	非营利组织	公益企业
简易电脑捐赠			公益企业长期捐赠
新电脑捐赠	银行一次性公益活动		
电脑重生计划		长期出售翻新电脑给需要人士	

表 11-3 是某大学二手书籍回收的产品-组织组合图的真实例子。大学的老师和学生每年都要处理一些旧书。这些旧书的处理方法既涉及环保问题，也涉及社会问题和人文关怀，但不同部门的组织形式迥然不同，如表 11-3 所示。他们需要验证的共同的假设如下：

- 会有老师和学生愿意捐赠图书吗？
- 会有人来购买图书吗？
- 什么样的人购买二手图书呢？

如果你的学校有同样的问题，你会选择哪一种 POM 方式呢？

表 11-3 旧书回收的产品-组织组合图

产品形式	组织形式			
	公益活动	非营利组织	商业组织	其他
收书买书	教师工会每年举办一次夏季旧书义卖，每次三天，收入全部捐给慈善机构			网店出售，微商出售

(续)

产品形式	组织形式			
	公益活动	非营利组织	商业组织	其他
固定地点收书买书		建议教师和学生把旧书籍送到旧货店	学生自己开办二手书店，利用出售学生和教师捐赠的书的二手书店	网店出售，朋友交换
邮寄至指定地点	指定类别的图书送给服刑人员		借助其他二手书店	

社会创业的分类很多（Zahra et al.，2009），但是，就选择和确定最简可行产品设计来讲，与社会创业的组织形式和经济来源的关系非常密切。就社会企业的经济来源和慈善事业的关系而言，至少有四种社会创业的主要组织形式。假设心形代表公益或慈善活动，圆圈代表商业活动，小方块代表其他组织，如政府部门、学术单位、商业企业或有爱心的个人。四种社会创业组织形式，如图11-3所示。

图11-3a代表单纯的慈善企业或慈善活动，本身没有经济收入，依靠其他组织和个人的捐赠，设立长久一些的基金，但是也没恒定的商业业务和固定的经济收入。这种叫外部输血型社会创业组织。

图11-3b代表有自己的商业经营活动，但是和社会活动没有直接关系，而是把收入的一部分用于公益或慈善事业，或者捐给其他组织做慈善事业。具有社会责任心、关注社会问题的商业企业，或者共益企业（benefit corporation，B-Corp，也称共益公司）也属于这类。这种叫内部输血型社会创业组织。

图11-3c是商业活动和慈善活动紧密结合的社会企业，企业的业务本身就是解决社会问题同时完成慈善或公益活动。这种叫内部造血型社会创业组织。

图11-3d是第三种的延伸，代表广泛依靠合作伙伴的社会企业，尤其是融合三螺旋模式（triple helix model），结合政府、科研机构和其他商业企业的社会创业企业（Etzkowitz and Leydesdorff，2000）。很多成功的社会企业都经历了从单纯的没有收入的慈善组织到建立广泛合作关系的拥有商业业务的社会创业企业，甚至可以孵化更多的社会企业和稳定的基金。这种叫内外合作造血型社会创业组织。北京乐平公益基金会等比较成功且可持续的社会创业组织就是这样的例子。

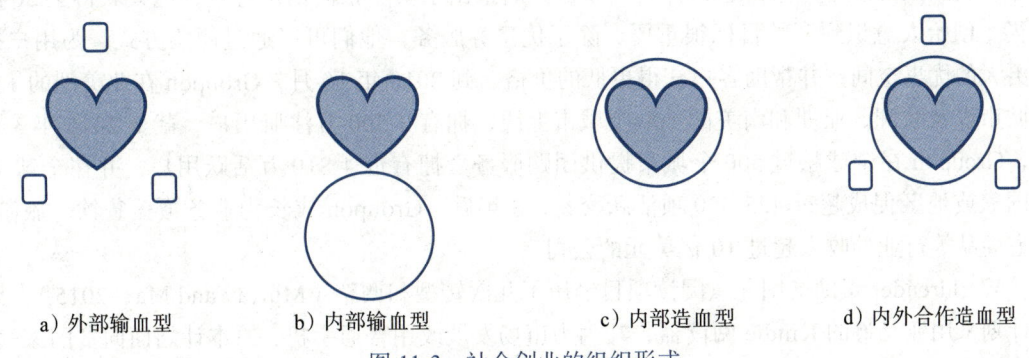

a）外部输血型　　b）内部输血型　　c）内部造血型　　d）内外合作造血型

图11-3　社会创业的组织形式

北京乐平公益基金会（简称"乐平基金会"）于2010年成立，由中国具有公信力的学者和商界人士共同发起。乐平基金会的愿景是让人人享有平等发展的权利，主要关注缺乏机会的低收入人士，致力于改善弱势群体的福利，增加平等发展机会和促进社会公益发展。乐平基金会的前身是在 2002 年创办的北京富平学校，现在已经是一家成功的社会企业。在帮助富平学校找到运营模式之后，乐平基金会开始致力于社会企业投资和培养社会创新者。

通过乐平基金会孵化的社会企业有：北京富平家政服务中心，专门培训家务助理和提供家政服务；北京谷雨千千树教育咨询有限责任公司，为儿童提供早期教育；北京富平创源农业科技发展有限责任公司，发展生态信任农业和小额贷款；大邑县富平小额贷款有限责任公司，专门提供微型金融服务。

有鉴于此，乐平基金会尝试运用集体影响力的方法连接社会各界人士，包括企业家、社会投资者、学者和政策制定者等，并于 2013 年推出社会创新合作伙伴项目。该项目将义工服务和捐赠相结合，集中和强调伙伴的资助，以陪伴的方式利用义工们个人的时间和专业技能来长期支持慈善组织的发展。十多年来，乐平基金会希望能够帮助这些社会企业发展，用规模化的成果来改变整个社会系统和生态，从而产生更大的社会影响力。同时，乐平基金会也希望通过这种规模化的活动，让更多人看到创新思维和社会创业可以改变社会。

当你设计一个社会服务产品时，无论是开始时的测试，还是将来运行，都要有一个组织形式。也许在测试阶段也可以选择一个最简可行组织（minimum viable organization，MVO），而长远运行的组织形式应该是造血型的社会创业组织。这是社会创业和经济创业的一个主要区别。

11.6　社会创业的测试和调整

史蒂夫·布兰克 2013 年指出，精益创业方法是从探索式计划方法（discovery-based planning）中得到灵感（McGrath and MacMillan, 1995）。探索式计划方法的核心是没有固定的目标结果，而是根据阶段结果不断调整，这就是迭代和调整理念。

简单来说，目标调整就是对事先设计好的路线进行修正，以便测试产品、策略和增长机制的基本假设。应用目标调整的经典例子是 2008 年在美国芝加哥创立的网上团购公司 Groupon（源于 group + coupon，即团购优惠券），这也是精益创业和最简可行产品的经典例子。当公司刚起步时，它只是一个名为"The Point"的在线促销平台。在几乎没有交易的情况下，创始人开设了一个博客，并为一家比萨店推出了第一张促销优惠券，但只获得了 20 次购买。创始人意识到调整目标很重要，除了优惠券服务，他们可以通过团购方式，为用户提供更大的优惠空间，并帮助客户获得更低的价格。到 2010 年 10 月，Groupon 在北美洲的 150 个城市以及欧洲、亚洲和南美的 100 个城市上线，拥有 3 500 万注册用户。截至 2015 年 3 月底，Groupon 在全球超过 500 个城市提供团购服务，拥有近 4 810 万活跃用户，并在全球 48 个国家或地区促成超过 425 000 项活跃交易。3 年后，Groupon 成长为业务覆盖餐饮、旅游、住宅商品等行业的收入超过 10 亿美元的公司。

Worldreader 帮助贫困儿童阅读项目经历了几次转型和调整（Murray and Ma, 2015）：原本计划采用亚马逊的 Kindle 阅读器，却因为市场发展改用普通手机；原本计划面向贫困家庭，后来集中在发展中国家。这些都得益于不断的实验和迭代。

Facebook 原本是哈佛大学内部的校友网页，最后变成了开放的社交平台。每次迭代结束，创业者可以有两个选择，继续或转型。如果分析结果表明之前的假设基本正确，在学习过程中实现的小的改变让产品越来越趋向于假设中的理想状态，那么自然应当保持。慕尔雅（Maurya，2011）所著的《精益创业实战》这本书的标题特别适合用来描述精益创业的修改和调整，"iterate from plan A to a plan that works"，也就是要一直迭代直到找到一个可行的模式。如果不行就尽快放弃，所以精益的精髓就是两句话：低成本试错（fail cheap），快速试错（fail fast）。

如果数据不理想，是继续坚持而改进，还是放弃而转型呢？决策应该取决于你是否通过这次精益迭代获得了有价值的"经证实的认知"。如果没有得到经证实的认知，就盲目放弃无疑是错误的。但如果再怎么努力，假设也与现实渐行渐远，则可能需要通过转型对假设做一些本质性的改变，这些改变可能涉及创新的各个层面：核心技术、应用模式、目标市场、目标需求、增长模型、推广渠道等。至于到底哪些因素的改变会带来最佳效果，可以在下一轮迭代中验证。

为了处理有太多新的想法需要验证的情况，创业者可以用之前某个较为稳定的产品版本作为基线，在此之上升级出多个平行的版本，展开多个循环分别验证新想法的合理性，剔除其中不佳的部分，并将较好的想法合并到下一个基线当中。修改和转型也不是完全没有规律可循的，以下这几个方面可以供创业者参考：

- 市场放大转型。
- 市场缩小转型。
- 客户细分市场转型。
- 客户需求转型。
- 平台转型。
- 组织形式转型。
- 商业模式转型。
- 价值获取方式转型。
- 增长引擎转型。
- 渠道转型。
- 技术转型。
- 受益人转型。

本章小结

1. 精益社会创业就是用精益创业的原理和方法来解决社会问题。精益社会创业的PISO模型把精益创业的方法、设计思维的理念和社会创业的独特要素系统地整合起来，以指导社会创业实践。PISO模型的核心要素包括：问题（problem）、想法（idea）、服务（service）和组织（organization）。PISO模型的应用主要集中在创业准备阶段。

2. 精益社会创业的第一步是社会调查和发现社会问题。问题驱动是精益社会创业的一个特点。经济创业关注的是客户问题和股东利益，而社会创业关注的是受益人的问题和社会利益相关者的利益，既有社会利益也有经济利益。

3. 精益社会创业需要社会创新，解决方案需要创造思维、发散思维、脑洞大开、新的想法。创新想法不都来自灵光一闪,还需要经验的积累、过程、系统、方法和工具。能解决社会问题的想法才有社会价值。
4. 精益创业循环迭代的核心是提出假设和设计相应的最简可行产品(或服务)。最简可行产品不仅仅是为了减少成本,还是为了尽快进入实验了解潜在用户或受益人的反馈和需求,缩短产品开发时间。最终的产品不一定是最简可行产品,也可能是一种很复杂的产品和服务。对于社会企业,不是所有想法都值得测试,不是所有的假设都需要实地实验,如果能以调研和访问的方式验证一个假设,就没有必要实地实验,因为任何实验都是有成本的。
5. 产品-组织组合图(POM)可以帮助创业者设计产品,并选择相应的组织形式。输血型社会创业组织更适合开始时期的精益实验;内部造血型社会创业组织的业务本身就是解决社会问题同时完成慈善或公益活动;内外合作造血型社会创业组织是可持续发展的形式,也是社会企业的最终目标和理想形式,并考虑了最简可行组织和最简可行产品的对应关系。
6. 创业难,守业更难。精益创业不仅仅适用于社会创业的准备阶段,它的真正作用在于守业阶段。

问题讨论

1. 精益社会创业 PISO 模型的哪部分借鉴了设计思维的理念?
2. 社会创业往往是社会问题驱动的,既然已经有社会问题和对象还需要客户开发吗?
3. 客户、用户和受益人有什么区别和联系?
4. 怎样评估客户意见反馈和产品测试的成本?
5. 最简可行产品模型和原型有什么区别?
6. 设计最简可行产品的目的是什么?
7. 价值假设和最简可行产品哪个在先?
8. 最简可行组织和最简可行产品有什么区别?
9. 价值假设一定要现场测试吗?
10. 举例说明组织形式对产品设计的影响。
11. 中国的精益社会创业需要考虑哪些本土文化和社会因素?

扫码查看案例分析和文献精读。

参考文献

[1] ABDULMALEK F A, RAJGOPAL J. Analyzing the benefits of lean manufacturing and value stream mapping via simulation: a process sector case study[J]. International journal of production economics, 2007, 107(1): 223-236.
[2] BANKS K. Social entrepreneurship and innovation: international cases studies and practice[M]. London: Kogan Page, 2016.
[3] BLANK S. Why the lean start-up changes

everything[M]. Harvard business review, 2013, 91(5): 63-72.

[4] COUGER J D. Creative problem solving and opportunity finding[M]. San Francisco: Boyd & Fraser Publishing Company, 1995.

[5] 邓国胜. 社会创新案例精选 [M]. 北京：社会科学文献出版社，2013.

[6] DOUGLAS H, GRANT S. Social entrepreneurship and enterprise[M]. Prahran, Victoria: Tilde Publishing and Distribution, 2014.

[7] ETZKOWITZ H, LEYDESDORFF L. The dynamics of innovation: from national systems and "Mode 2" to a Triple Helix of university-industry-government relations[J]. Research policy, 2000(9): 109-123.

[8] FAN R. Lean Startup discussion[EB/OL]. https://www.slideshare.net/robbinfan/ss-29058448.

[9] FRESE M, BAUSCH A, SCHMIDT P, et al. Evidence-based entrepreneurship: cumulative science, action principles, and bridging the gap between science and practice[J]. Foundations and Trends in Entrepreneurship, 2012, 8(1): 1-62.

[10] 官有垣，陈锦棠，王仕图. 社会企业：台湾与香港的比较 [M]. 高雄：巨流图书股份有限公司，2012.

[11] HALL J K, DANEKE G A, LENOX M J. Sustainable development and entrepreneurship: past contributions and future directions[J]. Journal of business venturing, 2010, 25(5): 439-448.

[12] HINES P, HOLWEG M, RICH N. Learning to evolve: a review of contemporary lean thinking[J]. International journal of operations & production management, 2004, 24(10): 994-1011.

[13] MAURYA A. Running lean: iterate from plan A to a plan that works[M]. Sebastopol, CA: O'Reilly Media, Inc, 2012.

[14] MCGRATH R G. MACMILLAN I C. Discovery driven planning[J]. Harvard business review, 1995, 73(4): 44-54.

[15] MUELLER R M, THORING K. Design thinking vs. lean startup: a comparison of two user-driven innovation strategies[C]// International design management research conference. Boston, MA, 2012: 151-165.

[16] MUMFORD M D. Social innovation: ten cases from Benjamin Franklin[J]. Creativity research journal, 2002, 14(2): 253-266.

[17] MUMFORD M D, MOERTL P. Cases of social innovation: lessons from two innovations in the 20th century[J]. Creativity Research Journal, 2003, 15(2-3): 261-266.

[18] MURRAY P, MA S. The promise of lean experimentation[J]. Stanford Social Innovations Review, 2015: 34-39.

[19] NAYLOR J B, NAIM M M, BERRY D. Leagility: integrating the lean and agile manufacturing paradigms in the total supply chain[J]. International journal of production economics, 1999, 62(1-2): 107-118.

[20] OSTERWALDER A, PIGNEUR Y. Business model generation: a handbook for visionaries, game changers, and challengers[M]. New York, NY: John Wiley & Sons, 2010.

[21] PARAMASIVAN C. Social entrepreneurship [M]. New Dehli: New Century Publications, 2016.

[22] PENENBERG, ADAM L. Eric Ries is a Lean Startup machine[EB/OL]. https://www.wired.com/2011/08/st-qareis/.

[23] PRASZKIER R, NOWAK A. Social entrepreneurship: theory and practice[M].

Cambridge, UK: Cambridge University Press, 2011.

[24] RIES E. The lean startup: how today's entrepreneurs use continuous innovation to create radically successful businesses[M]. [S.l.]: Crown Books, 2011.

[25] 孙洪义. 创新创业基础[M]. 北京：机械工业出版社，2016.

[26] United Nations. Transforming our world: the 2030 agenda for sustainable development[R/OL]. https://www.un.org/development/desa/disabilities/envision2030.html.

[27] WALLIS G. The Art of Thought[M]. New York, NY: Harcourt Brace, 1926.

[28] WOMACK J P, JONES D T, ROSS D. The machine that changes the world[M]. New York, NY: Free Press, 2007.

[29] 友成研究院. 社会创新案例集：第一辑[EB/OL]. http://www.youcheng.org/upfile/20200525104935.pdf.

[30] ZAHRA S A, GEDAJLOVIC E, NEUBAUM D O, et al. A typology of social entrepreneurs: motives, search processes and ethical challenges[J]. Journal of business venturing, 2009, 24(5): 519-532.

[31] 张凌燕. 设计思维：右脑时代必备的创新思考力[M]. 北京：人民邮电出版社，2015.

[32] 张瑞霖. 黑暗中对话：经营社会企业的体悟[M]. 香港：商务印书馆（香港）有限公司，2011.

第 12 章 社会创业与乡村振兴

:: 学习目标

- 理解乡村振兴提出的背景与内涵
- 了解社会创业为何能在乡村振兴中发挥积极作用
- 掌握赋能的概念与类型
- 理解社会创业推动乡村振兴的机制
- 熟悉乡村社会创业模式的类型与特征

开篇案例

重返乡野绽芳华

时间之河川流不息,每一代青年都有自己的际遇和机缘,都要在自己所处的时代条件下谋划人生、创造历史。在乌兰察布市察哈尔右翼后旗(简称察右后旗),就有这样一个"80后"青年,她从乡村走出,又带着都市的经历和学识回到家乡,用年轻的活力回报古老的大地,她就是郭晨慧(见图12-1)。郭晨慧是"中国薯都"乌兰察布市察右后旗一家电商公司的负责人,主要销售的产品是"后旗红"土豆,公司以"实体+电商"的经营模式,致力于将内蒙古优质农产品推向更广阔的市场。

2016年,郭晨慧离开生活了14年的北京,决定返乡创业。当时的出发点就一个,家乡有非常好的绿色优质农产品,却找不到一家网店销售。"我想让更多的人了解和品

图 12-1 郭晨慧返乡创业
图片来源:https://www.thepaper.cn/newsDetail.forward_13040104.

尝到我们绿色无污染的土豆。察右后旗境内分布着20余座火山,土壤耕作层覆盖下的火山岩层富含大量矿物质和微量元素,同时草原上丰富的牛羊粪肥资源为土豆生长提供了充足的原生态养分。因此,察右后旗土豆又享有"火山养生绿色食品"的美誉。这里的土豆质地绵软、口感细腻,但囿于落后的经营方式,常卖不上好价钱,有时甚至滞销。

"在我姥姥那一代,土豆是他们匮乏食材中的奢侈品,能吃上土豆,对他们来说就是非常幸福的了。到我妈妈这一代,土豆是他们赖以生存的物质基础,他们面朝黄土背朝天辛勤耕耘,养育了我们。"郭晨慧介绍,到她这一代,希望让吃土豆成为一种健康的生活方式。

对郭晨慧而言,返乡创业最难的,就是改变传统的经营理念。"乡亲们习惯了用麻袋装好土豆,被动式地等待收购,对于我要做成高端礼盒,主动宣传营销的做法很不理解。于是我就从乡亲们那儿收购土豆,自己再进行分拣包装。"学设计出身的郭晨慧做起品牌设计得心应手,她亲自操刀设计产品包装,精心挑选每一颗土豆。一颗颗大小匀称、圆润光滑的土豆先用白色包装纸包好,再套好黄色防震保护套放入礼盒中。郭晨慧做的包装设计还被农业农村部农产品质量安全中心收录为首批全国农产品包装标识典范。穿上合体"新衣",土豆有了一斤9块钱的"身价"。郭晨慧认为:"好产品就值这个好价钱。"这下,当地村民无不对这个从大城市回来的小姑娘交口称赞。郭晨慧真诚地说:"只有先做好给乡亲们看,才好带着大家一起干。"

如今,在多方共同努力下,郭晨慧的"后旗红"土豆逐渐被认知:2013年被认证为A级绿色产品,2015年在第16届中国绿色食品博览会上获得金奖,2016年获得5A级国际品牌认证。"身份证"上含金量高的头衔不断加身,"后旗红"远销全国各地并出口俄罗斯、蒙古及东南亚等国家和地区,年销量1.5亿斤,销售额达亿元。郭晨慧介绍:"现在我们每年通过电商渠道销售的土豆在500吨以上,与当地10余个村集体签订协议,带动了当地700户贫困户增收。"

土豆卖出了名堂,郭晨慧并没有止步于此。她所在的七顷地村面朝3号火山,拥有得天独厚的地理位置。2018年,依托火山旅游资源,郭晨慧率先利用农村空置房屋建设特色火山民宿,吸引了众多游客入住。为了扩大农产品销路,在民宿的餐厅,郭晨慧特意与当地7户农民对接,以高于市场价的价格采购农畜产品,为游客提供用当地特色农畜产品制作的菜品佳肴,相当一部分游客离开时总会购买一些品尝过的特产。这样线上线下两种销售模式相得益彰,当年电商公司年收入达到百万元。

火山民宿的开发直接为七顷地村提供了10多个就业岗位,其中有3户是当地贫困户,同时也为村集体带来每年1.5万元的收入。民宿模式热度高涨,带动大家纷纷效仿。如今,周边乡村旅游接待点已经增长到70余家。七顷地村火山民宿已经成为火山旅行的一处网红打卡地,也成了火山草原的一张亮丽名片。七顷地村入选2020年中国美丽休闲乡村,2021年1月入选2021全国乡村"村晚"分会场,成为自治区唯一入选地。

"一路走来，我们的发展逐渐承载了更多人的希望，这更加激发了我的社会责任感。"2020年，国家文化和旅游部授予郭晨慧"2020年全国乡村文化和旅游能人"荣誉称号。作为走出农村又返乡扎根的农村孩子，郭晨慧特别能体会村民生活的不易，也更深刻地感受到在各级党员干部的带领下，在群众的共同努力下，乡村生活发生的巨变。为了更好地为群众办实事，她递交了入党申请书，即将成为中共预备党员。"我将继续和乡亲们一道将家乡的'土疙瘩'变成致富的'金蛋蛋'，尽绵薄之力满足乡亲们对美好生活的向往。"郭晨慧信心满怀地说。

资料来源：史哲奇.郭晨慧：重返乡野绽芳华[J].实践（党的教育版），2021（5）：25-26.

实施乡村振兴战略，是党的十九大做出的重大决策部署。国家鼓励社会各界积极投身乡村建设，助力乡村发展。社会企业作为兼顾经济与社会利益，且注重运用市场化手段来解决问题的创业形式，可以在乡村振兴中发挥重要作用。如开篇案例所言，乡村中蕴含着宝贵的财富与巨大的发展潜力，而这需要有志于乡村建设的创业者与企业家去挖掘机会，进而通过利用、转化与整合本地及外部资源等一系列方式，实现经济、社会与环境生态等多元价值的共创和共享，建设更加美丽、富饶的乡村。

12.1　乡村振兴

12.1.1　乡村振兴的背景

进入21世纪后，中国的工业化进入中期发展阶段，推动中国城乡关系发生重大转变（任保平，2005；陈佳贵，2007）。工业化是对一个国家或地区经济发展水平和现代化水平的总体评价，主要表现为工业化、现代化水平的提高所带来的人均收入的增长和经济结构的转换，而不仅是单纯的工业化发展。工业化发展可以划分为不同阶段，城乡关系也呈现出不同特点。工业化初期阶段，工业基础薄弱，主要依靠农业为其提供发展资金；中期阶段，工业体系基本形成，开始反哺农业；进入后期阶段，农业的自我积累能力逐渐形成，工农两大产业的差距日渐缩小。

基于新的工业化发展水平，2002年11月召开的党的十六大提出"统筹城乡经济社会发展"的理念和政策取向，首次把"全面繁荣农村经济"和"加快城镇化进程"并列。2004年12月召开的中央经济工作会议做出"我国现在总体上已到了以工促农、以城带乡的发展阶段"的判断，同时提出"要站在全局的高度重视发展农业，动员全党全社会都来关心和支持农业"。从2002年至2007年，中央层面的支农惠农政策密集出台，一些财政能力较强的地方政府也出台配套措施，有效改变了"三农"状况，党的十六大提出的"统筹城乡经济社会发展"的任务基本完成。党的十七大报告以"统筹城乡发展，推进社会主义新农村建设"为题部署农业农村工作的同时，提出"要加强农业基础地位，走中国特色农业现代化道路，建立以工促农、以城带乡长效机制，形成城乡经济社会发展一体化新格局"，说明城乡统筹到了新的阶段，即城乡一体化阶段。党的十八大进一步把"推动城乡发展一体化"作为农业农村工作的总方针，指出"城乡发展一体化是解决'三农'问题的根本途径"，具体措施是"要加大统筹城乡发展力度，增强农村发展活力，逐步缩小城乡差距，促进城乡共同繁荣"。

从2008年至2017年，中国的农业与农村建设继续取得重要成效。第一，经过这一时期的努力，中国农业的支持保护体系基本形成，初步建立起以保障粮食安全、促进农民增收和农业可持续发展为主要目标，涵盖农业产前、产中与产后各个环节和主要利益主体的农民支持保护政策体系。第二，基本建立起覆盖城乡居民的社会养老保障体系，中国农村社会养老保险已从"老农保"到"新农保"，最后进入城乡居民养老保险阶段，在政策层面完成了养老保险的城乡统筹发展。第三，农民收入呈快速增长态势，该时期年均增长12.2%，而城乡居民收入之比自2009年以后呈下降趋势。第四，粮食产量自2008年以来，除了2016年略有下降外，其余年份均呈增长态势。第五，农村居民家庭恩格尔系数下降明显。2017年，农村居民家庭恩格尔系数下降至31.2%。

与此同时，中国常住人口城镇化率在2016年底达到了57.35%，住在城镇的人越来越多，住在乡村的人越来越少。世界现代化经验表明，在深入推进工业化和城镇化发展的进程中，容易因劳动力、要素以及优质资源从农村流向城镇，导致农业萧条、农村凋敝、农民收入停滞，农业、农村、农民成为现代化进程中的"失败者"。从2008年至2017年，我国虽然取得社会主义新农村建设的巨大成就，但部分地区出现了农村空心化、农业经营副业化、农村经济单一化、农村劳动力老弱化等问题。而城镇化所塑造的市民文化对传统乡村文化形成了强烈的冲击和消解，导致传统乡村文化自然、淳朴文化品格的异化。这些问题反映出我国农业、农村、农民发展依然不充分不平衡，阻碍了"两个一百年"奋斗目标的实现。特别是随着中国特色社会主义进入新时代，人民日益增长的美好生活需要和不平衡不充分的发展之间的矛盾在乡村最为突出，并且呈现复杂化、多样化的特点。为解决这些问题，就需要在继承社会主义新农村建设经验的基础上，在"三农"工作理论、制度、政策方面有所突破和创新。

在此背景下，党的十九大报告首次明确提出"实施乡村振兴战略"，2017年中央农村工作会议进一步明确了总体思路和具体途径，具体表述为："坚持农业农村优先发展，按照产业兴旺、生态宜居、乡风文明、治理有效、生活富裕的总要求，建立健全城乡融合发展体制机制和政策体系，统筹推进农村经济建设、政治建设、文化建设、社会建设、生态文明建设和党的建设，加快推进乡村治理体系和治理能力现代化，加快推进农业农村现代化。"乡村振兴战略是对过去"三农"工作一系列方针政策的继承和发展，是在新形势下对城乡关系的新定位，在我国"三农"发展进程中具有划时代的里程碑意义。2020年12月，中共中央、国务院印发《关于实现巩固拓展脱贫攻坚成果同乡村振兴有效衔接的意见》，提出："脱贫摘帽不是终点，而是新生活、新奋斗的起点。打赢脱贫攻坚战、全面建成小康社会后，要在巩固拓展脱贫攻坚成果的基础上，做好乡村振兴这篇大文章，接续推进脱贫地区发展和群众生活改善。"巩固拓展脱贫攻坚成果同乡村振兴有效衔接仍是目前农村工作的重要任务。党的二十大报告提出"全面推进乡村振兴"，加快建设农业强国，扎实推动乡村产业、人才、文化、生态、组织振兴。报告还指出，发展乡村特色产业，拓宽农民增收致富渠道，统筹乡村基础设施和公共服务布局，建设宜居宜业和美乡村。

12.1.2 乡村振兴的内涵

乡村振兴不仅是农业产业发展战略，也不单纯是新农村建设，更是新时代乡村的全面振兴。以农村经济发展为基础，包括农村文化、治理、民生、生态在内的乡村发展水平的整体性提升，乡村振兴的目标是推动农业全面升级、农村全面进步、农民全面发展。乡村振兴包含产业兴旺、生态宜居、乡风文明、治理有效、生活富裕 5 个维度，各个维度相互依赖、相互影响、相互协同，构成一个相互联系、相辅相成的有机整体，逻辑关系如图 12-2 所示。

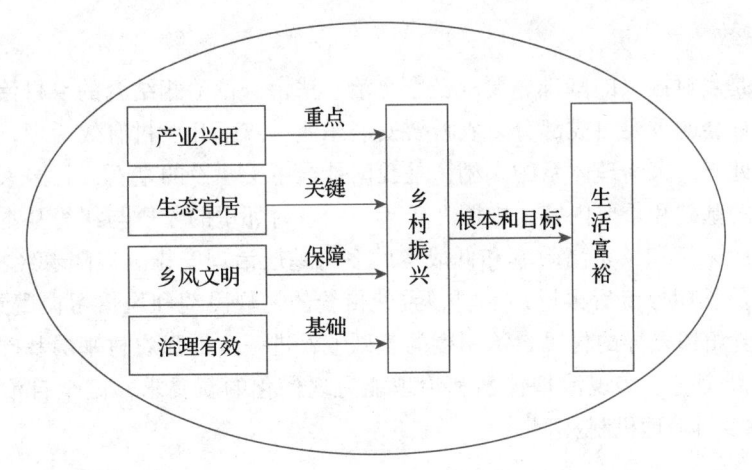

图 12-2　乡村振兴战略内涵逻辑关系（张建伟、图登克珠，2020）

1. 产业兴旺

产业兴旺是乡村振兴的重点，要求农业农村经济更加全面繁荣发展。首先，产业兴旺并不是单一产业高产出，也不是专业化的单一产业，应该是多业并举。诸如绿色高效农业、特色畜牧业、农畜产品加工业、农畜产品流通业、休闲农业、乡土特色产业、农业观光旅游业等多种产业形式并存。其次，农业具有很强的区域性特点，要根据区域条件来发展相应的产业化经营模式。最后，强化产业融合发展。现代化的农村，不但要有发达的农业，而且要有发达的非农产业体系。产业广度融合是农村一、二和三产业融合，推动农业向二、三产业延伸，促进农村一、二、三产业融合发展，使农村产业体系全面振兴。深度融合是农村农林牧副渔业向纵深融合，既可以为农民创造更多就业机会，也可以扩宽农民增收渠道。

2. 生态宜居

生态宜居是乡村振兴的关键，要求促进农业农村可持续发展，建设人与自然和谐共生的现代化农业农村。良好生态环境是农村最大优势和宝贵财富。要牢固树立和践行绿水青山就是金山银山的理念，坚持人与自然和谐共生，走乡村绿色发展之路。落实节约优先、保护优先、自然恢复为主的方针，统筹山水林田湖草沙系统治理，严守生态保护红线，以绿色发展引领乡村振兴。生态宜居是实施乡村振兴战略的重大任务。要主动加快推动城镇基础设施向农村延伸，通过"绿化""美化""规划"等措施，以优化农村人居环境和完善农村公共基础设施为重点，把乡村建设成为生态宜居、富裕繁荣、和谐发展的美丽家园。

3. 乡风文明

乡风文明是乡村振兴的保障，要求让乡村文化展现出永久魅力和时代风采。乡风文明是一个乡村由自然条件和社会文化共同作用，经过几百年甚至几千年来沉淀而形成的乡村建筑风貌、乡村风气、文化习俗、思维观念、行为方式以及公序良俗的总和。乡土社会是中华优秀传统文化的主要阵地，传承和弘扬中华优秀传统文化必须要注重培育和传承文明乡风。乡风文明能够增强人们对客观事物的适应和认知、符合人类精神追求、能被绝大多数乡村人所认可和接受,并被一代一代传承。乡村振兴需要让乡土文化回归并重塑乡风文明,从而为农业与农村发展提供源源不断的精神动力和文化保障。

4. 治理有效

治理有效是乡村振兴的基础,要求健全自治、法治、德治相结合的乡村治理新体系。乡村社会是中国社会的重要组成部分,农村要安居乐业,离不开乡村有效治理,乡村是最基本的治理单元,处于国家治理体系的末梢,是我国社会主义建设的基石,是国家治理体系和治理能力现代化的基础和重要内容。中国几千年来,乡村邻里的矛盾与纠纷基本是由乡村内部调解和村规民约来调和,是高效率和低成本的乡村基层治理安排。但随着经济社会的发展,农村大部分人员长期外流后再返回乡村,致使传统的村规民约和风俗习惯遭到挑战,为此,需要在完善村党组织领导的村民自治制度的基础上,进一步加强农村基层基础工作,根据农村社会结构的新变化、实现治理体系和治理能力现代化的新要求,健全自治、法治、德治"三治结合"的乡村治理机制。

5. 生活富裕

生活富裕是乡村振兴的根本和目标,要求持续促进农民增收、促进农民消费升级、提高农村民生保障水平。生活富裕不仅是收入提高和衣食住行改善的物质富裕,还包括精神生活富裕。当前,乡村人口空心化、村庄空心化、传统文化凋敝化现象凸显,乡村传统节庆、集体活动、手艺、庙会等逐渐消失,乡村精神生活空虚,留守老人、留守儿童、留守妇女缺乏安全感,广大农民群众的精神需求还没有得到有效满足。乡村振兴既要提升农民群众的收入水平,又要切实增强农民群众的安全感与幸福感。

12.2 社会创业在乡村振兴中的作用

作为一种全新的创业理念,社会创业以创造社会价值为首要目标,将商业企业的效率和创新与非营利组织的热情、价值观和使命结合起来,以可持续的、创新的方式探索和开发满足社会需求的机会(高洋,2021)。社会创业是对市场失灵、政府失灵、志愿失灵而造成全球社会问题的一种理性回应,代表了一种解决社会问题的全新范式,被认为是经济、社会和环境价值创造的有效机制(刘志阳,2018)。近年来,社会创业的数量和规模都在不断增长,并已深入到乡村领域,主要表现为通过创造就业机会、促进公平贸易、提供小额贷款和减少社会排斥等方式来推动乡村经济与社会发展(Leong et al., 2016;Bencheva et al., 2017)。社会创业作为应对政府失灵、市场失灵和农村发展困境的创新手段,能够改善乡村环境和增强乡村发展能力,平衡经济增长与社会发展关系,已被国际经验证明是解决乡村发展问题的有效手段,必然能在乡村振兴中发挥重要作用。

12.2.1 社会创业通过赋能改善乡村环境并增强乡村发展能力

社会创业是基于赋能的逻辑开展活动,社会创业过程的关键就在于为组织边界之外的利益相关者进行赋能,以创造最大化价值(Haugh and Talwar,2016)。根据世界银行(2009)的定义,赋能是一个增加个体或群体的资产和能力的过程,通过这一过程使个体或群体能够做出选择并将这些选择转变为期望的行动和结果。而乡村作为经济社会金字塔的基础，存在农民收入低、生产效率不高以及支持农村市场体系有效运转的制度安排与基础设施还不完善等问题，化解这些问题的关键正在于对其进行赋能（邢小强 等，2011；易法敏、朱洁，2019）。具体来说，赋能包括结构赋能、心理赋能和能力赋能三个维度，结构赋能强调帮助赋能对象改善设施条件和消除结构性障碍，从而建立起良好的环境机制和资源系统；心理赋能强调提升赋能对象的主动性、自我效能感和信心，增强赋能对象改变现状的信念；能力赋能强调对本地与外部资源的识别、获取、利用与整合，从而能够创造出更多价值。社会创业关注金字塔底层群体，是一种能够帮助乡村农民提高收入、减少人口流失和解决就业问题的有效手段。在社会创业过程中，社会创业者既能通过结构赋能来改善农村的经济社会环境，又能通过心理赋能来增强农户改变现状和控制自身命运的信心，还能通过能力赋能来提升农户资源获取、控制和转化的技能，从而在改善乡村环境的同时增强乡村发展能力。

12.2.2 社会创业通过使命约束来平衡乡村经济增长与社会发展关系

组织使命关系着组织的工作领域，要做什么以及不做什么，秉承什么样的价值追求，以及如何来衡量组织的价值。经济创业的使命是单纯地追求利润最大化，依靠盈亏来指导经济创业者的经营。当有利可图时，经济创业者会继续做他们一直在做的事情，而且他们的成功也鼓励其他经济创业者模仿他们。然而，一旦出现损失，就会阻碍经济创业者继续从事之前的工作。虽然经济创业有时也会产生社会价值，但只是经济价值的附属品。与经济创业不同，社会创业则具有明确的社会使命，即社会创业的最终目的是解决社会问题、满足社会需求。在社会使命约束下，虽然社会创业按照商业企业的模式生产产品和服务，但是衡量它的绩效标准是：是否实现了自己的社会目的以及创造了多少社会效益，赚取货币利润和产生货币损失不能被视为衡量社会企业绩效的有意义的信号。社会创业者如果以背离社会使命的方式行事，就会像商业企业失去股东和顾客的支持一样，失去利益相关者和第三方成员的支持。如果社会创业者不追求社会价值目标，或者如果他们没有达到他们的既定目标，社区成员将停止志愿服务和贡献资源。

乡村社会创业正是以解决贫困、落后、环境等乡村衰落问题为目的的，并以实现所涉及的乡村的振兴为价值诉求，其社会使命约束主要体现在两个方面。第一，创业目的和产出的社会性。创建社会事业的目的是解决乡村社会问题，而不是赢利。社会创业旨在促进乡村健康福利事业，提高乡村居民的生活水平。第二，组织的社会性。社会创业组织所有权并不归股东所有，也不把追求利润作为主要目标，它们是新型的社会团体。因此，与商业企业对利润最大化的追求不同，社会创业在乡村振兴中的社会使命约束保证了其在乡村发展过程中乡村经济增长与社会发展关系的平衡。

12.2.3 国际经验证明社会创业是促进乡村发展的有效手段

国外实践经验表明，社会创业是解决各类乡村问题的一种新模式，可以有效促进乡村发展。这些实践经验体现在重视培育和发展乡村社会创业者、重视构建包容性乡村金融体系、以低成本为乡村提供高质量的产品与服务，以及重视培育乡村文化等。国外代表性的社会创业案例如下：孟加拉国的格莱珉银行通过手工业小额贷款为乡村妇女提供融资；埃及的Sekem集团利用农业技术利润再投资于公共卫生和教育项目；西班牙的蒙特拉贡联合公司把基本的业务目标与民主组织方法、就业机会的创造、员工人格和专业素质培养结合起来，并且致力于推进社会进步；印度的社会企业 Mahaul 通过赋能的方式解决乡村女性就业问题；印度的 Aravind 眼科医院通过降低医疗成本，并采用交叉补贴模式，为贫穷的病人提供有保障的医疗服务，提高其幸福感，"高产量、高质量、低成本"的经营模式使得医院在保持低价格的同时还能赢利；英国的 Nuru 能源公司在农村市场引入技术，以负担得起的价格为农村地区提供电力服务，改善了农村基础设施匮乏的问题，同时，公司的积极行为还产生了许多价值溢出，比如解决了碳排放、安全危害和因吸入煤油烟而产生的健康危害等问题。上述社会创业案例都是在深入理解乡村环境与居民生产和生活特质的基础上，挖掘乡村机会与整合跨部门资源，从而设计出创新性的解决方案，社会创业作为一种自下而上的方式，能够更好地满足乡村当地的需求，并且社会创业者通过创新和创造性战略能将乡村地区的社会问题转化为可管理的问题，并最终创造出新的价值。

12.3 社会创业推动乡村振兴的机制

创业是一个机会识别、开发和实现的过程，也是一个价值发现、创造和获取的过程。社会创业推动乡村振兴，就是要通过社会机会识别、开发和实现的过程来完成乡村价值的发现、创造和获取。社会创业主要通过赋能机制推动乡村振兴，并在创业过程的不同阶段体现出不同维度的赋能作用（刘志阳 等，2018），如图 12-3 所示。具体而言，在社会机会识别阶段，社会创业着重于通过社会动员来为村民进行心理赋能，以引导村民共同发现乡村价值；在社会机会开发阶段，社会创业着重于通过社会创新、资源动员进行能力赋能和通过社会建设进行结构赋能，以推动村民共同创造乡村价值；在社会机会实现阶段，社会创业着重于通过三重底线进行结构赋能，以保障乡村价值获取中的平衡和共享。

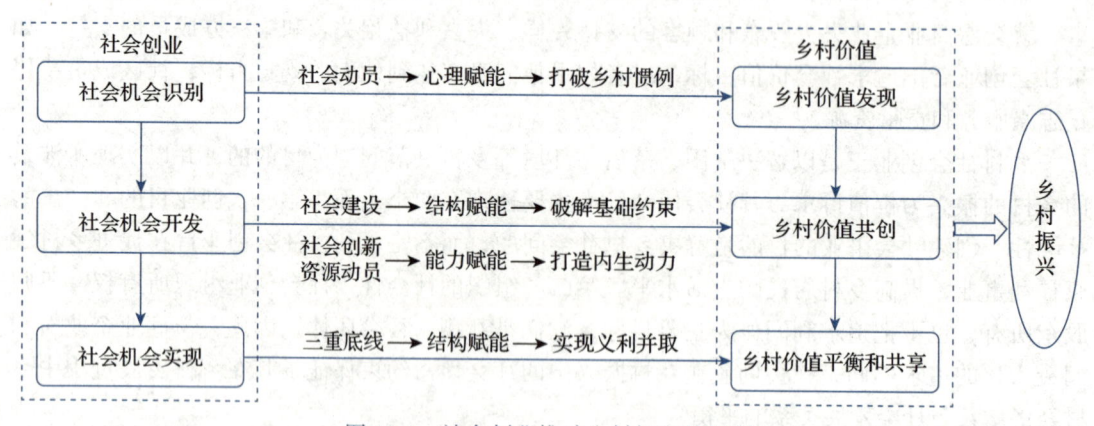

图 12-3 社会创业推动乡村振兴的机制

12.3.1 社会创业机会识别与乡村价值发现

机会识别或构建是创业的基础（Kirzner，1979；Shane and Venkataraman，2000）。与经济创业相似，社会创业首先也是从社会机会的识别或构建开始的。只是在中国乡村的社会创业过程中，更多地体现为社会机会的识别，因为我国乡村实际上存在着大量的机会尚未被挖掘。尤其是进入新时代以来，随着乡村定位的转变，大量的生产、生态、生活、社会和文化等方面的新机会开始出现于乡村。但我国乡村社会长久以来形成的文化传统和一整套工业时代的知识体系、思维方式和基本假设，导致乡村发展存在一种惯例，在这种乡村惯例的束缚下，新的乡村机会一直难以被识别，乡村价值难以被发现，并且由于乡村大多地处偏远，交通和通信不便，人们对外界信息了解不及时，对新事物接受度较低，个体的创业意识因而相对不强。乡村社会创业者在社会使命驱动下，能够通过心理赋能引入新的文化、信念和思维，在寻找创业机会的过程中，可以加深对本地区地理、物产、经济、政策等各方面的认识，也会对自身能力和社会资源进行恰当评估；通过对外界相关企业和创业理念的了解和比对，可以快速激活自身的创富、创新意识，从而激活贫困地区内生发展动力。

首先，社会创业者能够成为打破乡村惯例的带头人。惯例打破往往首先依赖于特定主体发挥的带头人作用。乡村之所以一直缺乏这一类有效的带头人，主要是因为传统商业世界认为乡村缺乏机会。然而准确来讲，乡村缺乏的是商业机会，并不等同于缺乏社会机会。社会机会与商业机会的关键区别在于机会的高可获得性、紧迫性、高成本以及购买力基础不同。

（1）机会的高可获得性意味着低门槛或低进入壁垒（Porter，1980），因而高可获得性的机会会限制创业者获利的能力。乡村机会往往具有高可获得性特点，解决养老、健康、就业等乡村社会问题的进入门槛很低，这降低了追求利润最大化的商业企业进入的可能性。

（2）机会的紧迫性意味着其背后的需求往往是突发的、不可预期的，并且可能是短暂的，例如，乡村地区洪涝等自然灾害造成的突发性社会需求。而商业企业通常追求稳定、可持续的竞争优势和利润，乡村机会普遍存在的紧迫性显然难以满足商业企业这一要求。

（3）机会的高成本意味着创业者初期要投入大量的成本，这会限制创业者的获利能力。乡村地区的需求本身更加复杂，往往涉及一系列道德、文化和制度等问题，并且农村地区的村庄或社区往往是分散的，这为产品或服务的提供带来了很大挑战。加上中国大量的乡村存在于山地、丘陵等非平原地带，交通等基础设施落后，运输成本很高，因而乡村社会需求的复杂性，以及乡村在地理因素等方面存在的客观限制，都导致了乡村机会具有更高的成本。

（4）机会的购买力基础包含社会购买力和自我购买力。社会机会体现的是社会需求，这一需求是建立在自我购买力加上他人购买力（即社会购买力）的基础上的；而商业机会体现的是个体需求，这一需求主要建立在自我购买力的基础上。因而，从商业机会视角来看，乡村机会体现的往往不是有效需求，因为乡村地区确实普遍存在着农民个体有效支付能力不足的问题，这就导致商业企业不愿去开发乡村机会。然而，从社会机会视角来看，乡村机会体现的其实是有效需求，虽然单个农民的购买力不足，但在整合他人的购买力后是可以形成有效的购买力的。例如，孟加拉国的格莱珉银行与传统金融机构的区别就在于它从社会机会视角来看贫困农户的资金需求，看到了在整合他人购买力的基础上形成的社会购买力是有效的，因而采取了五人小组联保的形式。而传统金融机构仅从商业机会视角来看贫困农户的个体资金需求，必然会认为贫困农户无法还贷，购买力不足，因而不愿借贷。

可见，尽管乡村蕴藏着大量的社会机会，但这些机会并不足以吸引主流的商业企业。加上我国长期以来的城乡二元结构体制导致农村人才和劳动力大量流入城市，农村地区专业技术人才和有效劳动力匮乏；乡村经济弱质性的特点又导致商业性金融机构一般不愿意涉足农村金融市场，更加降低了商业企业进入乡村的可能性。政府部门和公益部门虽然追求社会机会，但由于自身资源限制，更可能将有限的资源投入到那些结果不确定性低的社会机会中。社会创业者是社会使命驱动的，寻求的正是那些未被商业企业满足，也未被传统政府和公益部门满足的社会机会（Mair and Marti，2006；Austin，Stevenson，and Wei-Skillern，2006）。因而，社会创业者能够成为打破乡村惯例和传统观念的带头人。

其次，社会创业者能够通过心理赋能引入新的文化、信念和思维。社会创业者所针对的往往是那些广泛存在的复杂的社会问题，因此他们解决这些问题的最佳方式是让潜在的受益人和利益相关者参与其中，共同解决问题（Santos，2012）。这就需要社会创业者在识别社会机会的同时还要进行广泛的社会动员，以让潜在的受益人和利益相关者都能识别该社会机会。社会创业者社会动员的过程本质上就是心理赋能的过程。在这一过程中，社会创业者通过引入新的文化、信念和思维，改变村民传统认知和信念，增强村民主动性，从而打破乡村原有惯例。

在乡村社会创业中，社会创业者主要通过"激情感召"的方式进行社会动员。中国乡村社会具有很强的封闭性，因为它往往建立在网络内人的相互信任的基础上，而在中国乡村特殊的"差序格局"背景下（费孝通，1998），人与人之间的信任表现为亲疏有序，外部的人通常会受到排斥。乡村社会创业者旨在为村庄或社区创造价值，因而能用积极改变社会现状的激情来感召他人，建立相互理解和信任的关系，将新的文化、信念和思维引入。

由此可见，社会创业者在社会使命驱动下，能够识别乡村机会，成为打破乡村惯例的带头人，并能通过社会动员的方式为村民进行心理赋能来打破乡村惯例，引导村民共同识别乡村机会，进而发现乡村价值。

12.3.2　社会创业机会开发与乡村价值共创

乡村价值创造受到内生动力不足和外部基础薄弱的双重约束。其中，乡村内生动力不足缘于发展思路的缺乏和资源的短缺，外部基础薄弱表现为产业凋敝和公共设施条件差。在社会机会开发过程中，社会创业者一方面可以通过社会创新和社会资源动员为乡村提供发展思路和资源，解决乡村内生动力不足的问题，帮助村民形成共同开发机会的能力，实现共同创造乡村价值；另一方面通过社会建设弥补乡村基础薄弱的问题，为乡村价值共创提供基础保障。因此，在这一过程中，社会创业者的社会创新和社会资源动员正是起到了能力赋能的作用，社会创业者的社会建设则起到了结构赋能的作用。

首先，"社会创新"是社会机会开发的战略或思路。社会创新是指创造性地通过新的途径或方式来解决社会问题、满足社会需求的实践过程（Hamalainen and Heiskala，2007）。因而，社会创新强调的是解决社会问题的创新思路或方式，重要意义在于可以用更少的资源投入去获得更大的社会效益，为乡村价值创造提供了有效的思路。在社会创业中，社会创新一般表现为：开发全新的产品和服务；建立新的组织模式和实施新的实践；用创新思维重新定义社会问题或面临的挑战（Martin and Osberg，2007）。因此，在乡村社会创业中，社会创新可以通过破坏式创新、商业模式创新和公共服务模式创新来实现，通过这三种模式的创新，新的价值创造模式得以建立。

（1）破坏式创新通常是指针对边缘或底层市场的创新，是技术创新与市场创新融合的结果。乡村市场作为金字塔底层市场，它对于技术的要求比较低，这让领先的主流企业无法降低身份去竞争，也忽略了为乡村市场提供有用的新技术。破坏式创新在保证效用的基础上显著降低技术开发和使用的成本，来满足乡村市场对于新技术的需求，为乡村人民开发新产品和服务提供技术基础，如SEE滴灌节水技术就是通过新技术开发、低成本生产等社会创新手段所进行的破坏式创新。

（2）商业模式创新是指通过乡村旅游、乡村民宿、农民合作社等创新方式帮助村民参与到生产、服务以及创业中，帮助他们实现自我造血和价值的可持续创造。商业模式创新还能促使乡村二、三产业的发展，带动农产品加工、服务等行业的兴起，有效提高中国乡村产业发展的质量和效率，从根本上能推动乡村一、二、三产业融合发展，进而推动乡村产业兴旺。商业模式创新的一个典型案例就是袁家村，该地通过乡村旅游、农民合作社等社会创新手段带动了当地经济的发展，成为"国内乡村旅游第一村"。

（3）公共服务模式创新是指以公民自力更生和自组织为基础的公共服务创新。中国乡村传统的公共服务模式一直是政府部门主导的自上而下式的提供模式，这种模式虽然能够保证公共服务的可获得性，但是难以保证公共服务的效率。社会创新与其他社会问题解决方式的本质区别在于其通过提高村民的自我效能和自立能力，最大限度地激发村民的积极性和创造力，因而社会创新所包含的公共服务创新倡导的是一种自下而上式的公共服务提供模式，将原本属于政府部门的服务功能转移给社会目标组织或团体，甚至个人，通过市场化的手段来提供公共服务。这种社会创新模式的一个典型案例就是朗力养老服务中心，主要采用居民自发、社会企业服务、社会团体服务等社会创新手段。

其次，社会资源动员是社会机会开发的重要基础和必要条件。传统的资源获取手段包括资源占有、资源整合和资源拼凑等。然而，在中国乡村环境下，村庄本身资源的匮乏和单一，以及完善要素市场的缺乏都使得资源占有、资源整合和资源拼凑等传统资源获取手段难以有效，因为这些手段都是建立在现有实体资源基础之上。尽管政府或公共服务部门的扶持在一定程度上缓解了乡村资源约束困境，但终究只是杯水车薪，难以有效应对乡村发展的长期资源需求。资源动员与资源占有、资源整合和资源拼凑等传统手段的差异在于不以现有实体资源为基础，而是通过社会资本来撬动实体资源。社会资本不同于物质资源和金融资源，它不会由于使用而减少，而是通过不断的消费和使用增加其价值。同时社会资本具有资源杠杆功能，创业者通过广泛的社会网络关系，能为创业带来实体资源和财务资源。因此，在目前我国乡村发展面临的资源约束情况下，乡村价值的开发迫切需要采取资源动员手段来动员乡村内外部的社会资源，破解资源约束。乡村社会创业者资源动员方式主要有两种：一是利用现有网络，如近亲网络、宗族网络、邻里网络等；二是构建新的网络，如商业企业合作网络、政府或公共机构合作网络等。

最后，社会建设是社会机会开发的基础保障和加速器。中国乡村普遍存在着基础设施落后和产业基础薄弱的问题，使得乡村发展缺乏坚实的基础和保障。因此，除了要从内部激发乡村自我发展的内生动力，还需要借助外部社会建设的作用来保障和加速乡村价值共创。在乡村社会机会开发过程中，社会创业者主要通过基础设施建设、平台打造和产业基础构建等开展社会建设活动。虽然乡村社会建设意味着高投入、低回报或回报周期过长，但社会创业者在社会使命驱动下，能够成为乡村社会建设的有效主体。例如，"大三湘"的社会创业者投入建设了油茶种植基地，SEE社会创业者扶植本地建立谷子生产—仓储—加工—销售的产业链。这些社会建设活动为乡村建立了完善的价值创造环境和系统，提高了村民信息、资源等方面的可获得性。

12.3.3 社会创业机会实现与乡村价值平衡和共享

机会的实现意味着价值的获取，然而不同于经济创业中由创业者占有主要价值，社会创业通过建立"三重底线"机制来实现乡村价值的平衡与共享。社会创业具有"社会、生态、经济"三重底线，即社会创业同时追求社会价值、生态价值和经济价值的获取，这是贯穿社会机会识别和开发过程的目标，也是保障社会创业机会实现的机制。"三重底线"机制创造了一种价值分配结构，保障了乡村价值的平衡与共享，起到了结构赋能的作用。

首先，社会创业具有明确的社会和生态底线，即社会创业从一开始就追求社会目标或生态目标，其最终目的也是解决社会问题或生态问题，满足社会和生态需要。社会影响力评价和产出的社会性是保证社会创业社会和生态底线的主要机制。社会影响力评价以社会或生态价值创造的多少为评价标准，是社会创业绩效评价的重要方式。而社会创业产出的社会性则要求社会创业者建立合适的分配机制。例如，陕西省袁家村社会创业中建立全民股份制作坊街的机制，小吃街合作社每户按照收益情况进行利润分成，收益高的比例降低，收益低的比例提高，对不挣钱却又是小吃街必备的品类合作社给予补贴，在一定程度上平衡了收入差距问题。

其次，社会创业者具有明确的经济底线，因为社会创业需要获取一定经济收入用于自身可持续发展。营利性活动、可持续捐赠以及政府购买服务等是保证社会创业经济底线的方式。营利性活动即社会创业者像主流商业企业家一样进行市场交易来获取经济收入，以保证社会企业或组织的可持续发展。社会创业者所得收入除了用于支持实现社会和生态目标外，还要用以实现财务上的可持续（Dees，1998；Mair and Marti，2006）。可持续捐赠是指社会创业活动能从机构或个人获取持续的捐赠，以保证社会创业者在解决社会问题时有持续的支持。政府购买服务是指政府将原本自身承担的公共服务通过公开招标等形式转交给社会创业者来提供，这也为社会创业者提供了持续性支持。

因此，不同于商业创业单纯对利润最大化的追求而忽视社会和环境价值，导致乡村生态环境破坏与社会矛盾丛生等问题，也不同于传统公益活动纯粹追求社会和环境效益而忽略了经济价值，导致难以实现自身可持续性，社会创业在乡村振兴中通过"社会、生态、经济"三重底线机制对乡村进行结构赋能，保证了乡村价值获取过程中社会价值、生态价值、经济价值的平衡和共享。

12.4　乡村社会创业模式

机会开发手段的差异决定了社会创业模式的不同。社会创业推动乡村振兴的机制表明，在机会开发过程中，社会创业者既要进行能力赋能，又要进行结构赋能。然而，由于自身能力和乡村具体条件等因素的影响，现实中的社会创业者往往在能力赋能和结构赋能二者之间的侧重有所不同。能力赋能代表了内部赋能，结构赋能代表了外部赋能。因此，我们根据内部赋能和外部赋能的比例来对乡村社会创业模式进行分类，大致可以将乡村社会创业模式分为四种类型，如图 12-4 所示（刘志阳 等，2018），分别包括项目型、内生自发型、外部嵌入型以及混合型。其中，乡村项目型社会创业模式以"e 农计划"为典型代表；乡村外部嵌入型社会创业模式以"SEE 沙漠小米"为典型代表；乡村内生自发型社会创业模

图 12-4　社会创业推动乡村振兴的模式类型

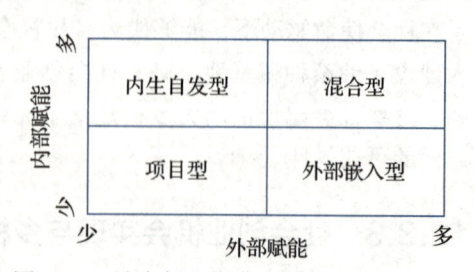

式以"大三湘"为典型代表；乡村混合型社会创业模式以"袁家村关中印象体验地"为典型代表。

12.4.1　乡村项目型社会创业模式

这种类型的社会创业类似于为解决某个特定乡村问题而建立的项目，因而影响范围通常较小，不需要大量的外部赋能，因此也难以产生很大的内部赋能功能，所以将这种类型的社会创业称为项目型社会创业模式。目前我国以帮助销售滞销农产品为代表的很多社会创业活动都属于这一模式。例如，"e农计划"就是浙江省杭州易农农业科技有限公司的创始人邓飞发起的社会创业项目，主要通过建立电商平台——e农春天，来帮助销售农产品。由于地理位置等原因，我国很多农村地区的农产品存在滞销问题，因此高效的农产品销售渠道成为很多乡村的迫切需求。社会创业者邓飞正是识别到了这一社会机会，进而开展"e农计划"这一社会创业行动。为此，"e农计划"在商业模式上进行了创新，主要借助线上渠道，采用向B端大客户团购销售的方式进行农产品销售，同时通过"e农春天"品牌为产品赋能增值，帮助农民实现增收。在获取资源支持方面，邓飞在利用当地社会网络的同时也构建了新的社会网络来动员社会资源。邓飞一方面通过免费午餐、大病医保这些公益项目获得当地村民和政府的信任与支持，另一方面通过自身"知名公益人"的身份以及中欧国际工商学院的校友关系来吸引更多社会组织和个人参与其中。最终，通过"e农计划"为当地直接创造的销售额均在百万元以上。同时"e农计划"坚持提供原生态的农产品，给乡村以尊严，并以解决农村人口外出导致的留守儿童问题以及其引发的家庭撕裂问题为最终目的，这保证了"e农计划"的三重底线目标。虽然"e农计划"解决了农产品销售过程存在的问题，但是村民的销售能力和农村的基础设施等并没有因此得到实质性改善。因此，"e农计划"体现了外部赋能和内部赋能都相对较少的乡村项目型社会创业模式的特点。

12.4.2　乡村外部嵌入型社会创业模式

这种类型的社会创业通常主要以构建平台、投入设施和资金等方式对乡村进行外部赋能，而内部赋能功能相对较弱，所以将这种类型的社会创业称为外部嵌入型社会创业模式。这类社会创业模式的主体主要是乡村外部组织，外部组织进行整体规划、投入资源并具体实施，起到主导作用，而农户在这个过程中会承担具体职能，但并非全局性的角色。

例如，由北京市企业家环保基金会（SEE）启动的沙漠小米行动就属于外部嵌入型社会创业模式，旨在引导沙漠地区当地农民种植特定品种的节水小米。沙漠地区的乡村一直以玉米等作物种植为主，并采用大水漫灌的方式进行灌溉。在干燥缺水的沙漠地区这种种植模式是高耗又低效的，迫切需要新型生产技术和生产模式。SEE正是识别到了这一社会机会，决定开展沙漠小米这一社会创业行动。为此，SEE一方面在技术上进行创新，推动农户使用滴灌节水技术，推广生态/有机农业，改变农业发展方式，实现农民增产，另一方面在商业模式上进行创新，开发"非政府组织+社会企业+合作社农户"的实施模式，研发小米的深加工衍生品，并结合互联网，创新性地推出地主证、粮票、宅配套餐等新型产品，帮助农民实现增收。在获取资源支持方面，SEE在利用当地社会网络的同时也构建了新的社会网络来动员社会资源。SEE一方面与当地的可持续农业合作组织和政府合作，取得农户支持，另一方面通过成立专门面向市场的社会企业，以及凭借自身影响力吸引外部企业合作来获取市场、资金和技术等资源的支持。最终，2009—2016年底，SEE累计推广沙漠节水小米种植10 294亩，农户亩均增收近500元，总增收近500万元，总节水量超过380万吨，实现了社会、生态、经济的三重底线目标。SEE沙漠小米的社会创业模式的核心在于为沙漠地区乡村投入和推广滴灌节水技术，并扶植本地建立谷子生产—仓储—加工—销售的产业链，成立专门的社会企业专事销售节水小米产品，向市场和公众推广这种独特的作物，体现了以外部赋能为主、内部赋能比例相对较小的特点。

12.4.3 乡村内生自发型社会创业模式

这种类型的社会创业通常以个体"单枪匹马"式的社会创业为主，由于个体能力的限制，难以进行大量的外部赋能，只能采用帮助乡村实现自我内部赋能的方式，因此将这种类型的社会创业称为内生自发型社会创业模式。乡村内生自发型社会创业模式主要依赖于本地人力、自然与社会资源相结合的方式来实现乡村发展，带头人与乡村本地居民起到主导作用。

湖南大三湘茶油股份有限公司由周新平创建于2008年，旨在通过发展油茶产业带动家乡衡南县当地农民创业，以实现家乡的脱贫致富。周新平的家乡衡南县由于缺乏产业支撑，大量年轻劳动力外出务工，家乡民力凋敝，贫穷落后。而要改变家乡的面貌，迫切需要通过建立农业产业来唤回外出打工的农民。周新平识别到了这一社会机会，决定利用发展油茶产业来吸引外出打工的农民回乡。为此，周新平成立了湖南大三湘茶油股份有限公司，采取"公司加农户、合作社加农户"的形式来带动农民创业。大三湘还创新性地采用了针对企业界人士的会员模式，同时建立起心联网，搭建平台将农户、会员结成紧密的物物互联、心心互联的关系，从而有效解决了茶油产品的销售问题。在获取资源支持方面，周新平在利用当地社会网络的同时也构建了新的社会网络来动员社会资源。一方面，周新平践行利他哲学，以"先富裕农民，才会有大三湘的未来"为原则，处处优先考虑农民利益，使农民从怀疑甚至个别破坏，到观望、参与，再到拥护、信任和感激。另一方面，作为从农村走出来的孩子，周新平投身家乡建设、返璞归真的行动也感染了身边不少"董事、总裁"朋友，先后得到多家企业的出资参股和资源支持。最终，大三湘模式吸引了大批原来在外打工的年轻劳动力进行油茶产业创业，大三湘已带动超过4.8万户农民增收，村人均年纯收入超过2万元。同时，周新平"崇尚自然、健康""重建美丽乡土，还土地最初的尊严""先富裕农民"等理念以及成立幸福基金会、参与授渔计划等公益行动又保证了大三湘在社会创业过程中乡村社会价值与生态价值的实现。大三湘的社会创业过程主要是以油茶产业为突破口来带动农民创业，实现外出务工农民返乡和增收，具有以内部赋能为主、外部赋能少的特点。

12.4.4 乡村混合型社会创业模式

这种类型的社会创业通常一方面通过构建平台、投入设施和资金等方式对乡村进行外部赋能，另一方面则同时从内部为当地村民赋能，帮助村民形成内部自我赋能的能力，两种赋能相互协同、相互支撑，外部赋能为内部赋能提供机会与资源，而内部赋能借助外部赋能实现更大价值，因此将这种类型的社会创业称为混合型社会创业模式。

陕西省袁家村关中印象体验地的创始人和总设计师是袁家村党支部书记郭占武，2007年以来，他带领党支部通过将关中民俗传统文化与现代旅游相结合，把袁家村打造成了关中印象体验地，带领全村走上了共同富裕之路。20世纪90年代后期，随着国家产业政策调整，淘汰落后产能，村办企业陆续破产倒闭，袁家村逐步沦落为一个"空心村"，迫切需要寻找新的增长点，而在资源贫瘠的袁家村保留着的传统老建筑、老作坊、老物件等关中民俗文化却没有得到开发。以郭占武为核心的党支部识别到了这一社会机会，决定将袁家村打造成为关中印象体验地。为此，郭占武以关中民俗文化为突破口，开创了乡村旅游的商业模式，通过成立农民合作社等来打造创业平台，并建立农民学校来教育和培训村民，以把村民组织起来共同创业，开创性地打造了一个以关中民俗文化为核心的相容共生、互补兼顾、层次递进、环环相扣的完备商业体系和成熟商业模式。在获取资源支持方面，首先，郭占武通过利用当地现有网络来动员社会资源。他要求全体干部不谋私利，以身作则，全心全意为群众服务，以实际行动取信于群众，获得了村民的信任和支持，进而实现了举全村之力打造乡村旅游。其次，郭占武通过建立起来的知名度来构建新的社会网络以动员更多的社会资源。袁家村在发展过程中吸纳了很多外部人员和机构参与其中，为袁家村的发展提供了必不可少的资源。此外，袁家村的关中印象体验地开发过程中还进行了大规模的基础设施投资，总投资超过了 10 亿元，其中在打造农民创业平台上，全村整体发展就有一个多亿的投资。最终，通过乡村民俗旅游这种模式，袁家村实现了翻天覆地的变化，截至 2017 年，已吸纳 3 000 多人就业，带动周边万余农民增收，村民人均年纯收入达到 67 000 元。同时，全民股份制作坊街的机制和乡村旅游的模式还解决了工农业生产与社会、环境的矛盾，实现了社会、生态和经济的三重价值获取。可见，袁家村的社会创业过程可以分为两部分：一是以关中民俗文化为突破口，引导村民创业来发展乡村旅游业；二是建设乡村基础设施。前者是帮助乡村内部赋能，后者是为乡村外部赋能，体现了外部赋能和内部赋能都多的特点。

通过上述四种乡村社会创业模式的分析，我们可以看出混合型社会创业模式采用外部赋能和内部赋能并举的手段，能够形成互补，加速乡村振兴的进程。这种模式适合于那些对基础设施要求较高的领域，或是那些偏远、基础设施落后的乡村地区。内生自发型社会创业模式采用内部赋能的手段，能够帮助乡村实现内生可持续发展，但相比于混合型社会创业模式，由于缺乏在基础设施、资金等方面的外部赋能，这种模式下乡村振兴进程较慢。这种模式则比较适合于那些对基础设施要求不高的领域，或是城市周边、基础设施相对完备的乡村。外生嵌入型社会创业模式以外部赋能为主要手段，类似于传统的政府和公益部门的乡村建设模式，虽然能够产生一定的自我内部赋能，但一旦缺少外部的持续外部赋能，自我内部赋能也将难以维持，因而这种模式下的乡村振兴存在很大的不确定性。这种模式比较适合于那些投入高且收益低的领域。项目型社会创业模式由于自身规模和影响范围的限制，难以产生大的外部赋能或内部赋能效应，因而这种模式下的乡村振兴很难全面地实现。这种模式比较适合于那些投入要求低且复杂性低的领域。

本章小结

1. 乡村振兴是国家战略，不仅仅是农业产业发展战略，也不单纯是新农村建设，而是新时代乡村的全面振兴，包含产业兴旺、生态宜居、乡风文明、治理有效、生活富裕 5 个方面的要求，是一个相互联系、相辅相成的有机整体。

2. 社会创业能够改善乡村环境和增强乡村发展能力，平衡经济增长与社会发展的关系，已被国际经验证明是解决乡村发展问题的有效手段。
3. 社会创业通过赋能机制推动乡村振兴，包括心理赋能、能力赋能与结构赋能三种类型。
4. 乡村社会创业模式包含乡村项目型、乡村外部嵌入型、乡村内生自发型与乡村混合型四种形态。

问题讨论

1. 如何理解乡村振兴的内涵？
2. 社会创业对于乡村振兴有何作用？
3. 社会创业推动乡村振兴的赋能机制是什么？
4. 请概述乡村社会创业的模式与特征。

扫码查看案例分析和文献精读。

参考文献

[1] AUSTIN J, STEVENSON H, WEI-SKILLERN J. Social and commercial entrepreneurship: same, different, or both?[J]. Entrepreneurship theory and practice, 2016, 30(1): 1-22.

[2] BENCHEVA N, STOEVA T, TERZIEV V, et al. The role of social entrepreneurship for rural development [J]. Agricultural sciences, 2017, 9(21): 89-98.

[3] HAMALAINEN T J, HEISKALA R. Social innovations, institutional change and economic performance: making sense of structural adjustment processes in industrial sectors, regions and societies[M]. Cheltenham: Edward Elgar Publishing, 2007.

[4] HAUGH H M, TALWAR A. Linking social entrepreneurship and social change: the mediating role of empowerment [J]. Journal of business ethics, 2016, 133(4): 643-658.

[5] KIRZNER I. Perception, opportunity, and entrepreneurship [M]. Chicago: University of Chicago Press, 1979.

[6] LEONG C M L, PAN S L, NEWELL S, et al. The emergence of self-organizing E-Commerce ecosystems in Remote Villages of China: a tale of digital empowerment for rural development[J]. MIS quarterly, 2016, 40(2): 475-484.

[7] MAIR J, MARTI I. Social entrepreneurship research: a source of explanation, prediction, and delight[J]. Journal of world business, 2006, 41(1): 36-44.

[8] MARTIN R L, OSBERG S. Social entrepreneurship: the case for definition[J]. Stanford social innovation review, 2007, 5(2): 28-39.

[9] PORTER M E. Competitive strategy: techniques for analyzing industry and

competitors[M]. New York: Free Press, 1980.

[10] SANTOS F M. A positive theory of social entrepreneurship[J]. Journal of business ethics, 2012, 111(3): 335-351.

[11] SHANE S, VENKATARAMAN S. The promise of entrepreneurship as a field of research[J]. Academy of management review, 2000, 25(1): 217-226.

[12] 陈佳贵，黄群慧，钟宏武，等.中国工业化进程报告：1995～2005年中国省域工业化水平评价与研究[M].北京：社会科学文献出版社，2007.

[13] 费孝通.乡土中国[M].北京：北京大学出版社，2012.

[14] 孙宇.基于农村贫困问题的社会创业可持续发展框架[D].大连：大连理工大学，2021.

[15] 刘志阳，李斌，陈和午.社会创业与乡村振兴[J].学术月刊，2018，50（11）：77-88.

[16] 刘志阳，邱振宇，王思婧.社会创业的经济学分析和转型比较：基于乡村振兴的实践[J].福建论坛（人文社会科学版），2020（3）：92-104.

[17] 任保平.工业反哺农业：我国工业化中期阶段的发展战略转型及其政策取向[J].西北大学学报（哲学社会科学版），2005，35（4）：37-44.

[18] 邢小强，周江华，仝允桓.面向低收入市场的金字塔底层战略研究述评[J].财贸经济，2011（1）：79-85.

[19] 易法敏，朱洁.ICT赋能的扶贫平台商业模式创新[J].管理评论，2019，31（7）：123-132.

[20] 张建伟，图登克珠.乡村振兴战略的理论、内涵与路径研究[J].农业经济，2020（7）：22-24.

第 13 章 社会创业与共同富裕

:: 学习目标

- 了解共同富裕的定义与标准
- 了解世界各国对于共同富裕的探索
- 了解实现共同富裕的一些关键问题
- 理解社会创业对实现共同富裕的作用

开篇案例

浙江丽水共同富裕实践

浙江是东部经济发达省份之一,但是浙江省内各地区发展水平并不均衡,比如浙江 11 市中,衢州、舟山、丽水、金华、温州、台州等有"欠发达县"(统称为 26 县)。尤其是丽水,全部 9 个县(市、区)均在 26 县之列。

丽水是浙江省辖陆地面积最大的地级市,位于浙江省西南部,地势以中山、丘陵地貌为主,被誉为"浙江绿谷",境内海拔 1 000 m 以上的山峰有 3 573 座,拥有浙江省第一、第二高峰,森林旅游资源丰富。但是,丽水 9 县(市、区)经济总量与全省仍有较大差距。从 2021 年上半年的 GDP 排名情况来看,排名全省最后 10 位的县域中,丽水占据 5 县,分别是遂昌县(第 81 名)、松阳县(第 83 名)、云和县(第 88 名)、庆元县(第 89 名)、景宁县(第 90 名),且丽水经济发展较好的莲都区、青田县、缙云县,在全省也仅属于中下游水平。没有山区县共同富裕,就没有全省共同富裕。丽水被认为是浙江实现共同富裕的关键,2021 年 7 月入选浙江首批高质量发展建设共同富裕示范区首批试点名单。

制约丽水发展的主要有三方面因素。

(1) 土地。丽水是山区市,也是个典型的"九山半水半分田"地级市,其中山地占88.42%，耕地占5.52%，溪流、道路、村庄等占6.06%。这对于重大项目实施、招商引资等产业发展非常不利。

（2）人口。丽水人口密度是全省最低的，为每平方公里122人，是全省平均水平的23%，面临人力资源"瓶颈"。2021年开始，丽水大力实施"双招双引"战略，目前虽取得初步成效，但还有提升空间。

（3）环境。生态环境对丽水来说是"宝藏"，也是发展的"财富"。丽水不适合发展重工业以及高能耗的产业，目前主要以轻工业和服务业为主。

针对这些问题，丽水致力于建设共同富裕美好社会山区样板，发展的核心内容就是解决地区差距、城乡差距、收入差距问题。

首先，丽水"扬己之长补己之短"，把生态的特色优势发挥到极致。2021年，是丽水生态环境状况指数连续排名全省第一的第18年。在碳达峰、碳中和行动中，丽水着力创建中国碳中和先行区，不仅力求在能源领域实现碳中和，还积极探索开展碳汇市场交易，目前省机关事务局、金华市、嘉兴市组织的会议活动已分别向丽水购买碳汇，实现会议碳中和；还组织编制完成了《浙江省丽水市森林经营碳汇普惠方法学》《浙江省丽水市林业碳汇开发及交易管理暂行办法》，让碳汇资源"可量化、可交易、可增值、可持续"。

其次，针对区位劣势，丽水加强基础设施建设。预计2024年9月底完成丽水机场建设。根据规划，未来全市谋划100个实施类项目，"十四五"期间投资897.5亿元，加速建构"铁、陆、空、水"四位一体通江达海的浙西南综合交通枢纽。

再次，在缩小城乡差距方面，丽水注重挖掘乡村特色优势和潜力空间，加快推动城乡统筹，不断提升乡村能级，还原乡村价值，重塑乡村魅力。从在缙云合资办厂到将核心技术首次引入中国，再到打造"亚洲核心"，德国肖特集团十年三次投资浙南山区县；继"丽水山耕""丽水山居""丽水山景"等系列"山"字品牌火爆市场之后，"丽水山泉"得到市场的广泛认可；"丽水经验"两次登陆《生物多样性公约》第十五次缔约方大会（COP15）的生态文明论坛，向世界分享了生态产品价值实现机制的丽水实践。

最后，在产业经济方面，发展高新产业，丽水经开区浙西南科创产业园、丽水芯片产业园引来数十家半导体高精尖企业入驻。在这片半导体产业"芯中心"，2021年，超大规模集成电路制造用超高纯钽项目投产；发展起了数字经济项目，进行数字化改革。2021年前三季度，丽水"三园一基地"数字经济平台累计培育亿元企业7家，培育科技型中小企业102家。杭州丽水数字大厦主动承接杭州、上海等地的人才、技术溢出，累计引进企业105家，其中有全年营收超22亿元的聚塑云B2B电商平台、纯外资投资的充电桩物联网项目中国总部等。遂昌"天工之城－数字绿谷"引来阿里云、网易、中电海康等20多家数字类企业，社会资本合同投资额近80亿元，新增市场主体980多家，遂昌入选省首批数字经济创新发展试验区。

此外，丽水全域 9 县实施"一县一策"：莲都将装备制造业作为重点发展产业；遂昌以数字化改革为总牵引，创新实践山区县生态化数字化路径，谋求"换道超越"；龙泉打造生态产品价值实现机制创新平台，对 33 km² 土地实行高效整合开发利用，建成集精密制造、健康医药、经典文创等产业于一体的特色优势生态产业集群……

未来，丽水市政府还计划通过实施"生态富民惠民推进行动""创新引领产业振兴""统筹区域协调发展""花园城市乡村建设""富民增收机制创新""精神文明全民共创""公共服务优质共享""社会和谐共建共治"，建设共同富裕美好社会的区域样板。

资料来源：沈隽，朱敏，徐丽雅. 丽水这一年，唱响共同富裕主旋律［N］. 丽水日报，2021-12-30.

2021 年 5 月 20 日，中共中央、国务院印发《关于支持浙江高质量发展建设共同富裕示范区的意见》。共同富裕示范区建设没有经验可以借鉴，在"试点中试点"成为必由之路。上述案例中的丽水，被认为是浙江实现共同富裕的关键，并被列入浙江首批试点名单。结合自身实际情况，丽水着力从生态优势、基础设施、高新产业等层面因地制宜地打造共同富裕美好社会山区样板，力求解决地区差距、城乡差距、收入差距等问题。

13.1 共同富裕概述

13.1.1 共同富裕的内涵

2021 年中国历史性地解决了绝对贫困问题，这是中国对世界减少贫困伟大事业的重大贡献。消除绝对贫困后，中国宣布下一步将推动与发展全体人民共同富裕建设。社会创业是实现社会财富增值与实践共同富裕的有效途径。什么是共同富裕（common prosperity）？一般而言，富裕是指拥有的金钱、物资、房屋、土地等的数量多。共同富裕中的"富裕"，反映了社会对财富的拥有，是社会生产力发展水平的集中体现；"共同"则反映了社会成员对财富的占有方式，是社会生产关系性质的集中体现。共同富裕是全体人民共同富裕，是人民群众物质生活和精神生活都富裕，不是少数人的富裕，也不是整齐划一的平均主义。

关于共同富裕问题与模式本身，社会主义国家和资本主义国家不同，但都一直在探索，因为它是一个国家能否长治久安与可持续发展的关键，也是一个国家经济发展与社会进步，以及人民对美好生活向往的核心问题。在资本主义国家，也讲共同富裕，但是这些国家所谓的共同富裕，目的是维护富人相对稳定的社会基础，而不是真心要帮助穷人也富起来。这是资本主义制度本质所决定的，与社会主义制度下探索的共同富裕具有本质上的不同。

13.1.2 共同富裕的路径

复旦大学特聘教授黄奇帆指出，共同富裕不仅是道德问题，更是一个经济问题，没有共同富裕，社会就会出现两极分化、阶层固化。如果贫富差距过大甚至出现两极分化，经济运行会出现消费不足、投资过剩；如果出现阶层固化，整个社会就会停滞甚至动荡，整体经济循环就会陷入低效率均衡。共同富裕就是要跳出这种低效率均衡，让多数人群收入达到中等富裕水平。他认为实现共同富裕有五方面的路径要求。

一要兼顾做大蛋糕与分好蛋糕。"做大蛋糕"是"分好蛋糕"的物质基础，蛋糕不大，分得再好意义不大。对当下的中国而言，尽管已经实现了全面小康，但仍是最大的发展中国家，2022年中国人均GDP虽首次超过全球人均GDP（1.24万美元）达1.28万美元，但与美国的7.6万美元差距很大，所以仍要"聚精会神搞建设，把蛋糕继续做大"。"分好蛋糕"也是进一步"做大蛋糕"的基础。市场经济发展到一定程度不会自动纠正因种种起点不平等而带来的结果不平等，贫富差距的扩大是必然现象，这在资本主义条件下是无解的，而学者黄奇帆指出，"我们的社会主义市场经济就是在'做大蛋糕'的同时兼顾'分好蛋糕'，通过'分好蛋糕'进一步'做大蛋糕'，实现更高质量的发展"。

二要循序渐进，逐步实现。共同富裕是根据每一阶段经济发展的现实状况、经济基础以及社会条件来制定标准的，也就是说一个阶段有一个阶段的定量定性标准，整体来说分阶段推进、逐步提高，并不是一步到位，所以共同富裕不能"急性子"。

三要缩小差别，但不搞平均主义。共同富裕不是指所有人都达到一样水平，这是错误认知。"共同富裕的原则并不是绝对地消灭差别，变成无差别，我们反对平均主义的共同富裕。"

四要体现共同劳动，共同创造。共同富裕需要全体共同劳动、共同创造、共同奋斗、共享蛋糕，多劳多得，绝不是仅靠一部分人把蛋糕做出来然后分给不劳而获的人。

五要以高质量发展为基础。要把缩小区域差距、城乡差距和行业差别作为重点，着力推动协调发展，要以人与自然和谐共生的理念促进绿色发展，要在与世界广泛交往中促进开放发展，要平衡好公平与效率的关系，促进共享发展。

13.2 共同富裕的世界性探索

西方近年出现了一些新的关于共同富裕的研究，但它与中国共同富裕研究，尤其是共同富裕的目的与实践方面有着比较大的差异。西方共同富裕的相关概念中比较著名的是亚当·斯密的论述。他以人性为出发点，把普遍性带入了经济研究领域，提出增加人民财富是国家富裕的手段，并提出一套改善人民生活为主的富裕国家标准。其中就涉及财富创造与财富分配的问题。斯密认为，人天生而且永远是自私的动物，人的本性就是追求个人利益。如果一个社会的发展成果不能充分分流到大众手中，那么它在道义上将是不得人心的，而且充满风险。洛克菲勒也说过，当富人富起来的时候发现穷人没有同时富起来，这会破坏富人们富有的社会条件。因此，富人要做一些慈善帮助穷人，减少这部分穷人对社会稳定的威胁。但显然，他们所谓的共同富裕，目的是维护富人相对稳定的社会基础，而不是真心帮助穷人也富起来。

谈到共同富裕，不少人会联想到北欧的所谓"福利国家"。事实上，在这些国家，个人税收和消费税是很高的。这些国家试图通过高消费税等来实施高福利，通过高福利来缩小贫富之间的差距，但它同时也把应该留给企业发展的资金消费掉了。一个国家无法激励产生优秀企业，无法激励企业家创造财富，劳动者不努力工作却有福利，这样的模式谈何共同富裕？因此，目前在芬兰等北欧国家，这种社会福利模式受到越来越多人质疑。尽管个人税收与消费税很高，但北欧国家的企业税率比美国要低，目的就在于激励企业创造财富。这些国家的政府非常清楚，只有企业做好了，政府才有可能向企业征得税收，从而支撑国家的高福利模式。

13.2.1 北欧的福利国家制度

北欧国家作为成熟福利国家的典范，证明了在政府高支出、高税收和覆盖面广泛的社会保障的背景下，经济仍能保持良好的运行状态。最近几十年来，北欧国家的政府支出和税收水平在全世界高居首位，而基尼系数和贫困率却是最低的。

19世纪末以前，除了丹麦人均收入较高外，北欧国家普遍非常贫穷。1870年前后，北欧最大的国家瑞典开始了工业化进程，经济快速发展。在20世纪的大部分时期，社会民主党主导了瑞典的政治走向，在使瑞典成为福利国家方面发挥了重要作用。北欧国家福利模式的形成，建立在北欧特有的社会、历史基础之上，加之经历了长达40年以上的稳定快速经济增长，在1950—1980年，北欧国家推出了堪称世界最全面、最慷慨的社会福利体系，主要内容如下。

第一，国家在社会保障体系中发挥了更大、更积极的作用，向所有符合条件的居民提供基本养老金、免费或高额补贴的医疗保险等社会保障。私人部门提供的保障基本退出市场，或并入政府计划。北欧社会保险以"社会投保、人人受益"为原则。在医疗健康方面，政府为全国居民提供免费的公共医疗服务，保障医药供给；之前有正常收入的居民，在生病期间还能领取到相当于其原收入90%的病休津贴，婴儿、病儿家长也可以领取家长津贴。

在社会养老方面，北欧各国的养老金体系呈现金字塔形——底层为基本养老金，由政府税收提供，达到法定年龄后，无论公民此前是否有工作，均能领取；中间层为工作合同养老金，这部分养老金和公民原有的工作收入密切相关，雇主是否为雇员购买工作合同养老金，已经成为择业时的重要参考因素；最后一部分是公民的个人规划和私人投资部分。以瑞典为例，为了鼓励居民通过自身努力创造体面的养老生活，减少"养懒汉"的烦恼，瑞典政府每年2月都会给公民寄出用来预测退休金的信件，公民可以据此大致计算老年时所能领取的养老金数额，如果金额不够理想，瑞典人就可以及时地通过考虑购买理财产品、增加工作收入等方式，来保障自己的晚年生活。

第二，住房政策。住房问题很早就得到了北欧政府的关注，20世纪30年代，政府部门就颁布了不得驱赶无支付能力的房客的法令，以保障居民对住宅的基本需求，并对房租进行限价。在之后的工业化进程中，随着大量农村人口涌入城市，住房短缺问题日趋严重。不过和通常为低收入居民建设标准较低的住宅的做法不同，北欧政府旨在为所有人提供条件舒适、管理健全的高标准居住条件。于是各国又通过设立建房基金，为建房提供低息贷款等方式，帮助居民解决住房问题。住房津贴是改善居住条件的另一项重要举措。在瑞典，居民可以根据家庭收入以及养育孩子的数量，领取数额不等的政府住房津贴。一般而言，有一个孩子的家庭，每月可获得2 500克朗左右（约合人民币1 700元）的补助。芬兰也有类似的做法，芬兰境内的常住家庭，按其居住地区、家庭中成年人和儿童人口数量，也可获得对应数量的住房补贴。其金额大致等于住房开销扣除少量基本自担部分后的80%，收入微薄的家庭甚至连基本自担部分都不用承担。在各国政府的不懈努力下，北欧的绝大多数人都能达到"安居"，这就为他们的"乐业"创造了前提。

第三，全民教育。为了实现教育均等化，北欧各国政府主要采取了三项措施。首先，对每一个16岁以下的孩子提供补助，无论这些孩子所在家庭的经济状况如何，甚至无须主动申请，政府都会定期发放一笔相当于平均工资4%~5%的津贴，旨在为每一个儿童提供均等的开发智力的机会。其次，公立学校从小学到大学都提供免费教育，这当中还包括免费午餐、免费接送班车。最后，为了保证低收入家庭子女个人生活的需要，北欧国家在大学中还实行奖学金和贷学金制度。

第四，劳动力市场政策。北欧的劳动力市场政策以高就业率为核心，为此开展了一系列提高就业率的措施。政府的就业安排机构就是一例。北欧法律规定，所有雇主必须向当地政府的就业部门申报职位空缺，这样各级政府的就业安排机构即可充当免费的中介机构，为雇主和雇员提供各种咨询、介绍等服务。如果在此过程中发现，本地区没有和求职者相匹配的岗位，政府会鼓励这些人去更合适的地区求职，并提供安家费和求职费。此外，职业培训也是一项重要的劳动力市场政策，政府会根据经济发展所需，有计划地对已失业或即将失业的人员进行岗位培训，帮助他们尽快找到新工作。在市场低迷时期，政府还会启动一部分类似于以工代赈的公共工程，例如植树造林等，为失业人员提供就业机会。对于失业人员，北欧国家也有相应的失业救济措施。他们认为，享受失业保险是每个社会成员都应该有的福利，因此除了缴纳过失业保险的人员可以领取失业救济外，没有加入失业保险的劳动者，也可以领取劳动市场现金救助。

这种福利国家模式受到了北欧民众的普遍支持，但也遇到了一些问题，主要有：

- 为了降低自身的税收负担，一些个人和企业转移到税负较低的地方，全球化进程不断加快为这种做法提供了可行性和便利性。
- 越来越多的人变得懈怠懒散，不愿意参与生产劳动。他们会佯装体弱多病、丧失劳动能力或以推迟就业的方式来获得国家救助。
- 更多的移民涌入福利国家，并成为全民社会保障计划的受益者，增加了福利国家的财政成本。

20 世纪 80 年代，在福利国家走向完全成熟的同时，这些国家经济增长的黄金时期也走到了尽头。芬兰和瑞典在 20 世纪 90 年代初遭遇了经济危机。1990—1993 年，瑞典经济急剧衰退，国内生产总值连续三年负增长。芬兰则由于主要贸易伙伴苏联的解体而深陷经济危机。此后，北欧国家开展了税收制度改革、削减政府支出以及养老金体系改革等，专门制定了提高经济效益的政策，使大多数国家恢复了经济增长。随着经济复苏，各国国民的收入差距有所扩大，基尼系数普遍有所提高，但仍处于世界较低水平。

与北欧国家的高福利相伴的是高额的税收，高税收支撑着高福利，高福利又使得税收负担居高不下，20 世纪 70 年代，北欧普通工薪阶层一名员工缴纳的税款，占其毛收入的 50%以上。此外，北欧的经济社会治理体系是其特定历史文化、社会制度、内外环境的产物，北欧各国面积小、人口少、城乡差异不大、注重民主，这些得天独厚的条件为其社会保障体系的构建奠定了基础。其他国家可能不具备北欧国家所特有的条件，因此，北欧国家的福利制度很难在其他国家与地区复制推广。

13.2.2 美国的税收与社会保障制度

过去的 100 年，美国贫富差距呈现出先缩小后扩大的"正 U 形"变动趋势。20 世纪最初的 20 年中，美国出现了严重的贫富悬殊问题。1929 年的经济大萧条导致了高收入人群收入的大幅度下降，加上战后美国加大了收入再分配的调节，逐步建立了一套社会保障政策体系，增加了对低收入人群的转移支付和社会救济，贫富悬殊问题得到很大缓解，收入差距不断缩小。

20世纪70年代后，美国社会经济受到了经济全球化、新兴市场国家的挑战、技术进步等冲击。与此同时，美国收入再分配政策、税收政策、社会保障制度经历了很大变化，这些制度和政策的再分配功能变得越来越弱化。多重因素影响下，美国贫富差距日益悬殊，美国迎来了长达40年的收入差距扩大，造成了社会撕裂并出现"红州"与"蓝州"现象。特别是最近10年，美国巨大的财富差距带来了尖锐的社会矛盾，引发了严重且持续不断的社会冲突。

根据美国智库皮尤研究中心（PEW research center）的民意调查数据，2019年美国民众认为造成美国贫富差距最主要的三个原因分别是：工作岗位的离岸外包、不公平的税收体系以及不合理的教育系统。上述观点与学术界达成的共识基本一致，即认为经济全球化、技术与教育的竞赛、政府政策的重大变革是导致美国财富差距扩大的主要原因。

原有的税收制度的目的是通过高收入群体增加高税收，以此减轻低收入人群的税收负担。但是从20世纪80年代开始，美国的税收体系发生了几次变革，向高收入群体征收的有效税率大幅下降，特别是减少了对公司利润与遗产赠与的税收。本应承担国民收入再分配的税收，不仅没有起作用，反而成了帮凶。此外，税法存在的一些漏洞，也降低了企业的实际纳税额。现有研究发现，降低企业税收会导致资本收入增加，工资和薪酬收入减少。而资本收入主要集中在高收入群体，这意味着高收入群体可以通过转移收入来降低税收负担。由于税收体系漏洞的存在，与G7集团的其他国家相比，美国企业税收占GDP的比例更低，但美国大公司首席执行官的平均薪酬却高得出奇。

美国联邦储备委员会发布的美国财富分布情况报告显示，截至2021年第二季度，收入排名前1%的美国家庭总净资产为36.2万亿美元，自1989年有数据统计以来，首次超过占总数60%的中等收入家庭的总净资产（35.7万亿美元）。目前美国70%的财富集中在收入前20%的家庭中。财富越来越往金字塔顶端集中，这是美国贫富差距继续扩大的最新信号。美国智库政策研究所的报告指出，美国贫富差距主要体现在不同阶层、种族及企业高管与员工之间的收入不平等上，新冠疫情加剧了这一现象。总之，美国的税收制度不能实现减少不平等和贫困的目标，社会保障体系也很难缩小贫富之间的差距，共同富裕目前更是无从谈起。

13.2.3 日本的税收和社会保障制度

日本目前是全球贫富差距最小的前20国榜单中唯一的亚洲国家。当然，能实现"一亿国民皆中产"也是日本多项举措并行和长期努力的结果。日本缩小收入差距的具体做法如下。

第一，发展经济，提高国家总体经济水平。20世纪60年代，日本启动为期10年的"国民收入倍增"计划。到70年代中期，日本国民收入增长了两倍，劳动者报酬占GDP比重高达55%以上，这就为日本缩小收入差距打下了坚实的经济基础。

第二，在初次分配环节注重公平性。首先，缩小行业薪酬差距。日本各行各业薪资相差并不是太大，比如一个刚毕业的大学生，初次工作无论是去公司、银行还是当公务员、服务员，起薪都是20万日元左右。此外，日本是世界上对农业补贴数量最多、金额最大的国家之一。日本进入工业化时间早，从事农业的人口比例小，政府为了保护农民利益，在提供补贴的同时，提高农副产品的收购价格，而且对进口的农产品征收高额关税。比如一个种植大米的农民每年的收入是 700 万日元左右，如果从事林业种植，收入更高。其次，缩小公司内部工资差异。日本的公司岗位大多是终身制，工资都是从一开始的基数缓慢增长，所以同一批进公司的员工，工资水平大致一样。缓慢增长使得多年的老领导的工资也只是普通员工工资的两三倍。同时，日本的公司职员基数很大，超过 5 000 万人，占劳动人口的一大半，这也就导致大部分人工资都差不多的局面。

第三，在再分配环节，高收入的人缴纳高税收。日本高收入阶层是被征收高税收的对象。日本的个人所得税是累进制，按家庭年收入的高低，征收不同的所得税。全日本 4% 的人年收入超过 1 000 万日元，他们缴纳的所得税占了日本所得税的一半。这 10 多年来，日本对收入多的人扣税越来越重，年收入 1 000 万～1 500 万日元的人的所得税比 10 多年前增加了 22.9 万日元，而年收入 300 万～400 万日元的人得以减税 3 万多日元。单亲家庭以及一些低收入者能够得到政府的不菲补贴。此外，日本还有固定资产税、财产继承税、赠与税等制度。日本实行遗产税制度历史较长，基本宗旨是增加税收和缩小贫富差距，具体操作是在征税减免并举的同时兼顾各阶层利益。现阶段，征收遗产税更多为了补充所得税，防止财富过于集中，进行社会再分配。日本的遗产税税率高于欧洲国家，略低于美国。现行遗产税的税率是：1 000 万日元以下为 10%，1 000 万日元以上且 3 000 万日元以下为 15%，3 000 万日元以上且 5 000 万日元以下为 20%，依次累积，超过 3 亿日元税率就达到 50%。它的目的有二：一是增加税收，二是缩小贫富差距。目前重心已由最初的增加税收转向缩小贫富差距，在一定程度限制了富二代、富三代的"不劳而获"，同时最大限度地缩小了社会贫富差距。

第四，通过健全的福利制度保障多数人的无忧生活。首先是各种补贴制度。儿童方面，从出生到上初中为止每个月都有政府发放的生活补贴。在教育上，老师们平均几年一换，师资分配均匀，学区房概念不会很严重。生育方面，生一个孩子可领 42 万日元的补贴费用。针对低收入家庭会根据地区和人数计算补贴额度，每人每月在 15 万日元左右。流浪汉每人每月可领取大约 12 万日元的生活救济金。其次是免费制度。残疾人可免费乘坐公共地铁、公交，可在公立设施内免费停车。设立残疾人特别支援学校，确保残障儿童享受义务教育权利。对于年满 18 岁的盲人，国家免费提供导盲犬。同时强制政府机关必须招收 2.1%、民间企业必须招收 1.8% 的残障人士，达不到要求者需要向国家缴纳补偿金。除此之外，单亲家庭、失业者每月也可领取一定数额的补助金，丧失劳动力的人还可以减免房租。

初次分配的公平加上二次调控的强硬，以及近年来日本的经济受到冲击，年轻一代的群体对工作和生活的兴趣在下降。另外，年轻群体抗拒生育使人口大量缩减，从而导致日本的经济下降。这种现象直接导致国家与企业都难以像以往一样创造大量新的财富来建立更好服务于人民的社会保障体系。但是日本的单一文化、民族与现有富裕程度对于建立与完善服务于大部分人的社会保障体系，都是非常好的客观条件。

13.3 共同富裕问题与思考

13.3.1 经济财富与共同富裕

共同富裕并不是一个固定不变的模式，与共同富裕相关的因素有很多，包括财富创造、社会创业、社会关怀、劳动分配、财富分配以及公共政策等。

共同富裕的实现要求重视经济财富创造与共同富裕的关系。如果把这个问题再细化一下，研究与探索中国特色社会主义共同富裕，核心问题是研究经济财富与包括精神财富在内的社会财富与共同富裕之间的关系，而创业是创造经济财富与社会财富的有效途径。

创业包括经济创业与社会创业。创业者同样有穷人创业者与富人创业者，但他们的创业初衷与目标都是获得财富。回顾改革开放几十年，大众通过创新创业途径提高了创造财富的积极性。从技术上看，移动互联网与数字技术等对行业去中介化、扁平化、平等化的冲击带来了创造财富的巨大机会，使我国的民营小微企业/创业遍地开花。这种小微企业/创业的最大特点是调动大众一起积极地创造财富。浙江和福建等地都有无数以6~7人为规模，自下而上由能人带动的小微创业。他们艰辛创业，重视企业价值创造与财富创造。政府支持这种小微民间创业的财富创造形式，通过让利等政策，让民众获得经济财富进而改善人民的生活质量。这些地区的进步正是当初南方谈话中提出的"发展才是硬道理"的具体体现。

那么，经济财富的增长必然会带来共同富裕吗？答案是否定的。相关研究表明，经济财富与共同富裕建设具有高度相关关系，但并没有必然关系。在这个问题上，不少人常常有两个认识偏差。一是认为财富多了，全体人民共同富裕就自然实现了。但事实上，一个地区或国家的共同富裕水平并不完全取决于财富的多与少。一些国家在财富不断增多时，贫富两极分化日益严重，富人想的不是共同富裕问题，而是如何保持另外一部分人的贫穷。这方面的例子比比皆是。如今天的美国，有不少财富超百亿、千亿美元的富人，而另一边贫穷人口也在增长。二是一部分人存在对共同富裕认识上的偏差，他们将共同富裕中的富裕仅仅理解为经济富裕。事实上，共同富裕不仅仅是一个物质上富裕的问题，而是一个包含物质生活在内的、体现社会成员各方面生活富裕的综合概念。以我国为例，如果共同富裕仅仅定义为财富上的多少，这将严重影响全体人民共同富裕战略目标的实现以及人民素质的提高。

综上所述，经济财富确实是实现共同富裕的前提，但二者之间并不存在线性关系。中国特色社会主义共同富裕目标的实现，一定要在创造经济财富的同时创造社会财富，实现两翼齐飞。

13.3.2　社会创业和社会财富

精神财富是社会财富的重要组成部分。事实上，精神富裕的价值和物质富裕是互相联系、互相制约的，而且可以直接影响国家和地区的共同富裕水平。简单用公式来表达就是：国家财富＝经济财富＋社会财富，社会财富＝社会价值－社会成本。那么，如何创造社会财富？社会创业是一种有效途径。

经济创业的作用与意义大家都清楚，但对于社会创业，尤其是经济创业与社会创业二者之间的关系，以及经济发展与社会进步相互制约的过程，并不是所有人都能自觉认识并加以明确的。社会创业可以溯源到18世纪的"博爱事业"。从那时起，社会创业便与慈善机构、非营利部门、志愿组织这些名词联系在一起。追溯至20世纪90年代后期，社会创业这个词逐渐引起世人的关注。

社会创业是一种通过创业为我们的社会增加价值的过程。社会创业涉及很多内容与变量，核心内容与变量包括：减少贫困、环境保护、优化和可持续发展与公共政策建设等。这些内容与变量无一不是为社会建设与社会进步增加价值，它们与共同富裕建设有着千丝万缕的联系。进一步说，共同富裕需要经济财富与社会财富的支持，共同富裕建设需要找出创造这些财富的途径并发现其中的问题。

社会创业有三点核心内涵。一是社会性。社会创业关注的是市场和政府没有解决的社会问题、没有满足的社会需求。社会创业的本质是为了创造社会价值，发展一个更好、更均衡的社会，需要顾及国家、地区中的不同群体。二是创新性。创新性是社会创业的重要特征之一。社会创业必须应用具有创新性、持续性的方式去使整个社会获益。它涉及社会福利系统等多个方面。三是市场机会导向性。社会创业需要借助而非抵制市场的力量。虽然社会创业不以经济利益为目的，但依然以社会绩效为导向，同样需要重视机会的发现。社会机会起始于发现一些未被解决的社会问题，当社会创业者把存在的社会需求以及满足这些需求的方法有机结合起来时，就可能发现创业机会。

越来越多的研究证明，仅仅依赖于经济财富是不够的，即使在资本主义社会，相关学者在研究探索这方面的问题时也很关注社会创业因素。如斯密认为，社会感恩是一个社会必备的要素，因为即便在没有经济和法律义务的约束时，它也能激发社会各方之间互惠行为的发生。而社会关怀与社会奉献等就是一种社会财富。显然，研究中国特色社会主义共同富裕需要研究这些社会问题与社会财富高度相关的变量。

13.3.3　企业和共同富裕

推动共同富裕，企业能做什么？首先，企业是创造财富之源。相关数据显示，我国民营经济贡献了 50% 以上的税收，60% 以上的国内生产总值，70% 以上的技术创新成果，80% 以上的城镇劳动就业，90% 以上的企业数量。2018 年，习近平总书记在民营企业座谈会上引用了这个"五六七八九"，以此来说明民营经济的重要性。

就创造财富与共同富裕的关系来说，企业在任何时候都必须首先将自身做好，通俗地说，就是将企业做好、做优、做大、做强，这应该是企业能为共同富裕所做的所有事项的核心。只有做好、做优、做大、做强的企业才有可能向国家提供尽可能多的税款，国家才能通过初次分配、再分配、三次分配协调配套的制度性安排，推动共同富裕。这也就是我们常说的，"做大蛋糕"是"分好蛋糕"的前提。促进共同富裕不能偏离这一方向，不能迫使企业在不利于自身发展的前提下用企业的发展资金去做慈善公益，去扶贫减贫。企业的资金一定要首先用在企业创新发展与提升企业可持续性竞争力上。浙江大学管理学院创业研究所研究人员的相关调查显示，近年来在国内不少地方，尤其是经济不发达地区，由于种种原因，很多民营企业与初创企业的发展受到资金紧缺的影响，融资也很困难。企业创新发展，包括新产品、新技术开发与产品服务系统，常常由于缺少资金支持，所制定的规划只能考虑眼前，很难制定相关的长远发展目标，从而严重影响了企业的长远发展。企业要走科创发展的道路，做好产品与价值升级，没有相应的资金投入是不行的。因此，在促进共同富裕的过程中，持续激发市场主体活力是十分重要的。只有企业做好、做优、做大、做强，社会"大蛋糕"才能越做越大。

其次，在推动共同富裕的过程中，不能把企业与企业家的社会责任等同起来。什么是社会责任？用通俗的话语来说，它主要包含四方面内容：第一，社会责任就是个人有义务为整个社会的利益与其他个人和组织合作；第二，社会责任是每个人都必须履行的责任，以保持经济和生态系统之间的平衡；第三，社会责任意味着要保持经济发展与美好社会建设之间的平衡；第四，社会责任是跨代的，前一代人的行为会对后来者产生影响。企业与企业家作为社会的一部分，自然都需要承担一定的社会责任，但两者之间不是等同的关系。企业家与其所在企业的关系密不可分，但在资金方面并不完全是一体的。企业家可以拿出相当一部分钱做慈善，但这是他个人的行为，而企业却必须把钱用在自身发展上，将产品与相关服务做好、做优、做大、做强。

最后，企业在追求做好、做优、做大、做强的同时，必须遵纪守法，树立良好的社会形象。实现共同富裕是诸多正能量合力发展推动社会文明的过程，对企业来说，创造财富很重要，遵纪守法也很重要。企业向社会彰显创新能力与积极向上的驱动力，将正面推动社会进步。从这个意义上说，遵纪守法与创新发展都是企业树立良好社会形象的基础。

13.3.4 企业家和共同富裕

企业家是市场经济的生命之源，他们通过相关的商业活动，不断进行"创造性破坏"。奥地利经济学派认为，如果没有企业家精神，市场经济就是停滞的，创造财富也就成为一句空话。企业家擅长也应该帮助社会寻找"资源拼凑"的方法。社会资源往往是有限的，很多时候单一资源无法创造社会财富，但通过"资源拼凑"进行创业，可以满足社会需求并创造社会财富。在某种程度上，企业家就是"社会资源拼凑者"，他们通过"资源拼凑"发现与解决社会需求，进而促进一个地区的共同富裕建设。"社会资源拼凑者"往往具有小规模、本地性的特征，能够快速响应当地社会需求。在这方面，丰富的实践经历与经验，使企业家能够做很多政府并不擅长做的事情，这也正是企业家精神所在。过去几年，我国有比较多的企业家尤其是社会企业家根据国情，研究并实践最优拼凑经济与社会资源的模式，帮助当地社会发展，这对于促进共同富裕是很有借鉴意义的。

与美国等发达国家的企业家相比，中国的企业家大部分是白手起家，通过创业在逆境中成长起来，他们最清楚从"0"到"1"创造财富的创业精神。最近这些年，企业家经历了数字科技给企业发展带来的机会与挑战，他们很清楚数字科技对于推动共同富裕同样是一种机会与挑战。如何通过科技赋能来推动共同富裕？这需要更多企业家不断探索和实践。

企业家要为共同富裕做贡献，需要真正认识中国特色社会主义共同富裕的本质。资本主义国家的企业家在经济利益面前，只要不触犯法律，可以完全忽视社会与职工的利益。但在中国是绝对不能这么做的，我们的企业家必须兼顾经济利益与社会利益。共同富裕是社会主义的本质要求。实现共同富裕，必须围绕解决好发展的不平衡不充分问题。国内外的经验教训表明，在发展步伐较慢甚至不发展的条件下，单纯通过再分配缩小收入差距，只会挫伤创造社会财富的积极性，最终导致共同贫穷。所以，要在生产力和平均收入水平普遍而持续提升的同时形成合理的分配关系，兼顾好"保障最底层、提低扩中层、激励较高层"的需要，充分发挥社会财富和社会力量在三次分配方面的作用，落实慈善捐赠的相关优惠政策，培育发展慈善组织，加快发展慈善等社会公益事业，从而可持续地缩小生活水平差距和发展差距。企业家一定要了解我国的国情，不能唯利是图，这样才能把路走稳、走好。

第三次分配是"非强制性分配"，主要指慈善捐赠。在过去的10年里，前100名慈善家的现金捐赠总额增加了200%。2021年，前39名慈善家共捐赠了300亿元人民币等值的现金和股票。例如，腾讯控股投资500亿元人民币建立了可持续社会价值事业部（SSV），并将可持续社会价值创造纳入其业务战略。随后，它设立了一个500亿元人民币的共同富裕专项基金，并在其每年的"99公益日"额外增加50亿元人民币用于慈善事业的发展。福耀玻璃工业集团是亚洲最大的汽车玻璃制造商之一，董事长曹德旺早在 2011 年就将其价值 35.5 亿元人民币的股份捐给了和仁慈善基金会，后又捐赠了 100 亿元人民币建立一所以技术人才和技能发展为目标的公立大学。

本章小结

1. 共同富裕中的"富裕"并不仅仅指的是经济上的富裕。共同富裕是一个包含物质生活在内的、体现社会成员各方面生活富裕的综合概念。只有拥有雄厚的经济财富和社会财富，并将二者有机结合起来形成一种混合型财富，才能解决众多错综复杂的共同富裕建设问题。
2. 经济财富确实是实现共同富裕的前提，但二者之间并不存在线性关系。中国特色社会主义共同富裕建设，一定要在创造经济财富的同时创造社会财富。
3. 社会创业是一种通过创业为社会增加价值的过程，包括三点核心内涵：一是社会性，社会创业关注的是市场和政府没有解决的社会问题、没有满足的社会需求；二是创新性，创新性是社会创业的重要特征之一，社会创业必须用具有创新性、持续性的方式去使整个社会获益；三是市场机会导向性，社会创业需要借助而非抵制市场的力量。
4. 经济创业的侧重点在于通过创业来增加创业者与社会整体的财富水平，而社会创业的根本目标是通过创业来建设一个美好社会。社会创业与共同富裕在价值立场和所追求的目标上是一致的，在推动共同富裕的过程中，社会创业可以发挥更大的作用。

问题讨论

1. 共同富裕的内涵是什么？
2. 共同富裕在中国的关键含义是什么？
3. 经济财富的增长必然会带来共同富裕吗？
4. 为什么说创造社会财富需要推动社会创业？
5. 谈一谈在共同富裕建设过程中，企业和企业家需要做什么。

扫码查看案例分析和文献精读。

参考文献

[1] TANZI V. Government versus markets: the changing economic role of the state[M]. Cambridge, Britain: Cambridge University Press, 2011.

[2] 沈隽，朱敏，徐丽雅.丽水这一年，唱响共同富裕主旋律[N].丽水日报，2021-12-30.

[3] 李实，陶彦君.美国的启示：贫富差距过大引发社会动荡.[EB/OL].（2021-10-05）[2023-10-01]. https://new.qq.com/rain/a/20211004A09TZX00.

[4] 何玲玲，王俊禄，顾小立.央媒看浙江 | 浙江新春"任务单"：推进共同富裕"再上台阶".[EB/OL].（2020-02-10）[2023-10-01]. https://article.xuexi.cn/articles/index.html?art_id=3718269053729746771&cdn=https%3A%2F%2Fregion-zhejiang-resource&item_id=3718269053729746771&study_style_id=feeds_opaque&t=1644479017417&showmenu=false&ref_read_id=c6903720-19fa-45b7-a9c0-440780c16699_164458807 2152&pid=&ptype=1&source=share&share_to=wx_single.

[5] 刘坤，等.共同富裕"看得见、摸得着"：浙江在高质量发展中推动共同富裕见闻[N].光明日报，2021-08-02.

[6] 李中文，窦瀚洋.浙江：高质量发展建设共同富裕示范区[N].人民日报，2021-04-02.

第14章 社会网络与社会创业

:: 学习目标

- 了解社会网络的理念分类与应用机制
- 学习社会创业中机会识别、资源拼凑、双元绩效的相关概念
- 通过对比,理解社会企业的基本特征,了解社会网络在社会企业发展中所起的作用
- 了解社会网络构建的相关研究,探讨社会创业过程中的社会网络构建策略

开篇案例

水滴筹:大病筹款平台

当人们不幸罹患大病且资金紧缺时,常依托社会关系向亲朋好友求助。然而,囿于有限的时间、空间、人力等,传统的逐一沟通求助方式常难以有效、及时地为患者筹集到足够的医疗费用。2017年,国内最大的大病筹款平台水滴筹正式成立,这也是国内第一个依托移动互联网与社交工具成立的零手续费的社交筹款平台。水滴筹关注大病救助领域,致力于为急缺医疗资金的大病患者提供免费求助信息发布及筹款服务,从而提升医疗资金的筹集效率,让大病患者及时得到帮助。公益众筹行业内,一些众筹平台普遍会收近2%的管理费用,但水滴筹始终坚持不向筹款者收手续费,努力践行"保障亿万家庭"的使命。截至2020年12月底,水滴筹累计筹款金额已超370亿元,服务了超过170万名经济困难的大病患者,汇聚了3.4亿名爱心捐赠者。水滴筹正用自己的力量与方式,着力解决我国数万家庭"无钱治病、因病返贫"的难题。

起初,水滴筹的创始人沈鹏只是想成立一个互助社群,尝试借助人际关系网络的力量,联合社群用户共同抵御癌症和意外等风险,所有的用户遵守"一人患病,众人均摊"的原则。基于此，2016 年 4 月，沈鹏与创业伙伴尝试创建了"水滴互助"网站与微信公众号，由此吸引众多面临重大疾病医疗资金短缺问题的用户。加入水滴互助社群后，用户在面对突发的重大疾病时，能够依靠社群网络内互助的力量筹集急救资金，从而获得及时的治疗。然而，彼时的水滴互助社群无法为那些未能度过观察期就已患病的用户提供支持，因而，2016 年 7 月水滴筹应运而生。

自创立以来，水滴筹在大病救助与公益领域做出了巨大贡献，得到了社会各界的广泛认同，获得了 2017 年中国慈善榜"年度十大慈善项目"、公益时报 2018 年中国公益年会"年度中国公益企业"、2022 年中国慈善家"年度榜样机构"等多个荣誉称号。水滴筹的出现促进了国内公益事业的发展，为几十万罹患重病却无钱医治的普通百姓带来了希望。

社会网络是由许多节点（如不同个体）构成的社会结构，包含了各种社会关系。依托这些关系，社会创业者能获取各类信息与资源，从而更好地识别、利用各种社会创业机会。上述案例中，水滴筹创始人沈鹏敏锐地发觉了社会网络对病患群体的重要价值：病患群体常常通过调用自身社会关系或人脉筹集看病资金。通过创建水滴互助社群与水滴筹平台，沈鹏利用数字技术扩大了病患的社会网络规模，帮助病患与更多人建立关系并从中获取价值。由此，在水滴筹的社会创业过程中，社会网络常扮演着极为重要的角色。为加强读者对社会创业过程中社会网络的理解，本章从社会网络的概念及其在社会创业情境下的内涵出发，分析社会创业过程中社会网络的作用机制与影响结果，并基于此探讨社会创业者如何采取各类社会网络构建策略，从而推动社会创业发展。

14.1 社会创业中的社会网络

14.1.1 社会网络

社会网络（social network）是社会学研究的重要视角之一，主要关注社会中的人际联系与互动。社会网络普遍存在于我们的生活之中。正如费孝通先生在《乡土中国》一书中所提及的中国社会的差序格局，人们根据关系的亲疏形成了以自我为中心向外扩散的关系圈层，且圈层越往外层关系越疏远。此外，组织内员工的人脉圈、产业内组织之间的交互，甚至是国家之间的联系，都组成了不同层次的社会网络。具体而言，社会网络是指各节点（通常指个体或组织）之间相互联系从而形成的关系网络（Gabbay and Leenders, 2001）。网络中，各节点之间具有直接或间接、亲或疏、远或近的关系，如亲情关系、朋友关系、同学关系、生意伙伴关系、宗教信仰关系等。这些关系和关系网络能够促进网络参与者之间的协调与合作（Coleman, 1990）。

作为社会网络概念的早期研究者之一，人类学家巴恩斯（Barns, 1954）提出人际关系网络是影响人类行为的真正因素。然而，直到 20 世纪 70 年代后期，社会网络理论才得到各领域学者广泛支持并逐渐出现在社会科学研究中。随着社会网络理论的发展，弱连带（Granovetter, 1973）、结构洞（Burt, 1992）和齐美尔连带（Krackhardt, 1998）等相关理论不断涌现。逐渐有学者开始关注社会网络对创业的影响，探索社会网络如何帮助创业者克服新创企业劣势。社会网络是影响新创企业创立、生存与成长的关键因素，社会网络的建立、开发和利用也是创业的核心内容。例如，在社会网络中，与利益相关者形成更为紧密的联系将有助于创业企业获得更多资源以开展创业活动（Hoang and Antoncic，2003）。作为一种特殊的创业活动，社会创业活动也与社会网络关系密不可分。

14.1.2 社会创业情境下社会网络的要素

浙江温州以善于创业而闻名，温州人在全国各地，乃至世界各地建立了许多温州城和温州街。改革开放初期，温州人之间建立了良好的信任体系，并基于此发展出以地缘、亲缘为特征的"熟人经济"。"熟人经济"本质上就是利用创业者自身的社会网络开展创业活动。在因地缘和亲缘而出现的社会网络中，创业者可以利用其温州人的身份与其他拥有资本的温州人在短时间搭建有效的网络关系，并利用这种关系来获取创业所需的有形和无形的资源。此外，温州人在各地成立了温州商会。在这一商会网络中，温州创业者可以与其他温州创业者联系以交换和共享信息，或是从联系中获取重要的创业想法。由此可见，社会网络对创业而言至关重要。

20世纪末，创业研究如雨后春笋般涌现，开始成为一个备受关注的独立研究领域。随着社会网络分析视角的广泛运用，学者们发现，社会网络在描述个体或组织之间的联结形式的同时，能够解释创业过程中的许多现象（Brass et al.，2004），如创业者社会网络对创业绩效的影响，包括对创业机会识别、新企业设立、新企业成长的影响等。同样，社会创业作为创业的重要分支也受到社会网络的影响。

在社会网络视角下，有关社会创业的研究指出，社会创业情境下的社会网络应当包含三个核心内容和要素：一是社会网络的结构，即各节点之间的网络关系结构；二是社会网络联系的特征；三是社会网络的交换内容（Hoang and Antoncic，2003；Brady and Haugh，2007）。

1. 社会网络的结构

社会网络的结构是指社会网络关系的模式。较为重要的网络结构指标有网络规模、网络强度、网络密度、网络异质性、网络集中性、网络可达性和网络平衡等。社会网络结构以及社会创业者和新创社会企业在网络结构中的位置对资源流动有着重要影响，因而两者对社会创业而言意义重大。

网络规模是指网络中节点间直接联系的数量（Hoang and Antoncic，2003），是最直观的网络结构指标之一。网络规模影响社会创业者和新创社会企业从网络中获取资源的上限，具体表现为，社会创业者和新创社会企业缔结的网络关系越多，其从网络中获取更多资源的可能性也就越大。例如，老爸评测作为一家以家长参与互联网众筹，专注于解决有毒有害产品问题的社会企业，其最初发展就与借助创始人魏文锋在测评中与粉丝们建立起的网络关系获取到的各种资源密切相关。网络能够帮助社会创业者和新创社会企业获取资源，但并不意味着网络规模越大越好，由于个人能力局限、网络维系成本和情绪资源消耗等原因，当社会网络达到一定规模时，社会创业者和新创社会企业从更多的网络关系中获取资源的概率将会逐渐降低，甚至还可能对已有网络关系的运营产生不利影响。

网络强度也是衡量社会网络结构的重要指标之一，强弱关系的区分在于联系的频率和主、次要性。网络强度影响社会创业者和新创社会企业在社会网络中的资源获取和维系网络关系的成本。在有关弱连带（Granovetter，1973）的研究出现之前，绝大多数的研究假定社会网络关系的强度越大，社会网络节点之间的联结越紧密，也越有助于资源的获取。然而，个体通常只会维持与极少部分人的强关系，并与许多人维持大量的弱关系。后期研究也表明，相比于少量的强关系，大量的弱关系（只是认识，而非朋友）能提供更多关于机会的知识，且维护成本和精力投入也较低。基于弱关系，博特（Burt）在 1992 年提出了重要的结构洞（未相连节点之间的空隙）理论。结构洞理论的核心观点在于，社会网络节点可以如同桥梁一般将现有关系中并未存在联结的个体联系起来并占据该位置，为自身提供信息、控制优势与收益，并对网络中不存在联结的节点产生影响。这对社会创业者和新创社会企业建立、开发和利用社会网络具有重要的指导意义。例如，绿色浙江作为浙江省著名的环保社会企业，在最初的发展历程中获得的很多助力就来自自己举办的各类活动中所建立起的弱关系。

此外，网络密度（McEvily and Zaheer，1999）、网络异质性（Hara and Kanai，1994；Zhao and Aram，1995）、网络集中性、网络可达性和网络平衡（Brady and Haugh，2007）也是描述社会网络结构的重要指标。网络密度关注网络内行动者之间的关联程度，密度增大代表网络内核心参与者与其他参与者之间联系数量增加，众多的联系提高了资源的流通效率。此时，网络内个体与网络之外的资源主体建立联系和提供新资源的阻力也越大。网络异质性测量的是一个网络中关系类型多样化的程度，关注缔结关系的网络节点身份的多样性。高异质性为多样化的资源和信息的出现提供了可能，从而为未来的资源组合开发提供了更大的创作空间。网络集中性是网络对一个或几个成员的依赖程度，网络集中性越高，社会创业者和新创社会企业对网络中一两个主体的依赖程度就越高，它一方面代表了资源供给的稳定性，另一方面也限制了所利用的资源总量并加剧可能的关系破裂带来的资源困境。网络可达性是社会网络的内容在网络中传输效果的度量，高网络可达性为创业初期和战略转型时期的资源紧缺问题解决提供了便利。网络平衡描述了网络中参与者之间的互惠程度，为社会创业者和新创社会企业的供应网络与发展网络的长期存续创造了基础条件。

2. 社会网络联系的特征

社会网络联系的特征包括持久性（Brady and Haugh，2007）、互惠性和多重性（Kilduff and Tsai，2003），这些特征与网络中的个体关系相关，与网络的整体结构无关。

（1）持久性（durability）。持久性是指关系持续的时间长度，与信任、互惠和强度等其他网络特质密切相关，在社会网络联系中尤为重要。在社会网络中，个体之间的联系可以是长期的、稳定的，也可以是短暂的、不稳定的。收集和分析关系的持久性和有效性有助于社会创业者和新创社会企业了解投入时间和资源进行社会网络活动所能获取的潜在回报。此外，网络成员加入与流失（成员加入、离开、重新加入）的测量和分析对社会创业者和新创社会企业的社会网络的建立和维系也具有重要意义。

（2）互惠性（reciprocity）。互惠性作为社会网络联系的特征之一，也是个体之间联系的重要特征之一，是指网络成员之间相互依赖的对等关系。联系可以是对称的（即互惠）也可以是不对称的（即非互惠）。在某些类型的关系中，如友谊，不对称关系会导致一种压力，这种压力可能会导致关系的破裂；而在某些关系中，不对称可能是常态，例如，影响关系通常被认为是不对称的。由于高互惠性的社会网络之间相互依赖的程度及资源共享水平更高，并且网络成员之间的关系呈现出稳定性和平等性特征，因此，对社会创业者和新创社会企业而言，建立具有高互惠性的社会网络联系对于其更稳定地获取资源并降低网络维护成本具有重要作用。

（3）多重性（multiplexity）。多重性衡量的是两个网络成员之间的联系所起作用的数量，例如，行动者既是朋友又是商业伙伴（Kilduff and Tsai, 2003; Brady and Haugh, 2007）。更为多重的关系被认为具有更高的关系强度，也代表着关系双方在不同社会领域中相互联系的程度。例如，两位网络成员在办公室是同事，在周末是朋友，在公司篮球队是队友，那么他们可以在三个社交圈里见面。对一个人来说，打破多重联系中的一种联系，可能会使多重联系其他部分出现困难。例如，两位网络成员友谊关系的破裂可能会使他们在办公室和篮球队的关系变得紧张。联系的多重性对于社会创业者和新创社会企业建立和维护社会网络具有重要意义，社会创业者可以通过社会网络联系的多重性打破原有社会网络联系的界限，建立新的网络联系，从而获取更多的资源。但同样地，因为网络联系的多重性，社会创业者和新创社会企业需要投入更多的资源去维系社会网络。

3. 社会网络的交换内容

社会网络的交换内容关注个体间和组织间的联系所承载和传递的内容。社会网络承载和传递的内容主要是社会资本（个人或群体通过拥有一个或多或少具有制度化关系的持久网络而积累的实际和虚拟资源的总和）。密集的社会网络具有将社会创业者和新创社会企业与资源联系起来的潜力，这些资源可以转化为他们的竞争力，如经济或政治优势等（Brady and Haugh, 2007）。社会网络在帮助社会创业者和新社会创企业获取创业资源（有形和无形）和伙伴关系建立中具有非常重要的作用。主要的有形创业资源包括资金和物资两种（林剑，2006；姚铮、胡梦婕、叶敏，2013），具有社会网络位置优势的社会创业者和新创社会企业往往有更多的机会以获取政府、风投机构、银行等组织给予的有形资源帮助。社会创业者也可以持续依托其社会网络来获取包括商业信息、建议以及所遇到问题的解决方法等在内的无形资源（Johannisson, 1994）。此外，社会创业者可以通过与具有权威的个体或组织联结形成社会网络，来获取他们的背书。社会网络关系还能为社会创业者带来心理资源（Gimeno, 1997），为社会创业者提供情绪支持，并提高社会创业者对创业过程中的困难和失败的抗压能力，增加创业成功的可能性。

14.1.3 社会创业中社会网络的特征

社会创业中社会网络的特征首先应当包含社会网络的一般属性。在已有社会网络的研究中，社会网络一般具有以下属性。

1. 情感性

情感性是社会网络的基本特点之一（Ibarra, 1993），是社会创业者个人所拥有的社会网络的特点。这种社会网络通常以创业者与亲朋好友等熟人的感情为基础建立（Brass and Burkhardt, 1993），因此，社会网络的情感性与社会创业者自身联系紧密，因而对他们的社会创业过程的影响也更加显著。社会创业者的个人特征、价值主张、先验知识等因素都会对社会网络的情感性产生影响。同时，社会网络的情感性能够有效增加社会创业者、合伙人及员工对组织的认同感，并降低情感资源的损耗和负面情绪的产生，从而影响新创社会企业的设立、生产和成长发展。

2. 工具性

社会网络的工具性是指，个体和组织基于工作场景通过互动建立的网络具有较强的目的性，可以用于解决工作中的问题（Ibarra，1993）。社会网络的工具性有两个显著表征，一是个体通常有目的地主动创建或改变网络，二是网络的建立基于职业目标、管理或关系利用（Casciaro，Gino，and Kouchaki，2014；王颂，2017）。因此，社会网络的工具性对于社会创业有着重要的影响。社会创业者可以通过社会网络的工具性来获取其企业运营和项目执行等相关信息，并据此制定企业发展战略，确定运营模式，从而对社会创业过程和创业绩效产生显著的影响。

3. 商业性

社会网络的商业性是基于社会企业所具有的营利性而言的，在社会创业者和社会企业的社会网络中常包含创业组织与供应商、中间商、服务商、竞争者、员工、客户等相关方的利益关系（白彦壮、张璐、薛杨，2016）。社会网络的商业性既包括契约合同关系，也包括基于信用的非正式合作关系。商业性以利益和契约为纽带，能为社会创业组织提供更多的运营资源、营销渠道、技术以及解决运营问题所需的信息。

社会创业具有以解决社会问题为导向、显著的社会目的和使命、协助政府提供社会服务等特点。相较于经济创业，社会创业在获取资源方面更为有限，且更多依靠公益捐赠、政策支持，因而社会创业中的社会网络也具有相应的独特性。

4. 社会性

相较于以追求经济利益作为首要目标的传统创业者和传统创业企业而言，社会企业以解决社会问题为导向，旨在满足社会需求，因此对社会创业者和社会企业的网络关系来说，社会性也是其网络关系的重要特点。需要注意的是，这里的社会性并不是社会网络本身的社会性，而是指社会创业者和社会企业解决社会问题以实现社会价值的社会性。

5. 政策支持性

社会网络具有的政策支持性是指社会创业者和社会企业的社会网络中常常包含了鼓励和支持社会创业、无偿或优惠地给予社会创业组织资源的机构，如政府部门、商业银行、政策性银行、非营利组织和基金会等（白彦壮，2016）。由于社会创业具有解决社会问题、稳定社会发展、创造社会价值等特征和功能，在一定程度上完善了政府的职能，弥补了政府管理和服务的空缺，因而政府部门、银行和非营利组织等常常会通过减税降费、降低贷款利息等方式鼓励和支持社会创业的开展。

6. 社会嵌入性

社会嵌入性指的是社会创业活动往往嵌入在特定群体和活动部门中，也即根据当地社会需求和企业社会目标，将其社会网络根植于当地社会和政治环境中。社会创业者和新创社会企业必须在与其他群体和组织的社会关系中开展活动，即社会创业者和新创社会企业嵌入在自身的社会情境中，其创业行为和经营状况受到该情境中的创业氛围和创业资源的影响（金迪、蒋剑勇，2014）。因此，积极利用和构建社会网络嵌入关系能够有效帮助社会创业者提高创业绩效和成功概率。但过度嵌入可能会减少社会创业者所接触到的思想的多样性，或者导致社会创业者的思想惰性，并在信息获取等方面产生负面影响。

在社会创业的整个过程中，社会网络既可能包含上述多种特征，也可能仅包含其中部分特征。全面而成熟的社会网络通常能为社会创业的各阶段提供更充分的支持，但有时仅具有部分特征的社会网络也能满足社会创业者在创业过程中对资源或信息获取的需求。

14.2　社会网络在社会创业中的运用价值

14.2.1　社会网络与机会识别

机会识别是指发现和发展创业机会的过程。社会创业机会识别意味着关注社会问题，寻找解决路径，改变传统的行为模式，并能采取具有可持续性的方式，实现对社会问题需求的永续供给。社会创业活动始于创业机会的识别与开发，其中创业机会是创业者整合各类资源以创造价值的过程（Shepherd，2015）。在商业创业中，这种价值体现为满足市场需要；而在社会创业中，创造社会价值则成为创业者的原初动力（Shane and Venkataraman，2000）。社会创业机会与经济创业机会的不同在于，经济创业往往不能解决市场失灵和政府缺位等问题，而这恰恰是社会创业的创业机会所在。社会创业机会与某类社会问题紧密关联，涉及的弱势群体对社会问题的解决需求极为迫切且广泛分布，市场潜力巨大。但这并不意味着对社会创业机会的开发是简单的，开发好一个社会创业机会仍是件困难的事情。

对社会创业者而言，如何识别和发展周边的创业机会，是实现社会价值必须考虑的环节。每一个现有的和潜在的社会问题都能成为一次社会创业机会。社会创业者需要考虑如何以特定的资源配置解决社会问题，并采用一定的规模扩张形式，突破资源限制，在更大范围内和更大程度上增进社会福祉。2006 年，昆明环保科普协会（简称绿色昆明）早早开展了环境保护的科普与宣传工作，通过公众参与和政策倡导的方式解决本土流域环境问题，至今依然以关心环境的身份开展社会活动并活跃在公众视野中。

在社会创业机会开发过程中，社会企业家通过探索解决方案、创办社会企业的方式回应社会需求，却即刻面临社会需求近乎无限的问题。在增加企业产品或服务的供给过程中，资源总是不够的，仅仅粗放地通过增加资源投入实现企业扩张来应对巨量的社会需求将使社会企业走入增长陷阱，并可能失去对该类社会问题的持续解决能力，导致社会企业的创业失败，进而导致对社会问题解决的失败。因此，社会创业机会开发更为重要的是开发出具有可持续性和广泛适用性的社会企业的创业模式，从而拥有推动社会整体共同参与创业、提高社会问题跨地域解决的潜力。

社会网络帮助社会企业家更好地识别和发展社会创业机会，利用好自身所在的社会网络，从而减少社会企业的发展困难。社会网络的一般特征包括网络规模、网络强度、网络异质性和网络位置等（Ceptureanu et al.，2020）。在社会创业机会的决策过程中，社会网络涵盖了个人倾向于寻求帮助和建议的范围（Krackhardt and Hansan，1993）。社会企业家赖以决策的信息数量和种类取决于社会创业者身处的社会网络，以及网络中不同类型主体的数量。高异质性和高质量的网络节点能够提供的信息与建议往往更具采纳价值，因为它们提供了更丰富的视角去审视社会创业机会的可能性和实现路径。以专家和政府为例，前者洞悉时代发展趋势和行业趋势，后者制定的政策导向引导着社会企业的创业方向以及应以何种方式获得关键的政府支持性资源。除了这些显性知识外，高强度的网络联系代表了良好的社会交往关系，隐性知识几乎只在这些路径中传播。强度不仅代表了信息或资源传播的流畅程度，而且决定了信息传播的质量和价值。隐性知识涵盖了长期从业经验、个人判断、体会等深层信息，具有高利用价值但也更难传播。良好的社会网络关系有助于高效率地传播复杂且难以交流的显性知识。社会企业家与其他网络主体的联系会面，一方面是社会创业者寻求资源支持和创业建议的过程，另一方面是社会创业者传达创业理念、创造合作和创业模式复制的潜在可能性的过程。社会企业家既可以参与那些已经存在的、无中心的社会网络进行社交和获取创业支持，也可以参与具有高度单类社会问题导向的社会网络，通过对社会问题的探讨和高强度意见交流与交换，来激发新想法和新模式，并最终形成一个以该社会企业为中心的支持网络，进行信息和资源投资，积极主动地利用社会网络中的各类资源进行风险规避和模式改进，实现机会识别和机会开发的成功。

14.2.2 社会网络与资源拼凑

社会企业一般不产生收入回报，仅有的利润也会被投入到企业生产中。社会价值导向属性使社会企业缺乏对一般金融工具的吸引力和应用潜能，只能较多地以公益慈善组织或基金会捐款等作为主要现金来源，暂时的资金短缺也需要通过社会企业筹资解决活动来弥补。在人力资源方面，社会企业家的价值观形成了对参与者的主要吸引力，而非客观的收入报酬，因而志愿者往往构成社会企业的主要员工，人力资源短缺的情况在社会企业中也并不鲜见。在各种资源缺乏的背景下，社会企业要进行机会开发和实现企业发展，资源拼凑就成为社会企业解决资源困境的重要举措。

资源拼凑是通过对现有资源的将就利用，实现新的创业机会或应对挑战（Baker and Nelson，2005）。资源拼凑的核心是现有资源（创业者可以掌握的手头资源）、资源将就（将就利用已有资源应对挑战）和资源重构（将资源用于新目的的独特策略）。在社会企业家扮演资源拼凑者的过程中，以其为中心的社会网络成为获取各类资源的重要渠道。社会网络的不同特征影响社会创业者所能获得的资源总量以及最终的资源组合方式和创新利用效益。社会网络中信息和知识的交流交换则有利于社会创业者充分挖掘每种资源可能的利用方式，实现最大价值。

在社会企业的发展过程中，社会创业者可能面临的资源问题有两类——生存式的和发展式的。在社会创业者发现某个可行的创业机会并进行机会开发的过程中，社会创业者首先面临的是新创企业的生存问题，合法性和技术储备的缺乏同时带来了资源的缺乏与获取困难问题。一般的创业资源获取往往是"目的-手段"式，采用市面通用的资源，以满足特定的目的。但社会创业者所面临的资源约束更为严重，缺乏资金所以无法支付市场价格的通用资源，只能采取一定的资源将就措施，降低资源期待，实现对可得资源的将就利用。社会网络为企业提供了一些可以得到的临时利用的资源，虽然在数量和质量上可能与企业的真实需要有一定的差距。但通过资源拼凑，以求"合适"将就，能用就行，而非最佳匹配，可以暂时缓解社会企业初期的生存问题。

社会企业也可以通过资源拼凑进行初步发展，创造核心竞争优势。就社会创业者的资源利用过程来说，更多更好的资源能够带来更多的组合方式和利用方式，并带来大量的间接效益。在面对严重的资源约束困境时，社会创业者不得不将大量的时间和精力用于资源的搜索和获得上。但是如果可以通过社会网络关系获取必要的资源，就可以减少企业对外界资源或信息的诉求，降低资源寻求压力，将更多的精力用于内部的资源开发创新上，加快社会企业的创新发展。从对社会网络的利用来看，社会网络规模越大，社会创业者所建立的网络节点关系越多，所能利用的资源数量就越多。社会网络中网络成员的异质性奠定了可得资源的异质性基础，具有创新性的和高质量的资源组合利用方式也就更容易被开发出来。网络关系强度表现为成员间的互信程度，低成本的高质量资源更容易在高关系强度的网络中传播（王海花、谢萍萍、熊丽君，2019）。资源库中充足的资源数量、丰富的资源种类和较高的资源质量为社会企业资源拼凑提供了更多可供选择的资源组合方案，能够帮助企业发挥出更高的资源拼凑水平，进而产生新的创新创造成果。

社会网络对资源拼凑方式的影响也极为重要。更高的资源拼凑水平可以带来既有资源条件下更高的资源利用效益，甚至在一定程度上弥补资源的不足（赵兴卢，2007）。资源拼凑要尽量避免因既有经验知识所形成的"路径依赖"（Rosenkopf and Nerkar，2001）。社会网络同时也是信息网、知识网。社会创业者通过社会网络获得新的技术动向、政策信息或商业模式创新想法，广泛地从不同视角审视现有资源的开发利用方式或组合创新路径，实现更高水平的资源拼凑。社会创业者的社会网络节点包含情感性节点，如亲人、朋友；政府性节点，如政府部门、合作社；商业性节点，如供应商、员工和客户，等等（白彦壮、张璐、薛杨，2016）。丰富的节点类型能够提供更加具有异质性的观念和想法，从而催生出富有想象力和创造力的资源拼凑方式。在想法来源多样化的基础上，高质量的网络关系所带来的想法或意见更为深入和真诚，更富有时间效力和个人洞见，能产生更深刻的甚至颠覆性的资源拼凑模式。

社会网络是动态发展的，创业者需要在创业过程中根据自己的需要及时调整自己的社会网络。资源拼凑本身也是一个即兴学习和创造的过程。社会创业者通过社会网络获取资源和实现资源拼凑想法的过程，也是创业者培养和维持自身所在社会网络，使之朝向有利于社会创业企业发展的过程。社会网络的整体凝聚力与通达度不断提高，资源信息便能快速、及时、低成本地到达社会创业者所需的地方。创业者的网络拓展、维护与塑造能力得到增强，连同创业者在社会创业过程中所形成的独特社会网络关系一起构成了社会企业的核心优势。通过社会网络获得的社会支持、多样性环境、异质性资源以及由资源拼凑产生的独特资源利用方式形成了企业发展的核心支柱。

在社会创业者的努力下，社会网络与资源拼凑可以实现积极互动，前者的人力、物力为后者提供必要的支撑，后者的拼凑成果反馈给前者，新的资源和想法又会不断涌现，实现二者的良性互动，保持较高的资源拼凑水准，降低运行成本，提升社会创业企业绩效。

14.2.3 社会网络与双元绩效

如何衡量社会企业的绩效始终是一个具有挑战性的问题。卡普兰和诺顿的平衡计分卡思想或许具有借鉴意义。在同一套评价体系中，传统商业企业更关注财务指标，而社会企业则将服务对象放在首位，强调社会企业对社会问题对象的价值创造与影响。许多研究对社会企业绩效进行了不同维度的拆分，比如财务绩效和社会绩效，鉴于社会企业的社会价值实现导向，我们主要关注它的社会绩效。作为一种弥补市场和政府不足的重要手段，社会企业在促进社会进步和经济发展方面有了长足进步（Lumpkin et al., 2018）。一些大型公司也通过创立一系列下属或参股的社会企业来积极地承担社会责任（Yunus et al., 2015）。社会企业的社会问题解决导向或社会价值实现导向弱化了社会企业对财务绩效的追求，一方面是因为其本身更多地依靠基金会和社会捐赠的资金，另一方面是其服务的对象往往是无支付能力的弱势群体等社会问题对象，无法成为社会企业的资金流来源；同时也强化了社会企业对社会绩效的追求，社会企业需要解决的通常是长期存在而无法得到满足的某种社会问题需求，并且需求迫切强烈。社会企业对社会问题的解决程度以及产生的社会影响无法简单地用市场占有率或者产品或服务销售量进行衡量。社会企业的外溢效应使其社会影响力的衡量更为困难，许多无形变量诸如志愿精神传播、社会观念转变等评估过程复杂。此外，社会绩效也涉及众多社会企业利益相关者对社会企业的主观评价，这也为社会绩效的衡量带来了挑战。

社会绩效在非市场环境中产生，它代表了一个社会企业的亲社会行为所产生的有益结果，能在多大程度和多大规模上被社会企业、广泛的个人和组织、社区及环境所享受到（Lumpkin et al., 2013），反映了社会企业对社会服务、社会参与、社会财富和社会使命等的总体影响程度。例如，在西藏，SHOKAY不仅通过收购当地的牦牛牛绒增加当地居民的收入，而且运用当地的文化资产保护和发展民族文化，促进环保型产业的发展；同时，SHOKAY还通过组织妇女合作社，进行社区建设，在当地产生了广泛而深刻的社会影响力。

社会绩效的衡量主要包括四个维度：社会影响力、可复制性、社会目标实现水平和社会整体感知。社会影响力是指社会企业的活动行为所影响到的人群、地区、国家的数量和程度，最直接的表现就是社会企业的产品或服务的提供范围，跨地区经营意味着社会影响达到了一个新的层次。如果社会企业的经营活动能与当地的其他组织或政府部门进行深度融合与发展，则代表着更高层次的社会影响力。可复制性意味着企业的发展模式是否具有在大范围传播时进行传播复制的能力。企业可以通过扩大经营规模来扩大影响范围，但高可复制性的商业模式意味着对解决社会问题具有更大的价值，因为其他社会企业家可以如法炮制并且不会担心水土不服带来的种种问题，这无疑是某种社会问题得以规模化、标准化解决的良方。社会目标实现水平可以通过该社会企业核心雇员的规模，提供的产品或服务的数量和质量，受益者（主要是弱势群体）和捐赠者的价值实现程度，社会或生态的可持续性等来衡量。社会整体感知反映了多样的利益相关者和社会整体对该社会企业经营活动的评价，往往是主观的，且来自经理、员工、社区、政府等多方的反馈，是该企业给社会的整体印象。

财务绩效通常用经济收入来衡量，也涉及企业规模、市场份额等。社会企业的经营效率、发展战略、实现计划目标的水平也常常计入其中。它通常不为企业的资金流负责，也不强调收入和利润的增长，在市场竞争中更强调合作以实现社会问题的解决，所以并非社会企业的主要目标。但在一定程度上，它反映了社会企业的经营效率，对资金利用率的提高带来受益范围的扩大，多余的利润将用于再生产，以满足社会需求而非股东回报。较高的财务绩效对社会企业的长期良性发展具有积极意义。

社会网络对社会企业的重要性要大于对商业企业。社会企业所要实现的价值目标完全不同于商业企业的利润导向，许多相关的社会网络便将社会企业排除于外，进而使社会企业失去了许多获取资金与信息的渠道。多样而丰富的金融工具常常并不对社会企业开放。社会企业自身主动追寻和创建的社会网络对社会企业的生存和发展起到至关重要的作用。社会网络的三个维度——网络数量、网络广度、网络多样性通过不同的机制对社会企业绩效产生影响。

社会网络能够创造和转移财务、人力资本、知识、设备和建议等资源，不同的社会网络在类别和侧重点上会有所差异，社会企业要选择切合本身聚焦的社会问题或主要议题的社会网络，即"正确的、切合的社会网络"，为自身发展提供合适的资源。①社会网络数量即直接网络联系的数量。社会网络所能提供的资源数量和种类与社会网络数量正相关，它为社会企业的生存与发展提供了基本保证，只有投入足够多的资源才能进行产能扩张和区域市场拓展，提高社会企业的社会影响力水平。社会企业的许多决策、谈判和交易等都需要直接的、面对面的互动，直接联结就成为必要的联系的先决条件。社会企业的想法、理念和模式通过社会网络联结辐射扩散，吸收更多的志愿者、捐赠者，启发更多的潜在社会创业者进行模仿或创新，实现社会影响力的提升。②社会网络广度包含了广泛的弱联系，相当分散的弱联系网为新信息和新资源的传入创造了条件，低冗余度的资源和信息丰富了社会企业的资源投入选择与创新选择，增强了社会企业家的信息优势，为社会企业家的商业模式创新和路径探索提供了新的契机，并能结合多方的反馈和评价选择改进方向，调和更多利益相关者的利益关注，提高可持续发展能力，提高社会企业目标的实现水平。③社会网络多样性取决于社会网络中不同主体的丰富度。单一网络的信息或资源往往是同质的，在结构洞位置的社会企业可以接触到两种截然不同的网络，从而获取信息优势，更容易产生新想法。异质性使社会企业创业想法的成长阻力更小，同质性强的网络中不容易接受改变的想法，从而限制了社会网络的发展和扩张。多种多样的基金会、政府机构、超国家组织、学术机构等异质化节点，可以为社会企业提供不同的支持和种类更多样的异质性资源，并通过差异性的资源组合创造新的资源利用方式，提高资源利用水平和创造新的核心竞争力。

从财务绩效的角度来看，社会网络提供的资源和信息为社会企业的经营效率提升提供了必要的资源基础和想法基础，显性知识和隐性知识的传播增强了企业的创新能力，社会企业必要时可以推动商业模式创新，以更低的成本创造更多的产品和服务。新产品和市场带来了增加市场份额和获得新收入来源的可能性。

14.3 社会创业中社会网络的构建

社会关系对创业活动而言是一种重要的资本，可以转化为人力资本、金融资本等其他形式的资本。相较于经济创业，社会创业者往往更依赖人际网络和更广泛的社会网络，而前者往往依赖基于商业联系而形成的专业网络。一方面，社会创业往往嵌入在特定群体和活动部门，根植于社会和政治环境。社会企业的可持续性要求社会创业者在特定社区中确定当地的社会需求和企业的社会目标，并努力制订满足这些需求和目标的解决方案。基于此，社会创业是一种集体而非个人的活动，社会创业活动必须在与其他参与者的关系中进行，因而建立、发展有效的社会网络对社会创业者而言至关重要。另一方面，某种程度上社会创业的目标和结果就是构建社会网络以创造社会资本，利用网络在不同区域成员之间建立更牢固的信任和合作纽带，带动区域发展。总之，构建卓有成效的社会网络对社会创业者而言具有更大的必要性和价值。

14.3.1 构建社会网络的思路

社会创业者与各方外部利益相关者建立联系，进而在创业活动中构建和发展社会网络，其采取的行为策略因人而异，各不相同。例如，在与投资人建立联系时，有的社会创业者会采取熟人引荐、参加聚会等方式接触投资人，而有的社会创业者则选择在各媒体渠道刊登广告等方式吸引投资人。促使他们采取不同策略的本质因素是个人认知。从认知层面区分，构建有效的社会网络的内在逻辑和思路大致可分为两类——先制定目标和计划、再采取行动的因果逻辑，以及在行动前不预设目标、在行动中涌现目标的效果逻辑。本节将详细介绍两种决策逻辑及其区别与联系。

1. 因果逻辑

因果逻辑认为，在丰富的信息和选择面前，个体更容易受到利益最大化的目标驱使，强调收益分析，采取最优的策略来实现预期收益最大化。以准备一顿晚餐为例，从因果逻辑出发的个体会先确定菜单，再根据既定的菜单列出所需食材，进行采购，而后制作菜肴。社会创业者在新产品和服务推出时利用STP分析方法从总体市场中选择最优细分市场切入，便是遵循了因果逻辑的思路。因果逻辑体现为谋定而后动，有条不紊地构建社会网络，在创业过程中追求一个确定的目标，一般在风险性情境下发挥作用。

在风险性情境下，商业环境、市场和消费者偏好均为已知，社会创业者能够利用这些信息制定经济决策，预测未来可能出现的市场反应并加以控制。因此，当嵌入的社区环境具备丰富的信息时，为了更精确地找到当地社会需求，聚集有助于解决当地社会问题的人员，遵循因果逻辑的社会创业者会先系统性地收集市场信息，通过合理的分析识别出能够带来优质资源的理想合作伙伴，之后采取一系列深思熟虑的网络策略，最终与理想合作伙伴达成有效联系，从而获取创业想法、投资或其他创业资源（Hallen and Eisenhardt，2012；Zott and Huy，2007）。因此，对社会创业者而言，构建社会网络的一种思路是步步为营，基于理性的利己主义目标开展计划性活动，采取有目的的网络行为，以实现先前的预测结果。例如，创业者通过分析锁定社区、政府、社会中能够提供特定资源，有助于实现社会使命的理想合作伙伴，再针对特定联系人展开有计划的联系行动，以形成有效的网络关系，解决特定社会问题。

2. 效果逻辑

在社会创业的情境下存在着巨大的不确定性，社会创业者面对的是未被解决甚至未被发掘的社会问题，推出的可能是全新的产品和服务，面向的可能是尚不存在的市场。面对几乎未知的商业环境，社会创业者的目标有时无法明确，决策可能出现的结果也无法预测，甚至预测决策结果所需的信息往往也无法获得。基于此，萨阿斯·萨阿斯瓦斯教授提出了创业者在不确定性情境下独特的决策逻辑——效果逻辑，强调创业者充分发挥主观能动性，与其他有意向的合作伙伴共同创造机会，并通过整合既有手段甚至创造新手段以取得较好结果（Sarasvathy，2001，2008）。仍以准备晚餐为例，从效果逻辑出发的个体不会将行动束缚在固定的菜单中，而是倾向于清点冰箱中现有的食材，思考如何将这些食材制成菜肴。在推出新的产品或服务时，效果逻辑对应的思路是先根据手头局限的资源选择切入手段，如战略合作，此后根据第一批购买者确定目标市场，建立不断增长的客户和战略合作伙伴网络。

遵循效果逻辑者认为"车到山前必有路"，倾向于竭尽所能地构建社会网络，站在某一起点探索不同的可能性，随机应变开展创业活动，一般在不确定性情境中发挥作用。因此，当某一区域的社会问题和解决方案尚未被发掘，或创业所需的资源及可能的提供方尚不确定时，遵循效果逻辑的社会创业者在产生创业意愿之后首先会明确"我是谁？我知道什么？我认识谁?"等既有手段,即自身特质和能力,知识、专长与经验,以及目前拥有的社会网络。此后,社会创业者在可行的既有手段中选择以确定初步创业方向,并与区域内外的其他个体互动,寻找利益相关者,达成承诺,共同承担风险。而当互动成功、承诺达成时,新加入的利益相关者会带来新手段和新目标。这些新手段的增加会带来新的资源,新目标的加入也会令初始创业方向得到更新。新手段和新目标的产生以及环境的变化都会形成新的状态,并作为已知状态进入下一轮循环中(Sarasvathy, 2008;Sarasvathy and Dew, 2005)。因此,对社会创业者而言,构建社会网络的另一种思路是当机立断,基于现有的或突然涌现的机会与手段开展活动,在与他人互动的过程中传递企业的社会使命和社会价值,吸纳自愿加入的利益相关者,共同定义社会创业机会和创业结果。例如,社会创业者关注某一社会问题,希望通过商业手段解决该问题。在与周围人探讨该社会问题的过程中,创业者偶然结识了志同道合的合作伙伴,他们提供了创新性的想法或创业活动中必不可少的资源,于是创业者与他们基于彼此的承诺形成网络关系,并在创业活动中不断扩大社会网络规模,与网络成员共同追求双元价值、解决特定社会问题。

3. 因果逻辑与效果逻辑的区别和联系

如上所述,因果逻辑与效果逻辑在构建社会网络的行动原则上具有显著差异,主要体现在行动起点、收益或成本分析、对利益相关者的态度、对意外事件的态度以及对未来的看法上(见表 14-1)。

表 14-1 因果逻辑和效果逻辑及对应创业者结网行为的比较

比较对象	因果逻辑		效果逻辑	
	认知逻辑	结网行为	认知逻辑	结网行为
行动起点	从明确的既定目标出发,寻求实现目标的最佳手段。在实现目标的过程中也可能对目标进行调整,重新采取实现新目标的行动	通过社交活动寻找新的关系	从既有手段出发,充分发挥主观能动性,甚至创造新手段来争取尽可能好的结果,形成动态的"手段-目标"链	先从亲友或熟人开始联系
收益或成本分析	通过收益分析,强调以最优策略实现预期收益最大化	随时剔除或削弱没有价值的联系	通过成本分析,根据自身财务状况确定自身愿意承担的损失水平	清楚某个联系的坏处,但不会随意剔除
对利益相关者的态度	强调竞争分析	基于工具性动机,合作伙伴由创业者精心挑选并主动联系,被视为资源提供方	强调通过缔结联盟并事先获得利益相关者的承诺来降低不确定性	基于情感性动机,合作伙伴是基于创业者的说服行为而自我选择加入的,被视为风险共担者
对意外事件的态度	意外事件会令人不快,因而竭力规避	精心挑选并制定战略接近目标合作伙伴	强调要利用意外事件,认为意外事件是控制(逐步显现的)新情境的机会	合作伙伴大多为偶然遇到的新朋友或重新联络的旧友
对未来的看法	关注不确定未来的可预测方面,在可以预测的范围内加以控制	仔细制订计划,提高资源获取的可控性	关注不可预测未来的可控方面,认为没必要去预测	说服涌现的资源持有者加入

(1)行动起点。在风险性情境下,遵循因果逻辑的社会创业者从明确的既定目标出发,寻求实现目标的最佳手段。在实现目标的过程中既定的目标也有可能被调整,此时社会创业

者会重新采取旨在实现新目标的行动,因此他们在一开始便倾向于通过区域内外的社交活动寻找新的目标联系人。与之相反,在风险性情境下,遵循效果逻辑的社会创业者从既有手段出发,充分发挥主观能动性,甚至创造新的手段来争取尽可能好的结果,形成动态的"手段－目标"链,因此他们倾向于先从亲友或熟人开始联系,而非一开始便联系陌生人。

(2)收益或成本分析。在风险性情境下,遵循因果逻辑的社会创业者掌握了丰富的信息和知识,倾向于通过收益分析,以最优策略来实现预期收益最大化,因此在形成社会网络时,他们会关注特定社会关系的价值,剔除或削弱没有价值的联系。而在风险性情境下,遵循效果逻辑的社会创业者重点关注在有限时间内利用有限的资源进行试验性行动,以获取预期之外的收益。在这一过程中,成本分析是必不可少的,创业者需要根据自身财务状况确定自身愿意承担的损失水平,因而遵循效果逻辑的社会创业者更偏好能够带来潜在收益的关系,即便清楚某段联系的坏处也不会随意剔除。

(3)对利益相关者的态度。因果逻辑强调竞争分析,社会创业者在构建社会网络时基于工具性动机,精心挑选合作伙伴并与之主动联系,网络成员被视为资源提供方。而效果逻辑强调通过缔结联盟并事先获得利益相关者的承诺,以降低不确定性,社会创业者出于情感性动机构建社会网络,合作伙伴是在与创业者互动的过程中自愿加入的,被创业者视为风险共担者。

(4)对意外事件的态度。因果逻辑强调利用已有的知识和信息开展分析,明确竞争优势,制定经济决策,而计划之外的意外事件可能会带来麻烦,因而应当竭力规避。基于此,遵循因果逻辑的社会创业者在构建社会网络时坚持"知己知彼"的原则,精心挑选并制定战略接近目标合作伙伴。相反,效果逻辑强调要利用意外事件,认为意外事件能够帮助控制不断涌现的新情境,因此遵循效果逻辑的社会创业者构建社会网络,其联系人大多为偶然遇到的新朋友或重新联络的旧友。

(5)对未来的看法。因果逻辑认为未来是不确定的,但某些方面可以被预测,通过分析和预测能够控制未来的走向。因此在构建社会网络时,遵循因果逻辑的社会创业者会仔细制订计划,提高资源获取的可控性。而效果逻辑认为未来不可预测,只能通过自有手段控制可以掌控的部分,没有必要去预测未来可能出现的结果,追求无法掌控的资源。因此在构建社会网络时,遵循效果逻辑的社会创业者倾向于在与他人的互动中吸纳自愿加入的资源持有者。

尽管两种逻辑存在着诸多不同,但二者并非互斥,在社会创业的过程中可以同时发生,并随着情境的变化发挥不同的作用。例如,社会创业者在发现特定社会问题后,能够基于因果逻辑,利用已知的市场信息明确未被满足的需求,进而确定目标市场和关键消费者,与之建立联系,挖掘更贴合市场的创业机会。同时,社会创业者也能基于效果逻辑联系社会资源,吸纳关注同一社会问题的合作伙伴共同制订解决方案。此外,当通过已知信息不足以确定创业机会时,社会创业者也可以先基于效果逻辑探索性地构建社会联系,选定某一特定效果后再基于因果分析选择最佳、最快、最有效或最经济的方法来实现该效果。总而言之,在构建社会网络时,社会创业者可以根据当前发展阶段、个人经验与能力、当前内在目标等选择不同的逻辑和思路。以下将进一步介绍两种思路下有效的社会网络构建策略。

14.3.2 基于因果逻辑的社会网络构建策略

基于因果逻辑,社会创业企业将在目标的指导下采取策略,以构建、维持与利用社会网络。通过这些策略,社会创业企业可以更高效地通过社会网络获取创业机会与资源,进而克服新创企业所面临的劣势。特别地,由于社会创业的首要目标在于创造社会价值,社会创业企业往往难以为投资者等利益相关者提供潜在收益作为资金等资源投入的回报,因而难以获取创业所需的资金与资源。这一情境下,为推动社会创业绩效的提升,创业者需要在采取网络构建策略的同时展现自身的社会和经济能力,提升自身在持有营利与非营利目的的利益相关者心目中的形象与认知,并有策略地提升与他们构建社会网络以及从网络中获取收益的效率。因此,本小节以象征性策略与催化策略为例,分析社会创业企业如何有效地展示自身的社会与经济能力,并高效地构建自身的社会网络以从中获取收益。

1. 象征性策略

在创业早期,建立合法性以获取创业资源对社会创业企业而言至关重要。其中,合法性是指企业的行为在某些社会构建的规范、信念和定义的体系中被认同与接受的程度(Suchman, 1995)。较高的合法性能够增强资源持有者对创业企业的了解与信任程度,进而使之愿意提供相关创业资源。对社会创业而言,社会创业企业同时创造着社会价值与部分的经济价值,因而需同时在持有营利或非营利目的的联系对象群体中获取合法性。鉴于此,为进一步提升社会创业企业在两类群体中的合法性,社会创业者可以采取象征性策略以高效获取合法性,进而获取目标资源。

象征性策略(symbolic strategy)是指创业者可以采取行动呈现或吸引他人关注某一物品或行为背后所反映的内容。例如,学位证书不仅反映了创业者过去取得的学术成就,更是反映了创业者的创业能力;团队成员在没有报酬时工作的现象不仅反映了创业团队为保障公司现金流所做出的努力,更是反映了创业者对创业项目的个人承诺与投入。因此,在与利益相关者交流的过程中,社会创业者可以采取象征性策略,如阐述社会创业团队成员的学位或无薪工作行为,向合作伙伴、目标投资者、客户等群体传达或暗示企业所具备的社会价值与经济价值,帮助社会创业企业建立合法性,使目标联系对象熟悉并信任其创业企业。具体而言,依据象征性行为的作用,佐特和于伊(Zott and Huy, 2007)将创业者的象征性行为分为如下四类。

(1)呈现社会创业企业可信度。例如,社会创业者向联系对象呈现社会创业团队成员为社会创业项目所做出的牺牲,以展示成员所具备的道德素养及对社会创业项目的个人承诺;或是介绍社会创业团队成员的高学历或丰富的社会创业经验,展示团队成员的能力。

(2)呈现社会创业企业专业性。例如,社会创业者向联系对象展示社会创业企业的专业组织架构、企业网站,以体现组织结构的专业性;或者呈现组织复杂、细致的招聘流程,以展现社会创业团队运转过程的专业性。

(3)呈现社会创业企业工作成就。例如,社会创业者向资源持有者演示创业项目初步取得的社会成效与部分的经济成效,比如初步解决了何种社会问题、取得了何种社会成就与社会荣誉等,以呈现目前所取得的部分进展。

(4)呈现社会创业企业与已有利益相关者联系质量。例如,社会创业者向联系对象提及与著名的个体或其他企业的现有联系;或是让颇具声望的利益相关者代为出席会议,借此利用利益相关者的声誉提升自身合法性。

为提升象征性策略的实施效果,社会创业企业需提高自身开展象征性行为的技巧。首先,在开展象征性行为时，社会创业企业需明确自身的能力与所面临的问题，并利用这一能力解决问题。例如，社会创业企业可以通过在线交流的方式降低与联系对象开展联系的成本，进而解决因创业资金匮乏所造成的"难以开展象征性行为"问题。其次，创业者需增强对象征性策略的重视并加以实践。社会创业者需明晰能够展示、提升自身社会与经济价值的具体象征性行为，并在与联系对象的联系过程中加以实施。此外，社会创业者需根据不同联系对象的观念或特定的联系情境采取相对应的象征性行为。例如，在与特定产业的联系对象进行交流时，社会创业者应事先学习该产业的相关知识内容。最后，社会创业者需匹配象征性策略的目标与策略实施过程。例如，在讲述社会价值的过程中，为了更好地向目标合作对象描述项目的可信度，社会创业者应用更为热情的态度与之开展对话。

2. 催化策略

当社会网络构建效率较高时，社会创业者能够避免冗长费力的联系搜寻过程，同时减少自身联系失败或遇见不理想的合作伙伴的可能。因而，较高的社会网络构建效率有助于社会创业者更高效地从社会网络中获取资源，进而创造更高的社会价值与部分的经济价值。相反，当网络构建效率较低时，社会创业者将面对时间精力浪费、收益降低、资源获取延迟等网络构建行为的负面影响，进而导致创业企业获取的社会与经济价值减少。对社会创业而言，在无法创造较高经济回报的情况下，社会创业企业更需有策略地与目标联系对象创建联系，并提升资源持有者为社会创业项目投入资源的意愿。基于此，社会创业者可通过催化策略（catalyzing strategy）更加高效地与资源持有者有效建立联系，即通过采取催化策略，花费更少的时间和精力与更多的目标联系对象建立更高质量的联系。具体而言，哈伦和艾森哈特（Hallen and Eisenhardt, 2012）将催化策略的实施过程划分为以下行动要点。

（1）非正式约见。在建立正式的联系之前，社会创业者可以特地与资源持有者开展非正式会面与讨论。具体而言，在交流过程中，相较直接询问联系对象对项目的投资意向或创业者自身的资源获取意向，社会创业者可以先询问一些更具一般性的问题，例如询问对方对社会创业项目的一般性建议，如商业模式的改进、创业团队的管理等。在非正式的会面与讨论过程中，轻松的氛围有助于弱化资源持有者对社会创业项目的经济价值创造能力弱等负面信息的关注。通过非正式约见，双方逐渐熟悉起来，社会创业者逐步将潜在的目标联系对象转化为自身社会网络的成员。

（2）把握取得证据点的时机。证据点是指经过第三方确认过的关键成就，如社会创业企业在解决某一社会问题时做出的杰出贡献，或社会创业项目取得的社会荣誉等。这些关键成就能够推动社会创业者与资源持有者之间联系的创建。具体而言，证据点的出现增加了资源持有者对社会创业企业的了解与信任程度，因而其资源投资的意向更高。并且相较过去的成就，资源持有者更加认可创业企业的近期成就。因此，在联系过程中，社会创业者需把握取得证据点的时间节点，及时与资源持有者建立联系。此外，当取得证据点时，社会创业企业可以以此为依据与资源持有者建立联系，提前获取目前阶段可能不缺乏的资源，或是等到证据点出现之后再与资源持有者创建联系，进而提升社会网络构建效率。

（3）关注资源持有者的实际联系兴趣。在联系过程中，创业者需要识别潜在资源持有者对于形成关系连带的实际兴趣而非其口头表达的联系兴趣。在联系过程中，出于维护自身利益的需要，资源持有者可能会欺骗、拉拢谈判对象，或是夸大自身的合作意向。此时，社会创业者需提升对联系对象实际兴趣进行判断的意识。分析联系双方互动的内容或是利用已有第三方联系者所提供的信息，当发现资源持有者具有虚假的联系兴趣（如投资人对投资内容不置可否）时，社会创业者需及时结束这一联系。此时，创业者的社会网络规模可能会降低，但所具有的社会网络质量会提高。

（4）构建备选的友好关系。社会创业者可以通过与备择的资源持有者建立友好的联系，并利用这些联系突出自身项目的稀缺性，从而为当前联系的资源持有者带来紧迫感。基于此，构建与其他投资人的联系有助于促使当前联系中具有实际投资兴趣但仍较为迟疑的资源持有者做出合作决策。此外，当面临较多的具有高合作兴趣的资源持有者时，社会创业者可以通过设定接受合作邀约的最后期限，推动具有高合作兴趣的资源持有者之间的竞争，进而增加自身的联系收益。

14.3.3 基于效果逻辑的社会网络构建策略

基于效果逻辑，创业者可以采取策略为社会创业企业在不确定性情境下利用社会网络获取创业机会与资源提供指导。本小节以启发策略和转化策略为例，介绍目标模糊且不可预测时社会创业者可采用的社会网络构建策略。

1. 启发策略

正如前文所示，社会创业者以解决未被解决的社会问题为导向，有时面对的是全新的市场。在此情境下，社会创业的机会和具体目标尚不明确，未来市场反应不可预测，每一步结网行为都可能会影响甚至改变创业目标，因此社会创业者很难事先设定目标，确定理想的合作伙伴。此外，创造社会价值所需的知识大多分布在市场、社会、政府等多个参与者之间，因此社会创业更多是一项集体活动，由多个参与者的资源共享或交易产生，社会创业者需要动员各种行动者实现一个共同的社会目标或使命。基于此，恩格尔等人（Engel et al.，2017）提出了构建社会网络的启发策略（heuristics strategy），创业者可以在高度不确定性下利用涌现的突发事件或偶然目标，在积极与现有合作伙伴互动的同时尽可能广撒网并与遇到的陌生人互动，寻求新的联系。这与普拉桑塔姆等（Prashantham et al.，2019）的观点一致，他们从效果逻辑的五大原则出发，提出创业者从"熟人圈"开始构建创业网络，选择合作伙伴时更遵循自愿原则，与偶然遇到的资源持有者快速取得联系。相比于仔细规划、制定战略后寻找理想的合作伙伴，这些策略刻画的创业者的合作伙伴大多是偶然涌现的能够提供帮助的熟人或陌生人，创业者更倾向于在当下说服这些利益相关者。

以上社会网络构建策略从效果逻辑的原则出发，其核心要义是统一的，即采取一种启发性的策略，不设目标地借助不断涌现的机会编织社会网络。对依赖人际关系和集体行动的社会创业而言，启发策略能够指引社会创业者在探索中不断明晰创业机会和所需资源，并可持续地获取资源。实施启发策略需注意以下行动要点。

（1）从现存社会网络出发。社会创业者将社会和商业关系与现有的联系结合起来，首先发掘利用个人社会网络内的可用资源，思考"我们能一起做什么"，而后组建初步的创业团队，形成大致的创业想法。

（2）利他主义。社会创业者需寻求满足他人利益的方法，以增加后续联系和获得回报的可能。创业者与利益相关者建立的联系是基于彼此的预先承诺的，创业者做出的承诺能够帮助对方确定控制损失，进而促成合作意愿。

（3）利用偶发事件带来的意外收获。广撒网并与潜在的利益相关者展开互动，同时利用社会互动中涌现的偶然事件，如偶遇熟人，快速采取行动以获取新的创业目标、制订新的解决方案。

（4）共同创造。社会创业者需开放性地与社会网络参与者共同创造和重新设计最初的创业想法，说服他们参与创业或提供必要的资源，在通力合作的过程中创新、创造社会价值，制订可持续的解决方案。

2. 转化策略

社会创业者往往更加重视社会价值而非经济价值的创造，然而社会创业又常常发生在资源和知识匮乏的背景中。面对稀缺的资源，社会创业者往往不得不思考如何利用社会网络少花钱、多办事。针对这一现象，马尔施和吉厄（Malsch and Guieu，2019）提出了构建社会网络的转化策略（transform strategy），认为创业者最初基于偶然涌现的机会，不断调动自己的个人关系网以获取自身缺乏的知识和资源，并通过扩大关系网寻求更多的支持，将个人网络转化为创业网络。在这一过程中，社会网络的中心由社会创业者转变为了创业机会，网络成员是基于共同的愿景而聚集的，彼此交换资源和想法，共同解决特定的社会问题。实施转化策略需注意以下行动要点。

（1）核心触发因素是资源和知识的稀缺。社会创业者或现有团队不断调动个人社会网络以解决现有资源和知识的稀缺问题，在这一过程中社会创业企业的网络规模得以扩大，社会创业者在社会网络中的中心主导地位被削弱。

（2）网络起点为创业者个人网络。社会创业者先从个人社会网络中召集第一批利益相关者提出初步的创业想法，此时社会网络以社会创业者为中心。此后，这些利益相关者从自己的社会网络中整合更多的资源提供者到最初的社会网络中，此时社会网络的中心便转变为创业机会，新加入的网络成员是社会创业者个人社会网络之外的。

（3）有效调动外部资源和知识。首先，社会创业者和利益相关者基于拼凑的原则进行互动，在机会涌现的紧急情况下快速采取行动，追求创业项目的完成而非完美。其次，社会创业者与利益相关者基于互惠互利的原则交换资源，双方提供"礼物"性质的帮助和承诺而不强调经济上的收益与回报，以此构建资源交换的合法性。最后，社会创业者与利益相关者基于辅助原则维系社会网络，即利益相关者作为决策后果的承担者，也具有相应的决策权限，基于此，创业网络中的成员都具备开发社会创业机会、帮助社会企业实现社会价值的主动性和责任感。

本章小结

1. 社会网络是各种社会关系及节点构成的社会结构，其核心要素包括关系结构、联系的特征、交换内容。
2. 社会创业过程中社会网络的价值体现在机会识别、资源获取和绩效提升三个方面。社会创业者利用社会网络中的信息和想法搜索、识别、评估创业机会，基于社会网络展开资源拼凑，并在整合社会网络资源的过程中提升双元绩效。
3. 社会创业的社会网络构建策略因创业者个

人认知不同而不同。创业者可以采取因果逻辑和效果逻辑两条思路开展社会网络构建相关的创业活动，形成提供资源的创业网络。

问题讨论

1. 你如何理解社会创业中的社会网络？它与经济创业中的社会网络有何异同？
2. 举例说明社会网络对社会企业的作用。
3. 除本章列出的几个策略之外，试探讨其他社会企业实践中基于因果逻辑和效果逻辑的社会网络构建策略。

扫码查看案例分析和文献精读。

参考文献

[1] ARENIUS P, CLERCQ D D. A network-based approach on opportunity recognition [J]. Small business economics, 2005, 24(3): 249-265.

[2] BALABANIS G, STABLES R E, PHILLIPS H C. Market orientation in the top 200 British charity organizations and its impact on their performance[J]. European journal of marketing, 1997, 31(7-8): 583.

[3] BRADY A, HAUGH H. Social entrepreneurship and networks[J]. Journal of finance and management in public service, 2011, 6(3): 29-44.

[4] BRASS D J, BURKHARDT M E. Potential power and power use: an investigation of structure and behavior[J]. Academy of management journal, 1993, 36(3): 441-470.

[5] BRASS D J, GALASKIEWICZ J, GREVE H R, et al. Taking stock of networks and organizations: a multilevel perspective[J]. Academy of management journal, 2004, 47(6): 795-817.

[6] BURT R S. Structural holes[M]. Cambridge, MA: Harvard University Press, 1992.

[7] CASCIARO T, GINO F, KOUCHAKI M. The contaminating effects of building instrumental ties: how networking can make us feel dirty[J]. Administrative science quarterly, 2014, 59(4): 705-735.

[8] CHOI N, CHOI N, MAJUMDAR S. Social entrepreneurship as an essentially contested concept: opening a new avenue for systematic future research[J]. Journal of business venturing, 2014, 29(3): 363-376.

[9] COLEMAN J S. Foundations of social theory[M]. Cambridge, MA: Harvard University Press, 1994.

[10] DACIN P, DACIN M, MATEAR M. Social entrepreneurship: why we don't need a new theory and how we move forward

from here[J]. Academy of management perspectives, 2010, 24(3): 37-57.

[11] DUFAYS F, HUYBRECHTS B. Connecting the dots for social value: a review on social networks and social entrepreneurship[J]. Journal of social entrepreneurship, 2014, 5(2): 214-237.

[12] ENGEL Y, KAANDORP M, ELFRING T. Toward a dynamic process model of entrepreneurial networking under uncertainty[J]. Journal of business venturing, 2017: 32; 35-51.

[13] FAN J, SU J. Influence of social network strength on entrepreneurial opportunity recognition: a chain mediation model of need knowledge and technological knowledge[J]. Discrete dynamics in nature and society, 2021(9): 1-10.

[14] GIMENO J, FOLTA T B, COOPER A C, et al. Survival of the fittest? Entrepreneurial human capital and the persistence of underperforming firms[J]. Administrative science quarterly, 1997, 42(4): 750-783.

[15] GOOMBES S M T, MORRIS M H, ALLEN J A, et al. Behavioural orientations of non-profit boards as a factor in entrepreneurial performance: does governance matter?[J]. Journal of management studies, 2011, 48(4): 857-890.

[16] GORDON S R. Interpersonal trust, vigilance and social networks roles in the process of entrepreneurial opportunity recognition[J]. International journal of entrepreneurship and small business, 2007, 4(5): 564-585.

[17] GRANOVETTER M S. The strength of weak ties[J]. American journal of sociology, 1973, 78(6): 1360-1380.

[18] GUANGPING W, WENYU D, WEICHUN Z, et al. The effects of firm capabilities on external collaboration and performance: the moderating role of market turbulence[J]. Journal of business research, 2015, 68(9): 1928-1936.

[19] HALBERSTADT J, NIEMAND T, KRAUS S, et al. Social entrepreneurship orientation: drivers of success for start-ups and established industrial firms[J]. Industrial marketing management, 2021(94): 137-149.

[20] HALLEN B L, EISENHARDT K M. Catalyzing strategies and efficient tie formation: how entrepreneurial firms obtain investment ties[J]. Academy of management journal, 2012(55): 35-70.

[21] HARA G, KANAI T. Entrepreneurial networks across oceans to promote international strategic alliances for small businesses[J]. Journal of business venturing, 1994, 9(6): 489-507.

[22] HLADY-RISPAL M, SERVANTIE V. Deconstructing the way in which value is created in the context of social entrepreneurship: deconstructing the way in which value is created[J]. International journal of management reviews, 2018, 20(1): 62-80.

[23] HOANG H, ANTONCIC B. Network-based research in entrepreneurship: a critical review[J]. Journal of business venturing, 2003, 18(2): 165-187.

[24] IBARRA H, ANDREWS S B. Power, social influence, and sense making: effects of network centrality and proximity on employee perceptions[J]. Administrative science quarterly, 1993, 38(2): 277-303.

[25] JOHANNISSON B, ALEXANDERSON O, NOWICKI K, et al. Beyond anarchy and organization: entrepreneurs in contextual networks[J]. Entrepreneurship and regional development, 1994, 6(4): 329-356.

[26] KILDUFF M, TSAI W. Social networks and organizations[M]. London: Sage Publication, 2003.

[27] KRACKHARDT D, KILDUFF M. Whether close or far: social distance effects on perceived balance in friendship networks[J]. Journal of personality and social psychology, 1999, 76(5): 770-782.

[28] KWONG C, TASAVORI M, WUN-MEI C. Bricolage, collaboration and mission drift in social enterprises[J]. Entrepreneurship and regional development, 2017, 29(7-8): 609-638.

[29] LITTLEWOOD D, KHAN Z. Insights from a systematic review of literature on social enterprise and networks: where, how and what next?[J]. Social enterprise journal, 2018, 14(4): 390-409.

[30] LIU G, TAKEDA S, KO W. Strategic orientation and social enterprise performance [J]. Nonprofit and voluntary sector quarterly, 2014, 43(3): 480-501.

[31] MAAS J, SEFERIADIS A A, BUNDERS-AELEN J G F, et al. Bridging the disconnect: how network creation facilitates female Bangladeshi entrepreneurship[J]. International entrepreneurship and management journal, 2014, 10(3): 457-470.

[32] MALSCH F, GUIEU G. How to get more with less? Scarce resources and high social ambition: effectuation as KM tool in social entrepreneurial projects[J]. Journal of knowledge management, 2019, 23(10): 1949-1964.

[33] MCEVILY B, ZAHEER A. Bridging ties: a source of firm heterogeneity in competitive capabilities[J]. Strategic management journal, 1999, 20(12): 1133-1156.

[34] PRASHANTHAM S, KUMAR K, BHAGAVATULA S, et al. Effectuation, network-building and internationalization speed[J]. International small business journal, 2019, 37(1): 3-21.

[35] ROSENKOPF L, NERKAR A. Beyond local search: boundary-spanning, exploration, and impact in the optical disk industry[J]. Strategic management journal, 2001, 22(4): 287-306.

[36] SARASVATHY S. Causation and effectuation: toward a theoretical shift from economic inevitability to entrepreneurial contingency[J]. Academy of management review, 2001(26): 243-263.

[37] SARASVATHY S. Effectuation: elements of entrepreneurial expertise[M]. Cheltenham, UK: Edward Elgar Publishing, 2008.

[38] SARASVATHY S D, DEW N. New market creation through transformation[J]. Journal of evolutionary economics, 2005, 15(5): 533-565.

[39] SHU R, REN S, ZHENG Y. Building networks into discovery: the link between entrepreneur network capability and entrepreneurial opportunity discovery [J]. Journal of business research, 2018, 85: 197-208.

[40] STIRZAKER R, GALLOWAY L, MUHONEN J, et al. The drivers of social entrepreneurship: agency, context, compassion and opportunism[J]. International journal of entrepreneurial behaviour and research, 2021, 27(6): 1381-1402.

[41] SOETANTO D. Examining change in entrepreneurial networks: using visualisation as an alternative approach [J]. European management journal, 2019, 37(2): 139-150.

[42] SUCHMAN M C. Managing legitimacy: strategic and institutional approaches[J].

Academy of management review, 1995, 20: 571-610.

[43] WANG J, XUE Y, YANG J. Boundary-spanning search and firms' green innovation: the moderating role of resource orchestration capability[J]. Business strategy and the environment, 2019, 29(2): 361-374.

[44] WANYOIKE C N, MASENO M. Exploring the motivation of social entrepreneurs in creating successful social enterprises in East Africa[J]. New England journal of entrepreneurship, 2021, 24(2): 79-104.

[45] WEBER C, KRATZER J. Social entrepreneurship, social networks and social value creation: a quantitative analysis among social entrepreneurs[J]. International journal of entrepreneurial venturing, 2013, 5(3): 217-239.

[46] YITSHAKI R, KROPP F, HONIG B. The role of compassion in shaping social entrepreneurs' prosocial opportunity recognition[J]. Journal of business ethics, 2021(179): 617-647.

[47] ZHAO L, ARAM J D. Networking and growth of young technology-intensive ventures in China[J]. Journal of business venturing, 1995, 10(5): 349-370.

[48] ZOTT C, HUY Q N. How entrepreneurs use symbolic management to acquire resources[J]. Administrative science quarterly, 2007(52): 70-105.

[49] 白彦壮, 张璐, 薛杨. 社会网络对社会创业机会识别与开发的作用: 以格莱珉银行为例[J]. 技术经济, 2016, 35（10）: 79-85.

[50] 曹艳华, 姜丽璇, 周键. 中小企业创新网络、资源拼凑与创新绩效: 被调节的中介模型[J]. 管理现代化, 2021, 41（6）: 62-68.

[51] 郝晨, 张卫国, 李梦雅. 国际社会创业的价值共创机制: 基于社会网络视角的案例研究[J]. 管理评论, 2021, 33（8）: 326-340.

[52] 金迪, 蒋剑勇. 基于社会嵌入理论的农民创业机理研究[J]. 管理世界, 2014（12）: 180-181.

[53] 厉杰, 吕辰, 于晓宇. 社会创业合法性形成机制研究述评[J]. 研究与发展管理, 2018, 30（2）: 148-158.

[54] 李姗姗, 黄群慧. 社会创业导向、跨界搜索与社会企业绩效: 市场环境的调节作用[J]. 科技进步与对策, 2022, 39（2）: 60-69.

[55] 林剑. 社会网络作用于创业融资的机制研究[J]. 南开管理评论, 2006, 9（4）: 70-75.

[56] 林嵩, 姜彦福, 张帏. 创业机会识别: 概念、过程、影响因素和分析架构[J]. 科学学与科学技术管理, 2005, 26（6）: 128-132.

[57] 刘振, 丁飞, 肖应钊. 资源拼凑视角下社会创业机会识别与开发的机制研究[J]. 管理学报, 2019, 16（7）: 1006-1015.

[58] 姜黎辉, 张朋柱, 彭诗金. 技术机会识别能力与企业网络合作能力关系研究[J]. 科技进步与对策, 2006, 23（7）: 8-13.

[59] 苗青. 创业决策形成的微观机制: 因果模型检验[J]. 科学学研究, 2009, 27（3）: 430-434.

[60] 王海花, 谢萍萍, 熊丽君. 创业网络、资源拼凑与新创企业绩效的关系研究[J]. 管理科学, 2019, 32（2）: 50-66.

[61] 王颂. 横向交往还是纵向交往？: 工具性交往对社会资本的影响[J]. 心理学报, 2017, 49（1）: 116.

[62] 邢小强, 汤新慧, 王珏, 等. 数字平台履责与共享价值创造: 基于字节跳动扶贫的案例研究[J]. 管理世界, 2021, 37（12）:

152-175.

[63] 杨军敏,段明明,徐波.文化差异对创新机会识别能力的影响:基于社会网络视角[J].科技进步与对策,2014(19):6-9.

[64] 姚铮,胡梦婕,叶敏.社会网络增进小微企业贷款可得性作用机理研究[J].管理世界,2013(4):135-149.

[65] 张艳,张建琦.社会网络和高管团队构建对企业家机会识别能力的影响:基于民营企业的实证分析[J].科技管理研究,2016,36(15):173-179.

第 15 章　跨界合作与社会创业

:: 学习目标

- 理解跨界合作的概念、类别与作用
- 理解跨界合作社会创新的核心内容
- 掌握实施跨界合作的实施清单

开篇案例

大品牌拯救生物多样性

世界自然基金会（WWF），一个非政府组织，利用跨界合作的杠杆力量，成功地撬动全球棕榈油行业变革，快速扭转了原始森林被大规模毁坏、生物多样性丧失的危机。这份功劳，离不开一位在密苏里州的小农场里长大的男人——世界自然基金会加拿大分部高级副总裁兼执行董事杰森·克莱（Jason Clay）。童年拮据的生活环境驱使克莱在学有所成后一心致力于回馈社会。然而，在一次通过转化热带雨林产物价值来保护热带雨林的尝试失败后，他第一次意识到自己努力的方向错了——保护生物多样性，需要在政策制度上做出改进，而制度创新离不开跨界合作。他提出需要多方合作来保护生物多样性。

WWF 先是确定了全球范围内 35 个生物多样性最丰富的地区，并且从生态系统功能的视角出发，准备展开战略行动。然后，WWF 又从农药使用、过度捕捞、森林砍伐、水土流失等方面确定了包括棕榈油在内的 15 种从根本上对这些生物多样性热点地区的生态构成严重威胁的商品，期望通过改变这些商品的生产方式使之实现可持续。然而，此时又产生了新的问题——和谁合作呢？消费者吗？遍布世界各地的 70 亿消费者讲 1 000 种不同语言，说动他们耗费时日和精力。生产者吗？15 亿同样不是小数字。就在他们焦头烂额时，克莱发现，有 300～500 家公司控制了这 15 种商品中至少 70% 的贸易,其中 100 家左右的公司是核心中的核心。通过影响这百家核心企业并带动它们所控制的上下游企业,就可以成功控制全球棕榈油近 75% 的产业链。所以,与这些公司跨界合作以改变这些公司以及它们开展的业务,改变产业链和相关行业规则,远远比以前通过动员消费者来抵制不可持续性产品这一途径能更迅捷有效地实现保护生物多样性的目的。毕竟,以前用 40 年动员消费者开展全球有机食品运动,也仅能覆盖全球食品的 0.7%。

全球生物多样性被极速破坏的紧迫性预示着仅仅与个别公司合作并不能达到目标——加速变革需要与工业界跨界合作。于是,WWF 在克莱的领导下,将生产者、零售商和品牌的整个价值链集合在一起,共同打造了一个跨界合作平台。在这个虚拟社区中,公民社会、非政府组织、研究人员以及百家行业巨头被聚集在一起,一同组织圆桌会议,制定新的行业行规,从制度上促进全球棕榈油行业的可持续发展。当然,这个过程也不是一帆风顺的,如何让不同利益诉求的主体坐在一张谈判桌上讨论并进行进一步合作本身也是一个难题。对大公司来说,它们关心的是市场需求以及没有采取行动而面临的声誉风险,需求将它们带到谈判桌前。在这 100 家公司中也不乏不愿意与非政府组织合作以及担忧较多的公司,抱着观望的态度。WWF 做出了许多努力与尝试,如积极参与的先锋品牌公司发挥示范带头作用,落后者也慢慢顺势而动,最终将大品牌竞争对手召集到平台上来,达成一致。可喜的是,虽然有些品牌公司参与跨界合作开始时是迫于压力和避险。渐渐地,在跨界合作平台上通过相互学习和分享资源,先锋品牌公司具备了解决问题的能力,找到了社会创新的路径。

例如,与 WWF 合作的拥有全球 20%~25% 棕榈油份额的嘉吉(Cargill)公司找到可持续发展的路径。Cargill 发现,在未来 20 年内,它们用新的方法可以在不砍伐一棵树的情况下使全球棕榈油产量翻番,并且可以在已经退化的土地上种植实现。如果 Cargill 做出可持续发展的决定,40% 或 50% 基至整个棕榈油行业都会发生变化。后来又有诸如玛氏(Mars)公司等诸多大品牌做出了可持续发展的承诺,参与到绿色实践中来。克莱带领着 WWF 利用跨界合作平台的建立为数百个大品牌注入了绿色创新活力,最终共同成功扭转生物多样性丧失的局面。

资料来源:李依凌、林海英根据 Ted 演讲官方网站 Jason Clay 的 "How big brands can help save biodiversity" 演讲内容整理而成。

在此案例中,世界自然基金会通过跨界合作平台成功地撬动全球棕榈油行业变革,快速扭转了原始森林被大规模毁坏的危机。这就是跨界合作的杠杆力量。召集者成功创立跨界合作平台就是找到了应对重大挑战的重要支点和杠杆,以点带面,可以引起社会或行业的大系统变革。在当前日益复杂的市场化、全球化、区域化及信息化等生态环境下,传统的治理模式已经走向失效,亟须通过跨界合作来实现多方位信息的共享和资源的整合,以协同共治应对重大社会挑战。

15.1 跨界合作社会创新

15.1.1 跨界合作的兴起

联合国在 2015 年峰会上通过的"2030 年可持续发展议程",强调"合作或伙伴关系"(第 17 项可持续发展目标)是达成减贫、健康、和平、解决社会不公、应对气候变化、可持续社区等 16 项可持续发展目标的有效途径。这种"合作或伙伴关系"是两个或两个以上的伙伴保留组织自主权,自愿合作、共同学习,共享信息、资源、活动和能力,以及合作的结果,是开发创新,寻求解决复杂的社会、环保问题的有效途径。其中,跨界合作(跨部门伙伴关系)是具有根本不同的管理结构和使命的两个或多个组织联手解决共同的社会问题,达成共同的目标(Gray,1985;Rondinelli and London,2003;Selsky and Parker,2005)。

跨界合作机制是在 2002 年约翰内斯堡世界可持续发展峰会上开始倡导的新型机制,它取代了先前以国家政府为中心的管控模式,因为这种伙伴关系鼓励私营和民间部门共同参与可持续发展管理。跨界合作领域现在在国际上备受重视,其背景是近年来气候变化等衍生了很多自然灾害及环境危机,需要用系统化思维和整体性合作理念来应对这些全球社会面临的重大挑战(George et al.,2016)。重大突发公共卫生事件就是一个典型的重大挑战和危机,类似复杂的环境问题有全球变暖、能源短缺和资源回收利用等;类似复杂的社会问题有减贫、社会不公、食品安全等。这些重大挑战的共性都是问题极其复杂,其规模和挑战通常都超过任何一个组织单独的能力范围(Blitzer et al.,2015);而当前的手段(仅仅通过市场和政府政策调节)和各个部门单打独斗都不能有效地解决这类问题或事件。这类重大挑战影响到许多人,通常涉及多个司法管辖区和国家及地区,如果治理失败将对社会产生深远的影响(林海英、Darnall,2015)。有效应对这类严峻挑战,必须通过各方协调和协作以寻求解决这类全球性问题的途径(George et al.,2016)。

15.1.2 跨界合作的定义和应用

跨界合作研究在国外已经进行超过 30 年,最经典的是 2009 年诺贝尔经济学奖获得者奥斯特罗姆(Orstrom)在 1999 年提出的多中心治理理论(polycentric governance),倡导社会各方参与及不同部门的跨界合作。这是企业、政府和公民社会团体(三个主要社会部门)之间的一种协作参与,旨在解决社会问题和服务社会事业(Austin,2000a,2000b;Gray,1989)。这些以社会创新为导向的跨界合作组织各主体共同应对经济发展、教育、医疗保健、扶贫、社区能力建设和环境可持续发展等挑战。Koschmann 等(2012)通过综述 20 世纪 90 年代以来在欧盟、美国和加拿大发生过的跨界合作实践,认为跨界合作在应对贫困、跨国犯罪、社会治理、全球气候变化、企业社会责任、经济发展和公共卫生问题方面十分有效(代表性文献归纳见表 15-1)。

表 15-1 跨界合作领域的代表性文献

作者	为何 why	主题是什么 what	有哪些参与者 who	如何 how
Koschmann et al., 2012	单个组织无法解决	贫困、犯罪、卫生	企业、政府和公民社会团体	有意义的参与,独特和稳定的沟通

(续)

作者	为何 why	主题是什么 what	有哪些参与者 who	如何 how
Boddewyn，Doh，2011	补偿政府失灵；增加竞争优势	提供公共物品	跨国公司、非政府组织和政府	市场合约治理、联盟、援助、私人和国家购买
王春婷，2017	解决公共问题	提供公共服务	包括政府、市场和社会组织、公民和公民各种形式的自组织在内的各类主体	在一个法治和一定程度自治的相互融合、复杂开放的系统里，基于平等和自愿的价值理念，通过对话、竞争、妥协、合作、集体行动等机制
Kooiman，2003	社会创新	社会治理创新	公私伙伴关系和公私合营机构	不同的群体在平等基础上的合作，包括各种形式的联合、网络化。跨界合作并不等于简单地把相关的机构和组织聚合在一起，更重要的是能够形成各主体之间持续互动的机制
赵雪涛，2014	有效治理的需要	制度创新	政府与其他社会主体	建立健全各种制度化的沟通渠道和参与平台，推动落实各项相应的制度建设和政策措施，并将它们纳入相应的法律框架，从而充分发挥社会力量在社会治理中的作用
Crosby and Bryson，2005	预算削减导致的职能缺位	非洲裔美国男子失业	政府、社会	权力共享、注重沟通、锻炼领导能力
Pache and Santos，2013	福利逻辑与商业逻辑冲突	回收业	社会、市场	选择性耦合与"特洛伊木马"策略
Selsky and Parker，2010	弥补市场失灵和政府失灵	环保与发展	政府、商业机构、非营利组织	承诺、责任、监督

资料来源：根据文献资料整理而成。

从表 15-1 所列的研究可以发现，跨界合作适用于解决各类复杂系统的问题。这些问题无法依靠单一部门得到解决，必须跨部门实现共享信息、资源、活动和能力，并展开合作（林海英、Darnall，2015）。自 1991 年以来，北美洲以解决复杂的环境问题为目标的战略联盟超过 700 个（SDC，2019）。这些联盟中有近四分之一是跨界合作，涉及政府主体（第一部门）、市场主体（第二部门）、社会主体（第三部门）等跨部门合作伙伴。这些不同类型的组织（通常是非营利组织、营利性合作伙伴、政府机构/监管机构）原本都有不同的价值观、职能和使命，然而我们共同面临的重大挑战让这些不同的组织放下成见：非营利组织不再站在营利组织的对立面，而是通过与其合作，使其改变使命；营利部门也拥抱与非营利组织的跨部门伙伴关系，利用商业模式更加持续有效地运行公益和环保项目，将跨界合作作为社会变革的工具。政府部门也逐渐转变职能，不仅仅是监督者，更是委托者、召集者或合作者身份，对企业、社会第三方和社区委以重任，让多方机构共同参与到社会发展和环保项目中，即所谓的"政府搭台，企业/社会唱戏"。这种跨界合作常常跨越政治、经济、社会三大领域，横跨公共、私营和非营利组织，跨越层级（如不同级别政府）、区域（如国内不同地区之间、族群、系统或行业，促使政府官员、非营利组织领导者、企业家、学校师生、媒体和社会贤达等社会各界人士为处理公共问题整合各方资源、共同合作，以建立协同管理平台等模式创新解决重大社会挑战（陶希东，2011）。所以，跨界合作就是多元主体共同参与下的合作治理或集体治理。跨界合作不是简单的合作治理，它强调的是彼此利益边界的打破与利益的重新整合，其本质是一个超越彼此权力和利益边界，多元主体相互包容、认同、赋权与合作的过程（王春婷，2017），强调合作的"跨界"（陈刚、张浒，2012）。

15.2 跨界合作社会创新的分析框架

15.2.1 跨界合作四领域

塞尔斯基和帕克（Selsky and Parker，2005）将解决社会问题的跨界合作或跨部门合作伙伴关系（cross-sector partnership）分成四个"领域"：企业－非营利组织、企业－政府、政府－非营利组织和上述三部门之间。

领域1代表非营利组织和企业之间的伙伴关系，参与者关注社会问题和原因，倾向于以环境问题和经济发展为中心倡议，但也解决健康、公平和教育问题。

领域2代表政府和企业之间的伙伴关系。这里的主要形式是公私伙伴关系。参与者倾向于不直接关注社会问题或原因，而是关注基础设施发展和具有重要社会影响的水电等公共服务，并公私合力进行科技或产业创新（林海英，2014，2016）。

领域3代表政府和非营利组织之间的伙伴关系。这种跨界合作通常用于外包政府公共服务，提供了以政府为主导的公共政策以外的第三路径（Salamon，1995），由政府通过授权的形式将一些不易管理的社会问题委托社会第三方参与治理。这一领域的研究往往集中在就业发展和福利上。

领域4代表了涉及所有三个部门的参与者的伙伴关系。这个模式多用于国家或国际大型多部门项目（也包括地方项目）。该模式倾向于运用在经济和社区发展、社会服务、环境问题和健康等领域，解决复杂的社会和环保问题。

15.2.2 跨界合作研究框架

为了将跨界合作和其他合作关系进行区分和深入学习，这里从三个层面着手剖析并建立了一个研究框架。

1. 动机／导向

了解跨界（参与）合作的动机是合作的先决条件。林海英和达纳尔（Darnall）（2015）分别从机构理论（institutional theory）和资源基础理论（resource-based view）视角探讨跨界合作等环保战略联盟成立的原因，认为企业参与环保合作多为机构导向或资源导向。机构导向下的合作往往是在政府或公众的环保或其他社会压力下成立，共同应对行业内问题以取得继续运营的合法性。机构导向的合作主体往往会象征性地采取行动，乐于搭便车而并非为解决问题真正付出努力。相反，资源导向下的联盟或合作关系往往是为了能力建设，将合作关系视为一个学习平台，共享资源、共同创新。这些不同合作导向会促使参与者选择不同的合作配置（例如选择不同的伙伴和培育不同的伙伴关系），进而导致不同的创新效果。如表15-2所示，相比之下，资源导向的合作模式更愿意选择多元的伙伴以获得互补资源，在联盟里共同学习探索，伙伴关系更紧密，这类合作最终致力于追求更激进的创新目标。参与合作的导向会随着社会趋势和语境的改变发生相应变化。如开篇案例中的大品牌公司开始加入 WWF 的跨界合作平台时是迫于压力，然而在合作过程学会了新技能，公司能力和品牌价值都得到提升。这些公司慢慢转变姿态，变为积极主动的资源/能力导向。

表 15-2 跨界合作的分析框架

动机/导向 why	实施 how				合作（创新）的结果 what
	合作内容学习探索	合作伙伴多元化	合作机制和内容	合作伙伴关系	
资源导向	探索的	多元的	产品/流程创新，规则制定	紧密/信任	更激进的创新
机构导向	"搭便车"	同质的	公众意识建设	松散/陌生	不够激进

此外，还有以下四种视角可以进一步了解组织参与（跨界）合作的动机。一是交易成本经济学视角（Williamson，1991），（跨界）合作各方可以分担支出，最小化其生产和交易成本。二是资源依赖视角（Das and Teng，1998；林海英，2014），（跨界）合作可以对拥有稀缺资源的组织施加权力或控制；或者，组织可能会进入（跨界）合作以满足资源需求。例如，美国圣迭戈市的新能源车企寻求与当地政府的合作以获得政府稀缺资源，促使政府制定新规则，帮助电动汽车在该市落地推广。三是利益相关者理论视角（Freeman，1984），（跨界）合作仰赖相互依存的利益相关者网络，所以有责任考虑其利益相关者的合法主张，允许其参与决策和开展业务交易。四是组织学习理论视角（Inkpen and Tsang，2007），组织可以尽可能多地从合作伙伴中吸收知识、提升组织能力并最终为组织增加价值。

2. 实施

需要了解跨界合作的实施活动，如合作伙伴的选择及其治理、结构和领导特征，以及行为动力学，如文化、沟通和关系发展。林海英和达纳尔（2015）专门分析了合作关系的不同配置，认为首先是寻找与自身不同的合作伙伴以获得互补的资源、技术、能力和服务。为了技术和社会创新，企业应该超越公司和行业局限，与不同行业、不同部门（如政府、非政府组织、学校）乃至整个供应链或社会中的利益相关者合作，这样不仅可以取得技术革新，而且使创新产品更容易获得监管部门和社会的认可。

其次，要考察在多个阶段影响实施活动的因素，如利益相关者的角色、权力和信任。跨界合作伙伴来自不同的部门，具有不同的结构、利益和价值观，所以成功建立和实施跨界合作并不容易。不同的技能、背景、价值观及其伙伴曾经对立的历史都使合作难以开展。因此，在实施中建立跨界合作伙伴的信任尤为重要。最后，实施还包括合作机制和内容。例如，为了创新和变革，合作伙伴可以一起提高公众意识、创新流程或产品，制定新的规则和标准（Stadtler，林海英，2018）。

3. 合作（创新）的结果

这包括可衡量的项目结果和无形成果，如学习和变革的系统能力。跨界合作结果或收益体现在合法性、声誉、信誉等方面。与政府和非政府组织成为合作伙伴带来的最大贡献就是加强了参与合作公司的合法性、声誉和公信力。全球公众态度调查表明，超过 66% 的受访者表示更加尊重与非营利组织合作解决社会问题的公司。跨界合作的社区建设可以解决未来的地方纠纷，社区认可为公司减少负面宣传的风险，合作使公司能够更可信地解释它们如何努力满足社会的期望。合法性有助于公司获得利益相关者（如政府、当地社区、媒体、员工、供应商、潜在的商业伙伴和投资者）的支持并维持其经营许可，并有助于获得消费者的青睐。

（1）知识交流和技术创新。当合作各方提供专业知识来共同解决社会/环保问题时，就会发生知识交流。除了技术问题，合作伙伴关系还可以提供多种类型的知识，包括如何看待社会和企业趋势，以及冲突管理、谈判和跨社会部门交流的知识。通过分享跨界互补资源、相互学习、共同研究，跨界合作伙伴可以获得技术进步和产业创新。

（2）进入/获得新市场。合作伙伴关系帮助了企业开发新的产品并吸引新的消费者，有助于发现和进入新市场。例如2008年，北美洲的公司高乐氏（Clorox）与非政府组织塞拉俱乐部（The Sierra Club）合作，后者反过来支持Clorox的"天然"清洁产品的Green Works系列。这使得Clorox能够聚焦日益增长的天然清洁产品市场，在一两年内就获得了40%的份额。企业可以通过跨界合作获得竞争优势，成为各自行业内新技术的"先行者"，制定新的行业标准并因此获得更多的市场份额。

（3）效率。合作伙伴关系可以用最少的费用、集众伙伴之力共同完成任务，综合利用资源、减少浪费、提高效率。

（4）制度创新。如章末案例分析所展示的，若需要大的社会变革和社会创新，需要从整个产业链着手，通过跨界合作制定新的行业行规，促进社会和产业的进步。

（5）积极的社会或环境影响。促进社会进步和加强环境保护是合作伙伴关系的共同目标。合作使伙伴获得自身原来不具备的社会服务和环境改善技能、经验和专业知识；可以更迅捷、高效地应对面临的重大社会挑战。

15.3　跨界合作的实施清单

现在，我们面临的社会问题很复杂、多变，充满不确定性，边界模糊，超越任何单个参与者的能力，光靠任何一个部门或单位的力量都无法有效解决。处理这些问题时常常出现政策失灵或市场失灵。跨界合作不像政策制定那样耗费时日，也不像市场机制的纯趋利性，它可以在市场和政策的中间拓展第三替代路径，灵活运用并快速应对棘手问题。所以政策制定者和从业者都想了解如何成功建设和运营跨界合作。本书作者之一林海英曾经参加过美国（环境）非政府组织-企业伙伴关系工作组，与众专家拟出跨界合作的成功要素[一]。结合NBS（2013）的指南，我们总结出选择合作类型、选择合作伙伴、管理流程三个方面的要素。

15.3.1　选择合作类型

尤迪内利和伦敦（Rondinelli and London，2013）根据关系亲疏和互动模式将合作关系分为三种。一是较少互动型，比如让员工参与环保、社会服务项目，企业慈善，向大自然保护协会捐款。二是互动协作型，例如单向学习联盟（如伙伴间的知识技术转移），非政府组织帮助加强企业的社会意识和教育（单向学习）。三是高度密集的联盟：双向学习联盟，比如公司和非政府组织之间的双向参与、学习和能力建设、数据共享，结果从根本上改变了公司的产品和流程。例如，星巴克和非政府组织环境创新联盟合作生产环保咖啡杯。社会创新型的跨

[一] 林海英著，《兼顾发展和环境：探寻商业和环境合作伙伴》，美国创价大学环太平洋区域研究中心，克莱蒙特·麦肯纳学院罗伯茨环境中心（Roberts Environmental Center），2015。

界合作属于第三种。

与此类似，奥斯汀（Austin，2000a，2000b）将合作类型分为四种。最消极被动的是反应型，对威胁（例如社区的愤怒）做出反应，仅仅追求短期的问题解决，一次性给出捐款/赞助。交易型，组织利用伙伴关系寻求提高利润或市场份额。为解决产业问题，伙伴可能扩大合作范围包括全产业链或供应链，从整个产品生命周期寻求解决问题的有效途径。综合型，跨界合作组织致力于经济、社会和生态的平衡发展。他们倡导政策对话，并召集行业领导者共同制定行业可持续性发展标准，引领制度变革和创新。最积极激进的是变革型，该合作寻求广泛的社会进步，希望满足所有合作伙伴的目标并可以赋权赋能给社区，相关措施包括全社会协同治理和金字塔底部战略。例如，协同治理在党的十九届四中全会《决定》得到体现，坚持和完善共建共治共享的社会治理制度，对维护国家安全、社会安定、人民安宁，具有重要意义。这从主体、路径、目标三个维度体现协同治理的内在逻辑和要素构成。金字塔底部战略关注世界日益扩大的南北贫富差距，提倡资源丰富的跨国公司用非传统的商业模式，包括跨界合作社会创新模式，解决近40亿贫困人口的需求，创造新的投资和市场机会。

15.3.2 选择合作伙伴

跨界合作配置中最重要的是合作伙伴的选择，为此加拿大商业可持续发展网络强调需要考虑潜在合作伙伴的相关性、资源和前景或方法（NBS，2013）。跨界合作社会创新的过程和成果如图15-1所示。

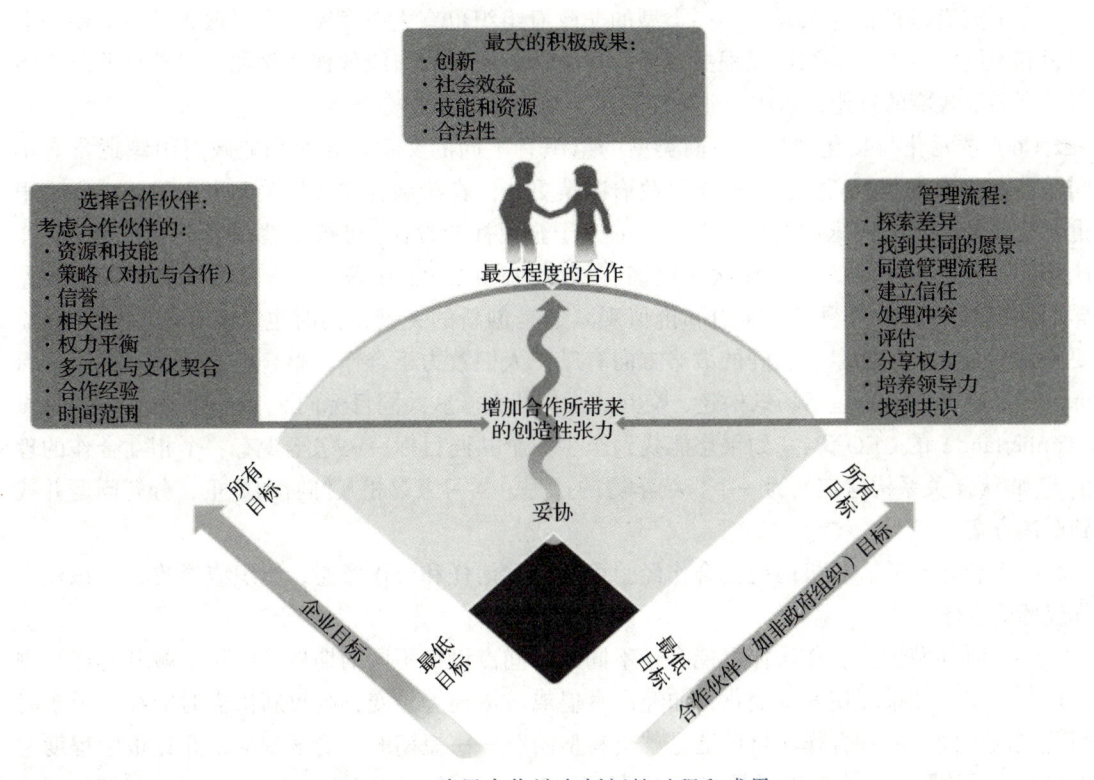

图 15-1 跨界合作社会创新的过程和成果

资料来源：NBS（2013）研究。

（1）相关性。确保合作伙伴代表利益相关者，或者让利益相关者成为合作伙伴，最有可能帮助解决相关问题，取得积极成果。在寻找合作伙伴时，与不同的利益相关者交谈，即使这些对话不太可能促进建立伙伴关系，组织也可能会了解他们的合作潜力，或者对问题有更广泛的了解。

（2）资源和技能。合作伙伴的能力应该与组织的能力相辅相成。非政府组织可能没有很好的财务资源，但可能拥有广泛的社交网络或与社区合作的专业知识。组织应明白什么资源是实现目标所必需的，以及潜在合作伙伴可以贡献哪些资源。

（3）信誉。信誉好的合作伙伴之间很可能会相互加强；与一个声誉不佳的组织合作可能会损害组织的声誉。

（4）权力平衡。如果合作伙伴实力差距较大，实力较强的伙伴可能会操纵较弱的伙伴，最好找一个实力对等的合作伙伴。组织可以通过流程解决权力差距问题，比如通过制定参与合作的具体要求或赋权以共享权力。为了实现合法性和创新，组织可以授权和代表弱者或弱势利益相关者。例如，加拿大政府在地方一级成立了区域资源委员会来审查土地和水的使用申请，以赋予当地社区更多的权力。合作中还可以明确决策权，了解合伙企业的代表是否有权做出相关决定，并建立起必要的组织批准流程。同时，为达成共识，决策应尽可能地满足各个小组成员的需求，考虑每个合作伙伴的关注点以达成共识，减少冲突并提高合规性。

（5）策略（对抗与合作）。非政府组织使用不同的策略。对抗的非政府组织反对商业，而合作的非政府组织通过共同努力实现互补目标来寻求企业参与。合作的非政府组织更有可能与企业形成有效的协作关系。不同类型的非政府组织也有生态发展、乡村振兴等不同的专业知识和不同的导向，组织可以根据目标选择合适的非政府组织伙伴。例如，倡导型非政府组织具有游说政府的技能，运作型非政府组织可能擅长提供社会服务。

（6）多元化与文化契合。不同类型的组织有不同的文化。企业和非政府组织通常有不同的使命和问责制。商业决策通常比政府决策更快。在跨国合作伙伴关系中，民族文化也很重要，例如，不同国家的人可能有不同的关于企业社会责任/可持续性和合作的观点。合作伙伴的文化不必相似，但合作伙伴应该有相似的意识并能分享愿景。合作伙伴可以探索差异，利用彼此的不同观点、能力和价值观。这是创新的关键，同时也具有挑战性，所以需要找到一个共同的愿景。明确的战略方向有助于人们致力于合作，整合组织中不同的个人目标。开发愿景的工具包括场景构建、交互式反向投射（从共同目标向后工作）。例如，添柏岚（Timberland）的 CEO 说："如果您能找到至少一个共同目标……您至少有一个相互合作的理由。"将伙伴关系构建定义为一个持续学习的过程，学习来自相互倾听和尊重，分解问题并找到解决方案。

（7）合作经验。积极的历史合作经验可以建立信任和合作意愿，组织应寻找具有积极合作经验的合作伙伴。

（8）时间范围。合作伙伴可能会在不同的时间点设定不同的期望，应尽早敞开心扉，澄清这些期望。如果环境发生变化，如经济衰退或政治局势转变，则重新协商时间线。由于时间范围的不同，有些合作项目可能是"交易型的"——短期的、受限制的，并且很大程度上以自身利益为导向，有些项目是"综合型的"和"发展的"（Austin，2000b）——长期、开放且主要以共同利益为导向。

15.3.3 管理流程

1. 合作伙伴设定期望

（1）就规范和管理流程达成一致。伙伴关系需要就管理的基本实用规则进行对话并解决保密性、知识产权和其他问题。明确的规则可以让合作顺利进行，防止合作伙伴违背彼此的期望。

（2）处理冲突。价值观、目标、程序、角色和关系方面的冲突在合作过程中将会发生。这里有一个博弈，如果你选择具有相似价值观的合作伙伴会有利于管理，但这种相似性会限制创新机会；而选择多元、差异大的伙伴有助于获得互补资源和创新，但是管理成本和难度加大（林海英，2012）。所以，需尽早决定一个过程或机制用于解决冲突。在印度尼西亚的一项解决贫困问题的合作中，合作伙伴乐施会和联合利华商定了一项解决分歧的协议。当他们进入激烈的，有时是艰难的辩论时，这项协议缓和了压力，因为合作伙伴知道如果出现不可调和的分歧，他们有办法处理。事实上，合作伙伴从未真正陷入僵局，得益于使用了争议解决程序。而且，跨界合作或跨部门合作伙伴关系的一个显著特征是经常出现"桥接"组织来建立或管理跨部门关系。这些（中介）机构有助于创造改善社会问题的机会（Stadtler and Probst, 2012）。

（3）通过评估建立问责制。制定关于合作伙伴关系如何运作以及是否成功的衡量标准，收集数据并使用信息进行持续改进。

2. 发展关系，建立信任

基于声誉、财务和技术风险，合作伙伴难以建立信任，但信任对合作成功至关重要。信任意味着合作伙伴愿意承担风险并将自己置身于一个风险较大的位置，相信合作伙伴不会利用自己。增加与伙伴（面对面）交往的次数和时间、建立沟通机制、利用利益捆绑等形成互惠等方式都有助于合作伙伴建立信任。同时，确保听取伙伴的意见并尊重他们的观点。在澳大利亚的用水分配纠纷中，富有成效的对话引导政府监管机构了解农民对生产优质食品和提供就业的自豪感。相互尊重合作伙伴更容易让政府重新考虑农民的立场并达成共识。

信任来自从始至终以值得信赖的方式行事，并可以信任他人。例如，对企业来说，理想的非政府组织合作伙伴应该是一个值得信赖、负责任、合法和知识渊博的组织——它具有帮助提高企业经济和环境绩效的经验，能提供技术合理且有成本效益的建议，而且了解企业需要赚取利润，不苛求企业一朝一夕就做出巨大改变。对非政府组织来说，理想的企业合作伙伴应该能够确定合作的项目/目标，选择代表合作运营单位的经理，指派有兴趣和忠诚的经理担任变革的拥护者，获得高层管理人员对解决特定社会问题的坚定承诺等。为了确保建立互惠的跨界合作，在实际操作中需要用以下问题进行检视：

- 双方能否确定具体的合作资源和项目？
- 双方是否制定了合作伙伴选择标准？
- 双方是否愿意制定相互接受的合作程序？
- 双方能否清晰界定问题，探索可行且可衡量的解决方案？
- 双方是否愿意专注于可以快速实施的、可管理的任务集合？
- 双方可以保密吗？

3. 培养领导力

跨界合作成功的一个非常重要的因素是每个组织（尤其是最高领导者）的参与和承诺的程度。领导者需要以清晰、真诚的方式参与合作；制定可行的共同目标，并为要完成的特定资源和任务分配责任。领导者的持续参与对于直接绩效激励机制的建立也至关重要。当领导者持续参与时，下属也将更愿意投入时间和资源并承担专业风险来支持伙伴关系。在合作中，领导者通常采取促进措施，确保所有合作伙伴参与对话、建设共同愿景。领导者的相关技能包括文化敏感性、同理心、解决冲突、赋权和建立信任的能力。

4. 合作关系和金钱

个人关系支配了几乎所有的伙伴关系，尤其是在早期形成阶段。大多数合作伙伴关系始于双方之间的个人互动。与拥有不同目标、文化、专业知识、资源的人和组织合作是非常困难的，即使是在高层管理人员要求或命令的情况下。人际关系能促进信任和顺畅的工作关系，但也涉及风险。如果伙伴关系只是由个人支持，那么个人一旦离开公司，则存在很大的风险，因为新的领导可能不再支持伙伴关系。成功的伙伴关系必须得到高层的支持，并超越个人关系，发展组织上下参与的全面伙伴关系。

另外一个需要考量的问题是在合作中是选择简单给予金钱（企业慈善）还是提供更多的时间和努力进行紧密互动，培育更深层次的合作关系。通常来自企业的资金捐助不足以维持长期合作伙伴关系，并且对双方而言可能涉及风险。维持伙伴关系要求所有合作者积极参与制定和分享目标并以高水平的承诺开展工作。这种承诺和安排绝对不是简单的一次性企业慈善现金捐赠可以完成的。参与跨界合作的非政府组织要保持自主性，不要为获得企业赞助而丧失自身宝贵的社会公信力。表 15-3 所示为跨界合作实施清单，可知企业慈善捐赠只是单方面的"反应式"合作，着重于问题的短期解决，是跨界合作的初级阶段。随着社会问题的复杂化，合作范围逐渐扩大，需要更多的部门、更多的参与者，合作领域扩大至整个供应链或产业链，召集圆桌会议重新制定产业标准，引领产业变革。为了达成这种更深程度的合作，伙伴需要建立更为持久的关系，随着合作范围的扩大和程度的加深，合作各方可以培育变革式的、多方紧密互动的信任合作关系，与政府政策对话，追求更高层次的社会创新乃至制度创新目标。

表 15-3 跨界合作实施清单

选择合作类型	选择合作伙伴	管理流程
考虑合作目标 高层次的伙伴关系，例如变革型的伙伴关系，可以解决较低级别的目标 ◇ 变革型：寻求广泛的社会进步，希望满足所有合作伙伴的目标并赋权赋能给社区 • 协同治理 • 金字塔底部战略 ◇ 综合型：寻求经济、社会和生态的平衡发展 • 政策对话 • 行业可持续性发展标准	**评估潜在合作伙伴的相关性** ◇ 合作伙伴是否代表相关利益相关者：造成问题者或受问题影响者 **评估潜在合作伙伴的资源和技能** ◇ 合作伙伴的资源是否互补并可为目标做出贡献？资源类型包括资金、社会网络或专业知识 ◇ 合作伙伴是否可信：他们是否有强大的声誉 ◇ 权力平衡：合作伙伴实力平等吗？失衡可能导致操纵 **评估潜在合作伙伴的前景和方法** ◇ 合作伙伴是否有合作的兴趣、一起朝着目标前进	**参与** ◇ 共享权力和支持不同声音：授权较弱的利益相关者 ◇ 达成共识时考虑个人的决定并关注群体需求 ◇ 明确决策权：了解合作企业的代表是否有权代表他们的组织做出决定，并建立必要的组织批准程序 **设定期望** ◇ 就规范和管理流程达成一致：伙伴关系需要就管理的基本实用规则进行对话 ◇ 通过评估建立问责制：进行中的合作关系应考虑和评估伙伴关系的运作和成果 ◇ 处理冲突：决定一个解决冲突的过程或机制

(续)

选择合作类型	选择合作伙伴	管理流程
◇ 交易型：寻求提高利润或市场份额 • 持续的伙伴关系 • 供应链的变化 • 生态标签 ◇ 反应型：对威胁做出反应（例如社区的愤怒），遵守规定，或提供慈善 • 短期的问题求解 • 环境影响评估 • 慈善/赞助	◇ 你们之间是否存在文化契合？来自不同行业的组织经常有不同的文化，应当注意差异并朝着共同的愿景努力 ◇ 合作伙伴是否有积极的过往伙伴关系经历？积极的合作经验可以为未来建立伙伴关系打下最好的基础 ◇ 该组织是否有类似的行动时间表	**建立理解** ◇ 探索差异：差异可能会让人不舒服，但可以让人利用不同的观点去创造创新 ◇ 找到一个共同的愿景：明确的方向有助于人们致力于伙伴关系并统一不同的目标 ◇ 建立伙伴关系作为持续学习的平台：学习相互倾听尊重，分解问题，寻找解决方案 **发展关系** ◇ 培养领导力：伙伴关系中的领导力起到促进作用，确保所有合作伙伴参与对话并打造共同愿景 ◇ 建立信任：信任来自本身的行为方式值得信赖并且可以信任他人，这需要时间

资料来源：NBS（2013）研究。

本章小结

1. 跨界合作机制通常用于解决复杂社会和环保问题。跨界各方集结不同资源和能力，在解决问题的过程中达成科技、社会或制度创新，是实现联合国17项可持续发展目标的有效途径。
2. 参与跨界合作的动机包括机构导向、资源导向、交易成本导向、资源依赖导向、利益相关者导向和组织学习导向。跨界合作的结构配置中最重要的是伙伴的选择和信任的建立。
3. 跨界合作实施清单从合作类型（目标）的选择、伙伴的选择和管理流程上给出一套工具。跨界合作可以分为反应型、交易型、综合型和变革型四个类型，分别对应不同的问题、合作范围、伙伴和合作程度。致力于社会变革和制度创新需要高水平的参与、整合大规模互补资源、拥抱差异、频繁互动、建立信任、协同建立共同愿景。

问题讨论

结合本章开篇案例，请讨论以下问题：

1. 为解决生物多样性被急剧破坏的危机，世界自然基金会采取的快速有效方法是什么？相较于通常提高消费者意识的方法，它有哪些优点？
2. 世界自然基金会是如何创立起百家大品牌企业参与的跨界合作平台的？这个大型跨界合作平台最终追求的合作目标是什么？
3. 为达成这个目标，世界自然基金会如何选择合作伙伴？
4. 世界自然基金会如何在合作中探索差异、建立共同愿景？参与公司Cargill为何转变为积极姿态？
5. 开篇案例给你最大的启发是什么？跨界合作适合解决哪类社会问题？想想你身边的社会问题，哪些问题适合运用跨界合作模式？你将如何运用跨界合作解决这些问题？

扫码查看案例分析和文献精读。

参考文献

[1] AUSTIN J E. Strategic alliances between nonprofits and businesses[J]. Nonprofit & voluntary sector quarterly, 2000, 29(1): 69-97.

[2] AUSTIN J E .The collaboration challenge: how nonprofits and businesses succeed through strategic alliances[M]. San Francisco, CA: Jossey-Bass, 2000.

[3] BODDEWYN J, DOH J. Global strategy and the collaboration of MNEs, NGOs, and governments for the provisioning of collective goods in emerging markets[J]. Global strategy journal, 2011(3-4): 345-361.

[4] CLARKE A, FULLER M. Collaborative strategic management: strategy formulation and implementation by multi-organizational cross-sector social partnerships[J]. Journal of business ethics, 2010, 94(S1): 85-101.

[5] CROSBY B C, BRYSONJ M. A leadership framework for cross-sector collaboration [J]. Public management review, 2005, 7(2): 177-201.

[6] DAS S, TENG B. Resource and risk management in the strategic alliance making process[J]. Journal of management, 1998, 24: 21-42.

[7] FREEMAN R E. Strategic management: a Stakeholder approach[J].Journal of management studies, 1984, 29(2): 131-154.

[8] GEORGE G, HOWARD-GRENVILLE J, JOSHI A, et al. Understanding and tackling societal grand challenges through management research[J]. Academy of management journal, 2016, 59(6): 1880-1895.

[9] GRAY B.Collaborating: finding common ground for multiparty problems[M]. San Francisco, CA: Jossey-Bass, 1989.

[10] KOOIMAN J .Governing as governance sage[M]. London: Sage Publications, 2003.

[11] KOSCHMANN M A, KUHN T R, PFARRER M D. A communicative framework of value in cross-sector partnerships [J].Academy of management review, 2012, 37(3): 332-354.

[12] INKPEN A C, TSANG E.Learning and strategic alliances[J]. Academy of management annals, 2007, 10(1): 479-511.

[13] LIN H.Government-business partnerships for radical eco-innovation[J]. Business & society, 2019: 58(3): 533-573.

[14] LIN H, DARNALL N. Strategic alliance formation and structural configuration[J] Journal of business ethics, 2015, 127(3): 549-564.

[15] LIN H. Resource dependent view of public-private partnership formation for environmental improvements[J]. Organization and environment, 2014, 27(4): 383-398.

[16] LIN H. Cross-sector alliances for corporate social responsibility: partner heterogeneity moderates environmental strategy outcomes [J]. Journal of business ethics, 2012(110): 219-229.

[17] MCDONALD S, YOUNG S. Cross-sector collaboration shaping corporate social responsibility best practice within the mining industry[J]. Journal of cleaner production, 2012(37): 54-67.

[18] NBS. Sustainability through partnerships: a guide for executives[R/OL]. www.nbs.net/knowledge, 2013.

[19] PACHE A C, SANTOS F. Embedded in hybrid contexts: how individuals in organizations respond to competing institutional logics[M]. London: Emerald Group Publishing Limited, 2013.

[20] RONDINELLI DA, LONDON T. How corporations and environmental groups cooperate: assessing cross-sector alliances and collaborations[J]. Academy of management executive, 2003, 17(1): 61-76.

[21] SALAMON L. Partners in public service: government-nonprofit relations in the modern welfare state[M].Baltimore, MD: Johns Hopkins University Press, 1995.

[22] SDC PLATINUM. SDC Platinum TM database[DB]. Thomson Reuters, 2011.

[23] SELSKY J W.Cross-sector partnerships to address social issues: challenges to theory and practice[J].Journal of management, 2016, 31(6): 849-873.

[24] SELSKY J W,PARKER B. Platforms for cross-sector social partnerships: prospective sense making devices for social benefit[J]. Journal of business ethics, 2010, 94(1): 21-37.

[25] STADTLER L, PROBST G. How broker organizations can facilitate public–private partnerships for development[J]. European management journal, 2012, 30(1): 32-46.

[26] WILLIAMSON O E. Comparative economic organization: the analysis of discrete structural alternatives[J]. Administrative science quarterly, 1991, 36: 269-296.

[27] 陈刚，张浒．食品安全中政府监管职能及其整体性治理：基于整体政府理论视角[J]．云南财经大学学报，2012，28（5）：152-160．

[28] 王春婷．社会共治：一个突破多元主体治理合法性窘境的新模式[J]．中国行政管理，2017（6）：30-35．

[29] 陶希东．跨界治理：中国社会公共治理的战略选择[J]．学术月刊，2011，43（8）：22-29．

[30] 赵学涛．以"社会共治"理念统筹食品安全监管[J]．食品研究与开发，2014，35（14）：125-128．

第 16 章　社会创业及其可持续发展

学习目标

- 理解可持续发展的核心内容
- 了解社会创业面临的可持续发展困境
- 理解社会创业提供产品或服务的可持续发展
- 理解社会创业的可持续发展

开篇案例

老爸评测：一家社会企业的两难抉择

2015 年春季开学前，正在为女儿的课本包书皮的魏文锋被书皮刺鼻的气味震住了。十余年在检测行业的工作经验告诉魏文锋，这种带胶水的自粘包书皮肯定有问题。为了保证女儿的安全，魏文锋从市场上买来了 7 款畅销的包书皮，却发现没有一款是可以放心使用的。想到数以万计的孩子都在使用这样的包书皮，魏文锋自掏腰包近万元将包书皮送至第三方检测机构进行检验。检测结果显示，7 款包书皮均含有大量的有毒物质，如化学致癌物多环芳烃（PAHs）和具有生殖毒性的邻苯二甲酸盐。

为了降低包书皮等产品给中小学生带来的安全隐患，魏文锋通过微博、电话、亲自走访等形式向有关部门反映问题，并通过微信公众号向全国家长宣布检测结果。一时间，魏文锋成了网红，引起了社会的广泛关注。然而，问题的解决需要魏文锋付出更多的努力。在众多家长的鼓励下，魏文锋于 2015 年 6 月自筹资金 100 万元在杭州创办了"老爸评测"，决心以一名家长的名义与"有毒包书皮"等危害孩子们安全健康的物品死磕到底。

为了扩大社会影响力，老爸评测拍摄了一部检测有毒包书皮的纪录片，随后

CCTV、《人民日报》等媒体纷纷报道和转发，使得该纪录片获得百万次以上的视频播放量。魏文锋因此被中国数万名家长亲切地称为"魏老爸"。为了与家长们形成一股力量并促进产品标准的建立与完善，魏文锋和团队成员建立了十余个家长群，其中还包括政府监管部门的工作人员。

"烧钱"的检测终归迎来了"生死抉择"。2015年10月底，魏文锋团队的初始资金马上要消耗完毕。家长们源源不断的检测需求、宣传活动所需的巨大投入让"老爸评测"难以为继。魏文锋在家长群里坦言，老爸评测可能要在年底资金全部耗尽时关闭。出人意料的是，家长们"不许"魏老爸关门，并纷纷给予魏老爸经济上的支持——"魏老爸，你一定要不忘初心，为我们检测更多的东西，我们永远支持你"。最终，老爸评测通过聚募网平台向112名家长成功募集200万元，这些家长共同持有老爸评测10%的股份。为了让检测项目可持续，老爸评测放弃"自筹"，坚持检测产品、检测费用从家长中"众筹"而来。

"众筹"事件让魏文锋开始深入思考老爸评测的可持续性。怎样赚钱、怎样实现组织的造血功能成为摆在魏文锋面前的首要难题。这种文章打赏和众筹检测费模式只能收到很少量的收入，一年下来还不够两个员工的工资开销。无疑，检测仅仅停留在发现问题的层面，而更多家长关心的是如何解决问题。如此看来，众筹也很难为企业长久发展持续造血。"一天到晚告诉我们这个有毒、那个有害，吓都被你吓死了，你倒不如告诉我买哪个是合格的。"一个家长的抱怨给了魏文锋全新的思路——做商务。

但是，做商务有两种选择：一是面向企业，为企业检测产品、颁发证书，进而收取费用；二是面向终端用户，解决他们的痛点。考虑到为企业评测并收取费用的模式很难保持公平公正，与创业时要解决社会问题的初衷相悖，魏文锋最终决定直面消费者，将经过检验视为合格的产品销售（或推荐）给粉丝和大众。通过这种方式，一来可以帮助家长买到安全可靠的产品；二来在销售的过程中获得的利润可以反哺检测这一公益事业，从而实现社会企业的可持续发展。

实际上，在2015年包书皮事件中，为了应对开学季，魏文锋走访数家包书皮生产厂后和一个厂家签订协议，对方同意使用食品安全级材料生产包书皮，但前提是魏文锋要订购10万张。2015年秋季开学前一周，魏老爸的包书皮通过微信平台开始销售，得到广大家长的积极抢购，短短一周便收到了5 000多张团购订单。就这样，名为"老爸良心推荐"的网上微商城于2015年底开张了，品类包括学生文具、母婴用品、厨房用品和美食生鲜等。创办初期，店铺上还公开了进货成本、包装成本、检测成本以及检测报告等信息。2017年1—4月，老爸评测的微商城月营收基本稳定在200万元以上；其消费用户达到19 770人。2017年3月，老爸评测的淘宝店也正式上线，月营收达到20万元。

在创造经济价值的同时，老爸评测不断扩大社会影响。比如，包书皮事件引起了政府监管部门的关注，江苏和上海质监局于2016年初更新了包书皮的检测标准。又如，在众多家长的要求下，老爸评测对全国不同城市的14所学校的合成跑道进行取样、检测，发现7种有毒物质，引起了社会的广泛关注。一些地方的教育厅派调查组去调查，一些学校发现问题后立即铲掉了问题跑道，教育部于2016年1月更新了塑胶跑道标准，增加了更多有害物质检测要求。2017年12月，老爸评测成为浙江省质量技术监督局[①]授予的16家"浙江省产品质量安全伤害信息监测点"之一。

2017年年中，实现盈亏平衡的老爸评测决定停止接受粉丝的打赏（捐款）。2018年初，老爸评测投入100万元（其中约35%的资金来自过往众筹的余额）在浙江省爱心事业基金会成立"魏老爸和粉丝们公益基金"，以支持公开讲座，并奖励那些发现潜在危险产品或危害孩子健康问题的家长。

"当你在做一件正确的事情时，你会发现全世界的人都在帮你。"魏文锋希望将这份信任传递下去。始于2016年7月的"甲醛检测仪爱心漂流"活动是为了解决由于家庭装修甲醛含量超标测量不准而带来安全隐患的问题。老爸评测利用众筹的资金购买了3台高精准甲醛检测仪，供来自全国各地有需求的家庭排队依次免费使用该仪器。这些家庭无须支付押金，仅需在漂流日记上留言。截至2017年底，这个活动吸引了50万粉丝，甲醛检测仪"漂流"了全国约30个省份，并被6 000多个家庭使用。为了更好地满足相关需求，老爸评测于2018年7月推出了"爱心漂流"微信小程序，也在抖音上线这项服务。除了为提前预约的用户提供免费服务之外，还允许那些希望尽快使用仪器的用户支付100元人民币的快速使用费。截至2018年底，该项目的用户累计超过150万名，帮助测试了超过60 000个房间，其中44%甲醛浓度超标。截至2018年底，约有5 377名用户捐赠了10元至50元人民币，以支持该项目的运营。项目总收入为310万元人民币，而总支出为340万元人民币。

为了让电商业务可持续，老爸评测在2020年将主营业务分成了四类，即老爸评测（媒体产品）、老爸电商、老爸实验室和老爸抽检。"老爸评测（媒体产品）"指在不同媒体平台提供视频或文章形式的测试报告（2021年初，老爸评测全网粉丝数达5 000万名）；"老爸电商"本着"让天下老百姓用上安全放心产品"的商业理念，已达成年营收过亿元的业绩成就；"老爸实验室"是一个集中老爸评测所有技术力量的云检测平台，与具备专业资质的第三方实验室和技术人员开展合作，并已自行投入多种检测设备，以帮助大众发现生活中看不见的危害；"老爸抽检"本着"让老爸评测成为民间认可的安全放心标志"的理念，用老爸评测的标准对消费品进行全方位评价。

作为一家肩负着社会责任的企业，老爸评测的发展令人振奋。然而，面向未来，

[①] 现为浙江省市场监督管理局。

老爸评测作为一家社会企业要想取得更持久的发展还面临着一个很大的问题。魏文锋感慨道:"做检测,是裁判员,家长、消费者作为观众,会相信你。做电商,是运动员,赚的是家长和消费者的钱,如何持续赢得他们的信任,这是我们必须持续关注的问题。"这种双重角色的困境与老爸评测的社会和经济双重目标交织在一起,老爸评测需要不断地在它的社会使命和商业价值之间寻求平衡,以确保可持续性。

资料来源:根据中欧国际工商学院案例《老爸评测:一家社会企业的两难抉择》(编号 CI-817-060)改编而来,内容得到"老爸评测"的授权确认。

开篇案例表明,社会创业时常面临可持续发展的困境。具体来讲,由于要同时兼顾社会价值与经济价值,社会创业实践常常面临合法性缺失、资源匮乏、经营不善等挑战,进而阻碍其可持续发展。目前,我国绝大多数的社会企业仍处于发展初期,仅有少量能够自我造血、持续提供社会服务,实现可持续发展。与老爸评测一样,面临着可持续发展困境的社会企业不在少数,它们急需找到问题的症结所在以及如何跨越前进途中的障碍。本章将对这一议题进行阐释。

16.1 可持续发展的定义

16.1.1 可持续发展理念的兴起

可持续发展(sustainable development)最早于 1972 年在斯德哥尔摩举行的联合国人类环境会议上被正式讨论,1980 年由世界自然保护联盟(IUCN)、联合国环境规划署(UNEP)和世界自然基金会(WWF)共同审定通过的《世界自然资源保护大纲》里以文字形式出现:"必须研究自然的、社会的、生态的、经济的,以及利用自然资源过程中的基本关系,以确保全球的可持续发展。"1987 年,世界环境与发展委员会(WCED)发表的《我们共同的未来》报告中首次正式使用了可持续发展概念,并做出较为系统的解释,此概念一直被广泛沿用至今。1991 年 11 月,国际生态学会(INTECOL)和国际生物科学联合会(IUBS)联合举行了关于可持续发展问题的专题研讨会,发展并深化了可持续发展概念的自然属性。1992 年,中国政府编制了《中国 21 世纪议程:中国 21 世纪人口、资源、环境与发展白皮书》,首次把可持续发展战略纳入国家经济和社会发展的长远规划。随着人类对环境保护的日益关注,各国在努力达成可持续发展目标的同时,也致力于丰富其内涵,目前该概念已涵盖环境保护、公共关系、经济发展、企业成长等各领域。"十四五"开局之年,习近平总书记多次在国际场合强调可持续发展。习近平总书记指出,可持续发展是"社会生产力发展和科技进步的必然产物",是"破解当前全球性问题的'金钥匙'";"大家一起发展才是真发展,可持续发展才是好发展"。在第七十六届联合国大会上,习近平总书记提出全球发展倡议,希望各国共同努力,加快落实 2030 年可持续发展议程,构建全球发展命运共同体。党的二十大报告强调:"大自然是人类赖以生存发展的基本条件。尊重自然、顺应自然、保护自然,是全面建设社会主义现代化国家的内在要求。必须牢固树立和践行绿水青山就是金山银山的理念,站在人与自然和谐共生的高度谋划发展。"由此可见,可持续发展理念在经济和社会发展的长远规划中具有举足轻重的作用。

16.1.2　社会创业可持续发展的内涵

可持续发展涉及自然、环境、社会、经济、科技、政治等不同领域，表 16-1 梳理了 6 条经典的基于经典文献与研究前沿的"可持续发展"定义供读者参考。

表 16-1　可持续发展的定义

来　源	定　义
世界自然保护联盟（1980）	为使发展可持续，必须考虑社会、生态和经济因素，考虑生物和非生物资源基础，既能满足当代人的最大利益，又能保证满足后代人的需要
Caldwell（1984）	可持续发展是一个受生态、经济、社会、政治等众多因素影响的发展过程，也应该特别重视政治和社会因素的作用
Pearce（1988）	从代际公平来看，可持续发展的核心是目前的决策不应当损害人类后代维持和改善其生活标准的能力
国际生态学会和国际生物科学联合会（1991）	保护和加强环境系统的生产与更新能力
Opschoor（1992）	可持续发展是一种经济发展模式，并不削弱资源再生系统和废弃物回收系统的功能，同时非再生资源的消耗应由可再生或可再造的等量物的增加而得到补偿
世界资源研究所	可持续发展是一种有效管理各种资源和资产以求不断增加财富与福利的发展策略

目前，使用最为广泛的可持续发展定义是 1987 年世界环境与发展委员会（WCED）在《我们共同的未来》中提出的"既能满足当代人的需要，又不对后代人满足其需要的能力构成危害的发展"，其核心是需求的满足和发展的可持续性。

近年来，在"大众创业、万众创新"等一系列创业政策支持下，中国创业者和创业企业的数量不断增加，创业失败比例也随之提高。究其原因，新创企业在业务拓展及商业模式开发过程中的决策往往较为冒险，忽略了如何打造自身在 VUCA①时代的可持续发展能力（JIA et al.，2021）。与经济创业不同，社会创业致力于创建有稳定商业模式的社会企业，在解决社会问题的同时实现自身的可持续发展（刘志阳、李斌，2018）。经济创业的可持续发展聚焦在成功商业模式的可复制性、可移植性上，即如何实现"基业长青"；社会创业的可持续发展关注社会企业是否具备"造血"功能、实现自负盈亏，能否持续提供产品或服务，从而解决传统社会建设模式中政府、市场和志愿"三重失灵"所不能解决的社会问题。社会创业的可持续发展的含义包括两大方面：社会企业能持续地存活和发展；社会企业能够立足于社会需求、提供产品或服务，从而可持续性地创造社会价值。

16.2　社会创业可持续发展的价值

随着经济的快速发展，贫困、环境污染、资源短缺等一系列社会问题相继涌现，并在全球范围内困扰着各国的发展。市场失灵、政府与第三部门力量的有限性又使这些问题长期得不到有效解决。这些社会问题的加剧、现有解决机制的不足以及公民意识的觉醒，为社会创业的兴起提供了土壤。由于在以商业手段解决社会问题方面蕴含着巨大能量，社会创业可以创新性地解决社会经济发展不均衡所造成的各种社会问题，为人类的福祉提供社会价值。作

---

① VUCA 原为军事术语，于 20 世纪 90 年代开始被普遍用于商业、教育等其他领域。VUCA 指的是不稳定（volatility）、不确定（uncertain）、复杂（complex）、模糊（ambiguous）。

为新生事物，中国的社会企业尚处于探索阶段，仍面临很多待解决的问题，例如找到稳定的发展模式从而实现可持续发展。获得可持续发展将有助于社会企业更好地投入到社会问题解决中，并创造更大的社会价值。社会创业可持续发展的价值具体包括以下几个方面。

1. 促进弱势群体的能力发展，完善社会主动型福利机制

在发达国家，社会创业因在帮助弱势群体摆脱不利地位中的独特作用而引起社会各界的关注（Alvord et al., 2004）。越来越多的管理者意识到，"能力发展"才是帮助弱势群体摆脱不利地位、实现社会公正的重要途径，而非"经济救助"。社会创业提供了构建主动型福利机制的有效途径，即帮助弱势群体发展自身能力。社会创业通常以"授人以渔"的方式，鼓励服务对象主动对自己的生活负责，而不是把福利当作一种权益。这种机制在当前我国社会福利制度未得到完善的情况下，显得尤为重要。只有社会企业得到可持续发展，才能更好更持久地服务弱势群体，并使这些受益者参与到社会价值的创造过程中，形成良性循环并有效推动主动型福利机制的构建，使社会福利持续并最大限度地关注到需要帮助的群体。

2. 整合社会资本，优化社会资源配置

社会创业采用创新性方法整合资源来解决贫困及边缘人群面临的社会问题，从而创造社会价值。社会创业的创业性特征要求社会企业采用商业手段整合利用社会资本和其他资源，加速社会资本的循环利用，创造更大的社会价值和经济价值，避免组织官僚化、低效率等问题，让整个社会充满创业精神和氛围（贾迎亚 等，2021）。通过建立合作网络，社会创业者可以调动那些通常被遗忘的资源来解决一些处于孤立状态的问题。可持续发展的社会企业能够持续整合社会资本，以创新创业的精神去努力发现和满足那些未得到满足的社会需求。因此，社会企业的可持续发展能够构建社会资本有效积累的良性循环。在这个循环过程中，社会企业不但能创造经济利益，还能实现社会效益，有助于构建基于信任和合作的更为强大、自立的社会共同体（邬爱其、焦豪，2008）。

3. 在实现经济价值的同时稳定持续地创造社会价值

社会创业的社会性要求社会企业的商业活动要以社会价值为依归。社会企业取得可持续发展的常见方式是，在坚持创造社会价值的前提下引入创新的商业手段来获得盈利以保障社会企业提供社会服务。显然，社会创业能很好地解决商业与公益、经济利益和社会价值之间的冲突，使得创业活动能够同时创造经济价值和社会价值，这正是构建和谐社会所需要的创业范式（邬爱其、焦豪，2008）。因此，社会企业的可持续发展将能够更好地填补商业和慈善事业之间的鸿沟，从而使创业精神得以应用和服务于更多社会领域（Santos，2012）。如此一来，社会创业也能在解决社会就业问题、实现共同富裕、增强人际信任、激发创业激情等方面发挥更持久的作用。此外，社会创业的可持续发展有利于在实现经济价值的同时稳定持续地创造社会价值，这对于我国建设和谐社会具有重要价值。

16.3 社会创业可持续发展的主要困境

16.3.1 社会创业可持续发展问题的特殊性

管理学的"悖论"理论和组织的双元能力可以解释社会企业的可持续发展难题和解决方

法。悖论是指长期存在的相互矛盾又相互依赖的因素（Smith and Lewis，2011）。悖论的相关研究多在于探索组织如何同时满足不同的需求，认为组织的可持续发展需要平衡多种不同的需求（Lewis，2000）。社会企业的双重目标之间存在一定的悖论，其可持续发展需要处理两种不同目标的冲突，这需要组织具备不同的能力，即双元能力（ambidextrous capability）。

双元能力是指组织在复杂情境下，同时具备两种不同能力解决二元悖论的探索性和开发性任务（Stettner and Lavie，2014）。双元能力可以使组织更好地利用现有资源提升企业的不同能力（如研发、营销等），以适应不断变化的环境（欧阳桃花 等，2016）。组织双元能力有三种主要机制：①结构型双元，是指两种相互矛盾的业务或行为分离到不同的事业部门；②情境型双元，是指建立有效的组织情境或文化，鼓励员工同时进行两种相矛盾的行为；③领导型双元，是指高管团队在意识、战略层面平衡两种矛盾的业务和行为。组织双元能力是创造社会价值的决定因素（Hahh et al.，2016；Yu et al.，2018）。相比商业企业，社会企业获得双元能力的难度往往更大。

第 1 章简要描述了阿尔特（Alter，2007）提出的可持续发展光谱图，阿尔特认为，为了获得可持续发展的平衡，以盈利为导向、收益在股东之间进行分配的传统商业企业通过"行善得福"（doing well by doing good）的方式履行企业社会责任（corporate social responsibility，CSR）[⊖]，来获得各个利益相关者的持续关注和认可，实现企业、社会和环境的可持续发展；以社会使命为驱动、收益全部（或绝大部分，如 70%）投入社会性项目的非营利组织、社会企业，则选择运用商业手段来支持社会性项目。前者的 CSR 行为对很多成功的商业企业来说虽然带来了经济成本，但得到了社会大众的广泛认可。在一定程度上，企业对 CSR 的投入可以帮助自身提升商誉，一定程度上反哺商业利益的获得。相反，后者因社会使命的驱动得以创立，开展的商业活动虽然产生了经济利益，但是很多时候带来了隐形的成本，比如丧失社会认同、带来使命漂移，使得很多社会企业面临着比商业企业更重的社会负担和可持续发展的难题。

16.3.2　社会企业的"先天缺陷"

社会创业在实践过程中面临很多困难与未知，如启动资金的获取、人员招募、商业模式设计等。如何在制度范围内创造社会价值、如何在创造社会价值的前提下满足投资人的期望，这些都是令我国社会企业感到头疼的问题。社会资源的约束也使社会创业在可持续发展方面遇到比经济创业更多的障碍。例如，傅颖、斯晓夫和陈卉（2017）发现创业导向、社会企业过往烙印、市场能力、调动资源的能力都会影响社会企业的成长。在对社会企业可持续发展的关键要素研究中，项继权和耿静（2014）发现需求空间和制度空间、能力、认同等对社会企业的生存与可持续发展至关重要。需求空间是指在各类社会问题得不到解决为社会企业的发展提供的需求与机会，而制度空间是指与社会企业相关的政策法规；能力包括经营、创新和资源整合的能力；认同则包括政治认同与社会认同，前者指政府部门对社会企业的认可，后者则指大众（公民、媒体、第三部门等）对社会企业的评价与认可。

从企业层面来看，我国社会创业可持续发展面临社会认同度低、资源不足、造血能力较

⊖　企业社会责任是指企业在创造利润、对股东和员工承担法律责任的同时，还要承担消费者、社区和环境的责任，企业的社会责任要求企业必须超越把利润作为唯一目标的传统理念，强调在生产过程中对人的价值的关注，还强调对环境、对消费者、对社会的贡献。

弱的困境。下面将分别阐述。

1. 社会认同度低

不同于经济创业和公益慈善，社会创业既不以公司和股东利益最大化为目标，也不是单纯靠政府和基金会资助维持生存，而是利用创新的商业手段同时实现经济目标和社会目标。社会创业既要兼顾经济目标又要致力于社会目标的实现，所需要的能力有所不同，运营逻辑也有差异，甚至会出现冲突。比如，在老爸评测案例中，当扮演"裁判员"（提供公平、公正的检测）的老爸评测同时扮演"运动员"（即和其他商家一样销售商品）时，它所创造的社会价值将有可能遭受质疑，因此面临着可持续发展的困境。此外，社会企业还需顾及多方利益相关者的期望，包括政府、社会公众、投资人等，不同的利益相关者对社会企业的要求与期望也大相径庭（Tracey，2011）。因此，社会企业在成长中极有可能出现使命漂移的现象，从而使可持续发展变得举步维艰（Dacin et al.，2010）。

社会创业在我国仍属于新生事物，在实践过程中会面临很多的困难与不确定性，存在着不被社会公众、政府、投资人等利益相关者认同与接纳的合法性问题，从而陷入身份认同的困境（Santos，2012）。合法性反映了社会企业的行为方式与现有标准、规范、文化的符合程度，意味着社会系统对社会企业的认可程度。例如，社会企业大都面临资源局限，需要外部的资源支持以度过生存期和发展期，而合法性则是外部对社会企业能力、效率、价值观及规范性等进行判断的基础，进而决定是否投入资源（厉杰 等，2018）。获得社会认同和合法性是社会企业获取资源的前提，已成为横亘在社会企业面前的一座大山，而社会企业只有取得必要的资源，才能获得可持续发展。

2. 资源不足

市场失灵、政府与第三部门力量的有限性是社会创业机会的重要来源，然而这些问题也在一定程度上造成社会创业者难以有效调动社会资源开发创业机会。社会创业通过交易获取收益，支撑其社会目标或环境目标的实现，这种以社会价值为最终目标的创业活动使得资源获取的成本与一般创业活动相比更高。我国多数社会企业难以获得外部资源或依赖现有资源承担高投入、低创收、漫长的社会创业活动，也造成多数社会企业始终处于起步阶段。因此，社会资源的获取对社会企业的生存与发展至关重要，也是社会企业可持续发展的基础。若想将社会创业机会成功转化为实践，资源可得性与资源异质性是关键，只有获得资源支持才能产生产品或服务交易，并更好地实现社会目标（王晶晶、王颖，2015）。

3. 造血能力较弱

社会创业兼具营利与非营利活动性质，拥有创收业务、市场、客户及合作伙伴等经济价值系统，社会创业者将所得的经济收益再投入于社会价值创造，而经济与社会的双重目标对社会企业提出了更高的造血能力要求。社会创业者往往对获取的经济收益看得很轻，而倾向于将财务收益用于自身的可持续发展，从而更好地回报社会。与经济创业相比，社会创业在商业模式开发和盈利方面具有先天的劣势。此外，由于社会企业经营所得多用于社会价值再创造，社会企业往往规模较小且获利能力较低、自身造血能力较弱（刘振 等，2015）。因此，商业模式开发能力、经营能力等都会影响社会企业的可持续发展。学者提出，创新能力、资源开发及内部运作与管理能力是组织完成预设目标的必要因素，而社会企业只有既具备经营管理能力,又具备资源整合与社会创新能力,才能实现可持续发展(项继权、耿静,2014)。

16.3.3 解决方案"治标不治本"

在成长的过程中,社会企业不仅面临"如何实现自身的可持续生存"问题,还面临"如何提供可持续性解决方案"的问题。正如图 16-1 所示,在减贫方面,社会创业应提供可持续性解决方案,从而使受助群体长期维持生机与活力。然而,在很多情况下,社会企业所提供的解决方案是短暂的,如一次性捐款或帮助,而无法给予需要帮助的人长久的服务。解决方案的可持续性意味着社会企业应提供长久的、根本性的解决方案,进而从根本上解决社会问题。

图 16-1 创业减贫途径分类

资料来源:斯晓夫,钟筱彤,罗慧颖,等.如何通过创业来减少贫穷:理论与实践模式[J].研究与发展管理,2017, 29 (6): 1-11.

随着社会的不断进步,社会创业所提供的解决方案正在逐步正规化。然而,不可否认的是,目前我国的社会创业所提供的解决方案仍存在缺乏长久性、难以提供根本性的服务、受众范围小等问题。

1. 缺乏长久性

目前,我国的社会创业主要分布在教育、养老、社会服务等领域,大部分都处于探索的阶段。虽然社会企业可以通过自身的服务或产品实现盈利,但由于其利润率远远小于商业企业,大部分是入不敷出,这就造成其所提供的解决方案往往是短暂的,无法实现长久稳定的社会价值。以"慈善超市"为例,慈善超市起源于美国,扮演"爱心中转站"的角色。一方面,慈善超市将大众捐献的物资转赠给生活贫困的群众,以维持他们的日常所需。另一方面,慈善超市致力于提供就业援助服务,帮助生活困难的群众找到合适的工作,让人们通过自己的劳动摆脱贫困。然而,慈善超市在中国的运行现状并不理想。其定位基本是募集和发放社会捐赠物,就业功能并没有得到充分发挥,大部分慈善超市都没有提供就业培训和服务的功能。这就导致我国的慈善超市扮演的仍是物资转赠者的角色,对解决就业问题发挥的作用非常有限。在老爸评测案例中,我们看到它解决社会问题的途径是参照国际先进标准提供公平、公正的公益检测服务,这在中国检测标准尚待完善的阶段的确能带来社会价值;然而,当若干年后中国官方检测的标准能够媲美国际领先水准时,老爸评测创造的社会价值当如何得到体现呢?因此,许多社会企业都应当思考所提供的服务的长久有效性。

2. 难以提供根本性的服务

社会问题本身的异质性造成有些社会问题相对容易解决,如残友集团、嫣然天使基金会等通过为残疾人提供工作岗位、资助家庭贫困的唇腭裂儿童手术的方法解决受助群体的需求；而有些社会问题受多种因素的制约并与其他问题紧密相关，很难解决，如我国部分地区的贫困问题。习近平总书记在2020年决战决胜脱贫攻坚座谈会上的讲话提到，巩固脱贫成果难度很大。已脱贫的地区和人口中，有的产业基础比较薄弱，有的产业项目同质化严重，有的就业不够稳定，有的政策性收入占比高。据各地初步摸底，已脱贫人口中有近200万人存在返贫风险，边缘人口中还有近300万存在致贫风险。相对应地，社会企业很难为受困群体提供根本性的解决方案以帮助他们摆脱困境，从而彻底解决这类社会问题。

以脱贫为例，改革开放至今，我国一直致力于实现脱贫。在这个过程中，产生了很多慈善组织和社会企业，如中国扶贫基金会。起初，扶贫的主要手段是政府为贫困人口办理低保，非营利组织以活动的方式给予贫困人员一定的物资帮助。这些举措虽然对于扶贫减贫具有重要作用，但并不能从根本上帮助贫困人群摆脱困境。只有通过构建主动型福利机制，帮助贫困人群自发地主动地摆脱贫困，才能实现该问题的根治（斯晓夫 等，2017）。

3. 受众范围小

社会企业所提供解决方案的受众范围往往较小，这一弊端是因为受到社会企业局部作用的限制。大部分社会企业或非营利组织，由于其能力和资源有限，很难将"善举"铺开进行，比较普遍的形式是在局部地区进行。以"海角公益组织"为例，其宗旨是通过创新的公益模式为偏远地区的孩子带去优质的教育资源。从成立至今，它已经服务超过5 000名学生，但是由于该组织采取远程在线教学，而真正贫困的地区由于基础设施的缺乏，很难享受到这种帮助。这意味着，最需要优质教育资源的孩子却偏偏享受不到这些帮助。除此之外，即使是资源相对雄厚的南都基金会，它资助的新公民学校主要阵地在北京，也存在受众范围小的问题。再如，本章文末案例企业残友集团的成功源于它用创新的商业模式推动了残疾人的集体就业、高端就业，就"解决残疾人就业"这一项服务来讲，很大程度上保证了它能够持续带来社会价值。残友集团也在思考将其模式复制到更多省份和国家；但是，残友集团经常面临的一个困惑是，面对那些没有机会接受教育、劳动能力较为低下的残疾人，残友集团目前阶段还无法帮助他们实现就业。因此，如何扩大社会企业提供服务的受众面，也是社会企业在可持续发展过程中面临的重要问题。

16.4 社会创业可持续发展的路径

16.4.1 社会企业的可持续发展

1. 谋求社会认同

社会认同关乎公众对社会企业的判断与理解以及社会企业战略行动间的彼此作用与联系。因此，社会企业在不同生命周期能否获得适当的社会认同将会影响其生存与成长。只有突破社会认同的门槛（legitimacy threshold），社会企业才能获得可持续发展，并创造更大的社会价值。

大多数社会企业可通过"精心设计"的管理举措和组织实践活动来谋求社会认同（Sarpong and Davies，2014）。例如，在跨部门伙伴关系管理中，通过与政府部门、行业内外部、顾客建立伙伴关系，以分别提升其规制、规范、认知合法性；通过积极参与社区实践，彰显社会企业与社会价值观、道德规范的一致性，进而谋求规范合法性；借助印象管理策略操纵或顺从公众的期望来影响大家对社会企业"社会性"的认同（王家宝 等，2021）。然而，采取这些措施并不意味着社会企业一定会取得预期成果，该过程还受到组织构成、组织内部稳定性等内部环境，以及制度环境、竞争环境、行业属性、市场不确定性等外部环境的影响。对那些具备较高社会声誉的社会创业者来说，其创办的社会企业本身就具备一定程度的社会认同，例如，壹基金从成立初始就获得了社会公众的广泛关注与支持。此外，有些社会创业组织形式本身就具备天生的社会认同优势，无须额外付出大量精力采取合法化措施即可获得合法性，例如非营利组织、慈善机构等社会目标组织，它们比社会企业更容易得到政府及公众的认可，更容易获得外界的支持。因此，社会企业应当在"社会性"方面对标非营利组织、慈善机构，但是必须比它们更加注重创新性利用商业手段可持续地解决社会问题。

2. 实施资源拼凑

资源整合能力是影响社会企业可持续发展的重要因素。社会创业者在争取外部合作时，很大程度上取决于创业者的资源获取、整合与创新应用能力（Liu et al.，2015；Yu and Wang，2021）。社会企业是一个"多资源"组织，需要充分利用包括资金、人力资源、社会资本等各种市场和非市场资源来实现经济与社会目标。其中，社会企业的运作资金可来自不同的渠道，如通过提供商品或服务等商业活动获取资金收入、通过公益创投获取资金支持；人力资源是社会企业实现可持续发展的核心力量，社会企业的可持续运营离不开那些有着创新能力、奉献精神的人才支持；社会资本是社会企业所建立的社会网络及由此产生的信任，市场关系网的建立有利于降低社会企业的交易与生产成本。面对资源稀缺性，社会企业该如何突破资源约束，获取异质性资源？有学者提出，资源拼凑和构建社会网络关系是社会企业应对资源紧缺的有效措施（Meyskens et al.，2010；Miller et al.，2010；Yu et al.，2020）。

资源拼凑是指为了达到新目的而对现有资源的重构和利用（Baker and Nelson，2005）。拼凑需要社会创业者重新审视手头资源的功能与价值，对其进行创造性的组合来满足社会企业的资源需求，对手头现有资源作用的重新审视能够深化对自身资源禀赋的认知，提高资源的易获得性和利用价值，冲破了资源限制对社会创业成败的影响，尤其对资源匮乏的社会企业有着重要启示（于晓宇 等，2017）。资源拼凑能使社会企业摆脱对特定资源或资源持有者的依赖，通过资源重构与组合提高自身能力，甚至开拓新的组织能力，以较低的资源成本获取相对满意甚至意料外的成果（于晓宇、陈颖颖，2020）。此外，资源拼凑不仅对冲破社会企业资源桎梏有启示意义，对企业创新和机会识别也提供了契机。

3. 构建社会网络关系

在中国制度情境及经济转型背景下，社会网络关系对社会企业获取资源和合法性认同至关重要，甚至会产生代替正式制度的效用（杜运周、张玉利，2012）。社会企业与政府部门、行业内和行业外其他组织的关系，能确立企业的合法性地位并拓宽企业获取资源的渠道路径（厉杰 等，2018）。例如，企业与政府部门、管制机构间的政治网络关系能为企业带来政府信息、资金支持、政策扶持等资源（Li and Zhang，2007）；社会企业通过在行业外建立网络资源，寻求供应商、银行、媒体、大学、科研机构、认证机构、行业协会、审计部门、专业社团等接纳与认可，借以扩大企业声誉，有利于提升其合法性水平及整合企业外部资源

(Zimmerman and Zeitz，2002); 与行业内有话语权和影响力的其他组织建立网络关系具有"溢出效应"。社会创业创业者应重视社会网络构建及与各利益相关者间的动态平衡关系,借此谋求社会创业的社会认同和资源支持(Nicholls,2010),通过与政府及其代理者、行业组织、顾客建立积极的关系网络与互动平台对社会企业获取社会认同,进而获得相应的关注与资源支持具有重要作用。

4. 提升经营能力

运营与管理能力是社会企业进入市场、参与竞争、创造收益的重要能力。为此,有学者指出社会企业应学习商业企业的运营与管理技巧,或采取与其他组织进行跨部门合作的策略,创造共同价值的同时,提升自身运营与管理能力(Weber et al.,2017)。近年来,商业领域的"风险投资""创业投资"已广泛应用在社会创业领域,即通过公益创投的方式投资社会企业,并对社会企业实施投资后管理,在社会企业拥有可持续发展的能力后撤出(刘志阳、李斌,2018)。公益创投有利于解决社会创业资金短缺问题,是社会企业获取资金支持的来源之一。成长阶段的中小型社会企业在获取资金投入后,更加需要系统性的规范管理能力,保证自身的可持续运营。在此背景下,学者提出投资后管理(post-investment activities),即公益创投除提供资金支持之外,还要提供系统的经营管理支持,尤其是在战略管理、人力资源管理、市场营销管理、风险管理、财务管理以及价值实现等方面,如帮助社会企业制订完善的战略计划,帮助社会企业建立品牌形象,培育其市场营销能力,帮助社会企业吸引优秀人才,建立完善的人力资源管理体系等。这种为社会企业提供资金、技术与管理支撑的公益创投模式通过参与并指导社会企业的运营,拓展社会企业的价值并提升其发展潜力(刘志阳、李斌,2018),以更好地实现社会创业经济目标与社会目标的可持续发展。

此外,提升企业的双元能力,有效平衡和结合企业的经济目标与社会目标,将能大大提升企业的社会价值创造能力,进而获得可持续发展(Hahh et al.,2016)。比如,残友集团通过"基金会+非营利的社会组织+营利的社会企业"的"三位一体"的结构型双元机制,将不同目的的行为和业务分在不同的事业部门;以"家训"为代表的组织文化的构建在一定程度上展现了它在提升情境型双元能力方面的努力,鼓励员工有效实现双重目标;集团高层中绝大多数是重度残疾人士,出于同理心和道德感,高层在战略制定和制度建设的过程中将能充分平衡经济目标和社会目标,进而保证了残友集团在稳定的双元能力机制下持续向前发展。

5. 提高社会企业的数字能力

近年来,包括云计算、人工智能、移动计算、3D打印、社交媒体等在内的数字技术渗透到私人和公共组织中(Nambisan,2017)。数字能力(digital capability)是指对这些数字技术的应用能力,可以帮助解决社会创业由于合法性不足、资源获取受限制、经营能力较低所导致的可持续性发展困境(Battisti,2019; Masiero and Ravishankarm,2018)。首先,数字能力可以提高社会企业对外公开的透明度,因此提高了社会企业的合法性。其次,数字能力可以提高社会企业募集资金及资源的效率,并使得其资金投放更为准确,显著提高其经营效率。目前已有不少扶贫、助农等相关创业项目通过众筹平台及其他 app 募集到所需资金。最后,数字能力可以帮助社会企业追踪解决问题的彻底程度,在一定程度上能够提高社会企业在产品/服务上的可持续性。因此,提升企业的数字能力可作为社会创业可持续发展的对策之一。例如,使用人工智能分拣传送带可以有效帮助社会企业在物流运输中节约时间和人力资源;

社会企业使用云计算意味着采用更少的物理服务器，可以帮助社会企业减少碳足迹，实现可持续发展。

作为一家旨在解决闲置 3C 数码产品的社会企业，爱回收一直秉承着"让弃之不用都物尽其用"的循环经济理念，期望用商业实践落地环保倡导。经历 10 多年的发展，爱回收已成为中国最大的二手 3C 数码产品交易平台。过去行业质检主要靠人工手检，很多手机划痕难以定级，内部情况肉眼无法辨别。由于数码产品型号较多，二手机经过不同程度的使用后又是非标品，所以检测难度比较大，人工检测耗时耗力，成为该行业的痛点。随着人工智能时代的到来，自动化检测中心可以快速检测手机的功能、型号、配置、成色及维修状况等，改变了过往依赖密集型人工操作导致效率较低的行业状态。爱回收未来将持续提升供应链能力，包括自动化检测能力的增强、线上线下回收场景和服务的增强、交易效率的提升等，这一系列举动将显著提升其运营效率，从而为生态环境的转型升级和智慧城市的产业纵深发展做出更大贡献。

16.4.2 提供可持续的解决方案

1. 提供创新性解决方案

社会企业是为解决社会问题而生。为了更好解决社会问题，只有找到其存在的最根本原因才能对症下药，提供创新性解决方案。在此过程中，社会企业要基于切实的社会问题与市场需求，为社会问题提供创造性的解决方案推动社会变革。在上文提到"实现共同富裕"这一社会问题中，我国需要着力解决发展不平衡不充分问题和人民群众急难愁盼问题。这就要求社会创业明确受助人群最核心的困难，从根源出发，提供最有力的帮助。社会创业可以提供"授人以渔"的支持，帮助解决贫困问题。近年来，越来越多的创业者纷纷紧跟社会创业浪潮，为社会解决弱势群体就业难的问题，为受困群体提供可持续的解决方案。社会企业可以为这类群体培训必要的技能、帮助他们识别就业机会、提供配套的就业服务等创新性解决方案。

2. 与更广泛的利益相关者合作

在提供解决方案时，社会企业与广泛的利益相关者展开合作不仅能将本企业内部资源效用最大化，还能获得许多额外的益处，例如获得其他组织的经验和能力、资金支持、社会认同等，从而优化其自身提供的解决方案。

例如，为了解决农民工子女教育问题，南都基金会以在各地建立"新公民学校"作为解决方案。作为一个资助型的基金会，南都基金会的能力和财力毕竟是有限的。为了更好地解决农民工子女教育这一社会问题，南都基金会不仅与当地政府开展合作，还陆续与其他商业企业、媒体、学术界等开展合作。与政府的合作不仅使"新公民学校"的建立获得"名分"，还获得政府一系列的政策支持以及在政府带动下的部分非营利组织的资助。与商业企业的合作，使新公民学校获得企业资助，有效解决部分资金缺口。与媒体的合作使农民工子女教育这一社会问题引起了社会大众的关注，进而扩大了"新公民学校"的知名度。与学术界的合作使南都基金会在政策制定中拥有了一定的话语权。除此之外，南都基金会与中国社工协会志愿者工作委员会、中科院心理所、腾讯公益基金会、宋庆龄基金会等组织的合作进一步推动了社会对农民工子女教育的关注。

通过与不同社会群体的合作，南都基金会成功地调动政府和其他社会组织的资源，实现多方力量的整合，促进了新公民学校这一解决方案在各地的复制与推广。南都基金会的经验为社会企业解决方案的可持续发展提供了思路：与更广泛的利益相关者进行合作，可以使社会企业所提供的解决方案与利益相关群体联系起来而不是孤军奋战，从而引发社会的关注，避免社会企业昙花一现的宿命，进而获得长久的社会效应。

本章小结

1. 社会创业可持续发展困境产生的主要原因包括合法性不足、资源获取受限制、经营能力较低等。
2. 社会创业的可持续发展包括社会企业的可持续发展和解决方案的可持续性。
3. 社会创业的可持续发展可通过谋求社会认同、实施资源拼凑、构建社会网络关系、提升经营能力、提升社会企业的数字能力等途径实现。
4. 与更广泛的利益相关者合作才能提供从根本上解决社会问题的可持续性解决方案。

问题讨论

1. 你怎么理解社会创业的可持续发展？
2. 社会创业面临的可持续发展困境有哪些？
3. 社会创业如何实现可持续发展，实现高质量发展？

扫码查看案例分析和文献精读。

参考文献

[1] ALTER K. Social enterprise typology[Z]. Virtue Ventures LLC, 2007.
[2] ALVORD S H, BROWN L D, LETTS C W. Social entrepreneurship, and societal transformation: an exploratory study[J]. Journal of applied behavioral science, 2004, 40(3): 260-282.
[3] BAKER T, NELSON R E. Creating something from nothing: resource construction through entrepreneurial bricolage[J]. Administrative science quarterly, 2005, 50(3): 329-366.
[4] BATTILANA J, DORADO S. Building sustainable hybrid organizations: the case of commercial microfinance organizations[J]. Academy of management journal, 2010, 53(6): 1419-1440.
[5] BATTILANA J, LEE M. Advancing research on hybrid organizing: insights from the study of social enterprises[J]. Academy of management annals, 2014, 8:

397-441.

[6] BATTISTI S. Digital social entrepreneurs as bridges in public-private partnerships[J]. Journal of social entrepreneurship, 2019, 10(2): 135-158.

[7] CALDERINI M, CHIODO V, GERLI F, et al. Social-tech entrepreneurs: building blocks of a new social economy [EB/OL].（2021-06-02）[2023-06-30]. https://ssir.org/articles/entry/social_tech_entrepreneurs_building_blocks_of_a_new_social_economy.

[8] CALDWELL L K. Political aspects of ecologically sustainable development[J]. Environmental conservation, 1984, 11(4): 299-308.

[9] DACIN P A, DACIN M T, MATEAR M. Social entrepreneurship: why we don't need a new theory and how we move forward from here[J]. Academy of management perspectives, 2010, 24(3): 37-57.

[10] EISENBERG N, FABES R A. Empathy: conceptualization, measurement, and relation to prosocial behavior[J]. Motivation and emotion, 1990, 14(2): 131-149.

[11] IUCN, UNEP, WWF. World conservation strategy: living resource conservation for sustainable development[M]. Gland, Switzerland: IUCN, 1980.

[12] HAHH T, PINKSE J, PREUSS L, et al. Ambidexterity for corporate social performance[J]. Organization studies, 2016, 37(2): 213-235.

[13] JIA Y, TSUI A, YU X. Beyond bounded rationality: CEO reflective capacity and firm sustainability performance[J]. Management and organization review, 2021, 17(4): 777-814.

[14] LEWIS M. Exploring paradox: toward a more comprehensive guide[J]. Academy of management review, 2000, 25(4): 760-776.

[15] LIU G, ENG T Y, TAKEDA S. An investigation of marketing capabilities and social enterprise performance in the UK and Japan[J]. Entrepreneurship theory and practice, 2015, 39(2): 267-298.

[16] MASIERO S, RAVISHANKAR M N. Digital social entrepreneurship: balancing social and commercial goals in an Indian "fintech" organisation[C]//The 34th EGOS Colloquium, Tallinn, Estonia: Estonian Business Scool, 2018.

[17] MEYSKENS M, ROBB-POST C, STAMP J A, et al. Social ventures from a resource-based perspective: an exploratory study assessing global Ashoka fellows[J]. Entrepreneurship theory and practice, 2010, 34(4): 661-680.

[18] MILLER T L, WESLEY I I, CURTIS L. Assessing mission and resources for social change: an organizational identity perspective on social venture capitalists' decision criteria[J]. Entrepreneurship theory and practice, 2010, 34(4): 705-733.

[19] NAMBISAN S. Digital entrepreneurship: toward a digital technology perspective of entrepreneurship[J]. Entrepreneurship theory and practice, 2017, 41(6): 1029-1055.

[20] NICHOLLS A. The legitimacy of social entrepreneurship: reflexive isomorphism in a pre-paradigmatic field[J]. Entrepreneurship theory and practice, 2010, 34(4): 611-633.

[21] OPSCHOOR J B. Environment, economy and sustainable development[M]. Groningen: Wolters-Noorhoff Publishers, 1992.

[22] PEARCE D W, BARBIER E, MARKENDYA A. Sustainable development and cost benefit

analysis[M]. Cheltenham: Edward Elgar Publishing, 1990.

[23] SANTOS F M. A positive theory of social entrepreneurship[J]. Journal of business ethics, 2012, 111(3): 335-351.

[24] SARPONG D, DAVIES C. Managerial organizing practices and legitimacy seeking in social enterprises[J]. Social enterprise journal, 2014, 10(1): 21-37.

[25] SMITH W K, LEWIS M W. Toward a theory of paradox: a dynamic equilibrium model of organization[J]. Academy of management review. 2011, 36(2): 381-403.

[26] STETTNER U, LAVIE D. Ambidexterity under scrutiny: exploration and exploitation via internal organization, alliances, and acquisitions[J]. Strategic management journal, 2014, 35(13): 1903-1929.

[27] TRACEY P, PHILLIPS N, JARVIS O. Bridging institutional entrepreneurship and the creation of new organizational forms: a multilevel model[J]. Organization science, 2011, 22(1): 60-80.

[28] WCED. Our common future[M]. Oxford: Oxford University Press, 1987.

[29] WEBER C, WEIDNER K, KROEGER A, et al. Social value creation in inter-organizational collaborations in the not-for-profit sector: give and take from a dyadic perspective[J]. Journal of management studies, 2017, 54(6): 929-956.

[30] YU X; LI Y, SU Z, et al. Entrepreneurial bricolage and its effects on new venture growth and adaptiveness in an emerging economy[J]. Asia Pacific journal of management. 2020, 37(4): 1141-1163.

[31] YU X, MENG X, CHEN Y, et al. Work-family conflict, organizational ambidexterity and new venture legitimacy in emerging economies[J]. Technological forecasting and social change, 2018, 135(10): 229-240.

[32] YU X, WANG X. The effects of entrepreneurial bricolage and alternative resources on new venture capabilities: evidence from China[J]. Journal of business research, 2021, 137: 527-537.

[33] ZIMMERMAN M A, ZEITZ G J. Beyond survival: achieving new venture growth by building legitimacy[J]. Academy of management review, 2002, 27(3): 414-431.

[34] 杜运周, 张玉利. 顾客授权与新企业合法性关系实证研究 [J]. 管理学报, 2012, 9(5): 735-741.

[35] 傅颖, 斯晓夫, 陈卉. 基于中国情境的社会创业: 前沿理论与问题思考 [J]. 外国经济与管理, 2017, 39（3）: 40-50.

[36] 郭毅, 李芳容. 获取合法性: 创业者社会网如何有助于新创组织成功？一项扎根理论的研究 [C] // 中国企业管理案例论坛（2009）暨"第三届中国人民大学管理论坛"论文集. 北京: 中国人民大学, 2009.

[37] 贾迎亚, 相佩蓉, 于晓宇. CEO 多元化职能经历对创业企业可持续性的影响机理: 基于高阶理论的被调节的中介模型 [J]. 研究与发展管理, 2021, 33（4）: 82-96.

[38] 厉杰, 吕辰, 于晓宇. 社会创业合法性形成机制研究述评 [J]. 研究与发展管理, 2018, 30（2）: 148-158.

[39] 刘振, 崔连广, 杨俊, 等. 制度逻辑、合法性机制与社会企业成长 [J]. 管理学报, 2015, 12（4）: 565-575.

[40] 刘志阳, 李斌. 公益创投运行机制研究: 兼论与商业创投的异同 [J]. 经济社会体制比较, 2018（3）: 181-191.

[41] 欧阳桃花, 崔争艳, 张迪, 等. 多层级双元能力的组合促进高科技企业战略转型研究: 以联想移动为案例 [J]. 管理评论,

2016, 28（1）: 219-228.

[42] 斯晓夫, 钟筱彤, 罗慧颖, 等. 如何通过创业来减少贫穷: 理论与实践模式 [J]. 研究与发展管理, 2017, 29（6）: 1-11.

[43] 王家宝, 史真, 厉杰. 故事何以成为创业法宝: 文化创业的视角 [J]. 清华管理评论, 2021（6）: 38-45.

[44] 王晶晶, 王颖. 国外社会创业研究文献回顾与展望 [J]. 管理学报, 2015, 12（1）: 148-155.

[45] 邬爱其, 焦豪. 国外社会创业研究及其对构建和谐社会的启示 [J]. 外国经济与管理, 2008, 30（1）: 17-22.

[46] 项继权, 耿静. 社会企业的产生与发展: 关键要素与驱动主体 [J]. 湖北行政学院学报, 2014（5）: 77-82.

[47] 于晓宇, 陈颖颖. 冗余资源、创业拼凑与瞬时竞争优势 [J]. 管理科学学报, 2020, 23（4）: 1-21.

[48] 于晓宇, 李雅洁, 陶向明. 创业拼凑研究综述与未来展望 [J]. 管理学报, 2017, 14（2）: 306-316.

# 第 17 章　社会创业环境

∷ 学习目标

- 了解社会创业环境的概念及其作用
- 了解社会创业环境的构成
- 掌握社会创业环境分析方法

开篇案例

400 多万人争着为一家濒临倒闭的巧克力工厂投钱

在新西兰,发生了一件有趣的事。几乎整个新西兰 450 万人都在为一家濒临倒闭的巧克力工厂捐款,不是为了继续吃巧克力,而是为了参加一场比赛,甚至在短短两天内就募捐到了超过 430 万新西兰元,硬是把公司救活了。而大家这么做的原因并非这家公司的巧克力有多么独特、好吃,这背后其实和公司举办的一场巧克力比赛有关。

这场比赛到底有什么魔力?

先给大家介绍一下这场奇妙的巧克力比赛到底是怎么玩的。比赛在新西兰的达尼丁举办,规则非常简单,你只需花 1 新西兰元购买一颗 Jaffa 圆形巧克力就能参加,并且每颗糖果都会被标上独一无二的编号。

巧克力豆会被集中放在达尼丁最陡的鲍德温街上。比赛开始时,裁判一声令下,装有巧克力豆的盒子会被打开,上万颗巧克力豆争先恐后地从大街的最高处奔跑出来,飞奔而下的巧克力海非常壮观。不过你很难盯紧属于自己的那颗巧克力豆,因为据统计,最快的巧克力豆"跑"完全程仅需 15~25 秒。2016 年的巧克力豆大赛有超过 1.5 万人参加,共 75 000 颗巧克力豆参与比赛。参赛巧克力豆一共有红、绿、黄三种颜色,被分为三组,每组 25 000 颗豆子。红队、绿队、黄队的前 5 名豆子的主人可以获得奖励,一共 15 个人。在高速摄影机的帮助下,工作人员会认真记录下最早到达终点的"巧克力豆选手"信息。2016年的奖项非常丰富，其中第1名获得了价值1 000新西兰元的食品券、750新西兰元的加油券还有一篮子价值250新西兰元的巧克力！当然那些"跑"偏了的巧克力豆，活动主办方会有专门的工作人员来清理。不过，若是你气不过，也可以把它们吃掉。

举办比赛的鲍德温大街其实也小有名气，被吉尼斯世界纪录大全认证为世界上最陡的街道。短而直的街道总长约350m，倾斜度却达到惊人的35°。因为陡峭的地形，这里常有活动、挑战举行，游人不断。自1988年起，每年2月，"鲍德温街大挑战"（BaldwinStreet Gutbuster）竞跑比赛也会在这条街道上举行，最快纪录为1988年创下的1分56秒。除此之外，还有许多极限运动玩家聚集此地。

然而就在大家都等待着2017年的巧克力比赛时，这家公司却突然宣布因为资金断裂而被迫倒闭。一直由其承办的巧克力豆奔跑大赛跟着被迫终止。厂主也出面跟大家道歉，表示因为经营不善、资金出现问题导致公司破产，对大赛的终止感到十分抱歉。也许你会觉得这个巧克力比赛也不过是新西兰人的狂欢活动之一，停了就停了。但真正让这场比赛与众不同的是，它的所有收入都是用于慈善的。这也是大家热爱这家巧克力工厂的原因。

在每次巧克力比赛结束后，巧克力工厂会在官网上公布收入。2016年的比赛一共筹集到11.9万新西兰元的善款。从2002年起，巧克力比赛就获得了超过90万新西兰元的善款。巧克力工厂将这些钱分给当地慈善机构，以拯救绝症儿童、老人、海洋生物等。同时，巧克力工厂还会邀请那些患病的儿童免费来参加比赛，希望这份纯粹的快乐可以为他们减少一些病痛的折磨。虽然将比赛收入全部捐出并不容易，但巧克力工厂厂主坚持这样做。这是因为从小作坊到被吉百利公司收购变成大巧克力公司，一直以来少不了整个地区的人对巧克力工厂的支持。

被收购后，厂主还是公司的负责人。为了感恩，他想对这个地区回馈点什么，为孩子做点什么。于是将当地最有特色的鲍德温大街和大家喜欢的巧克力结合起来的想法就诞生了。从2002年起，巧克力工厂就发起了这样一项慈善活动：Jaffa Race——巧克力豆奔跑大赛！这不只是比赛，还是爱。

因为巧克力里这份独特的善心，巧克力工厂破产的消息在小镇里一天内就引发了巨大的关注。为了拯救这家一直给大家带来欢乐的巧克力工厂，小镇的人们自发组织募捐活动。短短两天的时间，就募集到超过430万新西兰元，这相当于几乎整个新西兰450万人口每个人都捐了钱。曾有媒体采访小镇的居民，当被问到为什么会愿意给巧克力工厂捐钱时，他们质朴地回答："我们根本不知道什么市场规律，只是想着这个比赛能为孩子做点事，这家善心公司得活下去。"捐款活动影响力越来越大，甚至有许多国外的网友加入其中。有网友留言说自己的女儿听到巧克力大赛不再进行了，非常伤心，把自己的零花钱也捐出来了。

能得到这么多人的支持，巧克力工厂厂主非常感动。就连帮忙募捐的议会议员在看到募捐金额时，也激动地表示："太兴奋了！大家的热情简直是难以想象的！"得到帮助后的公司表示，它们会尽全力让公司重新经营，2017年的巧克力比赛又可以继续进行了。

善心以另一种善心得到回报，这样的世界，真的挺美好。

遗憾的是，2017年8月吉百利巧克力工厂举办了最后一届Jaffa Race——巧克力豆奔跑大赛，不久仍难逃被关闭的命运。

资料来源：搜狐网，https://www.sohu.com/a/149684904_788514。

开篇案例告诉我们，一家兼顾社会价值与经济价值的企业，可以借助市场力量帮助人们解决社会问题，反过来，人们往往会热衷于成为它的忠实客户，源源不断地为它提供支持。在开篇案例中，巧克力工厂举办的巧克力大赛之所以被大家热爱，真正原因是比赛的所有收入都用于慈善。当巧克力工厂倒闭时，小镇人们自发组织募捐活动。短短的时间，就募集到超过430万新西兰元，帮助巧克力工厂起死回生。由此可以看出，包括政治、经济、社会、文化及获取创业支持和帮助的可能性等要素的社会创业环境对于社会企业具有非常重要的作用。本章将详细介绍社会创业环境的构成及其分析。

17.1 社会创业环境概述

17.1.1 创业环境

创业活动是在特定的环境下进行的，且受到环境中各种因素直接或间接的影响。随着经济社会的发展，创业环境对创业活动的影响日益明显，逐渐引起了社会各界的关注。党的二十大报告也指出，要营造有利于科技型中小微企业成长的良好环境。由于创业活动的特殊性，关于创业环境的定义具有一定的争议，总的来说，可以总结为以下三类。

（1）"平台论"，即创业环境是社会和政府为创业者创办新企业所建立的一项公共平台。如叶依广等（2004）认为创业环境是一项公共品，政府在提供这项公共品方面承担着重要责任，同时指出创业环境要体现"社会的创业关怀"，其终极目标是"以环境造就创业"。

（2）"因素论"，即创业环境是影响创业行为的各种因素的有机组合。格尼亚瓦利和福格尔（Gnyawali and Fogel，1994）将创业环境定义为创业者在实现其创业意愿，进行创业活动的过程中所必须面对和能够利用的各种因素的总和，主要包括政策环境、融资环境、创业服务环境、创业文化等环境要素。德博拉（Deborah，2002）认为，创业环境由社会文化氛围、公共基础设施和政府支持构成。张玉利（2004）认为，创业环境是在创业活动过程中发挥重要作用的要素组合，它既包括影响开展创业活动的所有政治、经济、社会和文化要素，还包括获取创业支持和帮助的可能性。

（3）"系统论"，即创业环境是一个包含各种创业环境要素的复杂系统，创业者周边的经济、政策、技术、文化等境况，是创业者及其企业建立、成长的基础，该系统是多层面的有机整体。目前比较经典的创业环境定义是由加特纳（Gartner，1985）提出的，即创业环境由可获得的资源、政府的干预、周边大学及科研机构、人们的创业态度等因素组成。他还表明，创业环境就是在创业者创立企业的整个过程中，能对企业成长产生影响的一系列外部因素所组成的有机整体。该定义的核心来源于组织环境理论，在此基础上结合创业活动中的资源可获得性命题，同时引入三螺旋创新模型（即企业或创业者、政府和科研机构）的核心思想。蔡莉等人（2007）在分析加特纳等学者观点的基础上，提出创业环境是在企业创建的整个过程中，对创业产生影响的一系列外部因素及其组成的有机整体，包括政策法规环境、科技环境、市场环境、融资环境、文化环境、人才环境。

17.1.2 社会创业环境的定义、类型、特征

1. 社会创业环境的定义

社会创业环境（social entrepreneurial environment）就是存在于一个社会企业内部和外部能够影响社会企业目标实现的所有因素的总和，即社会企业在社会创业过程中，所处的外部市场环境的动态性和组织内部所拥有的资源对于社会创业活动支持性的总和。社会创业是一种社会性活动，社会创业与环境的关系从本质上而言就是人与社会的关系，社会创业的结果实际上就是通过人与社会的相互作用双向构建而得以实现的。社会创业活动是在一定的社会创业环境条件下进行的。在社会创业过程中，多方面因素相互交织、相互作用，在碰撞中形成了现实的社会创业环境系统。参考格尼亚瓦利等学者1994年的研究，我们把社会创业环境划分为社会经济条件、创业和管理技能、政府政策和规程、社会创业资金支持、社会创业实物支持这五个维度（见图17-1）。

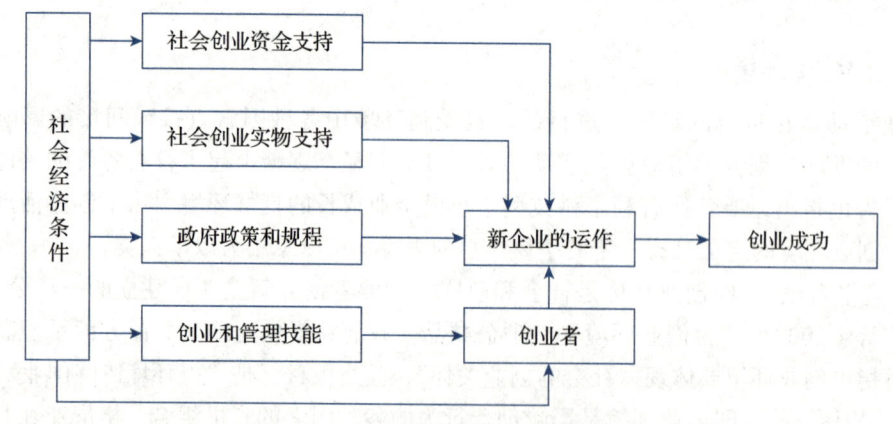

图 17-1　社会创业环境的五维度模型

资料来源：GNYAWALI D R, FOGEL D S. Environments for entrepreneurship development: key dimensions and research implications[J]. Entrepreneurship theory & practice, 1994, 18(4): 43-62.

2. 社会创业环境的表现形式与分类

社会创业环境的基本状况由一个国家的政治、经济、文化、社会的总体条件决定。社会创业环境包括政策环境、地域环境、人际环境和物质环境等，它们在社会创业过程中相互联系、相互作用形成环境系统，构建了社会创业的活动平台。社会创业环境作为一种特殊环境，主要表现为以下几种形式。

（1）社会环境与自然环境。社会环境（social environment）主要是指国情，是对我们所处的社会政治环境、经济环境、法律环境、科技环境、文化环境等宏观因素的综合。自然环境（natural environment）是指由水土、地域、气候等自然事物所形成的环境。它们作为宏观

背景，对社会创业活动有着巨大的、不可抗拒的影响。

（2）内部环境和外部环境。内部环境（internal environment）主要是指社会创业组织内部所拥有的资源、整合资源的能力，以及这些资源与其社会创业活动之间的匹配程度和对社会创业行为的支持程度。内部环境是创业者的家园，是社会创业活动的根基。外部环境（external environment）主要是指社会创业组织外部各种创业条件的总和，如市场环境中的消费者、竞争者、产业特征等。

（3）融资环境与投资环境。融资环境（financing environment）是指社会创业者为了扩大创业实力而聚集大量资金的社会条件，社会企业从各种渠道以各种形式筹集资金，是资金运动的起点。投资环境（investment environment）指的是社会创业者资金投向的项目、行业及地区的情况。

（4）生产环境与消费环境。生产环境（production environment）是指社会创业者的资金转化为产品过程中所需要的各种要素，消费环境（consumption environment）是指社会创业者的商品转化为货币过程中所需要的各种要素。

社会企业的社会创业环境可以从多个角度进行分类。根据社会创业环境要素的物质形态属性不同，可分为硬环境和软环境，其中硬环境是指社会创业环境中有形要素的总和，如有形基础设施、自然区位和经济区位，软环境是指无形的环境要素总和，如政治、法律、经济、文化环境等。从感知角度来分，社会创业环境可分为感性环境和理性环境，其中感性环境要素包括社会认可、社会规范和标准以及创业楷模示范等；理性环境要素包括融资的可期望度、商业机会的可获性以及五类资源（技术、资金、人才、社会资本、市场的接近）的可用性。按照社会创业环境的构成要素分，主要分为政治和法律环境、经济环境、科技环境、营商环境、教育环境、社会文化环境以及自然环境等。按照社会创业环境的层次来划分，主要分为宏观环境、中观环境和微观环境。在社会创业过程中，创业者既要了解微观环境，也要了解宏观环境，更要掌握中观的行业环境。还可将社会创业环境分为一般环境和任务环境，其中一般环境包括社会、政治、经济、文化等方面的要素，任务环境包括与社会创业活动相关的融资环境等方面的要素。

3. 社会创业环境的特征

（1）整体性。社会创业环境是一个由各要素相互作用、相互联系、相互影响而构成的有机整体。社会创业环境的整体性特征，决定了我们在研究社会创业环境时，必须要运用系统的原则和方法，从整体的角度来考察创业环境，不能仅仅孤立地研究社会创业环境的某一个方面。

（2）主导性。主导性是指社会创业企业在某一阶段的发展中，总有一个或几个要素规定和支配着其他要素。此时，该要素在社会创业环境的各要素中居于主导地位。

（3）动态性。动态性指的是一种"稳定-不稳定"性特征，主要是社会创业环境变化的速度与幅度。随着科技的进步，社会不断发展，社会创业环境也在不断发展变化着。竞争者、顾客、市场趋势变化率、增长机会和创新研发的不可预测性等，都极大地影响着社会创业环境，社会创业者需要用动态发展的眼光去观察和研究社会创业环境，适时调整社会创业活动。

（4）宽松性。宽松性指的是环境支持可持续增长的能力、容量环境中可供社会企业使用的资源的稀缺程度以及企业获取资源的竞争程度，衡量的是社会创业环境中资源与社会企业所需资源的匹配情况，即资源是短缺还是充裕。

（5）异质性。异质性描述的是社会创业环境中各要素之间是否存在相似性，或者其中的某些环境要素是否有别于其他环境要素，也就是社会创业环境中不同的细分市场产品需求以及市场差异。

17.1.3 社会创业环境的作用

创业环境是一个非常重要的创业条件，在社会创业过程中发挥着不可忽视的作用。社会创业环境包含经济、文化、自然等环境要素，不直接参与社会创业活动却时刻影响着新创社会企业的成长（Gartner，1985）。社会创业环境是社会创业存在与演化的必要条件和土壤，其重要性不仅体现在对社会创业机会、资源等外部条件产生作用，而且通过外部作用对社会创业者的创业意愿、创业项目选择等产生影响。

1. 社会创业环境对创业资源利用的作用

创业资源是创业者开展创业活动必不可少的资源与条件，是实现创业梦想的物质条件与基础，是创业机会落地的桥梁（Alvarez，2001）。希特、爱尔兰和霍斯基森（Hitt, Ireland, and Hoskisson，2008）认为创业资源既涵盖物质资源，也包括非物质资源。社会创业资源既有一般创业资源的共性，也有社会创业本身的特点。蔡莉等（2007）将环境分为直接和间接匹配环境要素，直接匹配环境要素包括技术、资金及人才，它们直接提供创业企业所需的资源；间接匹配环境要素包括政策法规、中介服务体系、文化、市场、信息化等，它们保障创业企业获取所需资源。近年来，在我国社会经济快速发展和以创新作为引领发展的第一动力的新背景下，鼓励社会创业成为大众创业的一种重要形式，积极的社会创业环境使更多优质资源涌现。社会创业本身就是社会创业者发现、整合并利用资源的一系列社会创业活动的过程。新创社会企业所处的社会创业环境优劣，获取社会创业资源的难易程度、风险大小、途径等决定了社会创业成功与否。

2. 社会创业环境对创业机会把握的作用

社会创业环境在创业机会识别过程中扮演着非常重要的角色（Monllor，2010），因此社会创业者准备社会创业计划之前，有必要对其进行研究分析，主要包括技术环境分析、市场环境分析和政策环境分析。

（1）技术环境分析（technical environment analysis）。社会创业者应对所涉及行业的技术变化趋势有所了解和把握，应考虑因政府投入可能带来的技术发展。

（2）市场环境分析（market environment analysis）。市场环境分析可以从宏观、中观和微观三个层次来进行。在宏观上，主要是对经济因素、文化因素的分析。在中观上，主要是对行业需求的分析，根据波特的五力模型，潜在竞争者、行业内现有竞争者、替代品生产者、供应商和购买者是主要的竞争力量。在微观上，主要是对社会企业的人员、资金、技术、设施、管理模式和营销渠道等各种内部要素与资源的分析。

（3）政策环境分析（policy environment analysis）。政府的政策规定、法律法规等都可能直接或间接影响社会创业的活动。如孟加拉国制定了一系列专门的法律、法规，以确保格莱珉银行的独立自主，促进了农村社区金融生态模式的成功。

完成环境分析之后，可以根据分析结果识别出社会创业机会。一般来说，有关市场特征、竞争者等的可获数据，常常反过来与一个社会创业机会真正的潜力相联系，也就是说，如果市场数据已经可以获得并清晰显示出发展潜力，那么大量的竞争者就会进入该市场，市场中的社会创业机会就会随之减少。因此，对社会创业环境进行信息收集和分析，推动社会创业机会的搜索、感知、评价和利用，从而识别真正的社会创业机会是非常重要的一步。

3. 社会创业环境对创业能力培养和观念转变的作用

创业能力包括创业者的创业意愿、创业动机等。创业环境是影响大学生创业动机形成以及大学生创业活动实际展开的重要因素。有研究表明，金融支持、政府政策、教育和培训、研究开发转移、国内市场开放程度等能够比较科学、全面地反映中国国情下大学生的创业环境，是影响创业动机的最显著因素（段利民 等，2012）。因此，在中国社会创业环境下，强化社会创业者的社会创业动机和社会创业意识非常重要。另外，社会创业是"舶来品"（exotic product），我国社会对其认识还非常有限，应积极建立良好的社会创业文化环境与制度环境，使社会创业活动成为人们发展社会、解决社会问题的自主行为，帮助社会个体认识到社会创业环境不仅有利于个体生存和成长，更有利于推动社会整体的可持续发展。

4. 社会创业环境对创业项目选择的作用

创业环境的不确定性决定着创业项目的选择。在当今市场环境下，信息和知识快速变化，环境中的不确定性日益加剧。社会创业是兼顾经济价值与社会价值的创新立业活动，道德准则是社会创业者的基石，信任、合作、互助的社会风气有利于推动社会创业活动的发展。对创业者来说，社会创业项目目前仍是一片蓝海（blue ocean）。

5. 社会创业环境对创业战略的作用

现有研究从环境、组织架构和企业绩效的关系分析影响企业战略选择的因素（Child，1972），同样地，社会创业环境对创业战略的选择也具有重大影响。社会创业者通过对社会创业环境进行分析，根据分析结果进行创业战略的制定和选择，社会企业战略应该高度适配社会创业环境，并需要根据环境的变化进行战略调整。华莱士（Wallace，1999）指出社会企业作为一种新型企业形式，不同于商业企业和非营利组织，其企业战略选择也呈现出非常强的独特性。

17.2　社会创业环境的构成

任何创业活动都产生于一定的环境，又在一定的环境中发展变化。对于创业环境的构成要素，国内外学者已进行了广泛研究并取得了丰硕的成果。

格尼亚瓦利和福格尔（1994）认为，创业环境是创业过程中，社会经济条件、创业和管理技能、政府政策和规程、创业资金支持、创业非资金支持等多种因素的有机结合。科尔辛（Korsching，2011）提出，创业环境包括市场资源环境和制度规范环境。市场资源环境与制度规范环境具有不同的作用机理（见表17-1），其中市场资源环境包含资金、技术、人力等创业必备的初始资源，是创业活动产生的基础条件；制度规范环境包含政策、文化支持、规范等制度要素，影响新创企业获取资源、合法性以及创业者的社会认同。

表 17-1　市场资源环境和制度规范环境的不同点

相关维度	市场资源环境	制度规范环境
环境主体	市场（生产要素的提供者）	政府和公众
提供的核心要素	资金、技术、人力等资源	政策、文化支持、规范
运行机制	等价交换的市场规律	宏观调控和价值观
主要威胁	市场不成熟和市场失灵	政府过度干预
主要功能	直接提供创业资源	保障资源获取、激励创业动机

资料来源：KORSCHING P F, PETER G, HUNGER J D. Founder motivation and community context interaction in entrepreneurship for small city smart growth[C]//Proceeding of Conference on the Small City and Regional Community, 2011: 347-358.

高建和邱琼（2003）认为，创业环境是由政府政策、政府项目、商业环境、金融支持、市场开放程度、研究开发转移、创业教育和培训、文化及社会规范、有形基础设施等九个方面构成的。全球创业观察（Globe Entrepreneurship Monitor，GEM）认为，影响创业活动的创业环境因素主要有金融支持、政府政策、政府项目支持、教育与培训、研发转化效率、商业和专业基础设施、进入壁垒、有形基础设施、文化和社会规范等九大方面。

本章从层次划分的角度来分析社会创业环境的构成，根据影响范围的大小，将社会创业环境分为宏观环境、中观环境和微观环境三个层次。宏观环境是指来自行业以外所有对社会创业有着重要影响的外在因素，主要包括经济环境、政府政策支持、有形基础设施、社会创业教育与培训、社会创业文化氛围、国家对外开放程度等。中观环境主要是指企业所处的行业对企业经营活动产生影响和作用的各要素，主要依据波特五力模型进行分析。微观环境是指社会创业组织内部的各种创业要素和资源，主要包括人员、资金、技术、设施、管理等对企业经营活动产生直接影响的各种因素。

17.2.1　宏观环境

1. 经济环境

社会创业与经济环境密切相关。经济环境包括经济结构、经济发展阶段、经济周期、国民收入及其变化趋势以及资本市场发育程度等因素，它们决定了企业潜在市场的大小。

社会创业会受到一个国家或地区整个经济环境的影响。从国家整体经济环境来看，尽管没有明确证据表明经济增长与创业之间存在正向影响关系，但总体来看，创业活跃的地区往往也是经济增长较快的地区，而创业活动较少的地区，其经济增长速度通常比较缓慢。而从个人经济条件来看，经济富裕者更愿意通过创业来体现自身能力，他们的创业动机来源于抓住机会的强烈愿望，他们通常表现出超常的进取心，并把创业作为实现某种目标（如实现自我价值、追求理想等）的手段。

2. 政府政策支持

政府政策支持是指政府鼓励社会创业的政策，包括对社会创业环境和安全的规定、企业组织形式的规定、税收的规定、创业政策的执行等。政府能在社会管理创新领域的支持政策与财政投入、区域环境内相关法律法规的完善情况与制度环境等方面直接影响社会创业者开展社会创业活动的积极性。创业扶植、申请审批程序简化、税收负担减轻等政府政策法规降低了创业门槛并对社会创业活动有利,这会吸引更多的人参与社会创业。

英国早在17世纪初,就颁布了规范非营利企业及其行为的法律规范,在1601年出台了《慈善用途法》和《救济法》。多样化的法律形式,一方面赋予了社会创业组织地位的合法性,保障了其社会公益性质,使其相对容易得到英国社会各界的认可和支持,另一方面法律制度允许社会企业采用灵活的商业化运作手段获取资源,增强了社会创业组织筹集资金的能力,拓宽了其业务范围。2001年,英国贸工部(Department for Trade and Industry,DTI)成立了社会企业工作小组为社会企业的发展提供支持。2002年,英国社会企业联盟建立。2005年,英国确立了社区利益公司(CIC)的法律形式,以利于社会企业注册。2009年,英国卫生和社会福利部设立社会企业投资基金。2010年,历史上第一个社会影响力债券(SIB)在英国出现。英国的主要政党都宣布支持社会企业和社会投资的发展。英国首相卡梅伦提出"大社会"计划。2012年,大社会资本(big society capital)启动。2013年,英国《公共服务(社会价值)》法案出台,社会股票交易所在伦敦成立,卡梅伦启动了八国集团社会投资专门小组(韩君,2014;Han,2017)。

2008年以来,美国多个州在商业公司的法律框架中,先后设立了"低利润有限责任公司""共益公司""弹性目标公司""社会目的公司"四种社会企业法律组织形式,这些形式是对非营利组织和商业企业二者的融合(王世强,2013)。为了适应社会创业发展需要,美国对社会创业提出了支持性政策,推出相关税务优惠计划,这些措施为社会企业提供了良好的制度环境(王世强,2013)。

近年来,我国也不断出台关于社会创业、社会企业的利好政策。如在地方层面,2021年3月,上海市对外发布《临港新片区高质量社会服务体系建设规划》,其中明确提出"探索社会企业等公益创新模式,并培养一批具备国际视野的高素质社会工作者队伍"。社会企业成为未来临港新片区创新城市治理的新探索方向。2021年3月,武汉市东湖区印发《关于加强党建引领创新社区治理的实施意见》,其中明确提出"培育社会组织和社会企业",同时"对区内注册成立并实际运营的社会组织(社会企业)孵化器、加速器,按照每年运营费用,给予最高50万元补贴";此外,"对区内首次获得认证的社会企业,给予一次性5万元奖励"。该意见的印发,对推动武汉市社会企业的培育与发展,具有重要的意义。这些政策文件的发布,对于鼓励社会创业有积极影响。在国家层面,2021年3月,民建中央向全国政协十三届四次会议提交《关于弘扬社会企业家精神,加快社会企业发展的提案》,首次在国家层面提出"开展区域或行业社会企业试点建设、鼓励相关机构兴办或转型为社会企业"等政策建议。2021年8月,中共中央统战部印发了《关于深入推进新时代光彩事业创新发展的意见》,明确提出"支持探索发展慈善信托、社会企业、公益创投、影响力投资等新模式,总结推广典型案例和成功经验"。这是"社会企业"一词首次出现在中央层面的政策性表述当中。

3. 有形基础设施

有形基础设施涉及可利用的有形资源的数量、质量和可获得程度,包括土地和办公空间、水电资源、通信设施、交通等公共设施。有形基础设施是社会创业活动的物质载体,有形基础设施的完善程度和获得成本高低会直接影响到社会创业的效率。随着我国综合国力的不断提高,我国有形基础设施得到较大改善,但由于地域发展不平衡,部分地区的有形基础设施还有待完善。

4. 社会创业教育与培训

社会创业教育与培训是指各个层次的教育与培训系统对创立或管理社会企业的社会创业者的支持，包括初等教育、高等教育、职业技术教育和专门的创业教育等。在社会创业教育与培训方面，最突出的问题是社会创业者知识技能不足，创业教育和商业管理教育不能满足当前社会创业者对创业实践的需求。

随着我国对"大众创业、万众创新"的大力推进，作为人才培养基地的高校成为创新创业高素质人才培养不容忽视的部分。高校进行社会创业教育和实践，可以有效培养大学生的创业能力、强化创业意识、增强创业技能，有助于促进大学生社会责任感和实践能力的提升。当前，多数高校已经开展创新创业教育，并将其纳入学分管理体制，通过创新创业教育，引导学生培养创新意识从而成为国家高素质人才。

社会创业的成功率较传统经济创业成功率高，且具有很强的社会感召力和影响力，应该在大学生中进行倡导和鼓励。社会创业教育在国外的发展趋势已经得到验证，如牛津大学、哈佛大学、斯坦福大学等世界一流大学都已经开设了相关的社会创业课程。斯坦福大学、牛津大学、乔治敦大学还建立了相应的研究中心。目前国内高校也陆续开设社会创新创业教育课程，有北京大学、清华大学、湖南大学、广西师范大学、长江商学院等。

5. 社会创业文化氛围

社会创业文化是指个人或集体社会创业中表现出来的基本文化特性，包括社会习俗和传统价值观。文化和社会规范是影响社会创业活动的重要因素之一，对社会创业行为的产生有一定的促进或阻碍作用。

大多数发达国家从小培养个人的创业意识，创业理念深入人心。在很多发达国家，创业失败并不能说明什么，比如美国社会崇尚和强调个人奋斗、机会均等的平等思想观念，个人创业在美国是较为普遍且让人引以为荣的事，以致整个社会形成了一种鼓励创业、宽容失败的氛围。在过去30多年里，美国个人创业者数量有了巨大增长。而在发展中国家，创业意识相对薄弱，对创业失败不够宽容。因此，一些人在创业时，就会选择风险较小的项目或行业，但这丧失了可贵的冒险精神，不利于创业的发展。

倡导和尊重社会创业、宽容社会创业失败的文化氛围能够形成良好的社会创业风气，促进个体参与社会创业活动。良好的社会创业文化一方面要鼓励个人具有冒险精神，另一方面也要鼓励发扬团队合作精神，从而形成一个充满活力的创业型社会。

6. 国家对外开放程度

国家的对外开放程度一方面指国家积极主动地扩大对外经济交往的程度，另一方面指放宽政策，开放或取消各种限制，不采取封锁国内市场和国内投资场所的保护政策，发展开放型经济的程度。一般来说，一个国家对外开放程度越高，越能营造一种宽松的市场氛围，进一步放宽经营领域，降低市场准入门槛，为自主创业发展创造良好环境，从而促进社会创业活动。

17.2.2 中观环境

中观的行业环境是直接影响社会创业的外部因素，行业经营现状和发展趋势密切关系到社会企业的生存与发展。社会企业所处的社会价值链（Han, Ma, and Wang, 2018）和社会金融环境（韩君、吴亦非，2021）就属于典型的中观行业环境。当今社会科技进步日新月异，行业环境不确定性日益加剧，深入分析行业环境有助于社会创业者了解行业竞争状态，制定自身经营战略。

波特于20世纪80年代初提出五力模型（见图17-2），具体分析行业中的关键因素，认为行业中存在着决定竞争规模和程度的五种力量，分别为行业内现有竞争者的竞争能力、潜在竞争者的进入威胁、替代品生产者的替代能力、供应商的议价能力和购买者的议价能力。

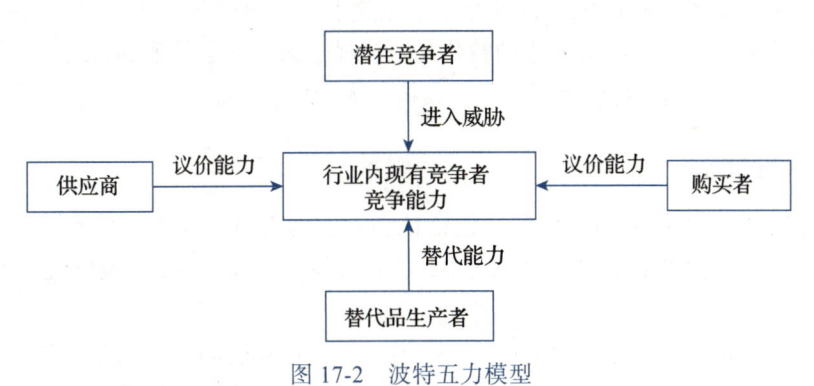

图17-2 波特五力模型

资料来源：PORTER M E. Competitive strategy: techniques for analyzing industries and competitors[M]. New York: Free Press, 1980.

1. 行业内现有竞争者

行业内现有企业之间的竞争是最普遍的竞争，但社会创业作为解决社会问题、推动社会进步的创新方式，既要满足社会目标，与同类型社会企业竞争，又需要与传统商业企业同台竞技，这无疑加大了社会创业的难度，对社会企业的竞争能力提出了更高的要求。

社会创业作为"舶来品"，目前在我国还没有明确的法律地位，赵莉和严中华（2012）指出，我国社会创业主体的合法性审查缺乏统一标准，社会创业组织的监管机制也同样不够完善，其身份的尴尬导致了难以被公众、投资者等利益相关者认同的合法性障碍（Santos，2012）。同时，社会创业运用商业手段解决社会问题，颠覆了社会价值与经济价值不能共存的固有观念，这使得社会公众无法理解甚至怀疑社会企业的商业模式（王晶晶、王颖，2015）。这些严重影响了社会创业过程中的资源获取，使社会企业在同行业竞争中处于弱势地位，阻碍了社会企业的生存与发展。

解决社会创业合法性认知困境，提高在同行业内的竞争力，仅依靠政府的力量是不够的，社会创业者自身也要做出努力，利用自己的社会地位与社会资源获取认可，如通过选择行业内有共同价值追求的利益相关者影响社会公众对社会创业的理解等。

2. 潜在竞争者

潜在竞争者进入后，会引发新一轮市场竞争。这种进入威胁主要取决于行业的吸引力和进入障碍的大小。对社会创业来说，主要面临的是进入问题，进入的最大障碍则来源于资金。社会创业初期很难拥有全部资源，社会创业又是高风险行为，难以从正规金融机构获得资金支持。王飞绒和池仁勇（2005）提出，初创企业有两类重要的资金来源：一是来自亲朋好友的非正式融资；二是创业投资资金。社会创业在我国还属于新生事物，价值诉求的不同一定程度上影响了社会创业投资资金的获得。社会创业双重价值属性要求有专业的中介机构进行评估、指导与支持，目前国内只有少数公益创投机构进行过这项工作，如友成企业家乡村发展基金会等。构建多元化的社会创业融资体系，才能帮助社会企业进入市场并高效运作与成长。同时为了减少市场竞争，社会创业者可以捕捉市场空白，站稳脚跟后不断发展自己。

3. 替代品生产者

整个行业都面临替代品的威胁，社会创业是追求社会价值和经济价值并重的创业活动，提供的产品或服务不仅面临经济价值的替代品，同样也面临社会价值的替代品。因此，社会企业需要不断通过技术创新与模式创新，形成核心优势和规模优势。

17.2.3 微观环境

微观环境是社会创业活动的根基，包括社会企业的人员、资金、技术、设施、管理模式和营销渠道等各种内部要素与资源。其中，人员、资金、技术是社会创业必备的三种初始资源。

（1）人员。推动社会创业过程的动力有三种：社会创业者和社会创业团队、社会创业机会、资源。其中，最重要的是社会创业者和社会创业团队，这不仅仅是因为它是一个新企业形成的起点，更重要的是它决定了整个社会创业过程的多个方面。影响创业者追求新企业发展倾向的个人因素包括个性、技能、价值观、教育背景和培训经历（Herron and Robinson，1993）。

社会创业活动更可能集中出现在具有明显人才优势的地区。在人力资源集中的区域，个人之间会产生知识外溢，个人生产力也会随之提高（Glaeser，1992），进而刺激社会创业活动。

（2）资金。创业资金的来源主要有三种途径：一是私人权益资本；二是创业资本融资；三是上市融资。社会创业通过商业运作模式来实现社会价值，通常社会创业者在创业初期最需要资金支持，但由于社会创业的特殊性，社会企业相比商业企业而言筹集资金更为艰难。

（3）技术。社会创业动机和社会创业行业与国家、区域和个人的技术条件有关，但创业与技术的关系更多地表现在创业行业的选择上。技术需求往往会影响到资金需求和人才需求，比如企业在早期要通过自主研发来获得技术，则必然会对资金和研发人才有较大需求。

社会创业的微观环境因素是可控的，如社会创业团队人员构成与素质、管理水平、销售渠道等，社会创业者可以通过调整这些内部环境要素，创造性地整合资源以满足社会企业发展需求，形成自己的优势。由于社会创业微观环境的相关因素在其他章节均有涉及，在此不再赘述。

17.3 社会创业环境分析

17.3.1 社会创业环境分析的意义

良好的社会创业环境是保障和促进社会创业活动顺利进行的根本与关键。营造适合社会创业的优质外部环境，有利于激起更多人的社会创业动机与意愿，促进社会创业的诞生，推动社会创业活动的顺利实施。

社会创业环境的基本要素对社会创业活动具有重要的影响,可以促进社会创业机会的产生且增强社会创业能力。社会创业机会与社会创业能力相结合,就会产生社会创业活动。社会创业总是在一定的政策环境和市场环境中进行的,因此社会创业者必须对环境有深刻的了解,并采取相应的对策,才能为创业活动的成功提供保障。

(1)通过研究社会创业环境,指导社会创业。社会创业活动可以被看成是一个开放的系统,社会创业活动和其所处的环境是相互作用、相互影响的。社会创业者获取资源以及在市场上竞争都离不开其所处的环境背景。通过对社会创业环境的研究,社会创业者可以了解社会创业环境为什么能影响社会创业活动,从而为评估自己的社会创业能力和环境因素提供一定的理论参考。

(2)通过研究社会创业环境,规避创业风险,提高创业的成功率。创业者社会创业活动的成功率在整个世界范围内都是较低的。出现这样的现象,除了创业者自身能力有限、创业资金不足等因素外,更重要的是受到社会创业环境的影响,例如,政府服务意识不强、法制环境不健全、社会服务化程度低等。所有这些都会影响社会企业的生存和发展。因此,通过对创业环境的研究,阐明社会创业环境是如何影响社会创业活动的,有助于帮助创业者规避创业风险,从而提高社会创业的成功率。

(3)通过研究社会创业环境,完善社会服务功能,建立有效的社会创业环境支持体系。社会创业环境对社会创业的影响最终表现在创业的成功率上。在社会创业的过程中,一部分创业者取得了成功,而很多的创业者却失败了。分析其深层次的原因,主要是社会创业环境的各个方面对社会创业活动的影响程度较大。并且不同的因素对社会创业的影响程度不同,同一环境因素在社会创业的不同阶段,也会产生不同的影响。因此,正确评估社会创业环境的影响程度,可以完善社会服务功能,建立有效的社会创业环境支持体系。

17.3.2 社会创业环境分析的内容

虽然社会创业环境分析产生于社会创业活动之前,但它将伴随着社会创业活动的开展一直持续下去,对于社会创业环境的分析应当是一个不间断的循环,具体流程如下。

(1)环境扫描。环境扫描的概念最早是由美国哈佛商学院教授弗朗西斯·阿圭勒(Francis Aguilar)在1967年提出的,他认为环境扫描是指获取和利用外部环境中有关事件信息、趋势信息和关系信息的行为,以协助企业的高级管理层制订其未来行动的计划。通过环境扫描,创业者可以进行直观分析,并做出初步的社会创业规划。

(2)环境监控。环境监控是对社会创业环境的变化进行持续监测。环境监控要求持续跟踪可能影响新创企业未来生存和发展的重要因素的变化。前期扫描的信息被输入到监控过程中,对所识别的与新创企业相关的变化和实践进行实时监控,这样可以使创业者制定一个可行性强且较为理性的创业计划或战略。

(3)环境预测。环境预测是指根据监测到的社会创业环境变化情况,对未来环境发展趋势进行预测,如对消费者的购买力水平、利率的变化、通货膨胀等的预测。

(4)环境评估。环境评估是指评价和估量社会创业环境变化及其发展趋势对社会创业活动的影响,这是环境分析中最重要的环节,也是最为困难的环节。社会创业者主要从企业建立和成长的角度对社会创业环境提供的机会或威胁进行全面的考量,为企业的发展提供决策依据。

17.3.3 社会创业环境分析的方法

1. 机会分析

在机会分析中，可以采取归纳统计的方法就各种环境因素对机会的影响大小进行图标定点分析，并从各种环境因素定点的区域来认识各种环境对机会的重要程度。

如图17-3所示，横坐标表示机会的吸引力，即成功后能带来的利润的大小，纵坐标表示机会出现的概率，并将机会出现概率和吸引力大致分为高低和大小两档。根据各环境因素的相应数据在坐标平面上的定点，就可以区分其重要程度。

区域1：机会出现概率高，而且机会出现后会带来较大的利润，因此对创业者的吸引力大，是应该尽量利用的环境。

区域2：机会出现概率高，但机会出现后带来的利润较小，是创业者应该注意开发的环境。

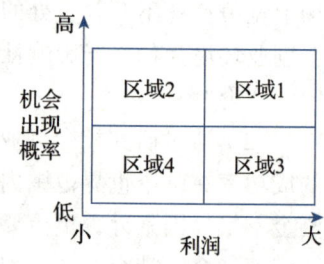

图17-3 机会的吸引力与出现的概率分析矩阵

区域3：机会出现概率低，但一旦机会出现后会给企业带来较大的利润，因此创业者应该注意创造条件去力争成功。

区域4：机会出现概率低，而且机会出现后给企业带来的利润较小，是创业者应该注意回避的环境。

2. 威胁分析

采取归纳统计的方法就各种环境对威胁程度的影响进行图标定点分析，并从各环境因素定点的区域来认识各种环境对威胁的影响程度。

如图17-4所示，横坐标表示威胁对企业经营影响的严重性，即威胁出现之后所带来的损失的大小，纵坐标表示威胁发生的概率，并将发生的概率和严重性大致分为高低和大小两档。根据各环境因素的相应数据在坐标平面上的定点，就可以区分事件的影响程度及其性质。

区域1：威胁发生的概率高，而且发生后将造成较大的损失，因此创业者要予以特别关注。

区域2：威胁发生的概率高，但发生后造成的损失有限，创业者应该予以必要的关注。

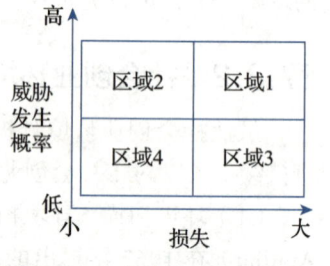

图17-4 威胁的严重性与发生的概率分析矩阵

区域3：威胁发生的概率低，但一旦发生会造成较大的损失，因而创业者不能掉以轻心。

区域4：威胁发生的概率低，并且发生后给企业经营造成的损失也比较有限，是可以基本忽略的环境。

3. 机会－威胁综合分析

通过市场机会和环境威胁矩阵图的分析，可以判断创业者所面临的市场机会和环境威胁的位置，以便找出主攻方向。同时，对市场机会和环境威胁进行比较，还可以预测对社会创业者来说机会和威胁哪一个占主要地位。把两个方面的分析结果重叠，就可以形成新的矩阵，如图17-5所示，横坐标表示机会水平的高

图17-5 机会－威胁综合分析矩阵

低,纵坐标表示威胁程度的强弱。这样业务项目就可以分为四种类型。

区域1:威胁程度强,机会水平低,是最差的环境状态,处于这一区域的是困难型业务。

区域2:威胁程度强,机会水平也高,两相比较,难分上下,处于这一区域的是风险型业务。

区域3:威胁程度弱,机会水平低,虽然盈利能力不高,但也没有多大风险,处于这一区域的是成熟型业务。

区域4:威胁程度弱,机会水平高,是最佳的环境状态,处于这一区域的是理想型业务。

4. 优劣势分析

优劣势矩阵用于分析社会创业者在机会与威胁出现时自身有何种优势和劣势,见图17-6。

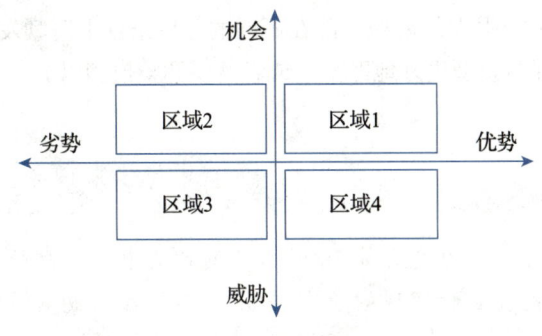

图17-6 优劣势矩阵

区域1:机会水平高,优势明显;最佳创业环境,应最大限度利用创业环境。
区域2:机会水平高,但劣势明显;不能有效利用当前创业环境。
区域3:威胁水平高,劣势明显;最差创业环境,不值得考虑。
区域4:威胁水平高,优势明显;风险较大,适合自信的创业者。

5. 社会生态系统环境条件模型

我们采用的关于社会生态系统环境条件的模型,是保罗·布鲁姆(Paul N. Bloom)在哈佛商学院教授潘卡吉·盖马沃特(Pankaj Ghemawat)确定的四类重要环境差异的基础上进行修改所得出的类别,以满足社会创业者的需求。社会创业者应该考虑每个类别的现状和潜在变化,这四种环境条件具体如下。

(1)政治与行政结构。这一类别包括规则和条例以及社会创业者所在司法管辖区的政治动态。它还包括影响这些规则的过程和程序,如政治家和执法官员的腐败程度。例如,1977年的《社区再投资法》和1994年的《社区发展和监管改进法》在塑造美国社区发展融资环境方面发挥了重要作用,影响了"自我帮助"(Self-Help)⊖和其银行合作伙伴。

(2)经济与市场。这种环境状况包括社会创业者经营和寻求资源的地区的整体经济健康状况,以及该地区的财富和收入分布、经济前景、企业活动水平和相关市场。抵押贷款证券市场的增长为"自我帮助"提供了机会。不幸的是,其他人利用二级市场来帮助推动次级贷款爆炸式增长。

⊖ Self-Help 是由耶鲁大学法学院毕业生马丁与妻子邦妮于1980年创办的,该机构最初为北卡罗来纳州的工人持股企业提供管理援助,但很快将其重点转移到通过住宅和企业所有权帮助弱势居民创造财富上。

（3）地理和基础设施。这一类别不仅包括实际地形和位置，还包括社会创业者在交通、通信和其他运营需求方面的基础设施。比如在人口密集的城市地区有效的项目，可能无法在人口稀少的农村地区开展；在一个拥有广泛的医疗诊所网络的国家治疗艾滋病，与在主要城市地区以外的诊所数量很少的农村地区治疗艾滋病，是完全不同的挑战。

（4）文化与社会网络。这种环境状况涵盖了本地区居民的规范和价值观、社会网络和人口趋势，虽然不那么具体，但这些条件与基础设施、政治和经济一样重要。许多小额信贷机构针对女性，这项工作的挑战在不同地区有很大差异，很大程度上取决于当地对妇女在经济中所起作用的文化规范。

对在单一的、界定明确的地理和政治管辖范围内运作的社会创业者来说，界定这些环境条件是相对容易的。而那些在多重法律、经济、文化和地理环境中工作的社会创业者，则面临着更大的挑战。他们需要一个强大的模型，能在不同的环境条件下蓬勃发展，或者他们需要仔细选择不同的环境，以确保与模型更好地匹配，或者需要调整模型以适应不同的环境条件。

本章小结

1. 社会创业环境是存在于一个社会企业内部和外部能够影响社会企业目标实现的所有因素的总和。
2. 社会创业环境分为宏观环境、中观环境和微观环境。宏观环境是指来自行业以外所有对社会创业有着重要影响的外在因素。中观环境主要是指行业环境，即企业所处的行业中对企业经营活动产生影响和作用的各要素。微观环境是指社会创业组织内部的各种创业要素和资源。
3. 社会创业活动是在一定的社会环境下进行的，在社会创业过程中，多方面因素相互交织、相互作用，在碰撞中形成了现实的社会创业环境系统。

问题讨论

1. 社会创业环境有哪些方面的作用？
2. 行业环境是怎样影响社会创业的？
3. 社会创业环境分析的方法有哪些？请分别阐述。

扫码查看案例分析和文献精读。

参考文献

[1] HAN J, MA J, WANG Z. Social value chains: a new organizational framework for studies on state-society relations in China[J]. Chinese public administration

review, 2018, 9(1): 55-74.

[2] HITT M, IRELAND R D, HOSKISSON R.Strategic management: competitiveness and globalization [M]. Farmington Hills: Cengage Learning, 2008.

[3] KORSCHING P F, PETER G, HUNGER J D. Founder motivation and community context interaction in entrepreneurship for small city smart growth[C]//Proceedings of Conference on the Small City and Regional Community, 2011: 347-358.

[4] MANOLOVA T S, EUNNI R V, GYOSHEV B S. Institutional environments for entrepreneurship: evidence from emerging economies in Eastern Europe[J]. Entrepreneurship theory and practice, 2010, 32(1): 203-218.

[5] SANTOS F M. A positive theory of social entrepreneurship [J]. Journal of business ethics, 2012, 111(3): 335-351.

[6] WANG Z, WU Q, WU L. The relationship between corporate strategic performance and social responsibility in listed tourism company[J]. Business, 2012: 194-197.

[7] 蔡莉, 崔启国, 史琳. 创业环境研究框架[J]. 吉林大学社会科学学报, 2007, 47(1): 50-56.

[8] 段利民, 杜跃平. 创业环境对大学生创业意愿的影响: 兼对GEM模型的再检验[J]. 技术经济, 2012, 31(10): 64-70.

[9] 韩君. 英国社会企业的发展现状与认证标准 [J]. 中国第三部门研究, 2013, 6(2): 106-115.

[10] 胡玲玉, 吴剑琳, 古继宝. 创业环境和创业自我效能对个体创业意向的影响 [J]. 管理学报, 2014, 11(10): 1484-1490.

[11] 厉杰, 吕辰, 于晓宇. 社会创业合法性形成机制研究述评 [J]. 研究与发展管理, 2018, 30(2): 148-158.

[12] 高建, 邱琼. 中国创业活动评述: 全球创业观察中国报告要点 [J]. 中国人才, 2003 (8): 4-6.

[13] 王飞绒, 池仁勇. 发达国家与发展中国家创业环境比较研究 [J]. 外国经济与管理, 2005, 27(11): 41-48.

[14] 王晶晶, 王颖. 国外社会创业研究文献回顾与展望 [J]. 管理学报, 2015, 12(1): 148-155.

[15] 汪忠, 廖宇, 吴琳. 社会创业生态系统的结构与运行机制研究 [J]. 湖南大学学报, 2014, 28(5): 61-65.

[16] 叶依广, 刘志忠. 创业环境的内涵与评价指标体系探讨 [J]. 南京社会科学, 2004 (9): 228-230.

[17] 张兵. 大学生创新创业基础 [M]. 北京: 高等教育出版社, 2016.

[18] 张帆. 中美大学生创业环境的比较分析 [J]. 科学管理研究, 2010, 28(1): 112-115.

[19] 张玉利, 陈立新. 中小企业创业的核心要素与创业环境分析 [J]. 经济界, 2004(3): 29-34.

[20] 赵彦飞, 李雨晨, 陈凯华. 国家创新环境评价指标体系研究: 创新系统视角 [J]. 科研管理, 2020, 41(11): 66-74.

[21] 彭华涛, 李冰冰, 周灵玥. 环境动态性视角下创业企业的创新策略选择比较 [J]. 科学学研究, 2021, 39(2): 347-355.

[22] 张海涛, 肖岚, 李鹏, 等. 中国企业内部创新创业环境量表的建构与验证 [J]. 技术经济, 2020, 39(5): 48-59.

[23] 高斌, 段鑫星. 我国省域创新创业环境评价指标体系构建及测度 [J]. 统计与决策, 2021, 37(12): 70-73.

第18章 社会创业与减贫

:: 学习目标

- 了解贫困的定义与现实
- 了解创业减贫的理论基础
- 掌握社会创业减贫的层次
- 理解与掌握通过社会创业减贫的途径与模式
- 了解国内外社会创业与减贫相关研究

开篇案例

减贫的中国实践

中国曾长期饱受贫困问题困扰,过去40年中,与经济快速发展相呼应的是中国在减贫领域的巨大成就。据世界银行测算,按照人均每天支出1.9美元的国际贫困标准,过去40年中国共减少贫困人口8.5亿多人,对全球减贫贡献率超过70%。按中国现行贫困标准,1978年至2017年,中国农村贫困人口由7.7亿人减少到3 046万人,贫困发生率由97.5%下降到3.1%。2012年至2017年,中国每年有1 000多万人稳定脱贫。

中国是世界上减贫人口最多的国家,也是率先完成联合国千年发展目标减贫目标的发展中国家。更令世界尊重的伟大成就,是经过国家全方位的努力,中国于2020年消除了绝对贫困。但是,贫穷标准是动态的,中国依然是发展中国家,巩固拓展脱贫攻坚成果、确保不发生规模性返贫仍任务艰巨。如何通过商业,尤其是创业创新的模式或途径来减少贫困是经济学、金融学、管理学和创业创新等社会科学领域学者和研究者近年来思考与探索的热点问题。

总体而言,近几十年来更快、更广泛的技术进步与经济增长使许多贫困地区的贫困者摆脱了贫困,众多国家和地区的贫困状况有了显著改善,使赤贫人口下降到世界人口的不到10%。但仍有大量人口生活在贫困之中,近年来管理学者和经济学家不仅继续研究探索这一关系到经济平衡发展社会和谐进步的重要研究课题,并且越来越认识到在数字时代,由于各种数字技术与其他新技术的出现,现有减贫理论的手段与方法的局限性已经越来越明显,它们与新的社会形态与环境等方面的发展变化越来越不匹配。

因此,近年来越来越多的学者和研究者从不同的学科领域,用不同的技术手段,对新环境与新生态系统背景下的贫困问题进行了新的研究和探索。其中之一就是探索研究如何通过商业途径,尤其是通过创业创新的途径,为解决世界各地的贫困问题提供新的有效方案。同时,世界各地政府也越来越意识到需要管理学家、经济学家、企业家等来共同研究并为持续有效地减少全球/地区贫困问题提供方案,人们形成的一个共识就是减少全球/地区贫困既是世界性问题也是地区性问题,既是经济发展问题也是社会和谐与社会进步问题。

这里特别值得强调的是中国改革开放40年来在减贫方面取得伟大成就,中国对于减少全球贫困做出重大贡献,以及中国向世界各地的最不发达国家与地区提供了一种如何通过因地制宜,通过政府与企业家合作,使贫困地区产生积极主动的生产者、消费者与创业者来减贫的经典实践。

总之,如何可持续性减贫依然是中国目前面临的一个重大问题,进一步提高对这一重大问题的认识,需要通过理论学习与进一步的相关实践。

资料来源:斯晓夫,严雨姗,傅颖.创业减贫前沿理论研究与未来方向[J].管理世界,2020(11):194-206.

18.1 贫困的定义及现实

18.1.1 贫困的定义及标准

自20世纪80年代以来,贫困问题一直出现在主要国际组织(如联合国、世界银行、美洲开发银行、国际货币基金组织等)的议程上(Maguirre, Portales, and Bellido, 2018)。纵然当今世界经济飞速发展,贫困仍是世界最尖锐的社会问题之一(Alvarez, Barney, and Newman, 2015;Bruton, Ketchen, and Ireland, 2013)。虽然随着经济全球化的发展和世界经济的增长,全球处于绝对贫困线以下的人口在不断减少,但COVID-19大流行对全球经济造成严重冲击,全球极端贫困人口2020年新增9 300万人,多年减贫成果被吞噬。世界银行预测,如不采取积极行动,2030年全球贫困率约为7%,届时仍有约6亿人的生活水平处于极端贫困线之下。

贫困问题不仅严重阻碍了最不发达国家和地区的社会经济发展,也是造成贫困地区冲突、恐怖主义蔓延和环境恶化等问题的重要根源之一。如何定义贫困?对贫困的定义有广义与狭义之分,从广义上来看,贫困是多维度的,除了包括经济方面,还包括经济以外的其他不同的挑战,如能力的剥夺、边缘化、歧视和健康问题等(Amorós and Cristi, 2011;Ansari,

Munir, and Gregg, 2012; Misturelli and Heffernan, 2012; Su et al., 2020)。以缓解贫困为主题的2000/2001年《世界发展报告》也指出：可以从收入、健康和教育程度三方面来定义贫困。但目前的减贫研究与实践，对于贫困的定义主要还是首先采用从经济方面来衡量的狭义定义。2015年10月4日，世界银行宣布为反映近十年来全球不断上升的生活成本，按照购买力平价计算将国际贫困线标准从此前的一人一天1.25美元上调到1.9美元。同时，为了更准确地测量不同情境下的贫困，它引入了两条互补的全球贫困线（分别为每人每天3.20美元和5.50美元），作为全球发展水平较高以致每人每天1.90美元的国际贫困线几乎不起作用的国家的基准。这两条贫困线是对基准国际贫困线的补充，而不是取代。根据基准国际贫困线，据联合国统计，截至2017年6月底，全球仍有7亿极端贫困人口，其中一半生活在撒哈拉以南非洲地区，1/3生活在南亚。据世界银行（2021）报告，2018年，国际贫困线以下人口中有4/5生活在农村地区。一半的贫困者是孩子。在大多数区域和某些年龄组中，妇女占贫困人口的大多数。全球15岁及以上的贫困人口中，约有70%没有接受过教育或只接受过一些基础教育。全球40%以上的贫困人口生活在受脆弱性、冲突和暴力影响的经济体中，预计这一数字将在未来10年上升到67%。这些经济体的人口占世界人口的10%。

由于COVID-19、冲突和气候变化的共同作用，许多勉强摆脱极端贫困的人可能会被迫重新陷入赤贫。如果没有适当的全球应对措施，大流行病及其经济后果、武装冲突和气候变化的累积影响将在未来很长一段时间内造成高昂的人力和经济代价。新近研究表明，到2030年，大多数国家几乎肯定会感受到当前危机的影响。在这种情况下，如果不采取迅速、重大和实质性的政策行动，到2030年将全球绝对贫困率降至3%以下的目标就无法实现，而这一目标在危机前就已经面临风险（世界银行，2021）。

总之，贫困作为当今世界最尖锐的社会问题之一，过去几十年一直引起国际社会的重视，世界银行、联合国等机构都有具体的研究项目研究减少贫困，并动员各国采取具体的扶贫行动，宣传和促进全世界的消除贫困工作。比如1992年12月22日，第47届联合国大会确定每年10月17日为"国际消除贫困日"（International Day for the Eradication of Poverty），并提出与消除贫困相关的具体主题（见表18-1）。

表18-1 2012—2021年国际消除贫困日主题

年 份	主 题
2012年国际消除贫困日	消除极端贫穷暴力：促进赋权，建设和平
2013年国际消除贫困日	从极端贫困人群中汲取经验和知识，共同建立一个没有歧视的世界
2014年国际消除贫困日	不丢下一个人：共同思考，共同决定，共同行动，对抗极端贫困
2015年国际消除贫困日	构建一个可持续发展的未来：一起消除贫穷和歧视
2016年国际消除贫困日	从耻辱和排斥到参与：消除一切形式的贫穷
2017年国际消除贫困日	响应10月17日消除贫困的号召：通往和平包容的社会之路
2018年国际消除贫困日	与落在最后面的人一起，建立普遍尊重人权和尊严的包容性世界
2019年国际消除贫困日	构建一个可持续发展的未来，一起消除贫穷和歧视
2020年国际消除贫困日	共同行动，为所有人实现社会和环境正义
2021年国际消除贫困日	携手前行：终结持续贫困，尊重所有人和我们的星球

资料来源：作者根据相关资料整理而成。

2015 年 9 月举行的联合国可持续发展峰会通过了 2015 年后发展议程。新发展议程包括 17 个可持续发展目标和 169 个具体目标，可持续发展目标中的第一个就是"在全世界消除一切形式的贫困"，下设 7 个具体目标，其中第一个目标是"到 2030 年，在世界所有人口中消除极端贫困"。2017 年 10 月 17 日联合国秘书长古特雷斯在为纪念国际消除贫困日发表的视频致辞中表示："特别是要求解决贫困的根源性问题，全面消除造成贫困的根本原因，并为此听取贫困人口的意见和指导，与他们共同采取行动"。

18.1.2 中国脱贫攻坚

对于全球减贫问题，中国成功脱贫的人数是世界上最多的，中国的脱贫经验与方案值得世界上很多发展中国家借鉴。

中国曾经也是一个极端贫困国家，1978 年中国农村贫困人口高达 7.7 亿（按现行中国农村贫困标准为每人每年 2 300 元），贫困发生率为 97.5%。实行改革开放以后，中国政府首次提出并逐步明确发展生产、消除贫困的工作方向，并取得了举世瞩目的成就。2015 年 11 月 23 日，中共中央政治局审议通过《关于打赢脱贫攻坚战的决定》⊖，同年 10 月，国家脱贫攻坚普查领导小组成立⊖，标志着国家领导的脱贫攻坚战正式开始。改革开放以来，按照现行贫困标准计算，中国 7.7 亿农村贫困人口摆脱贫困；按照世界银行国际贫困标准，中国减贫人口占同期全球减贫人口 70% 以上。2019 年年底，中国还剩下 52 个贫困县、2 707 个贫困村和 551 万贫困人口没有脱贫。国务院扶贫开发领导小组对 52 个贫困县实施挂牌督战。2021 年 2 月 25 日，国家主席习近平在全国脱贫攻坚总结表彰大会上庄严宣告中国脱贫攻坚战取得了全面胜利，现行标准下 9 899 万农村贫困人口全部脱贫，832 个贫困县全部摘帽，12.8 万个贫困村全部出列，区域性整体贫困得到解决，第一次在一个发展中国家完成了消除绝对贫困的艰巨任务，在实现共同富裕的道路上迈出了坚实的一大步。具体来说，"党的十八大以来，平均每年 1 000 多万人脱贫，相当于一个中等国家的人口脱贫。贫困人口收入水平显著提高，全部实现'两不愁三保障'，脱贫群众不愁吃、不愁穿，义务教育、基本医疗、住房安全有保障，饮水安全也都有了保障。2 000 多万贫困患者得到分类救治，曾经被病魔困扰的家庭挺起了生活的脊梁。近 2 000 万贫困群众享受低保和特困救助供养，2 400 多万困难和重度残疾人拿到了生活和护理补贴……贫困地区发展步伐显著加快，经济实力不断增强，基础设施建设突飞猛进，社会事业长足进步，行路难、吃水难、用电难、通信难、上学难、就医难等问题得到历史性解决。义务教育阶段建档立卡贫困家庭辍学学生实现动态清零。具备条件的乡镇和建制村全部通硬化路、通客车、通邮路。新改建农村公路 110 万公里，新增铁路里程 3.5 万公里。贫困地区农网供电可靠率达到 99%，大电网覆盖范围内贫困村通动力电比例达到 100%，贫困村通光纤和 4G 比例均超过 98%。790 万户、2 568 万贫困群众的危房得到改造，累计建成集中安置区 3.5 万个、安置住房 266 万套，960 多万人'挪穷窝'，摆脱了闭塞和落后，搬入了新家园……千百万贫困家庭的孩子享受到更公平的教育机会，孩子们告别了天天跋山涉

⊖ 新华网. 习近平：脱贫攻坚战冲锋号已经吹响 全党全国咬定目标苦干实干 [EB/OL].（2015-11-28）[2023-12-31]. http://www.xinhuanet.com/politics/2015/11/28/c_1117292150.htm.
⊖ 中国政府网. 国务院办公厅关于成立国家脱贫攻坚普查领导小组的通知（国办函〔2019〕103 号）[EB/OL].（2019-10-24）[2023-12-31]. 开专栏 http://www.gov.cn/zhengce/content/2019/10/24/content_5444435.htm.

水上学，实现了住学校、吃食堂。28 个人口较少民族全部整族脱贫"[①]。中国打赢脱贫攻坚战既历史性地解决了困扰中华民族几千年的绝对贫困问题，也提前十年实现了联合国 2030 年可持续发展议程的减贫目标。2021 年 3 月 9 日，联合国秘书长古特雷斯致函习近平祝贺中国脱贫攻坚取得重大历史性成就[②]；4 月 6 日，国务院新闻办公室发布《人类减贫的中国实践》白皮书。

18.2 创业减贫理论基础

目前，从实践上看，国际上主要的减贫措施包括：提高经济增长率，大力发展农业生产；增加人力资本投资，提高人口素质；设立特殊就业项目，建立减贫制度。加快经济增长速度是摆脱贫困的一项长期战略，但从地理分布上看，全球贫困人口主要集中在农村地区。发展农业生产对发展中国家减贫来说十分重要，否则高的经济增长率不一定能达到减贫的效果。人口素质特别是教育水平的提高对减贫起着不可估量的作用，在农业人口由农村向城市转移过程中，如果不重视对人力资源的开发，可能会加剧贫困程度。在南亚、非洲和拉美地区，设立特殊就业项目，建立减贫制度，是直接有效的大规模减贫办法。

发展中国家常用的减贫制度有两种形式：一是建立自营职业制度，二是实施公共工程项目[③]。建立自营职业制度，主要是以贷款形式，使贫困者有能力购买基本生产资料，并提供相应的教育和技术、产品销售渠道，提高他们的劳动技能。实施公共工程项目，是指在发生饥荒、自然灾害以及经济调整和萧条等紧急情况时，农村或城市出现大量临时性的贫困者或失业者，政府组织实施公共基础工程项目，为贫困者提供短期就业机会，增加收入。阿尔瓦雷斯等（Alvarez et al., 2015）总结减贫的模式，包括外国援助、所有权释放、地区工业化、BOP 模式、小额贷款等多种形式。对鼓励经济增长和减少贫困来说，研究经常关注规模经济和最大化生产（Galbraith, 1967；Leff, 1979；Naim, 2013），提高生产率（Jones and Romer, 2010），纯粹的资本积累（Lucas, 2002；Van Zanden, 2009）以及小范围的企业岗位创造（Abzug, Simonoff, and Ahlstrom, 2000；Ogbuabor, Malaolu, and Elias, 2013）。研究表明，许多政府措施和慈善方法虽然花费大量的努力与金钱以外，但都没能达到显著的效果（Easterly, 2006, 2008）。这些活动并不能根除很多顽固的赤贫，在某些情况下，甚至可能加剧了这些情况（Alvarez, Barney, and Newman, 2015；Karanda and Toledano, 2018），因为免费提供商品和服务可能会阻碍工业部门的创建或发展（Zaefarian, Tasavori, and Ghauri, 2015）。全球较大范围内已经发生了转变，强调市场作为资源分配、财富创造、效率和创新的主要机制（Maguirre, Portales, and Bellido, 2018）。越来越多的管理学者和经济学家意识到创业和创新是减贫重要且有效的解决方法（Ahlstrom, 2010；Alvarez, Barney, and Newman, 2015；Baumol, Litan, and Schramm, 2009；Bruton, 2010；Bruton et al., 2013；McCloskey, 2010）。

[①] 中国政府网.习近平：在全国脱贫攻坚总结表彰大会上的讲话 [EB/OL].（2021-02-25）[2023-12-31]. http://www.gov.cn/xinwen/2021-02/25/content_5588869.htm.

[②] 新华网.联合国秘书长古特雷斯致函习近平祝贺中国脱贫攻坚取得重大历史性成就 [EB/OL].（2021-03-09）[2023-12-31]. http://www.xinhuanet.com/2021-03/09/c_1127190981.htm?baike.

[③] 新华网.国际消除贫困日：全球贫困状况及减贫措施 [EB/OL].（2015-10-17）[2023-12-31]. http://www.xinhuanet.com/world/2015-10/17/c_128328219.htm.

斯晓夫等（2020）发现，现有创业减贫文献比较多地集中于以下三种情形。

一是将贫困起源归为贫困者资源的欠缺，以创业弥补此欠缺后获得脱离贫困的结果（Sutter et al.，2019），这种情形常常是分散式的个体贫困，很多相关的研究试图找到可行的解决方案帮助草根创业者通过创业减少贫困（Bruton，2010；Kaplinsky，2011；Kistruck et al.，2013；Bruton et al.，2013；London et al.，2014；Si et al.，2015）。

二是将贫困起源归因于受到地域限制，这个地域不仅包括地理位置，还包括地域制度政策等方面的限制，相关的研究试图找到可行的解决方案（Bradley et al.，2012；Khavul et al.，2013；Kent and Dacin，2013；Ault and Spicer，2014；Sun and Im，2015；Williams et al.，2017）。

三是将贫困起源归因于贫困者素质提高与发展受到各种限制，如学习条件缺失、户籍等，都限制了贫困者本身的学习改变，进而逐步改变他们的思维与行为模式，相关的研究探索并提出了这方面的研究成果（Vaona，2005；Ahlstrom and Wang，2010；Woodson，2016；Fischer，2016；Lin and Si，2014）。

基于上述三种情形与相关研究文献以及创业减贫的实践成果，可以归纳为6个方面的创业减贫理论，它们分别是：新BOP模式（bottom of the pyramid perspective），资源补给理论（remediation perspective），本土创业与减贫（indigenous entrepreneurship and poverty reduction），平台赋能理论（platform empowerment perspective），制度变革理论（institutional reform perspective），学习改变理论（learning and changing perspective）。

18.2.1 新BOP模式

如第9章所述，BOP是"bottom of the pyramid"（现多用"base of the pyramid"）的缩写。BOP模式是一种商业模式，旨在通过满足底层消费者的需求，同时创造经济效益和社会影响。这种模式通过开发适合底层消费者的低成本产品或服务，使得他们能够获得更多的选择和机会，并改善他们的生活质量。

BOP模式的特点有以下四个。

（1）低价产品和服务：通过降低成本和价格，使底层消费者能够负担得起，并满足他们的基本需求。

（2）创新和适应性：根据底层消费者的需求和条件，开发新的产品和服务，以适应他们特殊的环境和文化。

（3）联合创新：与底层消费者和当地社区合作，共同设计与开发产品和服务，以确保其可持续性和适用性。

（4）社会企业：将商业目标与社会责任相结合，通过创造就业机会、提供教育和健康服务等方式，实现社会和经济的共同发展。

BOP模式在帮助底层消费者摆脱贫困、改善生活条件方面发挥着重要作用，并且也为企业提供了一个新的市场机会。

近些年，BOP理论融合了新的要素，新BOP模式与原来BOP模式的区别主要在于加入了数字技术和数字平台等的运用，这使模式的机制发生了很大的改变。

回顾这些年来BOP的内容与功能，普拉哈拉德和哈蒙德（Prahalad and Hammond，2002）认为世界主流的跨国企业遗漏了约占世界人口总数70%的40亿穷人客户的需求，他们提出

BOP 减少贫困的核心理念是大型企业开发高性价比且底层消费者喜闻乐见的产品，提高 BOP 阶层的生活质量（减少贫困），与此同时可以实现大型企业在经济意义上的商业利益（有别于社会性质的慈善）。此外，针对个体资源不足的情况，家族（家庭）的节省和稳定是重要的资源来源渠道（Kimmitt et al., 2020）。BOP 是一种通过贫困者减少支出，增加节余来摆脱贫困的方式（London et al., 2014）。也有研究认为 BOP 理念本质上来说是大型企业产品创新，找到新市场空间创业机会的公司内部创业行为（Seelos and Mair, 2007；万倩雯 等, 2019），由此促成企业通过产品或商业模式创新为贫困人口服务的目的（Bruton et al., 2013）。可见，BOP 一直试图取得大型企业组织对贫困市场的重视（Hart and Christensen, 2002；Prahalad and Hammond, 2002）。

目前的研究则转向以下两个方面：一是探索穷人如何成为 BOP 模式下的活跃消费者，把产品价格策略等市场营销手段作为重点关注的领域（Christensen et al., 2015；London et al., 2014）；二是鼓励政府、企业和其他创业者与贫困居民一起加入建立合作关系，共同构建底层消费者市场（Calton et al., 2013；Kistruck et al., 2013）。邢小强等（2011）研究发现，在中国，由于价值链缺失与制度空洞，企业需要建立跨部门的价值网络，其中与当地政府的关系是成败关键。数字技术有助于 BOP 的创业实践和包容性市场开发（邢小强 等, 2019）。Si 等（2015）则认为 BOP 目前无论在中国还是世界都是被人们十分重视但又缺少具体解决问题方案的创业减贫模式。

18.2.2 资源补给理论

资源补给理论（remediation perspective）认为，当资源得到直接供给时，创业可以减少贫困（Sutter et al., 2019）。这一理论的基本假设认为贫困是由资源缺乏造成的，如缺乏金融资本或其他物质资产。因此，向有创业需求的贫困人口提供低息贷款帮助其开创事业，不仅可以提高他们自身和家庭收入，还将对其家庭非经济绩效，包括创业者家庭子女的受教育情况产生积极影响。

资源补给理论指出，创业导向资源、社会资源、知识资源、政治稳定资源和物质资产是贫困地区创业活动产生的核心要素（West Ⅲ et al., 2008；Ahlin and Jiang, 2008）。西方学者的研究通常认为，土地、劳动力、教育和基础设施方面的供给越多，贫困程度越低（Fallon and Lucas, 2002；Leff, 1979；Romer, 1986）。在此观点下，西方大量学者常将外国的直接资源援助视为解决发展中国家贫困的重要方式（West Ⅲ et al., 2008；Alvarez et al., 2015）。

小额贷款是资源补给理论的一个典型实例。本书认为，关于小额贷款的现有研究主要可以分为 3 个方面。一是主流的探索，即金融组织向有创业需求的贫困人口提供低息贷款帮助其开创新事业。小额贷款有利于创业者调整创业规模，维持或增加收入（Chliova et al., 2015）。二是除了增加个体收入，还对家庭其他方面有帮助，如创业者子女的受教育情况、创业者及其家庭的健康和营养，以及妇女的权利等（Hermes and Lensink, 2011；Sutter et al., 2019；Holvoet, 2004；Mair et al., 2012；Ranis et al., 2000）。三是小额贷款服务对于女性创业脱贫效果显著，是促进家庭增加收入摆脱贫困的重要方式（Chliova et al., 2015）。此外，如果说小额贷款是给予创业者的资源补给，那么小额贷款组织（MFO）的资源补给从何而来？科布等（Cobb et al., 2016）研究发现商业和公共资助者会在稳定的环境中投资不同类型的小额信贷组织，随着政治和财务不确定性的增加，资助者会增加投入。赵和劳恩斯伯里

（Zhao and Lounsbury，2016）研究发现，市场逻辑越高的国家，小额信贷组织越能获得投资者资金支持；宗教差异化大的国家抑制了小额信贷组织资金的获得，而且会削弱市场与资金获得之间的关系。

18.2.3 本土创业与减贫

本土创业（indigenous entrepreneurship）理论是近些年来创业减贫理论研究的热点之一。研究者从不同的方面探索了本土创业与减贫的问题（Haveman，1993；Pearce，2005；Tobias et al.，2013；Sautet，2013）。本土创业不同于由外部创业者帮助贫困人口的 BOP 模式，它是一种本地贫困居民通过自主创业来减贫的模式，与当地文化的相同性高度相关，这种创业减贫模式在当年浙江的义乌、东阳等地很盛行，在一些发展中国家也很盛行。本土创业通常基于本土居民拥有的当地知识，采用自我雇佣的形式来进行创业（Dana，2007）。"本土贫困居民"常常拥有当地一些独特的文化与群体规范，从世界范围来说，缺乏与经济同步发展的机会导致了当地居民的贫困（Peredo et al.，2004）。近些年来，创业减贫的成功案例层出不穷，这使很多本地贫困居民试图通过本土创业来改变当地的贫困面貌，推动当地与周围地区的发展（Peredo and McLean，2013；Peredo et al.，2004）。

首先，并不是所有本地居民都愿意进行集体创业，这涉及身份认同问题和当地文化问题（Hindle and Moroz，2010；张国庆 等，2019）。其次，将大量的当地居民整合并成立社区企业（community-based enterprise），很大程度上需要一位或几位"万事通"（jacks-of-all-trades）领导者（Lazear，2004；Selsky and Smith，1994）。再次，本土创业通过创办集体企业或促进地区大量个体创业的形式，以达到创业减贫的目的（Praag and Versloot，2007；Rindova et al.，2009）。最后，本土创业减贫最终离不开外部力量的支持，包括政府部门以及一些公益等其他社会组织的支持。本土创业特别是当地创业者办的集体企业，一方面可能引导当地相同形式的创业（Haveman，1993），另一方面可能形成创业机会集群的构建（Castellanza，2020），衍生出其他类型的创业业态作为社区企业的补充（Peredo and Chrisman，2006），比如伴随当地社区企业的建立与发展，当地居民会不断开设餐馆、加油站等（Peredo and McLean，2013）。这种衍生创业为政府实施精准减贫/扶贫提供了依据。

在中国，精准扶贫的关键在于针对不同贫困区域环境、不同贫困农户状况，运用有效的问题解决方案对扶贫对象实施精确识别、精确帮扶、精确管理的减贫模式，并制定相应的扶贫政策，为衍生创业的创业者提供小额信贷、转移支付、教育培训等支持（卢盛峰 等，2018），发挥本地社区创业与国家和地区层面精准扶贫产生联动效应。这方面中国的经验非常值得与其他发展中国家分享，此外，中国在创业减贫理论与实践探索两方面也非常值得与其他发展中国家交流互鉴，进行更深入的探索。

18.2.4 平台赋能理论

平台理论结合数字技术是近年来理论探索的一个热点。科技是促进创业减贫的关键因素之一。数字技术等相关的创业研究，近年来都被应用于创业减贫，如研究互联网宽带、网速等情况对贫困地区创业的影响（Qiang et al.，2009），中国"淘宝村"数字技术平台与创业减贫相结合的平台赋能理论研究（He，2019）等。

平台理论由来已久，但这些年流行的平台理论不同于原来战略管理中的概念，它是和网络连接在一起的管理模式（Mair et al.，2012）。通常平台连接两个或多个群体，以提供双方或多方的互动机制来满足所有群体的需求并从中获利，其价值创造逻辑是以先"连接"再"聚合"的方式降低各个平台参与方的交易成本，促使网络效应发生作用（陈威如、余卓轩，2013）。平台能快速打通行业上下游，改造并形成新的行业生态系统（李广乾、陶涛，2018）。

赋能（empowerment）是指个体或组织对客观环境与条件拥有更强的控制能力来取代无力感的过程，意味着参与者共同达成目标，获取资源入口和共同理解复杂的环境（Perkins and Zimmerman，1995）。平台赋能帮助贫困居民在平台上建立创业孵化渠道或自我雇佣创业渠道，如通过自身产品销售实现交易取得增收，实现减贫的模式（Si et al.，2015）。平台赋能与数字经济特别是电子商务的创业减贫问题的解决方案紧密连接，电子商务平台公司为初创企业（或店铺）创建了一个生态系统，以消除自我雇佣创业者的诸多结构性瓶颈（He，2019）。以电子商务平台进行创业减贫可以分为创业者自发和政府发起两种模式，例如农民自发形成自下而上的发展模式，是一种由穷人创业的模式，主要是指农民自发地使用电子商务平台，将当地传统产品甚至非当地产品在线化，农民成为网商直接面对市场。一般来说，这种区域内减贫发展路径需要地方精英创业者先行，他们比较早接触电子商务手段，具有一定的信息技术能力，并能发现市场机会。由政府主导的平台，如"网上供销社"可以视作为农民创业提供途径，其目的是通过建立当地产品与网络信息对接的平台，解决"农产品进城"的问题，从而形成自我雇佣的创业渠道。

基于平台赋能的创业减贫的典型案例是"淘宝村"。它一方面能帮助农民借助平台将农产品销往外地，提高收入；另一方面农村淘宝为村民提供生活生产物资购买渠道，帮助村民节省20%左右的开支，这是一种间接扶贫（颜强 等，2018）。平台赋能是近年来创业减贫研究的热点，中国的淘宝村等实践与经验为进一步深入研究这方面的理论提供了重要支持。

18.2.5 制度变革理论

从格尼亚瓦利和福格尔（Gnyawali and Fogel，1994）的文章开始，大量的文献强调制度环境在促进创业减贫和经济发展中的重要作用，除了延续经济学视角从宏观制度环境改造的角度研究创业减贫（Sautet，2013）外，创业减贫引申出重要的研究议题是制度创业和"非正式创业"（informal entrepreneurship），后者涉及的是企业或自我雇佣者的注册与监管问题（Webb et al.，2020），此创业减贫机制对应于制度变革理论的研究。

国内有不少研究也是从制度环境的方向对此问题进行研究，包括以政府治理方式促进农民创业（李博，2016），多方共同建立包容性区域创新体系（邵希等，2011）以及农民创业园产业化促进农民创业（黄承伟、覃志敏，2013）。如何通过制度变革实施创业减贫是近些年来的研究热点（Khavul et al.，2013；Ault and Spicer，2014；Williams et al.，2017）。制度变革理论观点的核心是如果制度得到完善，那么创业将被鼓励和激发（Acemoglu and Robinson，2012；Tomizawa et al.，2019）。

近年来，研究者发现造成贫困的原因之一是制度与政府的不足（如相关政策跟不上）和一些社会问题（如妇女歧视）（Saebi et al.，2019）。制度变革理论认为，通过创业减少贫困的最终目标应该是增加社会平等，这意味着经济效率等经济成果不完全代表创业的成功（Sutter et al.，2019）。戈埃尔和卡里（Goel and Karri，2020）认为贫困创业者对制度环境的主观价值判断影响着他们的创业行为。因此，政府必须改善以下与创业和减贫相关的5个方面

（Gnyawali and Fogel，1994），它们分别是政府政策和规程、社会经济条件、创业和管理技能、社会创业资金支持、社会创业实物支持。上述制度环境改善将通过减少交易成本、减少不确定性以及促进关键资源的提供来影响新创企业的产生，进而达到减贫的目的。迈尔等（Mair et al.，2012）研究了孟加拉国农村一个包容性市场的建立过程，发现了当地一个重要中介机构在化解制度环境不利影响、促进变革过程中的作用，主要包括重新定义市场和合法化参与者，从而提高创业者数量。制度环境也决定着创业的绩效，林等（Lin et al.，2019）研究发现创业可以普遍促进贫困减少。

本书认为二元经济结构下，在中国的城市地区创业对减贫/扶贫的影响比农村地区更大，一个重要原因在于农村地区相比于城市正式制度薄弱，因此很多时候这些地区可以实施创业先行，倒逼制度变革。制度环境能促进创业与减贫，反过来创业成长也会引发制度环境的变化。威廉姆斯等（Williams et al.，2017）指出，贫困地区居民为了改善生计进行了大量的非正式创业（企业因为各种原因没有注册），但如果要取得更为广泛和深入的减贫效果，政府必须改革办事流程等制度。

本书也认为制度环境不仅直接影响地区贫困居民的创业，也影响对小额贷款组织的监管。哈武尔等（Khavul et al.，2013）发现在危地马拉，小额贷款先开始于地区发展以减少贫困，后来当小额贷款组织达到30%的利润率时，传统银行机构与小额贷款企业产生冲突，结果是小额贷款组织陷于更严格的监管制度。此时，以减少贫困为最初缘由的小额贷款组织有可能逐渐转变为以经济目标为考量的组织，以躲避监管（Kent and Dacin，2013）。

上述结果说明，创业减贫依存于不同的制度环境而有着很大差异，关注制度和创业的研究显然是有价值的，其中无法回避的是创业和制度之间的因果关系（斯晓夫 等，2017）。也就是说，是制度的生成引领了创业，还是创业可以先于制度？中国的创业减贫实践说明，在改革开放初期，政府在体制上做了很多调整与变革，客观上为具有创业精神的创业者提供了创业机会，由此使得诸如义乌、温州的农村贫困者成了创业者，实现了个体乃至地区的减贫效果（Si et al.，2015）。目前，中国还有许多创业减贫实践，如乡镇的"扶贫车间"，目的都是政府"创业"帮助贫困人口就业，然而，这方面的创业减贫至今尚无比较系统的理论研究。

18.2.6　学习改变理论

创业减贫涉及资源、区域、制度等差异，但如何改变贫困地区居民的思维与行为模式，提高他们的个人素质，以及破除个体发展的种种限制，这些是学习改变理论研究的问题。研究者从不同的理论视角研究这些问题（Vaona，2005；Ahlstrom and Wang，2010；Woodson，2016；Fischer，2016），比如蒋艳（2008）研究发现，激发地区贫困人口内生性创业力量的方式必须依靠相应的教育和培训，农民的知识资本对农民创业绩效有显著作用（张银、李燕萍，2010）。学习改变理论假设贫困人口总体来说内生脱贫动力严重不足，甚至有小部分群体自身具有"宿命论"的价值观，认为他们就像印度种姓制度下的底层人群一样本该如此生活（Bénabou and Tirole，2006），相反，同样是基于印度贫民窟的研究发现，有改变意愿的贫民窟创业者，他们创业的目的很大程度上是让下一代接受更好的教育（Shepherd et al.，2020）。通过创业使贫困者的态度和行为从消极的模式转变为积极的模式，这是提出学习改变理论的出发点与目标（Si et al.，2015）。

近年来，研究者提出知识资源是创业减贫和地区发展的关键因素，不断学习是有效减少贫困地区贫困者的关键。一些实证研究显示，农村创业者创业绩效取得来自自我识别的机会，而非从社交网络所识别的机会或政府推动的机会（West Ⅲ et al., 2008；Si et al., 2019；Wu et al., 2019）。可见，学习改变理论认为贫困者的态度和创业者的积极行为与减贫有效性高度相关，不同国家和地区的贫困者通过学习（即使这种心态在学校里没有得到很多鼓励），可以改变对创业、试错的态度和行动，并可以在学习中获得有用的知识和认识的提高（Ashford and Tsui, 1991；Dweck, 2007；Goel and Karri, 2020），从而增加创业收入。贫困者的减少，以及思维与行为的改变又可以推动所在地区的经济发展（Lin and Si, 2014；Si et al., 2015）。过去40年中，中国很多人从原来的贫困者成为成功的创业家、企业家，他们的学习、改变和不断试错的精神，造就了中国的企业家精神（Ahlstrom et al., 2008；Ahlstrom and Wang, 2010）。学习改变与创业减贫的研究不仅在中国，在亚洲其他地区、非洲和美国少数族裔中的研究都得到了证实（Fairchild, 2008；McCloskey, 2010；McCloskey, 2016）。另外，学习改变理论与政府的政策张力也有关联，费希尔（Fischer, 2016）研究亚洲的绿色作物技术如何帮助非洲小户农民增产问题。他的研究结论指出，学习技术是一部分，技术是中性的，非洲当地政府对新技术的政治承诺更重要。上述研究结果说明，贫困者产生主观能动性是创业脱贫的巨大动力（Si et al., 2015），而激发贫困者的创业意向与动力需要他们的学习改变，这种学习改变可以来自自身，也可以来自政府对制度与政策的改进（Goel and Karri, 2020）。

总之，不少学者认为，以市场为基础的解决办法，例如创业，是在贫穷环境中创造大量和显著积极变化的最佳机会，因此应该要把了解如何帮助贫困者创造他们自己的收入来源作为减贫的方法，这样才可以长久地解决贫困问题（Ahlstrom, 2010；Bruton et al., 2013）。从中国减贫经验来看，最重要的一条减贫途径与解决方案是通过创业来减贫（斯晓夫 等，2017）。

18.3　社会创业减贫的层次

18.3.1　社会创业的社会性特征

社会创业区别于经济创业的显著特征在于其社会性方面，社会创业源自于发现一些未被解决的社会问题或没有满足的社会需求（Lumpkin et al., 2013；Mair and Marti, 2006；Urban and Galawe, 2019）。与只关注利润的商业企业相比，社会企业融合了社会、金融和环境价值（Di Domenico et al., 2010；Mair and Marti, 2006）从而发起社会变革。对社会企业来说，核心逻辑集中在社会价值主张的实现上（Azmat, Ferdous, and Couchman, 2015；Rispal and Servantie, 2017）。解决社会问题是社会企业家的使命和终极目的（Cherrier, Goswami, and Ray, 2018；Constantin, Stanescu, and Stanescu, 2020；Gawell, 2013；Lumpkin et al., 2013；McDermott, Kurucz, and Colbert, 2018；Perrini, Vurro, and Costanzo, 2010；Yitshaki, Kropp, and Honig, 2021；Yiu et al., 2014），在社会创业中，虽然商业手段的目标是盈利，但与利润相关的目标往往服从于社会使命，市场解决方案主要被用于解决市场之外的社会问题（Bruton et al., 2013；Sutter et al., 2019；Tobias, Mair, and Barbosa-Leiker, 2013；Xu et al., 2021）。社会企业家为解决社会问题而创造的产品或服务往往是直接与他们的使命相关的，比如雇用弱势群体人员或销售与使命相关的产品和服务。社会创业所涉及的机制触发了经济和社会变革过程，这些过程代表了创业的"变革潜力"（Tobias, Mair, and

Barbosa-Leiker，2013）。就可持续发展而言，社会创业是解决社会问题（通常是贫困和排斥）组织战略的核心。社会企业寻求在合理的商业需求和亲社会需求之间取得平衡。社会企业家将社会目标和财务目标之间的矛盾转化为创造力、新颖性和可持续性（Hieu，Hodgetts，and Carr，2021；Karanda and Toledano，2018；Maguirre，Portales，and Bellido，2018）。

减少贫困是社会创业的关键目的之一（Narayan，2000），虽然传统的经济创业也被证明在减少贫困方面发挥着巨大的作用，但在所有的创业类型中，社会创业对于减少贫困更为关注（Pathak and Muralidharan，2018；Xu et al.，2021）。根据麦克马伦（McMullen，2011）的研究，在许多情况下，政府官员往往没有改变制度安排的财务或社会激励。同样，商业企业家只有在期望获得足够高的回报时，才可能有动力做出努力去改变，并且不能保证他们会以提高社会福利的方式改变制度。而对社会企业家来说，如果一个机会不承诺最好的财务回报，但仍然预期是有利可图的，并产生对社会有益的结果，那么预期得到的道德或社会性质的非财务激励可以补充利润动机（Zahra et al.，2008）。这种补充的慈善动机更容易鼓励社会企业家行动，尽管这个机会的财务条件不是最好的。他们更有可能愿意牺牲一些预期的经济回报，以换取更高的社会或道德回报。因此，社会企业提供的是由社会和经济投资回报组成的混合价值。

总之，社会创业以可持续的方式实现经济财富的产生和关注社会问题（Maguirre，Portales，and Bellido，2018；Xu et al.，2021）。这种类型的新创企业创造经济价值，提供满足市场需求的产品或服务，同时创造社会价值，减少造成贫困或社会排斥的障碍（Austin et al.，2006；Xu et al.，2021）。社会创业也有助于解决边缘化群体赋权等问题，因为它可以帮助促进和维持最弱势的社会部门的赋权，比如遭受双重歧视的土著妇女。通过赋权发展中国家妇女和解放妇女，创业既能带来经济效益，也能带来积极的社会变革（Trivedi and Petkova，2021）。创造可持续和有生产力的生计不仅能确保边缘化群体参与经济生活，而且能使他们及其家庭摆脱贫困陷阱（Hieu，Hodgetts，and Carr，2021）。

18.3.2 社会创业减贫的微观层次

1. 社会企业家

社会企业家通常被称为一种特殊类型的代理人，他们通过创新的方式为一系列社会问题提供解决方案（Karanda and Toledano，2018）。社会企业家往往具有较强的同情心和亲社会动机，这是他们从事社会创业的核心影响因素。具有同情心的个体会综合地思考、亲社会地进行成本-收益分析以及愿意对受苦受难者做出缓解痛苦的承诺。卡特雷和萨利潘特（Katre and Salipante，2012）更为细致地归纳了个体层面社会创业的心理动机，包括乐于给予、偏爱发问、利他主义、同情心、骄傲感、责任感、互利性、乡愁等，而年龄、种族、收入、教育、政治意识形态、宗教情感等也可能成为社会企业家的潜在创业动机。霍克茨（Hockerts，2017）的实证研究显示先前的社会组织经验、同理心、道德责任感、自我效能感、对社会支持的感知均对样本的社会创业意向有支持作用（傅颖 等，2017）。另外，此前的经历被认为是驱动社会企业家的重要因素（Maak and Stoetter，2012；Xu et al.，2021）。社会企业家关注如何通过社会创业来改善穷苦人群的生活，这是他们的动机和激励因素，穷人生活的逐步改善又反过来激励他们继续投身到社会创业中，也为社会企业家本身带来幸福感和满足感。在高度贫困的情境中，社会企业家在贫困和边缘化社区中发挥了重要的参与作用（Karanda and Toledano，2018）。

2. 贫困人口

贫困人口往往处于弱势，因为他们在经济、文化和社会上都处于贫困状态。尽管有其独特的个体现实，但贫困也有一些相互关联的特征。首先，他们的低收入意味着他们高度依赖非正式的或自给自足的生计，因此，他们的社会经济地位很低。其次，他们的受教育水平普遍较低，对自己的权利缺乏认识。因此，他们往往可能为不合格的产品或服务支付更高的价格。最后，他们与非正式经济联系在一起，通常几乎没有融入全球市场经济。因此，他们得不到很好的服务，有重大的未满足的需求（Azmat et al.，2015）。

社会创业减少贫困最直接的受益者就是贫困人口。社会创业对贫困人口的影响可分为短期影响和长期影响。短期影响一般是指由社会创业企业连同政府部门等进行援助或通过其他形式的慈善活动等外部途径给予的金钱帮助，可在较短的时间内减轻贫困人口的生活和经济负担，甚至直接解决某部分极端贫困人口的温饱和生存问题。但这些方式往往治标不治本，很难从根本上解决贫困问题。长期影响则更多是指由贫困人口的内部入手对其进行引导与培训，使其获得生存技能或启动资本，进一步帮助其实现就业或创业。比如社会创业者雇用弱势群体人员，使其获得工作岗位，这样不仅能使其持续获得收入，还能使其在精神上获得存在感和满足感，并且使其家庭成员也能获得经济和精神上的鼓励。社会创业者还可以通过必要的技能培训使贫困人口学习到创业的基本知识与能力，让其自力更生自主创业，还可通过建立专门项目，指导和带领贫困人口进行创业，从而达到双赢的效果。

另外，越来越多的公司对共享价值生成以及以贫困为特征的金字塔底层（BOP）背景下的创业计划感兴趣（Tobias et al.，2013）。尽管西方社会创造了巨大的财富和技术创新，但BOP人群仍然无法获得基本的产品和服务。他们缺乏健康的身体、卫生设施、清洁饮用水、粮食，以及农业、教育、交通、通信、资金、能源、住所和法律方面的资源（Zaefarian et al.，2015）支持。根据相关理论和实践，BOP现象的演变可以分为三个主要阶段（Du et al.，2021；Joncourt et al.，2019）。向穷人出售产品和服务的理念主导了"BOP 1.0"（Prahalad and Hart，2002；Simanis and Hart，2008）。在这种模式下，跨国企业（MNE）倾听BOP消费者，以了解他们的需求和偏好。这种知识转化为产品改造、更好的包装设计和打破当前价格点的分销渠道，特别是减少"贫困惩罚"○（Prahalad，2004；Mendoza，2011）。然而，一些BOP相关研究人员（如Karnani，2007；Rivera-Santos et al.，2012；Webb et al.，2010）认为，企业应该将贫困人口视为"商业伙伴"，而不是消费者。在此基础上，西曼尼斯和哈特（Simanis and Hart，2008）提出了"BOP 2.0"，强调了与贫困人口进行对话，以促进产生新的扶贫解决方案。在这种模式下，人们被认为是共同生产者和共同发明者（Simanis and Hart，2008）。"BOP 3.0"更关注发展商业战略，通过走向开放创新方法和更多的参与式治理结构，利用"群体的智慧"来提供以前无法想象的解决方案（Cañeque and Hart，2015）。贫困者以共同发明者或接受者的身份承担了一种参与模式，并被视为消费者或企业家置于价值网络中。创新性意味着公司不仅仅是对产品和服务进行简单改造。公司应努力创造贫困者所希望的新产品和服务，使这些产品和服务仍能负担得起，并克服贫困惩罚（Joncourt et al.，2019）。

○ 贫困惩罚指的是相对于非穷人，穷人为了获得产品和服务而承担相对较高的成本（Prahalad，2004）。

18.3.3 社会创业减贫的中观层次

1. 社会企业

社会企业一般融合了社会福祉与商业利益的双重愿景（傅颖 等，2017）。社会企业在实现经济利益的同时，也把解决社会问题和满足社会需要作为自己的目标。利用商业和非营利性组织结构的各个方面，社会企业努力实现财务上的可持续发展，以支持解决各种社会问题的努力，包括贫困和社会排斥（Hieu et al., 2021；Maguirre et al., 2018）。对那些致力于减少贫困的社会企业来说，改善贫困人口的生活就是企业发展的使命之一。这一目标的达成不仅可以改善贫困人口的生活，从宏观的角度来看，也可以改善整体的经济情况。并且社会企业往往可以通过搭建中间平台，联结参与创业的贫困人口与创业所需资源，引导贫困的创业者更好地进行创业，并从中获得一定的回报。社会企业也可通过设立专门项目，与贫困的创业者共同创业，共享创业成果。另外，社会企业往往可以从帮助减少贫困等有益于社会发展、解决社会问题等行为中，获得社会对其企业形象的正面评价，甚至获得诸如金融、人力资源和治安保障（在暴力冲突频发的贫困地区）等方面的利益优惠（傅颖 等，2017）。

2. 行业发展

减少贫困不仅对于贫困人口和社会企业有利，对于不同的行业的发展也有推动作用。贫困人口其实也是一种潜力巨大的资源，只是由于所处的条件所限，未能发挥出其作用，但若是条件改善并加以引导与帮助，贫困人口对于推动不同的产业发展乃至整个国家的经济发展都有巨大的作用。在中国，目前很多农村地区的创业扶贫项目大多与当地现成的自然、人文和经济条件相结合，尤其是近年来各地乡村兴起的"农家乐""生态旅游"等项目比比皆是，均以当地独特的自然环境或人文底蕴为特色，大力发展相配套的休闲、娱乐、饮食、住宿等旅游项目，使得各地乡村的旅游业得到了极大的发展，同时还带动了如手工艺品、农产品等行业的发展。另外，以浙江省各个县市为代表，如义乌、金华等地，发展出了以小商品为主的区域集群产业，不同的地区有不同的商品品类集群，实现了规模经济的效益，不但使原本穷苦的当地农民通过创业摆脱了贫困，还使大部分当地居民、农民实现了发家致富，并且使相关的行业（如制造业、批发业、零售业以及外贸等）获得了极大的发展。

18.3.4 社会创业减贫的宏观层次

1. 国家发展

正如上文所说的，帮助贫困人口改善条件并加以引导和培训，从而使其通过创业改善生活，不仅对贫困人口本身和行业发展有利，对于整个国家的经济发展也有巨大的推动作用。减少贫困从改革开放以来一直是我国发展的重要目标之一。贫困人口实现早日脱贫，符合国家经济发展的利益，解决最后一部分贫困人口的贫穷问题，国家就可以把更多的资源投入进一步改善农村环境、教育和医疗条件等，改善贫困人口的就业和创业条件，使贫困人口不仅能解决温饱问题，还能继续提高生活水平，从而全面实现小康目标。

2. 世界和平与发展

贫困是世界性的问题，中国在减贫方面取得了令人瞩目的成就，但是世界上还有其他国家仍然无法有效解决贫困问题，有些国家甚至因为经济、疫情等原因使国人的生活水平重新退回贫困线以下。2020年牛津大学一项研究表明，新冠疫情已造成全球5亿人重回贫困线以下，这让全球减贫的步伐倒退10年。贫困可能是长期冲突的根源，以社会或经济差距为特征的群体之间的权力或关系不平等加剧了冲突。这对持续高贫困水平的欠发达国家尤其有害（Tobias et al., 2013）。因此，寻找有效途径减少贫困，仍是世界各国政府以及国际组织关注的重点问题。逐步减少贫困人口，提高世界贫困人口的生活水平，对于推进世界范围内的和平和经济发展都至关重要。

创业被证明能在根深蒂固的贫困冲突地区促进繁荣与和平（Tobias et al., 2013）。自熊彼特把企业家放在经济进步的中心位置以来，学者们一直强调创业在创造经济和社会财富方面所扮演的变革角色。创业的变革性影响可能不仅在于帮助世界上最贫困的个人创造更多的财富，而且还帮助他们逃离贫困冲突的陷阱，这个陷阱将他们困在全球收入金字塔的底部（Tobias et al., 2013）。创业的视角使学者们能对在极端贫困和根深蒂固的冲突的背景下，创业所释放出的变革过程获得新的见解（Tobias et al., 2013）。

18.4　社会创业减贫的途径与模式

18.4.1　开展小额贷款业务

金融财务资本是创业成功的重要因素，然而绝大多数的贫困人口所能拥有的财务资源是有限的。小额贷款为贫困人口提供了资金渠道，是贫困地区开展创业活动的一个常见且有效的工具（Chliova et al., 2015），因而有学者提出小额贷款是促进贫困地区人口创业的主要因素（Bruton et al., 2011），解决资金来源问题是脱贫最关键的环节。目前在世界范围内小微借贷发展迅猛，已经成为国际商务研究中非常重要的话题。研究小额贷款如何帮助贫困人口减贫是创业减贫的一个重要分支（Bruton et al., 2011；2015）。小额贷款一般额度较低，主要就是用于帮助和资助小型新创企业的发展（Khavul, 2010；Ogbuabor et al., 2013）。然而，也有研究结果表明，单纯使用小额贷款，对减少贫困来说并不能起到明显的积极作用（Duvendack et al., 2011；Bruton et al., 2015）。尤其是其额度往往较低，不足以支撑贫困人群创造出剩余的资本供未来诸如资本投资、雇用家庭成员外的员工等更多的后续发展活动，但这些后续活动往往才是贫困人口能继续创业的关键（Bruton et al., 2011）。另外，鲁特曼（Roodman, 2012）指出，很多小额贷款提供者的目标并不是为了解决贫困问题，例如对他们当中的某些人来说只不过是宗教信仰令他们希望做出一些行动来帮助贫困人群而已，至于贫困人群是否能获得进一步的发展他们并不关心，因此，这与小额贷款提供者的目标和愿景也有关系。所以，小额贷款对社会创业减少贫困来说的确是重要且常见的工具，但是，在使用小额贷款时需要注意考虑贫困人口的未来发展规划，而不能仅仅止步于短期的资金补助。

18.4.2　社会创业者的帮助与引导

总结现有的社会创业减贫研究，可以有两种减贫模式。一种是由外部的创业者帮助贫困人口减少消费支出的BOP模式，另一种则是贫困人口依靠自主创业增加收入的本土创业模式。BOP 模式主要依靠外部力量，例如社会企业或其他成熟商业企业，通过为贫困人口提供价格更为低廉的产品，使其能在一定的价格水平下获得生活甚至生产的必要资源，从而改善生活水平，谋求进一步的发展（Prahalad and Hammond，2002；Bruton et al.，2013）。当然，在这一方面，社会企业相比起其他以经济利益为首要目的的企业可能更有倾向性，但薄利多销的产品也会吸引到部分经济导向的企业通过这种途径来实现其商业利益。本土居民的创业则是贫困人口自己通过自主创业谋求生活条件的改善。这种模式较 BOP 模式具有长远的发展效果，若是成功，贫困人口往往不只解决温饱问题，还可以彻底改变家庭的生活条件，达到小康甚至富裕水平。但这种模式的实施难度较大，既需要外部力量的帮助和指导，又需要贫困人口自身具备一些内生性条件，例如对创业的积极态度与行为、基础的创业知识以及对创业机会的识别与把握等。在这一模式中，社会创业者可以从多方面有针对性地帮助贫困人口，使他们获得创业的基本知识，帮助他们获取创业的资源，激发他们对创业的积极性，指导他们的创业过程等，还可设立专门的创业项目让贫困人口参与，从而提高创业的成功率，而社会企业也能获得一定的经济利益作为回报。

18.4.3　社会创业机会发掘与利用

创业帮助减少贫困，关键之一在于发掘创业机会（Murphy and Coombes，2009）。阿尔瓦雷斯和巴尼（Alvarez and Barney，2014）将与创业减贫相关的创业机会分为三类，分别是自我雇佣的创业机会、发现型创业机会以及创造型创业机会。他们指出，贫困人口以自我雇佣的形式创业是全球各地较为常见的创业形式，但自我雇佣的创业机会对贫困人口而言很多情况下只能改善生计，可能不具有可持续性。从可持续性角度而言（Bruton et al.，2015），发现型与创造型创业机会可能更为重要，而创业教育和引导可以在一定程度上提高识别和利用发现型与创造型创业机会的成功率。但是，在实践中可以发现，贫困人口由于条件所限，往往不能接受良好的教育，对于创业更多只是直觉上的认识。例如浙江省的义乌地区，不沿边、不靠海、地瘠人贫、自然资源匮乏（陆立军，2008），既不适合农业的发展，又没有矿产资源，也没有政府和外界的资助。但义乌人自明清时期起就已出现"敲糖帮"，人们肩挑货担过村访户进行以货易货的买卖，用糖来换取鸡毛等废弃货品以获取小利，后来进一步发展为交换其他小商品，进而使义乌发展成今天世界著名的小商品批发中心。他们可以说完全没有接受过商业的教育，却凭借直觉和当地文化的影响，敏感地抓住了创业的机会。并且，他们对于所在地区的深入了解是他们独特的优势和财富。当然，对其他一些创业者来说，帮助他们学习创业的基本知识，还是可以提高他们对于创业机会的识别和把握的能力。

18.4.4　创业环境优化

在基本层面上，环境创造了社会需求，从而创造了企业家或其代理人可以追求的社会机会。它还决定了社会企业的法律认可和形式，不同国家之间存在着重要的差异。在更深层次上，环境的特点不仅可能影响社会企业出现的可能性，而且也可能影响这些企业的许多特点（Rivera-Santos et al.，2015）。创业环境是指创业者在进行创业活动和实现其创业理想过程中必须面对和能够利用的各种因素的总和，一般包括创业服务环境、政策环境、融资环境等环境要素（Gnyawali and Fogel，1994）。创业的环境条件既包括自然环境条件，也包括社会环境条件，前者主要聚焦于"当地有什么"，后者则强调"政府已经做了什么和要做什么"。无论是自然环境条件还是社会环境条件，都可以是创业机会的丰富土壤。正如上文提到的，目前中国很多的农村创业扶贫项目，都是依托当地特有的自然环境条件来进行开发和利用，从而发展起旅游、农产品、手工艺品等创业项目，既为当地居民提供了创业机会，同时又以更绿色的途径发展当地经济。而社会环境条件所带来的政策优惠等，可以为制度创业提供很好的创业机会和创业条件。另外，政府在创业减贫中也扮演着至关重要的角色，政府在政策上的支持与鼓励，可以极大地推动创业减贫的发展，反之，政府的不支持或不作为，将会极大地影响创业减贫的效果。

18.5　创业减贫的中国经验

从中国减贫经验来看，最重要的一条减贫途径与解决方案就是通过创业来减少贫困（斯晓夫 等，2017）。由于贫困是一个社会、一个国家最典型的社会问题之一，因此针对解决这样的社会问题，经济创业与社会创业是很难区分的，往往二者朝向一个共同的目标而协同解决问题。从研究的主题来看，目前中国关于创业减贫的大量研究主要是把创业作为一个地区就业的出路，以帮助当地人口进行就业和自我雇佣，从而减少贫困人口。

斯晓夫等（2017）梳理现有研究发现，创业减贫的效果受两个重要因素影响。第一个因素是贫困人口是否自发地选择创业行为，即减贫是自上而下的还是自下而上的。以往的贫困研究往往关注政府及社会组织应该通过什么方式来减少贫困人口，即通过自上而下的制度设计来减贫，但也有自下而上由贫困者自发创业减少贫困，进而促使区域制度变革的案例。贫困人群掌握创业的主动性，很大程度上决定了其脱贫成功的可能性：贫困者只有积极通过自身努力和不断尝试，探索创业减贫的有效途径，才能更好地整合资源打造竞争优势，从根源上消灭贫困。第二个因素是创业行为的可持续性，即贫困人群是否能长期有保障地通过创业行为获取经济收益。在贫困地区，非正式经济体与小微借贷蓬勃发展，这些创业减贫方式存在资金来源的局限性，若不转型则难以持续发展。创业减贫活动的可持续性是其核心要素，如缺乏可持续的操作途径，贫困群体只能享受短暂的脱贫机会，通过非可持续手段创业产生的外部依赖性很可能对之后的脱贫成果造成负面影响。根据创业减贫效果的影响因素，可以将创业减贫途径划分到不同的象限中（见图 18-1）。

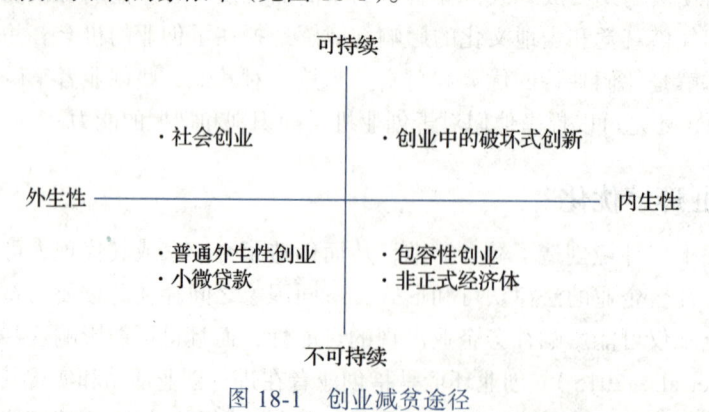

图 18-1　创业减贫途径

但是，从创业视角出发，探索减贫的相关研究在我国仍相当缺乏，而对于社会创业减贫的研究更是寥寥无几，这方面的研究显然需要加强。斯晓夫等（2017）梳理出社会创业减少贫困的几种可能途径，包括：解决社会问题，如艾滋病、精神疾病、失业、文盲、犯罪和吸毒等带来的问题，这些社会问题是导致贫困的主要原因，帮助被疾病、失业等问题困扰的群体，能够有效减少贫困人数；增加就业机会和产出，创造社会资本，与普通的经济创业活动相似，社会创业活动能增加社会组织数量，增加就业机会，提供产出；构建主动型福利机制，社会创业可以通过调动社会资本解决社会问题。主动型福利机制能够鼓励贫困者主动采取脱贫行动，从根本上摆脱贫困。例如，尤努斯作为小微贷款的创始者，在2011年建立了格莱珉银行帮助孟加拉村自主创业摆脱贫困，这类型的主动型福利机构是社会创业发展的方向（Khandker，2005）。

本章小结

1. 对贫困的定义有广义与狭义之分，从广义上来看，贫困是多维度的，除了包括经济方面，还包括经济以外的其他不同的挑战，如能力的剥夺、边缘化、歧视和健康问题等。但目前的减贫研究与实践，对贫困的定义主要还是首先采用从经济方面来衡量的狭义定义。
2. 越来越多的管理学者和经济学家意识到创业和创新是减少贫困重要且有效的解决方法。
3. 基于创业减贫理论与热点问题以及文献的梳理与分析，可以归纳为6个方面的创业减贫理论，包括本土创业与减贫、新BOP模式、资源补给理论、平台赋能理论、制度变革理论、学习改变理论。
4. 虽然普通经济创业也被证明在减少贫困方面发挥着巨大的作用，但在所有的创业类型中，社会创业的社会性特征决定了它对于减少贫困更为关注。
5. 社会创业主要从微观层次（社会企业家、贫困人口）、中观层次（社会企业、行业发展）和宏观层次（国家发展、世界和平与发展）三个层次来减少贫困。
6. 目前社会创业减贫的途径与模式主要有：开展小额贷款业务、社会创业者的帮助与引导、社会创业机会发掘与利用以及创业环境优化等。

问题讨论

1. 贫困的定义与标准是什么？
2. 创业减贫的理论基础有哪些？
3. 社会创业减贫主要分为哪几个层次？
4. 社会创业减贫的途径有哪些？
5. 社会创业减贫的主要影响因素有哪些？
6. 讲述一两个社会创业减贫的例子，试分析它们的内在机制。

扫码查看案例分析和文献精读。

参考文献

[1] ABZUG R, SIMONOFF J S, AHLSTROM D. Nonprofits as large employers: a city-level geographical inquiry[J]. Nonprofit and voluntary sector quarterly, 2000, 29(3): 455-470.

[2] ACEMOGLU D, ROBINSON J A. Why nations fail: the origins of power, prosperity and poverty[J]. Development policy review, 2014, 32(1): 154-156.

[3] AHLIN C, JIANG N. Can micro-credit bring development?[J]. Journal of development economics, 2008, 86(1): 1-21.

[4] AHLSTROM D, WANG L C. Entrepreneurial capitalism in east asia: how history matters[M]//LANDStRÖM H, LOHRKE F. Historical foundations of entrepreneurship research. Cheltenham: Edward Elgar Publishing, 2010.

[5] AHLSTROM D. Innovation and growth: how business contributes to society[J]. Academy of management perspectives, 2010, 24(3): 11-24.

[6] AHLSTROM D, BRUTON G D, YEH K S. Private firms in China: building legitimacy in an emerging economy[J].Journal of world business, 2008, 4(43): 385-399.

[7] ALLISON T H, MCKENNY A F, SHORT J C. The effect of entrepreneurial rhetoric on microlending investment: an examination of the warm-glow effect[J]. Journal of business venturing, 2013, 28(6): 690-707.

[8] ALVAREZ S A, BARNEY J B. Entrepreneurial opportunities and poverty alleviation[J]. Entrepreneurship theory and practice, 2014, 38(1): 159-184.

[9] ALVAREZ S A, BARNEY J B, NEWMAN A M. The poverty problem and the industrialization solution[J]. Asia Pacific journal of management, 2015, 32(1): 23-37.

[10] ALVAREZ S A, BARNEY J B, MCBRIDE R,et al.Realism in the study of entrepreneurship[J]. Academy of management review, 2014, 39(2): 227-231.

[11] AMORÓS J E, CRISTI O. Poverty and entrepreneurship in developing countries[J]. The dynamics of entrepreneurship: evidence from Global Entrepreneurship Monitor Data, 2011: 209-230.

[12] ANSARI S, MUNIR K, GREGG T. Impact at the "bottom of the pyramid": the role of social capital in capability development and community empowerment[J]. Journal of management studies, 2012, 49(4): 813-842.

[13] ASHFORD S J, TSUI A S. Self-regulation for managerial effectiveness: the role of active feedback seeking[J]. Academy of management journal, 1991, 34(2): 251-280.

[14] AULT J K, SPICER A. The institutional context of poverty: state fragility as a predictor of cross-national variation in commercial microfinance lending[J]. Southern medical journal, 2014, 35(12): 1818-1838.

[15] AUSTIN J E, STEVENSON H, WEI-SKILLERN J. Social and commercial entrepreneurship: same, different, or both?[J].Entrepreneurship theory and practice, 2006, 30(1): 1-22.

[16] AUSTIN J, LEONARD H, REFICCO E, et al. Corporate social entrepreneurship: a new vision of CSR[D]. Harvard business school, 2004.

[17] AZMAT F, FERDOUS A S, COUCHMAN P. Understanding the dynamics between social

entrepreneurship and inclusive growth in subsistence marketplaces[J]. Journal of public policy and marketing, 2015, 34(2): 252-271.

[18] BAUMOL W J, LITAN R E, SCHRAMM C J. Good capitalism, bad capitalism, and the economics of growth and prosperity[M]. New Haven: Yale University Press, 2007.

[19] BÉNABOU R, TIROLE J. Belief in a just world and redistributive politics[J]. The quarterly journal of economics, 2006, 121(2): 699-746.

[20] BHUIYAN M F, IVLEVS A. Micro-entrepreneurship and subjective well-being: evidence from rural Bangladesh[J]. Journal of business venturing, 2019, 34(4): 625-645.

[21] BRADLEY S W, MCMULLEN J S, ARTZ, K, et al. Capital is not enough: innovation in developing economies[J]. Journal of management studies, 2012, 49(4): 684-717.

[22] BRUTON G D, AHLSTROM D, SI S. Entrepreneurship, poverty, and Asia: moving beyond subsistence entrepreneurship[J]. Asia Pacific journal of management, 2015, 32(1): 1-22.

[23] BRUTON G D, KETCHEN D J, IRELAND R D. Entrepreneurship as a solution to poverty[J]. Journal of business venturing, 2013, 28(6): 683-689.

[24] BRUTON G D, KHAVUL S, CHAVEZ H. Microlending in emerging economies: building a new line of inquiry from the ground up[J]. Journal of international business studies, 2011, 42(5): 718-739.

[25] BRUTON, G D. Business and the world's poorest billion: the need for an expanded examination by management scholars[J]. Academy of management perspectives, 2010, 24(3): 6-10.

[26] BRUTON G D. Letter from the editor: business and the world's poorest billion: the need for an expanded examination by management scholars[J]. Academy of management perspectives, 2010, 24(3): 6-10.

[27] BRUTON GD, KHAVUL S, SIEGEL D, and et al. New financial alternatives in seeding entrepreneurship: microfinance, crowdfunding, and peer-to-peer innovations [J]. Entrepreneurship theory and practice, 2015, 39(1): 9-26.

[28] CALTON J M, WERHANE P H, HARTMAN L P, et al. Building partnerships to create social and economic value at the base of the global development pyramid[J]. Journal of business ethics, 2013, 117(4): 721-733.

[29] CASTELLANZA L. Discipline, abjection, and poverty alleviation through entrepreneurship: a constitutive perspective [J]. Journal of business venturing, 2020, 37(1): 1-50.

[30] CHLIOVA M, BRINCKMANN J, ROSENBUSCH N. Is microcredit a blessing for the poor? A meta-analysis examining development outcomes and contextual considerations[J]. Journal of business venturing, 2015, 30(3):467-487.

[31] CHRISTENSEN L, SIEMSEN E, BALASUBRAMANIAN S. Consumer behavior change at the base of the pyramid: bridging the gap between for-profit and social responsibility strategies[J]. Strategic management journal, 2015, 36(2): 307-317.

[32] COBB J A, WRY T, ZHAO E Y. Funding financial inclusion: institutional logics and the contextual contingency of funding for

microfinance organizations[J]. Academy of management journal, 2016, 59(6): 2103-2131.

[33] DANA L P, ANDERSON R B .International handbook of research on indigenous entrepreneurship[J].Journal of enterprising communities people & places in the global economy, 2007.

[34] DU H S, XU J H, LI Z Y, et al. Bibliometric mapping on sustainable development at the base-of-the-pyramid[J]. Journal of cleaner production, 2021, 281: 125290.

[35] DUVENDACK M R, PALMER-JONES R, COPESTAKE L, et al.What is the evidence of the impact of microfinance on the well-being of poor people? [M]. London: EPPI-Centre, Social Science Research Unit, Institute of Education, University of London, 2011.

[36] DWECK C S. Mindset: the new psychology of success[M]. New York: Ballantine Books, 2007.

[37] EASTERLY W, EASTERLY W R. The white man's burden: why the West's efforts to aid the rest have done so much ill and so little good[M]. London: Penguin, 2006.

[38] EASTERLY W. Reinventing foreign aid[M]. Cambridge, MA: The MIT Press, 2008.

[39] FAIRCHILD G B. The influence of residential segregation and its correlates on ethnic enterprise in Urban Areas[J]. Journal of business venturing, 2008, 23(5): 513-527.

[40] FALLON P R, LUCAS R E. The impact of financial crises on labor markets, household incomes, and poverty: a review of evidence [J]. World bank research observer, 2002, 17(1): 21-45.

[41] FISCHER K. Why new crop technology is not scale-neutral: a critique of the expectations for a crop-based African Green Revolution[J]. Research Policy, 2016, 45(6): 1185-1194.

[42] GALBRAITH J K. The new industrial state[M]. Princeton, NJ: Princeton University Press, 2015.

[43] GEORGE G, KOTHA R, PARIKH P, et al. Social structure, reasonable gain, and entrepreneurship in Africa[J]. Strategic management journal, 2016, 37(6):1118-1131.

[44] GNYAWALI D R, FOGEL D S. Environments for entrepreneurship development: key dimensions and research implications[J]. Entrepreneurship theory and practice, 1994, 18(4): 43-62.

[45] GOEL S, KARRI R. Entrepreneurial aspirations and poverty reduction: the role of institutional context[J]. Entrepreneurship and regional development, 2020, 32(1-2): 91-111.

[46] GRAS D, NASON R S. Bric by bric: The role of the family household in sustaining a venture in impoverished Indian Slums[J]. Journal of business venturing, 2015, 30(4): 546-563.

[47] HART S L, CHRISTENSEN C M. The great leap: driving innovation from the base of the pyramid[J]. MIT sloan management review, 2002, 44(1): 51.

[48] HAVEMAN H A. Follow the leader: mimetic isomorphism and entry into new markets[J]. Administrative science quarterly, 1993, 38(4): 593-627.

[49] HE X. Digital entrepreneurship solution to rural poverty: theory, practice and policy implications[J].Journal of developmental entrepreneurship, 2019, 24(1): 1-32.

[50] HERMES N,LENSINK R. Microfinance:

its impact, outreach, and sustainability[J]. World development, 2011, 39(6): 875-881.

[51] HIEU N T M, HODGETTS D J, CARR S C. Fitting social enterprise for sustainable development in Vietnam[J]. 2021, 13: 10630.

[52] HINDLE K, MOROZ, P. Indigenous entrepreneurship as a research field: developing a definitional framework from the emerging canon[J]. International entrepreneurship and management journal, 2010, 6(4): 357-385.

[53] HLADY R M, SERVANTIE V. Business models impacting social change in violent and poverty-stricken neighbourhoods: a case study in Colombia[J]. International small business journal, 2017, 35(4): 427-448.

[54] HOCKERTS K. Determinants of social entrepreneurial intentions[J]. Entrepreneurship theory and practice, 2017, 41(1): 105-130.

[55] HOLVOET N. Impact of microfinance programs on children's education: do the gender of the borrower and the delivery model matter? [J]. Journal of microfinance/Esr Review, 2004, 6(2): 27-50.

[56] JONCOURT S, GEBAUER H, REYNOSO J, et al. Extending the base-of-the-pyramid concept[J]. Service science, 2019, 11(3): 241-261.

[57] JONES C I, ROMER P M. The new Kaldor facts: ideas, institutions, population, and human capital[J]. American economic journal: macroeconomics, 2010, 2(1): 224-245.

[58] KAPLINSKY R. Schumacher meets Schumpeter: appropriate technology below the radar[J]. Research policy, 2011, 40(2): 193-203.

[59] KARANDA C, TOLEDANO N. Foreign aid versus support to social entrepreneurs: reviewing the way of fighting poverty in Zimbabwe[J]. Development southern africa, 2018, 35(4): 480-496.

[60] KATRE A, SALIPANTE P. Start-up social ventures: blending fine-grained behaviors from two institutions for entrepreneurial success[J]. Entrepreneurship theory and practice, 2012, 36(5): 967-994.

[61] KENT D, DACIN M.T. Bankers at the gate: microfinance and the high cost of borrowed logics[J]. Journal of business venturing, 2013, 28(6): 759-773.

[62] KHANAL A R, MISHRA A K. Financial performance of small farm business households: the role of internet[J]. China agricultural economic review, 2016, 8(4): 553-571.

[63] KHANDKER S R. Microfinance and poverty: evidence using panel data from Bangladesh[J]. the world bank economic review, 2005, 19(2): 263-286.

[64] KHAVUL S, CHAVEZ H, BRUTON G D. When institutional change outruns the change agent: the contested terrain of entrepreneurial microfinance for those in poverty[J]. Journal of business venturing, 2013, 28(1): 30-50.

[65] KIMMITT J, MUÑOZ P, NEWBERY R. Poverty and the varieties of entrepreneurship in the pursuit of prosperity[J]. Journal of business venturing, 2019, 35(4): 1-12.

[66] KISTRUCK G M, SUTTER C J, LOUNT J R, et al. Mitigating principal-agent problems in base-of-the-pyramid markets: an identity spillover perspective[J]. Academy of management journal, 2013, 56(3): 659-682.

[67] LAZEAR E P. Balanced skills and

entrepreneurship[J]. American economic review, 2004, 94(2): 208-211.

[68] LEFF N H. Entrepreneurship and economic development: the problem revisited[J]. Journal of economic literature, 1979, 17(1): 46-64.

[69] LIN S, SI S. Factors affecting peasant entrepreneurs' intention in the Chinese context[J]. International entrepreneurship and management journal, 2014, 10(4): 803-825.

[70] LIN S, WINKLER C, WANG S, et al. Regional determinants of poverty alleviation through entrepreneurship in China[J]. Entrepreneurship & regional development, 2019, 32(1-2): 41-62.

[71] LONDON T, ESPER H, GROGAN-KAYLOR A, et al. Connecting poverty to purchase in informal markets[J]. Strategic entrepreneurship journal, 2014, 8(1): 37-55.

[72] LUCAS R E. Lectures on economic growth[M]. Cambridge, MA: Harvard University Press, 2002.

[73] MAAK T, STOETTER N. Social entrepreneurs as responsible leaders: 'Fundación Paraguaya' and the case of Martin Burt[J]. Journal of business ethics, 2012, 111(3): 413-430.

[74] MAIR J, MARTI I. Entrepreneurship in and around institutional voids: a case study from Bangladesh[J]. Journal of business venturing, 2009, 24(5): 419-435.

[75] MAIR J, MARTI I, VENTRESCA M J. Building inclusive markets in rural Bangladesh: how intermediaries work institutional voids[J]. Academy of management journal, 2012, 55(4): 819-850.

[76] MCCLOSKEY D N. Bourgeois dignity: why economics can't explain the modern world[M]. Chicago, IL: University of Chicago Press, 2010.

[77] MCCLOSKEY D N. Bourgeois dignity: why economics can't explain the modern world[M]. University of Chicago Press, 2010.

[78] MCCLOSKEY D. Bourgeois equality: how ideas, not capital or institutions, enriched the world[M]. Chicago, IL: University of Chicago Press, 2016.

[79] MCMULLEN J S. Delineating the domain of development entrepreneurship: a market-based approach to facilitating inclusive economic growth[J]. Entrepreneurship theory and practice, 2011, 35(1): 185-215.

[80] MISTURELLI F, HEFFERNAN C. The shape of change: a memetic analysis of the definitions of poverty from the 1970s to the 2000s[J]. Journal of international development, 2012, 24(S1): S3-S18.

[81] MURPHY P J, COOMBES S M. A model of social entrepreneurial discovery[J]. Journal of business ethics, 2009, 87(3): 325-336.

[82] NAIM, M. The end of power: from boardrooms to battlefields and churches to states, why being in charge isn't what it used to be[M]. New York: Basic Books, 2013.

[83] NARAYAN D. Can anyone hear US? Voices of the poor[M]. Washington, D C: World Bank Publication, 2000.

[84] OGBUABOR J E, MALAOLU V A, ELIAS T I. Small scale enterprises, poverty alleviation and job creation in Nigeria: lessons from burnt bricklayers in Benue State[J]. Journal of economics & sustainable development, 2013, 4(18): 120-134.

[85] PATHAK S, MURALIDHARAN E. Economic inequality and social entrepreneurship [J].

Business & society, 2018, 57(6): 1150-1190.

[86] PEARCE J L. Organizational scholarship and the eradication of global poverty[J]. Academy of management journal, 2005, 48(6): 970-972.

[87] PEREDO A M, CHRISMAN J J. Toward a theory of community-based enterprise[J]. Academy of management review, 2006, 31(2): 309-328.

[88] PEREDO A M, MCLEAN M. Indigenous development and the cultural captivity of entrepreneurship[J].Business & society, 2013, 52(4): 592-620.

[89] PEREDO A M, ANDERSON R W, GALBRAITH C S, et al.Toward a theory of indigenous entrepreneurship[J]. International journal of entrepreneurship and small business, 2004, 1(1-2): 1-20.

[90] PERKINS D D, ZIMMERMAN M A.Empowerment theory, research, and application[J]. American journal of community psychology, 1995, 23(5): 569-579.

[91] PRAAG C M V, VERSLOOT P H.What is the value of entrepreneurship? A review of recent research[J]. Small business economics, 2007, 29(4) :351-382.

[92] PRAHALAD C K, HAMMOND A.Serving the world's Poor, profitably[J]. Harvard business review, 2002, 80(9): 48-57; 124.

[93] QIANG C Z, ROSSOTTO C M, KIMURA K. Economic impacts of broadband[J]. Information and communications for development: extending reach and increasing impact, 2009, 3: 35-50.

[94] RAMIREZ A, RANIS G. Economic growth and human development[J].World development, 2000, 28(2): 197-219.

[95] RINDOVA V, BARRY D, KETCHEN D J.Entrepreneuring as emancipation [J]. Academy of management review, 2009, 34(3): 477-491.

[96] RING J K, PEREDO A M, CHRISMAN J J. Business networks and economic development in rural communities in the United States[J].Entrepreneurship theory and practice, 2010, 34(1): 171-195.

[97] RIVERA-SANTOS M, HOLT D, LITTLEWOOD D, et al.Social entrepreneurship in sub-Saharan Africa[J]. Academy of management executive, 2014, 29(1): 72-91.

[98] ROMER, PAUL M. Increasing returns and long-run growth[J]. Journal of political economy, 1986, 94(5): 1002-1037.

[99] ROODMAN D. Due diligence: an impertinent inquiry into microfinance[M]. Washington, D C: Center for Global Development, 2012.

[100] SAEBI T, FOSS N J, LINDER S. Social entrepreneurship research: past achievements and future promises[J]. Journal of management, 2019, 45(1): 70-95.

[101] SAUTET F. Local and systemic entrepreneurship: solving the puzzle of entrepreneurship and economic development [J]. Entrepreneurship theory and practice, 2013, 37(2): 387-402.

[102] MAIR S J. Profitable business models and market creation in the context of deep poverty: a strategic view[J]. Academy of management perspectives, 2007, 21(4): 49-63.

[103] SELSKY J W, SMITH A E. Community entrepreneurship: a framework for social change leadership[J]. Leadership quarterly, 1994, 5(3): 277-296.

[104] SHANTZ A S, KISTRUCK G, ZIETSMA

C. The opportunity not taken: the occupational identity of entrepreneurs in contexts of poverty[J].Journal of business venturing, 2018, 33(4): 416-437.

[105] SHEPHERD D A, PARIDA V, WINCENT J. Entrepreneurship and poverty alleviation: the importance of health and children's education for slum entrepreneurs[J]. Entrepreneurship theory and practice, 2021, 45(2): 350-385.

[106] SI, STEVEN, CHEN, et al. Entrepreneurship and poverty reduction: a case study of Yiwu, China[J].Asia Pacific journal of management, 2015, 32(1): 119-143.

[107] SI S, AHLSTROM, WEI J, et al. Business, entrepreneurship and innovation toward poverty reduction[J].Entrepreneurship & regional development, 2019, 32(1-2): 1-20.

[108] SU Y, ZAHRA S A, LI R, et al. Trust, poverty, and subjective wellbeing among Chinese entrepreneurs[J]. Entrepreneurship & regional development, 2020, 32(1-2): 221-245.

[109] SUN S L, IM J. Cutting microfinance interest rates: an opportunity co–creation perspective[J].Entrepreneurship theory and practice, 2015(1): 101-128.

[110] SUTTER C J, WEBB J W, KISTRUCK G M, et al. Entrepreneurs' responses to semi-formal illegitimate institutional arrangements[J]. Journal of business venturing, 2013, 28(6): 743-758.

[111] SUTTER C, BRUTON G D, CHEN J.Entrepreneurship as a solution to extreme poverty: a review and future research directions[J].Journal of business venturing, 2019, 34(1): 197-214.

[112] TOBIAS J M, MAIR J, BARBOSA-LEIKER C.Toward a theory of transformative entrepreneuring: poverty reduction and conflict resolution in Rwanda's entrepreneurial coffee sector[J]. Journal of business venturing, 2013, 28(6): 728-742.

[113] TOMIZAWA A, ZHAO L, BASSELLIER G, et al. Economic growth, innovation, institutions, and the great enrichment[J]. Asia Pacific journal of management, 2020, 37(1): 7-31.

[114] TRIVEDI S K, PETKOVA A P. Women entrepreneur journeys from poverty to emancipation[J]. Journal of management inquiry, 2021, 31(2): 105649262110176.

[115] VAN ZANDEN J L. The long road to the industrial revolution: the European economy in a global perspective, 1000-1800[M]. Leiden: Brill, 2009.

[116] VAONA A. IN: E. LEE AND M. Vivarelli, Editors, Understanding Globalization, Employment and Poverty Reduction, Palgrave Macmillan[J]. Research policy, 2005, 34(6): 977-978.

[117] VÁZQUEZ MAGUIRRE M, PORTALES L, VELÁSQUEZ BELLIDO I. Indigenous social enterprises as drivers of sustainable development: insights from Mexico and Peru[J]. Critical sociology, 2018, 44(2): 323-340.

[118] WEBB J W, KHOURY T A, HITT M A.The influence of formal and informal institutional voids on entrepreneurship[J]. Entrepreneurship theory and practice, 2020, 44(3): 504-526.

[119] WEST G P I, BAMFORD C E, MARSDEN J W. Contrasting entrepreneurial economic development in emerging Latin American economies: applications and extensions of resource-based theory[J]. Entrepreneurship

theory and practice, 2008, 32(1): 15-36.

[120] WIERENGA M, ANDERSON A. Uncovering the scaling of innovations developed by grassroots entrepreneurs in low-income settings[J]. Entrepreneurship and Regional Development, 2020, 32(1-2): 63-90.

[121] WILLIAMS C C, MARTINEZ-PEREZ A, KEDIR A M. Informal entrepreneurship in developing economies: the impacts of starting up unregistered on firm performance[J]. Entrepreneurship theory and practice, 2017, 41(5): 773-799.

[122] WOODSON T S.Public private partnerships and emerging technologies: a look at nanomedicine for diseases of poverty[J]. Research policy, 2016, 45(7): 1410-1418.

[123] WORLD BANK.The World Bank annual report 2019: ending poverty, investing in Opportunity[M]. Washington, DC: World Bank, 2019.

[124] WU A, SONG D, YANG Y.Untangling the effects of entrepreneurial opportunity on the performance of peasant entrepreneurship: the moderating roles of entrepreneurial effort and regional poverty level[J]. Entrepreneurship & regional development, 2019, 32: 112-133.

[125] WU J, SI S.Poverty reduction through entrepreneurship: incentives, social networks, and sustainability[J]. Social science electronic publishing, 2018, 17(4): 243-259.

[126] WU J, SI S, YAN H .Reducing poverty through the shared economy: creating inclusive entrepreneurship around institutional voids in China[J]. Asian business & management, 2020: 1-29.

[127] XU Z, LI B, LIU Z, et al. Previous military experience and entrepreneurship toward poverty reduction: evidence from China[J]. Management decision, 2022, 60(7): 1969-1989.

[128] ZAEFARIAN R, TASAVORI M, GHAURI P N. A corporate social entrepreneurship approach to market-based poverty reduction[J]. Emerging markets finance and trade, 2015, 51(2): 320-334.

[129] ZAHRA S A, GEDAJLOVIC E, NEUBAUM D O, et al. A typology of social entrepreneurs: motives, search processes and ethical challenges[J]. Journal of business venturing, 2009, 24(5): 519-532.

[130] ZHAO E Y, LOUNSBURY M.An institutional logics approach to social entrepreneurship: market logic, religious diversity, and resource acquisition by microfinance organizations[J]. Journal of business venturing, 2016, 31(6): 643-662.

[131] 陈威如，余卓轩.平台战略：正在席卷全球的商业模式革命[M].北京：中信出版社，2013.

[132] 傅颖，斯晓夫，陈卉.基于中国情境的社会创业：前沿理论与问题思考[J].外国经济与管理，2017, 39（3）：40-50.

[133] 黄承伟，覃志敏.贫困地区统筹城乡发展与产业化扶贫机制创新：基于重庆市农民创业园产业化扶贫案例的分析[J].农业经济问题，2013（5）：51-55.

[134] 蒋艳.贫困地区民营经济内源性力量培育研究[J].上海经济研究，2008（7）：56-61.

[135] 李博.乡村治理转型与农村精准扶贫[J].山西农业大学学报（社会科学版），2016（8）：534-538.

[136] 李广乾，陶涛.电子商务平台生态化与平台治理政策[J].管理世界，2018（6）：

104-109.

[137] 卢盛峰,陈思霞,时良彦.走向收入平衡增长：中国转移支付系统"精准扶贫"了吗?[J].经济研究,2018（11）：49-64.

[138] 陆立军."义乌模式"的成因及其与"浙江模式"的关系[J].财经论丛,2008(4)：1-7.

[139] 邵希,邢小强,仝允桓.包容性区域创新体系研究[J].中国人口·资源与环境,2011,21（6）：24-30.

[140] 世界银行.贫穷概况：发展新闻、研究与数据[EB/OL].（2021-10-14）[2023-10-01]. https://www.worldbank.org/en/topic/poverty/overview#1.

[141] 斯晓夫,钟筱彤,罗慧颖,等.如何通过创业来减少贫穷：理论与实践模式[J].研究与发展管理,2017（6）：1-11.

[142] 万倩雯,卫田,刘杰.弥合社会资本鸿沟：构建企业社会创业家与金字塔底层个体间的合作关系：基于LZ农村电商项目的单案例研究[J].管理世界,2019（5）：179-196.

[143] 王雨磊,苏杨.中国的脱贫奇迹何以造就？：中国扶贫的精准行政模式及其国家治理体制基础[J].管理世界,2020(4)：195-208.

[144] 邢小强,周平录,张竹,等.数字技术、BOP商业模式创新与包容性市场构建[J].管理世界,2019（12）：116-136.

[145] 颜强,王国丽,陈加友.农产品电商精准扶贫的路径与对策：以贵州贫困农村为例[J].农村经济,2018（2）：45-51.

[146] 燕继荣.反贫困与国家治理：中国"脱贫攻坚"的创新意义[J].管理世界,2020（4）：209-219.

[147] 杨婵,贺小刚.村长权威与村落发展：基于中国千村调查的数据分析[J].管理世界,2019,35（4）：90-108.

[148] 杨亚非.伟大的创业实践 需要伟大的创业精神：从立屯消除贫困的实践看发扬艰苦创业精神[J].学术论坛,1998（1）：55-60.

[149] 张国庆,斯晓夫,刘龙青.农民创业的驱动要素：基于扎根理论与编码方法的研究[J].经济社会体制比较,2019（3）：139-148.

[150] 张银,李燕萍.农民人力资本、农民学习及其绩效实证研究[J].管理世界,2010（2）：1-9.

第 19 章　社会创业的国际维度

:: 学习目标

- 理解社会创业的国际差异
- 了解美国社会创业的影响因素
- 理解英国社会创业的影响因素
- 掌握中国社会创业的影响因素

开篇案例

社区厨房 Food Cycle：驱散饥饿与孤独

面对饥饿与孤独这两大较为严重的社会问题，成立于英国的"食物循环"（Food Cycle）诞生在 2008 年金融危机导致全球贫困加剧的背景下，希望通过将志愿者、多余的食物和空闲的厨房空间进行结合，收集本地被浪费但还可以食用的健康食材，在公共的厨房里做成有营养的饭菜提供给有需要的人，并为受助者打造一个爱和分享的社区空间，让他们在品尝美味食物的同时感到温暖，有效帮助社会解决食物浪费、饥饿和社会孤独的问题。

这家食物慈善机构的创始人是一名在伦敦大学亚非学院攻读国际发展专业硕士的加拿大籍华人凯文·张。2008 年 10 月在参观美国校园厨房时，凯文·张看到，大学生收集当地超市或餐馆剩余的新鲜食材并带回学校重新加工成健康食品提供给有需要的人们，他开始思考类似的模式能否在英国运行。通过探索和尝试，Food Cycle 得以创立。它从最初将 30 份食物派发给街上的流浪者、低收入家庭和学生，到不断完善食物品质和扩大覆盖人群，实现了不仅保证饭菜味道可口，而且营养更加均衡。在运营社区厨房的过程中，凯文·张又发现了新的问题。由于英国有不少人独自居住，人与人之间的交流几乎为零。研究认为，长期的孤独会使人血压上升、压力增大，严重的话还会得抑郁症。由于只有自己一个人吃饭，不少独居长者对食物并不注重，若图方便长期食用低营养的食物,身体健康就会受到损害。于是,"Food Cycle"团队开了一家社区咖啡厅,受助者不仅可以在这里吃饭,还能和社区志愿者们聊天,学习关于食物的营养知识,打开心扉,认识更多朋友。一位80岁的独居老人说:"我独自一人居住,每周我会选择到Food Cycle餐厅去吃饭,在这里能够认识很多新朋友,让我不再感到孤单。"这样一来,Food Cycle为孤独、饥饿的人们创造了一个有机会与人交流并感受陪伴的温暖的"社区"。就如凯文·张所说:"Food Cycle不仅可以使食物资源循环利用,同时还可以培养一种'社区意识',通过健康食物把不同的人连接在一起。"

在志愿者管理方面,Food Cycle相比于传统企业更具有灵活性,无论是受助者还是志愿者都能以多元化的形式参与其中,尽自己的一分力。社区厨房的志愿者有青年学生、小孩子及已经工作的成年人,他们可以通过烹饪或是教导人们如何做一顿营养美味的餐食加入社区厨房。如果青年志愿者有意愿把社区厨房的理念带入某个社区,通过Food Cycle的审核后,可以在自己主导下开设一个社区厨房点为有需要的人提供饭菜。每一个人通过自己的行动,为本来被浪费掉的食物创造新的价值,回馈常年生活的社区。

在运营模式方面,Food Cycle为了适应其不断发展壮大的多中心经营需要,与国际社会特许经营中心合作开发了社会特许经营模式,形成了组织特许经营模式和社区特许经营模式两种模式。在社会特许经营模式下,Food Cycle这一社会企业和慈善机构能够较好地被复制,其五个新中心都由当地的合作伙伴组织并在社区运营——如住房协会、卫生服务机构,在Food Cycle的品牌授权下,这些中心得到了信托机构、基金会、企业和地方政府的支持,超市会捐赠出多余的食材,地方机构会提供做饭的厨房。为了确保各中心的质量和与总部理念的一致性,Food Cycle的社会加盟商必须指定联系人,负责总部与当地中心之间的沟通,总部也会为合作伙伴提供在线志愿者管理系统、品牌和营销渠道、年会培训、定期评估等多方面的支持。

社区厨房用被浪费的食物帮助饥饿的人们饱腹,并且通过集体用餐这一形式,在烹饪活动中解决社会隔离问题。自创立以来,Food Cycle以社区厨房的形式,拯救了饥饿的胃与孤独的灵魂,为了更好地支持机构运作也在大批志愿者外开始聘用部分全职员工负责机构的日常运营。Food Cycle在英国已扩展到20多个中心,与3 000多名志愿者合作,回收12万公斤以上过剩食物,提供超过10万份餐食,开展78 000多小时志愿服务,不断发挥通过社区厨房重建社区精神的作用。

正如案例中所提到的,社会创业由于其社会性和创业性这两大内涵特征,近年来在世界各国蓬勃发展,成为推动地区发展、解决社会问题、创造社会价值的重要途径。在中国和谐社会建设背景下,研究和推动社会创业对构建和谐社会具有重要的意义(邬爱其、焦豪,2008)。

社会创业最早出现在 20 世纪 80 年代的美国，其兴起与市场在社会经济中地位的提升密不可分（胡馨，2006）。随着社会创业浪潮的不断涌动和经济全球化进程的快速推进，国际创业、国际社会创业、社会创业国际化等名词也越发受到学界关注，由此可见基于国际视角的社会创业研究在当今的时代环境下是必要的（焦豪、邬爱其，2008）。社会创业会在不同的市场环境、经济体制和文化环境之下呈现出不同的特征。而影响这些特征形成的因素，除了个人层面、组织层面、流程层面和环境层面的因素之外，也会因国别而有所侧重和不同。因此，本章在梳理大量文献基础上，先对美国、英国和中国的社会创业进行了国际视角的比较；然后从个人层面因素、组织层面因素、流程层面因素、环境层面因素等方面对社会创业的影响因素进行了较为系统的评价，为后续研究提供理论分析框架与思路；最后，本章还在国际比较与整合影响因素分析的基础上，对影响不同国家社会创业因素的侧重差异进行研究，以期对中国开展社会创业活动有所借鉴与启示。

19.1　基于国际视角的社会创业比较

汤姆森路透基金会（Thomson Reuters Foundation）调查数据显示，社会创业发展条件最好的前 15 个国家包括美国、加拿大、英国、韩国等。这些国家已经形成了强有力的政府支持、对人才充满吸引力的条件、工资可观的报酬体系，以及对社会变革需求的把握等利于社会创业产生并发展的条件。其中，最活跃的社会创业方向主要聚焦在维持健康、教育以及解决环境问题等内容上。但是在共性之外，国际环境下各国的社会创业也呈现出了不同的特点。

情境化（contextualizing）在创业研究中的重要性日益凸显，韦尔特（Welter，2017）将情境化定义为界定某种研究现象的客观环境、存在条件、面临的形势和自然环境的总称，并将创业的研究情境分为企业（business）、社会（social）、空间（spatial）和制度（institutional）四类。作为现象驱动的研究，社会创业根植于情境之中，因此本节基于国际视角的社会创业比较也将紧密围绕美、英、中三国的情境背景进行分析。

美国作为社会创业最为活跃的国家之一，不仅是社会创业教育最早期的实践者，更是国际社会创业发展的领导者。在社会创业教育方面，迪斯（J. G. Dees）20 世纪 90 年代中期在哈佛大学教书时，将社会创业的理念与案例融入传统的创业管理课程中，开创了社会创业教育的先河。在社会创业教育的第二次浪潮中，美国也作为领导者，在 MBA 学院中开设社会创业课程，并招收社会创业博士，形成了商学院主导、迈向跨学校、跨学科，项目更深入、受众更广泛的教育范式。除此之外，社会创业所涉及的专业也不再为商学院所专属，而是推广到了工程、设计、法律、社会工作等领域。在社会创业的商业领导方面，社会创业联盟（Social Enterprise Alliance）2018 年调查数据显示，美国是商业领导努力解决社会问题最积极的国家。在美国约有 1.4 万家社会创业企业获得了超过 500 亿美元的收入，并为 1 000 多万公民提供了就业机会，是社会价值与商业价值结合的良好体现。在社会创业的政府支持方面，美国也位居世界前列，政府在刺激社会创新方面创造了有利的支持条件，促进了社会创业思想的传播与发展。除此之外，社会创业联盟在支持美国社会创业方面也发挥了明显的作用。

英国也具备发展社会创业的绝佳条件，英国共享经济机构（Sharing Economy UK，SEUK）的调查数据显示，2017 年中英国有 67 万～70 万家社会企业，雇用了大约 100 万名工人，并通过经营活动获得了约 240 亿英镑的收入，其中有约 18% 的收入都来自国际活动。在英国的企业构成中，社会企业所占比例高达 50%，其中三分之二的社会企业表现出了对弱势群体的关怀与支持，对弱势群体的雇用率高达 44%。这些成就离不开与社会创业相关的坚实法律基础、政府当局的支持以及合理的监管制度。值得一提的是，英国政府对社会创业最有效的支持方法，是在税收方面给予优惠、通过国家融资为企业发展提供金融支持，比如创建支持社会创业发展的投资基金，在贸易产业部门设立与社会创业相关的部门，以更好地促进公共部门与非公共组织的交流和互动。

中国已有一些非营利组织和个人、相关新闻媒体从事社会创业活动，成为中国社会创业活动的先行者，产生了积极的社会影响。如《大众商务》和《小投资》杂志，从创刊以来始终把介绍小型投资项目、帮助下岗职工和贫困人口小本创业，作为杂志的服务内容和办刊宗旨，多次免费为下岗职工和弱势人群举办就业项目推介会，不少下岗职工和弱势人群像孟加拉国格莱珉银行贷款的受助者一样走上了劳动创富的道路。2007 年，浙江大学联合英国牛津大学和亚洲创业学院在杭州举行了"社会创业国际论坛"（IFSE），来自英国、美国、韩国、日本、西班牙等世界各地的 100 多名专家、学者以及政府、企业界人士出席了会议，在中国首次正式研讨宣传社会创业理念。但是，在中国还没有像国外那样的专门组织来统筹社会创业活动的普及和开展，相关的资源没有进行有效整合，以及中国还没有一个系列的短、中、长期规划和有效实施机制，这些因素都会影响到社会创业活动在中国的全面普及和有效开展。因此，相对而言，中国的社会创业活动还需要多方进行推动和支持。表 19-1 是美国、英国、中国三国社会创业活动的对比。

表 19-1 美国、英国、中国三国社会创业活动对比

维度	国家		
	美国	英国	中国
经济制度	以私有制为基础，以自主经营的自由企业为主体，同时辅以国家宏观调控	实行资本主义经济制度，是典型的自由资本主义国家	公有制为主体、多种所有制经济共同发展的经济制度
社会创业发展水平	高水平，领域领导者	高水平，领域主要领导者	发展中水平
社会创业主要支持	政府、企业	政府、企业	政府、个体
相关制度成熟程度	成熟、完善	成熟、完善	待完善
主要支持方法	政策、法律、教育	政策、税收、融资	政策、教育

19.2 美国社会创业的影响因素

美国作为社会创业的先锋与发展过程中的领导者，其市场环境、法律制度等建设都已较为成熟和完善。因此，能够创造社会价值的前景性创意能否转化为成熟有效的商业模式，以及运营流程的合理化，成为影响美国社会创业的主要因素。

19.2.1 前景性创意发展为成熟商业模式的概率

古克鲁、迪斯和安德森（Guclu, Dees, and Anderson, 2002）在社会创业机会发展二阶段模型中指出，社会创业者及其团队能否将前景性创意发展成有吸引力的商业机会，对社会创业的成功与否起着决定性作用。他们认为，机会创造和发展的过程不仅包含了创意般的灵

感、洞察力与想象力，而且融合了严密的逻辑分析与客观研究（Guclu，Dees，and Anderson，2002）。创新性主意必须被系统性地创造生成，过程的背后基于仔细的观察与推理，以及不可或缺的创造性（Drucker，1985）。在基于机会识别、创造与发展的社会创业二阶段模型中（见图19-1），社会创业机会创造过程分为两个主要步骤：第一步是社会创业者产生一个前景性创意（promising ideas）；第二步是社会创业者尝试将这个前景性创意发展成一个具有吸引力的机会。

阶段一：产生前景性创意　　　　　　　　阶段二：前景性创意发展成具有吸引力的机会

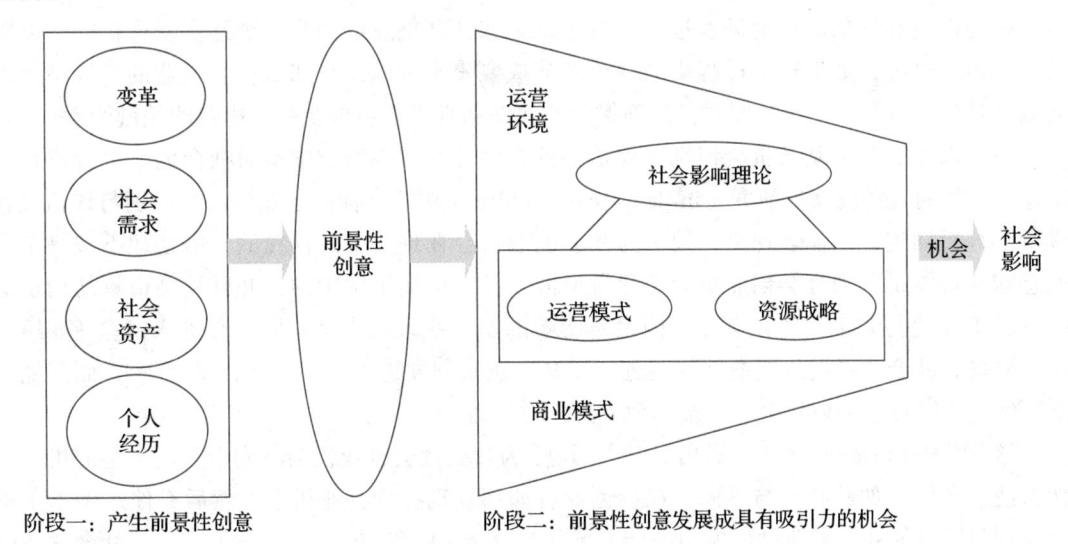

图19-1　社会创业机会发展二阶段模型

在第一步产生前景性创意的过程中，会受到个人经历、社会需求、社会资产和社会变革等因素的影响，具体如下。一是个人经历，它通常是激发前景性创意的基础条件。二是社会需求，个人经历是有价值的，但毕竟是有限制的或是具备异质性的，可靠的社会创业主意是对社会真正需求的及时响应。这里的社会需求主要源于社会的期待与现实情况的差距。三是社会资产，它是产生前景性创意的资源支撑。社会创业者已有的有形或无形资产可以引导那些前景性创意的进一步发展，但是社会创业者不能拘泥于已有的一些资源，要不断地开拓新的社会资产。四是变革，它可以创造一些新的需求与资产，可以开拓一些新的可能性，从而促使社会创业者去产生一些新的前景性创意。只有当社会创业者采取机会导向型思维模式，并积极地寻求引发重要社会影响的新可能机会时，个人经历、社会需求、社会资产和变革四因素才有可能激发前景性创意。因此，社会创业者应该将这种机会导向型思维模式贯彻到随后的机会发展过程中，持续创新、适应、分析和学习。

第二步是将前景性创意发展成为具有吸引力的机会。机会发展框架包含了社会影响理论、运营环境、商业模式、资源战略、运营模式等要素。其中，社会影响理论是商业模式未来航向的指南针，决定着商业模式社会价值和影响的大小。同时，在利益相关者市场、产业结构、政治和文化环境的影响下，商业模式的两大要素资源战略和运营模式共同将社会影响理论运用到社会创业中，资源战略不断地培育符合实践的运营模式，实现社会创业者与环境的匹配，从而创造持续的社会价值与社会影响，实现社会创业的终极目的。

该模型清晰地描述了在美国进行一场成功的社会创业的过程，给我们的启示是：在决定一个前景性创意是否值得大的投入使它转化成机会时，社会创业者有必要清楚地阐明令人信服的社会影响与社会价值，以及可行的商业模式。此外，发展一个可行的商业模式需要设计一个有效的运营模式并打造一个可行的资源战略，以上这些要素必须有机匹配在一起，并且社会创业者有意向在特定的环境中去运营。最后，还要考虑到社会创业者个人的因素，如个人承诺、以往资历和个人年龄。当所有这些要素都是可行的且整合到一起时，社会创业成功的概率就会比较大，这样才能给社会创造价值和积极影响。

其他学者也讨论了机会如何转变为成功的运营模式。比如罗宾森（Robinson，2006）在基于机会识别和评估的社会创业过程模型中认为，社会创业活动是一个逐步发现机会并克服各种障碍的过程，如果这个过程中的一个环节或要素出现偏差，那么社会创业的最终结果就会偏离其初始目标。了解为谁服务是确保服务效率和真正产生重要社会影响的关键因素。

罗宾森（2006）基于机会识别和评估的社会创业过程模型详细地对社会创业机会进行了审视，并且通过深度案例研究（in-depth case studies）对这类社会创业机会的识别与评估过程进行了分析描述。具体表现为，他认为社会创业机会在现实中是存在的，但是却不被每个人所感知，具体是因为社会创业机会是独特地嵌入社会市场结构中的，并且社会市场结构也是高度受正式的与非正式的社会制度因素所影响的。一些人认为这些因素是进入壁垒（如经济进入壁垒、社会关系进入壁垒、规则进入壁垒、正式制度进入壁垒、文化壁垒等），而其他人则不然，所以社会创业机会只是被少数人感知并发现。

接着，Robinson（2006）提出了三大问题：为什么社会创业机会不同于其他类型的机会？什么使社会创业如此独特与不同？社会创业者如何发现社会创业机会？然后，他运用基于机会识别和评估的社会创业过程模型进行了解释与分析（见图19-2）。具体为：由于社会创业机会高度受市场和（或）社区中的社会制度结构所影响，所以对社会个体产生了进入障碍壁垒。因此，社会创业被认为是一个逐步发现机会并解决障碍的流程。在这个过程中，社会创业者通过不断探索由独特市场和（或）社区所决定的进入障碍壁垒，最终使社会创业战略被用来解决社会问题。最后，社会创业者能否发现机会取决于他们个人的以往经验和工作经历，以及他们想进入的市场和（或）社区的特征。

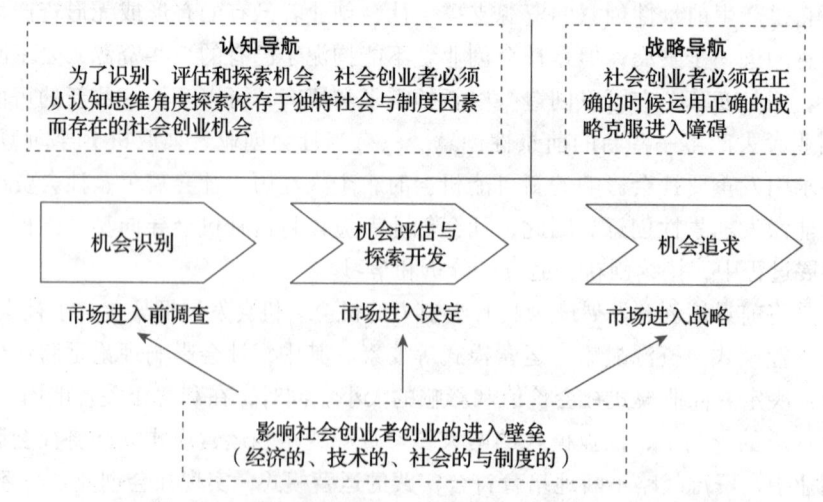

图 19-2 基于机会识别和评估的社会创业过程模型

他的研究发现主要体现在三个方面：成功的社会创业者总是从他们最熟悉的社会与制度环境中识别和发现社会创业机会；当成功的社会创业者评估能够创立社会型企业的社会创业

机会时,他们总是考虑社会与制度因素;在探索与开发新的社会创业机会时,成功的社会创业者总是直接考虑适应并满足那些嵌入到独特市场和(或)社区中的社会与制度因素。

通过对 Robinson(2006)基于机会识别和评估的社会创业过程模型的分析,我们发现 Robinson 把学术研究的严谨性和创造性引入了社会创业研究领域,从而使社会创业成为可以研究的领域(见图 19-2)。具体体现在:Robinson 对六个早期阶段社会企业(social ventures)的纵向时间分析从广度和深度上为将来的研究提供了研究框架;Robinson 应用了商业计划分析和深度案例研究等多种研究方法对基于机会识别和评估的社会创业过程模型进行了深入研究,有利于抓住现象背后的本质;Robinson 引入了市场的社会学视角,从认知维度和战略维度对社会创业者克服社会与制度障碍进行了导航分析。

19.2.2 社会创业决策过程的合理化

除了上述前景性创意发展为成熟商业模式的可能性对美国的社会创业起到重要的影响作用之外,流程层面也有重要的影响作用。社会创业是一个多阶段的动态发展过程,社会企业能否建立起有效的运营流程对于其创业绩效水平影响重大。现有研究也高度重视流程层面因素对社会创业活动的影响,这方面的因素主要包括创业机会的形成与发展、目标客户的认同度、服务能力等。

迪斯等人认为,社会企业要深刻了解自己的目标客户,分析他们的爱好和需求,在此基础上运用创新性的手段构建内部运营流程,满足目标客户,才能实现社会创业活动的目标(Dees,Emerson and Economy,2002)。在随后的研究中,他们认为社会创业具有三个动态过程,主要包括过渡性阶段、变革性阶段和稳定性阶段,其中第一个过渡性阶段包括由社会创业者组成的创业团队的成立,进而形成组织雏形,这个创业团队包括来自相互具有分歧与矛盾原则和社会实践领域的个体(例如来自营利性的或非营利性组织的个体);第二个变革性阶段包括通过协商、沟通进而制定某种制度来平衡支持和接受可能相对异常的组织形式和结构;第三个阶段包括社会创业者和团队成员一起通过制定决策、实施运作、积极交互作用来提升社会企业内在能力进而解决社会问题并且防御组织外部的挑战(见图 19-3)。因为这三个动态过程由社会资产和参与者之间的关系所定义,所以这个过程主要是社会性的,因此这个过程被定义为基于过程模型的社会创业。只有这三个阶段之间实现无缝衔接,社会创业活动才可能真正解决社会问题和创造社会价值。提供高效率和真正需要的服务才能保证社会创业活动是社会所需,才能产生积极的社会影响。社会创业三阶段过程模型如图 19-3 所示。

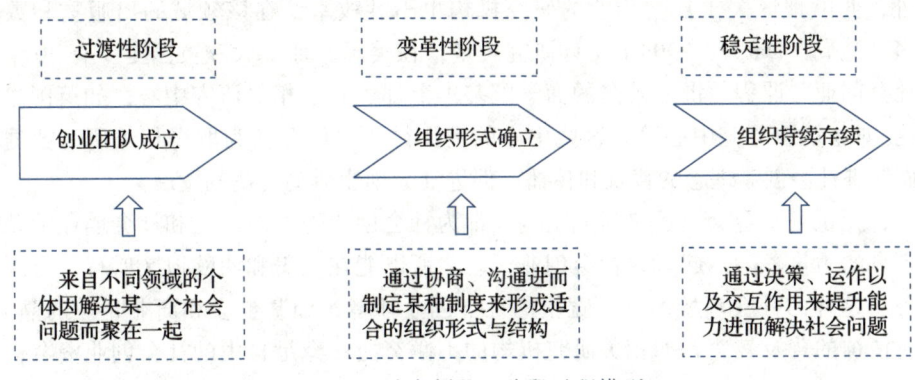

图 19-3 社会创业三阶段过程模型

迪斯等人构建的社会创业三阶段过程模型只是划分了社会创业者在社会创业过程中的三个阶段，以及分析了这三个阶段的特征，但是并没有就社会创业者如何使三个阶段无缝衔接提出建设性的指导建议（Dees，Emerson，and Economy，2002）。因此，社会创业是一个复杂的多阶段演进过程，通过对社会创业业务过程中不同要素的特定状况，以及不同阶段所面临的特定问题进行识别和有效的管理，来为社会创业成功实施提供有益的指导。尽管相关学者从不同的视角对社会创业过程模型进行了相关研究，但是研究成果还比较零散，彼此之间的关联度不是太大，研究结论也存在一定程度的差异，这对相关研究成果的扩散和继承形成了一定的制约。

可见，在美国情境下社会创业的成功更加注重社会创业者具有明确的创业机会，还要科学设计组织的内部流程，并提供高效优质的服务。

19.3　英国社会创业的影响因素

对英国而言，环境层面因素对社会创业活动的发起和延续实施都有重要影响，具体包括社会创业精神的普及教育、公众对社会创业的认知度、政府部门的支持、基金会和企业的财务支持、其他非营利组织的支持、对社会创业企业的监督和评测体系等。

19.3.1　社会环境因素：社会创业环境是前提

20世纪80年代以来，欧洲主要发达国家采取了以市场作为调节资源机制的经济政策，导致政府对非营利组织的直接资助经费逐年减少，对社会福利事业的资助也大为削减，而这种经济政策导致的"市场失灵"引起了许多社会问题，导致人们对非营利组织的社会服务需求有增无减。在这样的情况下，非营利性组织面临着改善运作效率和可持续发展方面的巨大压力，需要借用市场化运作技术来提高自身的效率。因此，社会创业在西欧等地蓬勃兴起，主要是由于这些国家和地区的社会创业环境及氛围孵化和哺育了社会创业活动，基金会、研究机构、公司等组织都为社会创业理念的传播和实施起到了积极作用。例如，一些基金会挑选有前途的社会创业者，并专门接受社会创业者带着项目计划书申请创业资金，还提供创业初期的技术支持和培训。具体支持表现为向选中的社会创业者提供每年3万到10万美元不等的创业资助，资助时效为2~3年。还有数个基金会评选杰出的社会创业者并给予奖励。此外，还有著名的大咨询公司为一些社会创业者创立的公益企业免费提供咨询。

此外，西欧地区关于社会创业的研究机构也不胜枚举，在该领域的出版物和数据库也越来越多。达勒（Dahle，2004）统计研究发现，在美国、加拿大和英国至少有30个商学院开设"社会创业"课程。世界著名的商学院基本上都建立了相关研究中心，如英国牛津大学Skoll社会创业精神研究中心等，这些中心的网页往往也可以作为取得相关研究数据库的端口，从而促进社会创业理念的普及和传播，促进社会创业活动的蓬勃发展。

因此，无论是基金会，还是研究机构，都为社会创业理念的传播和社会创业活动的实施贡献了各自的力量。归纳起来，社会创业活动之所以能在北美和西欧地区盛行，是因为这些地区具备了这样的社会环境因素：宽松的社会创业环境，如基金会和商业企业的鼎力支持；社会创业精神的普及教育，如相关研究机构的不懈努力；充足自由的社会创业资金；完善的对社会创业企业的监督和评测体系。

19.3.2 体制环境因素：制度、政府和公共机构的支持是基础

除了基金会和研究机构等非营利组织的支持外，政府和公共机构的支持对推动社会创业活动也非常关键。英国的社会创业活动就非常活跃，公民积极参与社会创业活动，这与政府的支持非常相关。如英国前首相布莱尔就任期间也呼吁政府支持社会创业者的活动，他认为社会创业者解决了社会问题同时创造了社会影响力与价值，就如同经济创业者创造商业财富一样，都为人类的进步做出了自己的卓越贡献。不仅首相倡导支持社会创业活动，英国政府在 2002 年也专门推行了一项政策来鼓励更多的人投入到社会创业活动中，从而极大地激发了英国民众参与社会创业活动的热情，在很多领域，如帮助弱势群体、扶贫、戒毒和环境保护方面，社会创业者都积极参与，为英国社会问题的解决做出了努力。

此外，20 世纪 80 年代以来，西方发达国家采取的经济政策，导致"市场失灵"，而"市场失灵"导致人们对非营利组织提供社会服务的需求却有增无减，于是非营利性组织急剧膨胀（Johnson，2000）。雷斯（Reis，1999）认为在这种传统资源不断减少而获取这些公益资源的竞争又加剧的情形下，非营利性组织面临着改善运作有效性与持续发展的强烈需求和压力，非营利组织需要开始借用商界专业化操作手段和市场运作的技术来提高自身的效率，更好地进行公益服务。这也推动了社会创业活动的蓬勃开展。

19.4 中国社会创业的影响因素

19.4.1 社会创业者个人价值观与特质

对中国而言，社会环境与商业环境均处于发展阶段，因此中国的社会创业的影响因素更多地体现在个体层面。社会创业活动会涉及众多利益相关者，其中，社会创业者是核心利益相关者。社会创业者在社会使命的驱动下，在非营利领域应用商业领域的专业手段，追求创新、效率和社会效果，积极推动社会创业活动。社会创业者的人格魅力、理想、社会使命感和开创性等个人特征影响着社会创业活动的开展，是社会创业成功实施的关键因素。

富有社会使命感、人格魅力和坚定的信念是社会创业者的显著个性特征。这些特征是社会创业者开展社会创业活动的动力源泉和保障因素。社会使命感促使社会创业者持续推动社会创业活动；社会创业者的人格魅力和坚定信念有助于吸引志同道合的同伴一起进行社会创业，保证了创业过程中人员充足且持有共同的信念，保证了社会创业活动的顺利进行。因为创业者只有具有使命感才能有激情，激情会使社会创业者全身心投入创业活动，才会用各种各样的创新方式去推广宣传，才能带动他人来关注社会创业，引起社会对社会创业的兴趣，才能开拓市场，进而不断完善积累影响力，获得越来越多人的理解与支持。里德比特（Leadbeater，1997）认为成功的社会创业者具有六种特质：乐于自我纠正、乐于分享荣誉、乐于自我突破、乐于超越边界、乐于默默无闻地工作、具有强大的道德推动力。德斯（Dess，1998）认为，社会创业者与企业家的关键区别就在于社会创业者奉行和遵循着创造社会价值和社会影响力的使命，而不是单纯追寻个人私利。同时，社会创业者在追求社会使命时不是一般的扶贫救困，也不是简单地将商业模式应用于解决社会问题之中，而是要对社会部门的某些行事方式进行基础性变革。正是由于强烈的社会使命感，社会创业者主动去深入了解所要服务的目标人群，确保社会创业活动能够真正解决社会问题和产生社会价值。

善于整合利用资源是社会创业者的另一个重要特质。社会创业者的资源整合能力保证和促进了社会创业活动的实施，是社会创业活动的实现机制。戴维斯（Davis，2002）认为，社会创业活动不会受限于资源约束，社会创业者能够主动动员别人的资源来实现社会创业的目标。Dess（2003）在比较社会创业者和政府行政人员时发现，与行政人员不同，社会创业者不是依照已有的经费行事，而是致力于开拓事业。社会创业者总是在不断地创新、调整和学习，这个特质推动着社会创业活动的蓬勃开展和顺利实施。可见，社会创业者的社会使命感、人格魅力和坚定信念是社会创业活动的动力源泉，社会创业者的资源整合利用能力是社会创业活动的实现机制，这两个方面共同促进了社会创业活动的蓬勃发展。

19.4.2 社会创业者个人创业意向形成决策

学者们还研究了社会创业者的认知因素对社会创业活动的影响。迈尔和诺沃亚（Mair and Noboa，2006）研究了社会创业者的社会创业意向形成过程，他们发现，社会创业者的创业意向会受到社会创业者自身的认知愿望和认知可行性的影响，前者指社会创业者感知到的进行社会创业的价值大小，它主要受社会创业者的个人感情、态度等因素的影响；后者指社会创业者感知到的创办社会企业的可能性高低，它主要受社会创业者的自我效能和得到的社会支持等因素的影响。他们指出，社会创业者对社会创业的认知态度会影响对社会创业的行为意向，最终会对是否实施社会创业活动产生关键性的影响。可见，社会创业者个人的内在感知因素会影响到社会创业的发起情况，而个人的感知情况要受到自身和环境因素的共同影响。

普拉布（Prabhu，1999）认为，因为社会创业者的独特个性、他们所追求机会的特殊性、他们追求结果的社会价值与经济利益的双重属性，所以社会创业是一个值得我们研究的独特领域。在进一步研究基础上，Mair 和 Noboa（2006）认为社会创业是社会创业者通过实施社会创业行为创办社会企业的一系列流程，也就是说，社会创业是创新性地实施资源组合进而追求机会，实现创造社会价值和持续增进社会福利目标的组织与社会实践活动。进一步，行为意向是行为发生的有效预示指标，特别是对有目的性的、计划性的和目标导向性的行为（Bagozzi，Baumgartner，and Yi，1989）。

Mair 和 Noboa（2006）为了进一步深入探索社会创业的一般流程，聚焦在社会创业意向形成这一重要方面（见图 19-4）。简言之，Mair 和 Noboa（2006）的社会创业意向形成模型中社会创业者的社会创业意向受社会创业者自身认知称许性（desirability）和认知可行性（feasibility）的影响，前者主要衡量社会创业者内心认为社会创业行动值得去做的程度，后者主要衡量社会创业者个人相信它能创办社会企业的程度。此外，社会创业者的认知称许性受感情态度（如移情等）和认知态度（如道德判断等）影响，认知可行性由一些使能因素（如自我效能和直接社会支持等）促发。

该模型较好地印证了中国的社会创业形成过程，给我们的启示是：社会创业意向形成是一个多阶段过程，受个人认知心理等各方面多因素的影响。政府等机构决策者可以通过对个体社会创业意向过程的剖析，对各个影响因素采取正向的鼓励与疏导，促成社会创业行为的产生，最终使社会企业成功创立，从而增进社会价值与人类福祉。此外，Mair 和 Noboa（2006）提出的社会创业者个人创业意向形成过程模型剥离了情境变量因素，专门选取了个人变量因素研究社会创业意向形成的过程机制，并且从社会创业者个人认知过程角度进行分析。

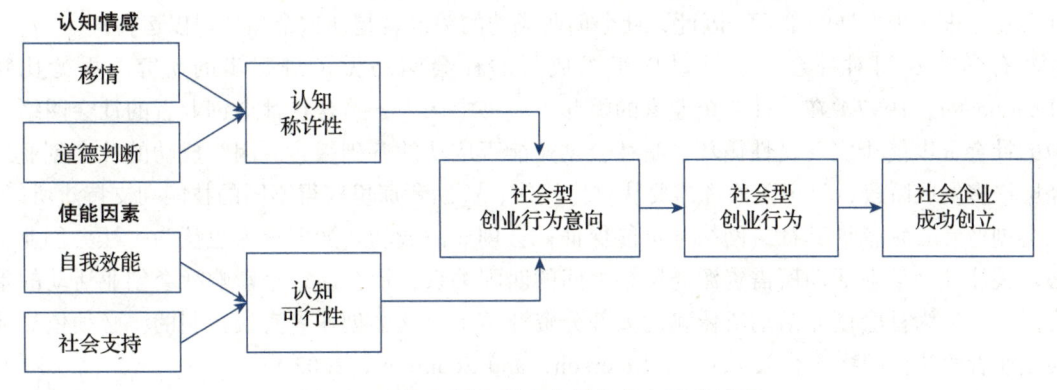

图 19-4　社会创业者个人创业意向形成过程

19.4.3　社会创业者社会网络的影响

中国的社会创业影响因素中，除了创业者个体层面的特质之外，社会网络也是社会创业活动能否顺利进展的重要影响因素。当决定进行社会创业活动之后，组织层面因素对社会创业活动的顺利实施具有重要影响。组织层面影响因素主要包括社会企业或社会事业（social business）所拥有的资金、社会企业的组织结构特征、高层管理团队的构成情况以及社会创业者的社会网络的稳定性、利用程度和可拓展程度等。所有的经济活动都是嵌套在社会关系中的，并且这种关系会影响到商业企业的建立和经营艺术。社会创业依赖的最重要资源就是社会资源。社会资源是存在于人们的社会关系中，并建立在信任互惠基础上的一种资源，如嵌套在社会网络中的社会资本。研究发现，一些社会问题由于积重难返，光凭政府单方面力量来解决往往难度很大，社会创业者之所以能够不受缺少资源的限制，就是因为他们能够用积极改变社会现状的激情来感召大家，并以此建立相互理解和信任的关系，从而调动种种社会关系和资源，最终达到社会创业的目的。沙里尔和勒纳（Sharir and Lerner，2006）基于文献综述归纳出，创立初期社会企业所拥有的资本数量、员工构成、高层管理人员的绩效，会影响到社会创业的顺利实施。在对以色列 33 个社会企业进行探索性研究后，他们发现社会企业的资本积累情况、创业团队的组成、社会创业者和核心团队成员的社会网络，都深刻地影响着社会企业的运营情况。

在有限的资源环境下扩展社会创业的组织能力，必须关注资源之间的网络关系，创造性地安排这些关系（Dees，1998）。对社会创业而言，商业网络是很重要的资源来源，政治网络、社会关系网络对社会创业者来说也是至关重要的，因为他们依赖的很大部分资源不是可以直接控制的，社会创业者必须依靠更具创造性的战略使社会资本实现良性循环，用以招募、维系和激励员工、志愿者、会员和创立者本身。因此，社会资本的良性循环是社会创业成功的基础要素。成功的社会创业者要经历一个相互关联的成长周期，这个完整的过程起始于对社会资本的继承，终止于社会资本投资的回报，因此就是社会资本的良性循环过程。例如，在社会创业的第一阶段主要是继承并创造社会资本，之后开始积累更多的资本，然后又将这些资本投入到新产品和新服务的创造上。最后阶段，如果投资成功的话，项目将开始以不同的方式来实现利益回报，这些回报可用于建立一个永久的、对社区来说具有很大价值的基础设施，如重建社区中心、医院、体育活动设施等。这些创业活动将积累更多的社会资本，进一步巩固与社区、合作伙伴和资助者之间形成的信任与合作关系，日益广泛的人际关系网成为社会企业进一步发展的基石。因此，社会创业成功的关键就是使这个循环得以运转。

有学者专门对社会创业活动中组织成员的社会网络做了进一步的研究。里德比特（Leadbeater，1997）在《社会企业家的崛起》一书中认为，蕴含在社会创业者的社会网络之中的社会资本能否实现良性循环，是社会创业能否成功的基础因素。因为成功的社会创业要经历许多发展阶段，每个阶段都需要从合作伙伴、资助者那里获得不同的技能和支持。所以，社会创业者必须借助其社会网络才可能保证社会创业的成功。迪斯等人也认为，社会创业者必须关注社会创业活动所需资源与网络之间的匹配关系，社会网络是影响社会创业活动的重要因素，因为社会创业活动所依赖的大部分资源不是由社会创业者直接控制的，必须依靠社会创业者的社会网络来获取（Dees，Emerson，and Economy，2002）。

伯恩斯坦（Bornstein，2004）在《如何改变世界：社会企业家与新思想的威力》一书中就描述了社会创业者的社会网络对社会创业活动的巨大帮助作用。如印度贾维德·奥贝迪推动的残疾人维权运动和比尔·德雷顿（Bill Drayton）建立的爱创家事业。贾维德·奥贝迪作为一名残疾人领袖，在推动社会变革的过程中遇到了常人难以想象的困难。但是，他出身印度名门，具有先天的社会网络，特别是与甘地的女儿印度国民大会党主席索尼娅·甘地保持着良好的私人关系，并从她那里得到了帮助。丰富的社会网络是帮助贾维德·奥贝迪取得社会创业成功的重要因素之一。可见，以社会创业者的社会网络为代表的组织层面因素，对促进社会创业活动的成功、改善社会创业活动的组织运营模式等都具有重大影响。

本章小结

1. 社会创业活动经历了创业机会的识别、探索、开发与实施等一系列过程，社会创业者个人、组织、流程和环境等层面因素都会对此过程产生影响，进而影响到社会创业活动的最终结果。
2. 美国社会创业的影响因素主要集中在创造社会价值的前景性创意能否转化为成熟有效的商业模式，以及运营流程的合理化，具体包括社会创业机会的形成与发展、与其他组织的长期合作、目标客户的认同度以及服务能力等。
3. 英国社会创业的影响因素主要集中在外部环境层面，包括公众对社会创业的认知度、政府机构的支持、基金会和公司的财务支持、其他非营利组织的支持等。
4. 中国社会创业的影响因素主要集中在个人层面，包括社会创业者的社会使命感、人格魅力和坚定信念、以经验和经历为基础的资源整合利用能力，以及对社会创业的认知态度等。此外，还包含组织层面的影响因素，如高层管理团队的构成、社会企业的组织结构，以及社会创业者社会网络的稳定性、利用程度和可拓展程度等影响因素。

问题讨论

1. 以中国为例，你怎么理解社会创业者的社会网络在社会创业中的角色？
2. 基于美国社会创业的情况，请阐述基于机会识别和评估的社会创业过程。
3. 以英国为例，你觉得社会创业精神的普及教育、公众对社会创业的认知度、政府部门的支持、基金会和企业的财务支持、其他非营利组织的支持、对社会创业企业的监督和评测体系等因素对社会创业活动的发起和延续实施有哪些重要影响？

扫码查看案例分析和文献精读。

参考文献

[1] BORNSTEIN D. How to change the world: social entrepreneurs and the power of new ideas [M]. Oxford: Oxford University Press, 2004.

[2] DAHLE C. The new world-changer: social entrepreneurs and business school students the world over indicate that dot-orgs may be more powerful than dotcoms[J]. Fast company, 2004(86): 45.

[3] DAVIS S M. Social entrepreneurship: towards an entrepreneurial culture for social and economic development[EB/OL].(2021-07-31). http://www.ashoka.org/golbal/ yespaper.pdf.

[4] DEES J G. The meaning of "Social Entrepreneurship" [EB/OL]. http://www.redalmarza.cl/ing/pdf/TheMeaningof SocialEntrepreneurship.pdf, 1998.

[5] DEES J G, EMERSON J, ECONOMY P. Strategic tools for social entrepreneurs: enhancing the performance of your enterprising nonprofit [M]. New York, NY: John Wiley & Sons, 2002.

[6] DRUCKER P. Innovation and entrepreneurship [M]. New York, NY: Harper & Row, 1985.

[7] GUCLU A J, DEES J G, ANDERSON B. The process of social entrepreneurship: creating opportunities worthy of serious pursuit[EB/OL]. http://www.caseatduke.org/ documents/seprocess.pdf, 2002.

[8] JOHNSON S. Literature review on social entrepreneurship[EB/OL]. http://www.business.ualberta.ca/ccse/publications/default.htm, 2000.

[9] LEADBEATER C. The rise of the social entrepreneur[EB/OL].http://www.economist.com/displaystory.cfm?story.id=5517666.

[10] MAIR J, NOBOA E. Social entrepreneurship and social transformation: an exploratory study[R]. University of Navarra-IESE Business School Working Paper Series 955, 2006.

[11] PRABHU G N. Sociology and entrepreneurship: concepts and contributions[J]. Entrepreneurship theory and practice, 1991, 16(2): 47-70.

[12] REIS T. Unleashing the new resources and entrepreneurship for the common good: a scan, synthesis and scenario for action[M]. Battle Creek, MI: Kellogg Foundation, 1999.

[13] ROBINSON J A. Navigating social and institutional barriers to markets: how social entrepreneurs identify and evaluate

opportunities//[M]. MAIR J, ROBINSON J A, HOCKERTS K. Social entrepreneurship. New York: Palgrave Macmillan, 2006.

[14] SHARIR M, LERNER M. Gauging the success of social ventures initiated by individual social entrepreneurs[J]. Journal of World Business, 2006, 41: 6-20.

[15] WELTER F. Contextualizing entrepreneurship — conceptual challenges and ways forward[J]. Entrepreneurship theory and practice, 2017, 35(1): 165-184.

[16] 胡馨. 什么是"Social Entrepreneurship"[J]. 经济社会体制比较, 2006（2）: 23-27.

[17] 焦豪, 邬爱其. 国外经典社会创业过程模型评介与创新[J]. 外国经济与管理, 2008, 30（3）: 29-33.

[18] 邬爱其, 焦豪. 国外社会创业研究及其对构建和谐社会的启示[J]. 外国经济与管理, 2008（1）: 7-27.

第 20 章 社会创业的法律维度

:: 学习目标

- 了解社会企业的出现以及社会创业的合法性研究进展
- 掌握社会企业组织的法律形式,并能够根据立法界定的标准要素(组织目标、利润分配、剩余资产处置、治理结构以及政府监管制度)比较异同
- 了解社会企业运营的保障与监督机制
- 了解我国社会企业相关法律法规的现状以及全国性与地方性认证办法

开篇案例

残友合法性组织转型

2012 年,英国社会企业联盟把首次设立的"年度国际社会企业"大奖颁给了深圳市残友集团控股股份有限公司(以下简称残友)。残友是全球五个入围的社会企业中唯一夺得此项桂冠的机构,主办方对残友的描述是:"它是位于深圳的软件企业,通过雇用残障人士帮助他们实现创业和就业。"

早在 1999 年,患有重症血友病、三次轻生的郑卫宁,在一个偶然的机会下听到诺基亚总裁关于互联网的演讲,他的内心受到极大的冲击,开始意识到互联网在未来也许会是残疾人的一个出路,由此萌生了"试一试"的念头。郑卫宁通过义工联的老义工联系上另外四位重症残障朋友,五人一拍即合,他们通过从事简单的打字工作赚到了第一桶金!郑卫宁在家中成立了"深圳市残疾人电脑网络兴趣小组",聘请一位老师来培训网页设计与制作,所有成员边学边干。

1999 年,兴趣小组开发了"中华残疾人服务网"——这是一个以残疾人及其家属为主要服务对象的综合性公益网站。郑卫宁的团队成员都是残疾人,他们最了解残疾人的痛点,所以该网站内容全面、及时、针对性强,且形式活泼多样,既有与残疾人相关的政策法规资料，也有介绍残疾人学习、生活、交友、工作的信息。网站很快便吸引了众多残疾人朋友，成立一年就在全球残疾人福利网站中创下点击率最高的纪录，带动了一大批残障人士走入了网络生活。2002年，残友开启中国首个"盲人电脑免费培训"公益项目，树立了良好的社会声誉。

2002年开始，北京大学、湖南大学等高校软件及计算机学院的肢体残障优秀毕业生逐渐加入到残友事业中。残友从之前的网站业务拓展到了编程和软件开发领域，并创造性地将软件开发组件化、构件化、标准化，建立了残友软件的工厂化生产模式。2007年，残友软件股份有限公司正式成立，同年被深圳市政府认定为信息技术高新企业。残友的生产与经营模式也日趋成熟，残友科技发展有限公司、残友动漫文化发展有限公司和残友电子商务有限公司等一系列子公司纷纷成立，残友成为一个拥有多家子公司和独立分公司的软件集团。截至2008年底，残友集团的管理团队绝大多数是残疾人。

2009年，民政部与深圳市人民政府签订了"部市协议"，允许深圳在社会组织上先行先试，残友集团创始人郑卫宁到民政局首批登记成立基金会获得政府认可，基金会登记证号"深基证字第0001号"。在获得政府登记认可后，郑卫宁先出资并捐赠自己的股份，同年在郑卫宁基金会理事会的决策下，启动了一个"残友社会企业孵化"项目，将"残友模式"向全国复制和拓展。2010年，残友模式在广东、北京、新疆、海南、香港、澳门、台湾等地推广，孵化出34家社会企业，受到公益界广泛关注。2012年取得国际顶级软件CMMI5认证，并获得首届"年度国际社会企业"评选唯一金奖。2011年至今，残友集团成立深圳市残友电子善务股份有限公司、海南省信息技术研究院、喀什残友科技发展有限公司、深圳市无障碍出行服务中心等，至此残友形成了一个残疾人事业的综合性平台。2013—2015年，残友软件、残友电商先后登陆资本市场，在新三板挂牌，成为全球首家残疾人高科技上市社会企业。

资料来源：1.郑刚，陈萧，胡珊.社会创业、合法性构建与社会企业成长：基于深圳残友集团的纵向案例研究[J].科学学与科学技术管理，2022，43（1）：124-137；2.陈定铭，翁仪君.工作整合型社会企业之合法性分析：以中国大陆残友集团为例[J].中国非营利评论，2017，20（2）：194-214；3.左小德，《残友集团：残疾人的家》，中国管理案例共享中心案例库教学案例，2014年5月。

案例中的残友早期成立的是一个综合性公益网站，没有真正的实体依托机构，是典型的"草根NGO"（指民间的慈善公益组织）。和当时众多草根NGO相似，残友虽然成为全球点击率最高的残疾人福利网站，但由于受到登记管理体制的约束，仍难以获取业务主管单位和行政主管单位的双重接纳。在此背景下，生产与经营日趋成熟的残友创建股份有限公司，由一个松散的无组织群体转变为一个名义上的商业实体机构。直至2009年，依托深圳在社会组织上先行先试的政策良机，残友成为首批获得政府认可的通过登记注册的社会组织，并成为全球首家残疾人高科技上市社会企业。残友的合法性组织转型具有非常典型的创新意义：面对身份和资源的双重困境，以工商企业组织形式过渡，抓住机会顺利转型。可见，合法性是草根NGO生存和转型的逻辑起点和动力。

社会创业中，法律具有强化组织形式、促进企业推广、保护消费者权益等功能，为社会企业提供了一个独特且易于识别的法律身份；同时，政府政策、专业机构、行业协会等相关部门所制定的规章制度，可引导企业规范自身的行为以获得更多社会认可和资源支持。本章将从法律法规、制度建设等角度，探讨社会企业的法律组织形式（不同国家和地区的立法界定）、经营活动领域（福利、健康、教育、文化、环境保护、文化遗产发展、旅游、学识及后学识教育、文化服务等）、利润分配问题（有关分红和利率限制）、剩余资产处理等。

20.1 社会创业的合法性问题

20.1.1 社会企业的出现

社会问题需要众多社会企业参与解决，因此研究社会企业对于深刻认识现代经济社会，具有重要的理论价值和现实意义（金碚，2022）。

社会企业起源于1844年英国罗奇代尔公平先锋合作社（Rochdale Pioneer's Society）（李琼，2000），20世纪六七十年代出现在美国并于80年代获得迅速发展。社会企业兼具公益目标和盈利目标，它的产生与福利国家的社会危机相关，能够弥补其公共政策上的缺陷，在创新社会服务机制、改进公共服务供给、缩小贫富差距、促进社会就业、缓解社会矛盾等众多方面发挥着独特作用。有观点认为，追求利润和股东利益最大化的传统企业经营目标引发了经济危机、环境恶化等众多恶果，现代社会面临着诸如环保、人权、贫穷、教育等更加多样而广泛的挑战，进一步证实了市场作用的失灵。政府和非政府组织曾被认为是处理社会问题的最佳人选，但实践证明行政效率低下、特殊利益集团的影响使得政府束手束脚，非政府组织则受到禁止分配、资产锁定等多重原则限制，这些因其自身性质的局限而难以有效地弥补市场经济的缺陷。社会企业作为一种创新思维模式和解决方案，从以商业活动支持慈善公益事业的非政府组织，到以市场策略有效实现社会和经济双重目标的营利性组织，社会企业的概念和边界仍在不断拓展（郑夏蕾，2015）。

"社会企业"一词最早由经济合作与发展组织（OECD）于1994年提出，并于1999年将它定义为："任何为公共利益而进行的私人活动，其依据的是企业战略，但主要目的不是利润最大化，而是实现一定的经济目标和社会目标，并且有能力提出解决社会排斥和失业问题的创新性办法。"同营利性企业一样，社会企业和非政府组织也需要支付运营成本、雇用员工、吸引投资、扩大企业规模。但是，社会企业是借助于市场力量实现社会目标的创新试验，与纯粹的市场化运作不同，社会企业的价值在于通过持续的社会创新来解决社会问题；与非政府组织不同，社会企业能以更优化的企业效益促进其社会目标的实现。早期学者们对于社会企业的界定主要基于志愿失灵的视角，认为社会企业是介于传统非政府组织和营利性企业之间的组织。在此基础上逐渐形成了两大流派：一是以思科鲁特（Skloot）为代表的盈利派，认为社会企业的收入应更多地来源于咨询或商业公司，通过商业化的方式实现组织创收；二是以迪斯为代表的社会创新学派，提出"社会企业光谱"（social enterprise spectrum）概念，强调非政府组织中的企业家们利用创新方法实现社会变革（Dees，1998）。两大学派均聚焦于解决组织的可持续发展问题（王洛忠 等，2016）。目前对于社会企业的定位标准，学术界尚未形成统一的准则。塞马克斯（Semarks）认为，社会企业要具备明确的社会目标、独立的组织架构、至少 50% 收入来自市场、至少 50% 利润用于社会等重要属性；尤努斯也认为，社会企业不能派分红利，利润主要用于发展和扩张，并提出社会企业必须致力于解决社会问题（尤努斯，2015）。

社会企业运动引起了全球的关注，德富尔尼和尼森斯（Defourny and Nyssens, 2008）提到，"12 年前，社会企业的概念还鲜有讨论，但现在它已经在大西洋两岸，尤其是在欧洲和美国，取得了突破性的进展"。以美国为例，各州在法律层面予以认可，目前已经产生的社会企业法律组织形式包括：共益公司（benefit corporation，已有 27 个州通过立法，另有 14 个州正处于立法进程之中）、低利润有限责任公司（low-profit limited liability company，目前有 11 个州及联邦管辖下的一个辖区、一个印第安部落通过了立法）、弹性目标公司（flexible purpose company，目前加州通过立法）和社会目的公司（social purpose company，目前华盛顿州通过立法）四种（郑夏蕾，2015）。

20.1.2 社会创业的合法性研究

组织需要在其生存的环境中建立并维护合法性。合法性（legitimacy）对于组织的发展至关重要，具备合法性的组织可以获取资源以及持续的支持（Ashforth, 1990）。合法性影响到组织的生存率和失败率，那些具备合法性的组织的失败率通常较低，那些不具备合法性的组织失败率较高，甚至在创立之初就面临生存困境。从组织的利益相关者角度来看，合法性直接影响他们是否认可组织以及能否理解组织的行动和战略，具备合法性的组织往往更值得信赖。正如斯科特所言，与缺乏规制、规范和认知合法性的组织相比，那些能获得法律机构认可、规范性机构支持，且实施在文化上得到认可的行动或战略的组织更可能生存下来（Scott, 2000）。

目前，国内外学者已对组织合法性形成机制开展了大量研究，学者们按照斯科特的规制（regulative）、规范（normative）和认知（cognitive）合法性框架来考察组织与正式法律、社会标准及价值系统的一致性程度（Scott, 2001；刘志阳，2022）。其中，规制合法性是指组织对政府机构所制定的律例法规的依从程度；规范合法性则反映组织的行为与道德规范、社会价值观、惯例习俗等的一致性程度；认知合法性体现了社会公众对组织的接纳与认同程度。这三类合法性分别意味着创业企业对政府、社会和利益相关者需求与期望的满足水平。另一种代表性观点是萨奇曼基于理性和工具性视角提出的实用（pragmatical）合法性，用来描述组织对关键利益相关者的需求与期望的满足程度（Suchman, 1995）；同时，为弥补实用合法性过于重视市场机制所产生的道德背离缺陷，他又提出了道德（moral）合法性，用来反映组织的行为活动与社会信仰、社会福利的一致性程度。萨奇曼认为实用合法性、道德合法性与认知合法性共同构成组织整体合法性（厉杰 等，2018）。

国内外学者针对社会创业合法性的研究内容繁杂、结论不一，对社会创业合法性的特征及其构建的诠释尚未形成体系。相对于经济创业，社会创业在实践中受到更多的合法性约束。社会创业合法性通常指社会创业组织的行为方式与现有标准、规范、文化的符合程度。社会企业由于自身资源有限，需要外部提供各种资源助力其发展，而合法性就是外部对其价值观、规范性、能力、效率等的判断，进而决定是否投入资源。社会创业不仅在产品或服务上有所创新，在组织形式上亦有其独特性，这些独特性同样受制于合法性约束。由于社会创业运用创新的手法解决社会问题，而创新所造成的信息不对称会使社会公众对创业活动缺乏认识与理解，从而降低社会创业的合法性认知。社会创业合法化（legitimation）是社会创业组织不容忽视的社会历程，关乎对社会价值和经济利益能否一体化的理解与判断。

以上所提的合法性问题更多围绕合法性和合法化展开，社会创业合法化的情境变量体现在组织结构、内外部环境及其治理机制等多方面（焦豪 等，2012）。从合法律性的角度看，林莉红（2006）指出，如果把民间组织的合法性问题作为一个法律问题提出，合法性就是"合法律性"，可以从宗旨合法性、活动合法性和组织合法性三个角度加以分析；田勇军（2010）则认为把民间组织合法性的三项标准定为宗旨不违法性、活动不违法性和组织合法性更为合理。本章将聚焦于规制合法性问题，从合法律性角度对社会创业及社会企业进行分析。

20.2　社会企业相关的立法比较

社会企业是通过商业手段实现社会目的的组织，因具有"公益性"和"商业性"的双重身份，常常被公众质疑。为了使社会企业被社会认可并受到相应的法律保护和接受有关部门的监管，有必要通过立法对它进行界定，以便在实践中确立具体的认定标准。自20世纪90年代开始，意大利、法国、波兰、芬兰、英国、美国、加拿大、比利时、韩国等都制定了专门的法律来对社会企业进行规范。

社会企业立法的关键是如何对社会企业进行界定以及采取何种法律组织形式。由于历史传统和经济社会发展背景不同，不同国家的立法对社会企业的界定也有所不同，其区别主要在于如何体现社会企业的"社会目的"：有的国家通过立法限定社会企业的活动范围来体现其社会目的，还有的国家通过立法限定社会企业的利润分配、剩余资产处置等以体现其社会目的。目前常见的社会企业法律组织形式包括合作社形式、公司形式和过渡形式。

20.2.1　合作社形式的社会企业立法

欧洲国家普遍具有悠久的合作社传统，意大利、法国、波兰、芬兰等国的社会企业形式主要为社会合作社。这些国家在立法界定时，通常会对社会企业的组织目标和经营范围及利润分配等做出规定，从而体现社会企业与普通营利性企业的区别。

1. 意大利："社会合作社"

意大利是欧洲最早进行社会企业立法的国家，于1991年颁布第381号法律创立的社会合作社（social co-operative）成为该国最主要的一种社会企业形式。该法律颁布实施之后，意大利的社会合作社数量每年以15%~30%的速度增加，对意大利的经济社会发展发挥了重要的推动作用（董蕾红，2017）。按照立法界定，意大利的社会合作社具有以下几个特点：首先，在社会目的方面，普通合作社仅仅服务于其内部会员的利益，是一定范围内的互益性非营利组织，而社会合作社追求的是整个社会的公共利益；其次，在组织利润分配方面，社会合作社必须将年度利润总额的至少30%交给政府主管的"义务储备基金"，此外还必须将年度利润总额的3%交给Marconi基金㊀；再次，在剩余资产处置方面，为了防止组织的"互益化"，社会合作社解散时不能向会员分配任何资产，而应将其资产交给其他社会合作社使用（Defourny and Nyssens，2008）。

㊀ 该基金是由社会合作社行业组织进行管理的共同基金，其用途是促进及培育社会合作社的发展。

根据社会目的不同，意大利的社会合作社又可分成两类：一类针对不同的社会群体提供社会福利、健康、文化、教育、研究等商品或服务，或者为其他社会企业提供支持；另一类则帮助弱势群体就业或就业庇护型组织，法律要求该类社会合作社的员工中弱势群体成员[①]占比必须在30%以上，政府对该类社会合作社给予免缴社会保险税等优惠和补贴。

2. 法国："集体利益合作社"

法国于2002年7月颁布第624号法律创立了"集体利益合作社"（collective interest co-operative society）。按照法律界定，在社会目的方面，集体利益合作社是指生产或销售具有社会效用特征的产品及服务组织，如满足社会的新兴需求、促进社会融合和职业发展等。在利润分配方面，集体利益合作社要先将年度利润总额的57.5%上交给政府主管的法定储备金，然后才能进行分配。为了防止集体利益合作社成员通过提高报酬率等方式变相分配利润，法律规定其成员报酬率不得超过法国经济部公布的私营企业的平均报酬率。在剩余资产处置方面，集体利益合作社解散时，除了补偿成员的资本贡献（即成员收回自己的投资），剩余资产不得用于分配（OECD，2009）。

3. 波兰："社会合作社"

波兰于2006年4月通过了《社会合作社法》，该法律的颁布是基于当时社会转型时期失业率高、社会排斥和贫困问题突出以及政府公共福利支出减少的背景。根据立法界定，社会合作社是由失业者等弱势群体[②]建立，组成人员在5～50人之间，致力于社会以及社员的重新融合。波兰法律不允许社会合作社开展经济活动，只能开展包括社会、教育、文化以及社会和职业整合活动等在内的"非经济性"活动。由于波兰法律并未对"经济活动"做出明确的界定，因此社会合作社仍可以生产商品和提供服务；在利润分配方面，社会合作社不能向社员分配利润，其利润只能用于社会合作社的业务活动；在剩余资产处置方面，社会合作社解散时，清偿完债务之后的剩余资产只能由社员分配其中的20%，其余的剩余资产由政府收回，进入专门设立的"工作基金"用以支持和培育新的社会合作社。因此，波兰的社会合作社具备明显的非营利性特征（OECD，2009）。

4. 芬兰："工作整合型社会企业"

20世纪90年代初，全球经济危机导致芬兰出现严峻的就业问题，同时，财政来源的减少也影响了政府对残疾人工作中心和庇护工场的资金投入能力。于是，在失业者群体及其社团中产生了自助性质的工作整合型社会企业（work integration social enterprises）（董蕾红，2017）。为了鼓励其他类型的企业雇用更多的残疾人和长期失业者，2003年12月，芬兰议会通过了《社会企业法》，界定社会企业是指通过市场手段为残疾人和长期失业者提供工作机会的企业。与欧洲其他很多国家的社会企业不同，芬兰的社会企业是市场导向的；与普通企业不同，芬兰的社会企业主要是为残疾人和长期失业者提供工作机会，通过雇用残疾人和长期失业者实现对社会的贡献；与营利性企业相同，芬兰社会企业的经营目标是获取更多的利润，依据集体协议向员工支付工资。但是，法律也做了一些特殊要求，比如标准是残疾员工或长

[①] 这里的弱势群体成员是指身体或学习障碍的人、盲人、精神疾病患者、毒品成瘾者、酗酒者、刑满释放者等。

[②] 这里的弱势群体包括流浪者、酗酒者、吸毒者、精神疾病患者、刑满释放者以及难民。

期失业者占企业全体员工的 30% 以上。由于芬兰社会企业的立法定位是就业导向型企业，因此必须向劳工部进行登记。法律对社会企业的利润分配未做限制，这有别于其他国家合作社形式的社会企业。

20.2.2　公司形式的社会企业立法

1. 英国："社区利益公司"

2002 年 9 月，英国首相内阁办公室在《私人行动、公共利益》（*Private action, public benefit*）报告中提出有必要改革现行非营利部门的法律和制度框架、创建"社区利益公司"（community interest company，CIC）。2004 年 10 月，英国议会通过《2004 年公司（审计、调查和社区企业）法案》，该法案修正了"公司应为其股东谋取最大利益"的传统公司法理念，允许公司与社区分享利润，并进一步提出创制"社区利益公司"法律组织形式。依据该法案，英国议会 2005 年 7 月 1 日通过了《2005 年社区利益公司规章》（Community Interest Company Regulations 2005）。立法中，社区利益公司被界定为拥有主要的社会目标、利润主要再投资于企业本身或社区，不受股东或所有者利润最大化驱动的一种公司形式。

社区利益公司与普通营利性公司的本质区别在于其目的是实现社区利益，因此对于"社区"的界定至关重要。根据《2004 年公司（审计、调查和社区企业）法案》的规定，任何一个可定义和区分的部门或人群都属于社区利益公司中的"社区"，它既包括老年社区居民、学习障碍者、失业者、患某种疾病的人及失业工人等具体的人群，还可以指环境污染研究、湿地保护、语言文化保护、博物馆、社区支持等服务于社区利益的活动；在活动的区域范围上，它既可以是区域性的小型公司，也可以是大型的跨国公司。立法对"社区"的宽松界定使得社区利益公司很容易获得注册和认证，这些企业的名称中必须包含"CIC"。

在利润分配方面，《2005 年社区利益公司规章》限定了 CIC 的分红上限，并且公司股东在赎回或回购自己的股票时，或者在社区利益公司解散或终止时，只能按照票面价格赎回或回购自己的股票，以保证公司资本的增长归属于 CIC 而不是公司股东。此外，CIC 还应遵循"资产锁定"（asset lock）原则，即在公司解散时，清算后的剩余资产不能在股东之间分配，而应转移给其他社区利益公司或慈善组织，从而确保社区利益公司的资产真正服务于社区利益（董蕾红，2017）。

2. 美国：四种社会企业法律形式

美国社会企业立法的最大价值就在于改变了英美传统公司法中原有的关于公司必须以股东利益最大化为目标的限定，使得公司可以在营利性公司的框架下同时实现利润目标和社会目标。美国社会企业在活动范围、利润分配等方面并没有特别的限制，可以同时具备普通商业企业和非营利组织的优势，它们既可以从传统资本市场寻求投资，也可以获得基金会的投资，而且在实现社会目标的过程中，公司董事可基于社会利益进行决策而不必担心遭到股东的诉讼；与普通营利性企业相同，股东有权得到公司的利润分配和价值增值；因为美国这些社会企业形式不属于非营利组织，因此企业本身不享受任何优惠或政府补贴，但是这些社会企业却可基于其道德价值和社会目标而获得更高的市场与消费者的认可。如前所述，作为典型的联邦制国家，社会企业立法属于美国各个州的立法权限范围。2008 年以来，美国多个州在法律框架中设立了"低利润有限责任公司""共益公司""弹性目标公司""社会目的公司"

四种社会企业法律组织形式。

（1）低利润有限责任公司。2008年5月，佛蒙特州修订了本州的《有限责任公司法》，创立了低利润有限责任公司（low-profit limited liability company，简称L3C）这一法律形式；随后两年，伊利诺伊州、路易斯安那州和北卡罗来纳州等7个州也通过了相关法案（董蕾红，2017）。L3C兼具非营利机构的慈善目标和营利机构的治理结构，被称为"具有非营利灵魂的营利性机构"。L3C的主要经费来源于美国大量存在的私人基金会的"项目相关投资"⊖，它对投资人的投资回报率一般低于5%。L3C创立的初衷便是为了鼓励和促进私人基金会对普通营利性企业的投资，因为美国联邦税法要求私人基金会作为免税的慈善组织每年应至少将总资产的5%用于慈善目的，否则将会因为未达到标准而受到严厉的税收处罚，严重者将丧失慈善组织的免税资格。私人基金会既可以通过向公共慈善机构进行捐赠以达到这一标准，也可以通过提供借款担保、低价租赁及股权投资等方式进行项目相关投资来满足该要求。私人基金会通过投资L3C不仅可以收回投资并获得一定的回报，同时还能实现自身的慈善目标，从而保持免税地位，因此私人基金会有很大的热情投资于此。L3C对于私人基金会之外的普通投资者具有同样的吸引力，获得稳健投资回报的同时，还实现了慈善目的。L3C所具有的慈善目的和社会目标使得其他市场主体和普通消费者更愿意与它进行交易，因此低利润有限责任公司具有普通有限责任公司所不具备的竞争优势。

（2）共益公司。2010年，马里兰州和佛蒙特州通过相关法案最先设立了共益公司，2011年加利福尼亚州、纽约州等5个州也相继通过相关法案设立共益公司。按照规定，共益公司是指在追求公司经济利润的同时还必须创造一般公共利益或任何特定社会目标的公司。共益公司追求的一般公共利益被界定为任何能对社会或环境产生的积极影响；追求特定社会目标包括为低收入群体提供产品或服务，促进生态环境保护，促进医疗卫生事业的发展，促进文学、艺术或科技的进步，促进对具有公共利益目的的实体的投资及其他任何增进社会公共福利的事项（Clark and Babson，2012）。此外，共益公司在结构和治理方面与普通营利性公司完全相同，同样追求经济利润和股东的投资收益，但董事会在进行决策时既要考虑公司的经济利润，又要考虑如何实现公司章程中载明的社会目的。为了确保共益公司真正追求社会公共利益，相关法案对它有较高的透明度要求。共益公司每年必须向社会公众和股东提交创造社会利益和环境价值的详细报告，该报告首先应当阐述公司追求的一般公共利益和特定社会目标是什么；然后详细描述共益公司为了追求该目标所做的工作以及取得的效果；最后还应分析在实现目标的过程中遇到的障碍和存在的不足以及今后如何改进。但是，现有的法律制度仍存在缺陷，对公共利益的界定过于抽象，缺乏具体的判定标准；现有的共益公司的治理机制不足以推动社会和利润双重目标的实现；现有的共益公司法律框架还不足以使董事会、管理者或投资人真正实现公司追求的社会目的（董蕾红，2017）。

（3）弹性目标公司。弹性目标公司（flexible purpose company，FPC）是加利福尼亚州独有的社会企业组织形式，设立该类公司的目的是为那些追求社会目的或环境目标的公司提供法律形式的保障。按规定，弹性目标公司必须追求特定的社会目标，并且公司必须在特定的时间内实现这些社会目标。公司追求的社会目标包括慈善事业以及其他服务于社会公共福利的活动，如发展教育事业、促进环境保护等对社会具有积极影响的活动。但与L3C不同的

⊖ 项目相关投资指的是为了实现私人基金会的特定慈善目的（如促进宗教传播以及科学、艺术或教育事业等），而非实现私人基金会资产的增值。

是，法律并未要求弹性目标公司的董事将慈善目标置于利润目标之上。为了确保弹性目标公司能真正服务于特定的社会目标，法律对弹性目标公司有较高的透明度要求，即它必须向公司股东以及社会公众提供年度报告，内容包括：公司追求的特殊目的是什么，公司采取了哪些措施来实现该特殊目的，公司为实现特殊目的支出了多少资金，等等。

（4）社会目的公司。2012年3月，美国华盛顿州修订《公司法》，设立社会目的公司（social purpose company，SPC）。与前面三种社会企业组织形式不同的是，法律并没有对SPC追求的社会目的进行限定，公司有权自主决定公司追求的社会目的。但是，SPC必须在其章程中明确写明公司追求的社会目的和使命，并对"可能与利润最大化相反"的行为做出解释。为了确保社会目的公司能真正追求社会目的，法律要求它必须向州务卿办公室提交年度报告，该年度报告应详细阐述公司为实现社会目的而实施的行为并且在公司网站上公开。

美国的四种社会企业形式得到了很多支持，但也引发了广泛的质疑：首先，这些新的公司法律形式在现实中的意义不大，因为如果没有股东的反对，公司在追求利润回报的同时追求社会利益并无障碍，现有的营利性公司法律制度完全可以承载社会企业模式；其次，这些形式的社会企业无法获得免税资格，社会对它们的捐赠也无法获得税收豁免待遇，在没有法律和政策优惠支持的情况下，如果对义务的要求较高，会在一定程度上影响创办社会企业的积极性；最后，由于法律要求这些形式的社会企业要追求并实现社会公共利益，在此过程中必然会稀释公司的利润回报率，因此会影响社会企业在资本市场上融资，导致公司无法吸引到足够的投资（董蕾红，2017）。

3. 加拿大："社区贡献公司""社区利益公司"

加拿大的社会企业立法及社会企业形式在很大程度上借鉴了英国的社区利益公司制度。比如，不列颠哥伦比亚省在2012年修改了《商业公司法》（Business Corporations Act），创立了社区贡献公司（community contribution company）；新斯科舍省于2012年通过了《社区利益公司法》(Community Interest Companies Act）。

按照法律规定，加拿大社区贡献公司是指在经营过程和业务活动中同时追求利润和特定社区目标的公司，它们不仅要提供解决社区问题的服务或产品，还被要求把公司利润的一部分用作服务于社区目的。与英国立法对"社区"规定相似，社区贡献公司追求的"社区目标"同样是一个非常广泛的概念，包括提供健康、环境、文化、教育和其他服务。社区贡献公司在利润分配方面受到限制，除了股东须是依法登记的慈善组织外，每年向股东分配的利润也不能超过公司年利润总额的40%；在剩余资产处置方面，社区贡献公司解散时法律允许它向股东分配40%的资产，剩下的60%必须转交给其他社区贡献公司、慈善组织或非营利组织。此外，社区贡献公司每年必须向监管机关提交"社区贡献报告"，内容包括社区贡献公司的业务收入和支出情况、资产变动、利润分配情况（尤其是获得利润分配的股东的身份信息以及薪酬超过7.5万美元的人员列表）。"社区贡献报告"以及公司的财务报表均须在公司网站上公开并向社会公众开放。

4. 比利时："社会目的公司"

早在1995年以前，比利时就存在大量以服务社会目的而运作的商业实体，如为失业者提供工作机会以及为老人、儿童和残疾人等提供社区服务的组织。为了规范和扶持这些社会组织的发展，比利时于1995年4月对《公司法》进行修订，设立了"社会目的公司"（Social

Purpose Company，SPC）。根据法律界定，社会目的公司是服务于社区居民而非追求利润、拥有独立的管理制度和民主的决策程序、在利润的分配上劳动者优先于资本的公司。公司在利润分配方面受到严格限制，SPC 股东能够获得的资本投资的分红上限为 6%。此外，在 SPC 解散时，公司的剩余资产必须转移给具有相同使命的组织，不能在投资者之间进行分配。

5. 韩国："工作整合型社会企业"

韩国是亚洲最早颁布专门社会企业立法的国家，于 2006 年 12 月通过了《社会企业促进法》（Social Enterprise Promotion Act）。按照这部法律规定，社会企业是指为弱势群体提供社会服务和就业岗位，在实现提高居民生活水平等社会目标的同时，进行商品生产、销售及服务等经营活动，并得到雇佣劳动部认证的企业。韩国社会企业一般以公司为组织形式，以提供就业岗位为主要目标（金仁仙，2015）。该法律的颁布和实施对韩国社会企业的发展起到了至关重要的作用，之前政府为社会弱势群体提供就业岗位的公共劳动事业和社会事业等实体，都转变为具有法律保障和支持的社会企业。韩国社会企业的规模不大，约 95% 的社会企业雇员人数少于 100 人，被认定的社会企业多数属于为社会弱势群体提供工作机会的工作整合型社会企业（Park and Wilding，2013）。

为了推动社会企业的发展，韩国政府还专门成立了"韩国社会企业促进中心"（Korea Social Enterprise Promotion Agency），建立了社会企业认证制度，对社会企业进行有选择性的、集中式的扶持。有意向开办社会企业的人，需要接受韩国雇佣劳动部的审议和认证，未获得雇佣劳动部认证的组织不得使用"社会企业"名称。获得认证的社会企业可享受非常广泛的优惠和扶持：例如设立及运营社会企业所需的经营补助及社会保险费补助、培养社会企业专业人才的培训费用、在政府采购中获得政府的优先采购、业务活动中的税费减免优惠和为社会提供服务过程中的资金补贴等（金仁仙，2016）。在利润分配方面，韩国法律允许社会企业将年度利润的 1/3 用于分配；在剩余资产处置方面，韩国社会企业终止时，企业清算后剩余资产的 1/3 可以被投资者收回。韩国社会企业的这种利润分配和剩余资产处置模式与加拿大的社区贡献公司类似。

20.2.3 过渡形式的社会企业立法

部分国家或地区虽然没有制定专门的法律对社会企业进行界定，但是其本地的社会企业以不同形式存在，发挥着为公共利益服务的作用。

以日本为例。1998 年，日本颁布《特定非营利活动促进法》赋予市民活动团体以法人资格，允许它们在社会福利领域开展营利活动，因此日本虽然没有社会企业的明确称谓，但存在社会企业的组织形式。日本社会企业的主要表现形式为特定非营利公司，是依赖自身的营业收入维持自身运作和生存的非营利组织；除特定非营利公司外，日本也出现了不分配利润的合作社。这些兼具营利组织形式和非营利组织目的的混合型组织形式可被界定为日本的社会企业，主要包括老年人照护型企业、工作整合型企业与社区商业组织。

（1）老年人照护型企业。日本是一个老龄化非常严重的国家，大量失能老年人需要政府提供照护，而政府由于资源和能力的限制无法独自承担这一职责，于是政府鼓励社会组织和个人利用自有的房屋建立社区性老年照护机构，这些居民住房改建成社区性老年照护机构所产生的房屋装修和设计费用由政府承担，当然，老年照护机构要向入住的老年人收取费用以维持运营，除此之外，这些老年照护机构在运营中还能享受政府的其他补贴。

（2）工作整合型企业。为了解决身体或智力残障人群以及其他社会边缘人群的就业难问题，日本政府早在 1997 年便制定了《就业困难人群在公司与政府机构就业促进法》（The Law for Promoting Employment of the Challenged in Firms and Governments），该法律要求，拥有 56 名以上 301 名以下员工的商业企业应当雇用占员工总数 1.8% 的身体或智力残障人群。然而该法律对于违反规定的公司设定了很低的处罚，即公司只需向日本厚生劳动者（即日本负责健康、劳动和福利的部门）每月交纳 530 美元的罚款即可免除违反该规定的处罚，因此大部分公司宁愿选择交纳罚款也不愿意去雇用身体或智力残障人士等就业困难群体。鉴于普通企业不愿意雇用就业困难群体的现状，日本政府和社会组织开始鼓励采取工作整合型企业的方式为就业困难群体提供工作岗位，如位于北海道新得町的一家残疾人服务中心专门雇用有精神或社会功能障碍的社会边缘群体作为固定工人从事农产品和奶制品加工，甚至还经营了一家餐厅。

（3）社区商业组织。社区商业组织兼具非营利组织与商业企业的特征，主要目的是解决社区内的特定问题并使社区居民获得利益，社区居民既是组织活动的受益者也是组织活动的参与者。这些社区商业组织的主要活动领域包括开发乡村旅游资源、促进环境改善、解决社会排斥问题等。为了缓解养老金支付的压力，日本政府和社会采取各种措施鼓励老龄人口就业。比如名为 Irodori 的社区公司雇用乡村老年人，利用乡村独特的植物资源为水果公司和饭店提供植物叶子与鲜花来装饰寿司、生鱼片、清汤等传统日本食物。该公司为边远乡村地区的老龄人口提供工作机会，帮助乡村地区的贫困老年人增加了收入（Laratta，2011）。

20.2.4　社会企业立法模式分析

促进社会企业发展的关键是给予法律上的充分肯定。社会企业的法律组织形式具有复杂性和多样性，从不同国家的立法进程中可以看到，社会企业相关法律制度的变革，或是在传统法律组织形式基础之上进行演变，或是直接创设新的法律组织形式。从立法界定来看，社会企业的认定标准一般围绕以下几个因素：组织目标（是否服务于弱势群体或社区利益）、利润分配（禁止或限制）、剩余资产处置、治理结构以及政府监管制度，如表 20-1 所示。各国的福利提供方式呈现出不同的样态，社会企业发展的空间也有所不同。

关于社会企业的立法界定问题，目前仍存在两类主流观点。观点一认为社会企业要得以发展，立法是首要条件。法律认证可以增强社会企业的认可度，减少该领域的"柠檬效应"[一]，减少信息不对称带来的志愿失灵、市场失灵与政府失灵，促进基于法理因素而建构的异质性社会资本的形成与积累（韩文琰，2018）。也有学者认为社会企业在涉及税收扣除与豁免、雇员和利益相关者的参与、获得股本资本、股息支付以及获得捐助能力等问题时，法律框架的制定尤为重要（Lehner，2011）。观点二质疑社会企业立法认证本身存在的意义，从前述可看到很多国家由于缺乏适度激励，法律的实际应用是非常有限的；并且各国立法认证的标准不相同很难说明立法认证本身在起作用。但是毋庸置疑，社会企业立法的重要性和必要性已经越来越成为共识。

[一]　"柠檬效应"是经济学家乔治·阿克洛夫于 1970 年提出的，主要指信息不对称情况下，往往好的商品遭受淘汰，而劣等品会逐渐占领市场。最终好的商品全部被取代，导致市场中都是劣等品。

表20-1 社会企业立法界定

分类	国家	相关法律	典型企业形式	利润分配	剩余资产处置	政府监管制度等
合作社形式社会企业	意大利	1991年颁布第381号法律	社会合作社（social co-operative）	将年度利润总额的至少30%交给政府主管的"义务储备基金"；将年度利润总额的3%交给Marconi基金	不能向会员分配任何资产，将其资产交给其他社合作社	针对弱势群体类型的社会合作社，要求弱势群体成员占比必须在30%以上，政府给予免缴社会保险税等优惠和补贴
	法国	2002年7月颁布第624号法律	集体利益合作社（collective interest co-operative society）	将年度利润总额的57.5%上交给政府主管的法定储备后才能进行分配；同时要求成员报酬率不得超过法国经济部公布的私营企业的平均报酬率	成员收回自己的投资后，剩余资产不得用于分配	—
	波兰	2006年4月通过了《社会合作社法》	社会合作社（social co-operative）	不能向会员合作社分配利润，其利润只能用于社会合作社的业务活动	社员只能分配剩余资产的20%，其余的由政府收回投入专门设立的"工作基金"，用以支持和培育新的社会合作社	—
	芬兰	2003年12月通过《社会企业法》	工作整合型社会企业（work integration social enterprises）	与营利性企业相同，依据集体协议向员工支付工资	与营利性企业相同	残疾员工或长期失业者占企业全体员工的30%以上；必须向劳工部进行登记
公司形式社会企业	英国	2004年10月通过《公司（审计、调查和社区企业）法案》；2005年7月1日通过了《社区利益公司规章》	社区利益公司（community interest company，CIC）	限定了CIC的上限；公司股东在赎回或回购自己的股份时，或者在公司解散或终止时，只能按照股票面价格赎回或回购自己的股票	遵循"资产锁定"原则，清算后的剩余资产不能在股东之间分配，应转移给其他社区利益公司或慈善组织	名称中必须包含"CIC"

第20章 社会创业的法律维度 | 345

公司形式社会企业	美国	2008年5月，佛蒙特州修订本州的《有限责任公司法》	低利润有限责任公司（low-profit limited liability company）	主要经费来源于美国大量存在的私人基金会的"项目相关投资"，但是它对投资人的投资回报率一般低于5%		必须是为了实现某种慈善目的而建立的，而且这一目标要高于它的利润目标
		2010年4月马里兰州和佛蒙特州，2011年加利福尼亚和纽约州等5个州先后通过相关法案	共益公司（benefit corporation）	在追求公共利润的同时还必须创造一般利益；董事会在进行决策时既要考虑公司的经济利润，又要考虑如何实现章程中载明的社会目标		每年必须向社会公众和股东提交创造社会公益和环境价值的详细报告
		加利福尼亚州通过相关法案	弹性目标公司（flexible purpose company）	必须追求特定的社会目标，且公司必须在特定时间内实现这些社会目标	与营利性公司要求相同	必须向公司股东以及社会公众提供年度报告，包括公司追求的特殊目的、为实现特殊目的所采取的措施、为实现特殊目的所支出的资金等
		华盛顿州于2012年3月修订《公司法》	社会目的公司（social purpose company）	公司有权自主决定公司追求的社会目标，但是公司必须在其章程中明确写明公司追求的社会目的和使命，并对"可能与利润最大化相反"的行为做出解释		
	加拿大	不列颠哥伦比亚省于2012年修改了《商业公司法》；新斯科舍省于2012年通过了《社区利益公司法》	社区贡献公司（community contribution company）；社区利益公司（community interest companies）	除了股东是依法登记的慈善组织外，每年向股东分配的利润不能超过年利润总额的40%	法律允许社区贡献公司向股东分配40%的资产，剩下60%的资产必须转交给其他社区贡献公司、慈善组织或非营利组织	每年必须向监管机关提交"社区贡献报告"，报告及公司的财务报表在公司网站上公开，并向社会公众开放
	比利时	1995年4月修订《公司法》	社会目的公司	股东能够获得的资本投资的分红上限为6%	剩余资产必须转移给具有相同使命的组织，不能在投资者之间进行分配	必须向州务卿办公室提交年度报告，并在公司网站上公开
	韩国	2006年12月通过了《社会企业促进法》	工作整合型社会企业	社会企业将年度利润的1/3用于分配	在社会企业终止时，企业清算后的剩余资产的1/3可以被投资者收回	需接受雇佣劳动部的社会企业认证，获认证的社会企业可享受非常广泛的优惠和扶持

资料来源：本章作者整理。

20.3 社会企业运营的保障与监督机制

20.3.1 社会企业的认定与注册

为了规范和支持社会企业的发展,众多国家纷纷成立专门的政府机构来负责对社会企业进行认定和监管,以英国和日本为例。

英国于 2001 年在贸工部（DTI）内组建了社会企业工作小组对社会企业进行"社区利益测试",通过测试的组织即可被认定为社会企业,并到公司注册登记部门进行社区利益公司登记。在申请时,企业应提交一份《社区利益报告书》,说明它可通过社区利益测试的理由,描述将来为了实现社区利益而计划开展的活动。社会企业局组织公益领域的学者、从业人员和政府官员对该企业的活动能否符合或实现它所描述的"社区利益"进行认定,认定时考虑的重点问题包括建立社区利益公司的目的、公司的活动内容和范围、公司的服务对象和受益群体等。除了对社区利益公司进行认定外,社会企业局还被赋予广泛的监管权力,确保社区利益公司能真正服务于社区利益,如对涉嫌违法违规运作的社区利益公司拥有调查权,对于有违规行为的社区利益公司的董事或经理可直接罢免并进行新的任命,在社区利益公司没有实现预定的社区目标的情况下可撤销对其社会企业的认定等。

日本于 1998 年颁布的《特定非营利活动促进法》解决了包括社会企业在内的非营利组织的法律地位问题,并将之前由中央政府享有的非营利组织的资格认定和登记权力交给地方政府,在很大程度上便利了非营利组织的注册（Laratta，2011）。但该法律对"社会公共利益"和"社会福利企业"没有明确的认定和判断标准,导致日本民众对社会企业的信任度不高,亟须成立一个新的权威机构来对包括社会企业在内的非营利组织的"社会公共利益地位"进行认定。2006 年 6 月 2 日,日本议会通过了 3 部新的法律:《一般社团和基金会法》《公共利益社团和基金会登记法》《社团和基金会登记程序法》,按照规定,任何组织无论是否具有慈善目的,只要不以追求利润为目的而运作,均可被认定为社会公益企业（即社会企业）。2007年 4 月,日本内阁办公室成立了参考英国慈善委员会的公共利益咨询委员会,该委员会的首要职责便是判断一个组织能否被授予社会公共利益公司的地位（董蕾红，2017）。

20.3.2 社会企业的政府补贴与采购

政府对社会企业进行补贴的方式一般包括税收优惠、财政补贴、应交费用减免,以及享受政府优先采购等。各国会根据本国社会企业发展的具体情况确定补贴与支持的措施和力度。

合作社形式的社会企业一般都禁止企业进行利润分配,而是鼓励它们将利润投入到社会融合和专业水平提升上,与此相对应,政府也给予合作社税收优惠政策,从而保证合作社能有更多的利润用于业务的扩展。公司形式的社会企业多数不享受任何税收优惠待遇,例如英国的社区利益公司,但是因未享受税收优惠,社区利益公司可以寻求英国政府专设的社会企业投资基金以及国家彩票基金的资助。

不同国家对本国社会企业采取的财政补贴形式各异。芬兰的工作整合型社会企业在履行了劳动法、社会保障和税法等方面的义务的前提下,可获得政府的特别补贴,例如政府会对雇用残疾人或长期失业者的社会企业给予 2～3 年的"工资相关补贴"。波兰的社会合作社可得到劳工基金和地方政府的资金支持,而且建立社会合作社的个人可得到 12 个月的社保缴费补助。

还有一些国家政府优先选择社会企业提供的产品或服务来进行采购以示支持，甚至通过制定专门的法律规定来进行采购优先限制。例如，英国议会于2012年通过了《社会价值法案》(Social Value Bill)，该法案要求政府在购买公共服务时要优先选择社会企业或其他社区组织。在法律与政策的支持下，英国政府每年委托或购买的公共服务中有11%是由社会企业提供的。

20.3.3 社会企业的内外部治理

对兼具公益性和商业性的社会企业而言，要确保在实现经济目标可持续性运营的过程中社会目标始终不偏离，还需从社会企业的内部治理和市场的外部规制两个方面来进行约束。

以美国共益公司为例。这类企业在企业目的、可问责性和透明度上提出了以下几个独特标准。

（1）共益公司以对社会和环境创造实质性的积极影响为企业目的之一。共益公司既以创造一般公共利益为企业目的之一，也允许追求特殊公共利益目标。"一般公共利益"是指"经第三方标准评估，在商业和运营活动之外，企业作为一个整体对于社会和环境所施加的实质性积极影响"；而特殊公共利益目标在各州立法中有所不同。共益公司示范法中列举了七种特殊公共利益的可能性目标，包括为低收入人群提供有益的产品和服务，保护环境，提升人类健康水平，促进艺术、科学和技术的进步，等等。为防止共益公司将财务利益置于公共利益目标之上，示范法特别强调"创造一般公共利益和特殊公共利益应在共益公司的最佳利益之内"，以增强企业在决策上的弹性。

（2）共益公司将社会目标纳入公司的决策过程和信托责任之内。与一般企业相比较，共益公司扩大了决策人员的信托责任，要求共益执行官（benefit director）在进行决策时应将所有非财务性的利益因素（如员工、社区、环境等）纳入考量。共益执行官或公司决策者在考量公司的最佳利益时须对众多因素加以考虑，包括股东利益、雇员和职工的利益、子公司和供应商利益、消费者的利益、社区和社会因素、地方和全球环境、短期和长期利益、实现其一般和特殊社会公益目标的能力以及其他任何决策者认为适当的相关因素或群体利益。由此可见，对非股东人员利益的考虑作为强制性义务出现是共益公司区别于一般企业的显著特征。

（3）共益公司每年须提交年度报告给股东，在其网站上对公众发布，并在该州的相应部门存档。报告的内容是对公司在追求社会和环境目标上的总体表现进行评估，评估必须依据符合综合性、独立性、可信度、透明度各项要求的第三方标准。由于第三方标准是这一制度的核心因素，立法中对此标准的要求进行了详细规定。以示范法为例，第三方标准必须遵循以下要求：首先，具有综合性，即对企业运营进行评估时应考虑前文中所提到的众多利益因素，包括公司运营的各个环节和方面，进行整体、全面的评估；其次，具有独立性，第三方评估机构在其组成人员、业务内容、资金支持等方面必须独立于该共益公司；再次，具有可信度，第三方机构必须具有进行评估的专业能力，在评估时应平衡考虑各方利益相关者，并应对建立的标准收集公众评论意见，时间不少于30天，以改进和完善这一标准；最后，具有透明度。所有相关信息都应对公众公开，包括运用该标准进行评估时所需考虑的条件及其所占的权重；对标准进行修订时，参与人员的身份和修订过程；评估机构在财务来源和资金支持上的账目，以及任何其他可能被认为构成潜在利益冲突的关系，都应详尽披露细节。为保障这一标准的实现，共益公司还设有共益执行官这一特殊职位，专门负责准备年度报告，监督公益目标的实施,并对公司的运营活动是否与其一般或特殊公共利益目标保持一致发表独立的评价意见。

此外,共益公司严格的问责制度还体现在股东诉权上。当共益执行官未能实现公司所追求的公益目标,对于法律条文中所囊括的各类股东利益未纳入考虑,或未能达到立法中的透明度标准时,股东有权对此采取法律措施。但与此同时,为避免公司责任的过分扩大化和未知风险,法律也排除了企业公共利益目标的受益人对执行官的诉权,从而保护社会企业家的积极性(郑夏蕾,2015)。

从美国共益公司的独特标准可以看出,共益公司法律制度体现了以法律为协调机制,综合企业内部治理、外部信息披露规则、第三方服务等多种治理模式,有效地利用法律效力和市场作用的双向压力来达到公共之善的目标。

20.4 我国社会企业相关法律法规

20.4.1 我国现有的"类社会企业"组织⊖

我国法律体系的框架内还没有"社会企业"的明确界定,但现实中存在大量的"类社会企业"或"准社会企业"组织。目前承担社会服务功能的典型组织包括民办非企业单位、福利企业(安置残疾人就业的单位)、农民专业合作社等,这些组织在完善我国公共服务体系上发挥了重要的作用。

1. 民办非企业单位

我国于1998年颁布了《民办非企业单位登记管理暂行条例》(1998年10月25日国务院令第251号发布),而"民办非企业单位"这一术语最早来源于中共中央办公厅和国务院办公厅1996年印发的《关于加强社会团体和民办非企业单位管理工作的通知》中的"民办事业单位"。根据《民办非企业单位登记管理暂行条例》第二条规定,民办非企业单位是指企业事业单位、社会团体和其他社会力量以及公民个人利用非国有资产举办的,从事非营利性社会服务活动的社会组织。

但我国理论与实务界对民办非企业单位往往存在概念认识的误区,即似乎只要利用非国有资产创办的涉及教育、体育、卫生等社会公共事业的组织或实体都一律是民办非企业单位。这种认识的误区根源于对社会企业本质的理解与其业务活动的领域相混淆。此前,民政部已经着手进行《民办非企业单位登记管理条例》的修订工作,2018年,民政部发布《社会组织登记管理条例》(草案征求意见稿),将备受争议的"民办非企业单位"名称改为"社会服务机构",内容上吸收了社会企业发展的最新理论与实践成果。

2. 福利企业

早在1990年民政部颁发的《社会福利企业管理暂行办法》中,就规定社会福利企业仅能由民政部门和街道、乡镇集体举办,是由民政部门统一管理的公有性质的就业促进类社会企业,依托既有体制的公益创新,旨在安置按照国家相应标准确定的有一定劳动能力的残疾人群就业的特殊企业。这类企业可享受税收减免的政策,在贷款、物资分配等方面享受优惠待

⊖ 郑夏蕾. 中美社会企业法律规制比较研究及对中国的启示 [J]. 科学·经济·社会,2015,33(3):126-131.

遇，在促进残疾人就业方面发挥着重要的作用。

2007年民政部制定了《福利企业资格认定办法》，废止了《社会福利企业管理暂行办法》，改变了社会福利企业的主办主体要求，规定只要符合条件即可被认定为取得福利企业。该办法所称福利企业是指依法在工商行政管理机关登记注册，安置残疾人职工占职工总人数25%以上，残疾人职工人数不少于10人的企业。对于福利企业，在工商部门登记之后还需到民政部门申请资格认定，在符合相关条件的情况下，才能获得福利企业资格。

2016年，为贯彻落实国务院关于行政审批制度改革的精神，民政部下发取消福利企业资格认定事项的通知，福利企业成为历史，改称"安置残疾人就业的单位"。

3. 农民专业合作社

我国于2006年10月31日颁布了《中华人民共和国农民专业合作社法》，该法是为了更好地规范和引导并鼓励农民专业合作社发展而制定的，并且遵循了国际合作社联盟对合作社的界定及合作社应遵守的原则。根据该法第二条的界定，农民专业合作社是指在农村家庭承包经营基础上，农产品的生产经营者或者农业生产经营服务的提供者、利用者，自愿联合、民主管理的互助性经济组织。2013年，中央一号文件将农民合作社定位为"带动农户进入市场的基本主体，是发展农村集体经济的新型实体，是创新农村社会管理的有效载体"。但是，农民专业合作社的法律规制特点是监管不足与文化缺失，有待于进一步加强。

我国社会企业没有明确的法律地位，面临合法性的挑战（赵莉 等，2012），立法界定可以帮助公众正确认识社会企业公益性与商业性的双重身份。从我国现有的社会企业发展现状来看，非常有必要通过立法赋予其法律地位，并在借鉴其他国家社会企业法律制度的基础上，完善我国的社会企业法律规制。

20.4.2 我国现有的社会企业认证办法

1. 全国性认证

目前我国有民间出台的社会企业认证办法，例如由深圳市中国慈展会发展中心、北京大学公民社会研究中心、中国人民大学尤努斯社会事业与微型金融研究中心、国际公益学院、北京师范大学中国公益研究院、亿方公益基金会等6家主办单位共同发起的中国慈展会社会企业认证，从2013年首次在顺德区开展社会企业认证，2015年开始对社会企业进行全国性认证，截至2018年12月已对全国超过1 400家企业和机构开展认证，其中通过认证的238家社会企业遍布全国71个城市，涵盖环保、无障碍服务、社区发展、公益金融、养老、教育、弱势群体就业、农业、扶贫、互联网、公共安全、妇女权益等社会领域。

中国慈展会社会企业认证在工作流程规范化、认证后的服务和支持等方面都做了有益的探索，在认证过程中和认证后对纳入观察社会企业名录的企业进行辅导，引导并帮助企业进一步明确社会目标、厘清商业模式、提升组织管理和运营能力。

中国慈展会社会企业认证流程见图20-1。

2018年，中国慈展会社会企业认证办公室和成都市工商行政管理局开展成都市首届社会企业评审认证工作。获得认证的社会企业将享受成都市本地政策支持和相关后续服务，包括：将通过"成都市信用网"对外公示，并可享受政府出台的相关政策支持；可使用"社会企业"字样作为企业名称中的经营特点，向企业登记机关申请名称变更登记；放宽社会企业住所和经营场所分离登记条件，允许企业住所和经营场所分离登记，实行"一址多照""一照多址"；放宽社会企业经营范围登记以及其他服务。

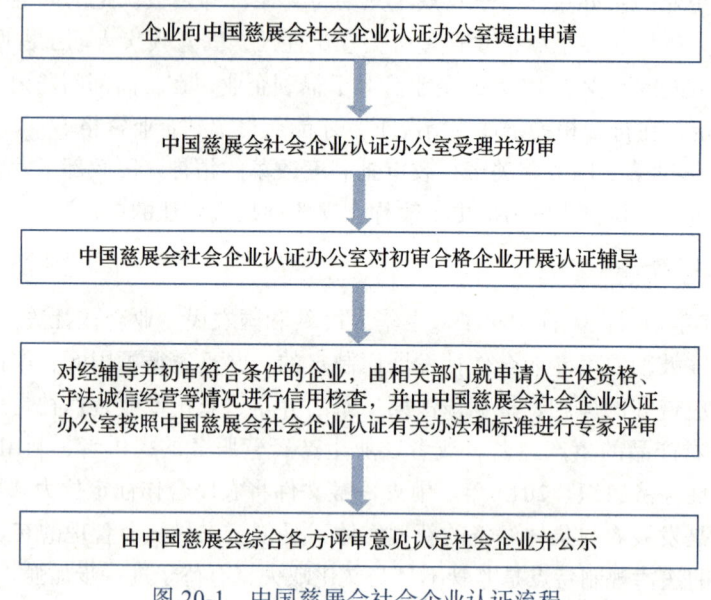

```
┌─────────────────────────────────────┐
│ 企业向中国慈展会社会企业认证办公室提出申请 │
└─────────────────────────────────────┘
                 ↓
┌─────────────────────────────────────┐
│ 中国慈展会社会企业认证办公室受理并初审   │
└─────────────────────────────────────┘
                 ↓
┌─────────────────────────────────────┐
│ 中国慈展会社会企业认证办公室对初审合格企业开展认证辅导 │
└─────────────────────────────────────┘
                 ↓
┌─────────────────────────────────────┐
│ 对经辅导并初审符合条件的企业，由相关部门就申请人主体资格、守法诚信经营等情况进行信用核查，并由中国慈展会社会企业认证办公室按照中国慈展会社会企业认证有关办法和标准进行专家评审 │
└─────────────────────────────────────┘
                 ↓
┌─────────────────────────────────────┐
│ 由中国慈展会综合各方评审意见认定社会企业并公示 │
└─────────────────────────────────────┘
```

图 20-1 　中国慈展会社会企业认证流程

2. 地方性认证

2018 年 8 月，北京社会企业发展促进会发布了《北京市社会企业认证办法（试行）》，凡是北京地区依法登记注册的符合认证条件的法人单位均可参加社会企业认证，每次认证有效期两年。

该办法于 2019 年修订，修订后明确了申请认证的基本条件。一是使命任务，有具体明确的社会目标，以社会问题和民生需求为导向，以解决社会问题、创新社会治理、提升公共服务水平为首要目标或宗旨。二是注册信息，在北京依法登记注册成立 1 年以上的法人单位，并有相应的合格纳税记录。在其他省市通过认证并在北京依法登记注册的社会企业，其成立年限不受本条限制。三是信用状况，法人单位及其机构负责人近三年没有不良信用记录。四是经营管理，有不少于 3 人的全职付酬团队，具有健全财务制度、实行独立核算，申请机构内部经营管理科学规范。五是社会参与，以申请机构自身力量为基础，积极整合社会资源，广泛动员各类社会力量参与解决社会问题，形成社会合力。六是社会效益，有可测量的证据显示其创造的市场成果及社会价值。七是可持续发展能力，有清晰的商业模式、能实现财务可持续性和盈利性的商业计划以及有价值的产品或服务。八是创新性，运用市场机制、现代信息技术等创新手段和方法，有效推动社会痛点热点难点以及基层社会治理"最后一公里"问题的解决，提高保障和改善民生水平。九是行业影响，对本领域产生一定的社会影响，得到行业认可；推动本行业发展，开展行业赋能、对接本行业出台政策，发挥行业影响作用，聚焦并解决社会问题。

北京社会企业发展促进会在社会企业认证同时组织开展社会企业星级评选活动，分别从收入来源、社会效益、服务覆盖面三个维度，分为一星级社会企业、二星级社会企业和三星级社会企业，统一颁发标牌。

总之，从中国慈展会社会企业认证制度的出台，到地方政府推出的认证办法以及行政保障，无疑都为我国社会企业法律规制建设进行了有益探索。但是，该类认证不具有法律地位，难以解决社会企业发展的根本性问题。

20.4.3 我国社会企业立法界定与监管建议

从各国社会企业的立法实践来看，首先需要明确以下三个问题：一是社会企业解决的社会问题是什么；二是所要解决的社会问题成因是什么；三是谁有义务解决、谁有能力解决。经过上述分析可知，社会企业之所以具有发展的价值，是因为社会存在市场、政府、志愿都失灵的空白地带，而这种空白地带的社会问题需要政府、市场、社会组织的合作，因此，社会企业立法所要解决的问题便是政府、市场、社会组织合作的形式、机制及其他相关问题（韩文琰，2018）。我国在进行社会企业法律规制建设时，可以从企业立法界定与监管机制建设，以及企业运营保障与激励机制建设两个大的方面入手。

1. 我国社会企业立法界定与监管机制建设

（1）社会企业立法模式的选择。从国外社会企业的立法制度演进来看，很多情况下社会企业"并不是一种新型的企业组织形式，反而是在现存各种组织形式（无论是营利还是非营利）的基础上，对于致力于解决社会问题的、进行经营活动并获得收益的组织进行的一种识别"（金锦萍，2009），更早有学者质疑社会企业是"新瓶装旧酒"（Fishman，2007）。目前立法模式的选择有两种情况：一种是在原有法律形式上进行限制，比如在公司法的基础上进行修订；另一种是为社会企业量体裁衣制定专门的法律形式。总体来看，社会企业和一般企业在立法宗旨、运行模式等方面均存在不同，难以针对我国现有的企业法进行社会企业法律规制内容的修改，可考虑采用制定专门法律的模式，结合我国实际选择适合的组织形式，围绕社会企业的立法界定等问题出台完备的法律制度体系。

（2）社会企业立法界定的内容。社会企业在立法界定上主要涉及社会目的、经营活动领域、利润分配、剩余资产处置等主要问题。社会企业的立根之本是解决社会问题，实现其公益性目标；利润分配和剩余资产处置与经济目标相关联，可通过限制性规定以达成社会目标。有学者提出利润分配限制并不是僵化的，而利益相关者在治理中的融入程度也并非整齐划一，唯一能够清楚地界定社会企业的特征仅仅包括两点：第一，将社会目标置于首位；第二，主要活动包括商品和服务交易（潘晓，2012）。也有学者针对上述分配限制和活动领域的观点提出质疑。基于我国社会企业发展现状，在进行立法界定时可参考：放宽经营活动领域（不仅限于养老、教育等产业）；采用限制性分配（规定用于分配的利润不得超过总额的一定百分比）；遵循"资产锁定"原则（清算后的剩余资产不能在股东之间分配，应转移给其他社会企业或慈善组织）或限制性剩余资产处理（股东收回自己的投资后，剩余资产不得用于分配）。

（3）社会企业信息的公开。社会企业信息公开是非常重要的法律规制内容，可以帮助公众了解和监督社会企业社会目的实现程度与实际运营情况，避免信息不对称。我国社会企业可借鉴美国共益公司的经验，由政府制定第三方标准和认证机制，社会企业依据第三方标准制定公共利益目标并将社会责任工作报告公开披露以提高其公信力。

2. 我国社会企业运营保障与激励机制建设

政府相关部门需要转变社会管理职能，在财政、税收、补贴等方面为社会企业的发展创造良好的融资和经营环境，同时通过各种形式的宣传加大公众对社会企业、社会企业家精神和社会创业的认知（赵莉 等，2016）。政府在进行社会企业运营保障与激励机制建设的过程中，应结合实际情况进行服务。如政府补贴政策的制定应综合考虑社会企业的社会目的、市场参与程度和利润分配限制等因素进行分级。对于社会目的比较宽泛、深度参与市场竞争而且利润分配不受限制的社会企业，政府不宜进行补贴；对于社会目的比较宽泛、深度参与市场竞争但利润分配受到限制的社会企业，政府可进行较低程度的补贴；对于具有特定社会目的且市场参与程度较低的社会企业，如专门为残疾人等社会弱势群体提供就业机会的社会企业，政府则可提供较高程度的补贴。

本章小结

1. 社会创业中明确社会企业法律地位是推动其发展的首要措施。行政法规虽然在一定程度上可进行规范，但是面对社会企业的迅速发展，行政法规过于简单且不如法律严谨完整，容易使企业无所适从。
2. 社会企业的认定标准一般包括社会目的、经营活动领域、利润分配、剩余资产处置、治理结构以及政府监管制度等要素。
3. 对兼具公益性和商业性的社会企业而言，要想在资本市场中不被资本趋利影响而失去公益性目标，在实现经济目标可持续性运营的过程中确保社会目标始终不偏离，需从社会企业的内部治理和市场的外部规制两个方面双向努力，共同作用以提高社会企业的可信度、透明度和可问责性。

问题讨论

1. 你怎么理解社会创业的合法性问题？
2. 阐述几种典型的社会企业法律组织形式。
3. 你认为我国社会企业法律规制应从哪几方面进行完善？

扫码查看案例分析和文献精读。

参考文献

[1] ASHFORTH B E, GIBBS B W. The double-edge of organizational legitimation[J]. Organization science, 1990, 1(2): 177-194.
[2] CABINET OFFICE. Private action, public benefit: a review of charities and the wider not-for-profit sector[R]. London: Strategy Unit, 2002.
[3] CLARK W H, BABSON E K. How benefit corporations are redefining the purpose of business corporations[J]. William Mitchell

law review, 2012, 38(2): 838-842.
[4] DEES J G. Enterprising nonprofits[J]. Harvard business review, 1998, 76(1): 54-67.
[5] DEFOURNY J, NYSSENS M. Social enterprise in Europe: recent trends and developments[J]. Social enterprise journal, 2008, 4(3): 217-218.
[6] FISHMAN J J. Wrong way corrigan and recent development in the nonprofit landscape: a need for new legal approaches [J]. Fordham law review, 2007, 76(2): 567; 603-606.
[7] LARATTA R. The emergence of the social enterprise sector in Japan[J]. International journal of civil society, 2011, 35:35-54.
[8] OECD. Social enterprise[R]. Paris: OECD, 1999.
[9] OECD. The changing boundaries of social enterprises[R]. Paris: OECD, 2009.
[10] OTHMAR M L. The phenomenon of social enterprise in Austria: a triangulated descriptive study[J]. Journal of social entrepreneurship, 2011(2): 555-775.
[11] PARK C, WILDING M. Social enterprise policy design: constructing social enterprise in the UK and Korea[J]. International journal of social welfare, 2013, 22(3): 236-247.
[12] SCOTT W R, RUEF M, MENDEL P J, et al. Institutional change and healthcare organizations: from professional dominance to managed care[M]. Chicago: University of Chicago Press, 2000.
[13] SCOTT W R. Institutions and organizations [M]. Thousand Oaks, US: Sage Publications, 2001.
[14] SUCHMAN M C. Managing legitimacy: strategic and institutional approaches[J]. Academy of management review, 1995, 20: 571-610.
[15] 陈定铭，翁仪君. 工作整合型社会企业之合法性分析：以中国大陆残友集团为例[J]. 中国非营利评论，2017，20（2）：194-214.
[16] 董蕾红. 社会企业的法律规制：基于国际比较的研究[D]. 济南：山东大学，2017.
[17] 韩文琰. 立法认证：解决我国社会企业融资难的重要途径：现实审视与国际比较[J]. 甘肃政法学院学报，2018（2）：73-82.
[18] 焦豪，孙川，彭思敏. 基于合法性理论的社会企业利益相关者治理机制研究：以宜信集团为例[J]. 管理案例研究与评论，2012，5（5）：333-343.
[19] 金碚. 社会企业的机理逻辑及对认识市场经济的启示[J]. 中国工业经济，2022（3）：5-19.
[20] 金锦萍. 社会企业的兴起及其法律规制[J]. 经济社会体制比较，2009（4）：128-134.
[21] 金仁仙. 韩国社会企业发展现状、评价及其经验借鉴[J]. 北京社会科学，2015（5）：122-128.
[22] 金仁仙. 社会经济制度化发展：以韩国《社会企业育成法》为视角[J]. 科学学与科学技术管理，2016（1）：38-45.
[23] 李琮. 世界经济学大辞典[M]. 北京：经济科学出版社，2000.
[24] 厉杰，吕辰，于晓宇. 社会创业合法性形成机制研究述评[J]. 研究与发展管理，2018，30（2）：148-158.
[25] 国务院发展研究中心公共管理与人力资源研究所"社会企业研究"课题组，李兰，王伟进，等. 我国社会企业发展状况调研报告[J]. 国家治理，2021，47（3）：43-48.
[26] 李梦晓. 我国社会企业的困境思考：基于

H 省 W 市 R 动物诊所的案例分析 [J]. 现代营销（下），2017（6）：22-23.

[27] 林莉红. 民间组织合法性问题的法律学解释：以民间法律援助组织为视角 [J]. 中国法学，2006（1）：37-46.

[28] 刘志阳，许莉萍. 制度与社会创业：基于文献的整合框架 [J]. 经济管理，2022（1）：192-208.

[29] 苗青. 社会企业：链接商业与公益 [M]. 杭州：浙江大学出版社，2017.

[30] 钱红军. 我国社会企业的法律规制研究：以美国的社会企业立法为镜鉴 [D]. 合肥：安徽大学，2017.

[31] 田勇军. 民间组织合法性问题及合法性标准之意义 [C]// 中国法学会行政法学研究会. 中国法学会行政法学研究会 2010 年年会论文集，北京：中国政法大学出版社，2011.

[32] 潘晓. 第三部门法的"社会企业"运动：欧美两种路径下的制度演进 [J]. 北大法律评论，2012，13（1）：221-240.

[33] 尤努斯. 社会企业可以为中国打开一扇全新的门 [EB/OL].（2015-03-30）[2023-10-01].http://money.163.com/15/0330/14/ALV8SK8A00253G87.html.

[34] 赵莉，严中华. 我国社会企业发展面临的法律困境及其对策 [J]. 社团管理研究，2012（4）：298-230.

[35] 郑刚，陈箫，胡珊. 社会创业、合法性构建与社会企业成长：基于深圳残友集团的纵向案例研究 [J]. 科学学与科学技术管理，2022，43（1）：124-137.

[36] 郑夏蕾. 中美社会企业法律规制比较研究及对中国的启示 [J]. 科学·经济·社会，2015，33（3）：126-131.

参考法律法规

- 《民办非企业单位登记管理暂行条例》（1998 年）
- 《社会服务机构登记管理条例》(《民办非企业单位登记管理暂行条例》修订草案征求意见稿)（2016 年）
- 《中华人民共和国农民专业合作社法》（2006 年）
- 《福利企业资格认定办法》(2007 年)
- 《社会团体登记管理条例》(2016 年)
- 《基金会管理条例》(修订草案征求意见稿)（2016 年）
- 《北京市社会企业认证办法》(试行)

第 21 章 社会创业案例研究方法

:: 学习目标

- 了解案例研究方法在社会创业领域的应用现状
- 理解社会创业案例研究方法的特点
- 掌握社会创业案例研究的方法论要点
- 理解中国管理情境下开展社会创业案例研究的注意事项

开篇案例

社会创业家与金字塔底层个体间的合作关系

在社会创业研究中,金字塔底层(BOP)人群是指因收入低下、缺乏教育而无法摆脱贫困的人群。随着政府对扶贫工作的日益重视,越来越多的企业开始向 BOP 市场提供产品和服务。那么,在这个过程中,企业社会创业家是如何辨识并最终与 BOP 个体建立合作关系,从而在创造社会价值的同时兼顾企业经济效益的呢?为了回答这个问题,万倩雯等(2019)基于某农村电商项目的单案例研究,通过深入的实地调研和较为规范的数据分析,构建了 BOP 市场中企业社会创业整合模型,从而在相关研究领域做出了理论贡献。

该研究在案例选择、数据收集、数据分析、理论构建等方面遵循了较为规范的方法论步骤。在案例选择方面,该研究采取逐渐聚焦的方式,在以下三个层面上合理选取研究对象。一是选取中国作为研究情境,主要是由于中国在减贫上取得了卓越成就,而且国内许多大型企业承担社会责任,制定创新的 BOP 战略来解决农村地区贫困问题。二是项目公司是国内电商领域的巨头之一,其农村电商项目通过创业活动为农村创造社会价值,与此同时为公司谋求经济收益,而且项目团队与 BOP 当地

○ 本章受到国家自然科学基金项目(72172036,72072181)的支持。

个体合作者搭建并维系合作关系是商业模式中最关键的环节。三是选取四川绵竹与邛崃作为 BOP 社群情境，主要是由于我国西南地区的扶贫难度相对较大，但该项目却取得了巨大的成功，成为其他地区学习的标杆，这符合嵌入性单案例研究的目的性抽样原则。

在数据收集方面，该研究主要的数据来源是半结构化访谈，并以档案数据作为补充，以便更充分地理解研究情境并进行三角验证。访谈对象包括 8 位项目团队成员（即企业社会创业家）和 16 位来自邛崃及绵竹的 BOP 村民（其中包括 8 位个体合作者和 8 位普通村民）。为了保障访谈质量，作者在开始访谈前细致地准备了访谈提纲，针对不同访谈对象设计了不同的问题。然后，作者前往项目公司总部、西南大区总部、邛崃和绵竹进行了深入的面对面访谈。每次访谈持续近 2 小时，并在被访者许可后进行了录音和文字转录。此外，该研究还设法收集了相关的公共档案和非公开数据，其中公共档案包括企业网站信息、农村电商有关书籍、新闻、媒体报道和机构报告等，非公开数据包括项目公司与当地个体合作者签订的合同以及其他一些内部文件。

在数据分析方面，该研究采用了归纳式主题分析的策略，遵循了焦亚等（Gioia et al., 2013）提出的数据分析方法（即 Gioia 方法）。作者基于企业社会创业家的视角，绘制了整个创业过程所涉及的所有事件与活动，并针对这些事件和活动进行编码。在编码过程中，作者首先站在被访者立场，用被访者的术语命名一阶构念；然后，从理论视角去看待一阶构念，将一阶构念抽象为具有理论内涵的二阶主题；最后，将相关的二阶主题进一步聚合为理论维度。这些一阶构念、二阶主题和理论维度共同构成了数据结构，展示了该研究从原始数据一步步提炼和抽象的过程（详见图 21-2）。

最终，作者基于以上数据分析过程，重点关注并诠释了各理论主题之间的关系，将这些关系凝练为 3 个命题。作者还从过程理论的角度出发，构建了 BOP 市场中企业社会创业整合模型，将企业社会创业家与当地个体合作者之间合作关系的建立分为三个阶段，分别是选择个体合作者、提升个体合作者水平和将合作关系制度化（详见图 21-3）。该研究的主要结论包括三个。第一，在选择个体合作者建立合作关系时，企业社会创业家从社交优势和专业知识两个维度对个体合作者进行识别，并通过个人收入和关系价值对他们进行动员。第二，在提升个体合作者水平时，企业社会创业家通过传授知识和指导实践培养当地个体合作者的显性能力，通过提升自律性和实现有效赋权培养其隐性能力。第三，在制度化合作关系时，企业社会创业家通过建立关系网和形成利益共同体构建新的社群，从而使当地个体合作者和企业社会创业项目最终获取内部和外部合法性。

通过以上理论构建，该研究对 BOP 合作关系、基于社会资本理论的企业社会创业以及以社群为中心的 BOP 战略等相关领域做出了贡献。首先，在以往研究中，针对 BOP 个体合作者，尤其是其特征、选择机制以及合作关系的建立等现实问题一直未得到深入探究。该研究通过社会资本理论填补了这一研究空白，重点探索了在 BOP 当地个体扮演"合作伙伴"和"消费者"双重角色下的企业社会创业过程。其次，在社会创业中，企业经济收益与当地社会价值这两种互相竞争的目标通常难以兼顾。该研究表明，社会资本为共同实现这两个目标奠定了基础，成功的企业社会创业家需要在构建运营模式时就考虑这两个目标，巧妙运用 BOP 中的社会资本实现二者间的平衡。最后，该研究对学界呼吁以社群为中心的 BOP 战略的过程研究进行了回应，从过程的视角解构了企业社会创业家与当地个体合作者搭建关系的机制。

资料来源：万倩雯，卫田，刘杰. 弥合社会资本鸿沟：构建企业社会创业家与金字塔底层个体间的合作关系：基于 LZ 农村电商项目的单案例研究 [J]. 管理世界，2019, 35（5）: 179-196.

上述案例研究希望对企业社会创业中合作关系的建立和发展过程进行深入剖析，目前这一问题难以依赖现有文献进行解释，需要通过归纳式的理论构建方式来进行探索。在这种情况下，单案例研究方法由于强调对动态互动以及事件脉络的把握，因此更适用于该研究。

本章内容安排如下：首先，对国际和国内高水平期刊上应用案例研究方法探讨社会创业问题现状的文献进行简单的梳理，并简要阐述社会创业案例研究的特点；其次，从方法论的角度，介绍如何针对社会创业问题开展案例研究，受篇幅所限，本章将主要围绕案例研究方法中的若干要点展开，不求面面俱到；最后，基于对社会创业案例研究的理解，提出在当前中国管理情境下开展社会创业案例研究时尤其应该注意的四个方面的问题。

21.1 社会创业案例研究现状

从 20 世纪 90 年代到 21 世纪 20 年代，社会创业研究经历了从萌芽走向成熟的过程，其中研究方法也发生了相应的变化。早期的社会创业研究较多聚焦于概念性探讨，随后关于社会创业的实证研究逐渐增多，其中以案例研究为代表的质性研究方法占据了主导地位（刘振 等，2015；Hota，2023），这一点可以在多篇社会创业主题的文献计量分析中体现出来。例如，肖特等（Short et al., 2009）对四个数据库（EBSCO，Web of Knowledge，ABI/INFORM，Science Direct）中与社会创业相关的文献进行分析，结果显示在 1991—2008 年间，共有 72 篇实证研究论文发表。其中采用质性研究方法的论文数量高达 54 篇，在整体发表的实证研究论文中占比高达 75%；在质性研究方法的论文中，有 43 篇文章为案例研究，占全部质性研究的近 80%。与此相似，格拉纳多斯等（Granados et al., 2011）对 1991—2010 年间三个数据库（Social Science Citation Index，Business Source Complete，Science Direct）和两本期刊（*Social Enterprise Journal*，*Journal of Social Entrepreneurship*）中与社会创业相关的文献进行分析，结果显示在 117 篇实证研究论文中，有 96 篇采用了质性研究方法，在全部实证研究论文中占比高达 82%；在采用质性研究方法的论文中，有 78 篇为案例研究，约占全部质性研究论文的 81%。

鉴于目前缺乏相关文献专门探讨案例研究方法在社会创业领域中的应用，为了对社会创业案例研究现状有更加直观和深入的理解，我们对近 5 年发表在国际和国内高水平期刊上的社会创业案例研究文献进行了初步梳理。在国际高水平期刊方面，我们以 Web of Science

数据库为依据，以"social entrepreneurship"为主题词[一]，对 2017—2021 年《金融时报》（*Financial Times*）列出的 50 本经管类权威期刊（简称 FT50）上的论文进行了检索，共得到 90 篇论文。在国内高水平期刊方面，我们以"社会创业"作为关键词，对 2017—2021 年发表在 CSSCI 来源期刊目录中"管理学"类别期刊上的论文进行了检索，共得到 37 篇论文。删除与主题不符的文章后，我们浏览了每篇论文的标题、摘要和关键词，并按照每篇论文"是否为实证研究"和"是否为案例研究"进行了编码，最终得到了 37 篇来自 FT50 期刊和 10 篇来自 CSSCI 期刊的社会创业案例研究论文（见表 21-1）。

从文献检索和梳理结果来看，近 5 年国际和国内高水平期刊上的社会创业案例研究体现出以下三个特点。

（1）在 FT50 期刊上，实证研究共有 58 篇，其中案例研究有 37 篇，占近 64%；在 CSSCI 期刊上，实证研究共有 11 篇，其中案例研究有 10 篇，占近 91%。显而易见，目前关于"社会创业"主题的案例研究占据了半壁江山。与 Short 等（2009）、Granados 等（2011）等研究的结论相同。

（2）从国际期刊与国内期刊的对比来看，由于国内关于社会创业的研究（包括社会创业案例研究）起步较晚，论文发表数量有限，因此在学科领域的成熟度方面还有很大的提升空间。一般情况下，当某个研究主题处于萌芽阶段，研究者更倾向于采用质性研究方法；随着研究主题逐渐走向成熟，定量研究的比例也随之增加（Edmondson and Mcmanus，2007）。

（3）在 FT50 期刊上的 37 篇社会创业案例研究中，没有任何一篇是以国内学者为作者且以国内社会创业实践为研究对象的文献。这一统计与我们对国内案例研究发展现状的观察结果一致，即国内社会创业案例研究虽然在规范性方面正在逐步提升，但在从"形似"到"神似"的升华中还存在一定的不足之处，并且在理论贡献方面还有较大提升空间。

表 21-1 国际和国内高水平期刊上 2017—2021 年间的社会创业案例研究分布

国际/国内期刊	期刊名称	2017 年		2018 年		2019 年		2020 年		2021 年		合计	
		实证研究	案例研究	实证研究	案例研究	实证研究	案例研究	实证研究	案例研究	实证研究	案例研究	实证研究	案例研究
FT50 期刊	*Entrepreneurship Theory and Practice*	1	0	0	0	0	0	3	3	0	0	4	3
	Human Relations	0	0	0	0	0	0	1	1	0	0	1	1
	Journal of Business Ethics	1	1	4	3	8	4	3	2	6	5	22	15
	Journal of Business Venturing	3	1	8	3	2	0	4	2	4	4	21	10
	Journal of Management Studies	0	0	0	0	0	0	1	1	1	1	2	2
	Organization Studies	1	1	0	0	0	0	1	1	0	0	2	2
	Research Policy	0	0	0	0	0	0	0	0	1	1	1	1

[一] 由于本节的目标并非对社会创业案例研究开展系统而全面的文献综述，因此我们只以"social entrepreneurship"为主题词进行检索，而没有检索"social entrepreneur(s)""social enterprise(s)""social venture(s)""social business"等其他相关主题词。

(续)

国际/ 国内 期刊	期刊名称	2017年		2018年		2019年		2020年		2021年		合计	
		实证 研究	案例 研究	实证 研究	案例 研究	实证 研究	案例 研究	实证 研究	案例 研究	实证 研究	案例 研究	实证 研究	案例 研究
FT50 期刊	*Strategic Entrepreneurship Journal*	1	1	1	1	0	0	1	0	1	0	4	2
	Strategic Management Journal	0	0	0	0	0	0	0	0	1	1	1	1
	合计	7	4	13	7	10	4	14	10	14	12	58	37
CSSCI 期刊	《管理世界》	0	0	0	0	1	1	0	0	0	0	1	1
	《科学学研究》	0	0	1	1	0	0	1	1	0	0	2	2
	《管理评论》	0	0	0	0	0	0	0	0	1	1	1	1
	《管理学报》	0	0	0	0	2	2	0	0	0	0	2	2
	《外国经济与管理》	0	0	1	1	0	0	0	0	1	0	2	1
	《研究与发展管理》	0	0	0	0	1	1	2	2	0	0	3	3
	合计	0	0	2	2	4	4	3	3	2	1	11	10

资料来源：本章作者自行整理。

21.2　社会创业案例研究的特点

为什么在当前的社会创业研究中，以案例研究为代表的质性研究方法占据着主导地位？这与社会创业自身的特点有关，也与案例研究方法的特点有关。

首先，社会创业坚持社会使命和商业化运营相结合，致力于应对诸如经济增长、消除贫困、就业问题等社会重大挑战（grand challenges）。艾森哈特等（Eisenhardt et al., 2016）指出，应对重大挑战需要采用新观点和新方法，处理技术和社会因素的复杂变幻与相互交织。对学者而言，应对重大挑战为揭示组织的新概念、新关系和新逻辑以及推动社会进步提供了广泛的理论机会，其中归纳式研究方法尤其能够发挥作用。

其次，案例研究方法之所以得到社会创业研究者的格外重视和广泛应用，还与它具有以下四个方面的特点有关（Eisenhardt et al., 2016）。

（1）社会创业通常需要实践者和研究者针对社会问题提出新的解决思路和理论方法，而案例研究适用于现有理论不能充分回答或缺乏已有理论的新研究问题。与一般定量研究基于演绎的逻辑不同，案例研究通常基于归纳逻辑，避免预先设定先入为主的构念和理论。案例研究以研究问题为起点，采用更为开放的研究设计，强调理论应该通过对经验性（empirical）资料的数据分析逐渐涌现出来，因而适于研究者针对社会创业实践提出新颖的想法，构建新理论。

（2）社会创业通常是一个具有极高复杂性和动态性的过程，而案例研究特别适于通过回答"如何"和"为什么"的研究问题，探讨现象随时间的推移发生动态变化的复杂过程。通过构建过程理论，案例研究不仅更具象化地反映复杂的社会创业实践中真实做出的决策、采取的行动和发生的事件，还可以使读者理解其中包含的模式、机制，有助于打开社会创业实践中因果关系之间的"黑匣子"，从而帮助实践者和研究者理解"最佳实践"的动态性和复杂性,最终推动社会创业实践的发展。例如,Ko 和 Liu(2021)的研究问题,是"传统非营利组织(NPO)是如何将商业流程融入社会组织,从而转型成为社会企业的",该研究涉及组织转型的过程,包括引入商业化实践、创建专业化组织形式、建立商业模式合法性等多个步骤,因而使用案例研究方法有助于揭示问题的复杂性,阐明演变过程,解释其中涉及的构念间的关系与机制。

(3)社会创业研究中常常涉及难以测量的构念,如身份(identity)、形象(image)、悖论(paradox)等;或者是现象中存在新提出的、缺乏有效测量的构念,不便于采用演绎方法进行研究。而案例研究尤其适用于探讨核心构念难以测量的研究问题。案例研究需要研究者深度沉浸于现象之中,是从数据到理论的归纳过程,适于解构并测量新构念,进而分析构念的形成与构念间的相互关系。例如,混合组织身份(hybrid organizational identity,即商业目标与社会价值相结合)的构建是社会企业面对的重要挑战,而且难以通过演绎的方式进行构念测量并分析其演化过程。因此,科内利森等(Cornelissen et al., 2021)基于案例研究方法,对混合组织身份的构念进行了深入探讨,揭示了在其形成过程中社会企业的创始人、领导者和成员等不同组织角色所发挥的作用。

(4)社会创业有时涉及社会中较为极端的问题和现象,由于现象具有独特性,样本量小且不具备代表性,运用传统的定量方法难以开展研究。而案例研究法适用于需要深入挖掘极端现象的研究问题。在案例研究者看来,"会说话的猪"⊖(Siggelkow, 2007)这样的极端现象,为开展研究提供了极好的机会,从而对已有研究提出挑战,使人们对社会重大问题的影响具有更深入的认识。例如,布施和巴基玛(Busch and Barkema, 2021)选择的社会企业符合"极端案例"标准,这主要是由于在社会创业中,社会问题、目标群体需求、合作伙伴特征等方面往往是情境专有的(context-specific),因而适合于某地的解决方案难以轻易地扩展到其他地区;而该研究选择的案例企业通过拼凑的方式成功实现了不同地区之间的复制和规模化(scaling),因而具有较强的极端性特征。

21.3 社会创业案例研究的方法论要点

本节将从方法论的角度,通过社会创业案例研究的启动与设计、数据收集、数据分析与理论构建这三个方面介绍如何开展社会创业案例研究。

21.3.1 研究的启动与设计

案例研究作为一种实证研究方法,与问卷调查、实验法等定量研究方法类似,在正式开始数据收集之前需要围绕整体的研究工作进行初步规划,这一阶段的工作统称为研究的启动与设计。具体来说,需要针对现有理论缺口提出研究问题,对相关文献进行回顾,选择合适的理论视角,并对后续如何开展数据收集、数据分析等具体工作进行规划和设计。

在开展研究的过程中,当有机会通过企业调研、与政府机构合作等方式深入有趣的社会创业实践时,就是开展案例研究的绝佳时机。研究者首先需要基于所关注的现象和现有理论缺口提出研究问题,从而明确自己将要加入社会创业研究中关于哪个问题的学术对话。好的

⊖ Siggelkow(2007)用"会说话的猪"作为比喻,说明单一案例一定要非常独特。

研究问题应该是重要的、有趣的。研究者应该聚焦于社会创业文献或实践中尚未解决的、存在重要争议的问题，或者现象出乎意料、现有社会创业理论未能很好地解释的问题（Colquitt and George，2011；毛基业、李高勇，2014）。此外，案例研究中通常以"如何"或"为什么"的疑问句形式明确提出研究问题。例如，万倩雯等（2019）的研究问题表述为："基于社会资本理论，企业社会创业家如何与BOP当地个体合作者搭建合作关系？"而瓦根施万茨和格兰姆斯（Wagenschwanz and Grimes，2021）的研究问题之一为："社会企业家如何以及为什么对相似的混合形态张力（hybridity tensions）做出不同的反应？"

在案例研究中，研究问题的提出往往是在现象与理论之间不断的对话中涌现的。因此，为了提出重要且有趣的研究问题，需要对社会创业相关文献进行系统化梳理，识别该领域中有哪些是学术界已知的，哪些是未知的，并重点关注其中尚未解决的研究空白（gap）或相互矛盾、未达成一致的研究发现（dilemma），甚至挑战以往某些研究的隐含假设（problematization），从而使研究问题更加聚焦（李亮 等，2020）。此外，高质量的文献综述还有助于抓住读者（尤其是审稿人）的注意力，帮助他们理解贯穿全文的理论逻辑，并为论文的数据分析提供框架，为构建新理论提供跳板。

为了更好地回答研究问题并发展理论，合适的理论视角（即参照理论）往往可以避免研究者淹没在数据的汪洋大海之中，并为研究发现提供支撑。Yin（2009）认为，在案例研究的设计阶段发展理论是极为重要的，这可以引导研究者确定应该收集什么数据以及采用什么策略来分析数据。艾森哈特（Eisenhardt，1989）则认为，在案例研究的启动阶段，根据推测事先确定一些构念有助于形成初始的研究设计。如果随着研究的进行，这些构念被证实是重要的，那么后续理论构建的实证根基就会更加坚实。例如，塔特和巴尔斯（Tate and Bals，2018）希望在社会创业情境下基于资源基础观（resource-based view，RBV）构建社会资源基础观（social resource-based view，SRBV），因此作者以资源基础观和自然资源基础观（natural resource-based view，NRBV）作为参照理论框架，在论文的"理论背景"部分系统梳理了其中涉及的变量（variables）、理论适用的范围（domain）、变量之间的关系（relationships），以及基于理论可以做出的预测（predictions）这四个方面的要素（见图21-1）。不过，当现有文献极度缺乏、难以找到合适的参照理论时，也允许更加依赖归纳式的数据分析方法来发展理论，此时通常要求研究者不带有预设的理论框架进入研究现场，而是基于案例研究本身使得所构建的理论涌现出来。例如，在一些研究（Chandra，2017；Cornelissen et al.，2021；Drencheva and Au，2021）中，由于以往文献的缺乏，采用了扎根理论（Glaser and Strauss，1967；Strauss and Corbin，1990）和Gioia方法（Gioia et al.，2013）来归纳式地进行理论构建。

在研究问题、文献回顾和理论视角初步确定之后，还需要对后续如何开展具体的案例研究工作进行规划和设计，这通常包括：选择合适的案例（需要明确是单案例还是多案例研究），设计严谨、可行的数据收集和分析策略，并通过一定的策略确保研究的质量和可靠性。

首先，案例选择应该符合理论抽样原则，而非在大样本定量研究中随机抽样。理论抽样意味着案例的选择是根据其是否适合阐明和扩展构念之间的关系，或是否适合深化对过程的理解来决定的（Eisenhardt and Graebner，2007）。基于理论抽样原则，单案例研究的选择通常体现为以下三项标准（Yin，2009；Eisenhardt and Graebner，2007），分别是：极端性（extreme），即所选案例与现有的常识、规范或日常事件有较大差异，如André等（2018）以及 Busch 和 Barkema（2021）这一研究；启示性（revelatory），即当研究者有机会去观察和分析先前难以开展研究的现象或事件时，适合采用单案例研究，如 Chandra（2017）这一研究；纵向（longitudinal）演化，即针对在两个或多个不同时间点上随时间变化而发生变化的案例开展研究，如 Chatterjee 等（2021）研究。

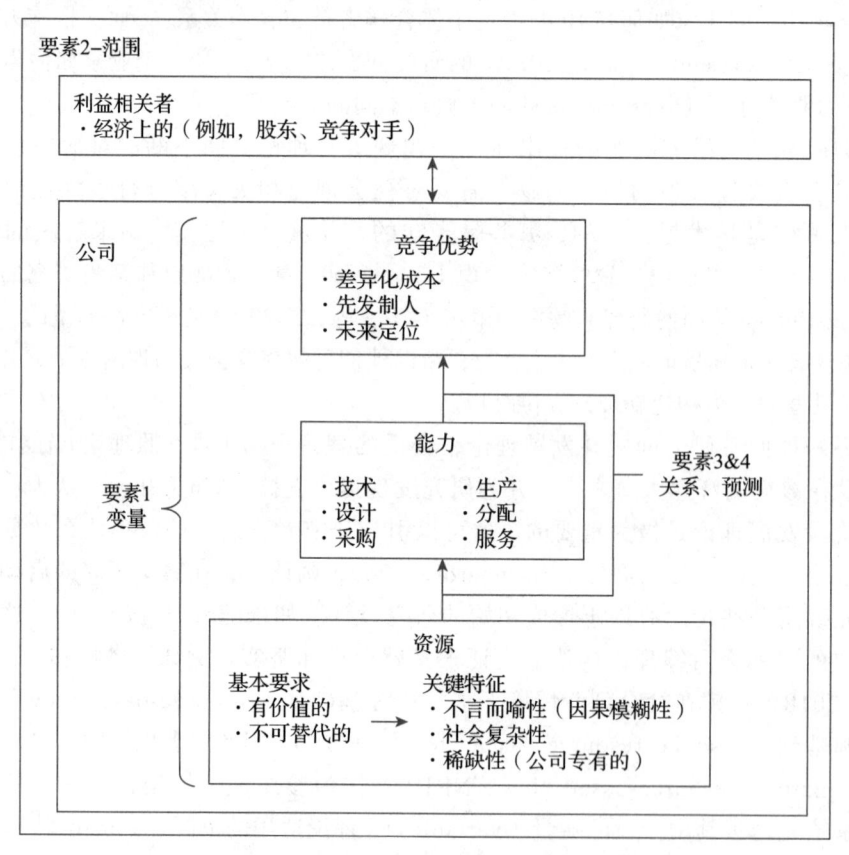

图 21-1　基于资源基础观提出的理论框架

资料来源：TATE W L, BALS, et al. Achieving shared triple bottom line（TBL）value creation: toward a social resource-based view（SRBV）of the firm [J]. Journal of business ethics, 2018, 152(3): 803-826.

与单案例研究不同，多案例研究的理论抽样往往基于复制逻辑（Yin，2009；Eisenhardt，1989），即把不同案例看作多元实验，其中某几个案例能产生相同的结果（逐项复制），而另外几个案例由于可预知的理论原因产生不同的结果（差别复制）。例如，在 Kannothra 等（2018）以及 Mitzinneck 和 Besharov（2019）的单案例研究中，都明确提出遵循了复制逻辑来进行案例选择。此外，根据 Yin（2009）的建议，在多案例研究中，可以选择 6~10 个案例，其中 2~4 个案例可以逐项复制，另外的 4~6 个案例可以差别复制。

在案例研究的设计阶段，另外一项重要的工作是对接下来即将开展的研究工作的规范性进行评估。在这一点上，由于案例研究方法的复杂性和多样性，并没有统一的评估标准。例如，实证主义案例研究借鉴了定量研究设计中的效度和信度指标，主要评估指标包括构念效度、内在效度、外在效度和信度（Yin，2009）。而诠释主义案例研究的评估指标通常包括可信度、可转移性、可靠性和可确认性（Lincoln and Guba，1985）。这些指标的具体含义如表 21-2 所示。

表 21-2 不同哲学基础下的案例研究规范性评估标准

实证主义案例研究（Yin，2009）	诠释主义案例研究（Lincoln and Guba，1985）
● 构念效度：对构念进行正确的测量 ● 内在效度：自变量和因变量的因果关系是否足够强 ● 外在效度：结论是否具有普适性？适用于哪些情境 ● 信度：研究能否被复制	● 可信度：调查者是否"充分体现了现实的多重构造" ● 可转移性：是否存在情境相似性 ● 可靠性：调查者是否考虑到"不稳定因素和现象或设计引起的变化因素" ● 可确认性：数据能否被确认（数据笔记的质量）

资料来源：周小豪，朱晓林.做可信任的质性研究：中国企业管理案例与质性研究论坛（2020）综述[J].管理世界，2021，37（3）：217-225；14.

21.3.2 数据收集

虽然本章把社会创业案例研究的启动与设计，以及数据收集分为两个小节进行阐述，但在实际开展研究的过程中，研究设计与数据收集通常是重叠进行、不断迭代的。案例研究中最主要的数据来源为访谈、观察和文档资料。每一类数据来源均有其优缺点，因此在实际开展数据收集的过程中，通常可以采用"主要来源+次要来源"的组合方式，尽可能避免偏差。例如，可以将访谈作为主要数据来源，将观察或文档资料作为次要来源，采用"访谈+观察"或"访谈+文档资料"或"访谈+观察+文档资料"的数据收集策略。

首先，访谈是社会创业案例研究中最重要的数据来源之一。访谈可以是结构化的，也可以是非结构化的。在高水平期刊发表的社会创业案例研究论文中，更常见的方式是介于两者之间的半结构化访谈（semi-Structured Interview），即按照一定的大纲和事先准备好的问题进行提问，但在访谈进行中会即兴表达，进而就具体要点进行深入讨论。在正式开始访谈之前，研究者可以先对调研对象的背景信息进行初步了解，例如事先从新闻报道、官方网站、书籍等二手资料渠道了解社会创业者所从事行业的背景信息、主营业务等，这有助于提高调研效率及数据收集的精准度。一般情况下，为了提升案例研究的质量，调研团队至少应该由 2~3 位研究者组成，并有不同的分工（Eisenhardt，1989）。通常来说，可以由一位研究者负责按提纲提问所有问题，另一位更有经验的研究者根据受访者的回答即兴补充一些问题，以保证每次访谈可能有意料之外的新发现；如果还有第三位研究者，那么可以主要负责记录和观察，例如在征得受访者同意之后进行录音或录像。此外，还应该尽可能扩大受访者的背景差异，选择来自不同身份、不同岗位、不同组织层级、不同地理位置的人员开展访谈，这样可以减少由于受访者个人自身原因而带来的数据不准确等偏差。回顾在 FT50 期刊上发表的关于社会创业案例研究论文，Chatterjee 等（2021）、Cornelissen 等（2021）、De Avillez 等（2020）、Drencheva 和 Au（2021）、Drencheva 等（2021）、Mitzinneck 和 Besharov（2019）等的研究都深入现象之中，开展了 50 次以上的半结构化访谈。

其次，可以通过观察的方式收集相关数据。如果所关注的社会创业实践正在进行中，那么就可以对现象开展直接观察（direct observation）。直接观察可以比较正式，也可以比较随意。为了提高观察所得数据的可靠性，可以安排多个研究者同时进行。例如，Giudici 等（2020）以孵化器企业 Impact Hub 作为研究对象，开展的直接观察包括：多次参加企业各地分部举办的会员活动和工作坊，多次实地拜访企业的各地分部，参加企业全球范围举办的"出人意料同盟"（Unlikely Allies）活动。此外，也可以开展参与式观察，此时研究者不单纯是一个被动的观察者，而是实际参与到所研究的社会创业实践中去。通过参与式观察，研究者可以深入社会创业实践的内部，以局内人而不是局外人的视角开展调研活动，这为数据收集提供了格外难得的机会。例如，在 Cornelissen 等（2021）的研究中，一位作者在 2013 年 10 月至 2015 年 1 月期间以每周 1～3 次的频率实地拜访案例企业（共 130 次），对员工在正式场合的互动（如每周的公司和团队例会）和午餐休息、每周社交活动、年度圣诞晚宴等场合的非正式对话进行了深度的参与式观察；另两位作者在 2014 年 2 月至 12 月期间也实地拜访了案例企业，他们的参与式观察共计 6 整天时间，包括 4 次一对一的汇报会和 2 次领导团队的回顾会。而且，三位作者在调研期间都通过录音、照片、备忘录等方式进行了详尽的现场记录。

最后，文档资料也可以作为社会创业案例的研究数据，如新闻报道、公司年报、书籍、信件、电子邮件、会议记录、视频资料、纪录片等。文档资料属于二手数据，不是为了研究目的而准备的材料。当研究涉及多年之前的历史性事件时，与回溯性访谈相比，文档资料往往可以覆盖更长时间、更广范围的内容，对事件名称和细节也有更加准确的记载和描述。正是由于这些优势，文档资料在社会创业案例研究中得到了广泛采用，大部分发表在国际和国内高水平期刊上的社会创业案例研究都或多或少把文档资料作为数据来源之一。例如，Chatterjee 等（2021）关注的社会企业具有 50 年的历史，因此文档资料被作为重要的数据来源。作者收集了 297 份文档和 400 多篇社交媒体帖子，包括记录在案的采访、该社会企业的网站、图书章节、报纸、杂志、期刊文章、博客、报告，以及各网站上的社交媒体帖子等，这使得作者能够追踪该企业成立 50 年来社会创业实践的演变过程。

在案例研究的数据收集中，研究者需要遵循以下原则，提升收集数据的质量（Yin，2009；李亮 等，2020）。

- 以研究问题为引领，确定数据收集的焦点和范围。
- 收集多种来源的数据，并通过三角验证（triangulation）的方式来确保案例研究的效度和信度。
- 在做好质性数据收集的基础上，也要重视收集定量数据。
- 建立研究资料库。
- 形成一系列证据链。
- 数据收集和数据分析迭代直至理论饱和。

21.3.3　数据分析与理论构建

在案例研究中，数据分析与数据收集的过程往往也是重叠进行的。数据分析是基于案例研究发展理论的核心所在，但同时也是最困难和最不易言表的环节（Eisenhardt，1989），是初学者面临的主要困惑之处之一。总体来说，数据分析是一个理论化的过程，需要将所关注的现象从经验（empirical）层面抽象到理论层面，并在两个层面之间不断对话。在这个过程中，需要处理好案例数据、以往文献、理论视角（如果有的话），以及所发展的新理论之间的关系（李亮 等，2020）。

1. 案例研究中的编码策略

在案例研究中，数据分析往往强调从"好的故事"到"好的理论"的升华（黄江明 等，2011）。一方面需要从整体上把握现象脉络，抓住案例故事中最核心、最有趣的部分；另一方面又需要对所收集的数据进行严谨分析，从而构建和发展理论（李亮 等，2020）。在数据分析初始阶段，可以较多聚焦于案例故事，建立关于事件历史的数据库，并将关键事件按照时间先后进行梳理，明确"谁、在何时、做了何事"，从而构建现象的时间线（timeline），这可以帮助研究者理解案例情境，识别现象中关键事件的因果联系，从整体上把握现象的演化过程。

在案例研究中，编码是常见的数据分析策略之一，通过对访谈文本、文档资料等进行编码分析，可以将数据抽象为理论概念。有两种编码方式较为常用，分别是理论引导下的编码和归纳式编码。在理论引导下的编码中，首先基于所选择的理论视角为编码提出一个基本的参考框架，它虽然不能满足具体案例的特定情境，但指出了一个基本范围，从而可以在此范围内归纳式地开展编码，因此这是一种介于预设式与归纳式之间的编码方法（Miles and Huberman，1994）。仍以 Tate 和 Bals（2018）这一研究为例，作者在"理论背景"部分提出了基于资源基础观和自然资源基础观的参照理论框架，其中涉及变量、范围、关系和预测四个方面（见图 21-1）。在数据分析中，作者围绕这四个方面对案例数据进行编码，并将编码结果与参照理论框架中对应的要素进行匹配。有的编码结果与以往文献能够进行恰当的匹配，那么就归类到对应的某个方面中；还有的编码结果是以往文献中没有出现过的，那么作者就基于参照理论框架发展新的构念。通过这样的方式，Tate 和 Bals（2018）这一研究在资源基础观和自然资源基础观的引导下开展案例分析，在数据编码与所构建的理论之间建立起桥梁，从而实现理论深化（theory elaboration）的研究目标。

另外一种常见的编码方式是归纳式编码，即数据收集前不预设任何编码结果，而是让所收集的数据去"塑造"出代码系统，编码结果在分析数据时逐渐涌现出来（Miles and Huberman，1994）。目前在社会创业案例研究中应用较为广泛的归纳式编码有：基于扎根理论的编码（Glaser and Strauss，1967；Strauss and Corbin，1990）和在扎根理论基础上发展起来的 Gioia 方法（Gioia et al.，2013）。例如，本章"开篇案例"中的万倩雯等（2019）基于 Gioia 方法来对原始数据逐步归纳和精炼，通过一阶编码和二阶编码来实现从案例数据到理论概念的涌现，并得到了如图 21-2 所示的数据结构。其中，左侧的"一阶概念"代表的是对事实的归纳。作者尽可能忠实于受访者所用的语言将案例数据按其本身所呈现的状态进行编码，这体现了受访者对案例现象的认识和描述。中间的"二阶主题"和右侧的"理论维度"代表的是从事实到理论的归纳。作者使用与理论相关的术语将一组相关的一阶构念进一步概括，所得到的二阶主题反映了一阶构念之间的关系和规律，体现了作者在理论层面对现象的认识和描述。随着分析不断深入，若干个相关的二阶主题还可以进一步归纳为理论维度，这使得各二阶主题之间的联系更加具体、明晰。

无论是理论引导下的编码还是归纳式编码，当理论概念作为编码结果涌现出来之后，如何在概念之间建立理论上的联系将成为接下来的主要工作。只有将现象中涉及的概念以一定的逻辑联系起来，才能更好地解释现象的演化过程和背后的因果机制。也就是说，应该通过对"方框-箭头（boxes-and-arrows）"形式中"箭头"的理论构建，重点回答"事件是如何发生的"和"事件为什么以这样的方式发生"这两个问题。在识别概念之间关系的理论构建过程中，一个重要的转变是从归纳逻辑转变为溯因（abductive）逻辑，也就是针对所观察到的现象寻找最有可能的解释（Gioia et al.，2013）。仍以万倩雯等（2019）这一研究为例，作者基于归纳式编码得到数据结构（见图 21-2），并在数据和文献之间不断迭代，对现象进行了抽丝剥茧式的分析，在众多可能的概念间关系和理论解释中进行比较，最终得到了关于 BOP 市场中企业社会创业的整合模型（见图21-3）。

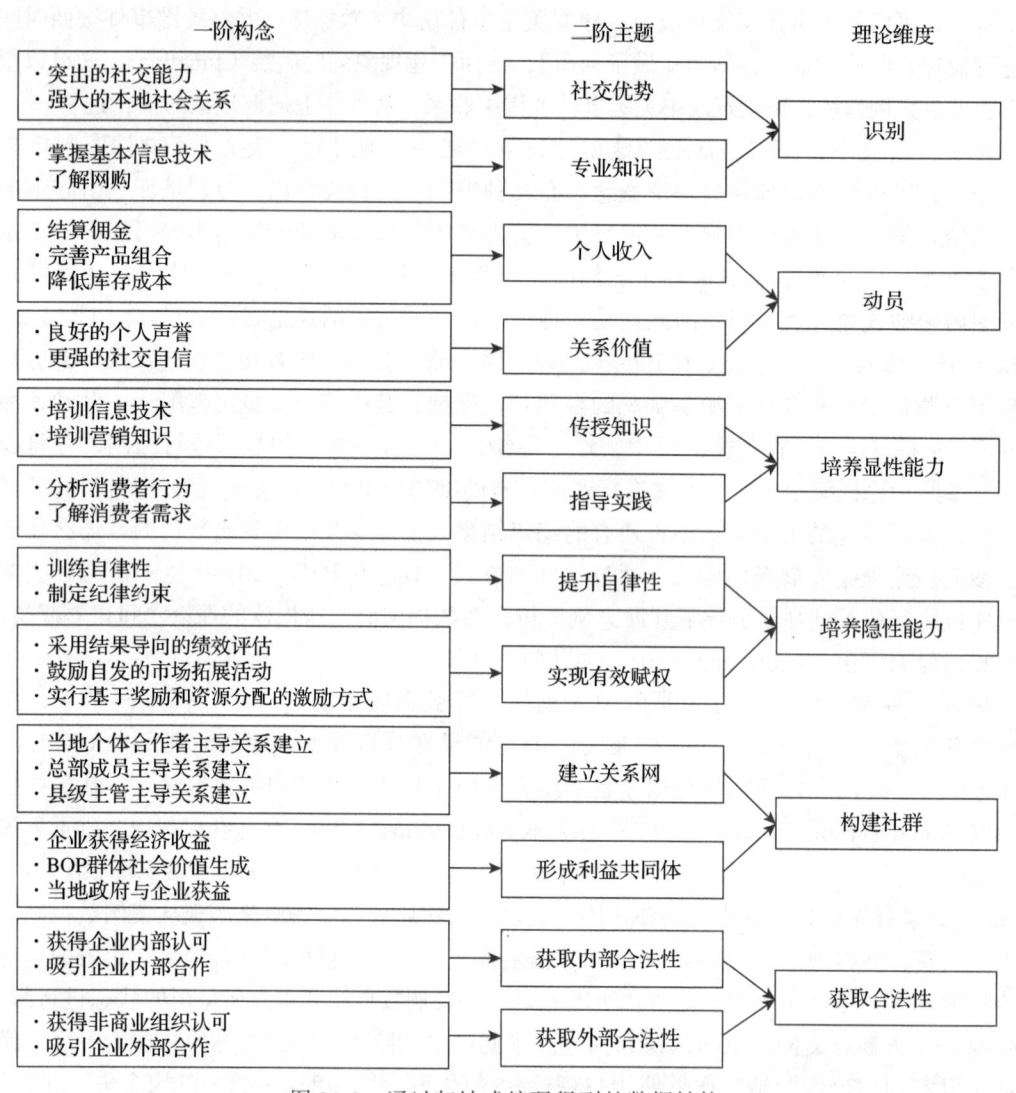

一阶构念	二阶主题	理论维度
·突出的社交能力 ·强大的本地社会关系	社交优势	识别
·掌握基本信息技术 ·了解网购	专业知识	
·结算佣金 ·完善产品组合 ·降低库存成本	个人收入	动员
·良好的个人声誉 ·更强的社交自信	关系价值	
·培训信息技术 ·培训营销知识	传授知识	培养显性能力
·分析消费者行为 ·了解消费者需求	指导实践	
·训练自律性 ·制定纪律约束	提升自律性	培养隐性能力
·采用结果导向的绩效评估 ·鼓励自发的市场拓展活动 ·实行基于奖励和资源分配的激励方式	实现有效赋权	
·当地个体合作者主导关系建立 ·总部成员主导关系建立 ·县级主管主导关系建立	建立关系网	构建社群
·企业获得经济收益 ·BOP群体社会价值生成 ·当地政府与企业获益	形成利益共同体	
·获得企业内部认可 ·吸引企业内部合作	获取内部合法性	获取合法性
·获得非商业组织认可 ·吸引企业外部合作	获取外部合法性	

图21-2 通过归纳式编码得到的数据结构

资料来源：万倩雯，卫田，刘杰．弥合社会资本鸿沟：构建企业社会创业家与金字塔底层个体间的合作关系：基于LZ农村电商项目的单案例研究 [J]．管理世界，2019, 35（5）：179-196．

图21-3 基于溯因逻辑构建的理论模型

资料来源：万倩雯，卫田，刘杰．弥合社会资本鸿沟：构建企业社会创业家与金字塔底层个体间的合作关系：基于LZ农村电商项目的单案例研究 [J]．管理世界，2019, 35（5）：179-196．

2. 多案例研究的数据分析

由于多案例研究的理论抽样往往基于复制逻辑，把不同案例看作多元实验，因此其案例分析不仅仅是对数据进行编码，还要遵循复制逻辑，即先进行案例内分析，然后通过案例之间的对比，寻找跨案例的共性模式。

在案例内分析阶段，研究者的主要任务是将每一个案例看作独立的个体，然后细致入微地研究并熟悉它们（Eisenhardt，1989）。例如，在 Reypens 等（2021）这一研究中，作者为了熟悉每个案例，首先详细描述了每家社会创业企业的发展历程，并将其发给企业的创始人来进行确认，这样使得每个案例独有的模式能够涌现出来。此外，在对每个案例进行梳理时，应注意识别与研究问题相关的关键事件发生时序，挖掘事件之间的关联，确定案例中不同行为主体构成的网络结构和网络关系，从而使得每个案例都能够单独回答研究问题（李亮 等，2020）。

在跨案例分析阶段，通常对案例进行分组，寻找组内的相似点和组间的不同点；或者将案例配对，寻找每对案例之间的相似点和不同点。在寻找相似点和不同点的过程中，往往需要对案例中涉及的构念进行定义和测量，常见的测量方式包括打分评估、构念赋值、组合评估等（李亮 等，2022）。打分评估是指邀请受访者基于利克特量表等测量工具对构念进行量化打分。构念赋值是指对已经存在的构念或数据分析过程中涌现出来的构念，选定统一的评判方式进行定量赋值，并按照赋值结果对构念的程度高低进行分级。组合评估的方式是指通过设计多维测度指标完成对关键构念程度高低的测量，这些测度指标组合在一起能够更好反映构念的属性。仍以 Reypens 等（2021）这一研究为例，作者首先基于归纳分析和以往文献确定了包括 7 项资源类别的编码方案（coding scheme），接着采用构念赋值的方式对社会企业的拼凑活动和资源搜寻活动（resource seeking）的总体强度进行了测量。具体来说，作者统计了每家企业的受访者明确提及编码方案中每项资源类别的次数；为了避免每家企业访谈时长不同带来的偏差，作者将统计结果校正为每万字访谈文本中所提及的次数。然后，作者针对提及次数多少设定了测量标准，将每家企业拼凑活动和资源搜寻活动的强度分别按照 7 项资源类别和总体情况评估为高、中等、低三个档次（见图 21-4）。

在对构念进行定义和测量的基础上，需要进一步推断构念之间的关系，从而发展理论。研究者应该首先单独分析每一个案例中关键构念之间的关系，然后确认这些关系是否能在其他案例中得到支持或修正。当所识别的关系在其他案例中得到支持时，可以通过提炼命题或构建过程模型等方式发展理论。如果在其他案例中缺乏足够的证据来支持这种关系，则需要进一步审视所收集的数据中是否存在缺失。如果数据充足而关系仍不能得到支持，就要舍弃这种不能复制的关系。当然，在这个过程之中，最重要的仍是寻找构念关系背后"为什么"的逻辑，这也是发展理论的核心任务。

拼凑	不同资源类别的证据							总体证据
	资金	团队	能力	原料与场地	联络	使用者与数据	授权与批准	
A. Youhealth	低	低	中等	低	无	低	无	中等
B. WLab	低	低	低	低	无	低	无	中等
C. Womed	低	中等	中等	低	无	低	无	中等
D. Empoweru	低	低	低	低	无	无	低	低
E. Motherry	低	低	低	低	低	低	无	低
F. Mcare	低	低	低	低	低	无	低	中等
G. HealthQ	低	低	低	低	低	低	低	低

图 21-4 对相关构念（企业拼凑活动和资源搜寻活动）强度的测量结果

资源搜寻	不同资源类别的证据							总体证据
	资金	团队	能力	原料与场地	联络	使用者与数据	授权与批准[①]	
A. Youhealth	中等	无	中等	低	低	低	不适用	高
B. WLab	中等	低	低	低	低	低	不适用	中等
C. Womed	中等	无	低	低	低	中等	不适用	中等
D. Empoweru	高	低	中等	低	低	低	不适用	高
E. Motherry	中等	低	低	低	中等	低	不适用	高
F. Mcare	中等	低	低	低	低	低	不适用	中等
G. HealthQ	中等	低	中等	低	低	低	不适用	高

不同资源类别的证据：高——提及次数大于 10 次；中等——提及次数 5~10 次；低——提及次数小于 5 次；无——提及次数 0 次（每 10 000 字转录文稿）。

总体证据：高——提及次数大于 20 次；中等——提及次数 10~20 次；低——提及次数小于 10 次（每 10 000 字转录文稿）。

[①] 在编码过程中，我们注意到类别"授权与批准"中的差异与资源搜寻的表现并不相关。受到行业本质需要认证和批准的驱动，所有创业企业都通过与监管机构的相似互动来寻求授权。

图 21-4（续）

资料来源：REYPENS L, BACQ S, MILANOV H. Beyond bricolage: early-stage technology venture resource mobilization in resource-scarce contexts [J]. Journal of business venturing, 2021, 36（4）: 1-33.

21.4 中国管理情境下的社会创业案例研究

综合前文梳理的国际和国内高水平期刊上关于社会创业案例的研究现状，以及我们对社会创业案例研究方法的理解，我们认为当前在中国管理情境下开展社会创业案例研究应该尤其注意以下四个方面的问题。

21.4.1 应关注中国管理情境对社会创业实践所起到的塑造作用

改革开放 40 多年以来，中国社会经历了翻天覆地的变化，取得了举世瞩目的成就，但还有许多复杂且严重的社会问题尚未得到解决，也有新的社会治理问题随之而来，如贫困人口、乡村振兴、食品安全、环境污染、弱势群体的利益保护等（毛基业 等，2020）。这些社会问题本身就受到中国独特的文化、历史、制度等情境因素的影响，那么为了解决这些社会问题而诞生的社会企业更不可避免地受到中国管理情境的影响。例如，中共中央、国务院近年来在脱贫攻坚和乡村振兴方面出台了《关于打赢脱贫攻坚战的决定》《关于全面推进乡村振兴加快农业农村现代化的意见》等多项纲领性文件，在这些纲领性文件的政策支持下，社会企业通过强调心理赋能、数字赋能、结构赋能和能力赋能，激活贫困地区的内生动力，加快产业振兴，形成系统性帮扶制度，提高贫困地区群众的就业创业技能，从而开辟了脱贫攻坚的新路径（刘志阳、施祖留，2020）。国内社会企业通过电子商务的形式开展扶贫工作时，往往需要与地方政府开展深入合作，共同构建电商扶贫生态系统，且地方政府在其中会起到重要的支撑和引导作用。而国内地方政府在农村电商发展和脱贫攻坚中所起的作用与国外政府存在巨大差别，因此西方相关理论在国内社会企业与地方政府开展电商扶贫的合作模式和机制方面缺乏足够的解释力，这就为构建情境化、本土化的电商扶贫理论提供了极好的机会和研究空间（Li et al., 2019）。

从方法论上来说，案例研究所关注的管理现象往往与情境密不可分，情境为解释独特、复杂的管理现象提供了重要的契机和视角。在这种情况下，通过案例研究发展情境化、本土化的理论不仅可以给出比西方主流管理学理论更契合于中国管理情境的理论解释，而且未来还有机会与西方主流管理学理论进行融合和对接，最终发展出更具普适性的管理理论，从而为全球管理学的发展做出贡献（毛基业、李亮，2018）。

21.4.2 应重视访谈、观察等实地调研方式，深入社会创业实践

在 2017 年中国企业管理案例与质性研究论坛上，时任 *Academy of Management Journal*（AMJ）质性研究论文专任副主编的班赛尔（Bansal）教授建议："数据收集的时间跨度，也许需要 6 个月，也许 1 年，但是很明显 1 周不行；在访谈的人数方面，50 个也许够了，但是 10 个肯定不够。"纵观 FT50 期刊上关于社会创业的案例研究，Chatterjee 等（2021）、Cornelissen 等（2021）、De Avillez 等（2020）、Drencheva 和 Au（2021）、Drencheva 等（2021）、Mitzinneck 和 Besharov（2019）等研究中的半结构化访谈均超过 50 次，符合班赛尔教授建议的数量。而在近 5 年 CSSCI 期刊上发表的关于社会创业案例研究的 10 篇文献中，有 3 篇没有开展访谈，2 篇未披露任何访谈信息，3 篇研究的受访者不足 10 人，其余 2 篇研究的受访者在 10~30 人之间（见表 21-3）。因此，相比国际高水平研究，国内关于社会创业的案例研究在实地调研的深入程度方面还存在较大差距。数据收集是案例研究发展理论的基础，如果研究者不开展实地调研，或仅在每家企业走马观光地开展三四次访谈就急于撰写论文并投稿发表，就很难说服读者该研究有足够的数据来支持理论构建，这将极大地限制社会创业案例研究做出理论贡献的潜能。

表 21-3　近 5 年 CSSCI 期刊上社会创业案例研究开展访谈的情况（共 10 篇）

开展访谈的情况	篇数
1. 没有开展访谈，数据来源完全基于二手文档资料	3
2. 在数据收集小节提及访谈，但未披露任何访谈人数或次数的信息	2
3. 仅针对 1 名受访者开展了深度访谈（其中一篇还开展了 3 次电话访谈和 3 次微信访谈，但未披露时长等信息）	2
4. 针对 6 位受访者，共 9.5 小时	1
5. 针对 18 位受访者，共 36.5 小时	1
6. 针对 24 位受访者，每次访谈持续近 2 小时	1

资料来源：本章作者自行整理。

21.4.3 应重视规范的案例研究方法，并力争做出高水平的理论贡献

近 5 年 CSSCI 期刊上关于社会创业案例研究中，存在一些较为普遍的方法论问题。

（1）案例选择不符合理论抽样原则。有的研究过于强调所选择的社会企业具有较高的知名度或影响力，没有解释为什么可以帮助回答研究问题并发展理论；有的研究选取了多个案例，但没有解释这些案例之间是怎样的关系（例如是否符合复制逻辑）；还有的研究甚至依赖于便利抽样，关注的是朋友或 MBA 学生所在的社会企业，而没有遵循理论抽样原则。

（2）数据分析方法不规范。有的研究在开展数据分析时，从形式上模仿国际高水平期刊上的案例研究，但没有考虑数据分析策略的适用性，导致在方法论的匹配方面出现问题；还

有的论文在"研究方法"部分对数据分析是如何开展的几乎完全没有介绍,极大损害了案例研究的可信性。

（3）研究发现浮于现象表面,缺乏深入的理论构建。这一点在国内案例研究中是普遍存在的问题,有的研究仍体现为"列举文献+讲故事+给结论"的生硬结构,三者之间的内在逻辑和联系松散,导致与以往文献对话不足,并且数据与理论之间的关系处理不当,因此研究结果理论贡献不足且定位模糊。因此,我们建议国内学者未来在开展社会创业案例研究时,应该加强向经典方法论文献和"最佳实践"范文学习,与文献和理论进行深入对话,并发挥学术工匠精神,认真打磨自己的研究,真正做出精准的理论贡献,实现案例研究方法论上从"形似"到"神似"之间的跨越（毛基业、李亮,2018）。

21.4.4　应关注当前国内社会创业实践中新兴数字技术所起到的作用

近年来,数字创业（digital entrepreneurship）已经成为创业管理研究的热点领域之一（Nambisan, 2017; Steininger, 2019）。国内学者结合社会创业和数字创业的相关研究,提出了数字社会创业的概念,即"以解决复杂社会问题为使命,将数字技术融入社会创业过程中,推动社会创业机会、资源、治理和价值测量的数字化,从而更有效地实现经济、社会等混合价值的新型创业活动"（刘志阳 等,2020）。事实上,数字技术的使用较大程度上颠覆了传统创业理论。一方面,数字技术使得创业结果和过程更少地局限于一定边界之内;另一方面,数字技术扩大了社会创业活动的原本涵盖对象,使创业活动可以包括更加广泛、多样和动态的参与者（Nambisan, 2017）。在国内社会创业实践中,数字化平台、社交媒体、大数据等新兴技术已经得到了广泛应用,涌现出电商扶贫、淘宝村等得到全球关注的创新做法和最佳实践。不过,在当前国内社会创业案例研究中,关于新兴数字技术对社会创业所起作用的探讨还较为匮乏,即使少数研究注意到了数字技术在社会创业中所起到的作用,也往往停留在现象描述阶段,或者仅仅将电子商务、社交媒体等数字技术作为案例研究的情境,而没有进行充分的理论化,将其作为理论要素体现或嵌入在研究发现或理论模型之中。因此,未来社会创业案例研究中如果加强对数字技术所起作用的探讨,将有助于推动国内社会创业研究的走向,甚至引领国际学术前沿,从而做出更加扎实的理论贡献。

本章小结

1. 本章讨论了社会创业案例研究方法,梳理了国际和国内高水平期刊上发表的社会创业研究文献中应用案例研究方法的现状,并重点围绕案例研究的启动与设计、数据收集、数据分析与理论构建三个方面介绍了如何针对社会创业问题开展案例研究,并提出了在当前中国管理情境下开展社会创业案例研究时应该尤其注意的四个方面的问题。

2. 展望未来,由于案例研究方法在社会创业领域的主流地位和极强的适用性,我们期望有更多社会创业案例研究,也希望有更多高质量成果可以发表在国内和国际高水平期刊上。通过对涌现出来的典型社会创业案例进行总结和理论构建,不仅能为国内社会创业实践提供经验,也为拓展现有社会创业理论或构建新理论提供了基础,从而共同推动国内社会创业的理论和实践发展。

问题讨论

1. 请根据自己所关注的社会创业研究问题，给出一个案例设计方案。方案内容包含采用单案例设计还是多案例设计、理论抽样的过程、数据收集过程、数据分析策略、研究规范性保障等方面。
2. 针对自己参与过的社会创业实地调研工作，总结访谈过程中面临的核心挑战，并分析如何应对这些挑战。
3. 选择一本社会创业相关的企业传记类图书，自选研究问题，说说你初步的数据分析工作。
4. 根据自己所关注的社会创业实践，分析中国管理情境是否对其产生了较为明显的影响，以及这种影响背后的理论机理是怎样的。

扫码查看文献精读。

参考文献

[1] ANDRÉ K, CHO C H, LAINE M. Reference points for measuring social performance: case study of a social business venture [J]. Journal of business venturing, 2018, 33(5): 660-678.

[2] BUSCH C, BARKEMA H. From necessity to opportunity: scaling bricolage across resource-constrained environments [J]. Strategic management journal, 2021, 42(4): 741-773.

[3] CHANDRA Y. Social entrepreneurship as emancipatory work [J]. Journal of business venturing, 2017, 32(6): 657-673.

[4] CHATTERJEE I, CORNELISSEN J, WINCENT J. Social entrepreneurship and values work: the role of practices in shaping values and negotiating change [J]. Journal of business venturing, 2021, 36(1): 1-23.

[5] COLQUITT J A, GEORGE G. Publishing in AMJ-part 1: topic choice [J]. Academy of management journal, 2011, 54(3): 432-435.

[6] CORNELISSEN J P, AKEMU O, JONKMAN J, et al. Building character: the formation of a hybrid organizational identity in a social enterprise [J]. Journal of management studies, 2021, 58(5): 1294-1330.

[7] DE AVILLEZ M M, GREENMAN A, MARLOW S. Ethical judgments about social entrepreneurship in Sub-Saharan Africa: the influence of spatio-cultural meanings [J]. Journal of business ethics, 2020, 161(3): 877-892.

[8] DRENCHEVA A, AU W C. Bringing the family logic in: from duality to plurality in social enterprises [J]. Journal of business ethics, 2021, 182(4): 77-93.

[9] DRENCHEVA A, STEPHAN U,

PATTERSON M G, et al. Navigating interpersonal feedback seeking in social venturing: the roles of psychological distance and sensemaking [J]. Journal of business venturing, 2021, 36(4): 1-22.

[10] EDMONDSON A C, MCMANUS S E. Methodological fit in management field research [J]. Academy of management review, 2007, 32(4): 1155-1179.

[11] EISENHARDT K M. Building theories from case study research [J]. Academy of management review, 1989, 14(4): 532-550.

[12] EISENHARDT K M, GRAEBNER M E. Theory building from cases: opportunities and challenges [J]. Academy of management journal, 2007, 50(1): 25-32.

[13] EISENHARDT K M, GRAEBNER M E, SONENSHEIN S. Grand challenges and inductive methods: rigor without rigor mortis [J]. Academy of management journal, 2016, 59(4): 1113-1123.

[14] GIOIA D A, CORLEY K G, HAMILTON A. Seeking qualitative rigor in inductive research: notes on the Gioia methodology [J]. Organizational research methods, 2013, 16(1): 15-31.

[15] GIUDICI A, COMBS J G, SMITH B R, et al. Successful scaling in social franchising: the case of Impact Hub [J]. Entrepreneurship theory and practice, 2020, 44(3): 288-314.

[16] GLASER B, STRAUSS A. The discovery of grounded theory: strategies for qualitative research [M]. Chicago: Aldine Publishing Company, 1967.

[17] GRANADOS M L, HLUPIC V, COAKES E, et al. Social enterprise and social entrepreneurship research and theory: a bibliometric analysis from 1991 to 2010 [J]. Social enterprise journal, 2011, 7(3): 198-218.

[18] HOTA P K. Tracing the intellectual evolution of social entrepreneurship research: past advances, current trends, and future directions[J]. Journal of business ethics, 2023, 182(3): 637-659.

[19] KANNOTHRA C G, MANNING S, HAIGH N. How hybrids manage growth and social-business tensions in global supply chains: the case of impact sourcing [J]. Journal of business ethics, 2018, 148(2): 271-290.

[20] KO W W, LIU G, et al. The transformation from traditional nonprofit organizations to social enterprises: an institutional entrepreneurship perspective [J]. Journal of business ethics, 2021, 171(1): 15-32.

[21] LI L, DU K, ZHANG W, et al. Poverty alleviation through government-led e-commerce development in rural China: an activity theory perspective [J]. Information systems journal, 2019, 29(4): 914-952.

[22] LINCOLN Y S, GUBA E G. Naturalistic inquiry [M]. New York: Sage Publications, 1985.

[23] MILES M B, HUBERMAN A M. Qualitative data analysis: an expanded sourcebook [M]. 2nd ed. London: Sage Publications, 1994.

[24] MITZINNECK B C, BESHAROV M L. Managing value tensions in collective social entrepreneurship: the role of temporal, structural, and collaborative compromise [J]. Journal of business ethics, 2019, 159(2): 381-400.

[25] NAMBISAN S. Digital entrepreneurship: toward a digital technology perspective of entrepreneurship [J]. Entrepreneurship theory and practice, 2017, 41(6): 1029-1055.

[26] REYPENS L, BACQ S, MILANDV H. Beyond bricolage: early-stage technology

venture resource mobilization in resource-scarce contexts [J]. Journal of business venturing, 2021, 36(4): 1-33.

[27] SHORT J C, MOSS T W, LUMPKIN G T. Research in social entrepreneurship: past contributions and future opportunities [J]. Strategic entrepreneurship journal, 2009, 3(2): 161-194.

[28] SIGGELKOW N. Persuasion with case studies [J]. Academy of management journal, 2007, 50(1): 20-24.

[29] STEININGER D M. Linking information systems and entrepreneurship: a review and agenda for IT-associated and digital entrepreneurship research [J]. Information systems journal, 2019, 29(2): 363-407.

[30] STRAUSS A, CORBIN J. Basics of qualitative research: grounded theory procedures and techniques [M]. CA: Sage Publications, 1991.

[31] TATE W L, BALS L. Achieving shared triple bottom line(TBL)value creation: toward a social resource-based view(SRBV) of the firm [J]. Journal of business ethics, 2018, 152(3): 803-826.

[32] WAGENSCHWANZ A, GRIMES M. Navigating compromise: how founder authenticity affects venture identification amidst organizational hybridity [J]. Journal of business venturing, 2021, 36(2): 1-33.

[33] YIN R K. Case study research: design and methods [M].CA: Sage Publications, 2009.

[34] 黄江明, 李亮, 王伟. 案例研究: 从好的故事到好的理论: 中国企业管理案例与理论构建研究论坛(2010)综述 [J]. 管理世界, 2011, 27 (2): 118-126.

[35] 李亮, 刘洋, 冯永春. 管理案例研究: 方法与应用 [M]. 北京: 北京大学出版社, 2020.

[36] 刘振, 杨俊, 张玉利. 社会创业研究: 现状述评与未来趋势 [J]. 科学学与科学技术管理, 2015, 36 (6): 26-35.

[37] 刘志阳, 施祖留. 社会创业开辟脱贫攻坚新路径 [N]. 光明日报, 2020-11-03.

[38] 刘志阳, 赵陈芳, 李斌. 数字社会创业: 理论框架与研究展望 [J]. 外国经济与管理, 2020, 42 (4): 3-18.

[39] 毛基业, 李高勇. 案例研究的"术"与"道"的反思: 中国企业管理案例与质性研究论坛(2013)综述 [J]. 管理世界, 2014, 30 (2): 111-117.

[40] 毛基业, 李亮. 管理学质性研究的回顾、反思与展望 [J]. 南开管理评论, 2018, 21 (6): 12-16.

[41] 毛基业, 赵萌, 王建英. 社会企业家精神: 社会使命稳健性的概念与实践: 第2辑 [M]. 北京: 中国人民大学出版社, 2020.

[42] 万倩雯, 卫田, 刘杰. 弥合社会资本鸿沟: 构建企业社会创业家与金字塔底层个体间的合作关系: 基于LZ农村电商项目的单案例研究 [J]. 管理世界, 2019, 35 (5): 179-196.

[43] 王冰, 齐海伦, 李立望. 如何做高质量的质性研究: 中国企业管理案例与质性研究论坛(2017)综述 [J]. 管理世界, 2018, 34 (4): 140-145.

[44] 周小豪, 朱晓林. 做可信任的质性研究: 中国企业管理案例与质性研究论坛(2020)综述 [J]. 管理世界, 2021, 37 (3): 217-225; 14.

主要作者介绍

（以本书各章的先后为序）

斯晓夫，浙江大学求是讲座教授、博士生导师，浙江大学创业研究所所长。美国宾夕法尼亚州立大学 Zeigler 商学院教授，华盛顿州立大学管理学博士。研究领域为创业与创新。在 *Strategic Entrepreneurship Journal*（*SEJ*）、*Technovation*、*Journal of Business Venturing*（*JBV*）、*Journal of Applied Psychology*、*Academy of Management Perspective*，以及《管理世界》《经济研究》等国内外权威期刊上发表研究论文 100 多篇。近年来，他担任了 *JBV*、*SEJ* 等著名创业创新期刊客座主编，目前担任 *Management and Organization Review* 期刊 Special Issue 的客座主编，著名期刊 *Technovation* 副主编。

魏峰，同济大学经济与管理学院教授、博士生导师，复旦大学管理学博士。同济大学经济与管理学院组织管理系主任，同济大学全球创新创业研究所所长。美国弗吉尼亚大学达顿商学院访问学者，入选上海市浦江人才计划。研究领域为领导力开发和创新创业，主持国家自然科学基金、国家社会科学基金和其他省部级研究项目多项。在 *Academy of Management Journal*、*Journal of Management Studies*、*Journal of Business Ethics* 等核心 SSCI 期刊上发表论文 30 多篇，在《管理世界》和《管理科学学报》上发表论文 8 篇，2 篇被《新华文摘》全文转载，10 多篇教学案例入选中国工商管理国际案例库。曾获上海市第十五届哲学社会科学优秀成果奖二等奖、上海市教学成果奖二等奖、上海市优秀博士论文等奖项。

刘振，山东大学国际创新转化学院副教授、硕士生导师，南开大学管理学博士。山东大学青年学者未来计划培养人选。研究领域为社会创业与社会企业。主持国家自然科学基金、国家社会科学基金、山东省自然科学基金、山东省社科规划等科研项目。在 Information Processing and Management、Management Decision、Maritime Policy & Management 和《南开管理评论》等期刊上发表及被录用学术论文 30 余篇，著有《合法化视角下的社会企业成长机制研究》。曾获山东省省级教学成果一等奖，指导学生参加全国大学生电子商务"创新、创意及创业"挑战赛、全国高校商业精英挑战赛创新创业竞赛，并获国家级比赛二等奖、省级比赛特等奖等荣誉。

林嵩，中央财经大学商学院教授、博士生导师，清华大学管理学博士。现任中央财经大学商学院院长。入选教育部新世纪优秀人才支持计划，中央财经大学龙马学者。主要研究领域为创业管理与中小企业成长。主持国家自然科学基金项目 4 项，在 Academy of Management Journal、Entrepreneurship and Regional Development、Small Business Economics、《经济研究》和《中国工业经济》等权威期刊上发表多篇论文。

张陈健，巴斯大学管理学院副教授，博士生导师，德国不来梅大学社会学博士。斯坦福大学访问学者，Management and Organization Review 高级编辑，并为多家管理和创业领域的国际期刊担任审稿人。研究领域为制度理论与社会创业，研究成果发表在 Strategic Management Journal、Journal of International Business Studies、Management and Organization Review 等期刊上。

李燚，上海大学管理学院教授、博士生导师，复旦大学管理学博士。美国乔治梅森大学访问学者，入选上海市浦江人才计划。研究领域为组织行为和人力资源管理，主持国家自然科学基金、教育部人文社科项目、上海市教委创新重点项目等研究课题，在 Journal of Business Ethics、International Journal of Human Resource Management、《管理世界》和《管理科学学报》等国内外权威期刊上发表论文 40 多篇。多篇教学案例入选"全国百篇优秀管理案例"和中国工商管理国际案例库，出版学术专著和教材 4 部。主持教育部来华留学英语授课品牌课程，以及上海高校外国留学生英语授课示范性课程。

戴维奇，浙江财经大学工商管理学院教授、博士生导师，浙江大学管理学博士。浙江财经大学工商管理学院（MBA学院）副院长，浙江省高等学校中青年学科带头人，浙江省新世纪151人才工程培养人员。研究领域为创业创新和战略管理，主持国家自然科学基金面上项目及青年项目、教育部人文社科基金项目等科研项目。在《管理世界》和 Journal of Business Ethics、Journal of Business Research、Asia Pacific Journal of Management 等国内外学术期刊上公开发表论文70余篇，出版学术专著6部，所开发的管理案例入选"全国百篇优秀管理案例"重点项目、"全国百篇优秀管理案例"和"浙江省优秀研究生教学案例"等。

刘志阳，上海财经大学商学院讲席教授、博士生导师，南开大学经济学博士。国家高层次特殊支持计划人才，"创业管理"国家精品在线课程和"创业学"国家级一流本科课程负责人。教育部创新创业教育指导委员会委员、中国企业管理研究会社会创业专业委员会主任。主要研究领域为社会创业和数字创业，在 Journal of Management Studies、Small Business Economics、Industrial Marketing Management 和《管理世界》等国内外期刊上发表论文多篇。曾获霍英东教育基金会教育教学奖、宝钢优秀教师奖、中国产学研合作促进奖、上海市哲学社会科学优秀论文奖、上海市决策咨询成果奖、上海市教学成果特等奖等荣誉。

孙洪义，香港城市大学系统工程系终身副教授、博士生导师。中国机械工业教育协会高校创新创业教育教学委员会副主任委员。研究领域为技术创新管理、制造战略、供应链管理和创新创业教育等，长期担任 Technovation、IJQRM 的编委和特刊编辑，在国际期刊上发表论文100多篇。开发出具有独立知识产权和中国文化特色的创新创业教育3333®课程大纲、创新创业V模式、心物一元创意原理BMMB模式、PIPE等理论模型和实用教育工具。曾获斯坦福全球2%顶尖科学家、创意管理东坡杰出人格奖、中国高校创新创业教育联盟教材一等奖、Emerald Literati Awards 创业意愿研究高度赞许奖、欧洲创新创业教育杰出奖、IEOM国际工程教育奖、香港城市大学杰出教学奖和中国高等教育学会创新创业教育高质量发展研究一等奖等荣誉。主编的《创新创业基础》教材被80多所大学采用，发行量超过10万册。

邢小强，对外经济贸易大学国际商学院教授、博士生导师，清华大学管理学博士。牛津大学访问学者，首届教育部课程思政教学名师、北京市青年教学名师。曾参加美国百森商学院创业师资培训、哈佛商学院管理学案例教学与开发培训。主要研究领域为创新与创业管理，主持国家自然科学基金项目、国家社会科学基金项目、霍英东教育基金会第十三届高等院校青年教师基金项目、教育部人文社科项目、北京市哲学社会科学项目等多项国家及省部级课题。在国内外高水平期刊上发表学术论文 40 余篇，其中《管理世界》案例研究论文 4 篇。所开发的案例入选 2019 年和 2020 年"全国百篇优秀管理案例"。曾获中国技术经济学会优秀成果奖一等奖、商务部商务发展研究成果奖论著类优秀奖等荣誉。

王颂，浙江大学管理学院副教授、博士生导师，北京大学管理学博士。浙江大学管理学院工商管理本科项目主任，麻省理工学院和斯坦福大学访问学者。研究领域为工作场所中的人际互动，主持 3 项国家自然科学基金项目。研究成果发表在 Academy of Management Journal、International Business Review、Asia Pacific Journal of Management、Journal of Vocational Behavior、Journal of Business Ethics、《管理世界》和《心理学报》等国内外权威期刊上。她还担任 Human Relations、Journal of Vocational Behavior、Management and Organization Review、《管理世界》和《心理学报》等期刊审稿人。曾获浙江省高等学校青年教师教学竞赛一等奖、浙江大学青年教师教学竞赛一等奖、浙江大学优秀教学成果二等奖。

林海英，海南大学－亚利桑那州立大学联合国际旅游学院教授、亚利桑那州立大学兼职教授、博士生导师，美国乔治梅森大学博士。联合国责任管理教育中国学术委员会副秘书长，克林顿基金会霍特（Hult）奖项评审专家，Business and Society 等期刊编委。研究领域为可持续发展战略和社会创业，加拿大社科重大基金"跨界合作解决复杂环保问题"首席专家，主持多项国家级、省部级基金项目，带领国际团队在 Business Strategy and the Environment、Organization and Environment、Business and Society、Journal of Business Ethics 等著名管理期刊上发表多项成果。创立"万宁市和乐镇乡村振兴服务中心"等跨界合作平台赋能乡村振兴，主持策划海南省万宁小海国家生态渔业公园。曾获劳特利奇出版社（Routledge）社会伙伴类最佳论文奖、加拿大管理会议最佳论文、欧洲管理发展基金会（EFMD）企业社会责任最佳年度案例等奖项。

于晓宇，上海大学管理学院教授、博士生导师，上海交通大学管理学博士。上海大学管理学院副院长，上海大学"伟长学者"特聘教授，上海市软科学研究基地——上海企业创新与高质量发展研究中心负责人。入选国家"万人计划"青年拔尖人才、上海市青年拔尖人才等人才计划。主持国家自然科学基金等科研项目10余项，在 LRP、JOB、IMM、SBE 等 SSCI 国际期刊上发表论文40余篇，在《管理世界》《管理科学学报》等中文期刊上发表论文70余篇。他还担任 Entrepreneurship Research Journal 期刊联合主编，以及 Journal of Management Studies、Human Relations、Academy of Management Perspectives 等期刊编委。曾获教育部霍英东教育基金会高校青年教师奖、宝钢优秀教师奖、上海市育才奖等奖项。

汪忠，湖南大学工商管理学院教授，博士，博士后，硕士研究生导师，博士后合作导师。湖南大学中国公益（社会）创业研究中心执行主任，国家自然科学基金委员会系统评议专家，机械工业教育协会高等院校创新创业教育教学委员会主任委员。研究领域包括创新创业、社会创业管理等，主持国家自然科学基金项目两项，教育部人文社科项目、博士后项目等省部级科研项目10多项。在 Management Decision、《经济学动态》和《南开管理评论》等 SCCI 与 CSSCI 期刊上发表论文60余篇，多篇论文被中国人民大学报刊资料全文中心全文收录，主编或参编教材多部。主持教育部创新创业一流本科课程一门、湖南省创新创业一流本科课程三门。曾获湖南省教学成果奖一等奖、熊晓鸽科教奖、周腾园丁奖等。

邬爱其，浙江大学管理学院教授、博士生导师，博士。浙江大学全球浙商研究院副院长、企业投资研究所所长、MBA 创业管理项目学术主任。浙江省"151人才工程"培养人员，美国密歇根大学、约翰霍普金斯大学和澳大利亚墨尔本大学访问学者，曾赴斯坦福大学、麻省理工学院、马里兰大学、普渡大学、隆德大学、香港科技大学等高校访问交流。研究领域包括数字经济、战略管理、创业管理和产业发展，主持国家级项目5项、省部级项目多项，在 Journal of World Business、Management and Organization Review、Journal of International Marketing、International Business Review、《管理世界》和《中国工业经济》等国内外重要期刊上发表论文数十篇，出版多部教材和专著。曾获首届中国管理学年会优秀论文奖、浙江省科学技术二等奖、浙江省高校青年教师教学技能竞赛优秀奖等荣誉。

焦豪，北京师范大学京师特聘教授、博士生导师，复旦大学管理学博士。国家优秀青年科学基金获得者，国家社会科学基金重大项目首席专家，爱思唯尔工商管理学科高被引论文作者。研究领域为数字经济下的企业战略和创新创业，主持国家自然科学基金、国家社会科学基金、教育部人文社科和北京市社科重点课题等项目，论文发表在《管理世界》《经济研究》、Technovation、Journal of Product Innovation Management，以及《人民日报》《光明日报》等刊物上。曾获教育部霍英东教育基金会高校青年教师奖、教育部高校科研优秀成果奖（人文社科）二等奖和三等奖、宝钢优秀教师奖、中国管理科学奖、北京市高等教育教学成果奖、北京高校青年教师社会调研优秀项目奖，指导学生参加中国国际"互联网+"大学生创新创业大赛。

王玲，中国政法大学商学院教授、博士生导师，天津大学管理学博士，清华大学工商管理专业博士后，斯坦福大学访问学者。研究领域为技术创新与创业、企业知识产权战略及管理、开源生态系统、组织变革与决策，主持多项国家级和省部级课题，在 Technovation、《科学学研究》和《科研管理》等重要期刊上发表论文数十篇。独立或合作出版专著和教材多部。曾获北京市教学成果奖、全国高等学校创业教育先进个人、北京市创业设计竞赛优秀指导教师等荣誉，开发的案例入选"全国百篇优秀管理案例"。

毛基业，中国人民大学"杰出学者"特聘教授、博士生导师，博士。曾任中国人民大学商学院院长。国家杰出青年科学基金项目获得者，北京市高等学校教学名师，北京市优秀博士论文导师。曾在加拿大滑铁卢大学任教并获终身教职（1995—2021）。主要研究领域为传统企业的数字化转型与组织重构、数字化创新与创业、数字经济时代的商业模式创新和数字服务外包管理，擅长使用案例方法构建管理理论，长期在国内管理学界推广案例研究方法。相关成果发表在国际和国内高水平学术期刊上，包括 Journal of Strategic Information Systems、Journal of International Business Studies、Journal of Operations Management、Management and Organization Review、《管理世界》和《南开管理评论》等，出版《数字服务外包模式》《社会企业家精神》等著作。

李亮，对外经济贸易大学信息学院教授、博士生导师，博士。研究领域主要为使用案例研究方法探索新兴技术情境下的企业战略（如数字化转型、数字化创新）和社会问题（如数字乡村、可持续发展），主持国家自然科学基金面上项目、青年项目等多项课题，相关成果发表在 *Information Systems Journal*、*Journal of Information Technology*、*Information & Management*、《管理世界》等国内外高水平学术期刊上。曾担任 *Information Systems Journal* 和《研究与发展管理》有关中国数字化创新、数字化转型的特刊/专栏客座编辑。撰写的教学案例被毅伟案例库收录，并入选"全国百篇优秀管理案例"。"青年学者案例研究特训营"和"CNAIS 研究方法讲习班"的主要发起人之一，入选 2019 年教育部学位中心优秀案例教师。